TOUT SUR LE CINÉMA

TOUT SUR LE CINÉMA

Panorama des chefs-d'œuvre et des techniques

ÉDITIONS FRANCE LOISIRS

Première édition publiée au Royaume-Uni en 2011 par
Thames & Hudson Ltd, 181A High Holborn,
London WC1V 7QX

Ce livre a été conçu et réalisé par
Quintessence
226 City Road
London EC1V 2TT

Directeur de la rédaction	Simon Ward
Rédacteurs	Robert Dimery, Becky Gee, Simon Hartley, Carol King, Louise Larchbourne, Fiona Plowman
Assistantes de rédaction	Helena Baser et Olivia Young
Conception	Nicole Kuderer
Assistants de conception	Tom Howey et Alison Hau
Contrôleur de production	Anna Pauletti
Directrice de publication	Jane Laing
Éditeur	Tristan de Lancey

Édition française
Traduction : Stéphanie Alkofer, Denis-Armand Canal,
Guy Ledoré, Sophie Mantrant,
Renaud Temperini, Guillaume Tricot
Édition : Claudine Carroué, Marie Éluard,
Katia Lièvre, Jean Marc Pubellier
Sarah Tacito, Viviane Vernabel, Émilie Vialettes

Édition du Club France Loisirs Paris
Avec l'autorisation des Éditions Flammarion
Éditions France Loisirs,
123, boulevard de Grenelle, Paris 15
www.franceloisirs.com

ISBN : 978-2-298-05669-3
N° éditeur : 67523
Dépôt légal : août 2012

Imprimé en Chine

SOMMAIRE

AVANT-PROPOS

Dans les années 1950, au temps où je grandissais à Londres sud, il y avait dans notre bibliothèque une encyclopédie pour enfants qui comportait une section sur « les Sept Arts ». Pas les neuf Muses : les Sept Arts. Ces arts étaient la Littérature, la Musique, l'Opéra, la Danse, le Théâtre, l'Art plastique – et le Cinéma. Ce dernier était décrit comme LA forme d'art du XXe siècle, une forme d'art qui avait pour origine le plus bas degré du divertissement, mais dont un mélange de progrès techniques, de mode, d'organisation industrielle et de créativité avait fini par faire le « Septième Art ». L'encyclopédiste anonyme prédisait que, sous peu, l'histoire du cinéma – comme l'histoire de l'art – franchirait sûrement les portails sacrés de la grande culture en entrant dans les musées et en faisant l'objet d'expositions, de publications savantes et du genre de sérieux critique que l'on appliquait systématiquement aux six autres arts. Adolescent, je fus un lecteur assidu de la revue *Films and Filming*, qui m'introduisait au travail approfondi de la critique cinématographique : elle appartenait au groupe de publications solides consacrées aux « sept arts ».

Un demi-siècle plus tard, une partie seulement de ces prédictions est devenue réalité. Pour les élites artistiques, il y a toujours « les arts » (mais au nombre de six) ; quelques rares films sont réalisés par des artistes ; et puis il y a quelque chose qui s'appelle le cinéma ou le film. On ne sait pas très bien qui y fait quoi. Lorsque des troupes de théâtre jouent sur scène des adaptations de films connus, la culture populaire se transforme d'une certaine façon en art. Mais en 2007, annonçant une exposition sur « Dalí et le cinéma », qui incluait du matériel tiré de Walt Disney (1901-1966) et d'Alfred Hitchcock (1899-1980), les affiches avaient réduit la taille des mots « et le cinéma », apparemment de peur d'effaroucher la troupe des amateurs d'art.

Les raisons de cette hiérarchisation culturelle sont complexes, impliquant – entre autres choses – le fait que le film ne peut pas être un objet de collection au sens traditionnel. Il ne porte ni sur une communication de personne à personne, ni sur une créativité artistique individuelle, sauf sur le plan métaphorique. Le film peut relever aussi bien du *business* que de la culture – et il en relève souvent. Ce que l'on voit n'est pas exactement un objet : cela fait partie de ce que l'on appelle habituellement la culture de masse et depuis les travaux des philosophes et des chercheurs de l'École de Francfort, entre les deux guerres, on a plutôt tendance à opposer celle-ci à l'expérience individuelle authentique. Le film ne dispose pas d'un catalogue séculaire, il ne se fait pas en direct ; et le résultat est d'accès démocratique. Le fait même que l'on puisse en dire autant d'une bonne partie de l'art contemporain est tout simplement passé sous silence. Ces hiérarchies ont des racines profondes, spécialement dans la culture britannique. Cela est étrange, quand on considère à quel point les frontières traditionnelles deviennent floues dans tous les autres domaines. Mais quand elles s'allient à l'anathème jeté sur la médiologie (qui a pris le relais de la sociologie comme bouc émissaire préféré de ceux qui aiment à se lamenter sur le déclin des critères d'exigence dans les études supérieures), l'affaire devient grave.

Tout cela pourrait expliquer la tonalité passablement défensive de bon nombre d'études publiées sur le cinéma – accompagnée du désir ardent de mettre en valeur leurs lettres de noblesse universitaires et d'être (enfin) prises au sérieux par les disciplines environnantes, mieux reconnues académiquement : habituellement littérature et histoire, plutôt qu'histoire de l'art et études plastiques. Cette position défensive a coïncidé avec l'arrivée de nouveaux courants théoriques européens qui paraissaient fournir un *cursus studiorum* tout prêt pour les études cinématographiques – chose extrêmement douteuse pour diverses raisons méthodologiques (archives, dictionnaires, encyclopédies et récits narratifs). Le résultat est que les études cinématographiques ont vu leurs éléments de base entachés de suspicion, avant même d'exister.

L'essor des loisirs à domicile, joint à la maturation des études cinématographiques (enfin !), a fini par susciter une forte demande d'ouvrages de référence sur l'histoire du cinéma, fiables, clairement écrits et exempts de jargon, afin de combattre la fadeur insipide des DVD « bonus » sur *« the making of... »;* de replacer les anecdotes de la vision spectatrice dans un contexte cinématographique ou culturel plus général ; et de fournir une solution de rechange solidement documentée aux recensions exagérément promotionnelles, cotations critiques à coup d'étoiles et autres commérages sur les dépassements de budget ou les conflits de plateau. Et peut-être surtout pour faire le point à un moment où la distribution, la diffusion, les techniques et la vision même des films arrivent toutes à un tournant crucial. L'arrêt sur image a certainement conduit à examiner un film de façon plus rigoureuse – beaucoup plus que ce que les réalisateurs souhaitaient dans la plupart des cas – mais c'est bien cet examen pointilleux des anachronismes et autres erreurs qui assure au spectateur un certain sentiment de « supériorité » : l'assistant en veston et cravate dans le champ alors que les Perses attaquent Babylone dans *Intolérance* (1916) ; Ilsa en tailleur et non en tenue de soirée dans le *flashback* parisien de *Casablanca* (1942) ; l'aveugle qui arbore une montre-bracelet dans *les Dix Commandements* (1956) ; les nombreux légionnaires qui en sont dotés dans *Spartacus* (1960) ; les traces de pneus modernes dans d'innombrables westerns – y compris *la Chevauchée fantastique* (1939). Et pouvez-vous repérer le reflet des lunettes de David Lean (1908-1991) et de son équipe dans le *Docteur Jivago* (1965) ? Ce livre fait quelque chose de beaucoup plus intéressant, en isolant des « scènes principales » de films et en expliquant leur portée.

Tout sur le cinéma offre un récit chronologique de l'histoire du cinéma, depuis la première diffusion publique des films des frères Lumière, en 1895, jusqu'aux films américains d'après le 11-Septembre, CGI et 3D, et cinéma européen du tournant du millénaire. Ce n'est pas une histoire de Hollywood – l'approche habituelle – mais un récit polyphonique du cinéma mondial, mettant l'accent sur les cultures filmiques (au pluriel) plutôt que sur la culture cinématographique (au singulier). L'ensemble est organisé thématiquement et classé par périodes, par régions ou par genres, les introductions étant rédigées par des spécialistes qui situent les films dans leur contexte historique. On trouvera aussi des essais sur chaque film, des chronologies pour les événements clés, des portraits de réalisateur et des encarts ponctuels (relations avec les mouvements artistiques du moment, musique, filmographie, etc.). L'un des atouts de *Tout sur le cinéma* est l'accent mis sur la façon dont chaque génération de réalisateurs dialogue avec les autres – par des retours en arrière, mais aussi, parfois, des sauts en avant. Autre atout : la qualité supérieure des illustrations, considérée comme normale pour les histoires de l'art, mais plutôt récente dans celles du cinéma.

On se rappelle l'ouverture célèbre de l'*Histoire de l'art* d'Ernst Gombrich : « À la vérité, l'Art n'a pas d'existence propre. Il n'y a que des artistes. [...] L'Art avec un grand A est devenu une sorte d'idole et de fantôme. » De la même façon, ceci n'est pas un ouvrage abstrait sur « le Cinéma » ou sur « le Film ». Il porte sur les réalisateurs, sur les films et sur leur importance encore sous-estimée dans notre vie. Il a donc fallu sélectionner très soigneusement les cas à étudier – ce qui requiert toujours un peu de courage...

Professeur sir Christopher Frayling
Historien, critique et homme de radio, Londres

INTRODUCTION

Aucune forme d'art n'est devenue aussi rapidement ni aussi universellement populaire que le cinéma. La date exacte de sa naissance est controversée, mais on la situe néanmoins en 1895 : les frères Lumière – Louis (1864-1948) et Auguste (1862-1954) – projettent la *Sortie des usines Lumière* aux membres de la Société d'Encouragement pour l'industrie nationale le 22 mars. Puis, le 10 juin, ils organisent des projections privées de leurs films au congrès des Sociétés françaises de photographie de Lyon. Six mois plus tard, le 28 décembre, à l'hôtel Scribe de Paris, ils montent la première projection cinématographique publique et payante.

Vingt ans à peine après ces pionniers – autant dire un soupir, dans l'histoire de la littérature ou de l'art –, les films étaient vus par une multitude de spectateurs dans le monde entier. La production cinématographique se mettait en place dans tous les grands pays d'Europe, aux États-Unis, au Canada, en Inde, en Chine, au Japon, en Turquie, au Mexique, au Brésil, en Argentine et en Australie, soutenue par une industrie solide dans plusieurs de ces pays. L'attrait fut immédiat pour les films de Charlie Chaplin (1889-1977, ci-dessous), qui mettaient en scène dès janvier 1914 un jeune artiste anglais de vaudeville. À la fin de cette même année, il était l'homme le plus connu au monde.

Paradoxalement, l'un des facteurs essentiels dans la rapide accession du cinéma à l'universalité résidait dans sa principale limite : le silence. Les films muets étaient adaptables aisément et à moindre coût : une fois les intertitres traduits, tout spectateur pouvait les voir dans n'importe quel pays. Même le faible degré d'alphabétisation n'était pas un obstacle : les cinéphiles s'habituèrent vite au murmure des spectateurs serviables qui lisaient les intertitres pour leurs voisins moins doués en lecture. (Les Japonais, toujours si singuliers, employaient des lecteurs officiels, les *benshi*, qui racontaient le film au public, debout derrière l'écran.) On peut supposer que si le cinéma était né directement en version parlante, il aurait mis infiniment plus de temps à conquérir le monde. Lorsque le parlant arriva dans les salles, l'habitude d'aller au cinéma était trop entrée dans les mœurs pour être découragée par les barrières linguistiques.

Les genres cinématographiques majeurs apparurent tout aussi tôt. Quelques mois après les projections des frères Lumière, l'ancien illusionniste Georges Méliès (1861-1938) se mit à tourner des films fantastiques, de science-fiction et d'horreur.

▸ Charlie Chaplin, figure essentielle des débuts du cinéma, sur un plateau des Keystone Studios en 1914. Son personnage emblématique, Charlot, est reconnaissable entre mille, avec son costume mal ajusté, son chapeau melon et sa canne de bambou.

◄ **Auguste et Louis Lumière à Lyon, en France, en 1892. Ces deux frères mirent au point une caméra pour tourner des images en mouvement et furent parmi les premiers cinéastes. Leur premier film (1895) montrait des ouvriers sortant de l'usine Lumière.**

Le documentaire exista naturellement dès le départ : les premiers réalisateurs n'avaient qu'à pointer leur caméra sur le monde alentour. La comédie suivit rapidement, ainsi que le film en costume, le film sentimental, le *thriller,* le drame psychologique, le film de guerre, la farce, le film à grand spectacle et même la pornographie. Comme on pouvait s'y attendre, les adaptations littéraires de prestige abondèrent, qu'elles vinssent du théâtre ou de l'édition. Les westerns se révélèrent un choix tout naturel pour les réalisateurs américains, surtout après l'installation de cette industrie en Californie. Le film d'animation apparut assez vite, sa naissance étant généralement attribuée à J. Stuart Blackton (1875-1941) avec *Humorous Phases of Funny Faces* (1906). Dès 1910, quasiment tous les genres connus aujourd'hui étaient constitués — certains d'entre eux restant encore sous une forme primitive.

On peut en dire autant des principales techniques cinématographiques. Il fallut étonnamment peu de temps aux réalisateurs pour découvrir les nombreuses ressources qu'offrait la caméra. Gros plans, panoramiques, ralentis, accélérés, *split screen*, surimpressions, arrêts sur image, fondus enchaînés, fermetures à l'iris — autant de procédés qui firent leur apparition dans ces premières décennies. On pourrait dire que toutes les techniques clés — hormis le son, la couleur et la 3D — avaient été mises en place en 1914. Il en va de même pour les techniques de narration : *flashback* et *flashforward,* montage parallèle (juxtaposition de plans qui diffèrent par le lieu ou le temps), plans subjectifs, séquences oniriques et autres — étaient déjà présents sous forme embryonnaire. Tout ce qui est arrivé depuis n'est dû qu'à une sophistication et une habileté technique infiniment plus grandes. Le plus jeune et le plus dynamique des arts majeurs est passé du primitivisme au post-modernisme en un siècle à peine et il porte encore l'empreinte de ses origines.

La révolution qui surprend le cinéma dans sa troisième décennie d'existence a peu à voir avec la technique. Elle est plutôt liée à une question de domination commerciale. Avant la Première Guerre mondiale, les industries cinématographiques européennes dominent le marché international, avec en tête la France, l'Italie et le Danemark. Les États-Unis demeurent importateurs de films : en 1907, sur les 1 200 films distribués sur leur territoire, seuls 400 d'entre eux sont américains. La guerre va changer la donne. L'activité des cinéastes européens se trouvant nettement réduite du fait de la guerre, l'industrie cinématographique américaine naissante – généreusement financée et récemment installée sur la côte Ouest – saisit sa chance. Dans les années 1920, Hollywood, forte de ses ressources financières et techniques incomparables, prend la tête du cinéma mondial et attire irrésistiblement les talents d'outre-Atlantique. Cette situation demeure aujourd'hui la règle.

▶ **Howard Hawks sur le tournage du *Grand Sommeil* (1946) avec Lauren Bacall et Humphrey Bogart. Le réalisateur a souvent produit ses propres films et improvisé des scènes sans l'aval des autorités de censure.**

Dès le début ou presque, on reconnut que le cinéma était unique par son immédiateté et son accessibilité. Certains ne tarissaient pas d'éloges. *American Magazine* s'extasie en 1913 : « Le cinéma est une merveille, car c'est un art démocratique, un art dédié à l'humanité [...]. Les foules y plongent dans l'image vivante, le halo de lumière et la beauté qui exaltent l'esprit de l'espèce humaine. » Néanmoins, ce moyen d'expression si largement répandu et si puissant eut tôt fait d'être soupçonné comme porteur de maux : vulgarisation, nivellement par le bas, sensationnalisme, lubricité, propagande politique, consumérisme gratuit et corruption de la jeunesse (quelques siècles auparavant, le même discours avait accueilli le roman ou le théâtre, devenus ensuite des piliers de la haute culture).

De telles condamnations allaient à l'extrême. Les films n'ont pas « l'ombre d'une qualité pour justifier leur existence », grogne le *Chicago Tribune* en 1907. Le Premier ministre britannique Ramsay MacDonald juge la production d'Hollywood « immorale et abominablement crétine ». En 1958 encore, l'influent *Journal of Education* considère le cinéma en tant qu'art comme « éphémère » et « parasitaire ». Du monde des politiciens, des prêtres et des enseignants émanent des demandes de contrôle et d'un système de censure, qui débouchent souvent sur la mise en place par l'industrie cinématographique elle-même d'organes autorégulateurs. Le plus célèbre d'entre eux fut la *Motion Producers and Distributors of America*, qui dressa une liste de mises en garde connue sous le nom de code Hays. Même ainsi, loin d'être gênés par ces oukases vétilleux, nombre de cinéastes comme Ernst Lubitsch (1892-1947, ci-contre) ou Howard Hawks (1896-1977, ci-dessus) prennent alors un malin plaisir à les contourner subtilement.

Mais le frein le plus durable et – à plus d'un titre – le plus restrictif à la créativité des réalisateurs réside dans la structure même de l'industrie cinématographique. D'une certaine façon, la formidable popularité du moyen d'expression qu'est le cinéma jouait en sa défaveur. Une fois établi le potentiel de profits financiers que l'on pouvait tirer des films, la partie commerciale de l'industrie resserra l'étau autour des éléments les plus expérimentaux ou les plus artistiques. Comme les trois grandes divisions – production, distribution et exploitation – restaient séparées les unes des autres, il y avait une marge de manœuvre. À mesure que la puissance des studios grandissait et que l'intégration verticale se banalisait, la place des indépendants se réduisit rapidement. Dès ses premières années, l'histoire du cinéma fournit de trop fréquents exemples de talents entravés, mis à l'écart ou récupérés par le courant dominant, populiste et insipide. À chaque décennie et dans presque chaque pays, tourner un film vire à la bataille rangée entre les financiers âpres au gain et les artistes désireux de créer une œuvre dont ils peuvent être fiers. Les hommes d'argent aimeraient se dispenser des artistes s'ils le pouvaient, mais rares sont les comptables sachant écrire un scénario ou réaliser un film. (Ce n'est pas à dire que cette incapacité les ait trop souvent dissuadés d'essayer.)

Le nombre de films exceptionnels tournés depuis le début du cinéma et – il est essentiel de le signaler – tournés encore aujourd'hui en dit long sur l'irrépressible vitalité de ce moyen d'expression, tant au sein du système des studios qu'en dehors de celui-ci. Dans le cinéma comme dans nombre d'activités humaines, le mythe de « l'âge d'or » a la peau dure. On célèbre l'ère légendaire où l'on tournait chef-d'œuvre sur chef-d'œuvre et où la créativité atteignait des sommets vertigineux. À l'examen, le mythe se révèle généralement le fruit d'une mémoire excessivement sélective. Prenons par exemple le supposé « âge d'or » de Hollywood : l'époque des studios des années 1930. Certes, on lui doit *Scarface* (1932), *la Fiancée de Frankenstein* (1935), *la Reine Christine* (1933), *l'Impossible Monsieur Bébé* (1938), *Autant en emporte le vent* (1939, voir ci-dessous) et *le Magicien d'Oz* (1939). Mais ce sont là les films qui ont survécu à juste titre. À côté se trouvent quantité d'œuvres banales, médiocres voire sans intérêt ; que personne ne songerait à faire revivre aujourd'hui. Quelle que soit l'époque, guère plus de cinq pour cent de la production cinématographique annuelle méritent que l'on y prête attention, et ce chiffre pourrait bien être exagéré.

Reste qu'il y a eu plusieurs âges d'or cinématographiques, et *Tout sur le cinéma* se propose d'en mettre certains en lumière : ce sont de ces périodes – qui durent rarement plus d'une décennie – où une industrie cinématographique nationale se trouve portée par une vague d'originalité créative, à la suite de la conjonction de facteurs sociaux, techniques, historiques et économiques. En dehors de Hollywood dans les années 1930, on peut distinguer l'Allemagne et l'Union soviétique dans les années 1920 ; la France des années 1930 ; l'Angleterre et l'Italie, du néo-réalisme à la fin des années 1940 ; le Japon dans les années 1950 ; à nouveau la France, avec la Nouvelle Vague dans les années 1960 ; les films du Printemps de Prague, dans la Tchécoslovaquie du milieu des années 1960 ; l'Allemagne à nouveau, avec le Nouveau

▲ Ernst Lubitsch avec Jeanette MacDonald en 1932. Le réalisateur d'origine allemande était réputé pour ses élégantes comédies de mœurs. Les sujets osés et indirects, tout comme ses dialogues suggestifs, laisseront la censure perplexe.

◄ Clark Gable lisant le best-seller de Margaret Mitchell, *Autant en emporte le vent*, en 1939. Le film, dans lequel il interprétait Rhett Butler, remporta dix oscars et demeure l'un des films hollywoodiens les plus populaires de tous les temps.

► Jean-Luc Godard (au centre), avec Eddie Constantine et Anna Karina en 1965. Comme d'autres cinéastes de la Nouvelle Vague, Godard rompt avec le cinéma traditionnel. Il inspirera des réalisateurs comme Wim Wenders (né en 1945) ou Quentin Tarantino (né en 1963).

Cinéma des années 1970 ; le Hollywood des « sales gosses » comme Martin Scorsese (né en 1942, à droite) et Robert Altman (1925-2006), dans la même décennie ; et le cinéma chinois de la cinquième génération dans les années 1980. Les dernières décennies ont vu fleurir des talents cinématographiques en Iran, en Corée du Sud, en Thaïlande, en Amérique latine et en Roumanie.

À d'autres moments – qui ne coïncident pas forcément avec un âge d'or en particulier – certains genres et certains styles jouissent souvent d'un ascendant lié à une certaine atmosphère nationale. En étudiant Hollywood, un historien social décrypterait aisément la façon dont le *film noir* – cette émanation hagarde de la psyché américaine – a émergé dans les ténèbres de l'imminente Guerre mondiale, au moment où l'impertinente et guillerette *screwball comedy* des années 1930 s'essoufflait, pour perdurer dans les années paranoïdes de la Guerre froide, chevauchant – voire contaminant – la comédie musicale et le western, genres américains par excellence et autrement optimistes. De même, on peut établir une relation entre les films de *J-Horror* commencés avec *Ring* (1998), de Hideo Nakata (né en 1961), et la montée des incertitudes et des désillusions nationales qui ont suivi la crise de l'économie japonaise.

Le deuxième siècle du cinéma verra probablement des changements révolutionnaires dans la forme, et des métamorphoses radicales. Ces trois dernières décennies, avec la montée et la sophistication des images de synthèse *(CGI)*, le cinéma est de plus en plus dominé par la technologie. Cette évolution est sans précédent. Les grands développements antérieurs dans la technologie cinématographique – son, couleur et écran large – malgré un impact important, restaient subordonnés au processus de réalisation cinématographique. Même quand leurs paroles purent enfin être entendues et leurs actions vues en Technicolor sur grand écran, les acteurs continuaient de jouer devant une caméra, sur un plateau ou en décor naturel, comme jadis. Les ordinateurs ont néanmoins révolutionné le cinéma traditionnel, peut-être même davantage qu'ils n'ont modifié l'animation. Après tout, les créateurs de *Toy Story* (1995) et leurs successeurs continuent de représenter des images en mouvement, comme les artistes de Disney dans *Bambi* (1942). Mais ce sont les outils qui ont changé.

Au cinéma, non seulement d'énormes monstres et d'immenses armées (comme dans l'attaque du gouffre de Helm du *Seigneur des anneaux* de 2002) peuvent « exister » à l'écran, mais les acteurs peuvent également apparaître dans des paysages composites alors qu'ils n'ont jamais existé. Les acteurs eux-mêmes peuvent être « fabriqués » par captation de mouvements – témoin Andy Serkis dans le rôle de Gollum – et pourraient donc devenir superflus, puisque les techniques d'images de synthèse sont de plus en plus sophistiquées. Bientôt, le premier acteur « humain » créé par ordinateur et convaincant verra le jour et des stars disparues pourront être ressuscitées pour tourner à nouveau : Marilyn Monroe pourrait bien un jour partager l'affiche d'un film avec Humphrey Bogart. Dans le même temps, il se peut que le cinéma emboîte le pas au music-hall : d'ici à cinquante ans, le film tel que nous le connaissons aujourd'hui pourrait tout aussi bien devenir obsolète.

Aujourd'hui, malgré tout, on peut raisonnablement affirmer que le XXIe siècle est une sorte d'âge d'or pour les cinéphiles. Le développement de la vidéo, du DVD et du téléchargement signifie que davantage de richesses du cinéma mondial, passé et présent, sont plus disponibles que jamais. Il n'y a pas si longtemps, pour voir des films anciens ou en version originale, il valait mieux vivre dans une grande ville, non loin d'un cinéma d'art et d'essai, ou tabler sur le hasard en allumant la télévision. Aujourd'hui, les lecteurs de ce livre pourront vraisemblablement voir ou revoir les films présentés dans ces pages et juger eux-mêmes de nos commentaires.

L'objet de ce livre est d'offrir un panorama du cinéma, de ses débuts à nos jours, et de donner la mesure de sa portée toujours croissante. La tâche se révèle bien sûr ambitieuse : le cinéma est trop protéiforme pour être couvert en un seul volume et bien trop insaisissable pour être vraiment défini. Comme dit Godard (né en 1930, à gauche), « le cinéma, c'est la réalité vingt-quatre fois par seconde » : cela impressionne jusqu'à ce que l'on se dise que l'axiome pourrait aussi bien s'appliquer à l'antisémite *Juif Süss* (1940), de Veit Harlan (1899-1964). Samuel Fuller (1912-1997 ; à droite) s'en approche davantage lorsqu'il décrit le cinéma comme « un champ de bataille : amour, haine, action, mort. En un mot : émotion ! ». Toutefois, cela concerne à peine les animations abstraites de Hans Richter (1919-2008) ou d'Oskar Fischinger (1900-1967).

Dans *Tout sur le cinéma*, nous avons opté pour une série de plans de situation, chacun présentant une étape importante dans l'histoire de cet art – décennie décisive, mouvement, genre, moment-phare dans un pays donné – avant de passer aux gros plans de films clés. S'agissant de ces derniers, le critère a été de choisir les films les plus éminemment représentatifs plutôt que ceux que l'on pourrait considérer comme les « meilleurs ». Les lecteurs et critiques n'auront aucune peine à repérer des omissions : dans pareil ouvrage, choisir ce que l'on écarte se révèle plus douloureux que de sélectionner ce que l'on garde. Le cinéma déchaîne autant de passions que d'autres arts, plus même peut-être. Si ce livre suscite des discussions, des suggestions et de furieuses objections ; s'il conduit à des réévaluations, pour ou contre ; s'il donne envie au lecteur de découvrir des films, des cinéastes, des genres, des cinématographies nationales qu'il n'aurait peut-être jamais connus – alors nous aurons rempli notre mission. **P. K.**

▲ Samuel Fuller lors du tournage de son film sur la Seconde Guerre mondiale, *Au-delà de la gloire* (1980). Ses films à petit budget et sans complaisance sont à l'image de son premier métier de grand reporter.

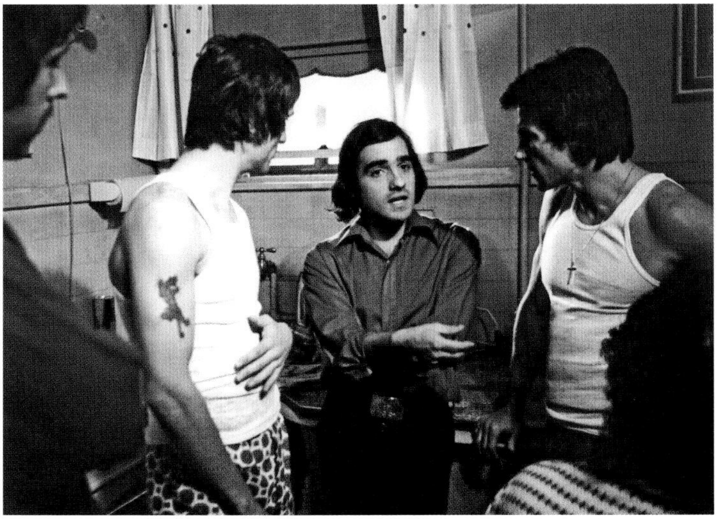

◄ Martin Scorsese (au centre) sur le plateau de *Mean Streets* (1973), avec Robert De Niro et Harvey Keitel. Pour écrire ce scénario, Scorsese s'est inspiré d'événements auxquels il avait assisté adolescent, dans son quartier de Little Italy.

1900 1905 1910

LES PIONNIERS (p. 16)

- *Le Voyage dans la Lune* | **Georges Méliès** (p. 20)
- *Le Vol du grand rapide* | **Edwin S. Porter** (p. 22)

LES PREMIÈRES SUPERPRODUCTIONS (p. 26) ● *Ca*

LES HÉROINES DU MUET (

LE CINÉMA FANTASTIQUE (p. 40)

LES COMIQUES DU MUET (p. 62)

1 | 1900-1929

1900 1905 1910

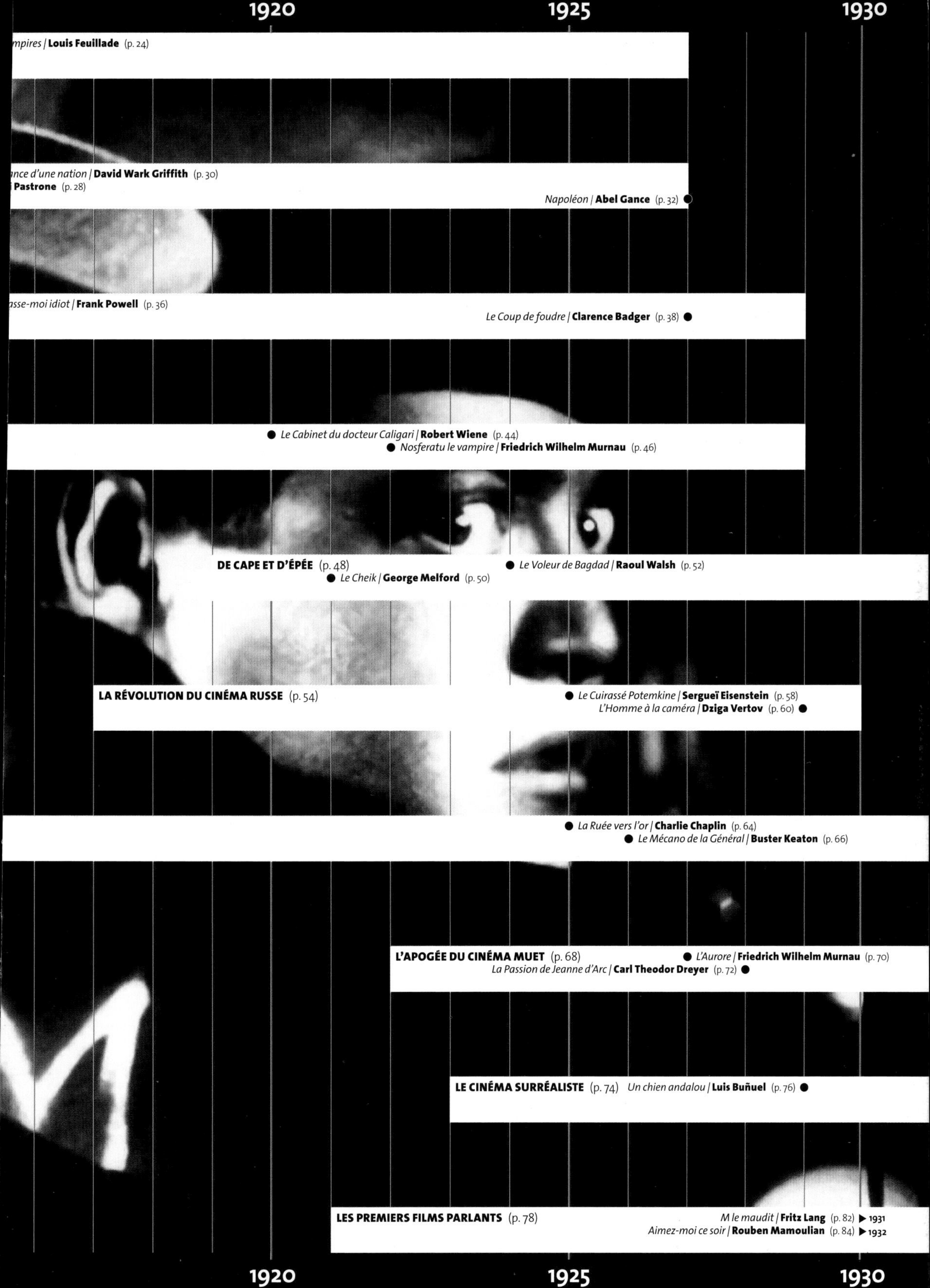

1920 1925 1930

mpires | **Louis Feuillade** (p. 24)

ance d'une nation | **David Wark Griffith** (p. 30)
Pastrone (p. 28)
Napoléon | **Abel Gance** (p. 32)

asse-moi idiot | **Frank Powell** (p. 36)
Le Coup de foudre | **Clarence Badger** (p. 38)

Le Cabinet du docteur Caligari | **Robert Wiene** (p. 44)
Nosferatu le vampire | **Friedrich Wilhelm Murnau** (p. 46)

DE CAPE ET D'ÉPÉE (p. 48)
Le Cheik | **George Melford** (p. 50)
Le Voleur de Bagdad | **Raoul Walsh** (p. 52)

LA RÉVOLUTION DU CINÉMA RUSSE (p. 54)
Le Cuirassé Potemkine | **Sergueï Eisenstein** (p. 58)
L'Homme à la caméra | **Dziga Vertov** (p. 60)

La Ruée vers l'or | **Charlie Chaplin** (p. 64)
Le Mécano de la Général | **Buster Keaton** (p. 66)

L'APOGÉE DU CINÉMA MUET (p. 68)
L'Aurore | **Friedrich Wilhelm Murnau** (p. 70)
La Passion de Jeanne d'Arc | **Carl Theodor Dreyer** (p. 72)

LE CINÉMA SURRÉALISTE (p. 74)
Un chien andalou | **Luis Buñuel** (p. 76)

LES PREMIERS FILMS PARLANTS (p. 78)
M le maudit | **Fritz Lang** (p. 82) ▶ 1931
Aimez-moi ce soir | **Rouben Mamoulian** (p. 84) ▶ 1932

1920 1925 1930

LES PIONNIERS

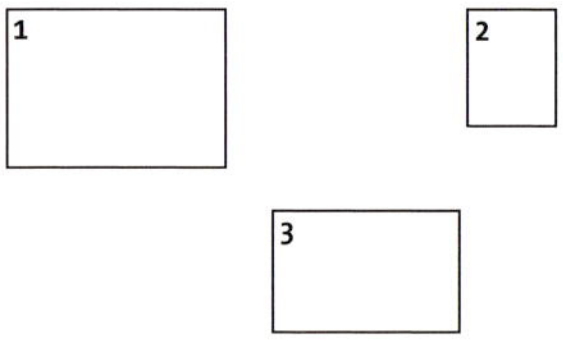

1 L'un des premiers plans en split-screen, dans *À la conquête de l'air,* de F. Zecca, offre un survol des toits de Belleville.

2 Le coq, à l'arrière-plan de cette affiche de 1908 de Pathé frères, restera l'emblème de la compagnie jusqu'à nos jours.

3 Dans *l'Homme à la tête en caoutchouc,* on voit le soufflet prêt à servir tandis que le savant (Méliès) prépare son expérience sur sa propre tête, détachée de son corps.

Le cinéma, qui offre la possibilité de recréer le passé, d'imaginer autrement le présent et de représenter l'avenir, a à la fois suscité et satisfait un goût nouveau pour le spectacle. L'invention technique date de 1895, mais les premiers films, qui ne duraient que quelques secondes, montraient des événements quotidiens ou de simples trucages. Les films construits sur un récit arrivèrent avec le XXe siècle.

Les premiers pionniers résidaient en Europe et non à Hollywood, qui n'existait pas alors en tant que capitale du cinéma. Parmi ceux qui comptent, on trouve les Français Georges Méliès (1861-1938), Charles Pathé (1863-1957) et Ferdinand Zecca (1864-1947). Ce dernier réalisa le court-métrage d'une minute *À la conquête de l'air* (1901, ci-dessus), dans lequel il survolait les toits de Belleville sur une étrange machine volante. Le film fut produit pour Pathé frères, la société de production cinématographique fondée, en 1896, par Charles Pathé et son frère Émile. Parce qu'ils tenaient auparavant un restaurant, les deux frères adoptèrent un coq comme marque de fabrique.

Une difficulté technique empêchait alors le cinéma de devenir une forme d'art : son incapacité à créer une continuité d'action au fil des plans successifs. *Attaque d'une mission en Chine,* tourné en 1900, fut déterminant pour le cinéma. Inspiré par la révolte des Boxers (1898-1901), il montre un groupe de missionnaires chrétiens assiégé par des combattants boxers. Il a été réalisé

REPÈRES

1895	1900	vers 1902	1902	1903	1904
Auguste (1862-1954) et Louis (1864-1948) Lumière projettent à Paris, devant un public payant, dix courts-métrages, dont *la Sortie des usines Lumière.*	La première d'*Attaque d'une mission en Chine* a lieu à Hove Town Hall, dans le Sussex. Le public réclame une seconde projection.	La longueur moyenne d'un film passe de 15 à 183 mètres, offrant plus de temps pour développer l'intrigue.	Méliès réalise *le Couronnement du roi Édouard VII,* reconstituant le couronnement récent d'Édouard VII d'Angleterre.	Sortie de *la Vie d'un pompier américain,* d'Edwin S. Porter. Le film innove par la continuité de son récit et sa technique visuelle de narration.	*Voyage à travers l'impossible* de Méliès joue avec les idées de voyage dans l'espace et sous les mers.

par le pionnier britannique James Williamson (1855-1933), qui réussit l'un des scénarios les plus développés de son époque. Le film a à son actif un décor dans une maison abandonnée, une distribution de vingt-cinq personnes et des scènes d'action rehaussées d'explosions et de coups de feu simulés.

Georges Méliès, impresario et magicien de théâtre, qui avait assisté à la première projection publique des films des frères Lumière, en 1895, s'appropria très vite les aptitudes du cinéma à produire illusion et fantaisie. L'amour du magicien pour les trucages, où il combine l'imaginaire et le macabre, est devenu sa signature. *L'Homme à la tête en caoutchouc* (1901, ci-dessous) montre Méliès sous les traits d'un savant qui, après avoir relié un tuyau de caoutchouc à sa propre tête détachée de son corps, la gonfle avec un soufflet. L'expérience est reprise par un assistant, qui gonflera la tête jusqu'à ce qu'elle explose. Dans *le Voyage dans la Lune* (1902, voir p. 20), la scène où la fusée se plante dans l'œil de la Lune est une juxtaposition du saugrenu et du physiologique typique de Méliès. En dépit des innovations cinématographiques spectaculaires mises en œuvre et développées, ses films ne se sont jamais complètement libérés de leurs racines théâtrales.

Les ambitions de la société Le Film d'Art sont plus élevées : il s'agit d'appliquer les standards artistiques au cinéma et en particulier aux représentations historiques. Le premier exemple, le plus connu, est *l'Assassinat du duc de Guise* (1908), réalisé par Charles Le Bargy (1858-1936) et André Calmettes (1861-1942), qui relate un événement du XVIe siècle, l'élimination d'un rival par Henri III. Malgré le côté sensationnel du sujet, le film, doté d'une musique spécialement composée par Camille Saint-Saëns et d'une distribution issue de la Comédie-Française, est une reconstitution historique sobre et sérieuse.

1910	1912	1912	1914	1918	1927
D. W. Griffith (1875-1948) réalise son court-métrage (17 minutes), *In Old California*, le premier film tourné à Hollywood.	W. Fox, propriétaire de salles de cinéma à New York, crée la Fox Film Corporation, qui deviendra la Twentieth Century Fox, en 1935.	Adolph Zuckor crée la Famous Players Film Company, première compagnie de production américaine spécialisée dans les longs-métrages.	Cecil B. DeMille (1881-1959) réalise son premier film, *le Mari de l'Indienne.*	Jack, Albert, Harry et Samuel Warner ouvrent leur premier studio de cinéma sur la côte ouest.	L'époque du cinéma muet se termine avec la sortie du *Chanteur de jazz*, premier long-métrage sonore sur grand écran.

En Inde, le réalisateur pionnier D. G. Phalke (1870-1944), inspiré par l'une des premières versions filmées de la vie du Christ, a étudié les rudiments de la production pour tourner *Raja Harishchandra* (1913). Ce film en costume marque les débuts de l'industrie cinématographique indienne. Tiré d'un texte sanskrit extrait du *Mahabharata*, le film raconte l'histoire du roi Harishchandra, qui, pour tenir la promesse faite à un saint homme, abandonna son royaume. Phalke, qui a tourné dans les environs de Mumbai avec une distribution non professionnelle masculine, a réussi une épopée hindoue de quelque quarante minutes. Le film a obtenu un énorme succès lors de sa première présentation, au Coronation Cinema de Mumbai. Hélas, il ne nous en reste que les deux premières bobines, et les spectateurs d'aujourd'hui ne peuvent qu'imaginer ce qu'était le film.

En Italie, les premiers cinéastes ont opté pour le mythique et le spectaculaire. L'œuvre de Dante a été une source d'inspiration féconde dont *L'inferno* (1911), le premier long-métrage italien, est l'exemple le plus connu. À la même époque, le genre historique se développait sous la forme d'une série de courts-métrages spectaculaires parmi lesquels *la Chute de Troie* (1911), de Giovanni Pastrone (1883-1959), et *les Derniers Jours de Pompéi* (1913), de Mario Caserini (1874-1920).

Aux États-Unis, *le Vol du grand rapide* (1903, voir p. 22), réalisé par Edwin S. Porter (1870-1941), est considéré comme le premier film narratif américain. Les techniques de caméra et de montage novatrices de Porter, les prises de vues en extérieur et la forme « western » en font, pour les spectateurs de l'époque, un film palpitant. Grâce à l'évolution de la technique, les cinéastes produisent des films plus longs, s'inspirant parfois de la littérature. En 1907, le Canadien Sidney Olcott (1873-1949) réalise la première version filmée de *Ben Hur*, pour la compagnie new-yorkaise Kalem. Adapté du roman écrit, en 1880, par Lew Wallace, le film, qui dure quinze minutes, est difficile à suivre pour qui ne connaît pas l'histoire, et sa fameuse course de chars, filmée depuis un point fixe, n'est guère passionnante. Il fut cependant suffisamment populaire pour que la Kalem soit poursuivie – avec succès – pour violation de copyright ; ce jugement constituera un précédent pour les adaptations d'œuvres littéraires futures.

Il n'était pas aisé de faire tenir un long récit issu d'un roman dans un film court : pour cette raison, les films écrits pour le grand écran se retrouvent souvent parmi les meilleurs. *Le Moulin maudit* (1909), tourné par Alfred Machin (1877-1929) pour Pathé frères, est l'histoire d'une vengeance. Filmé en Belgique, colorisé au stencil et d'une durée de presque six minutes, ce court opus s'appuie sur un récit autonome facile à suivre.

4 Une scène de la passionnante série policière en cinq épisodes de Louis Feuillade *Fantômas*. Cette série est restée célèbre pour le suspense de ses fins d'épisode.

5 L'affiche de la série d'aventures *Judex*. Maître du déguisement et personnage mystérieux, ce justicier préfigure les super-héros en Celluloïd de l'avenir.

6 La fameuse course de chars de *Ben Hur* a souvent été imitée à l'écran. Le remake de 1959 (voir p. 226) recrée cette scène presque plan par plan.

LES SCÈNES PRINCIPALES

1 HANGING ROCK
La silhouette fantastique de Hanging Rock émerge de la brume. Les premiers mots perçus par le public sont une citation d'Edgar Allan Poe : « Ce que l'on voit, et ce que l'on perçoit, n'est qu'un rêve, un rêve dans un rêve. »

2 LES VISAGES DE MIRANDA
La belle Miranda se brosse les cheveux devant ses miroirs et avertit la jeune fille qui a un béguin pour elle : « Tu dois apprendre à aimer quelqu'un d'autre que moi, Sara. Je ne serai plus là très longtemps », comme en une prémonition de ce qui va survenir.

3 LE MYSTÈRE DE HANGING ROCK
Quatre des jeunes filles décident d'escalader les pentes de Hanging Rock. Trois d'entre elles, Miranda en tête, pénètrent comme en transe dans une faille du rocher. La quatrième, Édith, reste en arrière puis dévale les pentes du rocher en hurlant.

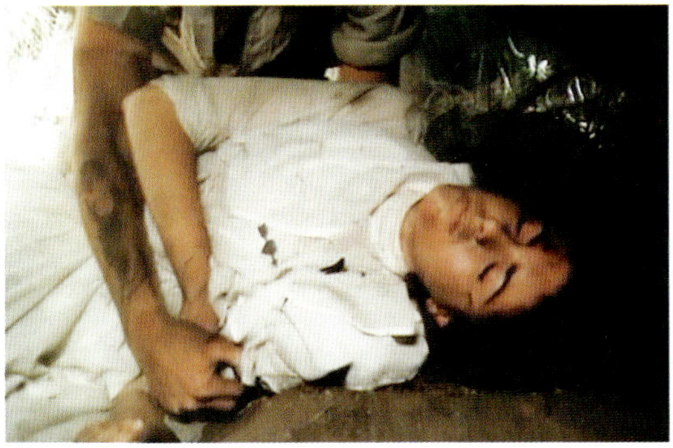

4 ON A RETROUVÉ IRMA
Un autre groupe, au pied du rocher, a assisté au pique-nique de l'école. Ses membres se joindront aux recherches. Après avoir secouru Michael (Dominic Guard) et avoir trouvé un lambeau de dentelle dans sa main, Albert (John Jarrett) retrouve Irma vivante.

LE RÉALISATEUR

1944-1974
Peter Weir est né à Sydney. Après avoir travaillé pour la télévision et à des courts-métrages, il débute comme réalisateur, en 1974, avec *Les voitures qui ont mangé Paris*.

1975-1977
Pique-nique à Hanging Rock, un film majeur, consacrera Peter Weir comme réalisateur de premier plan dans son pays. Le film donne le départ de la Nouvelle Vague australienne alors que le cinéma australien commence à attirer un public international. En 1977, Richard Chamberlain sera la vedette de *la Dernière Vague* (1977), un film plus sombre, qui reprend certains des thèmes de *Pique-nique à Hanging Rock* et explore les relations entre les cultures aborigène et européenne.

1978-1984
Au début des années 1980, Weir réalise deux films d'influence australienne mais internationaux du point de vue politique et historique, *Gallipoli* (1981), sur la campagne de la Première Guerre mondiale, et *l'Année de tous les dangers* (1982), dont l'action s'inscrit au cours des troubles politiques qui ont amené la chute du président Sukarno, en Indonésie. Ces deux films ont fait de Mel Gibson une star internationale.

1985-2003
Aux États-Unis, le réalisateur travaillera avec Harrison Ford (*Witness*, 1985 ; *The Mosquito Coast*, 1986) ; Ford obtiendra un oscar du meilleur acteur pour *Witness*. Parmi les productions suivantes de Weir, on trouve des drames : *le Cercle des poètes disparus* (1989), *État second* (1993), nettement sous-estimé ; une comédie romantique, *Carte verte* (1990) ; une satire de science-fiction, *The Truman Show* (1998) ; *Master & Commander : de l'autre côté du monde* (2003), un film d'aventure et d'action.

de 2004 à nos jours
Bien qu'il ait fait ses preuves, Peter Weir gaspillera une partie de la décennie sur des projets sans suite, mais il reviendra au cinéma avec *les Chemins de la liberté* (2010), l'histoire, fondée sur des faits réels, d'un groupe de soldats évadés d'un goulag sibérien en 1940.

Ma brillante carrière 1979
My Brilliant Career GILLIAN ARMSTRONG née en 1950

▲ Sybylla l'entêtée (Judy Davis) rêve de son brillant futur d'écrivain.

▼ L'affiche insiste plus sur le romantisme du film que sur ses thèmes féministes.

Adaptée du roman de même nom de Miles Franklin, *Ma brillante carrière* est l'histoire du passage à l'âge adulte d'une jeune Australienne, Sybylla Melvyn. La photographie sensuelle de Don McAlpine et les interprétations de Judy Davis (Sybylla Melvyn) et de Sam Neill (Harry Beecham) en font un classique de la Nouvelle Vague australienne.

Née d'une famille pauvre dans une ferme d'élevage du bush, Sybylla lutte pour trouver un rôle dans la vie. Elle rêve d'une carrière artistique mais sa famille voudrait qu'elle travaille comme domestique. Elle est sauvée pour un temps par sa grand-mère et part vivre avec elle et sa tante sur leur propriété de Caddagat. Sa tante lui explique que la réalité de la vie, c'est qu'une jeune femme ne peut rien espérer de mieux qu'un bon mariage et qu'une femme intelligente et indépendante comme Sybylla devra payer ses ambitions d'une vie de solitude.

Le film de Gillian Armstrong s'attaque aux thèmes des attentes de l'adolescence et de l'ouverture d'esprit que la maturité peut apporter. Elle montre aussi le gouffre qui sépare la dureté et le dénuement de la vie dans le bush de la distinction sophistiquée des familles de classe moyenne dans les communautés qui imitent le mode de vie de la respectable Angleterre. La jeune nation se forme une identité exactement comme l'« asociale » Sybylla essaie de forger la sienne. *Ma brillante carrière* est une peinture vivante de la position des femmes à la fin du XIXe siècle et de la pauvreté des opportunités qui leur sont offertes. Les thèmes féministes du film s'affirment sans sombrer dans le didactisme. Gillian Armstrong a été nominée pour la palme d'or. **C. K.**

LES SCÈNES PRINCIPALES

1 DES HOMMES DANS LE BUSH
Sybylla a commencé à écrire son roman. Elle ne fait guère attention à sa famille, dehors, dans la tempête de sable et ne pense même pas à rentrer la lessive. Cette attitude contraste avec la maturité dont elle fera preuve plus tard.

2 SOINS DE BEAUTÉ
La tante de Sybylla lui suggère des soins de beauté – un masque, tremper ses mains dans de l'eau de rose citronnée, brosser ses cheveux indisciplinés – afin de lui apprendre à « cultiver sa vanité féminine ». Elle apparaît comme une créature qu'il faut apprivoiser.

3 SOUS LA PLUIE
Des perspectives de mariage se présentent : un ami de la famille offre un bouquet de fleurs à Sybylla. Plus tard, elle jette les fleurs dans un étang et il se met à pleuvoir. Sybylla devient euphorique et ne pense pas à ses vêtements mouillés et abîmés.

4 AU PIANO
En écho à une scène précédente, dans laquelle sa mère l'interrompt pour lui dire qu'elle a des « illusions de grandeur », ici, la tante de Sybylla lui demande de cesser de jouer les « chansons vulgaires ». Où qu'elle soit, elle ne se sent jamais à sa place.

5 LA DEMANDE
Harry revient et demande Sybylla en mariage. Judy Davis exprime la maturité nouvelle de Sybylla et son sens du devoir, mais aussi la tristesse et le regret de son refus. Elle comprend qu'il est amoureux d'elle, mais elle choisit d'être écrivain avant d'être épouse.

LE RÉALISATEUR

1950-1979
Gillian Armstrong est née à Melbourne et a étudié le cinéma et la création de costumes avant de suivre les cours de la toute nouvelle Australian Film Television and Radio School. Sa première réalisation est un court-métrage, *Old Man and Dog* (1970). Lorsqu'elle réalise *Ma brillante carrière*, en 1979, elle est la première diplômée de son école à réaliser un long-métrage et la première femme à réaliser un film à diffusion commerciale en Australie depuis 1933.

de 1980 à nos jours
Son adaptation du roman de Louisa May Alcott, *les Quatre Filles du docteur March* (1994) vaut à Gillian Armstrong un succès à Hollywood. Elle manifestera à nouveau son sens de l'adaptation littéraire dans *Oscar et Lucinda* (1997) et *Charlotte Gray* (2001). En 2007, elle réalise *Au-delà de l'illusion*, un film biographique consacré à Harry Houdini.

LE CINÉMA ASIATIQUE

1 *Le Petit Garçon,* de Nagisa Oshima, est l'histoire d'un enfant de dix ans dont la famille gagne sa vie en mettant en scène de faux accidents de la circulation.

2 L'affiche psychédélique de *l'Auberge du printemps,* un film influent et plein d'action de King Hu.

3 L'hédoniste Nawab Wajid Ali Shah (Amjad Khan, à gauche) en conversation avec son premier ministre Ali Naqi Khan (Victor Banerjee, à droite) dans *les Joueurs d'échecs.*

Pour le cinéma asiatique, les années 1970 ont été à la fois la meilleure et la pire des périodes. Au Japon, les styles et les genres populaires depuis la guerre du Pacifique (1941-1945) n'intéressent plus le public. Certains studios font faillite, d'autres ne survivent que grâce à la répétition de formules à succès : c'est le cas de Shochiku, avec l'interminable série des Tora-san, l'histoire de Kuruma Torajiro, un homme maladroit mais sensible joué par Atsumi Kiyoshi. Quarante-huit épisodes sortiront entre 1969 et 1995, fournissant sans faillir la même distraction nostalgique à chaque nouvel an et aux vacances d'été de oBon.

Le travail de l'ATG (Art Theatre Guild) est moins commercial : dans un style d'avant-garde, il s'attaque souvent aux thèmes politiques et sociaux. Certains des plus beaux films d'art japonais, de réalisateurs comme Kuroki Kazuo (1930-2006), Shinoda Masahiro (né en 1931), Terayama Shuji (1935-1983) ou Yoshida Yoshishige (né en 1933), doivent leur existence aux subventions de l'ATG. Les films ATG de Nagisa Oshima (né en 1932), en particulier, sont exceptionnels. *Le Petit Garçon* (1969, ci-dessus) est l'étude de la vie d'un jeune garçon contraint par ses parents de participer à une arnaque criminelle. *La Cérémonie* (1971) est une analyse de l'après-guerre japonais racontée à travers l'histoire d'une famille. Malgré ces réussites, Oshima a dû faire appel à des fonds étrangers pour son film le plus controversé, *l'Empire des sens* (1976, voir p. 378), étude d'une obsession sexuelle.

La Chine continentale, dans les affres de la Révolution culturelle, jusqu'en 1976, n'a produit que très peu de films. Cependant, le cinéma de langue chinoise

REPÈRES

1970	1971	1971	1972	1973	1973
Taking Tiger Mountain by Strategy, de Tieli Xie (né en 1925), est le premier film chinois visible depuis le début de la Révolution culturelle.	Sortie à Hong Kong de *A Touch of Zen* (voir p. 376), réalisé par King Hu. Au Japon, les studios Nikkatsu donnent le coup d'envoi à Roman Porno, leur ligne de films pornographiques soft.	L'ATG (Art Theatre Guild) produit *la Cérémonie* (1971), de Nagisa Oshima, et *Pandémonium,* de Toshio Matsumoto (né en 1932).	Le Cinghalais Lester James Peries (né en 1919) réalise *le Trésor,* l'une des plus belles productions du cinéma sri-lankais.	Ritwik Ghatak (1925-1976) réalise *Une rivière nommée Titash,* l'un des premiers films produits au Bangladesh, indépendant depuis peu.	*Combat sans code d'honneur,* de Kinji Fukasaku (1930-2003), est le premier d'une série de films japonais sur les yakusas.

est resté florissant à Hong Kong et à Taïwan, dont les films d'arts martiaux, en particulier ceux des studios Shaw Brothers de Hong Kong, sont connus du monde entier. Bruce Lee a été l'une des stars des arts martiaux en Occident : ses aptitudes au combat et sa mort ont fait de lui une légende. Le genre kung-fu ne fut élevé à son véritable rang qu'avec les films de Liu Chia-Liang (né en 1936). Dans des œuvres comme *la 36e chambre de Shaolin* (1978), il mêle l'action à l'humour et au pathétique. Les films d'escrime de King Hu (1931-1997) sont tout aussi exceptionnels. La sortie de son chef-d'œuvre, *A Touch of Zen* (1971, voir p. 376), fut suivie par *l'Auberge du printemps* (1973, ci-contre).

En Inde, Bollywood continue à mettre en scène des spectacles somptueux de chants et de danses, ainsi que des films d'action et de gangsters et des films « masala », qui combinent tous les genres. Parmi les films de Bollywood les plus célèbres de la décennie, il faut noter *Sholay* (1975), le curry western de Ramesh Sippy (né en 1947), devenu le plus gros succès financier de l'histoire du cinéma indien, et *Amar Akbar Anthony* (1977), de Manmohan Desai (1936-1994), qui examine la diversité culturelle et religieuse de l'Inde à travers l'histoire de trois frères élevés respectivement dans les religions hindoue, musulmane et chrétienne. À la même époque, au Bengale, Satyajit Ray (1921-1992) poursuit son œuvre dans la même veine précise et réaliste : *les Joueurs d'échecs* (ci-dessous) furent récompensés pour l'attention minutieuse apportée à la précision historique. Ses films prennent un sens politique plus direct : *l'Adversaire* (1971) et *Jana Aranya* (1975) s'intéressent au problème du chômage urbain et à l'immoralité du capitalisme, tandis que *Tonnerres lointains* (1973) montre les conséquences de la Seconde Guerre mondiale dans un village du Bengale. Shyam Benegal (né en 1934) a lui aussi traité des questions politiques et sociales dans son long-métrage *Ankur* (1974). Le niveau de violence et de blasphème de ce film est inhabituel dans le cinéma indien de l'époque. Il a été nominé pour l'ours d'or au 24e Festival international du film de Berlin. **A. J.**

1975	1975	1976	1977	1979	1979
Réalisé par M. S. Sathyu (né en 1930), *Vents chauds* est un compte rendu incisif des difficultés que rencontre une famille musulmane de Calcutta après la partition.	Ramesh Sippy réalise le curry western *Sholay*, qui sera le plus gros succès financier de Bollywood et de l'Inde tout entière.	Nagisa Oshima, le maître de la Nouvelle Vague japonaise, fait appel à un financement international pour réaliser son film le plus controversé, *l'Empire des sens* (voir p. 378).	Manmohan Desai réalise *Amar Akbar Anthony*, un classique de Bollywood. Satyajit Ray réalise *les Joueurs d'échecs*.	En Corée du Sud, Im Kwon-taek (né en 1936) se fait connaître avec *Généalogie*.	Après avoir travaillé sur des documentaires, le Japonais Shohei Imamura (1926-2006) revient à la fiction avec *Vengeance is Mine*.

A Touch of Zen 1971
Hsia nu KING HU 1931-1997

▲ Les acrobaties du général Shih lui permettent d'échapper au maléfique Hsu.

▼ Cette version de l'affiche souligne le lyrisme du film bien plus que sa violence.

Le critique Peter Rist disait de King Hu qu'il était « le grand réalisateur le moins apprécié de l'histoire mondiale du cinéma » et « l'un des cinéastes les plus originaux des années 1960 ». Hu était le maître du genre *wuxia* (arts martiaux), une tradition qui remonte au cinéma chinois du muet mais qui trouva sa forme moderne après que Hu et quelques-uns de ses contemporains l'eurent imprégné d'une sophistication nouvelle à la fin des années 1960.

King Hu a mis trois ans à réaliser *A Touch of Zen*, considéré comme son chef-d'œuvre, dans lequel il mêle l'histoire chinoise et la théologie bouddhiste dans des actions chorégraphiées avec style, servies par une manipulation élégante de la caméra. Sa réalisation est pleine d'intuition et son utilisation de la caméra, avec des mouvements et des travellings élaborés qui rappellent parfois Kenji Mizoguchi (1898-1956), est inventive. Il travaillait à Taïwan plutôt qu'à Hong Kong, où il avait réalisé son premier film de *wuxia*, *l'Hirondelle d'or* (1966), et tirait le meilleur parti des paysages montagneux de l'île, arrière-plans spectaculaires.

Les scènes d'action sont mémorables, mais le film est aussi remarquable par sa construction décontractée : le premier tiers est réservé à la mise en place de l'intrigue, sans violence effective. On y trouve aussi une discrète dose d'humour. On regrette que le temps et le soin consacrés par Hu à son film n'aient pas été récompensés par un succès commercial immédiat. Il a été projeté en deux parties à Taïwan puis remonté par ses distributeurs de Hong Kong. En 1975, cette version a obtenu un prix spécial à Cannes et, en 2005, *A Touch of Zen* était neuvième dans la liste des cent meilleurs films chinois des Hong Kong Film Awards. **A. J.**

Au fil des progrès techniques, la durée des films continue à croître, favorisant le développement de mini séries. Dans ce format, la palme du succès revient à *Fantômas* (1913-1914, à gauche), un feuilleton en cinq épisodes qui met en scène l'un des personnages les plus populaires de la littérature policière française, joué ici par René Navarre. Chacun des épisodes réalisés par Louis Feuillade (1873-1925) durait à peu près une heure et se terminait sur un nouveau suspense. Fantômas est un assassin sans moralité qui inspire encore les cinéastes d'aujourd'hui. *Judex* (1916, à droite), un autre feuilleton de Feuillade, raconte les aventures d'un personnage héroïque plus honorable, dans lequel on pourrait reconnaître la première apparition à l'écran d'un super-héros. Ce prolifique réalisateur a aussi produit la série en dix épisodes *les Vampires* (1915, voir p. 24), qui raconte l'histoire de l'organisation criminelle parisienne éponyme. Les techniques de thriller développées par Feuillade devaient influencer des maîtres, Fritz Lang (1890-1976) ou Alfred Hitchcock (1899-1980).

La possibilité de réaliser des films plus longs, l'émergence des studios de Hollywood et les budgets plus élevés ont encouragé les cinéastes à produire des adaptations littéraires comme *20 000 Lieues sous les mers* (1916), de Scotsman Stuart Paton (1883-1944), d'après Jules Verne (1869) et *l'Ile mystérieuse,* du même auteur (1874). Paton, pour ce premier film montrant des séquences sous-marines, intégra à son équipe deux immigrants britanniques venus aux États-Unis, les frères John et George Williamson. Grâce aux effets spéciaux innovateurs, aux prises de vues en extérieur et à des décors élaborés – une maquette du sous-marin *Nautilus* a été construite – le résultat, pour l'époque, est remarquable.

Le goût du spectacle continua à s'exprimer dans des superproductions, tels *les Dix Commandements* (1923) et *Ben Hur* (1925, ci-dessous), qui inaugurent ce qu'on appellera le péplum. La production de *Ben Hur,* réalisé par Fred Niblo (1874-1978) et Charles Brabin (1882-1957, non cité au générique), se révéla mouvementée et coûteuse pour la toute nouvelle Metro Goldwyn Mayer. Pour que la course de chars soit plus intéressante, le studio avait promis une prime de cent dollars au vainqueur : la terrible collision qui en résulta a été conservée dans le montage final du film. Dans ces films héroïques des années 1920, comme dans les effets spéciaux de Ray Harryhausen des années 1950 et 1960, on retrouve l'esprit du réalisateur pionnier Georges Méliès. Les techniques du cinéma comme ses structures narratives sont devenues de plus en plus sophistiquées, mais les principes fondateurs du cinéma – réinventer et réinterpréter la réalité – sont restés les mêmes depuis les premiers jours. **C. K. et D. P.**

Le Voyage dans la Lune 1902

GEORGES MÉLIÈS 1861-1938

▲ Méliès a créé des paysages fantastiques. Ici, un Sélénite essaie d'empêcher la capsule de repartir vers la Terre.

▼ L'image emblématique du film : une fusée plantée dans l'œil de la Lune.

LE VOYAGE
DANS LA LUNE

Parmi plus de cinq cents films réalisés par le fantaisiste cinéaste Georges Méliès, c'est le plus connu, regardé et même piraté : évidemment son plus grand succès. Cette épopée cosmique de quatorze minutes annonce déjà *Flash Gordon* (1936), *Destination… Lune* (1950), *2001 : l'Odyssée de l'espace* (1968, voir p. 292) et *la Guerre des étoiles* (1977, voir p. 366). Une succession de tableaux trépidants raconte une expédition vers la Lune, proposée, discutée par des types aux allures de sorciers puis mise à exécution.

La recette du voyage dans l'espace est tirée du livre *De la Terre à la Lune,* de Jules Verne (1865, adapté au cinéma en 1958) : des professeurs âgés grimpent dans une capsule en forme d'obus qui sera lancée par un canon. Le monde qu'ils découvrent ressemble beaucoup à celui des *Premiers Hommes dans la Lune,* de H. G. Wells (1901, adapté au cinéma en 1919 et en 1964), avec des Sélénites gambadants, à la fois insectes, perroquets et squelettes, vivant dans une forêt sous-lunaire de champignons géants. Comme tous les films de Méliès, *le Voyage dans la Lune* est à la fois d'une violence puérile – les explorateurs massacrent joyeusement les autochtones et assassinent le Grand Lunaire – et doucement satirique dans le traitement de la pompeuse cérémonie du lancement et de la folle parade avec remise de médailles organisée au retour. Les effets combinent des traitements optiques ambitieux (comme le matting – un précédent notable – de la capsule, découpée, qui se pose dans une mer réelle), des animations par découpage et la manipulation savante d'un décor de théâtre géant. **K. N.**

LES SCÈNES PRINCIPALES

1 LE DÉCOLLAGE
Des girls en tenue de marin (des danseuses des Folies-Bergère) chargent la capsule en forme d'obus dans un canon géant, préparant le lancement de fusée le plus glamour de tous les temps. Le décor, toits compris, est entièrement peint.

2 ALUNISSAGE
La capsule s'est posée en catastrophe sur la Lune : les astronautes débarquent et explorent le mystérieux paysage rocheux. Le plan suivant, qui inverse un spectacle familier, permet à Méliès de souligner l'intensité dramatique du moment.

3 CLAIR DE TERRE
Alors que nous voyons d'habitude la Lune s'élever au-dessus de l'horizon, c'est ici la Terre qui apparaît dans le ciel noir. Les mains tendues et les chapeaux levés des astronautes conduisent le regard vers la planète, mettant l'accent sur cette étrangeté.

4 LES EXTRATERRESTRES ATTAQUÉS
Les Sélénites explosent en nuages de fumée lorsqu'on les frappe à coups de parapluie. Leur nom, une référence à Séléné, la déesse de la Lune de la mythologie grecque, est repris du roman *les Premiers Hommes dans la Lune*, de Herbert G. Wells.

5 LE TRIOMPHE
La capsule, entraînant un Sélénite dans sa chute, amerrit. Au cours des festivités qui s'ensuivent, le Sélénite est contraint de danser pour la foule – tout à fait comme les Africains ramenés en Europe étaient donnés en spectacle aux Occidentaux.

LE RÉALISATEUR

1861-1894
Georges Méliès est né en 1861. Il se fait connaître à Paris comme magicien de music-hall et fonde le théâtre Robert-Houdin.

1895-1901
Méliès tourne d'abord des séquences dans le style des frères Lumière, mais il profite bientôt du potentiel de la caméra pour créer l'illusion de la magie, devenant ainsi l'inventeur des effets spéciaux.

1902-1912
Il tourne des films plus complexes, où des décors à effets spéciaux sont mis au service d'intrigues plus élaborées. Ses dernières épopées sont aujourd'hui oubliées.

1913-1938
En faillite, puis mis à l'écart des affaires, Méliès sera néanmoins salué comme un maître par les surréalistes et obtiendra une reconnaissance officielle avec la Légion d'honneur en 1931.

Le Vol du grand rapide 1903
The Great Train Robbery EDWIN S. PORTER 1870-1941

▲ Les voleurs se rendent maîtres du train. Bien qu'il s'agisse d'un western, le film a en fait été tourné dans le New Jersey.

▼ L'affiche reprend le fameux plan final du film ; elle rappelle les représentations romantiques classiques de l'ancien Ouest.

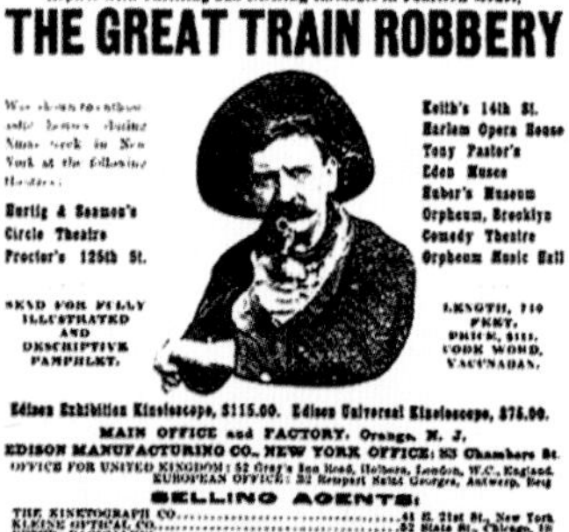

Le western d'Edwin S. Porter marque l'arrivée du cinéma moderne avec ses prises de vues en extérieur, ses mouvements de caméra et son montage alterné, forgeant un style que perfectionneront Charlie Chaplin (1889-1977), Mack Sennett (1880-1960) et D. W. Griffith au cours des vingt années suivantes.

Adapté du succès de Scott Marble à Broadway, en 1896, et inspiré de l'attaque réelle d'un train de l'Union Pacific par le gang du Trou dans le mur *(Hole in the Wall)* le 29 août 1900, *le Vol du grand rapide* présente en onze minutes et quatorze séquences à un seul plan toutes les métaphores qui définiront par la suite le genre western. Ce compte rendu filmé de l'attaque d'un train excelle par son rythme et son suspense, qui firent son succès auprès de publics peu habitués à des divertissements filmés si passionnants.

Au-delà de ses qualités techniques, le film fascine dès la présentation des voleurs. À l'évidence, Porter admire leur impitoyable efficacité ; il introduit ainsi une ambiguïté dans la représentation conventionnelle des bons et des méchants. Les fêtards qui tirent sur le plancher autour de l'homme en train de danser – ce cliché apparaît dans un film pour la première fois – ternissent un peu l'image héroïque de la suite. Cette ambivalence est devenue un pilier du cinéma de genre, en particulier dans les westerns de Hollywood (voir p. 242), dans les films noirs (voir p. 168) et dans les thrillers. Le plan final se place après la mort des voleurs : l'un des bandits apparaît en gros plan, lève son arme et tire sur les spectateurs. C'est l'un des meilleurs exemples de l'aptitude du cinéma à soulever son public, lui offrant par procuration la montée d'adrénaline de la violence. **I. H. S.**

LES SCÈNES PRINCIPALES

1 **UNE AFFAIRE SOIGNEUSEMENT PRÉPARÉE**
Dans la scène d'ouverture, les voleurs prennent le contrôle du bureau de la gare. Respectant un plan méticuleux et impitoyable, ils prennent l'opérateur du télégraphe et le receveur en otages. Le récit est lancé et l'efficacité des voleurs mise en évidence.

2 **UN DÉTACHEMENT S'ORGANISE**
Alors que les voleurs s'enfuient, l'opérateur du télégraphe interrompt un bal improvisé pour informer les convives de ce qui s'est produit. La scène constitue une diversion distrayante à l'action et introduit les héros du jour – la troupe qui poursuivra les voleurs.

3 **ON TIRE SUR LES SPECTATEURS**
Traversant le « quatrième mur » (lorsqu'un acteur s'adresse au spectateur), la séquence finale est une manifestation précoce de la relation explicite du cinéma avec la violence. À l'époque, ces coups de feu ébranlèrent certains spectateurs.

LE RÉALISATEUR

1870-1903
Edwin Stanton Porter est né en 1870. En 1899, il entre à la Edison Manufacturing Company, où il prend la direction des studios de New York. Il s'impliquera dans tous les aspects du cinéma, bien que ses deux premiers succès, *la Vie d'un pompier américain* (1903) et *le Vol du grand rapide* n'aient pas suffi à le faire connaître comme réalisateur.

1904-1908
Il expérimente le montage parallèle dans *The Kleptomaniac* (1905) et travaille sur les angles de prise de vues, les plans rapprochés et l'éclairage dans *The Seven Ages* (1905). Dans *Dream of a Rarebird Fiend* (1906), il s'inspire de Méliès pour adapter une bande dessinée de Winsor McCay.

1909-1916
Porter crée sa compagnie cinématographique, Rex, qui ne dura guère. En 1912, il rejoint les Famous Players d'Adolph Zukor, avec qui il réalisera le premier film américain de cinq bobines, *le Prisonnier de Zenda* (1913), suivi, la même année, par *le Comte de Montecristo*. Au cours de ses deux dernières années comme réalisateur, il travaillera avec Mary Pickford et fera une star de l'actrice de théâtre adulée Pauline Frederick, qui apparaît dans le rôle-titre dans son dernier film, *Lydia Gilmore* (1915).

1917-1941
Porter accède à la présidence de la Precision Machine Company, qui fabrique les projecteurs Simplex. Il continuera à inventer et à développer de nouvelles technologies cinématographiques jusqu'à sa mort, à l'âge de 71 ans, le 30 avril 1941, à New York.

LA PREMIÈRE VEDETTE DE WESTERN DU CINÉMA

Né à Little Rock en Arkansas le 21 mars 1880, Max Aronson, fut le héros du premier western de l'histoire du cinéma. Sa chance arriva avec *le Vol du grand rapide*, où Porter lui confie trois rôles : le passager abattu dans le dos alors qu'il tente de s'enfuir, le danseur chassé à coups de revolvers et l'un des employés du train. Le succès du film le conduisit à réaliser ses propres tournages, mais il ne devint une star que lorsque, ne trouvant pas d'acteur pour *Broncho Billy's Redemption* (1910), il décida de jouer le rôle lui-même. Il y eut des dizaines de suites et il fut connu de tous sous le surnom de Broncho Billy, jusqu'à l'avant-dernière apparition de ce personnage, dans *Broncho Billy and the Parson*, en 1915. Cinquante ans plus tard, il revenait à l'écran dans *Chasseur de primes* (1965), âgé alors de quatre-vingt-cinq ans.

Les Vampires 1915

LOUIS FEUILLADE 1873-1925

▲ Marta la ballerine – elle va mourir en scène, par les bons soins du Grand Vampire.

▼ Musidora annonce les tenues gothiques de Catwoman et de Batman.

Pour contrer la sortie chez Pathé d'un nouveau serial dont la vedette serait Pearl White, la star des *Perils of Pauline,* Léon Gaumont demanda à Louis Feuillade d'imaginer une série d'aventures policières sensationnelles. Le résultat, les dix épisodes des *Vampires,* raconte les méfaits d'une bande de criminels : en dépit de son titre, il ne s'agit pas d'un film d'horreur. Rejeté par les tenants d'un cinéma plus artistique – et par certaines autorités qui soupçonnent un manque de moralité – *les Vampires* sont aujourd'hui considérés comme le chef-d'œuvre de Feuillade : un exemple vraiment moderne des débuts du cinéma.

La puissance du film doit beaucoup à la manière dont il situe des événements fantastiques dans des lieux réels. Ces histoires d'attaques à coups de canon, de champagne empoisonné et de bandes criminelles qui terrorisent les citoyens respectables ont pour décor les rues, les maisons et les toits de Paris. Le départ d'un grand nombre d'hommes pour les combats de la Première Guerre mondiale avait installé un calme sinistre dans les rues de Paris. Feuillade détend l'atmosphère grâce à l'assistant de son héros, Mazamette (Marcel Lévesque), mais sa vraie star est Musidora (*alias* Jeanne Roques), qui joue Irma Vep. Ici, comme plus tard dans le feuilleton *Judex* (1916), elle réussit de saisissants portraits d'une incarnation féminine du mal.

Les premiers pionniers français, les frères Lumière et Méliès, ont exploré les possibilités nouvelles du cinéma pour l'expression de la vie de tous les jours ou la représentation de mondes imaginaires ; dans *les Vampires,* Feuillade à son tour montre comment les cinéastes sont capables d'interpréter le fantastique. **G. B.**

LES SCÈNES PRINCIPALES

1 « LA TÊTE COUPÉE »
On a retrouvé, au château de la Chesnaye, la tête tranchée de l'inspecteur Durtal. Mrs Simpson et le Dr Nox (Jean Aymé) sont enfermés. Mais Mrs Simpson est assassinée et le « Dr Nox » s'enfuit par les toits, laissant une carte où on lit : « Je suis le Grand Vampire ».

2 « LE CRYPTOGRAMME ROUGE »
Déguisé, le jeune reporter Philippe Guérande (Édouard Mathé) s'introduit au Howling Cat, un cabaret louche, quartier général des Vampires. Les chansons d'Irma Vep (une anagramme de « vampire ») y sont applaudies avec frénésie. Guérande rentre chez lui...

3 « LES YEUX QUI FASCINENT »
Le comte Kerlor et son fils (en fait le Grand Vampire et Irma Vep) et le criminel Moreno, son rival, font partie des clients de l'hôtel du Grand Veneur. Irma Vep, en collant noir, fouille la chambre de Werner. À sa sortie, elle sera capturée par Moreno.

4 « LES NOCES SANGLANTES »
La femme de Philippe Guérande est enlevée par les vampires, qui célèbrent les noces d'Irma Vep et de Vénénos (Frédérick Moriss), le nouveau Grand Vampire. Guérande, son assistant Mazamette et la police font irruption : cette fois, les Vampires ne s'échapperont pas.

LE RÉALISATEUR

1873-1907
Louis Feuillade est né dans une famille de viticulteurs du village de Lunel, dans le sud de la France. Après un début de carrière peu glorieux dans la littérature, il entre dans le monde du cinéma comme scénariste pour Alice Guy, alors directrice artistique de Gaumont, la première société de production française. Il la remplacera en 1907, et ce, jusqu'en 1918. C'est durant cette période qu'il produit *les Vampires*, la série pour laquelle il est encore célèbre aujourd'hui.

1908-1912
Feuillade a réalisé des centaines de courts-métrages – sa filmographie a été estimée à plus de 700 œuvres – passant des « films esthétiques » (reconstitutions historiques, fantaisies mythologiques et tragédies) aux comédies. Les films *Bébé* (1910-1913), avec en vedette René Dary alors enfant, obtinrent un franc succès ; la série *La vie telle qu'elle est* (1911-1912), tournée à la même période, est un mélange révolutionnaire de mélodrame familial et de plans en extérieur. Après la série des *Bébé*, il tourna les soixante-deux épisodes de *Bout-de-Zan* (1912-1916).

1913-1916
Feuillade s'est fait connaître avec des séries policières : *Fantômas* (1913-1914), inspiré des best-sellers de Pierre Souvestre et Marcel Allain, dont on estime qu'elle a établi la forme de son serial suivant, *les Vampires* (réalisé après une courte mobilisation dans les tranchées) et *Judex*. À cette époque, elles provoquent la colère des critiques qui les trouvent fades et démodées, comparées, par exemple, au « grand art » de l'œuvre de D. W. Griffith. Mais Feuillade, continuant ses expériences, travaille sur d'autres genres.

1917-1925
Ses derniers triomphes furent deux nouvelles séries policières : *Tih-minh* (1918) et *Barabbas* (1919). Feuillade resta ensuite dans l'ombre jusqu'à sa mort, en 1925, même si ses films, peut-être à cause de leur réputation d'œuvres sans respectabilité ni prétention, ont enchanté les surréalistes. La nouvelle génération les redécouvrira après la Seconde Guerre mondiale.

LES PREMIÈRES SUPERPRODUCTIONS

1 2 3

1 Les superproductions exigent de vastes décors à la conception élaborée, comme celui de la course de chars de *Quo vadis ?*

2 L'affiche de *Civilisation*. Le grand écran convient bien au thème de la guerre.

3 Le Sermon sur la Montagne, dans l'épopée biblique *le Roi des rois*, de Cecil B. DeMille.

Les superproductions se distinguent par leurs gros budgets, leurs décors monumentaux, leurs vastes distributions et, parfois, leurs effets spéciaux. La technologie balbutiante des débuts du cinéma limitait les ambitions des réalisateurs, mais ils lâchèrent les rênes de leur imagination dès que ses progrès le leur permirent. Les racines du cinéma épique sont ancrées en Europe, en particulier en Italie, où les réalisateurs ont tiré du passé classique de leur pays des films extravagants. Enrico Guazzoni (1876-1949) a engagé cinq mille figurants pour son drame en neuf bobines *Quo vadis ?* (1912, ci-dessus), dont l'action se situe dans la Rome des premiers chrétiens. Giovanni Pastrone (1883-1959) a multiplié les lieux de tournage pour *Cabiria : vision historique du IIIe siècle avant Jésus-Christ* (1914, voir p. 28). Le film dure trois heures, avec des centaines d'acteurs et des décors spectaculaires. Pastrone et son chef opérateur espagnol, Segundo de Chomon, ont été les premiers à utiliser un chariot pour déplacer la caméra et réussir des travellings sans heurts. De Chomon était un maître des effets optiques ; il a travaillé ensuite sur le tournage du *Napoléon* (1927, voir p. 32) d'Abel Gance (1889-1981), qui exploite intensivement les techniques de caméra. Les péplums italiens ont influencé la production hollywoodienne ; ils ont inspiré entre autres à Cecil B. DeMille (1881-1959) sa première version des *Dix Commandements* (1923), un spectacle de 136 minutes retraçant l'histoire

REPÈRES

1912	1912	1913	1914	1915	1916
Quo vadis ?, le drame de cent vingt minutes d'Enrico Guazzoni, est le premier film à atteindre cette durée de deux heures.	À Los Angeles, Thomas H. Ince construit Inceville, une ville toute en décors de cinéma ; il y tournera beaucoup de ses films.	Les Italiens Mario Caserini (1874-1920) et Eleutorio Rodolfi (1876-1933) réalisent la superproduction *les Derniers Jours de Pompéi*.	La réalisation de *Cabiria* (voir p. 28) coûtera plus d'un million de lires, ce qui en fait le film le plus coûteux de son temps.	*Naissance d'une nation* (voir p. 30), de 190 minutes, bat le record du film le plus long.	D. W. Griffith est accusé de bigoterie à propos de son film *Intolérance*.

biblique de Moïse. En 1927, DeMille montrera de nouveau son sens de la mise en scène dans sa spectaculaire superproduction biblique *le Roi des rois* (ci-contre, en bas), qui, avec des milliers de figurants, retrace la vie et la mort de Jésus-Christ.

En 1914, la Première Guerre mondiale arrêta le développement de l'industrie cinématographique européenne, alors que les réalisateurs américains continuaient à bousculer les obstacles qu'ils rencontraient. D. W. Griffith (1875-1948) réalisa *Naissance d'une nation* (1915, voir p. 30), une saga sur la guerre de Sécession innovant par sa technique et son style narratif. Pour autant, les États-Unis ne se tenaient pas à l'écart des événements européens : *Naissance d'une nation* montre aussi l'horreur de la guerre. D'autres réalisateurs sont allés plus loin sur ce sujet dans des films pacifistes, comme l'allégorique *Civilisation* (1916, ci-contre), de Thomas H. Ince (1882-1924). Ince était un titan de l'industrie cinématographique des débuts : comme réalisateur, il a précisé les rôles du producteur et du chargé de production, participé au développement des studios de Hollywood et, en 1915, fait partie des fondateurs de l'une des premières *majors* indépendantes, la Triangle Motion Picture Company.

Ince construisit Inceville, le premier studio digne de ce nom, dans un ranch de Los Angeles et y tourna *Civilisation*. Le film suit le destin d'un commandant de sous-marin qui refuse de détruire un paquebot suspecté de transporter des munitions destinées à l'ennemi et, après avoir sabordé son bâtiment, se retrouve au Purgatoire. Ince lança son film d'un million de dollars dans la presse par des publicités qui vantaient l'extravagance de la production : « 18 000 dollars de munitions dans une seule bataille / 40 000 employés / 10 000 chevaux engagés dans des charges de cavalerie saisissantes / 40 avions dans la bataille aérienne ». Le film fut un succès ; sa description sanglante de la guerre était si réaliste que lorsque les États-Unis entrèrent en guerre, en 1917, il fut retiré des salles.

Après la guerre, des réalisateurs comme Fritz Lang (1890-1976) feront impression en Europe. *Les Nibelungen : la mort de Siegfried* (1924) et *les Nibelungen : la vengeance de Kriemhild* (1924) sont inspirés d'un poème épique du XIIIe siècle qui relate l'histoire du guerrier teutonique Siegfried. Les deux films, productions luxueuses aux décors hallucinants, posent les bases des superproductions fantastiques. C'est cependant un film sur la Première Guerre mondiale qui obtiendra le plus gros succès commercial du cinéma muet : *la Grande Parade* (1925), de King Vidor (1894-1982), restera à l'affiche de l'Astor Theater, à New York, quatre-vingt-seize semaines, durée sans précédent. Ce film à grand spectacle montre la brutalité des tranchées mais, par sa représentation juste de l'intimité, fait aussi appel à l'émotion. Le film met en vedette John Gilbert dans le rôle de Jim, un garçon riche et paresseux qui s'engage par amour-propre. Il deviendra adulte à travers l'amitié de ses camarades, l'amour d'une jeune Française et la perte de ceux qu'il aime. L'accent que met Vidor sur la joyeuse camaraderie entre les jeunes soldats souligne le caractère poignant de leur destin lorsque la guerre les fauche. **C. K.**

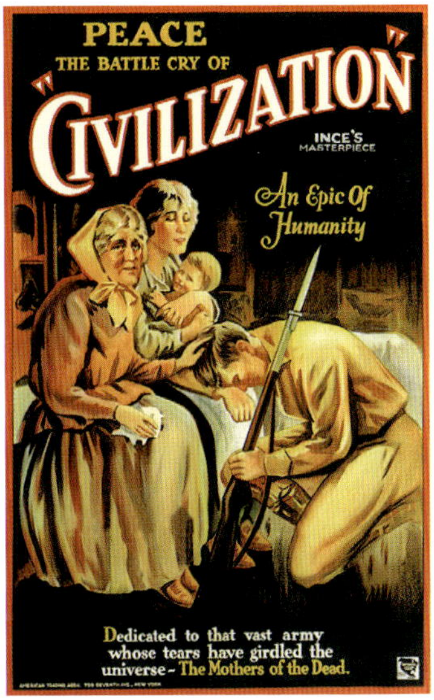

1921

Carl Theodor Dreyer (1889-1968), influencé par *Intolérance*, réalise la fresque en quatre épisodes *Pages arrachées du Livre de Satan*.

1923

Les Dix Commandements, de Cecil B. DeMille, sont l'un des premiers films en couleurs, étonnant par ses insertions en Technicolor.

1925

Une version du *Siegfried* de Fritz Lang sort aux États-Unis avec une musique de Richard Wagner, ce qui provoque la colère du réalisateur.

1925

Premières de *la Grande Parade*. Le film rapporta 22 millions de dollars. Le plus gros succès au box-office du cinéma muet.

1925

Erich von Stroheim (1885-1957) dépense 500 000 dollars pour *les Rapaces*, un drame de 10 heures. Avant sa sortie, MGM l'a réduit à 2 heures 30.

1927

Sortie du *Roi des rois* de Cecil B. DeMille, qui affiche un casting de plusieurs milliers de personnes… et un budget de 1 265 000 dollars.

Cabiria 1914

GIOVANNI PASTRONE 1883-1959

▲ Les décors monumentaux donnent le ton des superproductions suivantes.

▼ D'Annunzio participe au succès du film.

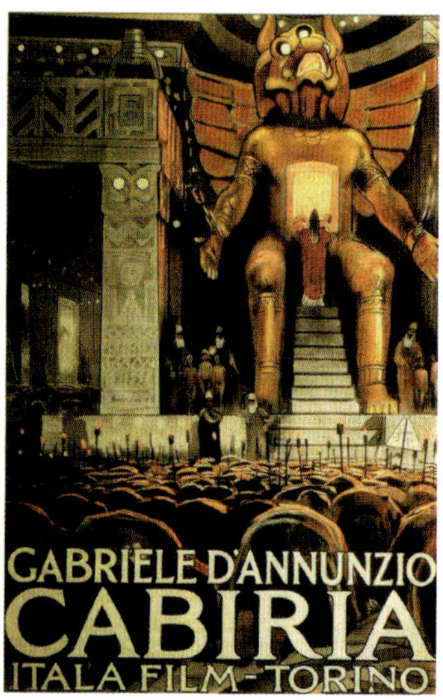

Le film *Cabiria : vision historique du IIIe siècle avant Jésus-Christ* est le récit de l'enlèvement de Cabiria (Carolina Catena), une jeune aristocrate romaine, et de sa nourrice Croessa (Gina Marangoni) par des pirates phéniciens au cours de la deuxième guerre punique, au IIIe siècle avant Jésus-Christ. Elles seront secourues par un espion romain et son esclave, le colosse Maciste (Bartolomeo Pagano). Le film est aujourd'hui aussi spectaculaire et imposant que lors de sa sortie, en 1914. Parmi les nombreuses superproductions italiennes flamboyantes antérieures à la Première Guerre mondiale qui, à partir des récits de l'Antiquité classique, renvoient au passé impérial de l'Italie, *Cabiria* est la plus audacieuse et la plus impressionnante. Les publicités de l'époque annonçaient, pour un total de plus de 1 200 scènes, une distribution de 5 000 personnes, 1 000 chevaux, 200 éléphants et 200 chameaux. Aucune vantardise ici : le film, tourné en six mois avec un budget considérable, s'appuie sur une mise en scène grandiose : reconstitution – avec de vrais éléphants – de la traversée des Alpes par Hannibal, éruption de l'Etna, défaite de la flotte romaine à Syracuse et, pour préparer le sacrifice de Cabiria, l'immense temple de Moloch. Une réalisation à une telle échelle exigea quatorze bobines (trois heures) à une période où la plupart des films américains étaient encore des courts-métrages.

Techniquement innovant, la caméra du réalisateur Giovanni Pastrone était extrêmement mobile et les travellings fréquents. *Cabiria* eut un énorme succès et influença par la suite des réalisateurs comme D. W. Griffith : *Intolérance* (1916) doit beaucoup à l'esprit d'aventure et au grandiose de *Cabiria*. **R. H.**

LES SCÈNES PRINCIPALES

1 L'ENLÈVEMENT
Dans le chaos provoqué par l'éruption de l'Etna, une jeune aristocrate, Cabiria, est séparée de ses parents et présumée morte. Plus tard, Cabiria et sa nourrice Croessa, capturées par des pirates, seront vendues aux ennemis jurés de Rome, les Carthaginois.

2 LA MARCHE AU SACRIFICE
La foule se rassemble autour de la captive, Cabiria, choisie pour être sacrifiée au temple de Moloch. Fulvio Axilla (Umberto Mozzato), noble et espion romain, assisté par son esclave le fidèle (et musclé) Maciste, la sauve au cours d'un combat spectaculaire.

3 LE RETOUR À ROME
Après dix ans de guerre, les Romains ont vaincu les Carthaginois. Cabiria, maintenant adulte (Lidia Quaranta), et son sauveur, Fulvio, regagnent Rome. Arrivés à destination, les amoureux, sous le regard des anges qui voltigent joyeusement autour d'eux, s'embrassent.

LE RÉALISATEUR

1883-1906
Giovanni Pastrone est né à Montechiaro d'Asti, dans le Piémont italien, où il a étudié le piano et la comptabilité. En 1905, il commence sa carrière comme assistant administratif chez Carlo Rossi et Compagnie, à Turin.

1907-1908
En deux ans, Pastrone est devenu directeur administratif, et lorsque Carlo Rossi et Compagnie devient Itala Film, en 1908, il en est l'un des actionnaires. La réussite de la compagnie en développement est en grande partie son œuvre : il débauche le comédien vedette André Deed de chez Pathé frères puis recrute le chef opérateur espagnol Segundo de Chomon, un spécialiste des effets qui jouera un rôle essentiel dans les prouesses techniques et le réalisme de *Cabiria*.

1909-1914
Pastrone réalisera un grand nombre de courts-métrages historiques populaires parmi lesquelles *Henri III* (1909), *Jules César* (1909). Son ambitieuse *Chute de Troie* (1911), de trente minutes, fut très bien accueillie aux États-Unis, en dépit de l'embargo qui frappait les films étrangers à l'époque. Son premier long-métrage, *Cabiria* (1914), fut un énorme succès.

1915-1959
Après *Cabiria* et avant qu'Itala Film ne soit absorbée par une autre compagnie, Pastrone réalisa huit autres films, dont certains ont pour vedette le colosse tout en muscles Maciste. Il abandonnera l'industrie cinématographique en 1923 pour se consacrer à la recherche médicale.

GABRIELE D'ANNUNZIO

Bien que le scénario de *Cabiria* ait été en grande partie écrit par son producteur, Giovanni Pastrone, le poète italien Gabriele D'Annunzio a rédigé les intertitres lyriques du film. Sa contribution exacte a été contestée au fil des années, mais ce film reste celui auquel son nom est associé le plus étroitement. D'Annunzio était un véritable esprit universel : poète célèbre, il fut également journaliste, romancier, dramaturge, penseur politique et parfois casse-cou. Bien qu'il n'ait écrit qu'occasionnellement pour le cinéma, beaucoup de ses romans, un de ses poèmes et plusieurs de ses pièces ont été adaptés à l'écran ; certains, comme *la Joconde* (1899), ont même été transposés plusieurs fois. Ses liens étroits avec l'idéologie fasciste en Italie au cours de l'ascension de Benito Mussolini ont terni la réputation de l'écrivain, mais son travail novateur reste fascinant.

Naissance d'une nation 1915

The Birth of a Nation DAVID WARK GRIFFITH 1875-1948

▲ La chevauchée du Ku Klux Klan à travers une ville défendue par des soldats noirs.

▼ L'affiche rappelle l'apologie des cavaliers du Klan, dont le film célèbre le courage.

Dans le film de D. W. Griffith, les qualités sont souvent éclipsées par le contenu. Sous la forme d'une superproduction de 190 minutes, cette adaptation du roman *The Clansman* (1905), de Thomas Dixon, est un compte rendu de la guerre de Sécession et de la montée en puissance du Ku Klux Klan qui a suivi. Le film expose les problèmes que provoque l'égalité de statut entre Noirs et Blancs et célèbre le courage de la société secrète, qui, selon l'auteur, a « sauvé le Sud de l'anarchie du régime noir ».

Du point de vue de la technique et du récit, le film est une merveille des débuts du cinéma. Même si d'autres réalisateurs ont participé à la création d'un langage élémentaire, c'est Griffith qui l'a transformé en une réelle grammaire, combinant toutes les avancées techniques et élargissant sa toile pour raconter l'histoire de deux familles opposées par la guerre. Il est cependant difficile d'apprécier sans réserve cette inventivité dans un film dont la scène d'ouverture annonce au spectateur que « l'introduction des Africains en Amérique a planté la première graine de la discorde ». Et, à partir de l'assassinat du président, Griffith s'embarque dans une histoire parallèle de la société d'après la guerre dans laquelle le « simple » homme noir est corrompu. Griffith a prétendu qu'il n'y avait pas d'acteurs noirs en Californie à cette époque : ce sont des acteurs blancs maquillés qui jouent les rôles des personnages noirs ou métis. En dépit des recours de la NAACP (National Association for Advancement of Colored People), le film a finalement rapporté la somme record de 18 millions de dollars. Il a également ravivé l'intérêt pour le Klan, qui avait à peu près disparu. **I. H. S.**

LES SCÈNES PRINCIPALES

1 LA CHARGE

Les séquences de combat, en particulier celle de la charge, sont imprégnées d'un rythme et d'une virtuosité technique jusque-là inconnus. Griffith avait compris que les spectateurs sont capables de saisir instantanément chaque détail, même le plus insignifiant.

2 LINCOLN AU THÉÂTRE

Le film se glorifie de la précision de ses scènes historiques ; ici, tous les détails du théâtre Ford, où Abraham Lincoln a été assassiné, ont été reproduits. Cette vraisemblance confère à la fin du film une apparence d'authenticité.

3 L'OUVERTURE DU CONGRÈS

En accord avec les tactiques coercitives visant à empêcher l'électorat blanc de voter et à permettre la domination des Noirs à la State House de Caroline du Sud, les nouveaux élus sont présentés sous les traits d'incapables paresseux, gloutons et assoiffés de pouvoir.

4 L'ATTAQUE DE LA CABANE

Bien que le renversement du lieutenant-gouverneur mulâtre de Caroline du Sud par le Klan et le siège de la cabane de rondins soient un exemple brillant de montage alterné, c'est dans cette séquence que la représentation des Noirs est la plus indécente.

LE RÉALISATEUR

1875-1914

David Llewelyn Wark Griffith, fils d'un héros confédéré de la guerre de Sécession, est né en 1875 dans le Kentucky. Après avoir échoué dans ses premières tentatives de carrière théâtrale comme metteur en scène et écrivain, il se tourne à regret vers le cinéma. Bien que son premier scénario ait été refusé par Edwin S. Porter, il obtient une partie mineure de la réalisation de *Rescued from an Eagle's Nest* (1908). Pendant les six ans qui suivirent, Griffith réalisera plus de 400 films et découvrira l'une des premières grandes stars du cinéma américain, Mary Pickford, à qui il confiera le rôle-titre de *The Little Teacher* (1909).

1915-1918

Après *Naissance d'une nation*, Griffith tourne *Intolérance* (1916), un plaidoyer ambitieux – et coûteux – pour la paix dans le monde. Le film, qui ne parvint pas à intéresser le public, laissa son réalisateur dans de sérieuses difficultés.

1919-1924

Griffith s'associe à Charlie Chaplin, Mary Pickford et Douglas Fairbanks pour créer United Artists, qui doit leur permettre de distribuer leurs films sans interférences des studios. Trois de ses titres, *le Lis brisé* (1919), *À travers l'orage* (1920) et *les Deux Orphelines* (1921), obtinrent un certain succès, mais jamais du niveau de celui de *Naissance d'une nation*. Après l'échec de *Isn't Life Wonderful ?* (1924), Griffith quitte United Artists pour devenir réalisateur indépendant.

1925-1948

Griffith n'a ensuite réalisé que trois films. *Lady of the Pavements* (1929) était une expérimentation sonorisée alors qu'*Abraham Lincoln* (1930) et *l'Assommoir* (1931) tentaient de concilier sans beaucoup de succès les nouvelles techniques de réalisation, de plus en plus exigeantes, avec le style de prise de vues fluide de Griffith. En 1936, il est employé sur le tournage de la séquence du tremblement de terre dans *San Francisco*, de Woody Van Dyke (1889-1943), mais il n'apparaît pas au générique. Il meurt d'une hémorragie cérébrale à l'hôtel Knickerbocker, à Hollywood, le 23 juillet 1948.

Napoléon 1927

ABEL GANCE 1889-1981

▲ Dans un plan d'extérieur, Napoléon met à la voile pour quitter la Corse.

▼ L'affiche fait écho au sens de l'image de Gance : l'Empereur y apparaît en héros, tant réel que symbolique.

Réalisé, écrit et produit avec un sens de l'image époustouflant par Abel Gance, *Napoléon* est une œuvre révolutionnaire. Gance, par son utilisation novatrice de l'éclairage et des effets spéciaux, sa maîtrise du montage et son exceptionnel talent de conteur, s'affirme comme l'un des tout premiers auteurs du cinéma. *Napoléon,* qui devait être le premier volet d'une série de films sur la vie de Napoléon Bonaparte, retrace les années d'école du futur Empereur, le siège de Toulon, la Terreur et la première campagne d'Italie. Malheureusement, son coût énorme empêcha la réalisation de la suite. Gance continua toute sa vie à travailler sur le montage : il en existe de nombreuses versions non définitives.

Napoléon se distingue par le montage et le travail de prise de vues d'avant-garde de Gance, qui utilisait des caméras tenues à la main, des écrans divisés, des triptyques sur écran large, des colorations manuelles, des jump cuts, des travellings, des gros-plans et des montages en superposition. Les longs plans rapprochés de Bonaparte (Albert Dieudonné), des soldats et des personnages de la foule composent une atmosphère de joie et de souffrance. La caméra, par des déplacements surprenants de vitesse et de grâce, emmène le spectateur au cœur des scènes de bataille, fait naître l'euphorie après un tir victorieux ou souligne le désir qu'éprouve Bonaparte pour sa future femme en s'attardant sur les jambes nues – et davantage – des danseuses en extase. *Napoléon,* c'est du grand spectacle, avec une réalisation subtile, un jeu d'acteurs juste, des scènes d'action spectaculaires et de vastes décors, le tout sur un scénario qui mêle l'humour, la compassion, la souffrance, le courage et l'amour. **C. K.**

LES SCÈNES PRINCIPALES

1 BATAILLE DE POLOCHONS
Le jeune Bonaparte, furieux contre les cadets de son école qui ont libéré son aigle favori, déclenche une bataille de polochons. Gance fut l'un des premiers à employer la Polyvision pour créer un format à écrans divisés. Un seul plan exigeait 60 prises de vues.

2 LA MORT DE MARAT
La reconstitution de l'assassinat du journaliste Jean-Paul Marat, inspirée du tableau de David, *la Mort de Marat* (1793), donne la vie à sa beauté immobile par l'image animée. L'effet de halo, autour de la tête de Marat, est un symbole de son rôle de martyr christique.

3 L'OMBRE DE LA GUILLOTINE
Après que Danton (Alexandre Koubitsky) eut été exécuté, Saint-Just (Gance) et Robespierre (Edmond van Daële) aperçoivent l'ombre d'une guillotine, projetée sur un livre consacré à Cromwell. Bonaparte, pendant la Terreur, refusera de se joindre à eux.

4 LE TRIPTYQUE EN COULEURS
La séquence triptyque qui célèbre les campagnes de Bonaparte en Italie est le point culminant du film. L'image en noir et blanc est par moments colorée à la main de bleu, de blanc et de rouge. Pour obtenir ces images, Gance a combiné moult prises de vues.

LE RÉALISATEUR

1889-1909
Né à Paris, Abel Gance travaillait comme clerc de notaire avant d'entamer une carrière d'acteur au théâtre puis au cinéma. Il fit ses débuts comme acteur et auteur dans le court-métrage *Molière* (1909), de Léonce Perret (1880-1935).

1910-1915
Gance, qui a obtenu un contrat d'une saison comme acteur au théâtre royal du Parc de Bruxelles, continue à écrire des scénarios de film ; il est aussi le réalisateur d'un drame historique, *la Digue* (1911). Pendant cette période, il écrit et réalise un court-métrage expérimental sur les hallucinations d'un savant, *la Folie du docteur Tube* (1915), où toutes sortes de lentilles et de miroirs déformants créent des effets hallucinatoires. Il continue à faire des films et à travailler sur l'éclairage, le montage et les techniques de caméra.

1916-1926
Après le drame muet *la Dixième Symphonie* (1918), Gance réalise le film pacifiste *J'accuse* (1919). Réalisées avec l'aide du chef opérateur Léonce Henry Burel, les scènes décisives, où les morts du champ de bataille se réveillent, ont résonné comme un accord douloureux pour les spectateurs de l'après-guerre dans le monde entier. En 1921, au cours d'un voyage aux États-Unis, Gance rencontre D. W. Griffith. En 1923, il réalise *la Roue*, drame qui met en scène un père et sa fille, novateur par son montage très rapide.

1927-1981
Après la sortie de *Napoléon*, Gance poursuit une carrière inégale dans le parlant avec, entre autres, *Lucrèce Borgia* (1935), puis il retourne au thème de Bonaparte avec *Austerlitz* (1960). Après l'échec de *la Fin du monde* (1931), un film de science-fiction, sa popularité ne cesse de décroître. Plus tard, la redécouverte de ses films muets par les réalisateurs de la Nouvelle Vague (voir p. 248) renouvellera l'intérêt du public pour l'œuvre de Gance. En 1979, un nouveau montage de cinq heures de *Napoléon* fera découvrir son héritage à une foule de nouveaux admirateurs, deux ans seulement avant qu'il ne meure, de la tuberculose.

LES HÉROÏNES DU MUET

1 Theda Bara est la reine d'Égypte dans *Cléopâtre* de J. Gordon Edwards (1867-1925).

2 Greta Garbo est la belle mais destructrice Elena, la tricheuse de *la Tentatrice*, de Fred Niblo (1874-1948).

3 L'affiche allemande de *Loulou*, un mélodrame qui met en scène une jeune femme naïve mais dangereuse.

Deux manifestations nouvelles de la féminité sont venues contrer l'image virginale des interprétations sentimentales de Lillian Gish ou enjouées de Mary Pickford, au temps du cinéma muet. Les années 1910 ont vu apparaître la vamp, insatiable destructrice des hommes de la classe supérieure, représentée de façon emblématique par Theda Bara dans *Embrasse-moi idiot* (1915, voir p. 36). Dans les années 1920, la vamp cède la place à la « flapper », garçonne hédoniste, mais sans mauvaise intention, dont les icônes sont Colleen Moore et Clara Bow, la « *It* girl » du *Coup de foudre* (voir p. 38).

Vierges et vamps sont des rescapées des mélodrames victoriens. La garçonne est l'un des visages de la nouvelle femme émancipée qui travaille, vote, fume, boit, danse sur des musiques de jazz et fait l'amour. L'autre visage est celui de l'épouse sophistiquée, incarnée avec audace par une Gloria Swanson habillée avec recherche dans six comédies conjugales réalisées par Cecil B. DeMille (1881-1959) : *Après la pluie, le beau temps* (1919) et les suivantes. La fusion de la fille sexy, celle qui travaille, et de l'épouse libérée donnera naissance à la femme moderne à la langue bien pendue des folles comédies des années 1930.

De même que la femme fatale des films noirs des années 1940 (voir p. 168) est le produit des inquiétudes masculines durant une période de troubles, la vamp était une entité sociologique. Elle émerge, fantôme cinématographique, du

REPÈRES

1912	1913	1915	1917	1919	1920
Clara Pontoppidan est la première vamp connue du cinéma dans l'influent mélodrame érotique danois *Danse vampiresque*.	Alice Hollister est la vedette du court-métrage muet *le Vampire*, formule ultime du désastre du film de vamp aux États-Unis.	Theda Bara devient sans conteste la vamp américaine, fléau des riches capitalistes, dans *Embrasse-moi idiot* (voir p. 36).	Dans *Cléopâtre*, Theda Bara, connue pour ses costumes osés, porte un bustier fait de serpents de métal qui ne dissimule presque rien de sa jolie poitrine.	Gloria Swanson donne à la comédie conjugale une certaine sagesse dans *Après la pluie, le beau temps*, la première des comédies qu'elle jouera pour Cecil B. DeMille.	Dans *The Flapper*, Olive Thomas joue le rôle d'une écolière éprise d'un vieil homme. Elle mourra dans l'année, âgée de 25 ans, d'un empoisonnement accidentel.

tableau *The Vampire* de sir Philip Burne-Jones, du poème de même nom de Rudyard Kipling et du roman *Dracula*, de Bram Stoker, tous trois de 1897. C'est le poème de Kipling qui a inspiré *A Fool There Was,* de Porter Emerson Browne, un succès à Broadway en 1909. Sa pièce s'appuie sur les théories du darwinisme social du sociologiste influent William Graham Sumner, qui prétendait que la nature vampirique de la sexualité féminine menaçait les énergies capitalistes du mâle aryen évolutionniste. Citant la pièce de Browne et le film de Frank Powell, Bram Dijkstra, historien de la culture, a montré comment les enseignements de Sumner et de ses contemporains, teintés de racisme et de misogynie, ont finalement fait le lit du génocide nazi.

Que Theda Bara ait ou non été consciente des implications sociales de son interprétation, le succès du film permit à William Fox de fonder son studio et de faire d'elle une star. Elle mit en valeur son physique à travers une série de personnages de tentatrices exotiques, dont le plus célèbre est *Cléopâtre* (1917, à gauche). Elle n'est pas, cependant, la première vamp du cinéma américain. Alice Hollister l'avait précédée dans *le Vampire,* où les danseurs de vaudeville Alice Eis et Bert French reprenaient leur fameuse « Vampire Dance » de 1909. Dans ce rôle de femme de l'autre monde aspirant la force vitale d'un avocat, Theda Bara resta la plus érotique des femmes fatales jusqu'aux interprétations, en 1926, de Greta Garbo dans *la Tentatrice* (à droite) et dans *la Chair et le Diable.* Betty Blythe (la remplaçante peu vêtue de Bara à la Fox), Helen Gardner et Myrna Loy jouèrent diverses variations de la vamp sans pour autant concurrencer l'impact culturel. Immigrée d'Allemagne en 1922, Pola Negri apporta à ses films de la Paramount une présence sombre et passionnée, mais elle était plus impérieuse que sinistre.

F. Scott Fitzgerald, en 1920, lance symboliquement les Années folles avec son sensationnel premier roman, *l'Envers du paradis,* et Olive Thomas, à l'origine de la « baby vamp » dans *Upstairs and Down* (1919), joue une écolière qui imite une « jazz baby » dans *The Flapper :* c'est la première utilisation de ce mot aux États-Unis (il fait allusion à l'habitude provocatrice des party girls de ne pas attacher leurs caoutchoucs). Fitzgerald considérait Colleen Moore comme l'archétype de la garçonne pour son interprétation dans *Flaming Youth* (1923), mais elle était plus saine que séduisante. On ne peut pas en dire autant de Clara Bow dans des films comme *le Coup de foudre* (1927, voir p. 38). Dans ce film, l'écrivain Elinor Glyn apparaît à l'écran pour expliquer la signification de « It », son euphémisme pour le sex-appeal. Clara Bow n'en était nullement dépourvue, mais elle ne cédait jamais à la vulgarité pas plus qu'elle ne rendait son charme menaçant.

Louise Brooks, après avoir incarné des garçonnes dans *A Social Celebrity* (1926), *Love 'Em and Leave 'Em* (1926) et *Rolled Stockings* (1927), est invitée à Berlin pour prendre le rôle-titre de *Loulou* (1929, à droite) de G. W. Pabst (1885-1967). La Loulou de Brooks ne détruit pas les hommes délibérément mais simplement parce qu'elle ne peut pas s'en empêcher. Son interprétation a élevé son personnage de garçonne au rang de déesse de l'amour. **G. F.**

1923	1924	1926	1927	1928	1929
Colleen Moore obtient un triomphe en garçonne dans *Flaming Youth,* adapté du roman écrit, en 1923, par Walter Fabian et consacré aux « petting parties ».	Pola Negri campe une Grande Catherine plutôt vamp dans *Paradis défendu,* d'Ernst Lubitsch (1892-1947).	Dans *la Tentatrice,* Greta Garbo est une dangereuse femme fatale. Elle fera subir tous les tourments de l'amour à John Gilbert dans *la Chair et le Diable.*	Clara Bow, simple vendeuse, séduit son riche patron dans *le Coup de foudre* (*It*, voir p. 38). Le titre original du film fait allusion à la qualité que définit Elinor Glyn.	La garçonne interprétée par Joan Crawford dans *Our Dancing Daughters* marie l'agressivité sexuelle extérieure à la vertu intérieure.	L'insouciante Loulou aux cheveux courts interprétée par Louise Brooks déchire la virilité allemande – et une femme – dans *Loulou* de G. W. Pabst.

Embrasse-moi idiot 1915
A Fool There Was FRANK POWELL 1877-1964

▲ Theda Bara a été un phénomène des débuts du cinéma. C'est la publicité des studios qui a créé son image exotique.

▼ L'affiche met en avant la dangereuse séduction qui émane de Theda Bara.

Dans un rappel un peu acide des premiers temps du cinéma, S. J. Perelman, le scénariste des Marx Brothers, décrivait ainsi *Embrasse-moi idiot* : « Ce qui donnait son sens au film, à supposer qu'il en ait un, n'était ni son histoire, qui était dérisoire, ni son interprétation, qui était rudimentaire, mais une dose de fièvre inspirée par le nom de Theda Bara, qui immortalisait la vamp comme Little Egypt immortalisa le hoochie-coochie à la Foire Internationale de 1893. » Cependant, Perelman le reconnaît, même si la charge érotique du film s'est affaiblie avec les années, on ne peut pas nier l'influence exercée par les débuts cinématographiques de Theda Bara sur une industrie naissante. Elle est aujourd'hui assez peu connue, à cause de la perte de la plupart de ses films.

Tourné dans les studios de William Fox à Fort Lee, New Jersey, le film était adapté d'une pièce de théâtre du même nom, elle-même inspirée du poème de Rudyard Kipling *The Vampire*. Bara incarne un succube urbain sans nom qui séduit un riche homme d'affaires, John Schuyler (Edward José) et le poursuit des États-Unis jusqu'en Europe, où il devient son esclave. Ayant perdu son travail, Schuyler regagne sa maison de New York, où il installe sa maîtresse. Malgré les interventions de sa femme, il n'échappera pas à la dégradation finale.

Bien que le film se présente comme un drame psychologique, il attache plus d'importance à la sensation qu'à la psychologie : il restera, pour cette raison, le film de Theda Bara. Dotée d'une biographie exotique par les bons soins de la machine publicitaire du studio, elle est devenue l'une des premières sex-symbols de l'écran et la première d'une longue lignée de femmes fatales. **D. P.**

LES SCÈNES PRINCIPALES

1 IDYLLE DOMESTIQUE

À Larchmont, localité de banlieue, l'homme d'affaires John Schuyler passe l'été dans la félicité familiale avec son épouse et sa fille. Pendant ce temps, la Vampire, qui vient d'écarter un amant, commence à s'intéresser à lui.

2 SUICIDE SUR UN BATEAU

L'amant délaissé de la Vampire la suit sur le paquebot et l'affronte. Elle lui rit au nez et, sur l'intertitre, on peut lire « Embrasse-moi, idiot ». Il se tue, et Schuyler, qui embarque à ce moment, croise le cadavre qu'on emporte.

3 LE DÉNOUEMENT

La femme de Schuyler, qui emmène leur petite fille, fait une dernière tentative pour arracher son mari des griffes de la Vampire. Au moment où il va les suivre, celle-ci revient et, une fois de plus, il cède à son charme.

UNE VEDETTE : THEDA BARA

1885-1914

Theda Bara, née Theodosia Burr Goodman à Cincinnati dans l'Ohio, était la fille d'un riche tailleur polonais immigré. Elle a étudié à l'université de Cincinnati, où elle s'est intéressée au théâtre. Après s'être installée à New York, elle fait ses débuts à Broadway en 1908, dans *The Devil*.

1915-1918

Embrasse-moi idiot est son premier film et un succès immédiat grâce à la machinerie publicitaire de la Fox, qui lui avait fabriqué un pedigree : elle est désormais la fille, élevée en Égypte, d'une actrice française et d'un sculpteur italien. L'argent du film aidera William Fox à mettre en place la Fox Film Foundation ; Theda Bara devient l'une de ses plus grandes stars. Elle tournera ses premiers films aux studios Fox de Fort Lee, en Floride, puis déménagera pour la côte ouest pour le tournage de *Cléopâtre* (1917), son rôle le plus célèbre. Elle fit quelque 40 films avec Fox, presque tous perdus. *The She Devil* (1918) est son dernier film.

1919-1926

Après avoir quitté la Fox, elle ne fit que deux autres films, *The Unchastened Woman* (1925) et *Madame Mystery* (1926), dans lequel elle tourne en ridicule son image de vamp.

1927-1955

Après une apparition à Broadway dans *The Blue Flame*, en 1927, Theda Bara mit fin à ses activités. Elle avait épousé le réalisateur Charles Brabin (1882-1957) en 1921 et elle passa le reste de sa vie avec lui, se déplaçant entre Hollywood et New York. Elle ne participa plus à aucun film et s'éteignit à Los Angeles, en 1955.

SOUS UN AUTRE NOM

Theda Bara n'est ni la première ni la dernière star à voir son nom modifié par les studios de Hollywood. Florence Lawrence, la « Biograph Girl », qui fut en 1910 la première star dont le nom apparut à l'écran, s'appelait en réalité Florence Annie Bridgwood. Beaucoup d'autres reçurent des noms d'écran. Julius Ulman devint Douglas Fairbanks et Frances Gumm se métamorphosa en Judy Garland (ci-dessous). Certains noms souffraient d'associations malheureuses : le nom de Hedwig Kiesler fut jugé trop près de « kiester », un mot d'argot qui signifie « derrière » : il devint Hedy Lamarr. C'est seulement lorsque l'emprise de l'ancien « studio-system » commença à s'affaiblir que les acteurs purent, comme Jack Lemmon refuser d'être rebaptisé. Plus récemment, des stars telles qu'Arnold Schwarzenegger ou Renée Zellweger ont réussi des carrières tout en conservant fièrement leur patronyme.

Le Coup de foudre 1927
It CLARENCE BADGER 1880-1964

▲ Betty Lou montre bien ici qu'elle a « çà ».

▼ Le nom de Clara Bow domine l'affiche.

Parmi les six films muets dont Clara Bow a été la vedette au cours de l'année 1927, c'est *le Coup de foudre* qui a fait d'elle une icône de l'âge d'or du jazz. Elle a ainsi gagné son surnom de « *It* girl » à l'âge de vingt et un ans – elle était alors l'actrice la mieux payée de la Paramount – et est devenue l'un des premiers sex-symbols du cinéma. Sans sa vitalité et la courte apparition de « Madame » Elinor Glyn, le film ne serait qu'une comédie ordinaire sur l'incompréhension et la différence de classe, même s'il est magnifiquement réalisé par Clarence Badger. La Betty Lou incarnée par Clara Bow, vendeuse dans un grand magasin de Manhattan, tombe amoureuse de son séduisant patron, Cyrus (Antonio Moreno). Celui-ci se sent attiré par Betty Lou. L'idylle tourne court lorsqu'une fausse information, selon laquelle Betty Lou aurait un bébé, est rapportée à Cyrus par son ami (William Austin), un idiot de la haute. Mais cela n'empêchera pas la chérie déclassée de conquérir son homme !

Glyn, auteur de littérature érotique, a inventé la notion de « It » (dans son roman du même nom) et l'a vendue à la Paramount pour 50 000 dollars. Voici sa définition : « Confiance en soi et indifférence au fait de plaire ou non – avec quelque chose qui donne l'impression que vous n'êtes pas tout à fait froide. » Deux autres explications, aussi vagues l'une que l'autre, sont données dans les intertitres, mais il suffit de dire que ce « It » est un alliage instable de charisme, de magnétisme et de naturel, le tout formant le sex-appeal. Bow déborde de toutes ces qualités, mais elle est aussi loyale, morale, vive et drôle. Elle est aussi sublimement sexy, mais il y a de nombreuses facettes à sa séduction. **G. F.**

LES SCÈNES PRINCIPALES

1 LE COUP DE FOUDRE
Betty Lou la vendeuse (deuxième à partir de la gauche), au premier regard jeté à son nouveau patron, Cyrus T. Waltham, fait une prière : « Bon Santa Claus, donnez-le moi ! » Par l'intermédiaire de son ami Monty (William Austin), elle s'arrangera pour lui être présentée.

2 BAISER FURTIF
Après une nuit agréable où les manèges de Coney Island les ont jetés l'un contre l'autre, Cyrus raccompagne Betty jusqu'à son appartement. Lorsqu'il l'embrasse dans la voiture, elle le gifle mais, après son départ, elle se touche les lèvres avec ravissement.

3 « C'EST MON BÉBÉ ! »
Lorsque les dames de l'Assistance menacent de s'emparer du bébé de sa colocataire Molly (Priscilla Bonner), Betty Lou, montrant sa loyauté, prétend que l'enfant est à elle. Monty, qui a assisté à l'incident, court annoncer à Cyrus que Betty Lou est une fille-mère.

4 PAS CE GENRE DE FILLE...
Cyrus a repoussé Betty Lou mais celle-ci le séduit à nouveau. Lorsque Cyrus lui offre des diamants, elle croit qu'il la veut pour maîtresse et s'en va. Plus tard, lorsqu'elle apprend le quiproquo avec le bébé de Molly, elle décide de le reconquérir.

5 « IT » TROUVERA LA SOLUTION
Lorsque le malencontreux Monty éperonne un bateau qui passait, Betty Lou et Adela, la bonne amie de Cyrus, sont précipitées par-dessus bord. Betty Lou sauve Adela puis grimpe sur l'ancre du yacht de Cyrus. Betty Lou et Cyrus, à nouveau réunis, s'enlacent.

LE RÉALISATEUR

1880-1916
Clarence Badger est né à San Francisco. En 1914, il écrit des gags pour Mack Sennett. Il réalise de nombreuses courtes comédies avec lui mais l'abandonnera pour la Goldwyn, où il réalisera son premier long-métrage, *A Modern Enoch Arden* (1916).

1917-1927
Réalisateur pour la Goldwyn, la Paramount et Warner Bros., il se spécialise dans les comédies romantiques légères.

1928-1932
Badger dirige Clara Bow dans *le Coup de foudre*, qui restera leur film le plus connu, dans *Red Hair* (1928) et dans *Three Weekends* (1928). Ces deux derniers films ont été perdus.

1933-1964
Il réalise son dernier film hollywoodien, *When Strangers Marry* (1933). Il émigre ensuite en Australie, où il dirigera deux autres films avant de se retirer, en 1941. Il meurt en 1964.

LE CINÉMA FANTASTIQUE

1 *Haxan* fut interdit aux États-Unis et censuré dans d'autres pays à cause de ses scènes explicites de torture et de nudité.

2 L'affiche de la version de 1920 du *Golem* est une illustration expressionniste du ghetto de Prague.

3 Le rôle principal du film expérimental japonais *Une page folle* est interprété par le célèbre acteur de théâtre et de cinéma Inoue Masao.

Au début de l'évolution du cinéma, certains pionniers ont compris à quel point ce support s'adaptait parfaitement à la représentation du mystérieux, de l'horreur, du fantastique ou du surnaturel. Le cinéaste français Georges Méliès (1861-1938) fut le premier à explorer ce registre. Il exploita les possibilités du ralenti, des mouvements accélérés, de la double exposition, de la superposition, de l'animation image par image, des fondus et de toutes les autres manipulations astucieuses que la caméra pouvait offrir à des spectateurs ravis, perplexes ou terrifiés. Dès 1896, alors que Louis Lumière (1864 1948) projetait le passionnant spectacle *Neuville-sur-Saône : débarquement du congrès des photographes à Lyon* (1895), une prose très sobre comparée à la poésie espiègle de Méliès, celui-ci motivait ses sponsors avec *le Manoir du Diable*. Mais Méliès était magicien de théâtre alors que les frères Lumière avaient commencé dans l'industrie chimique. Cependant, même si les films de Méliès débordaient d'imagination, il y restait toujours une touche de pantomime : on peut difficilement croire qu'ils aient pu effrayer ou inquiéter leurs spectateurs.

La plupart des personnages classiques du fantastique apparaissent à l'écran au cours de la deuxième décennie du XXe siècle : *Frankenstein* en 1910, dans une version de 16 minutes réalisée par J. Searle Dawley (1877-1949) et produite par Thomas Edison ; *The Werewolf* en 1913, de Henry McRae (1876-1944) ; Dr. Jekyll et

REPÈRES

1901	1910	1918	1919	1920	1921
Sortie de *l'Homme à la tête en caoutchouc* de Méliès, dans lequel un pharmacien gonfle sa propre tête.	Réalisation du premier *Frankenstein* par J. Searle Dawley pour Thomas Edison.	La défaite de l'Allemagne et de l'Autriche-Hongrie entraîne la fin de la Première Guerre mondiale. Le Kaiser abdique et l'empire d'Autriche s'effondre.	Robert Wiene réalise *le Cabinet du docteur Caligari* (voir p. 44), dont le dénouement surprenant est dû à son premier scénariste, Fritz Lang.	F. W. Murnau réalise *le Crime du docteur Warren*, adapté du roman de Stevenson *l'Étrange Cas du docteur Jekyll et de M. Hyde*. L'un des films disparus de Murnau.	F. W. Murnau tourne *Nosferatu le vampire*, (voir p. 46), avec Max Schreck dans le rôle du comte Orlok.

Mr. Hyde en 1914 dans *Ein seltsamer Fall,* de Max Mack (1884-1973). Les vampires devront attendre la décennie suivante avec *Nosferatu le vampire,* de F. W. Murnau (1888-1931). *Le Golem* (1915), de Henrik Galeen (1881-1949), est une variante de l'histoire de Frankenstein adaptée d'une légende dans laquelle, en 1580, la vie est insufflée à un géant de terre cuite pour qu'il sauve les juifs de Prague d'un pogrom. Les auteurs de cette version furent contraints de transposer l'histoire au XXe siècle, contre l'avis de Paul Wegener (1874-1948), qui avait participé au scénario et qui jouait le rôle-titre. Il refera *le Golem* en 1920 (à droite), cette fois comme réalisateur. Le récit retrouve son époque d'origine, au XVe siècle, ce qui le rend d'autant plus convaincant ; le monstrueux géant d'argile, à nouveau joué par Wegener, a un côté pesant et pathétique qui anticipe le monstre de Boris Karloff dans les *Frankenstein* de James Whale (1889-1957), des années 1930. De leur côté, Hans Poelzig (directeur artistique) et Karl Freund (directeur de la photographie), tous deux parmi les meilleurs de leur époque, ont produit une vision sombre et oppressante de l'ancienne Prague.

La sorcellerie est un sujet qui a alimenté, lui aussi, la créativité émergente du cinéma fantastique. Le réalisateur danois Benjamin Christensen (1879-1959), avant de filer vers Hollywood, avait déjà réalisé son chef-d'œuvre, *Haxan* (1922, à gauche). Avec son mélange surréaliste de documentaires et de séquences dramatisées d'une étonnante richesse, souvent inspirées par l'esprit de Jérôme Bosch ou de Goya, le film est une attaque passionnée contre la bigoterie. Elle laisse cependant sa place à un humour moqueur, en particulier lorsque le réalisateur lui-même, en Satan, surgit complètement nu. La plupart des films réalisés par Christensen à Hollywood ont été perdus, mais *les Sept Empreintes de Satan* (1929) restent l'une des meilleures parodies à propos de maisons hantées.

Les fous, et plus particulièrement les savants fous, ont souvent figuré dans les premiers films fantastiques et cette tendance se prolonge encore aujourd'hui. Abel Gance (1889-1981) a ouvert le bal avec *la Folie du docteur Tube* (1915), où un savant découvre le moyen de modifier l'apparence des gens et des choses : beaucoup de travail pour les lentilles déformantes. Les histoires fantastiques d'Edgar Poe ont été une source permanente d'adaptations. L'une des premières, *le Système du docteur Goudron et du professeur Plume* (1913), réalisée par Maurice Tourneur (1873-1961), s'inspire de la nouvelle du même nom, dans laquelle un visiteur d'un asile d'aliénés n'arrive pas à distinguer les surveillants des pensionnaires. L'asile réapparaît plus tard comme toile de fond d'*Une page folle* (1926, à droite), un étonnant drame d'avant-garde du réalisateur japonais Teinosuke Kinugasa (1896-1982), où un ancien marin travaille comme portier dans un asile pour rester près de sa femme devenue folle. Rejetant les intertitres et provoquant le spectateur par des images en faux raccord, en avance de trente ans sur les jump cuts de Jean-Luc Godard (né en 1930), le film de Kinugasa s'appuie sur des distorsions expressionnistes pour placer le spectateur dans la tête de la folle. Même aujourd'hui, il reste étonnamment moderne.

1922	1923	1924	1926	1927	1929
Benjamin Christensen réalise le drame documentaire *Haxan,* en partie adapté d'un manuel allemand du XVe siècle destiné aux inquisiteurs.	En novembre, Hitler organise un putsch à Munich, qui échouera. En décembre, l'Allemagne subit une inflation galopante, cause d'instabilité économique et sociale.	Paul Leni réalise *le Cabinet des figures de cire.* Ce fut le dernier film qu'il tourna en Allemagne : il émigre aux États-Unis la même année.	Kenji Mizoguchi (1898-1956) réalise *l'Amour fou d'une maîtresse de chant.* Deux amants sont conduits à la mort par le fantôme d'une femme que l'homme avait abandonnée.	À Hollywood, Lon Chaney est la vedette de *l'Inconnu,* de Tod Browning, l'histoire d'un lanceur de couteaux de carnaval ; Paul Leni réalise *la Volonté du mort.*	Paul Leni meurt en septembre à Los Angeles, âgé de 44 ans, d'un empoisonnement du sang.

L'obsession de la mort est présente dans beaucoup des premiers scénarios de Fritz Lang (1890-1976), en particulier dans celui de *la Peste à Florence* (1919), lui aussi adapté d'une nouvelle d'Edgar Poe, « Le masque de la mort rouge ». Lang avait servi en temps de guerre dans l'armée autrichienne et avait été sérieusement blessé. « Pendant quatre ans j'ai vu la vie dépouillée jusqu'à son pire dénuement, la faim, le désespoir et la mort. » Dans *Hilde Warren et la Mort* (1917) réalisé par Joe May (1880-1954), Lang tient lui-même le rôle de la Mort, mais son jeu a été jugé peu convaincant. Pour *Danse de mort* (1919) et *Lilith und Ly* (1919), il se contentera d'écrire le scénario. Sa carrière de réalisateur commence à prendre de l'importance et il est contacté pour diriger *le Cabinet du docteur Caligari* (1920, voir p. 44). C'est finalement Robert Wiene (1873-1938) qui sera choisi, mais pas avant que Lang ait suggéré le cruel renversement de situation de la fin. Avec *le Cabinet du docteur Caligari*, le cinéma fantastique prend réellement son essor, spécialement dans l'Allemagne d'après-guerre. Les décors expressionnistes obliques, sans aucune prétention au réalisme, la fragmentation du récit, l'action stylisée à l'extrême et le sentiment paranoïaque d'incertitude s'unissent pour exprimer l'état d'esprit d'une nation vaincue, traumatisée, qui doute de son identité et voit des ennemis à l'intérieur comme à l'extérieur. Les ombres peintes de ce film et de ses successeurs de la période semblent préfigurer – comme Siegfried Kracauer et d'autres critiques l'ont relevé – les ombres qui vont s'abattre sur la conscience collective allemande dans les années suivantes.

Dans *les Trois Lumières* (1921), de Fritz Lang, sorti la même année que *Nosferatu le vampire*, la mort offre à une jeune femme, dont elle a pris le fiancé, trois chances de le sauver. Mais les histoires qu'elle lui montre ne font que lui démontrer l'impossibilité de délivrer une vie condamnée. La jeune femme finit par accepter la mort, qui lui fera rejoindre son amant. La forme « trois histoires dans un même cadre » a plus tard été reprise par Paul Leni (1885-1929) dans *le Cabinet des figures de cire* (1924), qui raconte l'histoire de trois des effigies : Haroun-al-Rashid (Emil Jannings), Ivan le Terrible (Conrad Veidt) et Jack l'Éventreur (Werner Krauss).

Jack l'Éventreur réapparaîtra dans *Loulou* (1929) de G. W. Pabst (1885-1967), avec la rayonnante Louise Brooks. Mais Pabst avait d'abord dirigé *les Mystères d'une âme* (1926, à droite), l'un des premiers films à porter la psychanalyse à l'écran. Un professeur de chimie (Werner Krauss), troublé par des rêves de

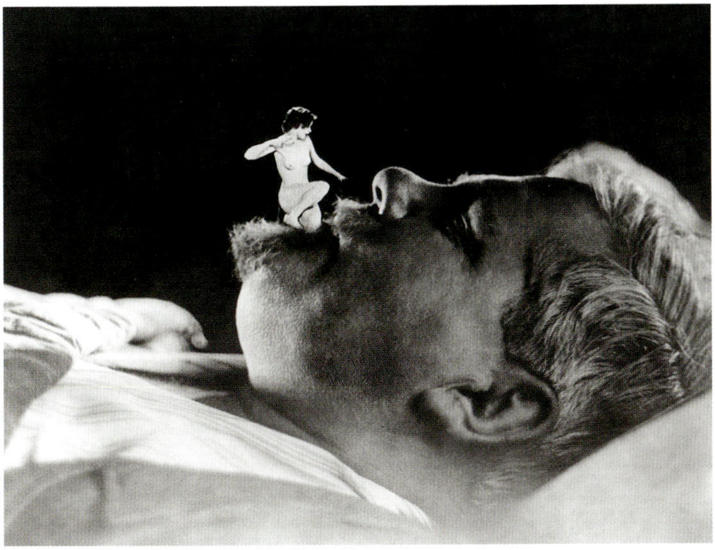

meurtre, consulte un analyste : la présentation quasi documentaire du cas contraste avec la représentation des rêves, faite de symbolisme sexuel enfiévré, d'expositions multiples tourbillonnantes et de décors expressionnistes virtuoses. L'émigré américain Arthur Robison (1883-1935) a tenté une approche similaire dans *le Montreur d'ombres* (1923), où un mari d'une jalousie psychotique se soumet à l'hypnose ; la force du film tient plus à son atmosphère qu'à son intrigue.

Henrik Galeen, le réalisateur du premier *Golem*, retourna en Pologne pour *l'Étudiant de Prague* (1926, à droite), une adaptation de la nouvelle « William Wilson » d'Edgar Poe dans laquelle Conrad Veidt incarne un étudiant pauvre qui, contraint de vendre sa propre image, la verra commettre en son nom des actes terribles. L'équipe de Galeen – le directeur artistique Hermann Warm et le directeur de la photographie Günther Krampf – fait ici apparaître un monde tournoyant, hallucinatoire où tout semble prêt à changer de place ou à disparaître.

Malgré une abondante production de films, le cinéma allemand n'avait pas le monopole du fantastique. Hollywood a produit une série de films dont la vedette, le protéiforme Lon Chaney, s'impose comme l'un des interprètes les plus puissants du cinéma muet. Dans l'un de ses rôles les plus célèbres, Chaney incarne l'apparition au visage déformé du *Fantôme de l'Opéra* (1925, ci-dessus à gauche), de Rupert Julian (1879-1943). Chaney fut à cette occasion acclamé par la critique, non seulement pour sa performance d'acteur mais aussi pour l'art avec lequel il appliquait son extraordinaire maquillage.

Bien que ces fantaisies hollywoodiennes n'aient pas été à court d'éléments fantastiques ou morbides, elles ne sont pour l'essentiel que des histoires grotesques tournées dans des décors réalistes. Il leur manque la sensation troublante d'un monde entraîné vers le chaos, si puissant dans le cinéma allemand de la période. *L'Homme qui rit* (1928), de Paul Leni avec Conrad Veidt dans le rôle-titre, est l'une des rares exceptions. Dans ce passage d'un Grand Guignol pervers, adapté du roman éponyme de Victor Hugo, Conrad Veidt incarne Gwynplaine, le fils d'un aristocrate anglais disgracié pour avoir offensé le roi James II. Défiguré par ordre du roi, Gwynplaine arbore un rictus permanent. Ce monstrueux sourire influencera plus tard les concepteurs du personnage de bandes dessinées le Joker, l'ennemi de Batman, et de ses interprétations au cinéma, par exemple celle de Heath Ledger dans *le Chevalier noir* (2008). **P. K.**

4 Le maquillage révolutionnaire de Lon Chaney dans *le Fantôme de l'Opéra* donne à son visage l'aspect d'un crâne humain.

5 Le réalisateur G. W. Pabst juxtapose des images surréalistes saisissantes dans la séquence du rêve des *Mystères d'une âme*.

6 L'affiche de *l'Homme qui rit* présente le film comme un mélodrame sentimental plutôt que comme un film d'horreur.

7 L'utilisation évocatrice de la lumière et de l'ombre dans *l'Étudiant de Prague* illustre les progrès techniques du cinéma allemand depuis la première version, de 1913.

Le Cabinet du docteur Caligari 1920

Das Cabinet des Dr Caligari ROBERT WIENE 1873-1938

▲ Le docteur Caligari nourrit Cesare à la cuiller. Les décors, dynamiques et oniriques, sont presque tous en papier.

▼ Cette affiche, dessinée par Ledl Bernhard, doit beaucoup à l'imagerie expressionniste.

Dans un jardin isolé, un jeune homme, Francis (Friedrich Feher), raconte à son compagnon, plus âgé, les événements qui l'ont traumatisé. Quelque temps auparavant, la petite ville de Holstenwall a reçu la visite du Dr Caligari (Werner Krauss), un charlatan de foire, accompagné d'un médium somnambule Cesare (Conrad Veidt). Au cours du numéro de Caligari, Cesare énonce des oracles de mort – qui se réalisent toujours, puisque le sinistre bateleur envoie son esclave aux allures de zombies commettre les meurtres qu'il prédit. L'attention des deux partenaires se porte sur Jane (Lil Dagover), la fiancée de Francis : celui-ci devra courir à son secours. La fin du film révèle que Francis est lui-même pensionnaire d'un asile. Toute son histoire est l'invention d'un fou.

Les scénaristes Carl Mayer et Hans Janowitz ont conçu *le Cabinet du docteur Caligari* comme un réquisitoire contre un monde hypocrite et insensé. Les décors irréalistes, avec leurs perspectives déformées, cherchent à inquiéter les spectateurs. Fritz Lang, chargé de la réalisation avant Robert Wiene, a conçu le cadre de l'histoire comme une « explication » de l'esthétique unique du film. Celui-ci devient dès lors un croisement de film grand public et de cinéma d'art et d'essai avant la lettre : une heure d'étrangeté rebelle surmontée d'un alibi propre à satisfaire les goûts bourgeois que les scénaristes cherchaient à attaquer.

Le Cabinet du docteur Caligari invente beaucoup des métaphores du film d'épouvante. Son influence sur ses successeurs est sensible depuis *Double Assassinat dans la rue Morgue* (1932), de Robert Florey, jusqu'à *Usual Suspects* (1995), de Bryan Singer (né en 1965). **K. N.**

LES SCÈNES PRINCIPALES

1 DANS LE « CABINET »
Le Dr Caligari ouvre son armoire et fait apparaître Cesare, un spectre vêtu de noir au regard troublant. Ces deux rôles ont fait de Krauss et Veidt les stars emblématiques de l'horreur. Le maquillage morbide de Cesare anticipe les futurs zombies du cinéma.

2 LA PROPHÉTIE DU SOMNAMBULE
Au cours du spectacle, Cesare donne une réponse troublante à une question délicate. Alan (Hans Heinrich von Twardowski), le meilleur ami de Francis, lui demande « Combien de temps ai-je encore à vivre ? » Il obtient cette prédiction : « Peu de temps, jusqu'à l'aube. »

3 UNE POURSUITE SUR LES TOITS
Cesare a enlevé l'héroïne et, poursuivi par la foule, l'emporte sur les toits de la ville. Des poursuites inspirées de celle-ci figureront dans une quantité de films d'épouvante, de *Frankenstein* (1931, voir p. 92) à tous ses successeurs.

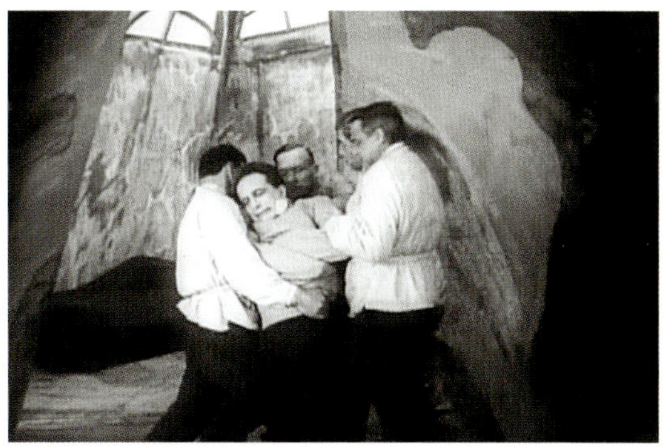

4 LA VISION D'UN FOU
Coup de théâtre : Francis, le narrateur, est l'un des pensionnaires d'un asile d'aliénés. Toute l'histoire n'est que sa vision déformée et Caligari est réellement le directeur de l'institution. Mais le doute persiste.

« CALIGARISME » ET EXPRESSIONNISME

Pour parler des films étranges ou fantastiques réalisés en Allemagne dans les années 1920, les critiques ont inventé le terme de « caligarisme ». Dans l'esprit du public, ces films avaient un lien avec le mouvement expressionniste, dont le tableau de Franz Marc *le Destin des animaux* (1913, ci-contre) est un exemple. Ce rapport persiste, au-delà des décors de théâtre du *Cabinet du Dr Caligari*, dans des films tournés soit en extérieurs comme *Nosferatu le vampire* (1922, voir p. 46), de F. W. Murnau, soit avec des décors plus ambitieux comme *le Golem*, de Paul Wegener (1920). Fritz Lang a continué à s'inspirer de l'expressionnisme dans des films comme *les Trois Lumières* (1921), les films du Dr. Mabuse de 1922 à 1933 et dans *Metropolis* (1927).

Nosferatu le vampire 1922
Nosferatu, eine Symphonie des Grauens F. W. MURNAU 1888-1931

▲ Pour le comte Orlok, alias Nosferatu, les rayons du soleil levant signifient la mort.

▼ L'affiche énigmatique du premier, et dernier, long-métrage de la Prana.

Il souffle à travers *Nosferatu le vampire* « un courant d'air glacial venu de l'au-delà », écrivait le critique Béla Balazs. D'innombrables versions de Dracula ont vu le jour depuis, mais le film de F. W. Murnau reste le plus inquiétant et le plus lugubre. Un instant, au moment où le héros se rapproche du sinistre château, l'image apparaît en négatif : d'épouvantables arbres blancs agitent leurs branches en détresse comme si la nature elle-même avait été vidée de sa substance vitale. Partout, Murnau exprime sa vision de la menace qui plane par des cadrages subtilement décentrés et des angles de caméra déroutants.

Max Schreck campe un vampire inoubliablement caricatural, sans rien de l'urbanité superficielle de Béla Lugosi ou de Christopher Lee. Grand, d'une maigreur cadavérique, chauve avec des oreilles de chauve-souris et des dents de lapin, il se déplace à petits pas saccadés, ses mains griffues plaquées contre son corps, comme éternellement contraint par la forme du cercueil où il repose tout le jour. L'effet est proche du ridicule, effrayant, parfois pitoyable : le besoin de sang, de chaleur vivante de la créature semble urgent jusqu'à l'agonie.

Après *le Cabinet du docteur Caligari* (1920, voir p. 44), presque tous les films d'épouvante allemands de l'époque ont été d'oppressantes réalisations de studio. À l'opposé, *Nosferatu* a été tourné en extérieurs, avec pour cadres des paysages de montagne et des rues tranquilles dans les vieilles villes du nord de l'Allemagne. Comme le suggère le critique David Thomson, « la grandeur de Murnau est d'avoir compris qu'il était possible, en photographiant le monde réel, de le doter de qualités poétiques, imaginaires ou subjectives ». **P. K.**

LES SCÈNES PRINCIPALES

1 LE COMTE ORLOK A SOIF
Thomas Hutter (Gustav von Wangenheim) a été envoyé de Wisborg jusque dans les Carpates pour vendre une propriété au comte Orlok. Dès sa deuxième nuit au château, il voit avec terreur la porte de la chambre s'ouvrir et le vampire s'avancer vers son lit.

2 LE DERNIER QUART DU CAPITAINE
Pendant que Hutter regagne Wisborg par voie de terre, Nosferatu voyage par mer avec un chargement de cercueils. L'un après l'autre, tous les membres de l'équipage du bateau sont tués ; le capitaine, dernier survivant, s'attache au gouvernail et attend son destin.

3 L'OMBRE DU VAMPIRE
Ellen, l'épouse de Hutter, a appris que le vampire ne pourra être vaincu que par une femme au cœur pur qui le retiendra auprès d'elle jusqu'au lever du soleil. Nosferatu, sous la forme d'une ombre énorme aux allures d'araignée, s'approche de sa chambre.

LE RÉALISATEUR

1888-1918
Né à Bielefeld, de son vrai nom Friedrich Wilhelm Plumpe, Murnau a emprunté son nom à une ville du sud de l'Allemagne. Après avoir étudié l'histoire de l'art et la littérature à Heidelberg, il se joint à la compagnie Deutsches Theater de Max Reinhardt. Appelé dans l'infanterie au début de la Première Guerre mondiale, Murnau deviendra ensuite pilote. En 1917, il se pose en catastrophe en Suisse, où il est fait prisonnier ; il ne sera libéré qu'à l'Armistice.

1919-1926
Murnau, avec l'acteur Conrad Veidt, crée sa propre compagnie de production, la Murnau-Veidt Filmgesellschaft. En 1919, il réalise son premier long-métrage, *Der Knabe in Blau*. Plusieurs de ses premiers films sont aujourd'hui perdus ; parmi ceux qui ont pu être sauvés, les plus anciens sont *la Marche dans la nuit* (1920) et *la Découverte d'un secret* (1921). C'est *Nosferatu le vampire* qui le consacrera. Avec *le Dernier des hommes* (1924), sa célébrité devient internationale. Il réalisera par la suite *Tartuffe* (1925, adapté de la pièce de Molière) et *Faust*.

1927-1931
Invité à Hollywood, Murnau réalisera pour la Fox son chef-d'œuvre, *l'Aurore* (1927, voir p. 70). Ses deux films suivants, *Quatre Diables* (1928) et *l'Intruse* (1930), ont été mutilés par le studio. Après son départ de la Fox, Murnau s'associe avec Robert Flaherty pour le tournage de *Tabou* (1931), à Tahiti. Une semaine avant la première, il meurt dans un accident de voiture. Le film obtiendra un oscar pour son chef opérateur, Floyd Crosby.

DE LA PAGE À L'ÉCRAN

Le scénario de *Nosferatu le vampire*, écrit par Henrik Galeen, reprend dans ses grandes lignes la trame du roman classique *Dracula* (1897), de Bram Stoker, dont il simplifie l'intrigue, éliminant ou estompant certains des personnages. Jonathan Harker, le jeune héros, devient Hutter ; le professeur van Helsing, ennemi puissant de Dracula, se voit réduit au personnage anodin du professeur Bulwer. Le thème du sacrifice de la femme (Ellen, l'épouse de Hutter, se donne au vampire pour l'anéantir) ne figure pas dans le roman. Le lieu a aussi changé : Whitby devient le port fictif de Wisborg, sur la mer Baltique. Dracula lui-même devient le comte Orlok, sans doute pour dissimuler le plagiat de l'intrigue de Stoker par les cinéastes. Cependant, toutes ces manigances furent inutiles : l'agence de Stoker les poursuivit pour violation du droit d'auteur et obtint la destruction des négatifs du film. *Nosferatu le vampire*, seul et unique long-métrage de la société de production Prana (un mot sanskrit qui signifie « la force de la vie »), sera la cause de sa faillite.

DE CAPE ET D'ÉPÉE

1

2

3

1 L'acteur Douglas Fairbanks (masqué) a travaillé le maniement de l'épée avec un professeur d'escrime pour *le Signe de Zorro,* premier film de cape et d'épée.

2 Ronald Colman tient le rôle principal dans *Beau Geste,* inspiré du roman éponyme de P. C. Wren.

3 John Gilbert joue un marquis canaille dans *Bardelys le magnifique*.

Avec *le Signe de Zorro* (1920, ci-dessus), apparaît un tout nouveau genre cinématographique : le film de cape et d'épée. Faits d'action et d'intrigues amoureuses, ces films d'aventure racontent les prouesses de pirates, de bandits, de mousquetaires ou de chevaliers. Ils ont aussi entraîné une profusion de comédies parodiques. Zorro est né de l'imagination de Douglas Fairbanks, à la fois producteur et vedette du film. *Le Signe de Zorro* fut la première production de United Artists, dont Fairbanks était co-fondateur avec sa femme, l'actrice Mary Pickford, l'acteur et réalisateur Charlie Chaplin (1889-1977) et le réalisateur D. W. Griffith (1875-1948). Fairbanks interprète Don Diego de la Vega, un aristocrate aux manières policées qui, sous son masque noir et sa cape, devient Zorro, son *alter ego,* le défenseur des pauvres. Le film est truffé de scènes de combat superbement chorégraphiées et souvent burlesques où Zorro affronte ses ennemis jurés, le capitaine Juan Ramon (Robert McKim) et son acolyte malchanceux le sergent Pedro Gonzales (Noah Beery Sr.).

Le film, inspiré du *Fléau de Capistrano,* un roman publié en feuilletons par une revue bon marché que Fairbanks a adapté pour le cinéma, représentait un risque énorme pour la vedette : à cette époque, il était connu comme héros romantique de mélodrames contemporains. Sa crainte des réactions du public face au personnage de Zorro était telle qu'il réalisa la même année une comédie

REPÈRES

1919
Fairbanks, Pickford, Chaplin et Griffith fondent United Artists pour mieux contrôler la distribution de leurs propres œuvres.

1921
Rudolph Valentino devient célèbre avec *les Quatre Cavaliers de l'Apocalypse*. La même année, il joue dans *le Cheik* (voir p. 50) ; des femmes s'évanouissent en regardant le film.

1922
Le comédien Max Linder (1883-1925) réalise *l'Étroit Mousquetaire* – une parodie des *Trois Mousquetaires*, de Fairbanks.

1922
Sortie de *Robin des bois,* avec Douglas Fairbanks. Le film bat tous les records du box-office hollywoodien.

1922
John Gilbert joue le rôle du comte Edmond Dantès dans *Monte Cristo,* une adaptation du roman d'Alexandre Dumas.

1926
Greta Garbo quitte son amant John Gilbert le jour de leur mariage. Le bruit court qu'une dispute avait éclaté entre Gilbert et Louis B. Mayer, le directeur de la MGM.

romantique, *The Nut*, dont il reporta la sortie jusqu'à celle du *Signe de Zorro*, au cas où celui-ci ferait un flop. Ses craintes étaient sans fondement : Zorro fut sa meilleure performance au box-office. L'appétit du public était dès lors aiguisé et Fairbanks, en héros de cape et d'épée, tourna une série de films à succès parmi lesquels *les Trois Mousquetaires* (1921), *Robin des bois* (1922), *le Voleur de Bagdad* (1924, voir p. 52), et *Don X, fils de Zorro* (1925).

D'autres studios s'empressèrent d'exploiter la soif de romantisme et d'action du public. *Le Cheik* (1921, voir p. 50), produit par la Famous Players-Lasky Corporation, avec Rudolph Valentino en tête d'affiche, démontre qu'un aventurier romantique, en ajoutant un peu de piment sexuel à l'intrigue, peut plaire autant sinon plus aux femmes qu'aux hommes. Le film obtint un tel succès que Valentino reprit le rôle dans *le Fils du Cheik* (1926), qui fut encore plus populaire.

Au cours des années 1920, Ronald Colman et John Gilbert devinrent aussi des célébrités du box-office. Colman est la vedette de *Beau Geste* (1926, ci-contre), qui fut le succès de l'année pour la Paramount Pictures. Le film raconte l'histoire des trois frères Geste, Michael « Beau » (Colman), Digby (Neil Hamilton) et John (Ralph Forbes), engagés dans la Légion étrangère à la suite du scandale qui éclate lorsque Beau est accusé du vol d'un héritage familial. *Beau Geste*, qui répond à la demande d'exotisme et de paysages désertiques initiée par *le Cheik*, surpasse son prédécesseur par son style visuel et son subtil jeu de caméra. Dès la scène d'ouverture, un plan spectaculaire montre une caravane de chameaux qui serpente dans les dunes ; le réalisateur Herbert Brenon (1880-1958) et le directeur de la photographie Roy Hunt donnent ainsi le ton du film, riche de scènes de foules artistiquement chorégraphiées et de décors impressionnants. L'interprétation nuancée de Colman, en légionnaire fringant au milieu de ses compagnons de racaille, domine ce film qui offre mystère, comédie et touches sentimentales au fil des scènes d'action.

John Gilbert accède à la célébrité avec *la Grande Parade* (1925), de King Vidor (1894-1982), une épopée guerrière dans laquelle l'acteur va bien au-delà de ses allures de « beau gosse ». *Bardelys le magnifique* (1926, à droite), la cinquième collaboration de Gilbert et Vidor produite par la MGM, a pour cadre la France de Louis XIII. Gilbert y joue le marquis de Bardelys, qui courtise la glaciale aristocrate Roxalanne de Lavedan (Eleanor Boardman) : il veut l'épouser pour gagner un pari. Au fil d'une histoire pleine d'identités secrètes et de coups de théâtre, Bardelys finira par faire fondre le cœur de l'imprenable Roxalanne. Le film repose sur le charisme de Gilbert et sur son aptitude à jouer la passion avec réalisme : il deviendra, en tant que sex-symbol, presque aussi célèbre que Valentino. La carrière de Colman, ancien acteur de théâtre, ne souffrira pas de l'arrivée du son à l'écran : il remportera un oscar dès son premier film parlant, *Bulldog Drummond* (1929). Gilbert aura moins de chance : son étoile s'obscurcit dès l'arrivée du parlant. Sa voix, paraît-il, ne convient pas, mais certaines rumeurs avancent l'idée d'une mésentente avec le directeur de la MGM, Louis B. Mayer. **C. K.**

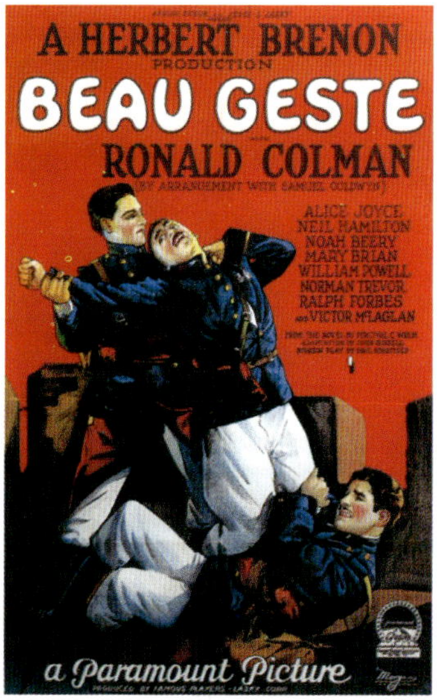

1926	1926	1927	1929	1929	1931
Le Pirate noir est le premier film tourné en Technicolor bichrome, un procédé extrêmement coûteux à l'époque.	Rudolph Valentino meurt le 23 août. Des émeutes éclatent parmi la foule de 80 000 personnes venues assister aux funérailles ; quelques-unes de ses fans se suicident.	Fairbanks est élu premier président de l'Academy of Motion Picture Arts and Sciences ; l'année suivante, il présentera son premier oscar (Academy Award).	*I'm unlucky at gambling*, une chanson de la comédie musicale *Fifty Million Frenchman*, de Cole Porter, cite John Gilbert : « J'aime beaucoup John Gilbert, et vous ? »	Fairbanks est la vedette de son dernier film muet, *le Masque de fer*. Avec deux interventions de Fairbanks, une bande-son et des effets sonores, le film est en fait en partie parlant.	Stan Laurel et Oliver Hardy, dans le court-métrage *les Deux Légionnaires* (*Beau Hunks*, sorti sous le nom de *Beau Chumps*) parodient *Beau Geste*.

Le Cheik 1921
The Sheik GEORGE MELFORD 1877-1961

▲ Rudolph Valentino et Agnes Ayes au sommet de leurs émois.

▼ L'affiche joue sur un stéréotype, celui du noble sauvage au cœur tendre.

Réalisé par George Melford dans le désert du Sahara avec, en tête d'affiche, Rudolph Valentino, dans le rôle du cheik Ahmed Ben Hassan face à Agnes Ayres, la fougueuse lady Diana Mayo, *le Cheik* a obtenu dès sa sortie un énorme succès mondial. Il avait pourtant été mis en pièces par la presse, nullement charmée par le sourire ravageur et le jeu maniéré de Valentino. La production du film coûta 200 000 dollars pour une recette d'un million de dollars la première année, et Rudolph Valentino devint une star internationale.

Le succès planétaire du *Cheik* tient à son statut d'archétype du film pour femmes. Inspiré du best-seller romantique éponyme d'Edith M. Hull (paru en 1919), il fut méprisé par la critique intellectuelle à cause de l'accent mis sur le désir sexuel refoulé d'une femme du monde qui, après son enlèvement au cours d'une expédition dans le désert d'Arabie, trouve l'amour dans les bras d'un cheik arabe quelque peu macho. Le choix du séduisant Rudolph Valentino dans le rôle du cheik contribua à attirer une foule de femmes subjuguées par son charme diabolique et par l'image du noble sauvage devenu, grâce au pouvoir ensorcelant de l'amour, un héros secourable.

Dans la perspective actuelle, la gestuelle exagérée de Valentino et ses roulements d'yeux semblent inconcevables, mais on imagine facilement l'impact de ce jeu plein d'érotisme sur le public féminin de l'époque. Melford, avec ses superbes plans extérieurs de dunes jalonnées de palmiers, se montre excellent réalisateur. Le film n'est jamais laborieux et l'histoire se déroule à un rythme plaisant et vif qui fait du *Cheik* un film d'action et d'aventure novateur. **C. K.**

LES SCÈNES PRINCIPALES

1 LE CHEIK
Ahmed Ben Hassan espionne lady Diana Mayo à la jumelle tandis qu'elle fait ses adieux à son frère, sir Aubrey, pour continuer seule son excursion dans le désert. L'aspect efféminé de Valentino, accentué par ses longues robes amples, lui a attiré des critiques.

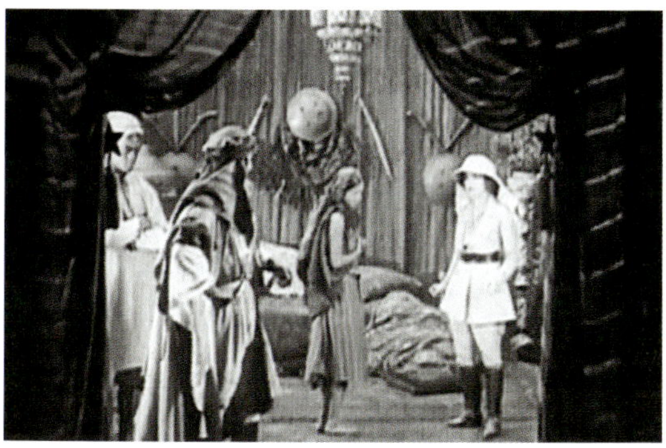

2 L'ENLÈVEMENT
Lorsque Diana est retenue prisonnière dans la tente du Cheik, son « heure de révolte angoissée » est signalée par un intertitre. Dans le roman, le Cheik viole la vive aristocrate pour la réduire à sa merci. Par crainte de la censure, cette scène a été bannie du film.

3 LA TENTE DU CHEIK
Les costumes amples et diaphanes et les étoffes exotiques de la scène filmée dans la tente du Cheik furent à l'origine d'un engouement pour l'orientalisme. Le style de Rudolph Valentino – cheveux gominés et tirés en arrière – a lui aussi été imité.

LE RÉALISATEUR

1877-1914
Né George Henry Knauff à Rochester (New York), de parents immigrés d'Allemagne, George Melford a été acteur de théâtre avant de faire ses débuts au cinéma dans *The Wayward Daughter* (1909), produit par la Kalem Company, de New York. Deux ans plus tard, il écrit et co-dirige son premier court-métrage, un western, *Arizona Bill*. Il réalisera par la suite une trentaine de films pour la Kalem.

1915-1924
Reconnu comme réalisateur, Melford est engagé en 1915 par la Jesse L. Lasky Feature Play Company, qui deviendra la Paramount Pictures. La même année, il est l'un des vingt-six directeurs et fondateurs de la Motion Picture Directors Association. Il rencontre le succès avec le film sentimental *To have and to Hold* (1916), où Wallace Reid, l'un des fringants héros du cinéma muet, partage la vedette avec Mae Murray. En 1921, Melford réalise *le Cheik*, le plus connu de ses films.

1925-1945
Melford rejoint Universal Studios et dirige son premier film parlant, *Love in the Desert*, en 1929. Il dirigera quatre films en espagnol, dont une version de *Dracula* (1931) qui fut un succès.

1946-1961
Après plus de 130 films, Melford abandonne la réalisation, mais sa passion pour le cinéma était si tenace qu'il travaillait encore comme acteur un an avant sa mort, d'un arrêt cardiaque. Il avait même accepté un rôle mineur d'aristocrate dans *les Dix Commandements* (1956), de Cecil B. DeMille (1881-1959).

LA PREMIÈRE IDOLE DE L'ÉCRAN

Né en 1895, Rudolph Valentino fut le premier sex-symbol masculin de Hollywood. D'origine italienne, son type méditerranéen et ses rôles de gigolo lui ont valu le surnom « latin lover ». En dépit des critiques dues à son allure efféminée, il est le premier acteur à avoir accédé à la célébrité grâce aux légions d'adoratrices qui l'adulaient. Il s'est marié et a divorcé deux fois. Des accusations de bigamie, une relation avec l'actrice Pola Negri, très en vue des médias, et un conflit avec le Famous Player-Lasky studio le rendirent aussi impopulaire hors des tournages qu'il était célèbre à l'écran. Sa mort, à l'âge de 31 ans, en 1926, des suites d'une péritonite, a conforté son statut d'icône et une célébrité au-delà du temps. 80 000 personnes, pour la plupart des femmes, ont assisté à ses obsèques new-yorkaises.

Le Voleur de Bagdad 1924
The Thief of Bagdad RAOUL WALSH 1887-1980

▲ Julanne Johnston est sensible au charme du voleur campé par Douglas Fairbanks.

▼ Des effets spéciaux révolutionnaires évoquent tout un monde de fantaisie.

Raoul Walsh, le maître dans ce domaine, réalise *le Voleur de Bagdad,* un film d'action muet. Le fulgurant Douglas Fairbanks en est la vedette dans le rôle d'un voleur de cape et d'épée devenu héros pour l'amour d'une princesse languissante (Julanne Johnston). Le voleur sera mis à rude épreuve : avant qu'il n'obtienne la demoiselle, il devra combattre les autres prétendants, le prince indien (Noble Jonson), le prince perse (Mathilde Comont, habillée en homme) et le machiavélique prince mongol (Sôjin), qui conspire pour s'emparer de Bagdad avec l'aide de la perfide servante de la princesse, magnifiquement interprétée par Anna May Wong.

Fairbanks, acteur et producteur de cette épopée fantastique, avait également participé à son écriture. Le film se révéla l'un des plus onéreux de la décennie, en raison de ses costumes extravagants, de ses effets spéciaux à la pointe du progrès, de ses décors luxueux et de ses scènes de foule aux nombreux figurants. Fairbanks était assisté par son frère Robert, un ingénieur promu directeur technique pour le film, et par le chef opérateur d'avant-garde Arthur Edeson. Ils ont poussé la technologie jusqu'à ses dernières limites : ralentis, surimpressions, animations, maquettes. Les scènes cultes – le tapis volant, le cheval ailé, le dragon qui crache des flammes et la cape d'invisibilité – ont séduit le public de l'époque, même si elles semblent aujourd'hui démodées. Walsh, renommé pour ses techniques de caméra avant-gardistes, s'illustre ici par un travelling de sept secondes sur l'armée magique du voleur. La mise en scène du film, ses décors et son style particulier ont conservé un intense attrait visuel. **C. K.**

LES SCÈNES PRINCIPALES

1 SAUT D'OBSTACLES
Fairbanks révèle sa constitution athlétique lors de la fuite du voleur à travers le marché de Bagdad. Torse nu, il semble voler d'une jarre à l'autre : des trampolines avaient été placés dans les grands vases pour donner plus d'aisance à la performance de la star.

2 LE PALAIS DU CALIFE
Le voleur s'introduit dans le palais. Il s'empare d'un collier de perles, puis la curiosité l'attire vers la chambre de la princesse, dont il tombe instantanément amoureux. Clin d'œil philosophique : que valent les richesses matérielles auprès des trésors de l'amour ?

3 LA SERVANTE TRAITRESSE
Wong, en esclave mongole intrigante, porte une tenue à la garçonne plutôt sexy. Son interprétation, applaudie par la critique, lui valut une renommée internationale. Elle devint une icône de la mode et, au cours des années 1930, la grande actrice asiatique de Hollywood.

4 LE TAPIS VOLANT
Les trois soupirants de la princesse volent vers Bagdad à travers le désert pour la ramener à la vie. Des effets spéciaux de ce niveau coûtaient cher : le budget du film a atteint deux millions de dollars. Pour la première fois, un film dépassait le million de dollars.

LE RÉALISATEUR

1887-1913
Né Albert Edward Walsh, Raoul Walsh fut acteur de théâtre à partir de 1909. Il débuta au cinéma quatre ans plus tard comme réalisateur de *The Pseudo Prodigal* (1913).

1914-1926
En 1914, Walsh réalise son premier long-métrage, *The Life of General Villa*, qui comprend des séquences de combat authentiques entre les troupes de Pancho Villa et les soldats fédéraux mexicains. Il devient ensuite assistant de D. W. Griffith (1875-1948) et participe comme monteur et assistant réalisateur à la superproduction *Naissance d'une nation* (1915, voir p. 30), où il joue le rôle de John Wilkes Booth, l'assassin de Lincoln. Sa réalisation de *Régénération* (1915), un des premiers films de gangsters, sera applaudie pour ses prises de vues innovantes.

1927-1938
Walsh s'impose parmi les meilleurs réalisateurs de Hollywood et, en 1927, fait partie des fondateurs de l'Academy of Motion Picture Arts and Sciences. Il remonte sur scène en 1928, pour la première fois depuis 1915, face à Gloria Swanson, dans *Faiblesse humaine*, dont il est le réalisateur. Lors du tournage d'*In Old Arizona* (1928), il perd l'œil droit – et le rôle principal – dans un accident qui mettra fin à sa carrière d'acteur. Il donnera à John Wayne son premier grand rôle comme vedette du western *la Piste des géants* (1930), le premier film sur grand écran.

1939-1953
Walsh quitte la Paramount Pictures pour Warner Bros. et réalisera une succession de classiques : *les Fantastiques Années 1920* (1939), *l'Escadron noir* (1940), *High Sierra* (1941), *la Charge fantastique* (1941) et *l'Enfer est à lui* (1949), propulsant en haut de l'affiche James Cagney, Humphrey Bogart et Errol Flynn.

1954-1980
Après son départ de la Warner Bros., il continue à tourner, notamment le western *les Implacables* (1955), avec Clark Gable ; en 1958, il réalise l'adaptation au cinéma du roman de Norman Mailer *les Nus et les morts*. Sa carrière de réalisateur prend fin en 1964 ; il mourra en Californie, en 1980.

LA RÉVOLUTION DU CINÉMA RUSSE

1 *La Mère*, de V. Poudovkine, est adaptée d'un roman de Maxime Gorky sur la lutte d'une femme pour sauver son fils de la prison lors de la révolution russe de 1905.

2 Les formes géométriques simples de l'affiche de *la Grève*, d'Eisenstein, sont à l'image du dynamisme de l'art soviétique.

3 Les leaders du parti, Staline au centre, avec les réalisateurs de documentaires de Soyouz Kino en 1929.

À mesure que, décennie après décennie, le nom de Sergueï Eisenstein (1898-1948), le plus influent et le plus célèbre des réalisateurs russes, descend dans les palmarès des critiques qui classent les grands réalisateurs de tous les temps, on peut être tenté de minimiser ou même d'oublier le rôle que ses collègues cinéastes et théoriciens russes et lui ont joué dans le développement du cinéma. Pourtant au cours des années 1920, leurs films et leurs idées ont eu un impact considérable. On a pu dire que leur influence était à la fois un avertissement et un exemple. Ces cinéastes – et les films qu'ils ont faits – sont nés des conditions qui régnaient en Russie immédiatement après la révolution. La famine, la guerre à l'extérieur comme à l'intérieur, les difficultés politiques, sociales et économiques et l'instabilité institutionnelle, compensées par l'optimisme actif qu'exigeait la construction d'un nouvel État socialiste, ont suscité d'irrésistibles aspirations. Il en résulta un niveau d'invention proportionnel qui devait perdurer jusqu'à sa destruction par le poing de fer de Joseph Staline (à droite, en bas).

Cette inventivité touchait tous les éléments théoriques et pratiques de la réalisation cinématographique : technique de scène, prise de vues, costumes, conception artistique, ainsi que les deux avancées reconnues du cinéma soviétique : la réalisation de documentaires et l'art du montage (la maîtrise des effets produits par la juxtaposition des images). L'innovation, l'audace et le talent

REPÈRES

1917	1917	1919	1921	1922	1924
Début de la révolution russe. Le tsar Nicolas II abdique ; il sera remplacé par un gouvernement provisoire en février.	En octobre, les Bolchéviques prennent le dessus et mettent en place le Proletkult, chargé de mobiliser les arts au service de la « dictature du prolétariat ».	Nationalisation du cinéma russe et fondation de la première école de cinéma du monde, l'Institut supérieur cinématographique d'État de Moscou.	La production cinématographique nationale est restée aussi faible qu'en 1918. Lénine met en place sa nouvelle politique économique (la NEP).	Lev Kouléchov publie *Américanisme*, où il se fait l'avocat d'un « lien organique avec la vie contemporaine » par l'utilisation de gros plans et d'un montage au rythme rapide.	Lev Kouléchov, dans son film *les Aventures extraordinaires de Mr. West au pays des Bolchéviques*, emploie des expressions cinématographiques américaines.

des films soviétiques produits de 1924 à 1930 – parmi lesquels des chefs-d'œuvre comme *la Mère* (1926, à gauche), de Vsévolod Poudovkine (1893-1953), *Octobre* (1928), d'Eisenstein, *l'Homme à la caméra* (1929, voir p. 60), de Dziga Vertov (1896-1954), et *la Terre* (1930), d'Alexandre Dovjenko (1894-1956) – sont le résultat d'un apprentissage long et difficile.

L'industrie cinématographique dont héritèrent les Bolchéviques était en plein chaos. Nombre de producteurs, cinéastes et acteurs de la génération d'avant la révolution d'Octobre avaient fui la Russie et, au début de l'ère soviétique, le circuit de distribution national demeura en piteux état. Les distributeurs et les compagnies de production, dans l'impasse, attendaient d'éventuelles nationalisations et le stock de films resta pratiquement nul jusqu'à ce que les importations d'Allemagne soient autorisées, en 1922. Les films étrangers importés, qui dominaient le marché avant 1917, avaient disparu et la production nationale était en perte de vitesse.

C'est dans ces conditions qu'une jeune génération de cinéastes trouva une liberté sans précédent. Beaucoup apprirent leur métier en fabriquant, à partir de reportages d'actualités, de films anciens et de prises de vues documentaires récentes, les films de propagande *agitki* qui étaient projetés dans les trains-cinémas envoyés dans les endroits les plus reculés du pays. Lev Kouléchov (1899-1970), Poudovkine, Eisenstein et Vertov, de même que les réalisateurs Léonid Trauberg (1902-1990) et Grigori Kozintsev (1905-1973), ont tous travaillé sur ces films de propagande. Cette expérience de réalisation avec les moyens du bord de films destinés à des spectateurs en grande partie illettrés pour répondre à des besoins pédagogiques et idéologiques marqua en profondeur leur approche stylistique, intellectuelle et esthétique radicale du cinéma.

Cette approche était révolutionnaire par plusieurs de ses aspects. La facilité et la rapidité avec lesquelles ils ont assimilé, adapté et incorporé une partie de l'excitation frénétique, des idées radicales, des tendances, des pratiques et des techniques des arts établis n'est pas le moindre. Des révolutions se produisaient simultanément dans l'art, le design, la poésie et la littérature et le théâtre. Le dynamisme géométrique de l'art constructiviste, le travail des metteurs en scène de théâtre Vsévolod Meyerhold et Constantin Stanislavsky et celui de l'écrivain et poète futuriste Vladimir Maïakovsky ont eu une influence décisive. On peut rapprocher les acrobaties, les épisodes burlesques, les effets de choc, la fragmentation du récit, la chorégraphie des mouvements et l'emploi de symboles et de visages caractéristiques déployés par Eisenstein dans *la Grève* (1925, à droite) de son expérience de travail et de mise en scène avec Meyerhold, dont les théories biomécaniques faisaient ressortir l'expression physique de préférence à la motivation psychologique favorisée par Stanislavsky.

En 1919, Lev Kouléchov, l'anti-naturaliste et anti-Stanislavsky « père du cinéma russe », fait partie des fondateurs de l'Institut supérieur cinématographique d'État, l'école de cinéma de Moscou. C'est le manque de pellicule qui le conduit

1925	1926	1928	1928	1929	1930
Le premier long-métrage de Sergueï Eisenstein, *la Grève*, sort le 28 avril ; *le Cuirassé Potemkine* (voir p. 58) suivra, le 24 décembre.	Sortie de *la Mère*, premier long-métrage de Vsévolod Poudovkine, dans lequel il développe les théories sur le montage qui le rendront célèbres.	Sortie en janvier d'*Octobre*, d'Eisenstein, pour le dixième anniversaire de la révolution d'Octobre.	Les travellings et le montage saccadé du film expérimental *l'Homme à la caméra* (voir p. 60), de Dziga Vertov, modifient le langage cinématographique.	Grigori Kozintsev et Léonid Trauberg réalisent leur premier film, la propagandiste et spirituelle *Nouvelle Babylone*.	Joseph Staline réprime le cinéma novateur, considéré comme critique à l'égard de son régime tyrannique.

à ses premières pratiques : tourner des films « sans pellicule » et encourager ses étudiants à remonter des copies de films de D. W. Griffith. Parmi les premiers films produits, sa parodie espiègle *les Aventures extraordinaires de Mr. West au pays des Bolchéviques* (1924, ci-dessus) raconte les aventures sans queue ni tête d'un Américain dans la Moscou soviétique. Le meilleur élève de Kouléchov sera Poudovkine, qui continuera à privilégier le montage dans ses films.
Les expériences de Kouléchov sur l'assemblage et le montage de films existants ont amorcé un débat sur la théorie et la pratique du montage qui deviendra primordial pour le cinéma russe au cours des années 1920. Les idées de Kouléchov ont été reprises par d'autres, en particulier par Eisenstein, qui les analysera dans leurs divers composants – métrique, rythmique, tonal et intellectuel – en une controverse qui sera plus tard jugée déviationniste et dangereusement « formaliste » par l'appareil d'État.

L'autre élément révolutionnaire majeur, c'est le développement du film documentaire. Dziga Vertov a travaillé jusqu'en 1919 sur les premières séries d'actualités russes, *Kino-Nédélia*. Il a activement défendu le film « sans acteur », le meilleur impact éducatif et la présentation plus fidèle de la réalité des films documentaires. Avec sa femme, Élizaveta Svilova, et le groupe des Kinoks (« les yeux du cinéma ») il créera ensuite sa propre série d'actualité, *Kino-pravda* (1922-1925). Son chef-d'œuvre, *l'Homme à la caméra*, est l'aboutissement de sa maîtrise du mouvement. L'utilisation de caméras mobiles, parfois tenues à la main, exigée par le travail documentaire de Vertov et de ses collaborateurs amènera les cinéastes de la nouvelle génération à développer l'utilisation des travellings ; le plus célèbre reste le plan d'Eisenstein avec la chute du landau le long des marches d'Odessa dans *le Cuirassé Potemkine* (1925, voir p. 58).

L'absence d'acteurs vedettes était-elle une nécessité (la plupart étaient en exil et il n'est pas facile de créer des stars) ou un choix esthétique et intellectuel ? Il est difficile de trancher. Eisenstein a adopté une approche représentationnelle qui introduit la théorie du « typage » et évite de faire appel à des acteurs professionnels au profit de « modèles » *naturchtchik* plus à même d'évoquer, pour le spectateur, un personnage, un rôle ou une classe. Il a ainsi, dans *Octobre*, confié le rôle de Lénine à l'ouvrier inexpressif Vassily Nikandrov pour une simple ressemblance physique ; c'est la foule elle-même qui joue le « héros collectif ».

D'autres réalisateurs ont donné plus d'importance aux éléments du scénario et à l'interprétation. Le premier film de Poudovkine, *la Mère*, met en avant l'interprétation expressive de Vera Baranovskaïa, héroïne éponyme jetée dans

4 5

6

4 Mr. West, l'Américain, et ses compagnons rencontrent les Bolchéviques dans *les Aventures extraordinaires de Mr. West au pays des Bolchéviques*, de L. Kouléchov.

5 *Arsenal*, d'Alexandre Dovjenko, raconte la révolte des ouvriers de l'arsenal de Kiev, en 1918, lorsqu'ils se portèrent à l'aide de l'armée bolchévique.

6 *La Nouvelle Babylone* de Grigori Kozintsev et Léonid Trauberg retrace le destin tragique d'amoureux, une vendeuse et un soldat, séparés par les barricades de la Commune de Paris en 1871.

l'action révolutionnaire par la tragédie et le deuil personnels. Grigori Kozintsev et Léonid Trauberg, anciens élèves du groupe expérimental de théâtre FEKS (la « Fabrique de l'acteur excentrique »), de Léningrad, ont retracé la trajectoire de l'expérience et de la destinée individuelles selon les formes populaires de la comédie satirique, de l'aventure romantique et du mélodrame dans des films comme *la Roue du Diable, le Manteau,* tous deux de 1926, et l'excentrique vue de la Commune de Paris par une vendeuse tournée par Andreï Moskvine, *la Nouvelle Babylone* (1929, ci-dessous), pour laquelle Dmitri Chostakovitch a composé sa première musique de film. La fascination du réalisateur ukrainien Alexandre Dovjenko pour la relation entre l'homme et son environnement naturel l'a conduit, dans des films comme *Arsenal* (1929, ci-contre) et *la Terre,* à adopter une approche du cinéma plus décontractée, étoffant ses histoires de lutte des classes par des éléments rituels, mythiques ou folkloriques.

Beaucoup des films cités se sont révélés des classiques durables, mais peu ont été appréciés par les gens ordinaires, qui préféraient des distractions moins didactiques : récits d'aventures comme *Tsiteli eshmakunebi* (1923) du réalisateur gréco-géorgien Ivan Perestiani (1870-1959), mélodrames de science-fiction comme l'extravagant *Aelita* (1924), de Yakov Protazanov (1881-1945), à l'esthétique constructiviste ou comédies romantiques satiriques comme *la Maison de la rue Troubnaïa* (1928), de Boris Barnet (1902-1965), un membre de l'atelier de Kouléchov. Ce film utilise de façon séditieuse une joyeuse histoire d'erreur d'identité impliquant une servante récemment arrivée de Moscou pour railler les absurdités de la nouvelle politique économique de Lénine, qui, pour renforcer l'économie soviétique, autorisait une certaine liberté d'entreprise.

Au fil de la décennie, la production de ce genre de vision critique de la vie en URSS devint de plus en plus difficile et dangereuse. Les débats féconds et l'expression des différences artistiques entre cinéastes laissèrent la place à des querelles idéologiques dogmatiques et à des engagements restrictifs entre ces cinéastes et leurs commanditaires politiques. Les apparatchiks du Commissariat du peuple à l'instruction publique, dirigé depuis 1917 par Anatoly Lounatcharsky, faisaient leur possible pour contraindre l'industrie cinématographique à s'adapter aux demandes de la « construction socialiste » en renforçant la conformité idéologique. Les contraintes devinrent de plus en plus rudes à mesure que Staline consolidait son pouvoir : en 1930, Lounatcharsky est remplacé par le rigide Andreï Boubnov, les purges commencent et la période de relative liberté et d'expérimentation dont avaient profité les cinéastes de la génération révolutionnaire s'achève. **W. H.**

Le Cuirassé Potemkine 1925
Bronenosets Potiomkin SERGUEI EISENSTEIN 1898-1948

▲ Le titanesque *Potemkine* jette une ombre formidable et révolutionne les techniques cinématographiques.

▼ Une illustration soviétique classique représente le navire et son équipage révolté.

Commandée pour le vingtième anniversaire de la rébellion de l'équipage du *Potemkine* contre ses officiers, la reconstitution dramatique de Sergueï Eisenstein reste le plus célèbre des films muets soviétiques et un exemple talentueux de cinéma de propagande. Censé montrer la supériorité du peuple sur l'autorité monarchiste, la personnalisation est ici moins importante que les actions des masses. À une exception près : l'héroïque Vakoulintchouk (Alexandre Antonov), symbole stakhanoviste de la force du prolétariat, dont le refus d'obéir à ses supérieurs puis la mort seront le catalyseur de la révolte générale des citoyens d'Odessa. Les autres rôles sont de simples numéros dans la présentation de l'oppression de classe et du combat pour la justice. Et bien que le massacre sur les marches d'Odessa n'ait pas eu lieu, cette scène est devenue le symbole des tactiques impitoyables mises en œuvre contre l'homme ordinaire.

Le montage d'Eisenstein souligne le rythme plus que le récit. L'effet produit servait les intentions du réalisateur, qui voulait que son œuvre engage l'esprit et devienne un appel aux armes fédérateur.

Longtemps, le film fut jugé trop dangereux pour l'écran. En Union soviétique, l'introduction écrite de Léon Trotsky a été coupée lors de la rupture avec Staline. En Allemagne, les scènes de violence ont été largement coupées, puis le film a été interdit par le régime nazi. En France, sa diffusion a été interdite dans le circuit traditionnel jusqu'en 1953 bien que de nombreux ciné-clubs engagés l'aient projeté. En Angleterre, le film est resté interdit jusqu'en 1954, puis on lui a attribué une classification « X », qui n'a été levée qu'en 1978. **I. H. S.**

LES SCÈNES PRINCIPALES

1 AGITATION DANS LES RANGS
Les germes de la révolte apparaissent lorsque les sous-officiers se plaignent des vers qu'ils trouvent dans la nourriture. Le médecin de bord rejette leurs doléances ; Eisenstein souligne habilement le fossé qui sépare les matelots de la classe dirigeante.

2 EN MÉMOIRE D'UN MARIN TOMBÉ
Après le meurtre de Vakoulintchouk, son corps devient le foyer d'une insurrection générale. La chorégraphie de la foule en deuil montre de manière surprenante la propagation d'une réaction qui devient un mouvement, puis une lame de fond de révolte contre l'oppression.

3 LE CHOC DÉCISIF
Les troupes du tsar chargent la foule désarmée, massacrant les manifestants qui descendent les marches d'Odessa. Le sort d'un enfant abandonné dans son landau à la mort de sa mère amplifie le suspense.

LE RÉALISATEUR

1898-1925
Après un passage dans l'armée, Sergueï Eisenstein débute au théâtre en 1920. *La Grève* (1925) sera son premier long-métrage, suivi la même année par *le Cuirassé Potemkine.*

1926-1936
La reconnaissance internationale a été décisive pour assurer à Eisenstein l'autorisation de réaliser *Octobre* (1928), commémoration du dixième anniversaire de la révolution d'Octobre. Charlie Chaplin (1889-1977) présente Sergueï Eisenstein au romancier américain John Sinclair et ils se lancent ensemble dans un projet mexicain, qui restera inachevé.

1937-1943
Une période d'enseignement et un film avorté, *le Pré de Béjine* (1937), sont des indices du désaveu de Staline. À la faveur d'un sursis, Eisenstein reparaîtra avec *Alexandre Nevsky* (1938, voir p. 142), un récit édifiant sur la menace des nazis.

1944-1948
Ivan le Terrible (1944) devait montrer la force du peuple russe et de son indomptable chef. Le réalisateur finit le tournage de la deuxième partie (1958) en 1946, mais son étude de la dérive des dirigeants vers la tyrannie provoqua la colère de Staline et le film ne sortit qu'en 1958. Eisenstein fut victime d'une crise cardiaque alors qu'il travaillait sur la troisième et dernière partie du film. Il mourut le 11 février 1948. Le film ne fut jamais terminé.

LES MARCHES D'ODESSA

Peu de séquences ont fait l'objet d'autant de parodies ou d'apologies que la plus fameuse scène du *Cuirassé Potemkine.* L'une des premières références apparaît dans *Correspondant 17* (1940, voir p. 156), d'Alfred Hitchcock (1899-1980), avec l'assassinat de Van Meer. Le meurtre de Don Barzini, dans *le Parrain* (1972, voir p. 342), de Francis F. Coppola (né en 1939), s'en inspire aussi. Dans *Bananas* (1971), de Woody Allen (né en 1935), un assassinat commis sur l'escalier extérieur d'un immeuble est accompagné d'un reportage du commentateur Howard Cosell. Dans *les Incorruptibles* (1987, ci-dessous), Brian De Palma (né en 1940) lui rend un hommage complet : suspense, meurtre et chute du landau.

L'Homme à la caméra 1929
Chelovek s kino-apparatom DZIGA VERTOV 1896-1954

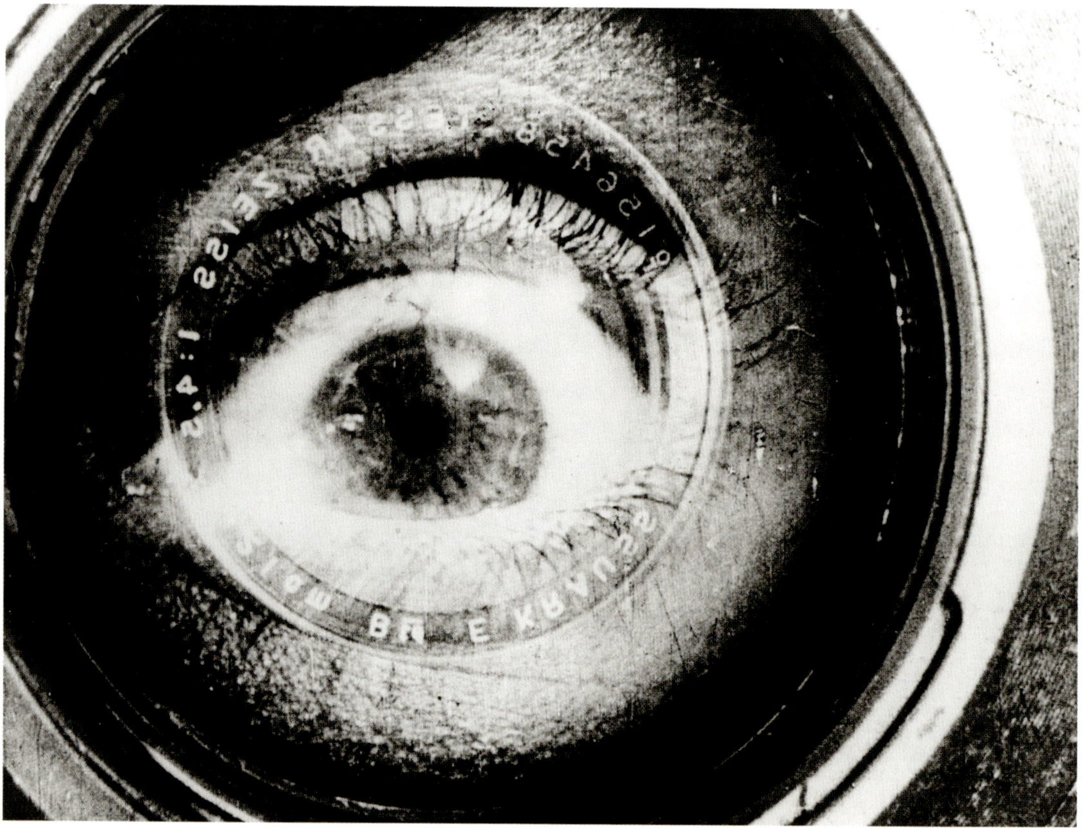

▲ Vertov tourne l'objectif de sa caméra, avec un œil en surimpression, vers le spectateur.

▼ Les inscriptions concentriques soulignent le dynamisme de la vie de la cité.

Le cinéaste soviétique Dziga Vertov avait l'obsession de la vitesse et du mouvement. Né Denis Arkadievitch Kaufmann, il a renoncé à son nom pour se forger une identité plus dynamique avant de se lancer dans le cinéma (Dziga Vertov peut se traduire par « toupie »). *L'Homme à la caméra* est en effet une symphonie du mouvement : on suit, de l'aube au crépuscule, la trajectoire tourbillonnante d'un cameraman intrépide, acharné à filmer la vie soviétique à travers Moscou, Kiev et Odessa. Il pose son trépied devant la circulation qui fonce sur lui, escalade des ponts et braque sa caméra sur des trains, des tramways, des autobus. Le film montre, en un clin d'œil, la naissance, la mort, le mariage et le divorce. Vertov pensait que la caméra pouvait plonger dans le chaos de la vie moderne pour révéler des secrets invisibles à l'œil nu. Pour cela, il s'est approprié toutes les techniques disponibles : écran partagé, ralenti, marche arrière, jump-cuts, artifices de montage et même animation.

La réalisation de *l'Homme à la caméra* a demandé quatre ans et produit un film d'avant-garde. C'est l'un des premiers documentaires sur la « symphonie urbaine », consacré à ceux qui vivent dans un environnement créé par l'homme. Mais, son montage brutal et rapide, l'absence de récit linéaire conventionnel et le contenu purement visuel ont exaspéré et déconcerté les spectateurs et les critiques de l'époque. Vertov n'en était pas moins un précurseur du modernisme : il a eu une énorme influence sur des réalisateurs comme Jean-Luc Godard (né en 1930), les documentaristes du cinéma-vérité, des compositeurs comme Michael Nyman et les cinéastes de la génération MTV. **G. M.**

LES SCÈNES PRINCIPALES

1 L'HOMME À LA CAMÉRA
Vertov n'employait ni acteurs, ni décors, ni intertitres, ni scénario : le seul « personnage », c'est l'homme que l'on voit filmer depuis une voiture, de sa caméra actionnée à la main, les tramways, les voitures à cheval et les bicyclettes qui se croisent dans les rues de la ville.

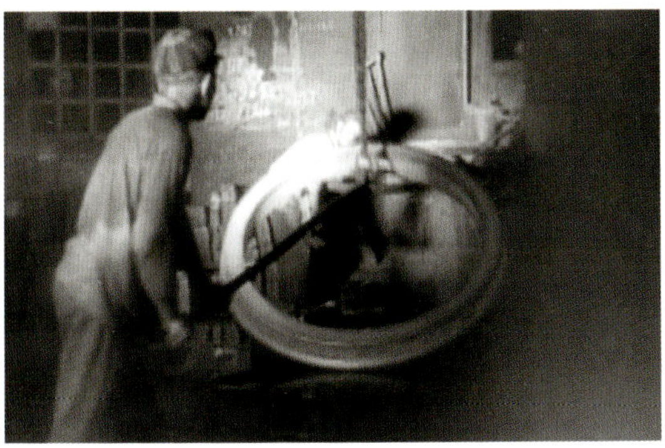

2 OUVRIER D'USINE
L'Homme à la caméra est un hymne au travail où les usines ne sont pas crasseuses, où être assis à une chaîne de fabrication n'est pas un travail abrutissant et où les hommes marchent au rythme de la machine.

3 À LA PLAGE
Lorsque Vertov, communiste fervent, filme des ouvriers en vacances entassés sur une plage, il s'efforce de montrer qu'ils sont productifs, puisqu'ils nagent ou s'entraînent afin d'être en pleine forme pour le travail de construction de la nation.

LE RÉALISATEUR

1896-1916
Dziga Vertov est né à Bialystok, en Pologne (qui faisait alors partie de la Russie). Il y apprend la musique et après la fuite de sa famille à Saint-Pétersbourg, devant l'armée allemande, il étudie la neurologie. Il se livre à quelques expériences sur le son, influencées par les travaux des futuristes.

1917-1921
Après la révolution d'Octobre, il prend la tête du département cinéma du Comité exécutif central des soviets, qui produisait les premières actualités filmées. Il y rencontrera sa future femme, Élizaveta Svilova. Ses débuts de réalisateur remontent à 1919 : correspondant de guerre dans les zones de combats, il tourne les documentaires destinés à encourager les soldats communistes.

1922-1931
Avec son jeune frère Mikhaïl Kaufmann et Élizaveta Svilova, il forme les Kinoks (« les yeux du cinéma »), qui associent l'art et la propagande. Ils produiront les 23 films de la série d'actualité *Kino-pravda* (1922-1925). Il réalise *la Onzième Année* (1928), *l'Homme à la caméra* et son premier film sonore, *Enthousiasme ou symphonie du Donbass* (1931).

1932-1954
Vertov dirige *Trois Chants sur Lénine* (1934), souvent considéré comme son chef-d'œuvre. À l'époque du Réalisme socialiste, il est accusé de formalisme : sa carrière commence à s'effondrer. Il continue à travailler sur les actualités filmées et sur la compilation de films, mais il est de plus en plus marginalisé.

VERTOV ET L'AVANT-GARDE

Le radicalisme formel de Vertov doit beaucoup à sa rencontre précoce avec le futurisme et avec le poète et dramaturge Vladimir Maïakovsky. Membre de l'avant-garde soviétique, Maïakovsky avait une liaison avec Lilya Brik, immortalisée par une affiche (ci-dessous) d'Alexandre Rodtchenko. Les montages innovants de Vertov dans ses films contemporains reflètent ceux de Rodtchenko, pionnier de la conception graphique de propagande. Ils sont à l'image de leur adhésion aux principes du constructivisme né de la révolution russe : un refus de « l'art pour l'art ».

LES COMIQUES DU MUET

La comédie sans paroles, que l'on associe si souvent aux stars de son âge d'or – Charlie Chaplin (1889-1977) et Buster Keaton (1895-1966) –, est en fait l'un des premiers genres du cinéma et l'un des plus populaires. Au tout début, quelques films comme *l'Arroseur arrosé* (1895), de Louis Lumière (1864-1948), un jardinier aux prises avec son tuyau d'arrosage, s'appuyaient sur des gags visuels d'une seule scène. Ces premières expériences ont eu beaucoup de succès, mais nombre d'acteurs très connus au temps du muet sont aujourd'hui oubliés. La performance audacieuse de Harold Lloyd dans *Monte là-dessus* (1923, ci-dessus) et celle de Raymond Griffith dans *Hands Up !* (1926) sont des exemples typiques de numéros comiques bien réalisés mais aussi un rappel de la rapidité avec laquelle des acteurs emblématiques peuvent disparaître de la faveur du public.

C'est en Europe que la comédie développa la forme et la logique qui devaient lui assurer le succès tout au long des années 1920, avec des acteurs comme André Deed et plus encore Max Linder, à l'origine des premiers progrès du genre. Cependant, ce sont les studios Keystone de Mack Sennett qui ont mis en place les métaphores qui définiront la comédie muette et produiront les premiers films comiques à échelle industrielle avec leurs « Keystone Kops », favoris du public dès la fondation du studio, en 1912. Les films des « Kops », souvent réalisés en quelques jours et d'une qualité variable, étaient en général faits de séquences

1 Harold Lloyd dans *Monte là-dessus* : dans l'une des séquences les plus mémorables du cinéma muet, il se balance, accroché aux aiguilles d'une horloge qui domine de très haut les rues de la ville.

2 Charlie Chaplin et Jackie Coogan, le duo d'arnaqueurs du *Kid*.

3 L'affiche de *Sally, fille de cirque*. W. C. Fields joue le rôle du Pr Eustance McGargle.

REPÈRES

1909	1910	1912	1914	1915	1917
Roscoe « Fatty » Arbuckle fait ses débuts d'acteur de cinéma dans la comédie *Ben's Kid*.	Premières tournées de Chaplin aux États-Unis avec la Fred Karno Company. À son retour, il signera avec Mack Sennett.	Mack Sennett fonde les Keystone Studios à Edendale, en Californie. Il y développera la comédie sans paroles à une échelle industrielle.	Le « vagabond » de Charlie Chaplin fait ses débuts à l'écran dans *Charlot est content de lui*.	W. C. Fields est la vedette de *Pool Sharks*, qu'il a également écrit. Son premier film présente des éléments de son spectacle de music-hall.	Mack Sennett, pour tenter de former une nouvelle entité, quitte le studio. Il annonce le début de la fin pour une phase de la comédie sans paroles.

de poursuites frénétiques émaillées d'acrobaties folles, entre des personnages que leurs différences de taille rendaient comiques. Le travail de Sennett a été décisif, développant une forme de comédie appuyée sur des enchaînements de gags visuels, des scénarios invraisemblables et des personnages peu conventionnels. Les films Keystone étaient délibérément éphémères : de nouveaux courts-métrages, variations sur des thèmes d'actualité ou parodies des films célèbres du moment, apparaissaient chaque semaine. C'est aussi Mack Sennett qui forma les premières stars de la comédie hollywoodienne : Mack Swain, Ford Sterling, Mabel Normand, Roscoe « Fatty » Arbuckle, Harry Langdon et Charlie Chaplin, tous devenus célèbres en tournant des films Keystone.

Chaplin grimpa tous les échelons : de simple clown itinérant de Keystone, il devint la première star de comédie de l'époque, avec un salaire hebdomadaire de 1 250 dollars en 1915. Le contrôle que sa célébrité lui a permis d'exercer sur son propre travail a joué un rôle capital dans son succès. Il a ainsi réussi à s'affranchir des aspects pesants et des franches bouffonneries de Keystone (une approche avec laquelle il n'avait jamais été à l'aise) et à améliorer son *alter ego* comique, un vagabond miteux au cœur tendre avec un chapeau melon, une canne et des vêtements mal ajustés. Comme beaucoup de ses films, entre autres *le Kid* (1921, ci-contre), il visitait des thèmes chers à son cœur – notamment, les effets de la pauvreté, un sujet en résonance avec le passé misérable de Chaplin. *La Ruée vers l'or* (1925, voir p. 64) fut l'un des films les plus rentables de l'époque du muet ; il est surtout connu pour la « danse des petits pains », où le vagabond exécute une danse virtuose avec deux fourchettes plantées dans de petits pains : une séquence typique du comique de Chaplin, mélange subtil de performance physique dansante et alerte et de gags judicieusement inspirés par la situation.

Le comique de Buster Keaton, qui avait été acrobate et enfant-acteur de music-hall, diffère de celui de Chaplin : il tient au contraste entre son visage, toujours inexpressif, et les exploits absurdement athlétiques grâce auxquels son personnage parvient à échapper au désastre. À travers le jeu éblouissant et plein d'à-propos d'éléments de décors de plus en plus élaborés, mais aussi dangereux que spectaculaires, le comique physique de Keaton reste presque poétique.

L'arrivée du son modifia radicalement les carrières de beaucoup d'acteurs comiques du muet. Chaplin résista aux films à dialogues jusqu'à la sortie du *Dictateur*, en 1940, leur préférant les effets sonores comme dans *les Temps Modernes* (1936). Buster Keaton eut des difficultés pour s'adapter au comique de dialogue et des acteurs comme Harold Lloyd ou Harry Langdon y perdirent de leur attrait. W. C. Fields, à qui sa carrière sur scène avait donné l'occasion de multiples réparties spirituelles, n'eut aucun mal à passer de ses succès du muet comme *Sally, fille de cirque* (1925, à droite) à une carrière réussie dans les films parlants, dont *Mines de rien* (1940) est un exemple. Laurel et Hardy, qui commencèrent à travailler à la fin du muet, s'adaptèrent sans peine et donnèrent le départ à la nouvelle génération de génies du comique. **R. H.**

1919	1921	1923	1925	1926	1936
Chaplin, avec plusieurs autres stars de Hollywood, forme United Artists : il s'agit d'offrir aux acteurs un meilleur contrôle de leur art.	La carrière de Fatty Arbuckle commence à décliner à la suite du scandale Virginia Rappe.	Sortie de *Monte là-dessus*, avec Harold Lloyd, produit par Hal Roach.	Sortie de *la Ruée vers l'or* (voir p. 64), de Charlie Chaplin, qui sera, de tous ses films, l'un des plus acclamés et emblématiques.	Buster Keaton termine *le Mécano de la Général* (voir p. 66). La critique fut mauvaise, mais il sera reconnu comme l'un des meilleurs films du temps du muet.	Presque dix ans après le premier film parlant, Charlie Chaplin réalise *les Temps modernes*, son premier film « sonore ». Il ne propose que des effets sonores.

La Ruée vers l'or 1925

The Gold Rush CHARLIE CHAPLIN 1889-1977

▲ Chaplin, pour son déjeuner, savoure les lacets de sa chaussure.

▼ L'affiche rend bien le mélange particulier d'humour et de pathétique de Chaplin.

Charlie Chaplin a dit de *la Ruée vers l'or* : « C'est le film pour lequel je veux qu'on se souvienne de moi. » C'est en effet le plus représentatif de son œuvre. Il a été tourné après *l'Opinion publique* (1923), un scénario plus sérieux, où Chaplin n'a qu'un rôle mineur. Mais le film a été boudé par le public et Chaplin décida de changer de tactique pour *la Ruée vers l'or,* qu'il construit comme une comédie épique à partir d'un sujet grave. L'histoire s'inspire de la catastrophe de Donner Pass : un groupe de chercheurs d'or resté bloqué dans la montagne. À ce propos, Chaplin note dans son autobiographie que « sur 160 pionniers, 18 seulement ont survécu ; la plupart sont morts de faim et de froid ; quelques-uns ont eu recours au cannibalisme et ont mangé leurs morts, d'autres ont fait cuire leurs chaussures pour calmer leur faim ».

Chaplin incarne un prospecteur débraillé qui finit bloqué dans une cabane en compagnie de Big Jim Mackay (Mark Swain). Dans une séquence célèbre, le vagabond cuisine sa chaussure en guise de déjeuner. C'est le côté pointilleux de Chaplin qui donne tout son piquant à la scène, lorsqu'il présente la chaussure garnie des lacets en guise de spaghettis. L'intrigue elle-même est assez banale : un tueur à gages, Black Larsen, s'enfuit avec l'or de Big Jim. La seconde partie du film se déroule dans une ville de la frontière où Chaplin courtise une danseuse (Georgia Hale) de manière plutôt fantasque. Ce sont les décors et la verve absolue de l'imagination visuelle de Chaplin qui font la force du film. Le tournage de *la Ruée vers l'or,* une aventure de quatorze mois, coûta une petite fortune, mais le film sera l'un des meilleurs filons des années 1920. **G. M.**

LES SCÈNES PRINCIPALES

1 LE PROSPECTEUR PROSPECTÉ
Dans les hauteurs de l'Alaska, Chaplin se fraie difficilement un chemin à travers la montagne enneigée. Tandis qu'il avance péniblement vers le site de la ruée vers l'or, il ne voit pas l'ours qui le suit.

2 UNE CHAUSSURE POUR DÉJEUNER
La scène, digne d'un restaurant cinq étoiles, où Chaplin prépare cérémonieusement un dîner somptueux à base de chaussure bouillie pour son compagnon affamé, est sans doute la plus célèbre du film (c'est aussi la plus parodiée).

3 LA DANSE DES PETITS PAINS
Le vagabond improvise un Cancan avec une couple de petits pains. Chaplin, avec son expression décontractée et un peu timide, donne à la danse un total naturel. La scène est une reprise de celle que Fatty Arbuckle interprète dans *Fatty chez lui* (1917).

LE RÉALISATEUR

1889-1912
Charlie Chaplin est né à Walworth, au sud-est de Londres, où ses parents étaient artistes de music-hall. En 1910, il commence ses tournées aux États-Unis avec la troupe de Fred Karno.

1913-1919
En 1913, il est engagé par les studios Keystone. Son personnage de vagabond apparaît pour la première fois dans *Charlot est content de lui* (1914). Deux ans plus tard, il réalise des films pour la Mutual Film Corporation. En 1919, il fonde United Artists avec Mary Pickford, Douglas Fairbanks et D. W. Griffith (1875-1948).

1920-1936
Chaplin tournera cinq longs-métrages pour United Artists : *l'Opinion publique* (1923), *la Ruée vers l'or* (1925), *le Cirque* (1928), *les Lumières de la ville* (1931) et *les Temps modernes* (1936), un film muet à l'époque du parlant.

1937-1947
Chaplin réalise son premier film parlant, *le Dictateur* (1940, voir p. 158). En 1947, il joue un tueur en série dans *Monsieur Verdoux*.

1948-1967
Les Feux de la rampe (1952) seront son dernier film tourné aux États-Unis. Accusé d'héberger des sympathisants anti-américains, il s'installe en Suisse. En exil, il réalisera deux films, *Un roi à New York* (1957) et *la Comtesse de Hong Kong* (1967).

1968-1977
Il retourne aux États-Unis pour la première fois en vingt ans pour recevoir un oscar à titre honorifique. En 1975, il est fait chevalier par la reine Élisabeth II. Il s'éteint deux ans plus tard, en Suisse.

CHAPLIN : DEUX POUR UNE

La décision de Chaplin de sortir, en 1942, une version plus courte et sonorisée de *la Ruée vers l'or* (complète, avec une intrigue modifiée) est considérée par les puristes du cinéma muet comme une profanation. Le réalisateur-acteur a enregistré lui-même le récit en voix-off. La voix-off, dont le riche timbre d'acteur a certainement surpris les spectateurs, confère un détachement étrange au récit. Chaplin, qui raconte à la troisième personne l'histoire de son propre personnage, paraît regarder de haut les personnages qu'il a créés presque vingt ans plus tôt. En 1929, il avait observé que les films parlants « gâchent l'art le plus vieux du monde, celui du pantomime. Ils détruisent la beauté du silence ». Il reste que la version sonore de *la Ruée vers l'or* a obtenu un énorme succès auprès d'un public qui, dans les années 1940, ne connaissait pas Chaplin dans ses beaux jours de l'ère du muet.

Le Mécano de la Général 1926

The General BUSTER KEATON 1895-1966

▲ Buster Keaton est l’inventeur du « gag mécanique ».

▼ L’impassibilité caractéristique de Buster Keaton est bien restituée sur cette affiche.

L’un des plus étranges triangles amoureux du cinéma, *le Mécano de la Général,* raconte l’histoire d’un homme, de sa fiancée et de la locomotive qu’il conduit. Quelque part dans le Sud pendant les premiers jours de la guerre de Sécession, Johnnie Gray, l’impassible héros de Buster Keaton, est accusé à tort de couardise par sa bien-aimée et sa famille. Il ne pourra sauver sa réputation, l’amour sans lequel il est perdu et sa machine qu’au fil de ses tentatives pour reprendre cette dernière, volée par des espions de l’Union. Il lui faudra pour cela se tirer de toutes sortes d’embûches. En cours de route, Keaton se livre à de stupéfiantes cascades sans que son visage séduisant et triste ne trahisse jamais le danger réel des acrobaties qu’il accomplit.

La reconstitution historique précise de la guerre de Sécession a demandé des centaines de figurants, des cascades dangereuses et la destruction d’un train. Le scénario s’inspire de *The Great Locomotive Chase,* un roman où William Pittenger met en scène un mécanicien impliqué dans la reconquête de sa locomotive volée.

Le film fut un désastre à sa sortie : les spectateurs étaient plus intéressés par *la Chair et le Diable* (1926), avec Greta Garbo en vedette. Il ne parvint pas non plus à impressionner les critiques, qui n’apprécièrent pas l’humour des escapades du conducteur de locomotive. Keaton fut complètement abattu par ce résultat : pour lui, c’était son meilleur film. Aujourd’hui, cependant, *le Mécano de la Général* apparaît régulièrement en tête des palmarès et, en 1989, il a été choisi par la Library of Congress pour faire partie de la première série de films américains jugés dignes d’être préservés dans le United States National Film Registry. **I. H. S.**

LES SCÈNES PRINCIPALES

1 LE DÉBUT D'UNE IDYLLE
Troublé par l'idée de rencontrer Annabelle, Johnnie ne s'est pas aperçu que deux enfants le suivaient et qu'elle-même le regardait rectifier sa tenue avant de frapper à sa porte. Une illustration du mélange propre à Keaton de comédie et de drame.

2 REFUSÉ PAR L'ARMÉE
Afin d'impressionner celle qu'il aime, Johnnie arrive le premier au bureau d'engagement, mais il est refoulé : son travail est jugé trop indispensable. Le père et le frère d'Annabelle le croient trop lâche pour s'engager : c'est le début de l'histoire.

3 UN HOMME ET SA MACHINE
Johnnie, rejeté, s'assied sur la bielle de la Général. La cascade était dangereuse : Keaton aurait pu tomber sur la roue de la locomotive si le train avait avancé trop vite. Elle montre combien Johnnie est déboussolé sans l'amour d'Annabelle.

4 LA BATAILLE FINALE
Un véritable train fait dangereusement plier un pont jusqu'à ce que celui-ci cède et que le train s'écrase dans la rivière. Cette séquence fut l'une des plus coûteuses de son époque. Au point culminant du film, Johnnie, par hasard, sauvera la mise.

LE RÉALISATEUR

1895-1916
Joseph Franz Keaton est né le 4 octobre 1895, dans une famille d'acteurs de music-hall : il débutera sur scène en 1899.

1917-1922
Keaton apparaît dans son premier film, *Fatty garçon boucher* (1917), avec Fatty Arbuckle. Son personnage est déjà en place, y compris le chapeau rond. Il tiendra pour la première fois la vedette dans *Ce crétin de Malec* (1920). Joseph M. Schenck, qui lui voit un grand avenir, lui confie sa première unité de production, Buster Keaton Comedies.

1923-1928
C'est la période classique de Keaton, celle où son personnage impassible, ses décors audacieux et la mélancolie qui teinte parfois son œuvre élève celui-ci au-dessus des excès des comédies de studio. *Les Lois de l'hospitalité* (1923) seront suivies de *Sherlock Junior* et de *la Croisière du Navigator* (1924), de *Sportif par amour* (1927), de *Cadet d'eau douce* (1928) et du *Caméraman* (1928).

1929-1949
À la suite de l'échec commercial du *Mécano de la Général*, la MGM impose un contrat pour maîtriser les dépenses excessives. Ironie du sort, ses insipides coopérations avec Jimmy Durante, en particulier *le Roi de la bière* (1933), son dernier rôle important, font partie des grandes réussites du box-office.

1950-1965
En dehors de quelques apparitions marquantes, notamment comme joueur de cartes dans *Boulevard du crépuscule* (1950), Keaton obtiendra des rôles comiques mineurs comme dans *le Tour du monde en 80 jours* (1956) et *Un monde fou fou fou fou* (1963). À 68 ans, il jouera dans le court-métrage de 24 minutes *Film* (1965), sur un scénario de Samuel Beckett.

1966
Son dernier rôle le place aux côtés de Zero Mostel dans *le Forum en folie*, de Richard Lester (né en 1932). Buster Keaton meurt le 1er février 1966, en Californie.

L'APOGÉE DU CINÉMA MUET

1 Dans cette image extraite du *Faust* de F. W. Murnau, l'ange parie avec le Diable sur le sort de l'âme de Faust.

2 L'ambiance féerique des *Nibelungen* donne le ton des superproductions fantastiques à venir.

3 L'affiche originale de la sortie au cinéma de *Metropolis*, de Fritz Lang (1927), avec le célèbre Homme Machine.

Au milieu des années 1920 le cinéma, privé de parole, avait développé une forme de narration visuelle aussi subtile et expressive que le langage. Les intertitres fournissaient les dialogues mais les images portaient le récit et suscitaient l'émotion. La caméra, que F. W. Murnau (1888-1931) appelait le « crayon du réalisateur », avait atteint une souplesse restée sans égale. Les acteurs, condamnés au silence, trouvaient par leur gestuelle et les expressions de leurs visages une subtilité et une profondeur de sentiments qui n'ont rien à envier à l'expression plus naturelle que le son permettra par la suite.

À cette époque, le silence n'était pas une restriction. Pour beaucoup d'esthètes et de théoriciens, c'est précisément la capacité de raconter une histoire par le seul truchement des images qui faisait du cinéma un médium à part. *Le Dernier des hommes* (1924), de Murnau, dépourvu d'intertitres, cherchait à créer un récit totalement visuel. Cette quête d'un cinéma pur trouva des disciples jusqu'au Japon, où l'expressionniste *Une nuit folle* (1926), de Teinosuke Kinugasa (1896-1982), développe avec le seul secours des images sa chronique déroutante des événements survenus dans un asile d'aliénés.

Peu de films en arrivèrent au point d'éliminer totalement les intertitres, mais la gloire des derniers films muets réside indubitablement dans leur perfection visuelle. *Faust* (1926, ci-dessus) de Murnau, malgré son origine littéraire, brille

REPÈRES

1922	1923	1924	1925	1926	1927
Docteur Mabuse, le joueur, le film en deux parties de Fritz Lang, invente un monde oppressant de crime et d'espionnage.	Abel Gance atteint à la perfection visuelle dans *la Roue*, Mauritz Stiller (1883-1928) tourne son chef-d'œuvre, *le Vieux Manoir*.	Les studios allemands UFA produisent *les Niebelungen*, de Fritz Lang, et *le Dernier des hommes*, de F. W. Murnau, première apparition de la « caméra libérée ».	G. W. Pabst (1885-1967) explore les subtilités de la psychologie dans *la Rue sans joie*. King Vidor (1894-1982) tourne *la Grande Parade*.	Chez UFA, F. W. Murnau réalise *Faust*, pure splendeur visuelle. *Une nuit folle*, un film d'avant-garde, démontre la maturité du cinéma muet japonais.	Abel Gance réalise *Napoléon*. À Hollywood, Murnau tourne *l'Aurore* (voir p. 70), peut-être le plus beau de tous les films muets.

surtout par sa recréation lumineuse de l'Europe médiévale. C'est l'une des productions extravagantes d'UFA, le principal studio allemand, auquel on doit aussi les spectaculaires *Nibelungen : la mort de Siegfried* et *Nibelungen : la vengeance de Kriemhild* (à droite), tous deux réalisés en 1924 par Fritz Lang (1890-1976), et son épopée de science-fiction, *Metropolis* (1927, ci-dessous, à droite). Le cinéma français aspirait souvent, lui aussi, à la dimension épique, atteignant des sommets avec l'œuvre d'Abel Gance (1889-1981). *Napoléon* (1927, voir p. 32) a porté à l'extrême la perfection technique du cinéma muet. Le réalisateur danois Carl Theodor Dreyer (1889-1968) met en lumière le caractère dramatique de l'histoire de France dans *la Passion de Jeanne d'Arc* (1928, voir p. 72) mais refuse le spectaculaire au profit d'une attention permanente aux variations émotionnelles, suggérées par les seules expressions du visage.

Ce qui fait la spécificité des derniers films muets, c'est leur capacité à mêler grandeur visuelle et intimité émotionnelle. C'est également vrai à Hollywood, où certains des plus grands chefs-d'œuvre ont été réalisés par des immigrés européens. Murnau, venu d'Allemagne travailler pour la Fox, allie dans ses mélodrames romantiques *l'Aurore* (1927, voir p. 70) et *l'Intruse* (1930) la beauté du style à une attention délicate aux sentiments humains. Le Suédois Victor Sjöström (1879-1960), connu pour ses études de la vie rurale scandinave, a choisi un cadre tout aussi lointain pour l'un des derniers grands films muets américains, *le Vent* (1928), un mélodrame puissant tourné dans le désert mojave.

Cette excellence du cinéma muet de la fin des années 1920 explique pourquoi l'arrivée du son a souvent été ressentie comme un pas en arrière. La plus grande partie de *Solitude* (1928), un autre récit inspiré de la vie urbaine américaine par un émigré européen, Paul Fejos (1897-1963), conserve la sensibilité de la fin du cinéma muet ; l'enchantement est malheureusement rompu par quelques séances dialoguées terriblement banales. Dans sa critique, Andrew Sarris a noté qu'on « ressent la profondeur du désespoir d'un esthète à une époque où le médium semble être dans une impasse ».

Dès 1930, le nouveau médium avait gagné la partie en Europe de l'Ouest et aux États-Unis. Mais il faudra des années avant que les réalisateurs ne disposent des ressources techniques pour combiner son et aisance visuelle du muet. Le travail remarquable des industries cinématographiques qui ont réalisé des films muets après 1930 le confirme. Jusqu'au milieu des années 1930, le cinéma soviétique a produit d'excellents films muets, tel *le Bonheur* (1934), d'Alexandre Medvedkine (1900-1989), un mélange de comédie burlesque, de satire et de folklore. Au Japon, où les films parlants sont rares jusqu'en 1935, des réalisateurs comme Mikio Naruse (1905-1969) et Hiroshi Shimizu (1903-1966) ont réussi à fusionner les traditions locales avec le style de tournage flamboyant appris des maîtres occidentaux du muet. Dans *Gosses de Tokyo* (1932), Yasujiro Ozu (1903-1963) montre que le cinéma muet est capable d'un réalisme aussi authentique que celui des films néo-réalistes (voir p. 178) de l'Italie d'après-guerre. **A. J.**

1928	1929	1929	1931	1932	1934
À Hollywood, le parlant s'installe sérieusement, mais quelques ultimes chefs-d'œuvre du muet émergent encore, entre autres *la Foule*, de King Vidor.	*Loulou* et *le Journal d'une fille perdue*, de G. W. Pabst, apportent un réalisme nouveau au cinéma muet allemand.	En Angleterre, Anthony Asquith (1902-1968) réalise *Un cottage à Dartmoor* ; un film muet, donc condamné à une obsolescence immédiate.	Parmi les derniers films muets produits aux États-Unis, on remarque la comédie *les Lumières de la ville*, de Charlie Chaplin, et *Tabou*, de F. W. Murnau.	Yasujiro Ozu réaliste son meilleur film muet, la comédie réaliste douce-amère *Gosses de Tokyo*.	*Le Bonheur*, d'Alexandre Medvedkine, sera le dernier film muet soviétique.

L'Aurore 1927
Sunrise : A Song of Two Humans FRIEDRICH WILHELM MURNAU 1888-1931

▲ *L'Aurore* est réputée pour son écriture cinématographique révolutionnaire.

▼ *L'Aurore* a été un échec commercial en raison de son budget trop élevé.

Hollywood, pleinement conscient des avancées techniques et artistiques des films européens, avait compris que le cinéma avait besoin de visionnaires : des réalisations exceptionnelles, non commerciales, furent financées dans le seul dessein de faire avancer cette forme d'art. Le réalisateur allemand F. W. Murnau était alors très admiré pour *le Dernier des hommes* (1924). Ce film, qui renonce aux intertitres du cinéma muet, est un exercice de transmission purement visuelle d'un récit. William Fox, ayant fait venir Murnau, mit à sa disposition pour le tournage de *l'Aurore* les ressources de ses studios et, fait capital, les cameramen novateurs Charles Rosher et Karl Struss.

Dans ce film, presque dépourvu d'intertitres, Murnau installe l'atmosphère des scènes par une imagerie subtile. Le scénario est une histoire toute simple : dans un village, l'Homme (George O'Brien) est détourné de sa sage et modeste Épouse (Janet Gaynor) par la séduisante Femme de la Ville (Margaret Livingston) venue en vacances d'été. Il projette de tuer son épouse pour être libre de vendre sa ferme et de s'enfuir avec sa muse, mais sa conscience prend le dessus. Murnau déroule sur cette base une symphonie visuelle onirique faite de séquences intenses et saisissantes – notamment la scène absolument inoubliable où le jeune couple (maintenant réconcilié) traverse une avenue envahie par la foule et les voitures qui, le temps d'un baiser, se métamorphose en un champ de fleurs. Lors de la première cérémonie des oscars, en 1929, le film a obtenu trois statuettes : le meilleur film, la meilleure direction de la photographie (Charles Rosher et Karl Struss) et la meilleure actrice (Janet Gaynor). **K. N.**

LES SCÈNES PRINCIPALES

1 DANS LE MARAIS
L'Homme et la Femme de la Ville s'enlacent parmi les roseaux au bord du lac. Elle le pousse à noyer son épouse pour partir à la ville avec elle. Dans le monde féerique créé par Murnau, des images de la cité s'enchaînent au-dessus d'eux.

2 SUR LE LAC
L'Homme engage son bateau sur le lac, avec l'intention de noyer son Épouse, heureuse de passer un moment avec son mari distant. Incapable d'aller au bout de son dessein, il retourne vers la rive, où sa femme s'enfuit, terrifiée.

3 LE TRAMWAY
Un trajet en tramway les emporte de la campagne au centre de la ville, l'occasion de traverser les décors immenses, stylisés, et coûteux de Murnau. Le film fut l'un des premiers à intégrer des effets sonores, grâce au procédé Movietone de « son sur le film » de la Fox.

4 LA TEMPÊTE
Alors que le couple réconcilié retraverse le lac, une tempête les surprend. Ils s'accrochent l'un à l'autre dans leur minuscule barque jusqu'à ce qu'elle chavire. Pensant son Épouse noyée, l'Homme croit qu'un sort funeste a exaucé ses mauvaises intentions du matin.

L'ARRIVÉE DU SON

Les films muets étaient rarement silencieux : les accompagnements allaient du piano ou de l'orgue au grand orchestre. Pendant les années 1920, quelques expériences tentèrent de lier les dialogues et la musique à l'image, pour aboutir au *Chanteur de jazz* (1927, ci-contre), où figurent chansons et bribes de paroles. Dans la précipitation de la conversion au sonore, de nombreux chefs-d'œuvre issus de la sophistication technique du muet – *l'Aurore* en fait partie – ont été sous-estimés. Les caméras mobiles furent insonorisées ; des mimes talentueux furent remplacés par des acteurs issus de Broadway. Les carrières de certains acteurs furent stoppées à cause d'un accent importun ou d'un défaut d'élocution. Une nouvelle grammaire du cinéma était à réinventer.

La Passion de Jeanne d'Arc 1928
Jeanne d'Arc's Lidelse og Dod CARL THEODOR DREYER 1889-1968

▲ On tend un crucifix à Jeanne (Maria Falconetti) sur le bûcher. « Serai-je avec Vous ce soir au Paradis ? », demande-t-elle.

▼ Comme le film, l'affiche insiste sur les traits, expressifs, de Maria Falconetti.

L'austère maître danois Carl Theodor Dreyer a réalisé *la Passion de Jeanne d'Arc* il y a plus de quatre-vingts ans, mais peu de gens nieraient qu'il est toujours le standard ultime du portrait cinématographique. Le film, appuyé seulement sur une foi totale en la capacité d'expression du regard, présente la Pucelle, guerrière et martyre, chargée du poids d'une nation. Ce tour de force est à mettre à l'actif de l'interprétation sublime et angoissée de Maria Falconetti, une actrice de théâtre découverte à Paris par Dreyer. Ce n'était pas son premier film, mais elle n'en a jamais tourné d'autre. On a dit que la souffrance palpable de Maria Falconetti à l'écran avait été poussée à ce degré de raffinement par l'obligation de s'agenouiller sur des galets et de revoir à l'infini les rushes jusqu'à la conscience intime des contours de son propre visage.

S'inspirant du manuscrit du jugement de Jeanne, à Rouen en 1431, Dreyer travaille à partir d'une palette d'émotions pures : les expressions déchirantes de Maria Falconetti expriment mieux que des mots la souffrance de Jeanne. Cadrant souvent son visage en gros plan et légèrement décentré, il oppose à sa douleur le jeu de la caméra qui s'égare sur les faces de gargouilles des juges et des théologiens rassemblés pour extorquer ses aveux, produisant ainsi une atmosphère oppressante et désespérée. Comme dans ses films suivants, *Jour de colère* (1943) et *la Parole* (1955), Dreyer aborde les questions de la foi par la représentation de personnages supposés avoir atteint un état de grâce au cours d'un jugement par une société de sceptiques et de bigots violents. Le film reste une envoûtante anomalie dans l'histoire du cinéma européen. **D. J.**

LES SCÈNES PRINCIPALES

1 LES PREMIÈRES LARMES
Après le feu roulant des questions sarcastiques lorsqu'elle affirme exécuter les ordres de Dieu, Jeanne verse ses premières larmes lorsqu'on lui demande de réciter le Notre Père. Sa réaction est ambiguë : est-elle furieuse ? triomphante ? confiante ? triste ?

2 LA PRÉSENCE DE DIEU
De retour dans sa cellule, Jeanne aperçoit une ombre au sol, une croix, dessinée par les barreaux de sa fenêtre. Pour elle, c'est la confirmation d'une présence divine. Plus tard, lorsque l'un des cruels cardinaux marche sur l'ombre, Dreyer la fait disparaître.

3 UNE ÂME TORTURÉE
Les ecclésiastiques menacent Jeanne de torture. La scène alterne les plans d'une Jeanne pétrifiée et des pointes tournoyantes d'un engin de torture. À mesure que la roue accélère, le montage est de plus en rapide, symbolisant l'épouvantable pression exercée sur Jeanne.

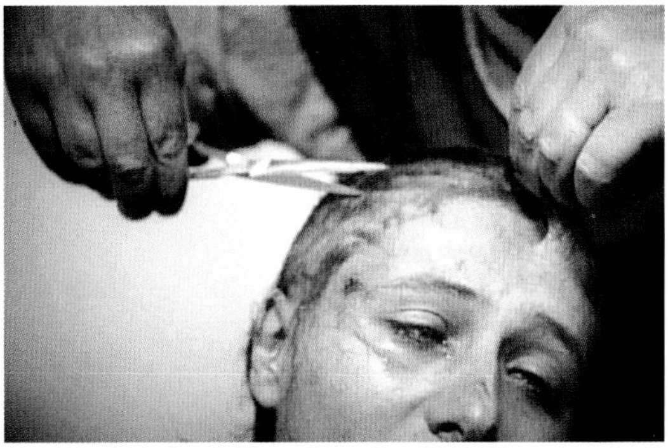

4 UN ACTE DE FOI
Jeanne est ramenée dans sa cellule après avoir, sous la contrainte, signé l'arrêt qui la reconnaît comme hérétique. Ses cheveux sont coupés mais à mesure qu'ils tombent elle se rend compte qu'elle a, en échange de sa vie, renié sa foi. Elle revient sur son témoignage.

LE RÉALISATEUR

1889-1909
Né à Copenhague, fils illégitime d'un fermier suédois et de sa bonne, Dreyer, orphelin, fut adopté à l'âge de deux ans par Carl Theodor Dreyer Sr., typographe renommé et fervent luthérien.

1910-1920
D'abord journaliste, scénariste et même pilote d'aérostat, Carl Theodor Dreyer force les portes de l'industrie cinématographique danoise comme rédacteur d'intertitres. En 1919, il réalise son premier long-métrage, *le Président*, où les acteurs sont choisis en fonction de leur ressemblance avec les personnages du film.

1921-1925
Pages arrachées du Livre de Satan (1921) est sa première tentative de cerner les divers aspects du bien et du mal, alors que *Michael* (1924), un précurseur de *Kane* étonnamment solide, aborde les thèmes de l'héritage et du désir homosexuel. *Le Maître du logis* (1925) dépeint avec un comique espiègle la vie d'un patriarche dépassé.

1926-1928
Dreyer tourne *la Passion de Jeanne d'Arc* en France ; le film est sévèrement censuré dès sa sortie. La version complète resta ignorée jusqu'à la découverte, en 1981, d'un négatif de l'original dans un placard d'un institut pour malades mentaux en Norvège.

1929-1968
Dreyer fut confronté à des problèmes de production jusqu'à la fin de sa carrière ; son perfectionnisme exigeant limitait sa créativité. Malgré cela, il a réalisé une série de chefs-d'œuvre exceptionnels : *Vampyr* (1932), un échec commercial qui l'obligea à reprendre pour un temps son métier de journaliste, *Jour de colère*, *la Parole* et son dernier film, *Gertrud* (1964). Celui-ci rejoint la pureté esthétique de *la Passion de Jeanne d'Arc*, alliée à une recherche sur le lyrisme subtil du langage et du rythme. Dreyer s'éteint à Copenhague à l'âge de soixante-dix-neuf ans, à la suite d'une pneumonie.

LE CINÉMA SURRÉALISTE

André Breton, fondateur du surréalisme, voyait dans le cinéma un moyen de libérer l'inconscient. Comme l'écrivait son collaborateur Philippe Soupault, il pensait que le cinéma pouvait offrir des possibilités extraordinaires pour exprimer, transfigurer et réaliser les rêves. En 1924, André Breton écrit le *Manifeste du surréalisme* et le cinéaste René Clair (1898-1981) réalise *Entr'acte* (ci-dessus). Le film, conçu pour être projeté pendant l'entracte du ballet *Relâche*, de Francis Picabia, au théâtre des Champs-Élysées, présente Picabia et d'autres artistes comme Man Ray (1890-1976) et Marcel Duchamp. Picabia avait participé au scénario du film avec René Clair et l'avait conçu comme une attaque contre Breton. *Entr'acte* est pourtant considéré comme un film surréaliste. Il commence par un montage d'images et fait appel à un découpage habile pour créer des effets déroutants : une ballerine se métamorphose en homme barbu, un corbillard fou emprunte les rails des montagnes russes.

Bien que la réalisatrice Germaine Dulac (1882-1942) n'ait jamais fait partie du mouvement surréaliste, elle en partageait l'intérêt pour l'inconscient. Elle réalisa *la Coquille et le clergyman* (1928, ci-contre), un récit fragmenté et lyrique autour des hallucinations érotiques d'un jeune prêtre, sur un scénario du surréaliste Antonin Artaud. Mais Artaud trouva que la caméra fluide de Dulac et ses effets optiques étaient incompatibles avec le surréalisme et, lors de la première, il organisa avec d'autres surréalistes un chahut de protestation.

1 René Clair, dans *Entracte*, a fait appel à un montage d'images enchaînées comme celle-ci, une danseuse filmée de bas en haut, pour créer des effets déroutants.

2 L'affiche de *l'Âge d'or*, de Luis Buñuel.

3 Les images provocantes de *la Coquille et le Clergyman*, de Germaine Dulac, mêlent le fantastique au réel pour un voyage dans le subconscient.

REPÈRES

1923	1924	1924	1924	1926	1928
Man Ray tourne le film expérimental *le Retour à la raison* selon sa technique photographique d'avant-garde, le « rayographe ».	André Breton publie le premier *Manifeste du surréalisme*, qu'il définit comme un « automatisme psychique pur ».	Le peintre Fernand Léger et le cinéaste Dudley Murphy (1897-1968) réalisent le film abstrait *Ballet mécanique*.	Première à Paris d'*Entracte*, un film muet de 22 minutes de René Clair sur une musique d'Erik Satie.	Man Ray tourne *Emak Bakia*, à Paris. C'est une succession d'images apparemment sans relation entre elles ; on y trouve des jambes qui dansent, des poissons qui nagent...	Des membres du mouvement surréaliste protestent lors de la première de *la Coquille et le Clergyman*, de Germaine Dulac, à Paris, au mois de février.

La Coquille et le clergyman fut éclipsée par *Un chien andalou* (1929, voir p. 76), réalisé par Luis Buñuel (1900-1983) et écrit en coopération avec le peintre Salvador Dalí. Le film, très applaudi, permit aux deux hommes de se faire accepter par les surréalistes. Le deuxième film de Buñuel, *l'Âge d'or* (1930, à droite), s'appuie lui aussi sur les principes du surréalisme. Au début du film, deux amants (Gaston Modot et Lya Lys) se roulent dans la boue puis sont arrachés l'un à l'autre. Leur désir contrarié sera le moteur du reste de l'action. Au point culminant du film, une image du Christ est insérée au milieu d'une citation des *Cent Vingt Journées de Sodome* (1785), du marquis de Sade. Le film a provoqué un scandale et des émeutes éclatèrent lors de la première. Il fut ensuite interdit presque cinquante ans. Buñuel rompit avec les surréalistes en 1932, mais il continua à produire des films surréalistes jusqu'à la fin de sa carrière. En 1960, exilé de son Espagne natale, il accepta une invitation du gouvernement de Franco, qui lui proposait de réaliser un film. *Viridiana* (1961), avec son tableau de vagabonds émeutiers calqué sur *la Cène* de Léonard de Vinci, resta interdit en Espagne jusqu'à la mort de Franco.

En 1945, Dali fut engagé pour fournir une séquence onirique de *la Maison du docteur Edwardes,* thriller freudien d'Alfred Hitchcock (1899-1980). Un an plus tard, il collabora avec Walt Disney pour un court-métrage d'animation, *Destino,* qui resta en sommeil jusqu'en 2003, où il fut terminé par les animateurs de Disney. Le cinéma surréaliste a eu une influence significative. On retrouve son imagerie onirique, ses incohérences, son usage des symboles freudiens et ses juxtapositions étranges chez des réalisateurs comme Federico Fellini (1920-1993), Kenneth Anger (né en 1927) et David Lynch (né en 1946). **D. P.**

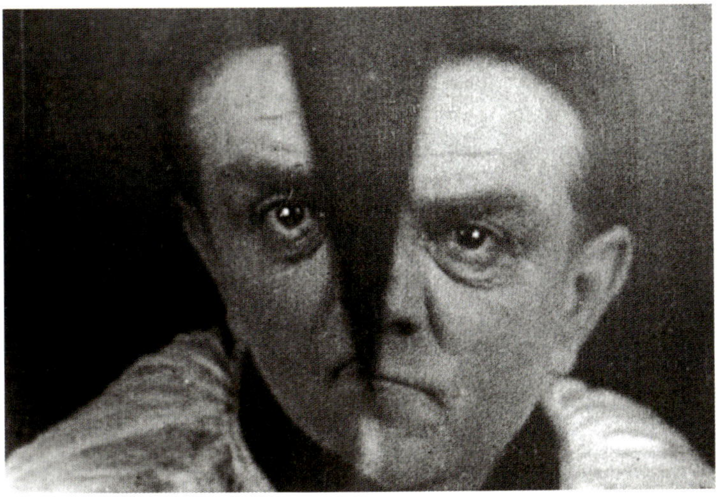

1928	1929	1929	1930	1930	1933
Présentation à Paris de *l'Étoile de mer,* de Man Ray. Le film, inspiré d'un poème de Robert Desnos, est en grande partie délibérément flou.	Première à Paris d'*Un chien andalou* (voir p. 76), de Luis Buñuel, sur un scénario écrit avec Salvador Dalí. Il est bien accueilli et restera à l'écran huit mois.	André Breton publie le *Second Manifeste du surréalisme,* où il s'efforce de rallier les surréalistes alors que le mouvement se divise.	Présentation à Paris de *l'Âge d'or,* de Buñuel, qui provoque l'indignation : le Vatican menace d'excommunier son producteur, Charles, vicomte de Noailles.	Jean Cocteau (1889-1963) réalise *le Sang d'un poète,* premier volet d'une trilogie sur le thème d'Orphée. Son imagerie est surréaliste.	Luis Buñuel réalise le documentaire *Terre sans pain,* où il fait appel à une approche surréaliste pour souligner la misère des Espagnols.

Un chien andalou 1929

LUIS BUÑUEL 1900-1983

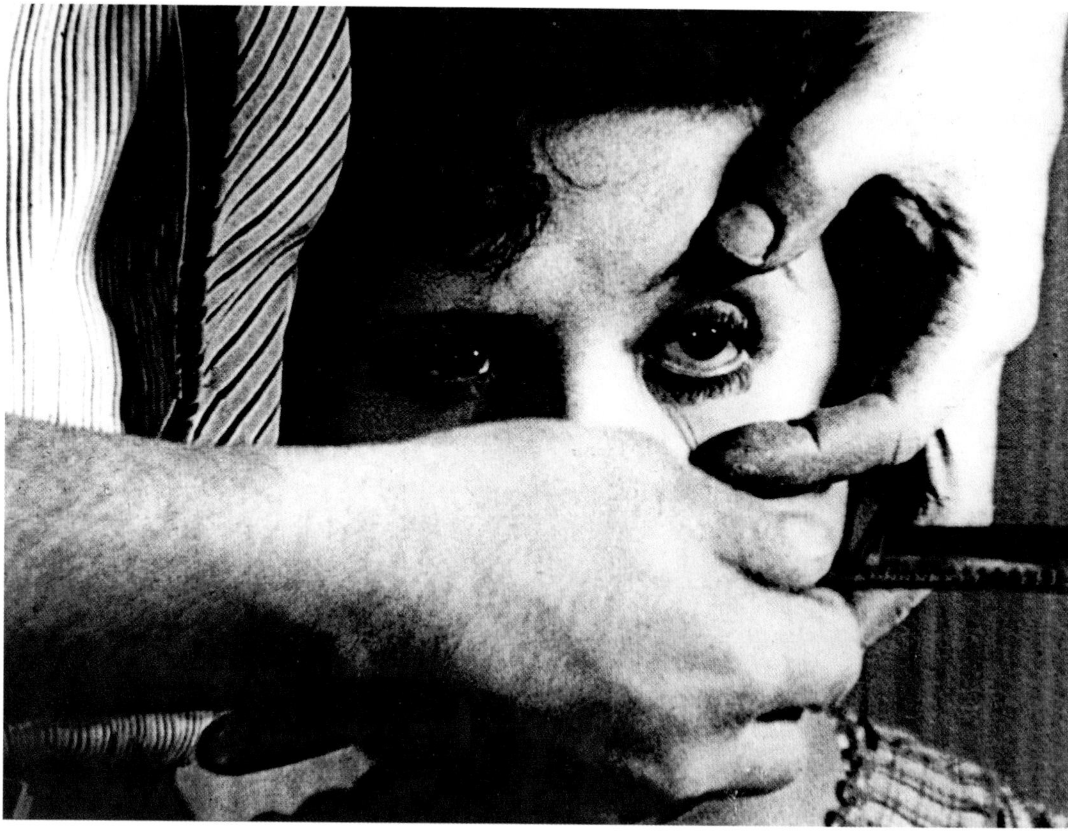

▲ La célèbre scène d'horreur de l'ouverture.

▼ L'affiche reprend quelques-unes des images surréalistes choquantes du film.

Pendant l'été de 1929, un public parisien s'est rassemblé pour la projection d'un nouveau film. Derrière l'écran, le réalisateur attend avec un panier de pierres qu'il lancera sur les spectateurs si la réception est hostile. Sur l'écran, quelqu'un affûte un rasoir sur une lanière de cuir. Un homme, la cigarette à la bouche, essaie la lame sur son pouce. Une jeune femme au visage inexpressif regarde un public invisible. Une main écarte ses paupières. La pleine lune est suspendue dans le ciel et des nuages effilés la traversent. Le rasoir tranche le globe oculaire.

Dans son autobiographie, Buñuel décrit comment, avec le peintre Salvador Dalí, ils ont travaillé sur *Un chien andalou :* « Notre seule règle était très simple, aucune idée ou image qui puisse se rattacher à une explication rationnelle ne serait acceptée. Nous devions ouvrir toutes les portes de l'irrationnel et ne garder que les images qui nous surprenaient, sans essayer d'expliquer pourquoi. » Le film crée pourtant l'illusion d'un récit : il commence par l'invocation la plus ordinaire au début d'une histoire, « Il était une fois... » et les intertitres suivants mettent en place une chronologie arbitraire et dépourvue de sens.

Le film est un courant d'images subversives : un homme à demi travesti, avec une coiffe et un tablier par-dessus son costume circule à bicyclette dans les rues de Paris ; une jeune femme énigmatique pousse de sa canne une main coupée qui traîne dans la rue ; des fourmis sortent d'un trou au milieu de la paume d'une main vivante. *Un chien andalou* n'est peut-être pas le premier film surréaliste, mais c'est un moment déterminant du surréalisme. **D. P.**

LES SCÈNES PRINCIPALES

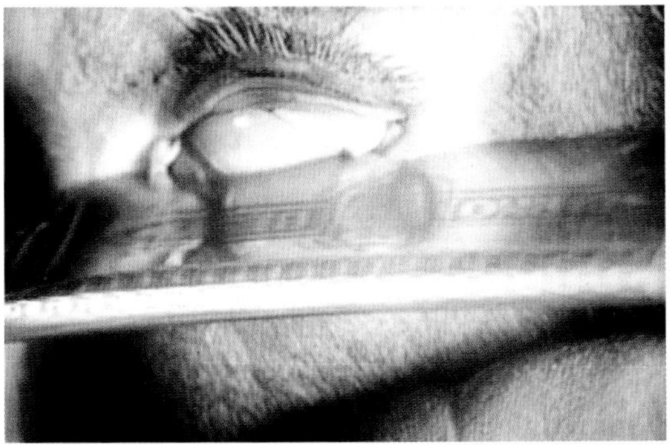

1 « IL ÉTAIT UNE FOIS... »
Sur un balcon éclairé par la lune, un homme (Buñuel) affûte son rasoir. Ensuite, il empoigne une jeune femme (Simone Mareuil) et lui tranche le globe oculaire, dont l'humeur vitreuse se répand. Buñuel a expliqué qu'il avait utilisé l'œil d'un veau mort pour cette scène.

2 « HUIT ANS PLUS TÔT »
La jeune femme et un homme (Pierre Batcheff) regardent la rue par la fenêtre d'un appartement. Ils surveillent le manège d'une jeune femme androgyne qui, debout au milieu de la rue, serre une boîte contre elle jusqu'à ce qu'elle soit renversée par une voiture.

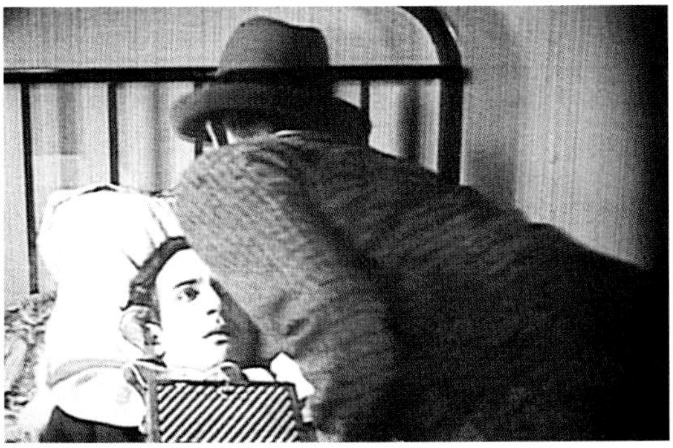

3 « VERS TROIS HEURES DU MATIN... »
L'homme est étendu dans un lit habillé en religieuse ; il est éveillé par la sonnette de la porte. La jeune femme laisse entrer le double en colère de l'homme (Batcheff). Le visiteur oblige l'homme à ôter son habit de religieuse et à se placer face au mur.

4 « SEIZE ANS AVANT »
Dans l'appartement, l'homme tire sur son double avec un livre qui s'est transformé en revolver. Lorsqu'il tire, le décor de l'appartement devient un champ. La victime, en tombant, agrippe de la main le dos d'une femme nue, qui disparaît.

LE RÉALISATEUR

1900-1930
Luis Buñuel Portolés est né en Espagne, en Aragon. À l'université de Madrid, il se lie d'amitié avec l'écrivain Federico Garcia Lorca et Salvador Dalí. Buñuel se rend à Paris, où il deviendra l'assistant du cinéaste Jean Epstein (1897-1953). Il collaborera avec Dalí pour *Un chien andalou*, mais en raison d'une querelle au cours de leur second film, *l'Âge d'or* (1930), leur partenariat s'arrêtera là.

1931-1945
Buñuel est retourné en Espagne et, en 1933, il réalise un court-métrage documentaire sur la vie paysanne, *Terre sans pain*. Il écrit le scénario d'un court-métrage documentaire sur les premiers jours de la guerre civile espagnole, *Espagne 1936* (1937), réalisé par Jean-Paul Le Chanois (1909-1985). Buñuel s'enfuit d'Espagne pour échapper à la guerre et s'installe à Hollywood, où il travaillera sur des versions en langue étrangère de films américains.

1946-1963
Exilé d'Espagne, Buñuel s'installe à Mexico, où il passera le reste de sa vie et réalisera vingt films. En 1952, il reçoit le prix du meilleur réalisateur au festival de Cannes pour son étude sur les enfants des rues de Mexico, *Pitié pour eux*. En 1960, Franco invite Buñuel à revenir en Espagne pour réaliser le film de son choix. Le réalisateur tourne un film sur une jeune religieuse prête à prononcer ses vœux, *Viridiana* (1961), qui provoquera un scandale et sera interdit en Espagne, ce qui ne l'empêchera pas de remporter la palme d'or.

1964-1983
Luis Buñuel recommence à tourner en France avec *le Journal d'une femme de chambre* (1964). Parmi ses autres films de cette époque, on ne peut pas oublier *Belle de jour* (1967, voir p. 282), *Tristana* (1970), *le Charme Discret de la bourgeoisie* (1972) et *le Fantôme de la liberté* (1974). Après *Cet obscur objet du désir* (1977), il abandonne la réalisation pour écrire son autobiographie, *Mon dernier soupir* (1982). Il meurt à Mexico, en 1983.

LES PREMIERS FILMS PARLANTS

1 *Le Chanteur de jazz,* dont la première fut donnée dans le théâtre emblématique des frères Warner, à New York, marque le début de l'ère du parlant.

2 Kitty Lewis (Hélène Costello) et Eddie Morgan (Cullen Landis) dans le premier long-métrage parlant, *Lights of New York.*

3 L'affiche de *Hallelujah* met l'accent sur l'élément musical du film, blues, jazz, honky-tonk et spirituals.

Dans son étude des films parlants, *You Ain't Heard Nothin' Yet,* le critique Andrew Sarris cite, le 23 octobre 1927, jour où *le Chanteur de jazz* (ci-dessus) a été présenté à New York, comme une « date gravée dans l'histoire du cinéma, aussi décisive que Waterloo, Sarajevo ou Pearl Harbour ». Ce verdict hyperbolique rend bien compte de l'aspect sismique du changement apporté par le son et des craintes apocalyptiques de ceux qui pensaient que les films parlants allaient altérer l'art du cinéma.

Depuis l'enfance du cinéma, on rêvait d'y associer le son. Dès 1888, Eadweard Muybridge prétendait avoir étudié avec Thomas Alvah Edison la possibilité d'utiliser son procédé d'enregistrement des sons dans son projecteur d'images animées, le zoopraxiscope. Durant toute la période du muet, de nombreuses expériences ont cherché à doter le cinéma des possibilités de l'enregistrement sonore mécanique. Deux formats ont progressivement évolué : le son sur disque (dans lequel l'accompagnement sonore provient d'un phonographe synchronisé avec l'image) et le son sur le film (dans lequel le son est enregistré physiquement sur la pellicule qui porte l'image). Au début, le son sur disque l'a emporté avec le procédé Vitaphone, mais le son sur le film devait finalement s'imposer.

En 1921, avec *la Rue des rêves,* D. W. Griffith (1875-1948) prenait le risque d'un long-métrage commercial utilisant un procédé sonore. Le film a été réalisé en version muette, mais une seconde version a été présentée à New York avec une

REPÈRES

1921	1923	1925	1926	1927	1928
Sortie de *la Rue des rêves,* de D. W. Griffith, en version muette le 12 avril puis en version sonorisée le 2 mai.	À New York, le 12 avril, l'inventeur américain Lee de Forest fait une démonstration de film parlant selon son procédé Phonofilm.	En avril, Warner Bros. achète le système de son sur disque Vitaphone à la Western Electric.	Warner Bros. produit une série de courts-métrages Vitaphone consacrés à des interprétations musicales par des musiciens classiques et des stars de l'opéra.	*Le Chanteur de jazz,* réalisé par Alan Crosland avec Al Jolson, dans le rôle-titre sort aux États-Unis le 23 octobre.	Sortie aux États-Unis de *Lights of New York,* de Bryan Foy. Le film a rapporté 47 000 dollars la première semaine au Mark Strand Theater, à New York.

introduction parlée de Griffith et une séquence accompagnée par une chanson et quelques effets sonores. Comme *le Lis brisé* (1919), de Griffith, *la Rue des rêves* était adaptée de l'œuvre de Thomas Burke. Les deux films avaient en commun leur situation, dans la Chinatown de Londres – mais pas leur succès. L'expérience de Griffith, qui utilisait le procédé anachronique de son sur disque Photokinema, n'aboutit pas parce que la plupart des salles ne pouvaient pas installer cet équipement. Le premier film sonore commercial fut présenté en août 1926, lorsque Warner Bros. produisit *Don Juan,* avec le système Vitaphone. Réalisé par Alan Crosland (1894-1936), *Don Juan* était une aventure de cape et d'épée, accompagnée d'une musique d'orchestre enregistrée et d'effets sonores.

Cependant, c'est *le Chanteur de jazz,* de Crosland, qui a rendu irrévocable le passage au film parlant. Adapté de la pièce de théâtre de Samson Raphaelson, il raconte avec une sentimentalité pesante les aventures du fils d'un chantre juif, brouillé avec son père à cause de son désir de chanter du « jazz ». Ce n'est pas réellement un film parlant : il y a bien une bande-son musicale mais, à l'exception de deux séquences, tous les dialogues font l'objet d'intertitres. Ce sont pourtant ces deux séquences parlées qui ont fait le succès du film. Au milieu de son show, Jakie Rabinowitz (Al Jolson) introduit le morceau suivant avec un enthousiasme qui le fait bégayer : « Wait a minute, wait a minute, you ain't heard nothin' yet ! » (« Attendez un peu, vous n'avez encore rien entendu »). Plus tard, lorsqu'il dédie à sa mère le succès d'Irving Berlin de 1926, *Blue Skies,* il s'interrompt pour lui dire que si la chance lui sourit, où « il y a les Ginsberg, les Guttenberg et les Goldbergs. Oh, des tas de Berg – je ne les connais pas tous ! ». Les deux séquences donnent un sentiment d'intimité et de spontanéité. L'exubérant « you ain't heard nothin'yet » de Jolson s'impose comme un slogan irrésistible, annonce de l'époque du parlant.

Lights of New York (1928, ci-contre), un mélodrame de gangsters de Warner Bros., a été le premier long-métrage complètement parlant. Le réalisateur, Bryan Foy (1896-1977), avait obtenu un accord pour un court-métrage. Il profita de l'absence de Harry et Jack Warner, les directeurs des studios, pour en faire un long-métrage. *Lights of New York,* très apprécié du public (il rapporta 1,3 million de dollars) mais rejeté par la critique, est devenu un événement majeur. Comme le remarquait Darryl F. Zanuck, le producteur de Warner Bros., « *le Chanteur de jazz* les a amenés au sonore, *Lights of New York* au parlant ».

En 1929, Ernst Lubitsch (1892-1947) réalisa son premier film sonore, *Parade d'amour,* avec Maurice Chevalier et Jeannette MacDonald. À cette occasion, il imprime sa marque sur une romance ruritanienne tout en démontrant que le son et la musique n'imposent pas à la caméra de rester statique. Le premier film sonore de King Vidor (1894-1982), *Hallelujah* (1929, ci-contre), était aussi une comédie musicale. Cette histoire, inspirée de la vie des métayers noirs et l'un des premiers films de Hollywood à faire appel à une distribution entièrement afro-américaine, combinait l'enregistrement sur les lieux du tournage avec

1929	1930	1930	1931	1931	1932
Chantage, d'Alfred Hitchcock sort en Angleterre au mois de juin. À la fin de l'année, Hollywood ne produit plus que des films sonores.	Sortie en Allemagne de *l'Ange bleu.* Une version en anglais sera présentée aux États-Unis huit mois plus tard.	Première française de *Sous les toits de Paris,* de René Clair, premier film parlant français à obtenir un succès international.	Sortie de *l'Opéra de quat'sous,* de G. W. Pabst, avec des distributions différentes pour les versions allemande et française du film.	*M le maudit,* de Fritz Lang sort en Allemagne. Les deux tiers seulement du film ont été tournés avec le son. L'utilisation de la voix-off est une innovation.	Le tournage de *Vampyr,* du réalisateur danois Carl Theodor Dreyer (1889-1968), est repris trois fois, en allemand, en français et en anglais.

la post-production à Hollywood. Rouben Mamoulian (1897-1987) a été l'un des réalisateurs notables du début de l'ère du parlant. Metteur en scène de théâtre, il fut sollicité par les studios, qui recherchaient des réalisateurs capables de gérer les dialogues. Son premier long-métrage, *Applause* (1929), est un mélodrame révolutionnaire qui se déroule dans le monde du théâtre de variétés. Avec une grande maîtrise du son, Mamoulian démystifie le glamour illusoire de la scène. Le film déborde de moments inoubliables : un chœur qui murmure des messages sur une musique stridente (le chant et les chuchotements ont été enregistrés sur deux canaux, mixés ensuite à l'intention du public), la séquence de la rupture entre les deux amoureux, dans une salle de danse où les ombres dramatiques des danseurs tournent sur le mur derrière eux.

Puisque les États-Unis passaient au parlant, le reste du monde n'avait plus qu'à suivre. En Angleterre, la mutation fut progressive, mais le premier film parlant qui y fut tourné reste l'un de ses chefs-d'œuvre. *Chantage* (1929, ci-contre), d'Alfred Hitchcock (1899-1980), aurait dû être muet : on le trouve encore aujourd'hui dans les deux versions, muette et sonorisée. C'est, de la part du jeune Hitchcock, une performance virtuose qui insère ses dialogues naturels, au rythme de la vie de la classe moyenne, dans une ambiance sonore expressionniste. Celle-ci est étonnante dans la scène où l'héroïne, terrifiée, doit écouter le bavardage d'une voisine : les paroles se mêlent en un bourdonnement dépourvu de sens sur lequel le mot *knife,* « couteau », se détache avec une clarté choquante.

En France, *le Chanteur de jazz* n'a été présenté qu'en 1919 et l'évolution du film sonore a été beaucoup plus lente. Pendant l'aménagement des studios, des films parlants ont été tournés à l'étranger (souvent en Angleterre) et des films muets ont été « convertis ». Deux films d'avant-garde remarquables sortent en 1930 : *l'Âge d'or* (1929, voir p. 76), de Luis Buñuel (1900-1983), et *le Sang d'un poète,* de Jean Cocteau (1889-1963). Bien que les deux films aient employé le son à titre expérimental, aucun d'eux ne peut être considéré comme parlant. Le premier film français réellement parlant, *les Trois Masques* (1929), d'André Hugon (1886-1960), a été tourné dans un studio loué en Angleterre. René Clair (1898-1980) s'est rapidement fait reconnaître comme un maître du son avec trois films à succès. Le premier, *Sous les toits de Paris* (1930), est une comédie musicale située

dans un quartier ouvrier ; les dialogues y sont plus poétiques que réalistes. Le deuxième, *le Million* (1931, ci-dessous) est une farce romantique autour d'un billet de loterie perdu. Le troisième, la satire musicale *À nous la liberté* (1931), est un exposé anarchiste sur l'aliénation destructrice de l'usine, anticipation des *Temps modernes* (1936), de Charlie Chaplin.

L'arrivée du parlant a été accompagnée d'une longue liste de victimes et d'un basculement générationnel, le plus important peut-être de l'histoire du cinéma. L'un des premiers sacrifiés fut Abel Gance (1889-1981), dont les films muets, y compris *Napoléon* (1927, voir p. 32), avaient eu beaucoup de succès. Son film de science-fiction, *la Fin du monde* (1931), souffre d'une bande sonore confuse qui rend les dialogues incompréhensibles. *Chantons sous la pluie* (1952, voir p. 202), réalisé par Gene Kelly (1912-1996) et Stanley Donen (né en 1924), est une illustration célèbre et divertissante des problèmes de jeunesse qui ont accompagné l'arrivée du son. Depuis les lourds équipements de caméras jusqu'aux problèmes posés par l'enregistrement direct au microphone, en passant par le doublage de certains accents, le film est une joyeuse cavalcade parmi les embûches que rencontrent les premiers films parlants. Le destin de Lina Lamont, l'impérieuse diva du muet de *Chantons sous la pluie,* dont l'accent de « Noo-Yawk » strident démentait la beauté à l'écran, a été partagé par une génération de stars incapables d'affronter la transition vers le parlant.

En Allemagne, l'arrivée du son donna un nouvel élan au cinéma. Le succès de *l'Ange bleu* (1930, à gauche), de Josef von Sternberg (1894-1969), a élevé Marlène Dietrich au rang de star internationale. Filmé à la fois en français et en anglais, ce récit de la déchéance d'un professeur entre deux âges (Emil Jannings), détruit par son attirance obsessionnelle pour une chanteuse de cabaret, Lola Lola (Marlène Dietrich), fut un triomphe des deux côtés de l'Atlantique. La chanson plaintive de Friedrich Hollander, *Falling in Love Again (Can't Help It) (Ich bin von Kopf bis Fuß auf Liebe eingestellt),* interprétée sur le mode glamour au début du film et avec une froideur impitoyable à la fin par Marlène Dietrich, est pour beaucoup dans ce succès. L'année suivante, G. W. Pabst (1885-1967) adapte *l'Opéra de quat'sous*, qui sera tourné simultanément en allemand et en français. Le premier film parlant de Fritz Lang (1890-1976), *M le maudit* (voir p. 82), sort lui aussi, en 1931. Au point culminant du film, Peter Lorre, saisi d'une angoisse hystérique, essaie d'expliquer à un tribunal autoproclamé de criminels endurcis les forces irrésistibles qui le poussent à faire le mal. Cette séquence est l'une des plus puissantes des débuts du parlant. Réduite à des intertitres, elle n'aurait pas eu le dixième de son impact. **D. P.**

4 *Chantage,* le vingtième film d'Alfred Hitchcock en tant que réalisateur, muet au début de sa production, a été converti au parlant en cours de tournage.

5 L'imagerie provocatrice du *Sang d'un poète,* de Jean Cocteau, a provoqué un scandale religieux et retardé sa sortie d'un an.

6 L'affiche du *Million* reprend le thème romantique de l'accession à la fortune d'un artiste sans le sou.

7 L'interprétation de Marlène Dietrich en chanteuse de cabaret dans *l'Ange bleu,* de Josef von Sternberg, lui a valu sa célébrité mondiale.

M le maudit 1931
M FRITZ LANG 1890-1976

▲ *M le maudit* a fait de Peter Lorre une star, mais l'a enfermé dans le rôle de criminel.

▼ *M le maudit* a été écrit par l'épouse de Fritz Lang, Thea von Harbou.

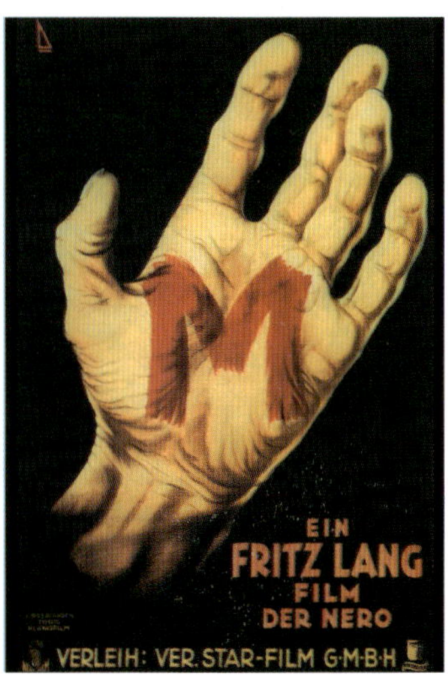

Franz Beckert (Peter Lorre), un petit gros pathétique aux yeux proéminents, arpente les rues d'une ville allemande en sifflant des bribes de *Dans l'antre du roi de la montagne*, d'Edvard Grieg. Il traque les enfants que ses pulsions le poussent à assassiner. Ces meurtres indignent les bourgeois respectables, qui exercent sur la police surmenée une pression politique. L'équipe d'enquêteurs est conduite par le brutal « Fatty » Lohmann (Otto Wernicke), que l'on reverra dans *le Testament du Dr Mabuse* (1933), où il poursuit un génie du crime. Lorsque la police, à la recherche du meurtrier, convoque toute la faune des bas-fonds, un syndicat clandestin de gangsters dont les activités criminelles sont dérangées par ces mesures exceptionnelles s'organise pour capturer le tueur. L'organisation criminelle traînera finalement le meurtrier devant ses juges lors d'un procès où il risque la mort et, en un subtil paradoxe, le suspense final porte sur la descente que prépare la police : trouvera-t-elle ce tribunal fantoche avant l'exécution de la sentence ? Le meurtrier est lui-même en danger et les spectateurs sont amenés à sympathiser avec l'auteur de ces sévices hideux, présenté comme un petit individu presque comique, à la merci de forces qu'il ne peut comprendre.

Cette utilisation par Lang, toujours novateur, du potentiel du film parlant lui fut peut-être inspirée par l'emploi du son subjectif dans *Chantage* (1929), d'Alfred Hitchcock. *M le maudit* est un récit audacieux qui nous emmène à travers la ville, avec des portraits de tous les niveaux de la société en un moment où les crimes résonnent horriblement, ne reportant son attention sur son personnage central que lorsque celui-ci est contraint de s'expliquer. **K. N.**

LES SCÈNES PRINCIPALES

1 LES TITRES
Avant même que les premiers mots ne soient prononcés, le spectateur est confronté aux titres expressionnistes. Le logo du studio Nero-Film apparaît, suivi du titre du film et du nom de son réalisateur. Quand l'écran redevient noir, un coup de gong retentit.

2 LE BALLON
Le ballon, pris dans les fils, symbolise le meurtre commis. Fritz Lang fait monter la tension en alternant des plans d'Elsie, emmenée par Beckert, qui lui a acheté le ballon, et de sa mère, de plus en plus angoissée par le retard de sa petite fille.

3 LA VITRINE
Beckert regarde une vitrine pleine de couteaux brillants. Dans la vitre, il distingue le reflet d'une petite fille : cette vue le cloue sur place, soudain esclave de ses pulsions. Dans le film, Lang utilise les ombres et les reflets pour exprimer des ambiances et des émotions.

4 LE FILET SE REFERME
L'un des misérables qui le poursuivent a imprimé sur l'épaule de Beckert un M à la craie qui l'identifie comme meurtrier pour ses poursuivants. Le chasseur devient gibier. À partir de ce moment, Fritz Lang déplace l'empathie des spectateurs en faveur du meurtrier.

5 LE PROCÈS
Beckert, devant un tribunal de criminels, plaide pour sa vie. Eux sont criminels par choix, explique-t-il, mais lui agit sous l'emprise de ses pulsions : « Mais moi, est-ce que je peux faire autrement ? Je porte en moi cette malédiction. Cette brûlure, cette voix… ce supplice ! »

LE RÉALISATEUR

1890-1929
Fritz Lang est né en Autriche. Il écrit des scripts et réalise ses premiers films alors qu'il travaille pour le producteur Erich Pommer. On lui doit des thrillers comme *Dr Mabuse, le joueur* (1922), des films fantastiques comme *les Trois Lumières* (1921), des superproductions, entre autres les deux *Nibelungen* (1924) et des films de science-fiction (*Metropolis*, 1927).

1930-1956
Incapable de continuer à travailler sous le régime nazi, il part pour Hollywood, où sa manière de marier l'expressionnisme allemand aux films de gangsters américains conduira au film noir (voir p. 168).

1957-1976
Il rentre en Europe, où il réalise un dernier Mabuse, *le Diabolique Dr Mabuse* (1960). En 1960, la perte de son acuité visuelle mettra fin à sa carrière.

Aimez-moi ce soir 1932

Love Me Tonight ROUBEN MAMOULIAN 1897-1987

▲ Maurice, épaté, soulève son canotier à la vue du décor splendide du château.

▼ Le sourire canaille de Maurice Chevalier, sur l'affiche d'*Aimez-moi ce soir.*

Cinq ans à peine séparent *le Chanteur de jazz* (1927) d'*Aimez-moi ce soir,* mais, dans le conte de fées musical éblouissant de Rouben Mamoulian, la maîtrise du son et de l'image met en évidence les progrès effectués par le cinéma pendant cette courte période. L'intrigue aérienne de cette opérette sert de tremplin à un torrent d'inventions visuelles et sonores qui en font une pièce unique parmi les comédies musicales. Maurice Courtelin (Maurice Chevalier), un aimable tailleur parisien, poursuit jusque dans son château un client aristocrate qui a oublié de payer une facture rondelette. La princesse Jeanette (Jeanette MacDonald), jeune veuve sujette aux évanouissements, fait partie de la famille ; le duc, son père, cherche pour elle un nouveau mari digne de son rang. Contraint d'adopter l'identité d'un baron, Maurice va apprendre la vie à la princesse – « vous en savez trop sur la chasse, l'étiquette et la tradition ; mais vous ne savez rien sur le style, le charme et l'amour » – et obtenir ainsi le cœur de la dame.

Dès l'ouverture, une symphonie des bruits de Paris qui s'éveille sonne comme une musique concrète : ronflements d'un vagabond, bruissement du balai d'une ménagère, écho d'un tapis que l'on bat... La mise en scène de la chanson *Isn't it Romantic,* reprise d'un chanteur à l'autre tout le long du trajet de la boutique de Maurice au balcon de la princesse Jeanette, est un tour de force. Les dialogues oscillent entre vers et prose alors que les paroles et la musique de Lorenz Hart et Richard Rogers se mêlent en douceur au récit. L'intelligence et l'inventivité de la réalisation de Mamoulian habillent *Aimez-moi ce soir* des trois qualités maîtresses du manifeste de Maurice, le style, le charme et l'amour. **D. P.**

LES SCÈNES PRINCIPALES

1 OUVERTURE
Une symphonie composée de bruits de Paris à son réveil conduit à la première chanson de Maurice. Dans sa boutique, il apprend que le vicomte Gilbert de Varèze (Charles Ruggles), qui lui a fait faire une garde-robe complète, n'a pas l'intention de payer sa facture.

2 IL RENCONTRE LA PRINCESSE
Maurice et Jeanette se rencontrent pour la première fois. Dans ce troisième film dont ils se partagent la vedette, Maurice Chevalier et Jeanette MacDonald sont devenus un couple de stars si naturel qu'on a donné leurs noms réels aux personnages qu'ils incarnent.

3 LA CHASSE
Pendant la chasse, la princesse retrouve Maurice dans une maison, occupé à nourrir le cerf qu'il a sauvé des chasseurs. La cadence du film s'accélère lors de la chasse pour ralentir ensuite, quand Maurice persuade les chasseurs de sortir sans bruit : le cerf a besoin de repos.

4 LE VRAI MAURICE RÉVÉLÉ
Surpris dans une situation embarrassante avec la princesse, Maurice doit, pour se justifier, lui faire une robe en moins de deux heures. Il y parvient avec une telle maîtrise que son identité réelle est découverte. Mais Jeanette peut-t-elle accepter un simple tailleur ?

LE RÉALISATEUR

1897-1928
Rouben Mamoulian est né à Tiflis en Géorgie. Il s'essaie à la mise en scène pendant ses études à l'université de Moscou. Il part pour Londres, en 1922, puis gagne les États-Unis, en 1923 ; il y participera à la direction de l'American Opera Company. En 1927, il met en scène l'ouverture de *Porgy*, d'Edwin Dubose Heyward. Dans cette production, il composera sa première symphonie de sons naturels pour la présentation de *Catfish Row*.

1929-1935
Mamoulian réalise *Applause* (1929), son premier film et l'un des premiers films parlants, pour les Astoria Studios, de New York. On y trouve déjà la bande-son et les mouvements de caméra novateurs qui caractérisent la suite de son œuvre, y compris *Aimez-moi ce soir*. Il devient citoyen américain en 1930. En 1931, il réalise ce que beaucoup considèrent comme la meilleure version de *Dr. Jekyll et Mr. Hyde*. Il réalisera ensuite le drame historique *la Reine Christine* (1933, voir p. 116), puis *Becky Sharp* (1935), le premier long-métrage en Technicolor trichrome.

1936-1944
Mamoulian réalise l'opérette *le Joyeux Bandit* (1936), *la Furie de l'or noir* (1937), *le Signe de Zorro* (1940) et le drame tauromachique *Arènes sanglantes* (1941). Sa carrière marque une pause lorsqu'il est écarté de la réalisation de *Laura* (1944) au profit du producteur du film, Otto Preminger (1905-1986).

1945-1987
Mamoulian n'a réalisé ensuite que deux autres films : *Summer Holiday* (1948), version musicale de la pièce *Ah, Wilderness* d'Eugene O'Neill et *la Belle de Moscou* (1957), version musicale de *Ninotchka* (1939), d'Ernst Lubitsch. Son indépendance de franc-tireur l'amène à des conflits de plus en plus fréquents avec le système hollywoodien. Bien que ses mises en scène pour Broadway, entre autres celle d'*Oklahoma !* (1943), aient toujours autant de succès, sa carrière cinématographique prend fin avec son éviction de *Porgy and Bess* (1959) – il est à nouveau remplacé par Preminger – puis de *Cléopâtre* (1963), au profit de Joseph L. Mankiewicz (1909-1993).

2 | 1930-1939

Citizen Kane | **Orson Welles** (p. 110) ▶ 1941

La Règle du jeu | **Jean Renoir** (p. 124) ●

Danseur du dessus | **Mark Sandrich** (p. 136)

Triomphe de la volonté | **Leni Riefenstahl** (p. 140)

● *Alexandre Nevsky* | **Sergueï Eisenstein** (p. 142)

● *Blanche-Neige et les sept nains* | **David Hand, William Cottrell, Wilfred Jackson…** (p. 146)

● *L'Impossible Monsieur Bébé* | **Howard Hawks** (p. 150)

Un cœur pris au piège | **Preston Sturges** (p. 152) ▶ 1941

Correspondant dix-sept | **Alfred Hitchcock** (p. 156) ●

Le Dictateur | **Charlie Chaplin** (p. 158) ●

L'HORREUR GOTHIQUE

1 L'interprétation de Fredric March dans le rôle de Mr Hyde, le tueur fou de *Dr Jekyll et Mr Hyde,* est un tour de force.

2 Sans autre aide qu'un maquillage minimal et son fort accent hongrois, Béla Lugosi fait du comte Dracula un gentleman affable et pourtant sinistre.

3 Dans *la Momie,* inspirée par la découverte de la tombe de Toutankhamon, en 1922, Boris Karloff joue le rôle d'un prêtre de l'ancienne Égypte revenu à la vie lors de fouilles archéologiques.

L'histoire du cinéma d'horreur gothique est liée au roman du même genre. *Le Château d'Otrante* (1764), de Horace Walpole, et *les Mystères d'Udolphe* (1794), d'Ann Radcliffe, ont développé un genre de littérature très apprécié pour son mélange d'amour et de terreur. Le chef-d'œuvre de Mary Shelley, *Frankenstein ou le Prométhée moderne* (1818), est l'apogée de ce succès. Par la suite, les écrits d'Edgar Allan Poe ou la musique d'Hector Berlioz conjuguent des allusions à l'exotisme, à l'hérésie et au surnaturel avec un sentiment de pessimisme et de prémonition. Les descriptions de la folie et la méfiance à l'égard des technologies nouvelles sont aussi des thèmes typiques. Vers 1897, quand Bram Stoker publie *Dracula,* les aspects stylistiques et thématiques de l'horreur gothique se sont propagés à travers toutes sortes de récits, entre autres *l'Étrange Cas du Dr Jekyll et de M. Hyde* (1886), de Robert Louis Stevenson.

Plusieurs tentatives pour porter des romans gothiques à l'écran ont vu le jour au cours des premières décennies de l'histoire du cinéma. Il faudra pourtant attendre les années 1920 pour qu'une tradition s'établisse à travers des films fortement inspirés des romans gothiques des XVIIIe et XIXe siècles et de l'atmosphère sombre et troublante de l'Expressionnisme allemand, tels *les Trois Lumières* (1921), de Fritz Lang (1890-1976), et *Nosferatu* (1922, voir p. 46), de F. W. Murnau. Tous mettent en évidence le potentiel cinématographique des éclairages et des décors pour suggérer des mondes sombres et mystérieux, châteaux en ruine hantés de chauves-souris et de goules. Ils introduisent deux types de personnage : le prédateur mâle, dont le *Nosferatu* de Max Schreck est devenu le modèle, et la victime féminine hystérique.

REPÈRES

1930	1930	1931	1931	1932	1932
À la mort de Lon Chaney, « l'homme aux mille visages », le statut d'icône du film d'horreur reste ouvert à une nouvelle génération d'acteurs.	Rupert Julian (1879-1943) et John Willard (1885-1942) réalisent *The Cat Creeps,* le premier film d'horreur parlant produit par Universal.	Jack P. Pierce crée le maquillage révolutionnaire de *Frankenstein* (voir p. 92). Son savoir-faire se révèle essentiel pour le succès des « films de monstres ».	Sortie de *Dracula* et de *Frankenstein.* Ils déclenchent une éclosion de films d'horreur gothique, avides de reproduire leur succès commercial.	Fredric March obtient l'oscar du meilleur acteur pour son rôle dans *Dr Jekyll et Mr Hyde.* Il est le premier acteur de films d'horreur à remporter cette récompense.	Sortie de *Freaks,* produit par la MGM. Le film, pris dans une controverse, mettra à mal la carrière de son réalisateur, Tod Browning.

Les incursions de Hollywood dans l'horreur gothique suivent l'exemple de ces films. Des réalisateurs immigrés comme Paul Leni (1885-1929) avec *la Volonté du mort* (1927) ou Benjamin Christensen (1879-1959) avec *les Sept Empreintes de Satan* (1929) ont apporté le style allemand à Hollywood. Les avancées des effets de maquillage et la mise en scène sont sensibles dans les films de l'acteur Lon Chaney, en particulier dans *Notre-Dame de Paris* (1923), premier exemple au cinéma d'une association audacieuse de Grand Guignol, d'histoire d'amour gothique, de pantomime et de spectacle burlesque. Les interprétations par Lon Chaney de personnages défigurés ou déments (pour lesquelles il créait lui-même ses maquillages), souvent dans une architecture gothique impressionnante comme celle *du Fantôme de l'Opéra* (1925) ou de *Londres après minuit* (1927), ont soulevé les passions : on dit que les spectateurs furent saisis de terreur à la vue de « l'homme aux mille visages » dans sa dernière création macabre.

Avant que la mise en œuvre de l'autocensure par le Hays Office, en 1930, ne mette un terme aux expériences sur la suggestion et les effusions de sang explicites, le début de l'ère du parlant fut marqué par l'essor des films d'horreur gothique, comme *Dr Jekyll et Mr Hyde* (1931, à gauche) produit par la Paramount avec Fredric March dans le rôle principal, connu pour son contenu sexuel fort. À l'époque, la plupart des films d'horreur étaient produits par Universal. En 1931, ce studio a produit les deux films, *Dracula* (à droite) et *Frankenstein* (voir p. 92), qui ont fixé les thèmes, styles et inspirations de l'horreur gothique. *Dracula* fut réalisé par Tod Browning (1880-1962), qui avait travaillé plusieurs fois avec Lon Chaney. C'est une adaptation du roman de Bram Stoker et de la pièce de théâtre de Broadway de 1927 qui avait rendu célèbre l'acteur Béla Lugosi. Dans le film, Béla Lugosi reprend son rôle de la scène et Browning tisse autour de son interprétation un mélange de théâtralité et d'étrangeté en s'appuyant sur des mouvements subtils de caméra, des accessoires et des décors. *Frankenstein*, de James Whale (1889-1957), est le film d'horreur gothique par excellence. Ce récit de l'expérience d'un scientifique, Henry Frankenstein, qui parvient à redonner la vie aux morceaux rassemblés de divers cadavres, est axé sur le Monstre (Boris Karloff), une brute bienveillante mais maladroite qui, ayant tué par accident une fillette, est pourchassé par les villageois. Alors que *Dracula* résume toute la puissance du cinéma d'horreur gothique, *Frankenstein* ajoute une nouvelle dimension : la pitié pour le Monstre, victime de la société.

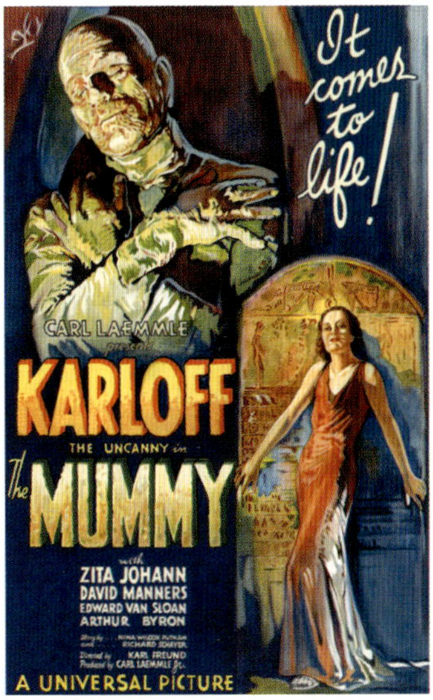

Le succès de *Dracula* et de *Frankenstein* fut à l'origine d'un déluge de films qui cherchaient à s'approprier leur intrigue et leur style. L'acharnement d'Universal à renouveler ces succès a fixé les conventions et l'iconographie du film d'horreur gothique dans l'esprit du public. *Double Assassinat dans la rue Morgue* (1932), avec Béla Lugosi, *la Momie* (1932, à droite) et *la Fiancée de Frankenstein* (1935), avec Boris Karloff, restent, malgré de légères variations du modèle, franchement gothiques dans leurs récits et leurs ambiances, soulignées par un environnement exotique, des accessoires macabres et d'étranges personnages secondaires.

1933	1933	1935	1936	1938	1941
Claude Rains est la vedette de *l'Homme invisible*, une adaptation du roman éponyme, de H. G. Wells.	La technique d'animation image par image fait un pas de géant avec la sortie du film d'horreur fantastique *King Kong*.	*La Fiancée de Frankenstein*, de James Whale, est la première suite de *Frankenstein* ; le Monstre est ici de sexe féminin.	La MGM sort son dernier film d'horreur, *les Poupées du diable*, réalisé par Tod Browning, qui marque la fin de la carrière du réalisateur.	Pour générer des revenus, Universal relance *Dracula* et *Frankenstein*, premier double succès au monde.	Universal sort *le Loup-Garou*, avec Lon Chaney Jr., début d'un deuxième cycle de films d'horreur pour le studio, moins réussis que les originaux.

4 L'emblématique scène finale de *King Kong*, où le gorille géant, accroché au sommet de l'Empire State Building, est attaqué par des avions militaires.

5 La notoriété de Boris Karloff était telle lors de la sortie de *la Fiancée de Frankenstein* que l'affiche ne porte que son nom de famille.

6 Dans *la Fille de Dracula*, Sandor, le valet de chambre (Irving Pichel), poignarde sa maîtresse, la comtesse Marya Zalewska (Gloria Holden) avec une flèche pour se venger de sa promesse non tenue de le rendre immortel.

L'apparition de rôles féminins plus étoffés est une innovation significative. Les productions se montrent de plus en plus créatives quand il s'agit de mettre en place des objets de désir impurs autour desquels le récit pourra se déployer, avec comme résultat des films qui exsudent une sensation de contrainte sexuelle, d'impureté, d'anxiété et d'hystérie de la part des hommes comme des femmes. Le hurlement perçant et viscéral de la victime ou de l'héroïne féminine vulnérable sera poussé pour la première fois par Fay Wray, dans le rôle de la courageuse captive blonde, Ann Darrow, confrontée au gorille géant dans *King Kong* (1933, ci-dessus) réalisé pour la RKO par Merian C. Cooper (1893-1973) et Ernest B. Schoedsack (1893-1979). On l'encouragera à réitérer son cri, qui deviendra l'acmé des connotations sexuelles suscitées par ce genre de film, et Fay Wray y gagnera le surnom de « reine du hurlement ». *King Kong* est également connu pour ses avancées dans le domaine des effets spéciaux : l'animation image par image a permis de faire vivre les dinosaures et le géant Kong.

L'incursion d'Universal dans le domaine de l'horreur gothique a fait du genre une forme adulte de cinéma. Le studio a été l'instigateur d'une suite de productions sous licence qui ont consolidé sa position d'inconditionnel de l'horreur gothique, par exemple *la Fille de Dracula* (1936, à droite, en bas) avec dans le rôle-titre Gloria Holden, proche de la tradition de la vamp. Au cours des années suivantes, la production d'Universal apparaît sous diverses formes : *le Fils de Frankenstein* (1939), *la Maison de Dracula* (1945) et même le pastiche *Deux Nigauds contre Frankenstein* (1948). Tous tendent à déconnecter l'attrait des personnages de celui des films dans lesquels ils sont apparus pour la première fois. Les images du Monstre de Frankenstein et de Dracula et par extension les concepts de vampire et de monstre fabriqués par l'homme sont ainsi séparés de leurs atmosphères gothiques. Les personnages, sortis de leurs décors, deviennent moins gothiques et moins menaçants. Les films d'horreur originaux d'Universal conservent du coup leur statut respectable d'anciens de la tribu et ce respect est illustré par la dignité inaltérable du label « Universal horror » et l'admiration pour des acteurs exceptionnels comme Béla Lugosi ou Boris Karloff.

Le personnel créatif impliqué dans les films d'horreur d'Universal est pour beaucoup dans leur réussite. Avec James Whale, un vétéran de la Première Guerre mondiale, Universal avait trouvé un réalisateur visionnaire dont le regard et l'humour ironique et parfois décalé ont apporté beaucoup aux films qu'il a réalisés. Le succès des « films de monstres » doit aussi beaucoup au génial maquilleur Jack P. Pierce : c'est à lui que l'on doit, entre autres, la célèbre tête carrée au cou épais de Karloff dans *Frankenstein* et nombre de maquillages novateurs pour *la Fiancée de Frankenstein* (ci-contre) et *le Loup-Garou* (1941). Dans *la Fiancée de Frankenstein,* Pierce a modifié le maquillage original du Monstre pour faire apparaître les séquelles de l'incendie : balafres, cheveux plus courts. À mesure que le film progresse, il modifie le maquillage pour montrer que les blessures guérissent. Les sessions de maquillages étaient longues et pénibles. Pour *la Fiancée de Frankenstein,* Pierce a travaillé sept heures chaque jour à la création des deux monstres, durant trente-deux jours de tournage. Les résultats, spectaculaires, ont assuré aux monstres d'Universal leur statut d'icônes.

Cependant, les films d'horreur gothique n'étaient pas tous produits sous l'égide d'Universal. Des films aussi divers que *les Morts-vivants* (1932), *Freaks* (1932, voir p. 94), *The Ghoul* (1933), *la Féline* (1942) et *Vaudou* (1943) sortent d'autres studios, souvent indépendants, et ont été accusés de vouloir dépasser *Frankenstein* sur son terrain. *Freaks,* en particulier, est aujourd'hui célèbre. Ce portrait, « histoire dans l'histoire », d'une troupe de phénomènes de cirque joués par des personnes réellement difformes qui exerce sa vengeance sur ses tyrans s'est révélé si dérangeant pour le public que le film a subi de nombreuses interdictions, mettant à mal la carrière de son réalisateur, Tod Bowning.

Vaudou sort également du lot, mais pour d'autres raisons. En tant qu'épisode d'un cycle de films d'horreur distribués par la RKO réalisés par Val Lewton, son rôle était celui d'un film exploité sous franchise. Cependant, il ne recèle aucun monstre vendable et il est également dépourvu de toute violence explicite. Il intériorise la plus grande partie de l'horreur que ses prédécesseurs n'hésitaient pas à montrer, amplifiant ainsi l'effet des angoisses qu'il suscite. Il y a dans *Vaudou* de longs passages oniriques et silencieux sur une toile de fond coloniale déteinte lorsque l'héroïne Betsy Connell (Frances Dee) et la catatonique Jessica Holland (Christine Gordon) traversent la nature sauvage d'une île des Antilles au son des tambours vaudous. Les moments chocs sont très rares : un cadavre, un regard et, à la fin, un zombie. En leur temps, *Freaks* et *Vaudou* se sont placés à part de leurs contemporains et ont désorienté leurs spectateurs. Aujourd'hui, ils s'inscrivent encore aux marges de l'horreur, une position qui renforce leur réputation de films culte. Il n'existe à ce jour aucun remake de l'un ni de l'autre, et il paraît peu probable qu'un réalisateur souhaite tenter l'expérience. **R. H.**

Frankenstein 1931

JAMES WHALE 1889-1957

▲ Boris Karloff dans le rôle du Monstre. Plus tard, Whale dira que son visage le fascinait.

▼ Le nom de Karloff figure à l'affiche, mais au générique, il était remplacé par un « ? ».

Dans un moment saisissant, après la scène crépitante du laboratoire, le Monstre (Boris Karloff) apparaît enfin à l'écran, marchant à reculons. On ne voit d'abord que l'arrière de sa tête aplatie puis, en plans de plus en plus rapprochés, le maquillage extraordinaire construit par Jack P. Piece sur le visage aux yeux tristes de l'acteur anglo-indien. Le Monstre, brute et enfant à la fois, aspire à la lumière qu'il voudrait toucher ; il apprendra pourtant la cruauté et la traîtrise sous les coups de Fritz (Dwight Frye), l'assistant bossu.

Comme *Dracula* (1931), de Tod Browning, le film de James Whale est moins une adaptation du roman éponyme qu'un conte fantastique nourri de ses thèmes, où le texte de Mary Shelley filtre à travers plusieurs versions de théâtre (ou de cinéma muet) et des éléments visuels tirés du *Golem* (1915) et du *Magicien* (1926). Transposé dans un pays étrange d'Europe Centrale aux allures d'opéra comique, avec des paysans du XIXe siècle et des costumes de 1931, *Frankenstein* est le récit d'une déraisonnable ambition, où le fébrile Colin Clive fait du savant fou un visionnaire désespéré que ses amis et ses collègues engagent à détruire sa créature. Whale, jusqu'ici connu pour ses films de guerre, habille le monstre de l'uniforme crasseux et des grosses bottes d'un vétéran défiguré, mais revient sans cesse sur le chagrin qu'expriment les yeux de Karloff.

Pour plusieurs générations, *Frankenstein* restera le film d'horreur par excellence. Son héritage culturel va de la série télévisée *les Monstres* (1964-1966), où le monstre apprivoisé devient Herman Munster, à *l'Esprit de la ruche* (1973), dont l'héroïne imagine une rencontre magique avec lui. **K. N.**

LES SCÈNES PRINCIPALES

1 LA CRÉATION DU MONSTRE
Pendant un orage, Henry Frankenstein hisse sa créature, enveloppée de bandages, sur la table d'opération de son laboratoire gothique. Quand il voit bouger sa main, Frankenstein prononce d'une voix étranglée la phrase mythique des films d'épouvante : « Il vit ! »

2 IDYLLE MALHEUREUSE AU BORD DU LAC
Le Monstre rencontre une enfant qui, sans crainte, joue avec lui à faire flotter des fleurs sur l'eau. La créature découvre la tendresse, mais, incapable de comprendre que les petites filles ne flottent pas comme les fleurs, elle jette la petite fille dans le lac, où elle se noie.

3 LE MOULIN EN FLAMMES
Les villageois, brandissant des torches, mettent le feu au moulin dans lequel Frankenstein affronte le Monstre. Paniquée, terrifiée et folle de rage, la créature lutte contre les flammes, mais le brasier réclame cette vie artificielle. À suivre.

LE RÉALISATEUR

1889-1929
Jeune homme issu des milieux modestes de Dudley, Whale se réinvente en metteur en scène de théâtre amateur dans un camp de prisonniers de la Première Guerre mondiale. Il trouvera le succès à Londres avec la pièce *la Fin du voyage*, de R. C. Sheriff.

1930-1941
Arrivé à Hollywood, Whale réalise la version cinéma de *Journey's End* (1930), les séquences parlantes des *Anges de l'enfer* (1930), de Howard Hughes (1905-1976), et *Waterloo Bridge* (1931). Comme les studios Universal lui laissent le choix de ses projets, Whale choisit Frankenstein, donne le rôle à un inconnu, Boris Karloff, et crée un nouveau genre cinématographique. Il essaie l'ambiguïté, entre humour et horreur gothiques, dans *Une soirée étrange* (1932), *l'Homme invisible* (1933) et *la Fiancée de Frankenstein* (1935). Le policier décalé *Remember last Night ?* (1935) et la comédie musicale *Show Boat* (1936) confirment la variété de ses talents, mais sa carrière s'effondre avec la difficile production *The Road Back* (1937), suite supposée d'*À l'Ouest, rien de nouveau* (1930). Renvoyé d'Universal vers des studios moins connus, il réalise *l'Enfer vert* (1940), puis son dernier long-métrage, *They Dare Not Love* (1941).

1942-1957
Whale se retire dans sa villa à Hollywood. Il est retrouvé mort dans sa piscine, en 1957 : probablement un suicide. En 1998, Bill Condon (né en 1955) donnera le rôle de Whale à Ian McKellen dans *Ni Dieux ni Démons* (1998), un drame qui revient sur les circonstances de sa mort.

FRANKENSTEIN À L'ÉCRAN

Le film de James Whale a défini l'épouvante comme nouveau genre cinématographique et, avec Karloff, ils reviendront dans *la Fiancée de Frankenstein*. *Le Fils de Frankenstein* (1939, ci-dessous), où Karloff est éclipsé par Basil Rathbone (le savant fou) et Béla Lugosi (Ygor), sera suivi par *Frankenstein rencontre le loup-garou* (1943) et par la parodie *Deux Nigauds contre Frankenstein* (1948). En 1957, la compagnie anglaise Hammer Films sort *Frankenstein s'est échappé*. Depuis, entre interprétations comiques, tel *Frankenstein Junior* (1974), de Mel Brooks, et graves, tel *Frankenstein* (1994), de Kenneth Branagh, le savant et son Monstre semblent indestructibles.

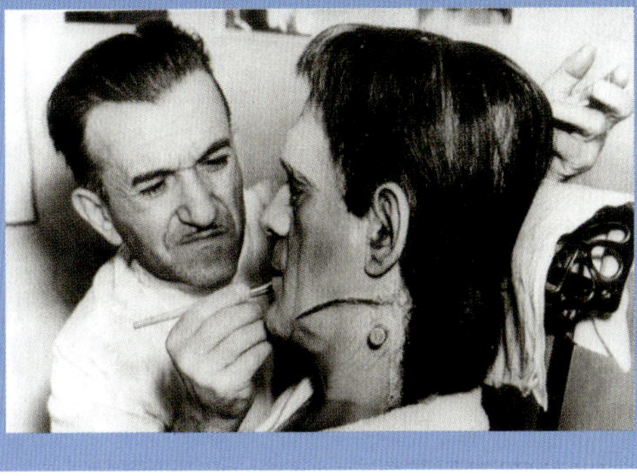

Freaks 1932

TOD BROWNING 1880-1962

▲ Cléopâtre sort avec appréhension.

▼ L'affiche racoleuse (voir le frontispice) vise à attirer autant qu'à choquer.

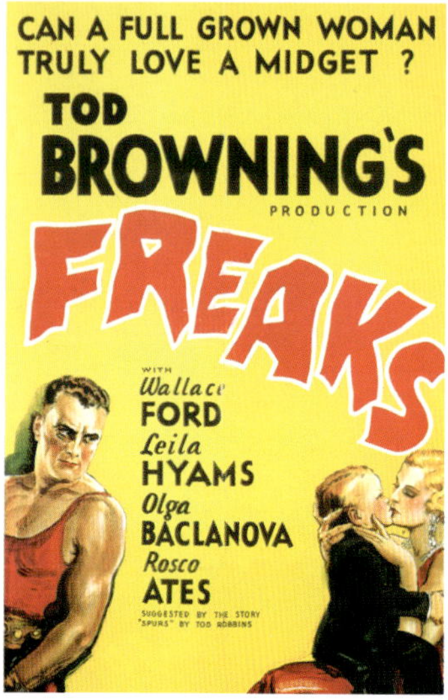

Film de Tod Browning, *Freaks* est l'un des plus dérangeants et insolites jamais soutenus par un grand studio de Hollywood. Les intentions de la MGM étaient claires dès le départ. On prétend qu'Irving Thalberg, producteur exécutif, avait demandé à ses équipes « un film encore plus terrifiant que *Frankenstein* », en référence au succès du film d'Universal. Tod Browning avait déjà réalisé *Dracula* pour Universal ; il était doté d'une sensibilité étrange et morbide, mais éprouvait une forte sympathie pour ses personnages. Ce n'était pas le genre de film dans lequel les talents de la MGM souhaitaient être impliqués. Myrna Loy, en charge du rôle de Cléopâtre, supplia les dirigeants du studio de la libérer de ses engagements. Elle fut remplacée par Olga Baclanova.

Le décor est un cirque itinérant plein de clowns, d'acrobates et de phénomènes de foire. Hans (Harry Earles), un nain élégant, a hérité d'une fortune. Cléopâtre cherche à s'immiscer entre lui et sa fiancée Frieda (Daisy Earles) et entretient en même temps une liaison avec Hercule, l'homme fort (Henry Victor). Elle tente d'empoisonner Hans mais elle est percée à jour, et les freaks organisent une vengeance terrible. Hercule sera poignardé à mort et Cléopâtre transformée en poulet à tête humaine.

Le film se révèle trop extrême pour beaucoup de spectateurs. Après des essais de diffusions désastreuses, il fut amputé de nombreuses séquences mais, même après cela, l'accueil du public resta hostile. Il faudra attendre les années 1960 et l'avènement de la contre-culture pour qu'il accède au statut de film-culte dont il jouit encore aujourd'hui. **G. M.**

LES SCÈNES PRINCIPALES

1 « L'OISEAU DE PARADIS »
Un annonceur de cirque met en place le décor : il invite l'assistance à regarder dans une boîte mystérieuse, provoquant un mouvement d'horreur. « Elle fut jadis une beauté », explique-t-il et un flash-back montre une élégante trapéziste voltigeant à travers les airs.

2 JE VOIS DOUBLE ?
Quand on pince le bras de l'une des jolies sœurs siamoises (Daisy et Violet Hilton), l'autre ressent la douleur. La plupart des acteurs du film étaient réellement des phénomènes de foire ou des artistes de cirque. Tod Browning lui-même avait travaillé dans un cirque.

3 MORT SOUS LA PLUIE
Les freaks se vengent terriblement : pendant l'orage, Hercule est poignardé (sans doute à mort) sous une roulotte. Dans la scène finale originale, il était aussi castré, référence symbolique à sa liaison avec Cléopâtre.

4 UN POULET À TÊTE DE FEMME
À la fin du film, le spectateur peut à son tour voir ce que contient cette boîte énigmatique et découvrir le sort réservé à ceux qui violent le code d'honneur des freaks. Dans un final plutôt heureux, ajoutée à la demande du studio, Hans retrouvera Frieda.

LE RÉALISATEUR

1880-1913
Tod Browning est né dans le Kentucky. Adolescent, il quitte l'aisance familiale pour se joindre à une troupe itinérante. Il continuera ensuite à travailler dans les variétés et le music-hall, allant jusqu'à exercer le métier d'écuyer une courte période. Après sa rencontre avec D. W. Griffith (1875-1948), à New York, Browning joue dans des courts-métrages comiques pour la Biograph Company. Lorsque, en 1913, Griffith quitte la Biograph et part pour la Californie, Browning suit son exemple.

1914-1918
En 1915, Browning réalise son premier film, *The Lucky Transfer*, et apparaît dans *Intolérance* (1916), de Griffith, réalisé juste après le célèbre *Naissance d'une nation* (1915, voir p. 30). La même année, alors qu'il conduit sa voiture à grande vitesse, il percute un train. Grièvement blessé, il devra interrompre ses activités cinématographiques pendant presque deux ans.

1919-1925
Fleur sans tache (1919) marque le début de sa collaboration avec Lon Chaney, « l'homme aux mille visages ». Après une série de réalisations mineures, Browning obtient un de ses plus grands succès avec *le Club des trois* (1925). Comme dans *Freaks*, l'histoire se déroule dans un cirque, avec Lon Chaney dans le double-rôle d'Écho, le ventriloque, et de la douce Mme O'Grady. Les critiques furent ravis de découvrir Chaney, pour une fois, sans qu'il se cache derrière son maquillage.

1926-1929
Londres après minuit (1927) est le premier film de vampire de Browning. *Loin vers l'est* (1929) marque la fin de sa collaboration avec Lon Chaney.

1930-1962
Avec *Dracula* (1931), Browning renoue avec le film de vampire et consacre la célébrité de Béla Lugosi, une autre légende du cinéma d'horreur, bien que l'échec commercial de *Freaks* ait mis sa carrière en danger. *Les Poupées du diable* (1936), avec Lionel Barrymore, sont sa dernière réalisation de valeur. *Miracles à vendre* (1939) sera son dernier film.

LES FILMS DE GANGSTERS

1

2

3

On appelle parfois le début des années 1930 à Hollywood « l'âge d'or de la turbulence », une époque où la censure n'était pas encore en vigueur. Mae West était au faîte de sa gloire, on produisait des comédies musicales follement expressionnistes et des gangsters armés de mitraillettes rôdaient à tous les coins de rue. Les films de cette période évoquent des scènes connues : James Cagney écrasant un demi-pamplemousse sur le visage de Mae Clarke dans *l'Ennemi public* (1931, voir p. 102) ; Paul Muni brandissant sa mitraillette dans *Scarface* (1932, ci-dessus) ; et Edward G Robinson, dans *le Petit César* (1931, voir p. 100), en caïd dodu coiffé d'un feutre. Ces trois films forment ce que les critiques ont appelé le « paradigme » du film de gangsters classique.

Le précurseur du genre avait précédé cet « âge d'or » de presque vingt ans : *Cœur d'Apache* (1912), de D. W. Griffith (1875-1948), est un film muet de seize minutes inspiré du meurtre du joueur professionnel Herman Rosenthal. Réalisées à la fin des années 1920, *les Nuits de Chicago* (1927, à droite, en haut), de Josef von Sternberg (1894-1969), sont un film essentiel, écrit par l'ancien journaliste de Chicago Ben Hecht. « J'ai eu une idée : il fallait oublier les héros et les héroïnes et écrire un scénario peuplé seulement de bandits et de prostituées », explique Hecht dans son autobiographie. « En tant que journaliste, j'ai appris que les braves gens – le public – aiment les malfaiteurs et qu'ils raffolent des récits de leur sadisme et de leurs déboires sentimentaux. »

1 *Scarface* est le récit de l'ascension et de la chute de Tony « Scarface » Camonte. C'est l'un des premiers films à exhiber une mitraillette Thompson, la « tommy ».

2 *Les Nuits de Chicago* sont considérées comme le premier vrai film de gangsters.

3 Dans *les Anges aux figures sales*, Michael Curtiz (1886-1962), le réalisateur, exploite à merveille les ombres évocatrices, entre autres dans la scène qui précède l'arrestation de Rocky (James Cagney).

REPÈRES

1929	1930	1931	1932	1933	1934
À la Saint-Valentin à Chicago, un règlement de comptes entre le gang italien d'Al Capone et le gang irlandais de Bugs Moran fait sept morts.	*Roadhouse Nights*, avec Jimmy Durante, est le premier des nombreux films de gangsters adaptés du roman *la Moisson rouge* (1929), de Dashiell Hammett.	*Le Petit César* (voir p. 100) définit le modèle des futurs films et introduit un nouveau vocabulaire : « flingues » (pistolet), « nanas » (filles), « flics » (policiers).	Al Capone purge sa peine, de onze ans, pour fraude fiscale à Atlanta. Il sera libéré pour bonne conduite six ans plus tard.	Le 5 décembre, le 21e Amendement de la Constitution met fin à la prohibition ; la production et la vente d'alcool sont de nouveau admises aux États-Unis.	John Dillinger, braqueur de banques devenu héros populaire, est abattu. Bonnie et Clyde subiront le même sort cette année-là.

Le film de gangsters des années 1930 a bénéficié de l'aide d'un allié inattendu : le Congrès des États-Unis. Dix ans plus tôt, à l'automne de 1919, le Volstead Act, la loi qui rendait toute vente d'alcool illégale, entrait en vigueur. La Prohibition favorisa le développement de bandes criminelles, qui procuraient aux Américains un accès illicite aux boissons alcoolisées. Ce fut l'époque des barons de la pègre, des bootleggers et des bars clandestins. En même temps, cette évolution offrait à Hollywood un monde d'opportunités. Certains studios se spécialisèrent dans la production des films de gangsters. Le premier d'entre eux fut la Warner Bros., qui se vantait de faire des films « arrachés à la une des journaux ». *Le Petit César,* de Mervyn LeRoy (1900-1987), avec Edward G. Robinson, *l'Ennemi public,* de William Wellman (1896-1975), avec James Cagney (tous deux produits par Warner Bros.), et *Scarface,* réalisé par Howard Hawks (1896-1977) pour United Artists, engendrèrent une foule d'imitateurs.

Scarface, sur un scénario de Ben Hecht, s'inspire de l'histoire d'Al Capone (interprété par Paul Muni). « Je voudrais présenter la famille d'Al Capone comme s'ils étaient les Borgia installés à Chicago », avait dit Howard Hawks à Ben Hecht. Contrairement à d'autres films de gangsters des débuts, *Scarface* connut de gros soucis avec la censure. À la veille de la réalisation, le Hays Office signifia à Hawks que « le public américain et les bureaux de censure consciencieux des États trouvent le milieu et les caïds répugnants. Le gangstérisme ne doit pas être évoqué au cinéma ». Howard Hawks tourna quand même le film, mais il dut ensuite livrer, avec son producteur, Howard Hughes, une bataille homérique pour assurer sa sortie.

Les concessions qui leur furent imposées dès l'origine étaient des mesures d'intimidation adressées aux futurs producteurs de films de gangsters. À la demande des censeurs, le film devait s'intituler *la Honte d'une nation* et dans la dernière bobine le héros gangster devait apparaître comme un lâche et être pendu. Bien qu'une fin différente ait été tournée, Hughes montra la version originale aux critiques et le film sortit à la Nouvelle-Orléans, hors d'atteinte du Hays Office. Finalement, le film put être projeté en version originale dans de nombreux États. Les censeurs ne pouvaient guère accuser Hollywood d'inventer des histoires de gangsters alors que ceux-ci faisaient régulièrement la une des journaux. Les frontières entre les vrais truands et leurs équivalents au cinéma semblaient souvent floues. John Dillinger, l'un des caïds notoires de l'époque, fut abattu en 1934 à la sortie d'un cinéma de Chicago, où il avait assisté à la projection de *l'Ennemi public n° 1* (1934), un film de gangsters avec Clark Gable.

On peut constater une tension déterminante au cœur de ce genre. Au départ, les héros-gangsters sont des personnages charismatiques etséduisants, auxquels les spectateurs s'identifient facilement. Mais ils se révèlent invariablement être de misérables et vicieux assassins qui sèment la destruction physique et affective dans leur sillage. C'est pour cette raison qu'ils doivent être punis et que le gangster des *Anges aux figures sales* (1938, à droite), interprété par James

1935	1936	1937	1937	1939	1941
Les Hors-la-loi, produits par la Warner Bros., est une glorification du FBI nouvellement nommé : une tentative pour neutraliser les effets « pernicieux » des films de gangsters.	*La Forêt pétrifiée* fait de Humphrey Bogart une star ; il joue le rôle du tueur Duke Mantee, un personnage inspiré de Dillinger.	Le gangster « Bugsy » Siegel est envoyé en Californie par la Mafia de la côte est pour mettre en place des syndicats de jeux. Il opère dès lors aux portes de Hollywood.	Dans *Rue sans issue*, un film de gangsters urbain, William Wyler (1902-1981) fait intervenir les Dead End Kids, probablement les premiers adolescents rebelles du cinéma.	Sortie des *Fantastiques Années vingt*, de Raoul Walsh (1887-1980), considérées comme le dernier grand film de gangsters des années 1930.	*High Sierra*, de John Huston (1906-1987) marque le début de la collaboration entre le réalisateur et l'acteur Humphrey Bogart.

Cagney, s'approche si lâchement de la chaise électrique. C'est tout au moins l'impression qu'il donne. La scène finale est ambiguë : le spectateur ne saura jamais si la peur de Cagney est simulée à la demande de son ami d'enfance et prêtre, Jerry Connolly (Pat O'Brien), qui l'a supplié de mourir en pleurnichant pour que les enfants qu'il essaie de garder dans le droit chemin ne le regardent pas comme une idole – ou si elle est bien réelle.

Les héros-gangsters exercent une fascination particulière sur quiconque souhaite remettre en question l'opinion générale. Le critique Robert Warshow met ce fait en évidence dans son essai *The Gangster as Tragic Hero* (1948). Il soutient que les films de gangsters étaient « l'expression de la partie du psychisme américain qui rejette l'américanisme ». Les États-Unis en tant que structure sociale et politique ont peut-être été incités à « une conception joviale de la vie », mais Warshow pense que cette conception a été bouleversée de l'intérieur par les films de gangsters. Il présente les gangsters de Hollywood comme des personnages shakespeariens – des héros aux défauts mortels : « Le gangster est un homme de la ville, qui possède le langage et le savoir de la ville, avec ses talents étranges et malhonnêtes et sa terrible audace, portant sa vie à bout de bras comme une pancarte ou un club. »

Si les films de gangsters ont créé un nouveau genre de protagoniste hollywoodien – le dur héros des villes, issu du monde ouvrier et souvent d'un milieu d'immigrés –, ils soulignent aussi l'obsession des Américains pour la violence. Les armes à feu font partie du cinéma américain depuis *le Vol du grand rapide* (1903, voir p. 22), d'Edwin S. Porter (1870-1941), mais la vogue du début des années 1930 arrive au moment précis où Hollywood se tourne vers le cinéma parlant : le son est indispensable au tac-a-tac des mitraillettes des G-men et des gangsters. Les gangsters utilisent le dialogue d'une manière tout aussi téméraire et agressive. Les meilleurs films de gangsters ont également quelque chose de l'énergie populaire et du caractère vivant de l'écriture vernaculaire des romans contemporains de Damon Runyon ou de Ring Lardner.

Préoccupés par l'ascension de célébrités criminelles comme John Dillinger (à droite, en haut), les censeurs du Hays Office ont décrété dès 1935 un moratoire sur les films de gangsters. Hollywood, en réponse, a déplacé les

4 Dans *Guerre au crime*, de William Keighley (1889-1984), le truand Nick « Bugs » Fenner (Humphrey Bogart, à gauche) et le détective Johnny Blake (Edward G. Robinson) sont sur le point de régler leurs comptes à coups de revolvers car Fenner a découvert que Blake est en réalité un privé infiltré.

5 Une affiche « Wanted » pour le notoire braqueur de banque John Dillinger, qui avait réussi à incarner le héros hors-la-loi aux yeux de certains Américains pauvres durant la Dépression.

6 L'affiche des *Hors-la-loi* polarise le regard sur James Cagney, avocat incorruptible devenu un agent du FBI, mais elle n'indique qu'à peine son changement de rôle, qui de truand devient avocat.

gangsters, ou plutôt les acteurs qui en jouaient le rôle, du côté de la loi. Dans *les Hors-la-loi* (1935, ci-dessous), James Cagney, l'archétype du gangster, devient un représentant du gouvernement, un avocat qui travaille pour le FBI. Même si les films se terminent presque toujours par la chute du criminel, les conservateurs se sont élevés contre la liberté et le luxe montrés au cinéma comme faisant partie de la vie criminelle. Des films comme *les Hors-la-loi* et *Guerre au crime* (1936, à gauche) cherchaient à contrebalancer l'image des gangsters telle qu'elle avait été présentée au début des années 1930.

L'influence des films de gangsters américains a atteint l'Europe, où l'ombre de la guerre menaçait. Bien que *Pépé le Moko* (1937), où Jean Gabin est un infâme truand parisien embusqué dans la casbah d'Alger, ait apparemment pris modèle sur ses homologues américains, il est davantage un précurseur du film noir (voir p. 168) qu'un film de gangsters. À Hollywood, le film de gangsters ne céda pas sa place à la sombre image de soi du film noir avant les années 1940. Il est intéressant d'observer la progression de Humphrey Bogart. Dans *la Forêt pétrifiée* (1936), il joue le rôle de Duke Mantee, « un assassin de notoriété mondiale ». Dans *Rue sans issue* (1937), *les Anges aux figures sales* et *les Fantastiques Années vingt* (1939), il est toujours du côté des « méchants ». Puis, il commence à jouer des détectives privés plutôt que des truands. Le film de gangsters évolue lui aussi. *Scarface* et *le Petit César* cèdent la place à des films où les détectives, et non plus les truands, sont les héros.

Dans le documentaire *Un voyage de Martin Scorsese à travers le cinéma américain* (1995), le réalisateur soutient que *les Fantastiques Années vingt* ont été le dernier « grand film de gangsters avant l'apparition du film noir » et que le genre du film de gangsters a changé quand « les truands sont devenus des hommes d'affaires ». Cependant, les caïds des films de Hollywood des années 1920 et 1930 étaient déjà, d'une certaine manière, des hommes d'affaires. La prohibition avait ouvert une brèche dans le marché, que les truands exploitaient à coups de mitraillette. La Dépression créait un environnement économique décourageant où le style de vie des truands devenait attrayant. Dans les années 1950, la prohibition n'existe plus et les États-Unis sont plus riches : les gangsters sont désormais le point noir de la société. **G. M.**

Le Petit César 1931

Little Caesar MERVYN LEROY 1900-1987

▲ Rico (Edward G. Robinson) est censé ressembler au gangster réel Al Capone.

▼ L'affiche suggère que c'est le « bon » qui séduit la fille, et non le « méchant ».

Pour devenir populaire, le film de gangsters avait besoin du son. *Le Petit César,* le premier film de gangsters parlant, avance au rythme des bruits de la rue, du tac-a-tac des *tommy guns* tirant depuis une voiture en marche et du hurlement des pneus. Adapté du roman éponyme (1929), de W. R. Burnett, *le Petit César* est plus rude que les films de gangsters précédents. Le scénariste Darryl F. Zanuck remarqua : « Dans tous les autres films sur la pègre, il y avait un voyou avec un peu de bon en lui. Il se corrigeait avant de disparaître. Ce type-là n'a rien de bon, il est capable du pire. » Le tueur César Enrico « Rico » Bandello (Edward. G. Robinson, au faciès de grenouille, dans un rôle qui le fera star) est ambitieux, devient violent, arrive au sommet, chute durement et meurt dans le caniveau. Warner Bros. aimait les films qui bougeaient vraiment. Les scènes de Mervin LeRoy explosent et retombent aussi vite qu'un caprice d'enfant.

Comme Tom Powers (James Cagney) dans *l'Ennemi public* (1931, voir p. 102), qui frappe les femmes, et l'incestueux Antonio « Tony » Camonte (Paul Muni), de *Scarface* (1931), Rico n'est pas seulement un escroc. De nos jours, il serait considéré comme un pervers sexuel, refoulant une attirance homosexuelle pour son ex-associé Joe Massara (Douglas Fairbanks Jr.), qui abandonnera le racket pour devenir une star hollywoodienne. L'intention était de rendre le bandit encore plus répugnant, mais cette tendance inavouée l'humanise et apporte « le petit peu de bon » de Zanuck. Cependant, c'est bien le charisme et le style de vie de César et non un quelconque fond moral qui font du gangster de Robinson un archétype du cinéma. **K. N.**

LES SCÈNES PRINCIPALES

1 LA SOIRÉE DU NOUVEL AN
Avide de s'assurer la loyauté des membres du gang et pour prouver sa dureté, Rico, ambitieux et impudent, accepte les affaires les plus risquées. Il braque les invités d'une réception du Nouvel An et assassine le commissaire de la croisade contre le crime de la ville.

2 L'ASCENSION DE CÉSAR
Pendant le banquet offert en son honneur au Palermo Club par ses collègues gangsters pour confirmer son nouveau rang de parrain de la pègre, Rico, sur l'estrade à égalité avec les autres seigneurs du crime, tient à contrecœur un discours plein de sensiblerie creuse.

3 LA MENACE
Rico explique à son rival Little Arnie Lorch (Maurice Black) que son règne est fini et qu'il reprend son territoire : « Si tu n'as pas quitté la ville demain matin, tu partiras dans un cercueil. » Lorch, effrayé, part le lendemain pour Detroit.

4 « MÈRE DE MISÉRICORDE, C'EST CELA LA FIN DE RICO ? »
Un truand doit payer pour ses crimes, ainsi Rico meurt dans un caniveau, mitraillé par le sergent Tom Flaherty (Thomas E. Jackson). Tous les grands films de gangsters qui suivront se plieront à cette obligation de la mort de leur monstre-héros.

LE RÉALISATEUR

1900-1926
Mervyn LeRoy est né en Californie dans une riche famille juive, ruinée en 1906, par le tremblement de terre de San Francisco. LeRoy débute comme acteur de music-hall. Son cousin, le producteur Jesse L. Lasky, l'engage à la Famous Player-Lasky, où il travaille à la colorisation des films, et comme habilleur avant de devenir scénariste et acteur dans des rôles mineurs.

1927-1937
Il devient réalisateur pour la First National (qui deviendra la Warner Bros.) et se spécialise au début dans les comédies, entre autres *No Place to Go* (1927) et *Harold Teen* (1928). Avec *le Petit César*, Leroy crée le nouveau genre des années 1930, le film de gangsters. Il continue avec *Five Star Final* (1931) et *Je suis un évadé* (1932), puis il adapte son style rapide, ancré dans la réalité et socialement juste à des comédies musicales comme *Chercheuses d'or* (1933, voir p. 134).

1938-1939
Il rejoint la MGM comme directeur de production, où il participe à la décision de tourner *le Magicien d'Oz* (1939).

1940-1950
LeRoy continue sa carrière de réalisateur ; il est nominé pour l'oscar du meilleur réalisateur pour le drame *Prisonniers du passé* (1942). Il obtiendra un oscar honorifique pour un court-métrage sur l'antisémitisme, *The House I Live In* (1945).

1951-1961
Après avoir supervisé le spectacle à gros budget *Quo Vadis* (1951), il réalise plusieurs comédies musicales parmi lesquelles *la Première Sirène* (1952) et *Rose-Marie* (1954). Il termine la réalisation de *Permission jusqu'à l'aube* (1955) après John Ford (1994-1973) et revient à des sujets plus sombres avec *la Mauvaise Graine* (1956) et *La police fédérale enquête* (1959).

1962-1987
Son dernier film important est une comédie musicale, *Gypsy Vénus de Broadway* (1962) ; il participe aux *Bérets verts* (1968), de John Wayne. Il s'éteint en 1987, à Beverly Hills.

L'Ennemi public 1931
The Public Enemy WILLIAM WELLMAN 1896-1975

▲ La mort de son associé de toujours laisse prévoir celle de Tom.

▼ Les couleurs criardes de l'affiche donnent le ton : mitraillettes, truands et filles.

Situé à l'époque de la prohibition, *l'Ennemi public* (1931), de William Wellman, n'a pas été immédiatement reconnu comme un classique par les critiques de son temps. « Ce n'est qu'un film de gangsters de plus, avec une trame encore plus insignifiante que les autres », regrette un critique du *New York Times* sans en comprendre l'importance pour la mise en place du genre. La vedette, James Cagney, dont l'interprétation de Tom Powers lancera la carrière, avait aussi des réserves. Dans une scène célèbre, James Cagney écrase un demi-pamplemousse sur le visage de Mae Clarke.

Le film s'inspire du roman *Beer and Blood,* de Kubec Glasmon et John Bright, deux écrivains de Chicago, mais repose en grande partie sur des faits réels. La scène du pamplemousse rappelle un incident authentique : Hymie Weiss, un gangster de Chicago, avait barbouillé le visage de sa compagne avec l'omelette qu'elle venait de cuire.

Comme la plupart des films de gangsters de cette période, *l'Ennemi public* adopte une attitude ambivalente vis-à-vis de ses protagonistes malfrats. D'une part, ces hommes sont plus que méprisables. En 1954, lorsque le film fut remis à l'affiche en même temps que *le Petit César* (1931, voir p. 100), un avant-propos présentait le Tom de James Cagney comme un « cas » sociologique. D'autre part, cette interprétation en fait le personnage le plus dynamique et charismatique du film. Le public aimait son débit brutal, son humour et sa crânerie. Lors des projections, les spectateurs ne pouvaient pas s'empêcher de l'applaudir. Wellman reconnaissait que « le succès du film tenait en un seul mot – Cagney ! ». **G. M.**

LES SCÈNES PRINCIPALES

1 FOLLE JEUNESSE
Au début du film, Tom et Matt (Edward Woods), encore enfants, sont pourchassés par la police. Bien que Tom devienne en grandissant un bandit impitoyable, le public, qui l'a découvert alors qu'il n'était encore qu'un petit voyou, peut s'identifier à lui.

2 VITAMINES AU PETIT-DÉJEUNER
James Cagney ricane avec mépris dans la scène célèbre où il écrase un demi-pamplemousse sur le visage de Mae Clarke. Des années plus tard, il se souviendra qu'il ne pouvait entrer dans un restaurant sans qu'un plaisantin n'envoie un pamplemousse à sa table.

3 CAGNEY BOUGE
Quand le gang rival ouvre le feu à la mitrailleuse et laisse Matt mourant, Cagney saute derrière un mur avec toute la grâce et l'agilité de l'acteur de music-hall qu'il était. À l'origine, Cagney devait incarner Matt, mais les rôles furent inversés dès les premiers rushs.

4 « JE NE SUIS PAS SI DUR QUE ÇA »
Cagney, décidé à la vengeance, avance sous l'orage, ses revolvers en main. Les spectateurs le voient pénétrer dans un immeuble, on entend des coups de feu et Cagney, blessé, sort en chancelant. Alors qu'il s'écroule dans le caniveau, il prononce sa propre épitaphe.

5 UNE LIVRAISON DE MORT
Le cadavre enveloppé de Tom est déposé devant sa porte sur l'air de la chanson *I'm forever blowing bubbles*. Pour désamorcer la censure, il n'y a jamais de happy-end pour les gangsters. Le film oppose le mode de vie de Tom à celui de son frère, respectueux des lois.

LE RÉALISATEUR

1896-1919
William Wellman, surnommé Wild Bill, est né à Brookline dans le Massachusetts. Fauteur de troubles, il sera renvoyé du lycée. En 1914, il devient professionnel de hockey sur glace. Pendant la Première Guerre mondiale, il s'engagera comme conducteur d'ambulance puis deviendra pilote de chasse.

1920-1942
Wellman fait ses débuts de réalisateur (non crédité), en 1920 , dans *The Twins of Suffering Creek*. Il obtient l'oscar du meilleur film avec *les Ailes* (1927). En 1937, il confirme son éclectisme avec la tragédie *Une étoile est née*, dont il est à la fois le réalisateur et le scénariste, et avec la folle comédie *la Joyeuse Suicidée*.

1943-1975
Il réalise le génial western *l'Étrange Incident* (1943), suivi par *les Forçats de la gloire* (1945), un de ses films les plus méconnus. Il meurt à Los Angeles, en 1975, d'une leucémie.

LA SOCIÉTÉ À L'ÉCRAN

1 La vérification des chaînes dans le drame percutant *Je suis un évadé*. Le film a conduit au jugement en appel et à la libération de nombreux prisonniers des chaînes de forçats aux États-Unis.

2 L'affiche de *l'Extravagant Mr. Deeds*. La comédie de Frank Capra oppose les valeurs traditionnelles des petites villes à la sophistication égoïste de la métropole.

3 Dans *Furie*, Spencer Tracy retourne l'accusation contre les lyncheurs. C'est le premier film de l'exilé allemand Fritz Lang à Hollywood.

Durant les restrictions économiques de la Grande Dépression, le cinéma offrait à bon marché une fenêtre sur le monde, un endroit où les spectateurs américains pouvaient entrevoir des vies différentes. Pour le prix d'un billet, le cinéphile moyen accédait à la sophistication et au glamour dans des films comme *Grand Hôtel* (1932, voir p. 106) ou *Haute Pègre* (1932, voir p. 108) ou découvrait la vie de grands hommes, comme Louis Pasteur ou Émile Zola à travers des films biographiques. Dans *Citizen Kane* (1941, voir p. 110), le public accède au monde d'une célébrité contemporaine, le magnat de la presse William Randolph Hearst.

De temps en temps, le studio-system était disposé à user de son influence pour dévoiler au public certaines zones d'ombre de la société américaine. En 1931, Warner Bros. achète un récit autobiographique de Robert Elliott Burns paru dans le magazine *True Detective* puis publié en librairie sous le titre *I Am a Fugitive from a Georgia Chain Gang*. Malgré certains doutes sur le contenu – un réalisateur l'a refusé parce qu'il s'agissait d'un sujet malvenu à une époque où « le public est si déprimé que beaucoup de gens se jettent par les fenêtres » –, le studio persiste et Burns, bien que techniquement toujours évadé, est secrètement employé à la rédaction d'une première ébauche du scénario. Le succès de *Je suis un évadé* (1932, ci-dessus), réalisé par Mervyn LeRoy (1900-1987), avec Paul Muni dans le rôle de l'évadé James Allen, a mis en lumière le système pénitentiaire brutal du Sud américain.

REPÈRES

1930	1931	1931	1932	1933	1934
Le lynchage de deux Noirs en Indiana est le dernier lynchage connu de Noirs américains dans un État du Nord.	Malgré la Dépression, RKO Pictures produit le film à grand spectacle *la Ruée vers l'Ouest*, inspiré de la course à la terre en Oklahoma du XIXe siècle.	*Les Lumières de la ville*, de Charlie Chaplin (1889-1977), à la fois réalisateur et star, sont une exploration en profondeur de son personnage de vagabond.	Mervyn LeRoy réalise *Je suis un évadé*, un plaidoyer brûlant contre les pratiques pénales contemporaines.	Thomas Sturmond et John M. Holmes sont lynchés à San José, en Californie, pour le meurtre supposé de Brooke Hart. Le lynchage est retransmis en direct à la radio.	Sortie des films biographiques *The Barretts of Wimpole Street* et *la Maison des Rothschild*.

Furie (1936, ci-dessous), de Fritz Lang (1890-1976), s'inspire de l'histoire authentique d'un double lynchage qui avait eu lieu trois ans plus tôt à San José. Spencer Tracy y interprète le rôle de Joe Wilson, accusé à tort d'enlèvement d'enfant. Lorsque la foule, décidée à le lyncher, brûle la prison, il s'échappe en laissant croire à sa mort pour obliger les coupables à répondre à l'accusation de meurtre. En réalité, la plupart des victimes des lyncheurs étaient des noirs, mais à cette époque les studios n'étaient pas prêts à rendre ce fait public. La force exceptionnelle de *Furie* réside dans sa manière de contraindre le public à une empathie inconfortable avec les lyncheurs, à leur tour victimes d'une injustice.

Frank Capra (1897-1991) propose une vision plus ensoleillée des difficultés de l'homme ordinaire. L'historien Robert Sklar attribue le succès de Capra à « sa capacité de suggérer aux spectateurs qu'ils ont sous les yeux leurs propres forces et faiblesses, leurs rêves et leurs valeurs, une image d'eux-mêmes mise en scène à l'écran ». Les personnages classiques de Capra, par exemple Longfellow Deeds, qui tente d'employer les vingt millions de dollars dont il a hérité dans *l'Extravagant Mr. Deeds* (1936, à droite), sont des innocents dont la bonté est exploitée par les riches, les puissants et les cyniques.

Il était plus problématique de porter à l'écran la vie des dépossédés. Lorsque Darryl Zanuck acheta les droits du roman de John Steinbeck *les Raisins de la colère* (1939), la fatalité qui s'abattait sur les réfugiés du Dust Bowl était un fait que beaucoup refusaient de reconnaître. La version cinématographique sensible de John Ford (1894-1973) toucha la conscience des cinéphiles. Woody Guthrie, qui a réécrit cette histoire sous la forme d'une ballade, résumait ainsi son importance : « Va voir *les Raisins de la colère,* camarade... Tu es la vedette de ce film. Vas-y pour te regarder et écouter tes propres mots et ton propre chant. » **D. P.**

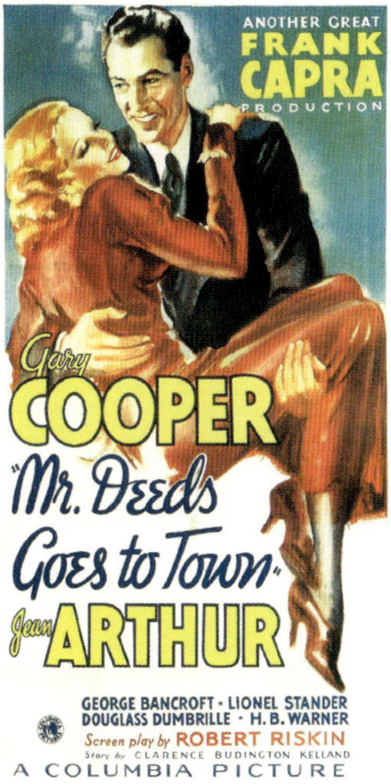

1935	1936	1937	1939	1940	1941
Sortie de *David Copperfield,* inspiré du roman de Charles Dickens et réalisé par George Cukor (1899-1983).	Chaplin dépeint la pauvreté, les grèves, le chômage, l'intolérance politique et la monotonie du travail industriel dans *les Temps modernes.*	William Dieterle (1893-1972) prolonge le succès de *la Vie de Louis Pasteur* (1936) par *la Vie d'Émile Zola.*	Jefferson Smith tente d'entrer en politique pour améliorer le monde dans *Mr. Smith au sénat,* de Frank Capra.	*Les Raisins de la colère,* adapté du roman de John Steinbeck, mettent en lumière la situation critique des communautés agricoles dépossédées des États-Unis.	Sortie de *Citizen Kane* (voir p. 110). William Randolph Hearst, qui n'avait pas réussi à empêcher le tournage, tentera de discréditer le film.

Grand Hôtel 1932
Grand Hotel EDMUND GOULDING 1891-1959

▲ Greta Garbo au sommet de sa gloire en ballerine évanescente et suicidaire.

▼ L'affiche attire l'attention sur l'argument de vente du film : sa distribution de stars.

Annoncé comme « le spectacle du siècle », *Grand Hôtel* est un événement de l'histoire du cinéma : c'est le premier film à présenter une distribution uniquement composée de stars, avec à l'écran Greta Garbo, John Barrymore, Joan Crawford, Wallace Beery, Lionel Barrymore, Lewis Stone et Jean Hersholt. Le producteur de la MGM Irving Thalberg avait acheté pour la somme de 35 000 dollars les droits du populaire roman *Grand Hôtel (Menschen im Hotel)*, de Vicki Baum, paru en 1929 et inspiré de la vie des clients et du personnel d'un hôtel de Berlin. Il embauche Edmund Goulding comme réalisateur, construit le plus grand décor jamais créé et courtise les acteurs vedettes de Hollywood pour qu'ils travaillent ensemble, avec plus de cent figurants.

Le film suit un groupe de personnes disparate et raconte comment leurs chemins se croisent. On y rencontre la Grousinskaïa (Greta Garbo), une danseuse russe déprimée par le déclin de sa carrière, l'élégant baron Felix von Geigern (John Barrymore), un aristocrate devenu voleur de bijoux malgré lui pour payer ses dettes de jeu, le débonnaire Otto Kringelein (Lionel Barrymore), le directeur général Preysing (Wallace Beery), un industriel désagréable, Flammèche, sa secrétaire frivole mais au grand cœur (Joan Crawford) et un résident permanent, le Dr Otternschlag (Lewis Stone), ancien combattant et observateur ironique.

Lors de la première à Hollywood, une maquette du hall de réception de l'hôtel attendait les stars présentes, entre autres Marlène Dietrich et Clark Gable, qui devaient s'y inscrire avant d'entrer. Les spectateurs se déplacèrent en foule et *Grand Hôtel* remporta l'oscar du meilleur film. **C. K.**

LES SCÈNES PRINCIPALES

1 LES SÉQUENCES D'OUVERTURE
Le film commence avec les opérateurs d'un standard téléphonique occupés à recevoir et à diriger les appels, puis nous montre les auteurs de ces appels. Leurs chemins se croisent et leurs destinées se mêlent, exactement comme les câbles du standard.

2 LE HALL
Goulding fait appel à des plans en plongée pour souligner les proportions de l'hôtel. La magnificence de la structure concentrique autour du hall central est le reflet de la vie de ses hôtes, tous soucieux de donner une image de richesse.

3 JOAN CRAWFORD EN SECRÉTAIRE
Flammèche travaille depuis peu pour le directeur général Preysing. C'est l'un des premiers rôles de Joan Crawford, et les réactions du public ont montré que l'interprétation réaliste de la jeune actrice menaçait d'éclipser le jeu de Greta Garbo, issu du cinéma muet.

4 GRETA GARBO REGARDE PAR LA FENÊTRE
Greta Garbo, qui incarne la danseuse, dit à son manager et assistant « Je veux qu'on me laisse tranquille », donnant ainsi l'une de ses répliques de cinéma les plus connues. Cette phrase, une sorte de définition de sa propre attitude recluse, finit par hanter l'actrice.

5 LE DR OTTERNSCHLAG CONCLUT
Alors que les hôtes qui ont figuré dans le film s'en vont et que d'autres arrivent, le Dr Otternschlag, un résident permanent, résume la situation : « Le Grand Hôtel... toujours le même. Des gens arrivent, d'autres s'en vont. Il ne se passe jamais rien. »

LE RÉALISATEUR

1891-1928
Né en Angleterre, Edmund Goulding émigre après la Première Guerre mondiale aux États-Unis, où il travaille d'abord comme scénariste. Embauché par la MGM, il débute comme réalisateur avec *Sun-Up* (1925). Il sera reconnu comme l'un des meilleurs réalisateurs de Hollywood après *Anna Karénine* (1927).

1929-1942
En 1937, Goulding rejoint la Warner Bros., où il trouve le succès avec le remake du film de guerre *la Patrouille de l'aube* (1938) et trois mélodrames avec Bette Davis : *Victoire sur la nuit* (1939), *la Vieille Fille* (1939) et *le Grand Mensonge* (1941).

1943-1959
À la Twentieth Century Fox, Goulding mélange les genres avec le drame *le Fil du rasoir* (1946) et le film noir *le Charlatan* (1947). En 1959, juste après sa comédie musicale *Mardi Gras* (1958), Goulding meurt, des suites d'une opération cardiaque.

Haute Pègre 1932
Trouble in Paradise ERNST LUBITSCH 1892-1947

▲ Une intrigue amoureuse sème le trouble au paradis de Gaston Monescu dans la comédie romantique de Lubitsch.

▼ Une affiche élégante pour ce film, qui restera le préféré de son réalisateur.

La comédie de mœurs que connaissent les spectateurs d'aujourd'hui n'existerait pas si Ernst Lubitsch n'avait pas tourné *Haute Pègre*. Pourtant, cette création exubérante et amorale ne ressemble guère aux autres films du genre. En effet, en détournant l'univers et les propos de l'amour, Lubitsch fait disparaître toute sentimentalité au profit d'un désir intéressé.

Dans un hôtel de Venise, Gaston Monescu (Herbert Marshall), déguisé en médecin, déleste Mr. Filiba (Edward Everett Horton) de son portefeuille puis retourne dans sa chambre, où il reçoit la « Comtesse Lily » (Miriam Hopkins) à souper. Les deux amants se découvrent tous deux voleurs et commencent une vie criminelle commune. Un an plus tard, à Paris, Gaston vole un sac décoré de pierres précieuses qui appartient à l'héritière Mariette Colet (Kay Francis). Lorsque Mariette offre une récompense de 20 000 francs pour le sac « perdu », Gaston s'empresse d'aller la demander et fait appel à tout son charme pour qu'elle l'embauche comme secrétaire. Lorsqu'il découvre que le soupirant de la dame n'est autre que Mr. Filiba, il comprend qu'il doit disparaître avant d'être reconnu comme le cambrioleur de Venise. Mais son projet de fuite avec Lily s'effondre quand Mariette, ne cachant plus son désir, laisse deviner la vérité à Lily.

Même si la fraîcheur de *Haute Pègre* tient à ses dialogues taillés comme des diamants, la manipulation virtuose des portes et des escaliers par Lubitsch est tout aussi éblouissante. Le pauvre majordome de Mariette (Robert Greig), ne sait jamais derrière quelle porte se cachent sa maîtresse et le nouveau secrétaire et, bien sûr, il frappe toujours à la mauvaise. **N. J.**

LES SCÈNES PRINCIPALES

1 CARESSES DE PICKPOCKETS
La « Comtesse Lily » dit au « baron » Gaston : « Baron, vous êtes un escroc !... » Il l'accuse à son tour : « Comtesse, vous êtes une voleuse à la tire... » Il s'ensuit un échange des objets que chacun a volé à l'autre, qui atteint un sommet avec la jarretière de Lily.

2 UN SAC DE « FI »
Un homme mal vêtu demande à Mariette s'il y a des diamants sur son sac « perdu ». Lorsqu'elle répond « oui » et lui demande s'il l'a trouvé, il braille : « Non... Mais je vais vous dire... Une femme qui dépense une fortune pour un sac... Je dis fi donc ! »

3 MENSONGES SANS PAROLES
Gaston est en train de tamiser les lumières dans la chambre de Mariette lorsque Lily arrive. Elle a deviné qu'ils avaient rendez-vous et elle veut les 100 000 francs du coffre. Mettant la main sur l'argent, elle s'exclame : « La seule chose qui compte, c'est l'argent ! Cash. »

LE RÉALISATEUR

1892-1914
Ernst Lubitsch, fils d'un tailleur, est né à Berlin. Il y débute au théâtre et joue en 1911 des personnages comiques juifs pour Max Reinhardt (1873-1943) dans son Deutsches Theater. Il sera ensuite la vedette du film *l'Orgueil de la firme* (1914).

1915-1922
Lubitsch réalise des comédies muettes allemandes comme *la Princesse aux huîtres* (1919). Il développe un style élégant, que l'on appellera la *Lubitsch touch* (voir encadré), où il tourne en ridicule les conventions amoureuses. Il se fait connaître avec le film historique *Madame du Barry* (1919).

1923-1928
Mary Pickford amène Lubitsch à Hollywood pour la réalisation de *Rosita* (1923). Il y restera et travaillera pour la plupart des majors. L'économie visuelle de ses comédies sociales, comme *Comédiennes* (1924), transformera la manière de filmer à Hollywood. Ses films sont souvent le reflet de la société américaine, mais en général dans un décor imaginaire ou étranger. *Le Prince étudiant* (1927) en est un exemple.

1929-1947
La magnifique comédie musicale *Parade d'amour* (1929) est le premier film parlant de Lubitsch. Après être passé à la MGM, il dirigera *Ninotchka* (1939), un autre de ses films préférés. Parmi ses comédies romantiques classiques, on remarque *Rendez-vous* (1940) et *Jeux dangereux* (1942). Des problèmes cardiaques l'obligent, en 1946, à se limiter à un rôle de supervision ; il en meurt en 1947.

LA LUBITSCH TOUCH

On sait que Billy Wilder (1906-2002) avait sur son bureau une pancarte qui disait « Que ferait Lubitsch ? ». Ernst Lubitsch (ci-dessous), émigré d'Europe, a apporté une sophistication raffinée aux films qu'il a réalisés à Hollywood. Son style est ainsi résumé par l'écrivain Leland A. Poague : « On se souvient généralement d'Ernst Lubitsch pour son cinéma spirituel, son style charmant et fluide, sa capacité à suggérer plus que ce qu'il ne montre et à montrer plus que ce que d'autres n'osent suggérer, en bref pour toutes ces qualités et caractéristiques qui, ensemble, forment la Lubitsch touch. » La scène de *Sérénade à trois* (1933) dans laquelle George, rentrant chez lui, découvre l'infidélité de Gilda (la table est mise pour deux) en est un exemple : le public sait ce qui s'est passé, mais Lubitsch, de sa « touche » sûre, restitue la perception de George.

Citizen Kane 1941

ORSON WELLES 1915-1985

▲ Le rêve américain finit par perdre tout son sens pour le monstrueux magnat de la presse Charles Foster Kane.

▼ Le nom de Welles domine l'affiche du film, dont il a voulu s'approprier le générique.

Le premier film réalisé par Orson Welles, *Citizen Kane,* a été si longtemps considéré comme « le plus grand film jamais tourné » qu'il est devenu difficile de le regarder sereinement. Des mythes se sont accumulés autour de lui : Welles aurait été le premier à utiliser toutes sortes de techniques novatrices, le film, vu comme un échec prétentieux, aurait été rejeté à sa sortie. Welles n'était pas le premier à employer de grandes profondeurs de champ, des plafonds de décors, des montages sonores, des jump-cuts, des dialogues superposés, des éclairages en clair-obscur ou les points de vue de plusieurs narrateurs, mais aucun réalisateur avant lui ne les avait combinés avec autant de goût et d'inventivité visuelle. À la sortie de *Citizen Kane,* les critiques étaient enthousiastes mais le lancement fut saboté : le magnat de la presse William Randolph Hearst s'était facilement reconnu dans le personnage de Charles Foster Kane et en peu de temps le poids écrasant du système de relations publiques Hearst était entré en action contre le film, empêchant une sortie normale.

Le message du film est étonnamment conventionnel pour une œuvre si fondatrice : ne convoitez pas la fortune et le pouvoir des riches, car ils ont perdu les plaisirs simples de l'amour véritable et du bonheur. Le film mérite pourtant son statut, d'abord parce que la signature de Welles est incontestable dans chaque image, ensuite parce que, avec le recul, les spectateurs retrouvent dans le personnage de Kane beaucoup de Welles lui-même. *Citizen Kane* reste un film grandiose mais à travers toute cette majesté visuelle, la frustration à venir de Welles se laisse deviner, comme une terrible prémonition. **P. K.**

LES SCÈNES PRINCIPALES

1 « ROSEBUD »
Kane (Welles), mourant, prononce un mot, « Rosebud », qui lance le journaliste Thompson (Willian Alland) dans une quête de la « vérité » du personnage. La boule à neige, symbole d'une vie plus calme et plus simple, fait le lien entre la fin de la vie de Kane et son enfance.

2 LA VIE COMMUNE EN MONTAGE
Dans un montage habile de scènes de petits-déjeuners sur plusieurs années, Welles montre la détérioration du couple que Kane forme avec sa première épouse Emily (Ruth Warrick). Le film est connu pour ses flashbacks qui confrontent des points de vue différents.

3 KANE ENTRE EN POLITIQUE
Kane brigue le mandat de gouverneur de New York contre son rival politique, le malhonnête « Boss » Jim W. Getty. Cette scène est un exemple de la technique de prise de vues à grande profondeur de champ utilisée à plusieurs reprises par Welles dans le film.

4 LA VIE À XANADU
Kane a fait construire en Floride un palais baroque, Xanadu, où il vit avec Susan dans un luxe stérile, mais celle-ci se lasse vite du palais et de l'homme. La fortune et la mégalomanie de Kane l'isolent de ses semblables, qui le laisseront mourir dans la solitude de Xanadu.

LE RÉALISATEUR

1915-1939
Orson Welles est né à Kenosha dans le Wisconsin. Enfant surdoué, il met en scène des pièces de Shakespeare dès l'âge de dix ans. En 1930, il est élève du Chicago Art Institute puis devient acteur au Gate Theater, à Dublin. En 1933, il rejoint la troupe de Katherine Cornell et monte *Voodoo Macbeth*, à Harlem en 1936. Il fonde le Mercury Theatre Company avec John Houseman ; leur Jules César fasciste fera sensation à Broadway. Welles anime aussi une émission de radio régulière : son adaptation de *la Guerre des mondes* sur Mercury radio, trop réaliste, provoquera une panique générale. En 1939, il est invité à réaliser des films pour la RKO, à Hollywood. Le studio lui accorde le contrôle artistique total de deux films, du jamais vu pour un réalisateur qui n'a pas encore fait ses preuves.

1940-1948
Il est à la fois réalisateur, co-scénariste et vedette de *Citizen Kane*. Son deuxième film, *la Splendeur des Amberson* (1942) sera massacré par les studios alors qu'il est en voyage en Amérique du Sud. Les interventions du studio compromettront également *le Criminel* (1946), *la Dame de Shanghaï* (1948) et *Macbeth* (1948). Dégoûté, il quittera Hollywood en 1948.

1949-1985
Welles se lance dans une carrière nomade, en grande partie en Europe, où il jouera dans les films des autres, en particulier dans *le Troisième Homme* (1949), de Carol Reed (1906-1976). Il réalise aussi ses propres films, souvent dans des conditions chaotiques : *Othello* (1952), *Dossier secret* (1955), *la Soif du mal* (1958, à Hollywood), *le Procès* (1962, adapté de Kafka), *Falstaff* (1965, le dernier de ses trois films adaptés de Shakespeare), *Une histoire immortelle* (1968) et *Vérités et mensonges* (1973). Divers projets restent inachevés, parmi lesquels *Don Quichotte*, *The Deep* et *The Other Side of the Wind*. Bien que désormais indépendant de Hollywood, il reste disponible comme acteur ou comme voix-off. Il travaille aussi sur des publicités pour la télévision. Il meurt d'une crise cardiaque le 10 octobre 1985, deux heures après un passage au *Merv Griffin Show*.

LES DÉESSES DE L'ÉCRAN

1 Bette Davis et Henry Fonda dans *Jezebel.* Le rôle valut un oscar à Bette Davis.

2 L'impérieuse Joan Crawford sur une photographie publicitaire de 1932.

3 Vivien Leigh dans le drame historique *l'Invincible Armada* (1937).

Le réalisateur belge Harry Kümel (né en 1940), lorsqu'il préparait son film de vampire *le Rouge aux lèvres* (1971), demandait à son actrice vedette, Delphine Seyrig, de ressembler à une star hollywoodienne des années 1930, « parce qu'elles sont immortelles ». En effet, ces stars, Greta Garbo, Marlène Dietrich, Joan Crawford, Bette Davis, Vivien Leigh ou Katharine Hepburn ont une aura éternelle que peu d'acteurs des générations suivantes ont atteinte.

On n'arrivait pas sans peine à ce statut de divinité. Greta Garbo, lorsque Louis B. Mayer l'imposa à la MGM au milieu des années 1920, était une solide Suédoise de 21 ans aux cheveux fous qui ne parlait que quelques mots d'anglais. Mais son beau visage énigmatique semblait rayonner dans les plans rapprochés, surtout ceux que filma William H. Daniels. À partir de *la Chair et le Diable* (1926), il tourna vingt films avec elle, trouvant chaque fois l'éclairage chatoyant qui la mettait en valeur, comme dans *Romance* (1930) ou *la Reine Christine* (1933 voir p. 116).

Billy Wilder (1906-2002) a raconté à Cameron Crowe (né en 1957) que lorsqu'il travaillait avec Marlène Dietrich, il lui disait en plaisantant qu'elle pourrait éclairer elle-même ses propres scènes. Après ses films avec Josef von Sternberg (1894-1969), en particulier *Shanghai Express* (1932, voir p. 114), elle en savait autant sur l'éclairage que n'importe quel réalisateur ou chef opérateur. Elle donna à ses réalisateurs les conseils qui protégeaient sa beauté du passage des années. Elle n'était pas la seule déesse de l'écran à bénéficier de la technologie : Merle Oberon, la vedette des *Hauts de Hurlevent* (1939) avait eu, en

REPÈRES

1930	1931	1932	1933	1934	1935
L'Ange bleu donne le coup d'envoi à la collaboration du réalisateur Josef von Sternberg avec sa muse, Marlène Dietrich.	Jean Harlow interprète son rôle le plus emblématique dans *la Blonde platine.* Des dizaines de ses admiratrices se firent teindre les cheveux pour copier leur idole.	Greta Garbo et Joan Crawford apparaissent ensemble, avec un bataillon des grands noms de Hollywood, dans le plus représentatif des films de stars, *Grand Hôtel.*	Mae West donne sa réplique notoire « Pourquoi tu ne monterais pas un de ces jours... pour me voir ? », dans *Lady Lou.*	Bette Davis, la plus revêche des déesses de l'écran, joue la serveuse intrigante et ambitieuse de *l'Emprise* face à Leslie Howard.	La jeune déesse de l'écran Shirley Temple reçoit un oscar spécial... à l'âge de sept ans.

1937, un grave accident de voiture qui lui avait abîmé la peau. Son mari, l'excellent caméraman Lucien Ballard, inventa pour elle un éclairage spécial (appelé « Obie »), qui rendit sa beauté à l'écran plus céleste que jamais.

On a dit souvent que les stars de l'ère du muet avaient une beauté éthérée qui fascinait les spectateurs. Gloria Swanson l'exprima encore mieux lorsqu'elle jouait l'actrice de cinéma sur le déclin de *Boulevard du crépuscule* (1950), de Billy Wilder : « Nous n'avions pas besoin de dialogues... nous avions des visages. » Il y avait en effet quelque chose de transcendant dans les plans rapprochés de Greta Garbo ou de Lilian Gish. Certains craignirent que les déesses de l'écran ne perdent leur éclat olympien avec l'avènement du parlant. Certaines stars ont connu ce destin : la carrière de Pola Negri a été ruinée par son lourd accent polonais et les tonalités nasales du New Jersey de Norma Talmadge n'ont pas été à son avantage. Mais le son ne diminua en rien l'attrait de certaines vedettes. Les sceptiques pensaient que Greta Garbo ne résisterait pas à la transition. Elle leur donna tort dans *Anna Christie* (1930), où elle joue le rôle d'une habituée des bars à la solide descente. Sa toute première réplique, « Donne-moi un whisky et, en plus, un ginger-ale. Et mets-en beaucoup, mon petit », est restée célèbre. Les spectateurs ont trouvé son accent charmant. Le côté très anglais de Vivien Leigh lui permit de s'adapter à des œuvres sur la période élisabéthaine comme *l'Invincible Armada* (1937, ci-dessous, à droite) et son accent ne l'empêcha pas de s'emparer de l'un des rôles féminins les plus convoités de la décennie, celui de la beauté sudiste Scarlett O'Hara dans *Autant en emporte le vent* (1939).

En dehors des studios, les services de publicité jouaient un rôle capital dans la création de ces déesses de l'écran. La MGM, sous la direction d'Irving Thalberg, son légendaire patron des années 1930, se plaisait à proclamer « qu'il y avait plus d'étoiles dans le studio qu'au ciel ». Les stars étaient dorlotées et très bien payées, mais elles ne contrôlaient que très peu leurs carrières. Howard Strickling, le directeur de la publicité du studio, prétendrait plus tard que « nous disions aux stars ce qu'elles devaient dire et elles faisaient ce que nous disions parce qu'elles savaient que nous savions mieux qu'elles ». Strickling et son équipe régentaient tous les aspects de leur vie, enterrant les scandales, forgeant leurs signatures à coups d'images publicitaires et négociant même parfois leurs mariages.

Naturellement, des idoles comme Greta Garbo, Katharine Hepburn ou Marlène Dietrich avait trop d'influence pour être dirigées par les sous-fifres du studio. Katharine Hepburn était surnommée Katharine of Arrogance et les autres grandes actrices étaient tout aussi hautaines. On touche ici à un paradoxe du studio system : les déesses de l'écran, vitales parce qu'on leur devait les énormes rentrées au box-office, n'étaient pourtant que des employées sans réel pouvoir. Si une star était trop difficile à diriger ou si sa beauté perdait de son éclat, on pouvait se dispenser très rapidement de ses services. Et ensuite ? Comme le montrent *Boulevard du crépuscule* (1950) ou *Qu'est-il arrivé à Baby Jane ?* (1962), le destin des reines de l'écran oubliées était à la fois poignant et pitoyable. **G. M.**

1937	1937	1938	1939	1940	1941
Vivien Leigh et Laurence Olivier commencent leur aventure amoureuse au cours du tournage de *l'Invincible Armada.*	Jean Harlow meurt d'une crise d'urémie, à l'âge de 26 ans.	Après avoir rêvé du rôle de Scarlett O'Hara, Bette Davis obtient un oscar pour un autre rôle archétypal de beauté sudiste dans *l'Insoumise.*	Joan Crawford confirme son statut de diva de l'écran dans la distribution entièrement féminine de *Femmes*, où elle joue la voleuse de maris Crystal Allen.	La beauté et la nature indépendante de Katharine Hepburn donnent toute leur mesure dans *Indiscrétions*, de George Cukor.	Greta Garbo tire sa révérence à Hollywood avec son dernier film, *la Femme aux deux visages ;* elle restera ensuite à l'écart du monde.

Shanghai Express 1932

JOSEF VON STERNBERG 1894-1969

▲ Marlène Dietrich allie le charme à la provocation dans ce drame très émotionnel.

▼ La séduction est à l'affiche : celle de la star et celle des promesses de l'Orient.

La quatrième production de Josef von Sternberg avec sa muse, Marlène Dietrich, est un somptueux mélodrame sur la vie et la mort dans lequel la guerre civile et la jalousie amoureuse menacent une liaison renaissante. Curieusement, c'est moins le côté leste d'avant le code Hays – Shanghaï Lily est clairement en dehors des limites, même compte tenu d'un partage équitable entre ses amants – que la simple présence de Marlène Dietrich et d'Anna May Wong qui fait monter la température du film. Les stars ont visiblement compris que leurs qualités d'actrices sont moins essentielles que leur capacité à frémir à la demande. Il s'agit ici de l'histoire d'un train réquisitionné par un rebelle chinois sans pitié, joué par Warner Oland, le futur Charlie Chan. Il retient en otage, pour faire pression sur les autorités, un chirurgien militaire (Clive Brook), mais il trouvera sa fin sous le couteau virtuose de Hui Fei (Anna May Wong).

Dans les films de Sternberg, c'est l'émotion qui compte. La logique et la raison n'ont que des rôles mineurs : le réalisateur crée « un arrière-plan émotionnel capable de se transférer au premier plan ». Ce point n'apparaît nulle part autant que dans la manière dont Sternberg, avec son chef opérateur Lee Garmes, qui y gagnera un oscar, filme sa star. L'interprétation de Marlène Dietrich n'est rien de plus qu'une série de poses et d'apparences. Dès son entrée, vêtue de noir avec un voile qui couvre en partie son visage, le spectateur est invité à s'immerger dans la luminosité d'une icône du cinéma. Le film marque l'apogée de la collaboration entre le réalisateur et la star. Il en existe deux remakes : *Night Plane from Chungking* (1943) et *Pékin Express* (1951). **I. H. S.**

LES SCÈNES PRINCIPALES

1 EN VOITURE !
La scène du guichet présente les neuf passagers au moment de monter dans le train. Leurs passés et leurs personnalités sont différents : un missionnaire, un officier, un homme d'affaires, un joueur...

2 COURTE RENCONTRE
La première rencontre entre Shanghaï Lily et le capitaine Harvey est chargée de tension sexuelle. Tandis que les anciens amants racontent leurs exploits des années précédentes, on remarque une pression de mains prolongée et les regards de désir.

3 L'ÉTREINTE FINALE
Les amants, après avoir abandonné tout espoir d'être à nouveau réunis, sont enfin ensemble : c'est l'occasion d'un baiser, l'un des plus érotiques du cinéma, qui fait retomber la tension accumulée tout au long du film.

LE RÉALISATEUR

1894-1927
Josef Sternberg est né à Vienne en 1894. Il ajoutera la particule à son nom après la production de son premier scénario, *By Divine Right* (1924). Sa première réalisation, *les Chasseurs de salut* (1925), date de la même année et sort en 1925. Il travaille ensuite pour de nombreux projets restés inachevés avant son premier chef-d'œuvre, *les Nuits de Chicago* (1927). Ben Hecht obtiendra un oscar pour le scénario et le film lancera le genre gangsters.

1928-1930
Sternberg réalise une série de drames puissants, parmi lesquels *les Damnés de l'océan*, *Street of Sin* et *Crépuscule de gloire*, tous trois en 1928. Emil Jannings figure dans les deux derniers et il donne la réplique à Marlène Dietrich dans *l'Ange bleu*.

1931-1935
Sternberg tourne six autres films avec Marlène Dietrich ; *la Femme et le pantin* (1935) est le dernier. Au cours de cette période, il réalisera aussi un documentaire, *The Fashion Side of Hollywood* (1935) et une adaptation ambitieuse mais sans succès d'*Une tragédie américaine*, de Theodore Dreiser (1931).

1936-1969
Une tentative de réalisation de *I, Claudius* pour Alexandre Korda est interrompue avant d'être terminée, en 1936. Elle sera suivie d'une série de longs-métrages, tous décevants sauf le divertissant *Shanghai Gesture* (1941). Le dernier film de Sternberg est le torride drame de guerre japonais *Fièvre sur Anatahan* (1953). En 1965, il publiera avec succès son autobiographie, *Souvenirs d'un monteur d'ombres*.

UN RÉALISATEUR ET SA MUSE

Peu de collaborations entre un réalisateur et une star ont été aussi réussies que celle de Josef von Sternberg et Marlène Dietrich (ci-dessous). Sternberg savait accentuer le mystère de l'actrice allemande, d'abord facile, mais énigmatique. Bien qu'on lui attribue la découverte de Marlène Dietrich, celle-ci était déjà apparue sur scène et dans plus d'une douzaine de films allemands. Sternberg a bâti ses drames à partir de l'apparence de la star et non de ce qu'elle disait. Ainsi, quand il lui disait : « Compte jusqu'à six et regarde cette lampe comme si tu ne pouvais plus vivre sans elle », il savait qu'elle avait le pouvoir de garder un public sous le charme.

La Reine Christine 1933

Queen Christina ROUBEN MAMOULIAN 1897-1987

▲ Le chef opérateur William Daniels capte la beauté de Garbo dans ses plans rapprochés.

▼ Le nom de la star éclipse le titre du film.

L'actrice suédoise Greta Garbo était la plus brillante des stars de la MGM, mais elle était très « enfant gâtée » et exigeante : les patrons du studio vivaient dans la peur de la voir perdre tout intérêt à sa carrière cinématographique. À la fin de son contrat avec la MGM, en 1932, elle avait passé plusieurs mois en vacances en Suède. C'est l'opportunité de jouer la reine Christine de Suède, qui la persuada de revenir à Hollywood. On peut avoir une idée de l'immense pouvoir qu'avait Garbo à cette époque par le fait qu'elle put choisir le responsable et approuver le réalisateur. La MGM avait pensé à Laurence Olivier pour le rôle de l'amant, mais les deux stars n'arrivèrent pas à s'entendre au cours des répétitions et Garbo suggéra John Gilbert, son ancien amant et partenaire du muet, entre autres dans *la Chair et le Diable* (1926). John Gilbert apporte un charme décontracté au rôle d'Antonio, l'envoyé d'Espagne.

Le rôle de *la Reine Christine* passe pour la meilleure interprétation de Greta Garbo au cinéma. Elle apporte de la hauteur, de l'espièglerie et une intense séduction à son personnage de la reine de Suède, prise dans la tourmente de la guerre de Trente Ans et essayant de concilier ses aspirations romantiques avec les exigences politiques de son rôle. Rouben Mamoulian dirige avec beaucoup de sensibilité et de panache visuel ce qui aurait pu n'être autrement qu'une superproduction historique ennuyeuse. En dépit d'une réponse enthousiaste de la critique, Greta Garbo exprima des réserves. « J'ai essayé d'être suédoise mais c'est difficile d'essayer quelque chose à Hollywood. Tout est affaire de terribles compromis », expliquera-t-elle plus tard. **G. M.**

LES SCÈNES PRINCIPALES

1 LES AMANTS RÉUNIS
Après que Christine et Antonio se sont rencontrés dans une auberge, elle fait le tour de la chambre en une séquence soigneusement chorégraphiée ; elle touche les objets et soupire : « J'ai mémorisé cette chambre. Plus tard, dans ma mémoire, j'y vivrai souvent. »

2 « MON PÈRE EST MORT POUR LA SUÈDE ET MOI JE VIS POUR ELLE »
La populace entoure le palais, révoltée par l'intimité de la reine avec un Espagnol. Avec une magnifique arrogance, une Christine inflexible lui fait face, seule. Elle calme la foule en colère et lui rappelle son autorité royale.

3 LA TENTATIVE D'ABDICATION DE CHRISTINE
Christine annonce aux représentants de la noblesse qu'elle choisit l'amour avant le devoir et que, pour cette raison, elle doit renoncer aux attributs du pouvoir. Lorsqu'ils refusent son abdication, elle dépose sa couronne avant de prononcer un adieu plein de larmes.

4 LES ÉVANOUISSEMENTS D'ANTONIO MOURANT
Christine vient retrouver Antonio, mais découvre qu'il a été blessé au cours d'un duel avec son rival, le jaloux comte Magnus (Ian Keith). Elle berce son amant agonisant et promet de le ramener en Espagne. Lorsqu'il meurt, sa souffrance et son incrédulité sont manifestes.

LA VEDETTE : GRETA GARBO

1905-1925
Greta Lovisa Gustafsson est née à Stockholm. Elle quitte l'école à treize ans pour travailler chez un coiffeur, puis comme vendeuse dans un grand magasin, où elle sera aussi modèle puis actrice de films publicitaires. De 1922 à 1924, elle suit les cours de l'Académie royale d'art dramatique de Stockholm. Le réalisateur Mauritz Stiller (1883-1928) est l'un de ses professeurs. Il lui confie un rôle dans *la Légende de Gösta Berlings* (1924) et change son nom en Garbo. Elle sera, avec Asta Nielsen et Werner Krauss, la vedette de *la Rue sans joie* (1925).

1926-1929
Stiller et Garbo sont invités à Hollywood par Louis B. Mayer et passent un contrat avec la MGM. À la déception de Stiller, le premier film américain de Greta Garbo, *le Torrent*, sera réalisé par Monta Bell (1891-1958). Stiller ne dirigera sa protégée que dans un seul film, *la Tentatrice*, mais il se brouillera avec Mayer. Garbo devient une des principales stars féminines de la Metro dans des films qui mettent en valeur son mystère et sa sensualité, entre autres *la Chair et le Diable* (1926), *Anna Karénine* (1927), *Intrigues* (1928) et *le Baiser* (1929). John Gilbert est souvent son partenaire ; ils deviennent amants, mais Garbo ne souhaite pas se marier.

1930-1941
Malgré les doutes des studios, l'accent suédois de Greta Garbo passe bien dans son premier film parlant, *Anna Christie*. De plus en plus connue pour sa réserve et son aversion pour les interviews, elle impose sa mystique à une douzaine d'autres films. Le studio, ayant décidé qu'elle devait jouer des comédies, lui confie les rôles-titres de *Ninotchka* (1939) et de *la Femme aux deux visages* (1941). Blessée par les mauvaises critiques de ce dernier film, Garbo abandonne brusquement l'écran.

1942-1990
Greta Garbo se retire du monde du cinéma. Des rumeurs occasionnelles de retour ne conduiront à rien. En 1954, un oscar honorifique lui est décerné mais elle ne se présente pas pour le recevoir. Elle meurt à New York, en 1990.

LE RÉALISME POÉTIQUE FRANÇAIS

Le cinéma français des années 1930 est étroitement lié à la figure emblématique de Jean Gabin et aux films du réalisme poétique tournés à la fin de la décennie. L'origine de ces films remonte au chaos qui, en 1929, a suivi l'introduction du parlant. À cette époque, le cinéma français était surtout connu pour son innovation visuelle et formelle. Ces films exceptionnels ont pour principe directeur l'idée romantique de l'auteur-artiste considéré comme un génie talentueux. À Paris, une avant-garde largement inspirée des surréalistes crée un climat dans lequel les normes narratives de Hollywood n'ont plus de sens. Au début, l'industrie française adopta des mesures protectionnistes, pensant que le dialogue synchronisé ferait sortir les films anglophones de Hollywood de la compétition. Cependant, les deux principaux studios français, Pathé et Gaumont, sont devenus des conglomérats affaiblis que la dépression économique empêche d'exploiter la situation. Lorsque, en 1930, les Allemands et les Américains concluent un accord de cartel, la Paramount équipe aussitôt ses studios de Joinville pour produire du « théâtre en boîte », c'est-à-dire des copies en français des succès de Hollywood.

René Clair (1898-1981) sera l'un des premiers à tourner des films sonores. Au vu de son utilisation fluide du son et de l'image, la transition du muet vers le sonore paraît facile. Ses films élaborés sont pleins d'images qui masquent ou commentent obliquement la source sonore et de séquences chantées qui peuvent être mimées. Ses productions prestigieuses *Sous les toits de Paris* (1930),

1 *À nous la liberté*, de René Clair, l'un des premiers triomphes du cinéma parlant, trouve des parallèles entre le travail à l'usine et la vie en prison.

2 *César*, de Marcel Pagnol présente le comique de scène Raimu dans le rôle d'un patron de café décidé à réunir sa famille.

3 Sacha Guitry dans le rôle d'une aimable fripouille, dans la divertissante comédie *le Roman d'un tricheur*.

REPÈRES

1930	1931	1931	1933	1933	1934
La Paramount inonde le marché de versions françaises des films de Hollywood. Le studio allemand UFA en fait autant avec ses propres films.	René Clair obtient un énorme succès avec deux films, *le Million* et *À nous la liberté*, situés à Paris et tournés au studio de la compagnie allemande Tobis-Klangfilm à Épinay.	Le doublage post-synchronisé rend inutile le tournage de versions françaises. La Paramount reconvertit son studio de Joinville en centre de post-synchronisation.	*Jofroi*, de Marcel Pagnol, fait appel à une distribution largement composée d'amateurs.	Hitler prend le pouvoir en Allemagne, ce qui déclenche un exode des talents créatifs allemands vers Hollywood, Londres ou Paris.	Marcel Pagnol, auteur à succès, devient un défenseur du cinéma. Il construit à Marseille son propre studio, qu'il utilisera lui-même ou louera.

le Million (1931), *À nous la liberté* (1931, à gauche) et *Quatorze Juillet* (1933) sont des films joyeux qui inventent un ancien Paris imaginaire et charmant en écho au besoin français d'une nostalgie amusée. Ils lui ont valu une renommée mondiale.

Avec environ 4 000 cinémas, appartenant pour la plupart à des propriétaires particuliers, qui doivent être rééquipés en matériel coûteux, la France mettra plus longtemps à se convertir au sonore que la Hollande, l'Allemagne ou l'Angleterre ; les propriétaires des cinémas français restent exposés aux contrats exclusifs proposés par les distributeurs américains. Bientôt, parmi les films projetés en France, un quart a été produit ou tourné à l'étranger. Pris entre Hollywood et l'UFA, le principal studio allemand, les producteurs français doivent inventer un nouveau cinéma national capable d'attirer les spectateurs. Ils embauchent pour cela des vedettes du théâtre ou du music-hall avec leurs auteurs et metteurs en scène et réalisent des farces, des mélodrames et des comédies militaires qui ont l'avantage d'un succès avéré au théâtre. Entre 1936 et 1938, une dizaine de producteurs seulement ont fourni plus du quart des nouveaux films français. Encore plus que l'influence du réalisateur, ce sont les personnages créés par les chanteurs comiques Fernandel, George Milton et Charles-Joseph « Bach » Pasquier, les acteurs populaires comme Raimu, Arletty, Harry Baur, Jules Barry, Michel Simon et Louis Jouvet et les jeunes actrices comme Michèle Morgan et Annabella qui donnent le ton du cinéma français.

L'écrivain Marcel Pagnol (1895-1974) est l'un des premiers convertis et, en 1934, il construit son propre studio dans sa cité natale de Marseille. Au début, il se contente de tirer des scénarios de ses pièces de théâtre à succès, puis il écrit et réalise la dernière partie de sa trilogie marseillaise, *César* (1936, ci-contre), qui tire parti du succès de sa pièce *Marius* (1929). Mais les meilleurs de ses films sont adaptés des romans de Jean Giono ; il les a tournés en grande partie en extérieurs, un changement radical pour l'époque. Il ira même jusqu'à construire le village d'Aubignane pour *Regain* (1937). Sacha Guitry (1885-1957), un auteur tout aussi célèbre, avait écrit quelques courts-métrages dans les années 1920, mais sa carrière de réalisateur décolle en 1936, avec l'idée de son « théâtre filmé ». À partir de là, il produira les films légers et plein d'humour où il se met en scène lui-même avec des dialogues bien ficelés comme dans *le Roman d'un tricheur* (1936, ci-contre), *Faisons un rêve* (1936), *Désiré* (1937) et *Quadrille* (1938).

Jean Vigo (1905-1934) est un franc-tireur. Ses films sont toujours très personnels, comme son documentaire *À propos de Nice* (1930), qui montre une ville hantée par des images de mort. Tourné alors qu'il était déjà malade de la tuberculose qui le tuerait, son *Zéro de conduite : jeunes diables au collège* (1933), une représentation satirique d'un pensionnat, sera interdit. Ces deux films durent moins d'une heure, mais Vigo réalisera un long-métrage, *l'Atalante* (1934, voir p. 122), qui raconte la lune de miel d'un couple de jeunes mariés sur une péniche et deviendra, comme tête de file de l'école du réalisme poétique, un jalon dans l'histoire du cinéma.

1934	1935	1936	1937	1938	1939
Des bandes fascistes provoquent des émeutes à Paris. L'œuvre poétique de Jean Vigo arrive à son apogée, et à sa fin, avec *l'Atalante* (voir p. 122).	Le quasi-effondrement de Pathé et de Gaumont laisse l'industrie cinématographique française morcelée.	Le Front populaire prend le pouvoir mais il sera rapidement ébranlé et renoncera à gouverner l'année suivante.	*Pépé le Moko*, de Julien Duvivier, fixe l'image de Jean Gabin, un Monsieur-tout-le-monde voué à l'échec.	*La Bête humaine*, de Jean Renoir, et *le Quai des brumes*, de Marcel Carné, confirment la domination créative du réalisme poétique.	Les troupes hitlériennes envahissent la Pologne. En réponse, la France déclare la guerre à l'Allemagne.

4 L'univers sombre et menaçant de *Pépé le Moko* combine réalisme poétique et film de gangsters ; il fera de Jean Gabin le héros tragique idéal.

5 *La Grande Illusion*, de Jean Renoir, est un puissant plaidoyer contre la guerre ; il rencontra un tel succès qu'il fut interdit par les nazis.

6 Louis Jouvet est Mgr Archibald Soper, l'encombrant fouineur de *Drôle de drame*, réalisé par Marcel Carné et Jacques Prévert.

Vigo était déjà mort et la carrière cinématographique de Sacha Guitry commençait à peine quand, au milieu de la décennie, le cinéma français connut une crise. Pathé et Gaumont frôlent la faillite et les activités de production en France de la Paramount sont mises à mal. Du jour au lendemain, la production française devient une industrie artisanale insolvable, toujours plus dépendante des coproductions. L'arrivée au pouvoir de Hitler en Allemagne, en 1933, n'a pas empêché l'antifasciste Jean Grémillon (1898-1959) de travailler à Berlin. L'un de ses premiers films, *la Petite Lise*, peut être considéré comme un précurseur du réalisme poétique. En fait, à quelques exceptions près, le cinéma français des années 1930 a ignoré les luttes politiques qui éclataient dans les rues de Paris : émeutes fascistes en février 1934, manifestation plus heureuse le 14 juillet 1935, qui a soudé l'alliance socialiste du Front populaire.

La politique raciste de Hitler fait perdre au cinéma allemand une grande partie de son talent originel, auquel on doit des films comme *l'Opéra de quat'sous* (1931), de G. W. Pabst, *M le Maudit* (1931, voir p. 82), de Fritz Lang (1890-1976), et *Liebelei* (1933), de Max Ophüls (1902-1957). Beaucoup des meilleurs réalisateurs allemands, parmi lesquels Pabst, Lang, Ophüls, Douglas Sirk (1900-1987), Robert Siodmak (1900-1973) et Billy Wilder (1906-2002), ont séjourné en France comme émigrés, ce qui a peut-être été déterminant pour la qualité du cinéma français. Ainsi, les chefs opérateurs allemands Eugen Schüfftan et Curt Courant ont aidé Marcel Carné (1906-1996) à déplacer le cinéma vers des quartiers plus sombres.

L'école du réalisme poétique, toute de drames crépusculaires liés à des histoires d'amours maudites du milieu ouvrier, a été développée par le réalisateur d'origine belge Pierre Chenal (1904-1990) dans *la Rue sans nom* (1934). C'est cependant un autre Belge, le vétéran Jacques Feyder (1885-1948), assisté par le jeune Marcel Carné, qui définit le premier les nouveaux standards dans *le Grand Jeu* (1934), le drame romantique d'un homme (Pierre Richard-Willm) qui s'engage dans la Légion étrangère et se laisse obséder par une femme (Marie Bell), sosie de celle qu'il a laissée derrière lui.

Jean Gabin finira par représenter le visage tragique du réalisme poétique. Il se fait connaître par trois films de Julien Duvivier (1896-1967). Dans *la Bandera* (1935), il joue le rôle d'un meurtrier qui s'engage dans la Légion étrangère espagnole. Dans *la Belle Équipe* (1936), il fait partie d'un groupe de chômeurs qui se cotisent pour acheter un billet de loterie gagnant et ouvrent ensemble un restaurant, avec des résultats mitigés. Dans *Pépé le Moko* (1937, ci-dessus), il est un gangster caché dans la casbah d'Alger qui se perdra pour l'amour d'une touriste parisienne (Mireille Balin). Duvivier imprègne de cette impression de prédestination deux autres films sur le regret. *Un carnet de bal* (1937) met à nouveau en scène Marie Bell dans le personnage d'une veuve à la recherche d'anciens amants ; *la Fin du jour* (1939) se déroule dans une maison de retraite pour acteurs. Le fatalisme de ces films correspondait à l'humeur d'un pays qui avait vu le Front populaire arriver au pouvoir en 1936 et le perdre un an plus tard.

Jean Renoir (1894-1979), un vétéran du muet, était un humaniste à tendances communistes. Il trouvera le succès avec *la Chienne* (1931), dans lequel Michel Simon, en caissier de banque, tue son amante prostituée et laisse le souteneur de celle-ci (Georges Flamant) porter le chapeau. Ses films suivants ont établi sa réputation. Dans *le Crime de Monsieur Lange* (1936), écrit par Jacques Prévert, une coopérative d'édition est menacée par le retour de son patron malhonnête, qui sera ensuite assassiné. *La Grande Illusion* (1937, à droite), avec Jean Gabin et Erich von Stroheim, revient sur la Première Guerre mondiale à travers les relations entre trois prisonniers de guerre français et le commandant allemand de leur camp de détention. *La Bête humaine* (1938), adapté du roman d'Émile Zola, donne à nouveau à Jean Gabin le rôle d'un individu voué au malheur. Ces trois films ont fait de Renoir un maître, mais il arrive au sommet de son art avec *la Règle du jeu* (1939, voir p. 124), description des folies d'un week-end passé entre de riches bourgeois et leurs domestiques.

Le premier représentant du réalisme poétique est Marcel Carné. Il s'associe à Prévert pour *Drôle de drame* (1937, ci-dessous), un excellent film d'acteurs avec Louis Jouvet dans le rôle d'un évêque envahissant, mais leur collaboration prendra tout son sens avec *le Quai des brumes* (1938). Jean Gabin, face à Michèle Morgan, y joue le rôle d'un déserteur qui tombe amoureux d'une orpheline de dix-sept ans dans un quartier portuaire brumeux et qui paiera pour ce moment de bonheur, dans une atmosphère saturée de défaitisme. L'intrigue amoureuse tout aussi marquée par le destin d'*Hôtel du Nord* (1938) a été tournée sans Prévert et se révèle beaucoup moins convaincante. Cependant, *Le jour se lève* (1939) est peut-être l'exemple suprême du réalisme poétique. On y voit Jean Gabin, ouvrier de fonderie poussé à la jalousie et au meurtre par un vil séducteur, réfléchir à son destin dans sa chambre miteuse tandis que la police l'attend en bas. Le séducteur meurtrier qu'était l'Allemagne nazie sera bientôt aux portes de la France, mais l'héritage du cinéma classique lui survivra et produira le transcendant *les Enfants du paradis* (1945), du même Marcel Carné. **N. J.**

L'Atalante 1934

JEAN VIGO 1905-1934

▲ Une lune de miel peu conventionnelle.

▼ Le film est d'une grande force poétique.

Le premier et le seul long-métrage de Jean Vigo, considéré comme l'un des chefs-d'œuvre du cinéma. C'est une investigation truculente, sensible et d'un éblouissant romantisme de la période vitale de maturation émotionnelle qui suit immédiatement le mariage. L'histoire est simple mais elle vibre dans sa texture et ses détails : la Juliette aux yeux de biche jouée par Dita Parlo a pris pour mari, un peu à la hâte semble-t-il, le patron de péniche Jean (Jean Dasté) et, ce faisant, accepté d'embarquer avec lui et son matelot le Père Jules (Michel Simon) sur leur péniche délabrée, *l'Atalante,* à destination du Havre *via* Paris.

Les relations de Jean et de Juliette commencent difficilement : aucun d'eux n'est très fixé sur les conventions de la cohabitation. La présence du Père Jules leur permet heureusement d'apaiser leurs premiers doutes. La cabine de celui-ci est encombrée de bibelots amassés au cours de ses voyages et son corps est couvert de tatouages : il personnifie la simplicité, l'expérience, l'humour, la responsabilité et le réalisme dont les amoureux ont besoin sans le savoir.

L'Atalante montre que l'amour ne se limite pas au domaine du physique, mais dépend aussi de l'acceptation du monde de l'autre, même si celui-ci se réduit à une péniche peuplée de chats perdus et d'un sage vieux loup de mer. Vigo avait une foi totale dans le lyrisme de ses images. Son emploi sensuel du montage, du cadrage, des mouvements de caméra, de l'interprétation et de quelques effets spéciaux occasionnels lui a permis de porter au cinéma ses idées passionnées sur l'amour, l'expression et l'indépendance. Vigo a été emporté par la tuberculose peu après la fin du film, en 1934, alors qu'il n'avait que vingt et un ans. **D. J.**

LES SCÈNES PRINCIPALES

1 LA PEUR DE LA NOUVEAUTÉ
Juliette n'a pas le sourire d'une jeune mariée ; elle est plutôt en proie à la peur et aux doutes. Le défilé du mariage, où Vigo a voulu que les gens, habillés de noir, aient tous l'air sérieux, représente la société bourgeoise, en opposition à la vie excentrique de la péniche.

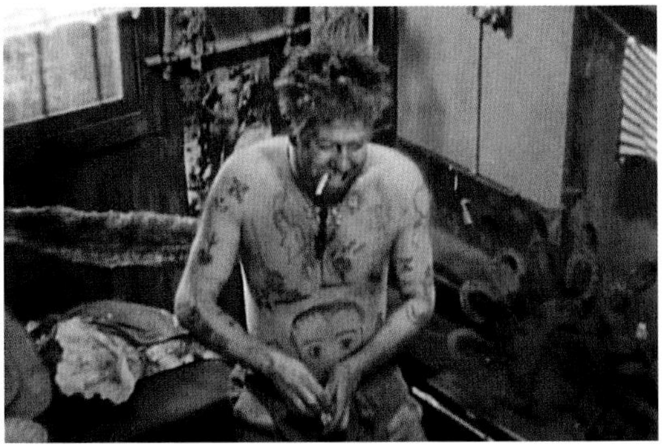

2 LA VIE ET L'HISTOIRE DU PÈRE JULES
Le Père Jules, le corps couvert de tatouages plutôt crus, symbolise la sexualité et la liberté qu'autorise une vie à l'écart de la société conventionnelle. Son désintéressement et son humour finiront par déteindre sur le couple.

3 BONNE AVENTURE
Le Père Jules est allé voir une diseuse de bonne aventure qui lui promet le bonheur (et bien davantage). Pendant ce temps, Jean et Juliette cherchent chacun à voir l'image de l'autre sous l'eau, symbole de la confirmation de leur amour mutuel.

4 ALLONS DANSER !
Les amoureux vont danser ; Juliette est entraînée sur la piste par un voyageur de commerce. La première brouille du couple révèle combien Jean tient à protéger sa jeune femme et combien celle-ci manque d'expérience dans l'expression de l'affection en public.

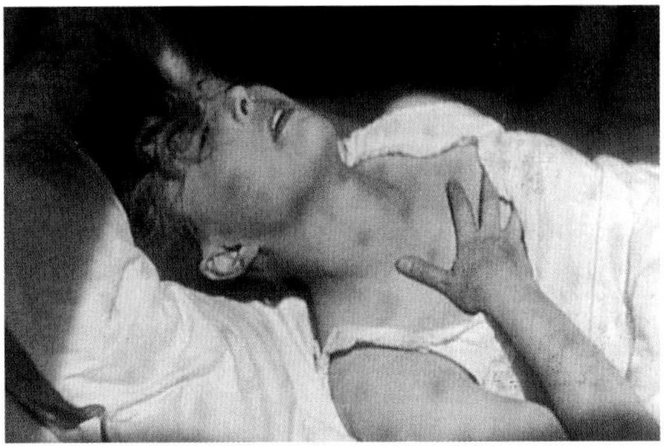

5 FIÈVRE DANS LA CABINE
Les amants séparés constatent la force de leur amour au cours d'une nuit de passion illusoire. Leurs rêves orgasmiques de réconciliation sont représentés de manière frappante dans une série de plans croisés tandis qu'ils se tordent dans leurs lits séparés.

LE RÉALISATEUR

1905-1929
Jean Vigo est né dans une mansarde parisienne, fils de l'anarchiste espagnol Eugène Bonaventura de Vigo y Salles (connu aussi sous le nom de Miguel Almereyda).

1930-1932
En 1930, Vigo réalise *À propos de Nice*. C'est un assemblage spirituel et vaguement surréaliste de séquences qui reflètent les différences culturelles entre les riches et les pauvres de la Riviera. Il fera aussi le portrait du champion de natation Jean Taris dans un court-métrage documentaire, *Taris, roi de l'eau* (1931).

1933-1934
Vigo s'expose à la colère des censeurs avec sa comédie paillarde *Zéro de conduite : jeunes diables au collège* sur les joies de l'anarchisme. Il mourra en 1934, juste après avoir terminé *l'Atalante*.

La Règle du jeu 1939

JEAN RENOIR 1894-1979

▲ Jean Renoir réalise une dissection du système des classes.

▼ L'affiche illustre l'évolution théâtrale des événements au château.

Au premier regard, *la Règle du jeu,* de Jean Renoir, passe pour une comédie légère conventionnelle toute en quiproquos amoureux. Mais, petit à petit, la légèreté s'efface pour révéler un panorama plus amer d'instabilité morale, alors que la France fait face à la guerre : le portrait, disait Renoir, « d'une société qui danse sur un volcan ». L'action se déroule en grande partie au château du marquis Robert de la Chesnaye (Marcel Dalio), qui organise une soirée avec sa femme, Christine (Norah Gregor). Jurieux (Roland Toutain), l'aviateur intrépide amoureux sans espoir de Christine, et son ami Octave (Renoir lui-même), un musicien raté, font partie des convives. Marceau (Julien Carette), un braconnier engagé récemment comme domestique, a le béguin pour la femme de chambre de Christine, Lisette (Paulette Dubosc), ce qui provoque la colère du mari, le garde-chasse jaloux Schumacher (Gaston Modot).

Dans ce film complexe, un jeu de caméra élégant et une chorégraphie frénétique transforment les corridors du château à la fois en labyrinthe et en scène de vaudeville, tandis que la bande-son dense masque une théâtralité souvent flagrante, créant un effet déroutant de dialogues superposés. La séquence de la partie de chasse, avec ses longs plans et son ton quasi documentaire, révèle la brutalité qui se cache sous l'élégance apparente.

Le film fut interdit par le gouvernement français à cause de son prétendu effet démoralisant. Après avoir été coupé, il ne fut redécouvert dans sa version originale qu'à la fin des années 1950. Apprécié par les réalisateurs de la Nouvelle Vague (voir p. 248), il reste un film subtilement déconcertant. **J. R.**

LES SCÈNES PRINCIPALES

1 LE RETOUR DU HÉROS
Le film commence à l'aéroport du Bourget, où la foule acclame Jurieux, qui vient de réussir un vol transatlantique en solitaire. Jurieux n'y fait guère attention, mais remarque que sa bien-aimée Christine n'est pas là. Il retrouve son vieil ami Octave (Renoir).

2 FARCE ET FESTIVITÉS
Le marquis organise au château une pièce en costume à laquelle tous les convives prendront part. Octave, coincé dans un costume d'ours, est au cœur du chaos environnant. Commencée dans une ambiance calme et plaisante, la scène tourne à la farce échevelée.

3 LA PARTIE EST TERMINÉE
Jurieux est abattu accidentellement par Schumacher. L'accident est étouffé dès que la société resserre ses rangs. La troupe des aristocrates retourne à l'intérieur, mais leurs ombres sur le château font penser aux fantômes d'une société qui a fait son temps.

LE RÉALISATEUR

1894-1931
Fils du peintre Pierre-Auguste Renoir, Jean Renoir est né à Paris. Il réalise son premier film muet en 1924. La farce scatologique *On purge bébé* (1931) sera son premier film sonore. Au cours de ses premières années, sa muse a été sa première épouse, Catherine Hessling, devenue le modèle favori de Pierre-Auguste Renoir dans ses dernières années.

1932-1938
Il réalise *Boudu sauvé des eaux* (1932), une satire corrosive des folies de la bourgeoisie. Des films comme *Madame Bovary* (1933) révèlent son efficacité dans les adaptations littéraires. *Le Crime de Monsieur Lange* (1936) est une pièce d'ensemble autour d'une communauté ouvrière ; elle souligne ses choix politiques de gauche. *La Grande Illusion* (1937) reste l'une des déclarations pacifistes les plus subtilement provocatrices du cinéma.

1939-1945
Après la mauvaise réception de *la Règle du jeu*, Renoir travaillera en Italie sur une version de *Tosca*. Lorsque l'Allemagne envahit la France, il part pour les États-Unis. Le film anti-nazi *Vivre libre* (1943) fait partie des projets qu'il y a réalisés.

1946-1979
Renoir tourne en Inde son premier film en couleurs, *le Fleuve* (1951). Au cours de sa période finale, il réalise des films à petite échelle dont l'aboutissement est *le Petit Théâtre de Jean Renoir* (1969), destiné à la télévision. Jacques Rivette (né en 1928) l'a interviewé en 1966 pour le documentaire *Jean Renoir, le patron*.

LES COMÉDIES MORALES

La Règle du jeu **reste la référence d'une tradition de comédies morales et de drames d'ensemble. Avec sa situation dans une maison de campagne et son méli-mélo de jeux amoureux, il servira de modèle au très anglais *Gosford Park* (2001, ci-dessous), de Robert Altman (1925-2006), sur un scénario de Jullian Fellowes, qui lui valut un oscar. Les comédies morales de Renoir ont été très imitées aux États-Unis, en particulier par Woody Allen (né en 1935) et plus récemment par des réalisateurs comme Nicole Holofcener (née en 1960) et Lisa Cholodenko (née en 1964). On retrouve son influence dans l'œuvre du réalisateur indien Satyajit Ray (1921-1992), par exemple dans *Des jours et des nuits dans la forêt* (1970). Renoir était estimé par la Nouvelle Vague (voir p. 248). Son véritable héritier dans ce groupe fut l'un de ses membres les moins typiques, Éric Rohmer (1920-2010), avec en particulier ses « Six Contes moraux ».**

LES COMIQUES DU CINÉMA PROFITENT DU SON

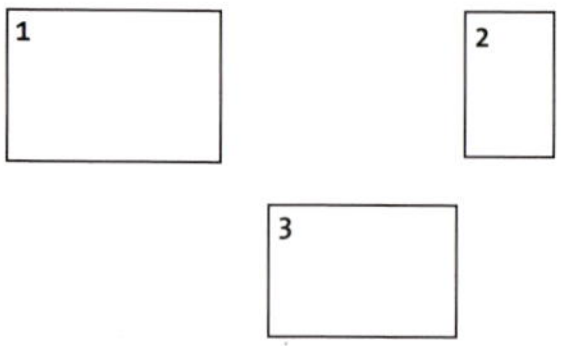

1 Groucho Marx est le professeur Quincy Adams Wagstaff de *Plumes de cheval.* L'intrigue tourne autour d'un match de football entre collèges.

2 *Une riche affaire* fait partie des quelques films que W. C. Fields a réalisés avec le très jeune acteur Baby LeRoy.

3 The Three Stooges donnent quelques mémorables séquences de comédie hospitalière dans *Dizzy Doctors.*

Lorsque les films parlants remplacent le cinéma muet, au cours des années 1930, les acteurs comiques réagissent vigoureusement pour s'adapter aux nouvelles possibilités. La comédie bouffonne et physique de Mack Sennett (1880-1960) se transforme en une chorégraphie verbale dans laquelle l'un des acteurs joue les faire-valoir pendant qu'un autre prononce les répliques. Jimmy Durante prend plaisir à enrichir ses infinitifs d'adverbes variés tandis que W. C. Fields, qui improvise la plus grande partie de son texte, ne cesse d'explorer les doubles sens, par exemple dans *Une riche affaire* (1934, à droite, en haut).

Charlie Chaplin (1889-1977), opposé à la tendance au parlant, sort *les Lumières de la ville* (1931), un film muet ; il ne tournera son premier film parlant, *le Dictateur* (voir p. 158), qu'en 1940. Laurel et Hardy s'adaptent instantanément au parlant, mais d'autres acteurs trouvent la transition plus difficile. Buster Keaton (1895-1966), gêné par la pression et les restrictions du studio, s'éloigne de la qualité artistique de ses films muets et s'engage dans des films sonores de compromis comme *le Professeur* (1932). La carrière de Harold Lloyd est en perte de vitesse et Harry Langdon sombre rapidement.

Avec l'ajout du son et du dialogue enregistré, les films comiques franchissent la frontière du surréalisme. Les scènes de comédie frôlent l'absurdité avec, par exemple, l'impossible allongement du cou d'Oliver Hardy dans *Laurel et Hardy au Far West* (1937) ou la chandelle brûlant par les deux bouts que brandit Harpo Marx dans *Plumes de cheval* (1932, ci-dessus).

REPÈRES

1931	1932	1932	1933	1934	1935
Les Bijoux volés réunissent les stars de la comédie, entre autres Laurel et Hardy, Buster Keaton, Our Gang, Jack Hill, Dorothy Lee et Jack Oakie.	*Livreurs, sachez livrer !* (voir p. 128), de Laurel et Hardy, obtient le premier oscar du meilleur sujet court (comédie).	Roscoe « Fatty » Arbuckle apparaît dans son premier film pour la Warner Bros., *Hey, Pop !* Il mourra dans la misère l'année suivante.	Moe, Larry et Curly apparaissent ensemble pour la première fois dans le groupe « Ted Healy and His Stooges » de *Nertsery Rhymes*.	Sortie du premier film des Three Stooges, *Woman Haters*.	Les Marx Brothers apparaissent dans leur premier film pour la MGM, *Une nuit à l'opéra*. On n'y trouve plus le chaos des films qu'ils tournaient pour la Paramount.

Nombre de comiques des années 1930 venaient du music-hall. Le numéro de W. C. Fields dans la salle de billard de *Poker Party* (1934) avait été créé au théâtre. Jack Benny était déjà un violoniste accompli et Jimmy Durante un pianiste de jazz, ils mirent leurs talents à profit dans leurs interprétations. Stan Laurel et Oliver Hardy font appel au perfectionnisme qu'ils ont développé sur scène dans la séquence de danse de deux minutes de *Laurel et Hardy au Far West*. Certains acteurs comiques créent leurs propres personnages, caractérisés par une marque distinctive, un rôle populaire ou des particularités physiques, tels que le grand nez de Jimmy Durante ou le contraste entre le filiforme Stan et le gros Ollie. Ces derniers atteignent le meilleur de leur créativité au cours des années 1930 avec des classiques comme *Livreurs, sachez livrer !* (1932, voir p. 128).

La palme de la création comique revient aux Marx Brothers (Groucho, Harpo, Chico, Gummo et Zeppo). Groucho est le plus emblématique, avec ses lunettes, son cigare et ses enchaînements sans fin de plaisanteries acides. Les Marx Brothers, qui avaient adapté de la scène leur style de comédie, le combinaient avec des dialogues qui auraient été trop complexes pour le music-hall. Dans leurs films, par exemple *la Soupe au canard* (1933, voir p. 130), ils réinventent l'art de la boutade. Leur influence sur des comédiens comme Woody Allen (né en 1935) est évidente, entre autres, dans *Guerre et Amour* (1975). Tandis que les Marx Brothers redéfinissaient le film comique, leurs collègues new-yorkais The Three Stooges devenaient indispensables à la comédie facile américaine. Curly, Larry et Moe ont eu une carrière extrêmement prolifique. Ils sont surtout connus pour la violence de leurs comédies, qu'ils exerçaient le plus souvent l'un envers l'autre comme dans *Dizzy Doctors* (1937, ci-dessous). **S. W.**

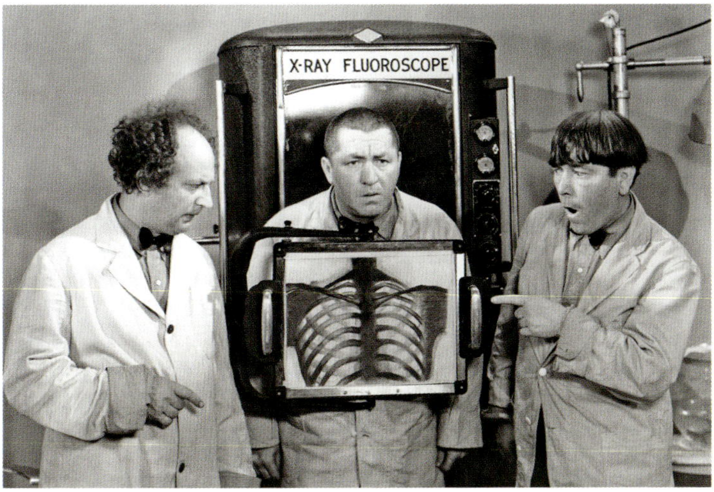

1936	1936	1937	1937	1938	1938
Charlie Chaplin « parle » pour la première fois à l'écran, dans *les Temps modernes*, mais seulement pour y chanter une chanson en charabia.	Harold Lloyd et le réalisateur vétéran Leo McCarey (1898-1969) font équipe pour la folle comédie *Soupe au lait*. Ce sera un succès critique et commercial.	L'acteur comique anglais Will Hay crée son personnage le plus célèbre dans *Oh, Mr Porter !*, réalisé par Marcel Varnel (1894-1947).	Le réalisateur pionnier du film comique Mack Sennett est nominé pour un oscar honorifique en raison de sa contribution à la comédie filmée.	W. C. Fields, le vieux roi de la comédie, passe le flambeau au prétendant au trône, Bob Hope, dans *The Big Broadcast of 1938*.	Sortie du dernier court-métrage de la série pour adolescents *Our Gang, Hide and Shriek*. Il a été réalisé par Hal Roach (1892-1992), un vétéran de la comédie.

Livreurs, sachez livrer ! 1932

The Music Box JAMES PARROTT 1897-1939

▲ Laurel et Hardy, deux hommes en péril dans un univers d'objets hostiles.

▼ Le film a eu l'oscar du meilleur sujet court.

Le scénario typique des courts-métrages comiques de Laurel et Hardy montre Stan et Ollie, ouvriers en salopette, tentant avec stupidité mais obstination de venir à bout d'un travail simple. Dans *Livreurs, sachez livrer !*, ils ont pour mission la livraison d'un piano mécanique, cadeau d'une femme à son mari, le professeur von Schwarzenhoffen. Malheureusement, leur destination se trouve en haut d'une volée de marches abrupte ; ils décident pourtant de tout faire pour livrer leur fardeau. Leur supplice ne se terminera pas en haut des marches : il faut encore faire entrer le piano dans la maison par la fenêtre de l'étage, au risque de détruire les locaux. Les longs plans vers le bas de l'escalier, qui montrent Stan et Ollie pathétiquement éloignés mais toujours héroïques, donnent son ambiance curieusement réaliste et mélancolique à cette histoire.

Le film, réalisé par James Parrott, le collaborateur habituel du duo, implique Stan et Ollie dans toutes sortes de chamailleries avec les gens qu'ils rencontrent : une bonne d'enfants, un agent de police et pour finir l'explosif professeur (Billy Gilbert). Alors que Charlie Chaplin avait tendance à railler et à transformer un monde trop lent et que Buster Keaton déployait une héroïque virtuosité pour empêcher un univers instable de s'écrouler autour de lui, Laurel et Hardy sont des âmes simples en guerre, quelquefois l'un contre l'autre mais le plus souvent contre des objets inanimés ou des gens invariablement agressifs. Leurs ennemis sont parfois leurs femmes, ou bien des représentants de l'autorité, mais le plus souvent des hommes animés par une rage impuissante, mémorablement joués dans beaucoup de leurs films par James Finlayson. **J. R.**

LES SCÈNES PRINCIPALES

1 EN GUERRE DANS LA VIE DE TOUS LES JOURS
Stan et Ollie rencontrent une bonne d'enfants avec son landau. La situation se détériore jusqu'à une franche hostilité. Elle raconte ses malheurs à un agent de police dans ces termes : « Il m'a donné un coup de pied, en plein milieu de mes obligations quotidiennes. »

2 LE FARDEAU DE LA LOGIQUE
Un facteur dit à Stan et Ollie qu'ils n'étaient pas obligés de hisser le piano par l'escalier : ils auraient pu grimper la colline avec le camion. Ollie souffle un peu, puis avec une logique merveilleusement perverse, ils redescendent le piano pour le remettre dans le camion.

3 LE NUMÉRO DES CHAPEAUX
Les chapeaux de Stan et d'Ollie, symboles de leur professionnalisme, ont été intervertis. Stan transforme le melon trop grand d'Ollie en chapeau mou improvisé. Ollie, comme le spectateur, réagit avec surprise : c'est un choc de voir Stan sans son inséparable couvre-chef.

LES VEDETTES : LAUREL ET HARDY

1890-1918
Stan Laurel est né Arthur Stanley Jefferson à Ulverston (Lancashire) en 1890. Il émigre aux États-Unis en 1912 et tourne son premier film en 1917. Oliver Hardy, né Norvell Hardy à Harlem (Géorgie) en 1892, tourne son premier film en 1914. Il jouera ensuite des seconds rôles avec Larry Semon et Charley Chase.

1919-1930
Laurel et Hardy apparaissent séparément dans *le Veinard* (1919). Leur premier film en équipe est *Putting Pants on Philip* (1927) ; leurs personnages bien connus seront établis par plus de cent films, la plupart tournés pour le producteur Hal Roach.

1931-1940
Leur premier long-métrage, *Sous les verrous*, sort en 1931. Parmi leurs films suivants, il faut remarquer *les Compagnons de la nouba* (1933), l'inhabituel conte de fées musical *Un jour, une bergère* (1934), la parodie de western *Laurel et Hardy au Far West* (1937) et *les As d'Oxford*.

1941-1950
Après la fin de leur complicité avec Hal Roach, en 1941, ils travailleront pour la Twentieth Century Fox et pour la MGM, mais ces films seront moins appréciés de leurs admirateurs.

1951-1965
Atoll K (appelé aussi *Robinson Crusoeland* au Royaume-Uni et *Utopia* aux États-Unis), en 1951, est leur dernier long-métrage. Hardy mourra en 1957, Laurel en 1965, après être devenu le mentor d'une nouvelle génération de comédiens, parmi lesquels Jerry Lewis.

DOUBLE JEU

Stan Laurel et Oliver Hardy incarnent le duo yin et yang. Pourtant leur double personnage était beaucoup plus subtil que la simple association d'un gros et d'un maigre, ou d'un clown avec un homme sérieux. Laurel était caractérisé par sa fragilité contemplative et inefficace associée à une stupidité profonde qui laissait pourtant voir des étincelles d'étrange clairvoyance. Ollie, lui, était lourd et dominateur, mais avec des prétentions à l'élégance dénoncées par son habitude faussement timide de rectifier sa cravate. Une grande partie de leur génie tient à un formalisme absurde : la calme lenteur des réflexions qui ponctuent les numéros, les appels frustrés d'Ollie à la caméra et leurs rencontres avec leur éternel partenaire J. Finlayson, au cours desquelles ils supportent ses explosions de fureur avant de lui rendre la pareille, chaque fois après avoir échangé un solennel signe de tête.

La Soupe au canard 1933
Duck Soup LEO McCAREY 1898-1969

▲ Harpo le muet prend un appel.

▼ *La Soupe au canard* est le dernier film des Marx Brothers où figure Zeppo.

Rufus T. Firefly (Groucho Marx), président de Freedonia, dit à l'espion Pinky (Harpo Marx) : « Vous êtes un homme courageux. Traversez les lignes ennemies. Rappelez-vous, pendant que vous risquerez votre vie, nous serons ici en pensant au pigeon que vous êtes. » Après une série de films dérivés du théâtre dans lesquels les Marx Brothers débarquent dans des soirées festives, se cachent dans des paquebots ou vont au collège, la Paramount les lâche sur le monde entier en faisant de Groucho le leader d'une nation armée. *La Soupe au canard* a été un échec commercial, marquant la fin de la période la plus créative des Marx Brothers. L'ambiance de l'époque, entre les restrictions de la Dépression et la guerre en Europe, ne disposait personne à rire de la guerre de tranchées, mais ces éléments de satire sociale ont fait de *la Soupe au canard* un classique lorsqu'il fut à nouveau présenté, dans les années 1960.

La méthode des Marx Brothers est toujours la même : attaquer avec une égale férocité les faibles et les pompeux. Ils donnent ici libre cours à une satire sans pitié en même temps qu'à une folie innocente et quasi surréaliste. Le point de départ est le suivant : la nation européenne de Freedonia a été subventionnée par Mrs Teasdale (Margaret Dumont) dans des proportions qui lui permettent d'imposer son candidat, manifestement cinglé, comme chef de l'État. Le film bénéficie, en la personne de Leo McCarey, d'un réalisateur capable de fournir un cadre solide à toute cette joyeuse hystérie. *La Soupe au canard* est aujourd'hui regardée comme un classique, à égalité avec des comédies politiques comme *Docteur Folamour* (1964, voir p. 276). **K. N.**

LES SCÈNES PRINCIPALES

1 QUERELLE
Les espions Chico et Harpo, qui jouent les marchands ambulants, se querellent avec un vendeur de limonade (Edgar Kennedy), dont le commerce finira mal. « Je vais t'apprendre à me botter les fesses ! », dit Kennedy ; « Pas besoin. Je sais faire », répond Chico.

2 LE GAG DU MIROIR
Harpo se fait passer pour le reflet de Groucho – même si les deux frères changent de côté au cours du numéro. C'est l'une des scènes les plus connues du cinéma comique ; elle sera souvent imitée, mais, en réalité, les frères l'ont volée à l'acteur Raymond Griffith.

3 « C'EST LA GUERRE ! »
Les frères vont à la guerre en chantant (« Tous les enfants de Dieu ont des armes »), Harpo arpente le champ de bataille avec une pancarte de recrutement (« Join the Army and see the Navy ») et Groucho mitraille héroïquement ses propres troupes.

LES VEDETTES : LES MARX BROTHERS

1887-1928
Les cinq frères Marx, Chico (Leonard, 1887-1961), Harpo (Adolph Arthur, 1888-1964), Groucho (Julius, 1890-1977), Gummo (Milton, 1893-1977) et Zeppo (Herbert, 1901-1979), issus d'une troupe de music-hall, atteignent les têtes d'affiche de Broadway. Gummo deviendra agent.

1929-1933
Pour la Paramount, les quatre Marx Brothers tournent une série de comédies hilarantes, innovantes, subversives et parfois cauchemardesques : *Noix de coco* (1929), *Animal Crackers, l'explorateur en folie* (1930), *Monnaie de singe* (1931), *Plumes de cheval* (1932) et *la Soupe au canard.*

1934-1941
Après leur passage à la MGM, sans Zeppo, les trois frères sont cantonnés par le directeur du studio, Irving Thalberg, dans une forme plus acceptable commercialement, depuis *Une nuit à l'opéra* (1935) et *Un jour aux courses* (1937) jusqu'aux *Marx au grand magasin* (1941). Leur côté chaotique est estompé et la grivoiserie pré-code Hays est supprimée.

1942-1979
Bien que la bande se soit réunie pour *Une nuit à Casablanca* (1946) et *la Pêche au trésor* (1949), les Marx Brothers poursuivent leur carrière séparément : ils apparaîtront ainsi, chacun pour soi, dans *The Story of Mankind* (1957). Groucho devient présentateur de jeux télévisés puis personnalité du petit écran avec, entre 1947 et 1961, beaucoup de succès dans l'émission *You Bet Your Life*, rebaptisée *The Groucho Show.*

COMPARSES

On a dit que Margaret Dumont (ci-dessous) a plus apporté aux Marx Brothers que Zeppo lui-même. Sa joyeuse indifférence aux bouffonneries qui l'entourent est précieuse : son simple refus de remarquer combien les frères sont lunatiques la fait paraître aussi dérangée qu'eux. Edgar Kennedy campe un autre genre de faire-valoir : il est drôle parce qu'il est incapable d'ignorer ce que font Harpo et Chico et répond avec une colère qui monte lentement à leurs assauts ridicules. Dans l'utopie « marxiste » de *la Soupe au canard,* de pompeux imbéciles en uniforme (Louis Calhen, Leonid Kinskey) s'obstinent à agir comme s'il s'agissait d'un film sérieux, ouvrant la voie à un style comique illustré dans *Y a-t-il un pilote dans l'avion?* (1980) par des acteurs jusque-là très raides (Leslie Nielsen, Robert Stack, Lloyd Bridges), qui conservent un visage impassible tout en débitant des absurdités patentes ou des phrases à double sens.

LES COMÉDIES MUSICALES DE LA DÉPRESSION

Le crash de Wall Street, en octobre 1929, ouvre une période de désespoir et de chômage croissant aux États-Unis. On a estimé qu'en 1933, quatorze millions d'Américains en âge de travailler étaient sans emploi. Les comédies musicales des années 1930 reflètent l'inconscience et l'énergie fébrile dont les gens faisaient preuve face à la Grande Dépression. « Le dollar disparu est revenu au bercail. Avec de la monnaie, on peut transformer ses rêves en or... » Telles sont les paroles de la séquence « We're in the Money » chorégraphiée par Busby Berkeley dans *Chercheuses d'or* (1933, voir p. 134). On y glorifie l'argent parce que tant de gens en manquent. La gaieté des girls vêtues de pièces de monnaie semble forcée et la connotation sexuelle de l'idée d'argent est évidente. Ce serait pourtant une erreur de penser que les comédies musicales des années 1930 ne parlaient que d'opulence, de sexe et de fuite de la réalité. Dans un climat si sombre, danser était un geste de défi. Dans *Quarante-Deuxième Rue* (1933, ci-dessus), la séquence finale de Berkeley montre les policiers, les gangsters et les commerçants dansant tous ensemble, comme pour tenir à distance les problèmes sociaux du jour. Les comédies musicales en coulisses, entre autres *Quarante-Deuxième Rue* et *Prologues* (1933, ci-contre), s'appuient sur l'idée que les répétitions exigent « du travail, du sang et de la sueur ». L'optimisme inflexible du producteur et de sa troupe sera, pour finir, toujours récompensé.

Dans les comédies musicales des années 1930, il y avait un fossé entre les films de la Warner Bros., construits sur la chorégraphie furieusement expressionniste de Berkeley, et ceux où les vedettes étaient en même temps les auteurs de la danse. Selon la remarque célèbre de Fred Astaire : « Soit c'est

1 Le réalisateur de *Quarante-Deuxième Rue*, Lloyd Bacon (1889-1955), a laissé à Busby Berkeley la liberté de développer à son idée ses idées chorégraphiques.

2 L'affiche de *Prologues*. James Cagney y joue son premier grand rôle musical chantant et dansant.

3 Fred Astaire et Ginger Rogers en amoureux à qui la chance sourit sur la piste de danse comme au casino dans *Sur les ailes de la danse*.

REPÈRES

1929	1929	1930	1933	1933	1935
Le crash boursier marque le début d'un effondrement de l'économie américaine qui durera une décennie.	MGM produit *The Broadway Melody* (1929), le premier long-métrage « entièrement parlant, chantant et dansant ».	La carrière du chorégraphe hollywoodien Busby Berkeley commence avec la comédie musicale *Whoopee !*.	*Carioca* réunit pour la première fois Fred Astaire et Ginger Rogers à l'écran.	Warner Bros. produit *Quarante-Deuxième Rue* et *Chercheuses d'or* (voir p. 134). Ces deux films relanceront la comédie musicale en tant que genre.	Jeanette MacDonald et Nelson Eddy obtiennent leur premier succès avec l'opérette *Naughty Marietta*, de la MGM.

la caméra qui danse, soit c'est moi. » Dans ses films, la vedette occupe tout l'écran en de longs plans qui laissent aux spectateurs le temps d'apprécier ses mouvements. Dans les séquences de Berkeley, les danseurs font partie d'un motif géométrique complexe que le chorégraphe a conçu pour l'écran. La caméra plonge sur eux, au-dessus d'eux et parfois même entre leurs jambes. Les spectateurs ne savent pas si les acteurs sont vraiment des danseurs. On n'a jamais ce genre de doute avec Fred Astaire, dont les jambes étaient assurées pour un million de dollars. Les séquences de danse de Fred Astaire semblent ne demander aucun effort. Dans des films comme *le Danseur du dessus* (1935, voir p. 136), il garde en permanence un sourire joyeux tandis que Ginger Rogers semble radieuse, comme si leur danse était spontanée. Pourtant, Fred Astaire était extrêmement rude avec lui-même et presque autant avec Ginger Rogers. On sait qu'il a détruit au moins mille paires de chaussures de danse au cours de sa carrière. Pendant le tournage de *Sur les ailes de la danse* (1933, ci-dessous), ce perfectionniste acharné obligea sa partenaire à répéter une séquence difficile jusqu'à ce que ses pieds saignent dans ses chaussons de satin.

Il existe une autre différence entre les comédies musicales de Fred Astaire et celles qu'animaient les armées de girls de Berkeley : les unes reposent sur l'individualisme alors que les autres célèbrent le spectacle collectif. Des érudits ont suggéré que Berkeley devait être un idéaliste du New Deal, qui chantait les mérites du groupe, ou bien un vieux satyre dégoûtant dont la caméra était comme un œil concupiscent, sans cesse en train d'envisager les voluptueuses girls sous tous les angles possibles. **G. M.**

1936	1936	1938	1938	1939	1940
Le Danseur du dessus (voir p. 136) est nominé pour quatre oscars, entre autres celui du meilleur film et celui de la meilleure direction chorégraphique.	Fred Astaire et Ginger Rogers sont les vedettes de *Sur les ailes de la danse*, l'une des meilleures de leurs dix collaborations au cinéma.	Le chorégraphe Hermes Pan remporte le dernier oscar de la meilleure direction chorégraphique pour *Demoiselle en détresse* (1937).	*Amanda* devient célèbre : on y voit Fred Astaire et Ginger Rogers échanger leur premier vrai baiser à l'écran.	Busby Berkeley réalise son premier film traditionnel, le thriller *Je suis un criminel*, avec John Garfield.	Gene Kelly commence son ascension vers la gloire avec le premier rôle de la production de Broadway *Pal Joey*.

Chercheuses d'or 1933
Gold Diggers of 1933 MERVYN LEROY 1900-1987

▲ La séquence « We're in the Money », sur une chorégraphie de Busby Berkeley.

▼ L'affiche originale, dans le style Art déco.

La pièce *The Gold Diggers* (1919), d'Avery Hopwood, retourne le cliché du riche débauché et de la danseuse naïve au profit d'un nouveau stéréotype : une girl intelligente et intéressée qui prend pour cible les hommes fortunés. Portée à l'écran pour la première fois en 1923, elle est à l'origine du film parlant *Gold Diggers of Broadway* (1929). *Chercheuses d'or* replace à l'époque de la Dépression cette fable des Années folles et souligne le fossé entre les gens du spectacle qui luttent et les héritiers des vieilles fortunes qu'ils visent. Il y a toujours un bootlegger comique dans la maison et même si l'impresario Barney Hopkins (Ned Sparks), qui a juré de monter un spectacle sur « le côté gai, dur à cuire, cynique et amusant de la Dépression », est poussé à l'écart lorsque l'intrigue tourne à la farce romantique, la dernière séquence du film, « Remember My Forgotten Man » (« Rappelez-vous mon homme oublié »), est une étonnante fusion de réalisme social et de spectaculaire musical.

Le pétulant spectacle « We're in the Money » est interrompu brutalement par l'arrivée des hommes du shérif qui veulent arracher les pièces de monnaie des costumes des girls parce que Barney n'a pas payé ses factures. Puis Brad Roberts (Dick Powell), un rejeton de bonne famille dont le frère aîné, Lawrence Bradford (Warren William), désapprouve les ambitions dans le show-business, courtise la très convenable Polly Parker (Ruby Keller) tandis que Lawrence préfère la sémillante Carol King (Joan Blondell). Le film, réalisé par Mervyn LeRoy, est sans cesse en mouvement, et la brillante mise en scène de Busby Berkeley fait des séquences dansées les meilleurs moments du spectacle. **K. N.**

LES SCÈNES PRINCIPALES

1 « WE'RE IN THE MONEY »
Cette séquence ironiquement anti-Dépression est fabuleusement et délibérément vulgaire, avec des répliques comme « We never see a headline about a breadline today » (« On ne voit jamais aujourd'hui un grand titre sur une soupe populaire »).

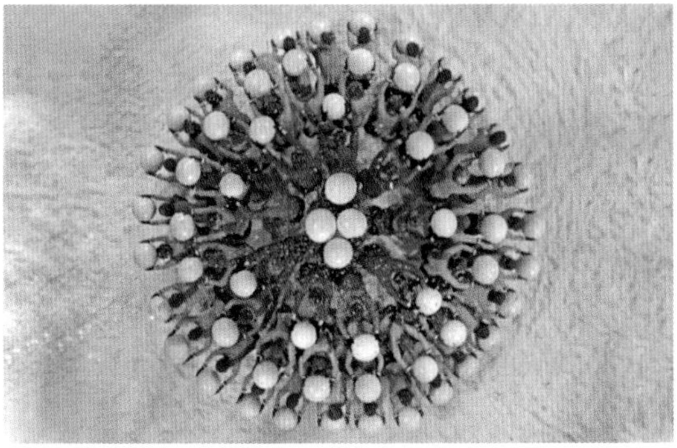

2 EN PLONGÉE
Dans la séquence « Pettin' in the Park », le plan en plongée est caractéristique de Berkeley : les girls, en cercles, agitent des boules de neige géantes et créent le mouvement par l'intermédiaire de la prise de vues plus encore que par la seule chorégraphie.

3 OMBRES CHINOISES
À la fin de la séquence « Pettin' in the Park », un exercice de titillation d'avant le code Hays montre les girls, trempées par une averse, courant se réfugier derrière des écrans transparents. Dans une scène très osée pour l'époque, on voit alors leurs silhouettes se déshabiller.

4 « REMEMBER MY FORGOTTEN MAN »
Les femmes se languissent de leurs hommes qui, après avoir combattu dans les tranchées de la Grande Guerre, font maintenant la queue devant les boulangeries : « Rappelez-vous mon homme oublié, vous lui avez mis une arme dans les mains. »

LE CHORÉGRAPHE

1895-1929
Né dans une famille d'acteurs de music-hall de Palm Springs (Californie), William « Busby » Berkeley Enos fait ses débuts sur scène à l'âge de cinq ans. Soldat durant la Première Guerre mondiale, il met en scène des parades et des manœuvres avant de devenir observateur aérien. Cet apprentissage est peut-être à l'origine de son goût pour les chorégraphies à motifs géométriques et plus tard de ses caractéristiques plans en plongée. Il commence à travailler comme chorégraphe en 1919 : il mettra en scène les danses de dix-sept productions pour Broadway, parmi lesquelles *A Connecticut Yankee* (1927).

1930-1932
Samuel Goldwyn produit une série de films pour le comédien Eddie Cantor, presque tous à partir de spectacles à succès. C'est lui qui introduira Berkeley, alors en charge des numéros des versions de Broadway, à Hollywood afin qu'il les recrée pour le cinéma dans *Whoopee !* et dans *le Roi de l'arène* (1932).

1933-1938
Berkeley trouve un créneau à la Warner Bros., où il créera des numéros musicaux de plus en plus élaborés pour *Quarante-Deuxième Rue* (1933), *Chercheuses d'or*, *Prologues* (1933) et *Dames* (1934), où il contrôle le tournage plus qu'il n'était habituel pour un chorégraphe. Il débute comme co-réalisateur dans le mélodrame *She Had to Say Yes* (1933).

1939-1943
Il quitte la Warner Bros. pour la MGM, premier studio de comédie musicale à Hollywood, où il dirigera Judy Garland et Mickey Rooney dans *Place aux rythmes* (1939) et Gene Kelly dans *Pour moi et ma mie* (1942). En 1943, Berkeley retournera chez Warner Bros. avant de revenir à Broadway.

1944-1976
Berkeley réalise quelques films au cours des années 1950, le dernier, *Jumbo, la sensation du cirque* (1962) pour la MGM. Il retournera à Broadway en 1971 pour mettre en scène une reprise du succès des années 1920, *No, No, Nanette*, avec Ruby Keeler. Il décède à l'âge de 80 ans.

Le Danseur du dessus 1935
Top Hat MARK SANDRICH 1900-1945

▲ Un Fred Astaire fringant.

▼ Musique, claquettes et haut-de-forme à l'affiche.

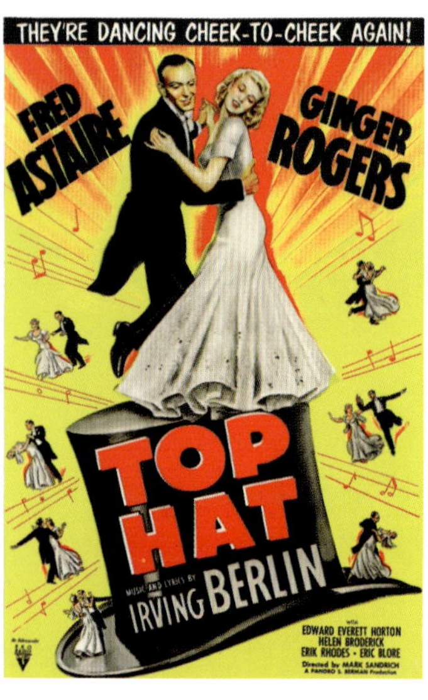

Ce film est la quatrième, et de l'avis général, la meilleure des neuf comédies musicales tournées par Fred Astaire et Ginger Rogers pour la RKO. Comme toujours, on peut oublier l'intrigue, une frivolité inepte toute en quiproquos amoureux prolongée de manière quasi interminable, mais les autres éléments se combinent harmonieusement. Le film est soutenu par une équipe de vétérans du comique : Edward Everett Horton, hésitant et indécis jusqu'à la manie, Erik Rhodes en Italien de comédie crâneur, et Helen Broderick, allègrement flegmatique dans le rôle de la femme de Horton. Les étourdissants décors Art déco blancs de Van Nest Polglase sont un régal pour les yeux, comme les chansons d'Irvig Berlin le sont pour les oreilles. Et par-dessus tout, il y a Fred et Ginger, dans une superbe chorégraphie de Hermes Pan.

Bien sûr, rien ne peut être vraiment aussi parfait qu'il y paraît. Il y eut des problèmes de scénario : Fred Astaire, qui se sentait représenté sous les traits d'un « jeune homme désobligeant dépourvu de charme, de sympathie et d'humour », en demanda la réécriture. Son perfectionnisme épuisa Ginger Rogers – ce n'était pas la première fois – et il était furieux contre la robe de plumes d'autruche bleues qu'elle avait imaginée pour le numéro « Cheek to Cheek ». Les plumes volaient partout, y compris dans sa bouche et son nez ; il prétendit que la robe donnait à Rogers l'allure « d'un poulet attaqué par un coyote ».

Pourtant, rien de ces perturbations n'apparaît à l'écran. L'association parfaite de Fred et de Ginger leur a toujours rapporté de l'or au box-office. *Le Danseur du dessus* a été pour la RKO son meilleur produit de la décennie. **P. K.**

LES SCÈNES PRINCIPALES

1 « NO STRINGS (I'M FANCY FREE) »
La première danse de Jerry Travers (Fred Astaire) est un numéro bruyant dans la suite d'un hôtel de Londres. Les claquettes dérangent Dale Tremont (Ginger Rogers), qui essaie de se reposer dans la pièce en dessous. Elle monte pour se plaindre – et c'est le coup de foudre.

2 DANSONS SOUS LA PLUIE
Travers, déguisé en chauffeur de taxi, conduit Tremont à sa leçon d'équitation. Dans le kiosque à musique où ils s'abritent de la pluie, ils dansent ensemble sur *Isn't This a Lovely Day to Be Caught in the Rain ?*, d'Irving Berlin, et elle s'adoucit progressivement.

3 UN AMÉRICAIN À PARIS
Le seul numéro d'ensemble de Fred Astaire du film pourrait bien être la plus célèbre de ses danses. C'est la première fois qu'il utilise une canne comme accessoire et, à la fin de la séquence, il s'en sert pour « fusiller » sa troupe.

4 LA VENISE MERVEILLEUSE DE POLGLASE
On voit dans cette scène la Venise de Van Nest Polglase, une pure fantaisie Art déco. L'eau a été noircie pour contraster avec le blanc du décor, le plus grand construit à cette date dans l'histoire du studio de la RKO.

5 « CHEEK TO CHEEK »
Dans la grande scène romantique, il y a même des plumes d'autruche. Fred Astaire s'excuse de l'effet qu'elles produisent sur lui et donne à Ginger Rogers un charme de plume d'or. Par la suite, Ginger Rogers sera surnommée Plumes.

LES VEDETTES : GINGER ROGERS ET FRED ASTAIRE

1899-1932
Fred Astaire est né en 1899. Il commence la danse en 1906. À partir de 1918, il est la vedette de comédies musicales à succès à Broadway et à Londres. Ginger Rogers (née en 1911) débute sur scène en 1925 comme danseuse de music-hall et à l'écran, en 1930, dans *Young Man of Manhattan.*

1933-1995
Fred Astaire et Ginger Rogers se donnent la réplique pour la première fois dans *Carioca* (1933) et pour la dernière fois dans *Entrons dans la danse* (1949). Ginger Rogers s'éloigne de la comédie musicale avec *Kitty Foyle* (1940), *la Folle Histoire de Roxie Heart* (1942) et *Chérie je me sens rajeunir* (1952). Elle tourne son dernier film en 1975 et meurt en 1995. Fred Astaire passe à des rôles sérieux en 1959. On note parmi ses derniers films *la Tour infernale* (1974, voir p. 362). Il meurt en 1987.

LES CINÉMAS NAZI ET SOVIÉTIQUE

Une société oppressive peut-elle produire un art de qualité ? Encore aujourd'hui, cette question nous empêche de juger objectivement les films de l'Allemagne nazie et de l'Union soviétique. Il serait choquant pour nombre de gens de considérer *les Dieux du stade* (1938, ci-dessus) et *le Triomphe de la volonté* (1935, voir p. 140) comme un divertissement agréable. De plus, l'idée largement répandue, d'après l'historien Jeffrey Richards, selon laquelle « le seul et unique artiste de talent dans le cinéma nazi est Leni Riefenstahl » est sans doute erronée : ce serait oublier le très beau *Rembrandt* (1942), réalisé par Hans Steinhoff (1882-1945), membre du parti nazi.

Adolf Hitler et Joseph Staline sont de fervents adeptes de cinéma, ce qui n'est pas sans inconvénient, car ils prennent ce moyen d'expression comme outil de propagande, sans être naturellement enclins à la subtilité ou l'impartialité. La priorité à la production en couleurs donnée par Joseph Goebbels et Staline prouve malgré cela que leur goût pour le faste va bien au-delà des besoins de propagande et de leur volonté d'en remontrer à Hollywood.

La gestion de la production cinématographique en Allemagne durant les années 1930 est confiée au loyal Goebbels, dont la passion pour le cinéma dépasse même celle du Führer. C'est grâce à lui que la propagande nazie sur les écrans allemands se trouve presque exclusivement circonscrite aux actualités filmées. Cependant, tandis que la campagne de harcèlement officielle des Juifs prend de l'ampleur, après la Nuit de Cristal (9-10 novembre 1938), Joseph Goebbels supervise la production de quatre longs métrages antisémites avec en point d'orgue l'ignoble documentaire *le Juif éternel* (ci-dessus). Joseph

1 L'affiche est un outil vital aux propagandes soviétique et nazie. De gauche à droite : *la Terre, le Juif éternel* et *Grounia Kornakova.*

2 La critique a su dépasser la propagande des œuvres de Leni Riefenstahl pour admirer l'esthétique de films tels que *les Dieux du stade.*

3 *Tchapaev* raconte l'histoire du légendaire commandant de l'Armée rouge. Le film sera salué en Europe et aux États-Unis.

REPÈRES

1930	1931	1933	1934	1936	1937
L'industrie cinématographique soviétique est centralisée sous l'égide de la société d'État *Soyouz Kino* dirigée par Boris Choumiatsky.	Le premier film sonore soviétique, *le Chemin de la vie* de Nikolaï Ekk, évoque la vie des enfants déplacés à la suite de la Première Guerre mondiale.	Joseph Goebbels interdit *le Testament du Dr Mabuse*, de Fritz Lang (1890-1976).	Sortie de la comédie satirique *le Lieutenant Kijé*, premier film dont la musique est composée par Sergueï Prokofiev.	Les Jeux olympiques sont mis en images dans *les Dieux du stade*, par Leni Riefenstahl (1902-2003). Premier film soviétique en couleurs : *Rossignol, petit rossignol.*	Boris Choumiatsky met un terme au *Pré de Béjine*, de Sergueï Eisenstein, après une production tumultueuse de deux ans.

Goebbels se préoccupe autant de la qualité artistique des films allemands que de leur potentiel propagandiste. Pour l'industrie cinématographique, l'un de ses actes les plus inquiétants sera d'interdire, en 1934, deux comédies mineures au seul prétexte qu'elles ne sont pas assez bonnes, bien qu'elles aient passé la censure.

Le pionnier du cinéma russe Sergueï Eisenstein (1898-1948) influença sa maîtrise du montage. Après le magistral *Cuirassé Potemkine* (1925, voir p. 58), le réalisateur soviétique s'attaque à *Octobre* (1927), adaptation cinématographique du dixième anniversaire de la révolution de 1917. Mais Eisenstein voit sans cesse ses projets contrariés par l'entreprise cinématographique d'État et on le critique pour ses innovations techniques, jugées malsaines en terme d'idéologie. *Alexandre Nevsky* (1938, voir p. 142) sera tourné en presque dix ans.

On estime généralement, comme le note Ephraim Katz, que « le cinéma soviétique se trouve au creux de la vague dans les années d'après-guerre ». Ces films n'étaient pourtant pas alors couramment parodiés à l'étranger comme ils le sont aujourd'hui. Roger Manvell écrivit en 1950 : « Le style de ces films se révèle aussi réaliste que celui d'un documentaire, dont la spécificité est de toujours mettre l'accent sur l'aspect humain. Il est plus que prévisible que ces œuvres glorifient le point de vue social et politique de l'Union soviétique, mais non sans humour ou sans humanité. » Et ils ne sont pas ennuyeux. Le succès phénoménal de *Chapaev*, des frères Vassiliev, Gueorgui (1899-1946) et Sergueï (1900-1959), décrit par Georges Sadoul comme « l'un des dix chefs-d'œuvre du cinéma soviétique », met en branle une longue série de films de guerre inspirée par un chef unique et charismatique. Dans sa critique de *Lénine en octobre* (1937), de Mikhaïl Romm, Graham Greene se dit convaincu que « l'heure est aux héros et au culte du héros. L'URSS produira désormais des films fascistes ». Bien qu'il ait reconnu « la fièvre du mélodrame traitée avec un réalisme de circonstance » et qualifié *Lénine en octobre* de « meilleure œuvre cinématographique depuis bien longtemps ».

Tandis que l'aura héroïque de « nos vaillants alliés russes » ternit et que la brutalité d'un régime qui s'est acharné sur des cinéastes comme Eisenstein ou Alexandre Dovjenko (1894-1956), auteur de *la Terre* (1930, ci-contre) pour les enterrer prématurément se fait de plus en plus criante, la qualité des films produits dans l'Union soviétique de Staline s'effondre.

Néanmoins, le décorateur de cinéma russe Léon Barsacq, pour qui les grandes fresques staliniennes de l'acabit de *l'Inoubliable 1919* (1951), de Mikhaïl Tchiaouréli, relèvent désormais d'une iconographie Pop Art grotesque, souligne à juste titre l'esthétique « bande dessinée » qui fait d'un film comme *la Chute de Berlin* (1949) un spectacle hypnotique. C'est du moins flagrant aujourd'hui, bien après la fin du cauchemar kafkaïen qui a engendré ces colifichets, où les spectateurs peuvent apprécier ces films sans se retourner, la peur au ventre, pour vérifier qui d'autre est dans la salle. **R. M. C.**

1937	1938	1939	1941	1942	1943
Staline ordonne au réalisateur Mikhaïl Romm de faire l'apologie du fondateur de l'Union soviétique dans *Lénine en octobre*.	Boris Choumiatsky est exécuté lors d'une purge de l'industrie cinématographique soviétique. *Les Dieux du stade*, de Riefenstahl, sont distribués en Allemagne.	Le film *Chtchors*, d'Alexandre Dovjenko, sort en salles. C'est une biographie du leader bolchévique Nikolaï Chtchors commandée par Staline.	Le film anti-britannique de Hans Steinhoff, *le Président Krüger*, sur la guerre des Boers, sort en salles. C'est le premier film qui reçoit la récompense Film de la Nation, en 1944.	Goebbels contrôle toute la scène du cinéma allemand, dont la fresque historique *le Grand Roi*, de Veit Harlan (1899-1964).	*Les Aventures fantastiques du baron de Münchausen*, film plein de fantaisie de Josef von Baky (1902-1966), sort en salles.

Le Triomphe de la volonté 1935

Triumph des Willens LENI RIEFENSTAHL 1902-2003

▲ Un an après l'arrivée de Hitler au pouvoir, 30 000 de ses partisans se mettent en rang à Nuremberg.

▼ L'aigle nazie domine le poster du film, présentée comme une gravure sur bois.

Avec *les Dieux du stade* (1938), film suivant de Leni Riefenstahl, *le Triomphe de la volonté* (1935) demeure l'un des rares films de l'Allemagne nazie connus aujourd'hui. Le générique de début annonce fièrement « Produit sur ordre du Führer » et, de ce fait, Riefenstahl bénéficie de moyens sans précédent, dont une équipe de plus de 170 personnes, pour réaliser un document imposant et intimidant sur le congrès du parti à Nuremberg du 5 au 10 septembre 1934. Le critique David Shipman note qu'une mystique singulière se dégage du film, qui, dans l'édition 2011 du *Leonard Maltin's Movie Guide*, récolte quatre étoiles et se voit consacré « plus grand film de propagande de tous les temps ».

Mais la plupart des gens n'en connaissent que les temps forts montrés dans d'autres documentaires, à défaut d'être allé au bout de ses deux heures. En 1969 déjà, David Steward Hull disait : « Il est forcément trop long car après un certain temps, les scènes d'hommes marchant lassent la plupart des spectateurs. » Il y aura d'autres voix dissidentes, dont le journaliste Brian Winston : « Toutes ces sornettes sur son génie devraient cesser. Il est évident que pointer une caméra sur des milliers de gens en formation serrée produit des images qui fascinent le fasciste qui est en nous, mais en terme de réalisation, c'est tout sauf difficile. Et même, rater son coup est impossible. » Malgré de telles sentences, il est vain de nier la puissance de cette œuvre, qui a su rendre la force du sentiment qui émane de l'Allemagne peu avant la guerre. Le legs de Riefenstahl et l'importance du film comme document historique sont indéniables. **R. M. C.**

LES SCÈNES PRINCIPALES

1 ARRIVÉE DU FÜRHER

Décrite par l'historien du cinéma Steven Bach comme l'entrée en scène la plus élaborée de l'histoire du cinéma, l'arrivée d'Adolf Hitler en avion puis le passage du cortège de voitures dans Nuremberg durent un dixième de la durée du film.

2 LE SERVICE NATIONAL DU TRAVAIL RECRUTE

Durant un exercice, des milliers de jeunes gens originaires des quatre coins de la mère Patrie marchent en uniforme – vert dans la réalité – et portent leur pelle comme s'il s'agissait d'un fusil. Difficile de ne pas voir le militarisme inhérent à la séquence.

3 CÉRÉMONIE POUR HONORER LES VICTIMES DE LA GUERRE

Flanqué des chefs S.A. et S.S., Hitler marche au milieu de blocs massifs de milliers de partisans en uniforme lors d'une cérémonie conçue pour produire un fort impact visuel grâce à une caméra placée très en hauteur.

LE RÉALISATEUR

1902-1932

Leni Riefenstahl est née en 1902. Danseuse à l'origine, elle obtient le premier rôle dans *la Montagne sacrée* (1926) puis des compositions de sportive dans des œuvres dites montagnardes, telles que *l'Enfer blanc du Pitz Palu* (1929) et *la Lumière bleue* (1932), qu'elle réalise et qui lui vaut la médaille d'argent à la Biennale de Venise. Ce film pousse Hitler à proposer à Leni Riefenstahl de réaliser des films pour le parti nazi. Elle devient une fervente admiratrice de l'homme.

1933-1945

Hitler la choisit pour tourner des documentaires sur les congrès de Nuremberg de 1933 – *la Victoire de la foi* – et de 1934, puis sur les Jeux olympiques de 1936. *Le Triomphe de la volonté* est mis au pilori à l'Ouest, mais impose Riefenstahl comme plus grande réalisatrice au monde. Son film suivant, *Tiefland*, ne sera pas terminé à la fin de la guerre et ne sortira en salles qu'en 1954. Il ne sera pas accepté au festival de Cannes cette année-là.

1946-2003

La longévité de Riefenstahl et sa nature combative font qu'elle reste connue du public durant les cinq décennies qui suivent la défaite de l'Allemagne et n'autorisent aucun répit dans la controverse qui la poursuit jusqu'à ses cent un ans. Le seul film après-guerre mené à son terme reste le documentaire *Impressions sous-marines* (2002), diffusé à la télévision avant son centième anniversaire.

NUREMBERG REVISITÉ

Le Triomphe de la volonté (1935) est un document poignant sur la ville de Nuremberg, avant qu'elle ne soit réduite en poussière par les bombardiers alliés, le 2 janvier 1945. Plus tard cette année-là, les vedettes du film de Riefenstahl sont réunies pour ce qui sera, pour la plupart, leur dernière apparition. Le procès de onze mois se révèle passablement ennuyeux. Un des moments les plus spectaculaires survient lors de la projection d'un documentaire d'une heure réalisé par George Stevens (1904-1975) – *les Camps de concentration nazis* –, qui stupéfie toutes les personnes présentes dans la salle. Fait sans précédent, un film sert de preuve dans un tribunal.

Alexandre Nevsky 1938

SERGUEI EISENSTEIN 1898-1948

▲ Nevsky, un chef auquel tous les Soviétiques peuvent s'identifier.

▼ La propagande du film prône un front fort et unifié.

Sergueï Eisenstein ne termine son premier film parlant qu'en 1938. Il revient en URSS après le fiasco de son séjour à l'étranger, où *Que viva Mexico* a fait un four et *le Pré de Béjine* a avorté. En artiste soviétique dépendant de l'approbation de ses supérieurs, il réalise *Alexandre Nevsky* à point nommé : cette histoire au XIIIe siècle d'une Russie qui vainc les forces teutoniques bénéficie du soutien des autorités car elle donne un avertissement aux Allemands : les Soviétiques détruiront quiconque envahira leur pays. Un an plus tard, le pacte germano-soviétique saborde ce message et le film est interdit avant de ressortir pour être célébré après l'invasion de l'URSS par l'Allemagne, en 1941. Comme toujours avec Eisenstein, c'est le grand Édouard Tissé qui se charge de la photographie, et *Alexandre Nevsky,* comme les films suivants, prouve le génie de composition du réalisateur. Cependant, un ton plus lyrique a remplacé l'énergie des débuts et le montage puissant de ses chefs-d'œuvre muets.

Le magnifique mélange sonore et visuel est impressionnant. La musique est confiée à Sergueï Prokofiev, en qui Tissé et Eisenstein voient « le compère idéal pour notre croisade en faveur de la musique de film dont on rêvait ». La musique d'*Alexandre Nevsky* est décisive pour l'impact du film. Il en résultera d'ailleurs une cantate pour représentation en salle, où le solo de contralto du *Champ des morts* se révèle plus poignant que dans le film car la composante propagandiste du film met moins l'accent sur la désolation du champ de bataille que sur ses survivants héroïques. L'art d'Eisenstein a triomphé de la propagande que l'on exigeait de lui, mais elle l'aura malgré tout entravé. **M. S.**

LES SCÈNES PRINCIPALES

1 ALEXANDRE LE GRAND
Même à sa première apparition, le Nikolaï Cherkassov d'*Alexandre Nevsky* se pose en icône : imposant, autoritaire, sage. C'est un chef enclin à servir les intérêts de la nation, conscient d'avoir besoin de tout le monde et qui ne considère pas que son propre intérêt.

2 INTRIGUE ROMANTIQUE
Deux frères deviennent des rivaux pour l'amour d'Olga. Conformément à la propagande, elle décide d'épouser le plus valeureux au combat. Seulement, les femmes aussi sont appelées au combat, et c'est Vassilia qui est récompensée pour son courage.

3 COMBAT SUR LA GLACE
Le morceau de bravoure du film est une longue séquence où Nevsky et ses soldats mettent l'ennemi en fuite. Sa puissance est moins due aux compositions individuelles qu'au mouvement et à la vigueur au sein des plans. Le montage participe beaucoup de la dramaturgie.

4 LE MESSAGE
Dans une œuvre de propagande, le message est rarement mis en sourdine. Au point culminant du film, l'an 1242 et l'an 1939 ne font plus qu'un, lorsque les agresseurs potentiels s'entendent dire : « Qui vient épée en main périra par l'épée. »

PROKOFIEV ET LE CINÉMA

Bien que Dimitri Chostakovitch ait composé beaucoup plus de musiques de film, l'œuvre de Sergueï Prokofiev (à droite) compte parmi les plus célèbres musiques. Sa suite pour *le Lieutenant Kijé* (1934) a dépassé la renommée du film d'Alexandre Fainzimmer (1906-1982). Les relations entre Prokofiev et Eisenstein sont empreintes de respect mutuel. Le compositeur décrit le réalisateur comme étant « doté d'une grande compréhension de la musique », tandis qu'Eisenstein a une telle estime pour les créations de son collaborateur qu'il lui arrive de tourner des images pour une musique que Prokofiev a déjà écrite. Sa musique, selon Eisenstein, « ne devient jamais une simple illustration. Elle montre la progression du récit, la structure de sa dynamique ».

LES DÉBUTS DU FILM D'ANIMATION

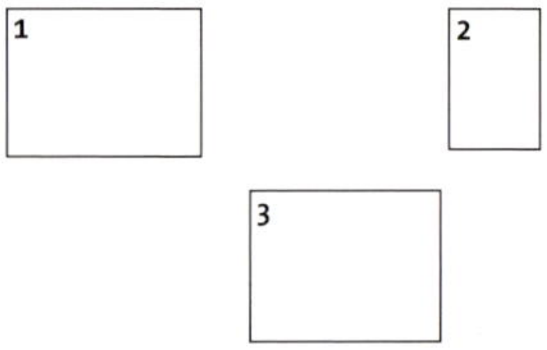

1 *Les Aventures du prince Ahmed,* de Lotte Reiniger, adapté des *Mille et Une Nuits,* sont réalisés sous les auspices de la République de Weimar.

2 Avant la sortie de *Willie, le bateau à vapeur,* Mickey était apparu dans *l'Avion fou* et *Le gaucho galopant* (tous deux de 1928).

3 *Les Voyages de Gulliver,* de Fleischer Studios, se sont appuyés sur une prestation réelle de l'acteur Sam Parker pour l'animation de Gulliver.

En 1908, *Fantasmagorie,* d'Emile Cohl (1857-1938), hypnotise le public en lui montrant les possibilités de l'animation. En 1926, avec le dessin animé qui a le mieux vieilli au monde, *les Aventures du prince Ahmed,* Lotte Reiniger (1899-1981) fait un succès.

En 1928 naît la plus célèbre créature de l'animation. C'est une idole reconnaissable dans le monde entier et qui a joué dans des centaines de courts et de long-métrages : Mickey Mouse fait ses débuts, et le plus connu des premiers dessins animés (ci-contre) est *Willie, le bateau à vapeur,* de la même année. La magie Disney y transparaît, avec sa musique prenante et ses personnages anthropomorphes. Pendant des décennies, les créateurs convainquent les spectateurs que Minnie, malgré une apparence quasi identique à celle de Mickey, est de sexe féminin uniquement en lui mettant une robe et un nœud sur la tête.

Durant l'âge d'or de Disney, Walt Disney et ses Neuf Sages (ses meilleurs animateurs) travaillent sans relâche pour produire des dessins animés pour le grand public et créer ce qui deviendra le maître-étalon du long-métrage en dessin animé. Entre 1937 et 1942, le studio sort *Blanche-Neige et les sept nains* (1937, voir p. 146), *Pinocchio* (1940), *Fantasia* (1940), *Dumbo* (1941) et *Bambi* (1942). Chacun d'eux se révèle un événement culturel notable et chacun d'eux sera précurseur à sa façon : la combinaison de l'animation et de l'enregistrement stéréophonique dans *Fantasia,* par exemple, ou l'équilibre entre moments pleins d'émotion et de grande noirceur dans *Pinocchio* et *Bambi.*

REPÈRES

1908	1929	1930	1932	1932	1932
Emile Cohl crée le premier film en dessin animé, *Fantasmagorie,* qui dure à peine 90 secondes.	Warner Bros. lance les dessins animés Looney Tunes dans les salles. Bosko et Buddy figurent dans ces courts-métrages, qui précèdent Bugs Bunny.	*Le Roman de Renard* de Ladislas Starévitch (1882-1965) est l'une des plus belles réalisations du dessin animé image par image.	Une figure oubliée de l'animation, Quirino Cristiani, réalise *Peludópolis,* premier dessin animé sonore.	Dans *Betty Boop's Bamboo Isle,* la protagoniste présente sans fard ses plus beaux atouts.	*Des Arbres et des fleurs,* de la série « Silly Symphonies », décroche le premier oscar du court-métrage d'animation.

Simultanément, Fleischer Studios, MGM et Warner Bros. élaborent un cinéma d'animation de niveau international. Fleischer crée la légendaire Betty Boop, dont le mélange d'innocence et de provocation deviendra sujet à controverse. Pourtant, sa silhouette et ce personnage de gangster à l'accent de Brooklyn seront sans cesse parodiés. Si Betty est la reine de Fleischer Studios, Popeye est son roi. Il fait son arrivée dans *Popeye le marin* (1933). Le bigleux doté d'une force surnaturelle et d'une chérie en pâmoison devant lui arbore un mâle tatouage, passe son temps à fumer et à se bagarrer. Popeye est-il le premier héros de dessin animé ? Fleischer produit aussi le deuxième dessin animé le plus long de l'histoire américaine : *les Voyages de Gulliver* (1939, ci-dessous), succès critique et commercial, même s'il ne pourra sauver le studio d'une mort prématurée.

MGM se fait connaître en 1940 en donnant naissance à Tom et Jerry, dans *Puss gets the boot*. Warner Bros., pendant ce temps, crée sa marque de fabrique avec Looney Tunes et Merri Melodies. Ces formats courts sont à des années-lumière du style Disney, tout en sentiments et en gros plans. Les animateurs Chuck Jones et Fritz Freleng lancent, aidés de la voix de l'inégalable Mel Blanc, ces personnages de doux dingues que sont Bugs Bunny et Daffy Duck, proposant ainsi un substitut aux héros traditionnels comme Mickey Mouse et Popeye. Seule l'imagination limite le dessin animé, qui divertit tous les publics depuis plus d'un siècle. Comme le disait le critique C. A. Lejeune à la sortie de *Blanche-Neige et les sept nains* : « Franchement, parfois, c'est mal dessiné. Mais je crois qu'il donnera à un plus large public plus de joie que tous les films de sa génération. » **S. W.**

1935

Le code Hays censure tout sujet dérangeant et transforme des personnages comme Betty Boop en personnages plus « corrects ».

1935

Len Lye (1901-1980) finit *A Colour Box*, pionnier de l'animation directe, procédé par lequel les images sont créées directement sur la pellicule.

1936

Oskar Fischinger (1900-1967) achève *Allegretto*, œuvre de musique visuelle révolutionnaire.

1936

Walt Disney réalise *Blanche-Neige et les sept nains* (voir p. 146).

1940

Au milieu de la tendance classique de courts métrages sort *A Wild Hare*, qui marque les débuts de Bugs Bunny.

1941

La Chine crée son premier dessin animé, *Princess Iron Fan*.

Blanche-Neige et les sept nains 1937

Snow White and the Seven Dwarfs DAVID HAND, WILLIAM COTTRELL, WILFRED JACKSON...

▲ Blanche-Neige fait la connaissance des sept nains.

▼ À l'arrière-plan de l'affiche, l'emblématique château de Walt Disney.

« Ils sont fous chez Disney ! », voilà ce que l'on pensait alors de Walt Disney, qui voulait prouver que l'animation n'était pas seulement réservée aux courts-métrages, mais pouvait aussi concurrencer le cinéma traditionnel. Cela paraît évident aujourd'hui, mais dans les années 1930, les ambitions de Disney sont rejetées car jugées téméraires. Le cinéma est encore une forme d'art pour adultes et les films dédiés aux enfants monnaie rare. *Blanche-Neige et les sept nains* est le premier long-métrage animé produit à Hollywood et le premier distribué dans le monde entier. Ce qu'il y a de remarquable dans c e film n'est pas que ce soit le premier long-métrage animé de Walt Disney, mais sans doute son meilleur. Tout ce que le public associe désormais à la production de Disney s'y trouve : héros sans faille et héroïnes rougissantes, terribles méchants, images époustouflantes, leçons de morale, adorables animaux anthropomorphiques, contes de fées et chansons légèrement agaçantes. Le film manque peut-être d'ambiguïté et de profondeur dans la typologie des personnages, mais sa popularité durable prouve le succès des efforts de Disney.

Le film contient aussi parmi les plus belles – voire parfois les plus terrifiantes – images jamais créées pour le grand écran : la séquence de transformation de la méchante reine suffit à donner des cauchemars aux adultes. Comme tous les grands contes de fées, *Blanche-Neige et les sept nains* traite de nos peurs les plus primitives – abandon des parents, trahison, solitude – dans un contexte sûr, puis les dissipe avec esprit, charme, humour et une fin heureuse façon Hollywood, romantique et vieux jeu. **T. H.**

LES SCÈNES PRINCIPALES

1 « JE SOUHAITE… »
Grâce à cette scène, le public a d'emblée un aperçu de l'incroyable originalité de l'animation. La caméra est positionnée sous l'eau, Blanche-Neige chante dans le puits aux souhaits et l'écho de sa voix ride la surface de l'eau.

2 DANS LE BOIS
Inspirés par l'expressionnisme allemand et la peinture surréaliste, les animateurs de Disney représentent la fuite de Blanche-Neige comme une maison hantée cauchemardesque où les arbres s'animent et tentent de l'attraper.

3 « HEIGH-HO ! »
Les airs entraînants font partie intégrante du répertoire de Disney depuis toujours et cette marche mémorable, avec ses paroles répétitives, sa mélodie simpliste et son refrain sifflé, est chantée par tous les enfants du monde depuis 75 ans.

4 LA MÉCHANTE SORCIÈRE
Une des forces de Disney est de contrebalancer comédie agréable et véritable terreur : ici la méchante reine/sorcière se déguise en vieille femme pour essayer de faire mordre Blanche-Neige dans une pomme empoisonnée.

5 « UN JOUR MON PRINCE VIENDRA »
Après l'empoisonnement de Blanche-Neige, les nains l'allongent dans un cercueil rehaussé d'or où elle demeurera jusqu'au baiser de son amoureux. C'est sans doute une happy end au sentimentalisme excessif, mais le public, au lendemain de la Dépression, adora le film.

LE STUDIO : WALT DISNEY

1923-1967
En 1923, Walt Disney et son frère aîné Roy fondent Disney Brothers Cartoon Studios, qui deviendra Walt Disney Productions. En 1939, ils reçoivent un oscar à titre honorifique pour *Blanche-Neige et les sept nains*. De nombreux films de Disney sont des classiques aujourd'hui : *Pinocchio* (1940), *Dumbo* (1941), *Bambi* (1942), *Cendrillon* (1950), *Peter Pan* (1953) et *la Belle au bois dormant* (1959). Walt Disney est mort en 1966, après la production du *Livre de la jungle* (1967).

1968-1988
La production devient irrégulière. Les échecs de *Tron* (1982) et d'*Oz, un monde extraordinaire* (1985) ont grevé ses comptes.

de 1989 à nos jours
La Petite Sirène (1989), la *Belle et la Bête* (1991), *Aladdin* (1991) et *le Roi lion* (1994) battent des records au box-office. Le studio a successivement collaboré avec Pixar et Walden Media.

LA SCREWBALL COMEDY

Il n'est pas surprenant que vienne du base-ball le nom du plus américain des genres cinématographiques. La screwball comedy, qui atteint son apogée dans les années 1930 et 1940, consiste en un ensemble de comédies enlevées et irrévérencieuses, voire loufoques. Des définitions plus précises soulignent d'autres aspects : dans son ouvrage *Screwball : Hollywood's Madcap Romantic Comedies* (1989), Ed Sikov écrit : « C'est un genre en soi fondé sur l'idée perverse que l'amour ne peut grandir que dans la contrariété. » Le genre a été prospère de 1934 – année de production de *Train de luxe*, de *New York-Miami* (ci-dessus) et de *l'Introuvable* – à 1952, avec la dernière des grandes comédies de screwball, *Chérie, je me sens rajeunir,* de Howard Hawks (1896-1977). Les thèmes majeurs – hasard, snobisme inversé et désaccord entre amour et réalité économique – ont trouvé leur place auprès des cinéphiles au lendemain de la chute de Wall Street. La screwball comedy présente également des composantes d'autres genres : par exemple, le film policier *(l'Introuvable),* le film de gangsters (*Boule de feu,* 1944), et la comédie noire (*Arsenic et vieilles dentelles,* 1944). Il arrive qu'elle mâtine l'amour d'un zeste de survie économique (*Madame et ses flirts,* 1942) ou s'attaque à la politique populiste (*M. Smith au sénat,* 1939). Elle peut être impitoyable et cynique (*la Joyeuse Suicidée,* 1937*)* ou relativement sage (*Indiscrétions,* 1940, ci-contre).

Train de luxe, adapté du succès de Broadway écrit par Ben Hecht et Charles MacArthur, réalisé par Howard Hawks, est l'un des standards de la screwball comedy. Irrévérencieux, caustique et enlevé, il met en vedette John Barrymore

1 Clark Gable fait un cours à Claudette Colbert sur les techniques d'auto-stop dans *New York-Miami,* de Frank Capra.

2 Le domestique William Powell et la mondaine Carole Lombard forment un couple élégant dans *Mon homme Godfrey.*

3 Dans *Indiscrétions,* le projet de mariage de Tracy Lord Haven (Katharine Hepburn) tourne mal avec l'arrivée du journaliste du magazine *Spy* (James Stewart).

REPÈRES

1929	1933	1935	1935	1936	1937
Wall Street s'effondre le 29 octobre, annonçant le début de la Dépression. Les films de screwball comedy doivent refléter cette période économique.	Franklin D. Roosevelt devient président des États-Unis. Le premier New Deal crée des emplois et permet à l'économie de redémarrer.	Carole Lombard et Fred MacMurray se partagent la vedette dans le film de la Paramount *Jeux de mains,* de Mitchell Leisen (1898-1972).	Gregory La Cava réalise *Mon mari le patron,* qui traite d'un thème récurrent de la screwball : le mariage.	Frank Capra remporte son deuxième oscar pour *l'Extravagant M. Deeds.*	Leo McCarey (1898-1969) dirige Cary Grant et Irene Dunne dans *Cette sacrée vérité.* Grant peaufine la note de comédie légère dans laquelle il excellera.

sous les traits d'un producteur de Broadway monstrueusement égotiste qui tente de convaincre son ancienne protégée, campée par Carole Lombard, de s'engager à nouveau à ses côtés lors d'un long voyage en train. Le moment fort du film est la reprise des hostilités (pleine d'inventivité), en lieu et place d'un dénouement romantique. Le choc d'egos figure également dans *la Dame du vendredi* (1940), de Howard Hawks, adapté de la pièce *Spéciale Première* (1928) de Hecht et MacArthur, qui utilise une trame semblable : un éditeur fait tout pour engager à nouveau sa journaliste vedette. Dans la version de Hawks, le journaliste Hildy Johnson devient une femme, ce qui apporte une tension sexuelle à ce face-à-face.

La screwball comedy prend souvent la forme d'une antithèse de l'éducation sentimentale. Dans *New York-Miami*, de Frank Capra (1897-1991), l'héritière chouchoutée Claudette Colbert apprend la vie et les sentiments au contact de Clark Gable, un dur à cuire journaliste. Dans *Mon homme Godfrey* (1936, ci-contre), de Gregory La Cava (1892-1952), William Powell interprète un clochard engagé comme domestique par l'écervelée mondaine Carole Lombard. Elle tombe amoureuse de lui et sauve de la ruine l'affaire de son père. Ce Godfrey est en réalité un aristocrate, et le fait qu'il ait choisi cette déchéance sociale désamorce toute critique de classe. Dans *Indiscrétions*, de George Cukor (1899-1983), Cary Grant aide son ex-femme Katharine Hepburn à comprendre les limites de son perfectionnisme. Dans *Ninotchka* (1939), le Parisien Melvyn Douglas enseigne à l'inflexible agent soviétique qu'est Greta Garbo les vertus de l'amour et de la frivolité. Dans *l'Impossible monsieur Bébé* (1938, voir p. 152), de Hawks, l'excentrique et affranchie Katharine Hepburn pousse le paléontologue coincé incarné par Cary Grant à sortir de cette existence par trop précautionneuse. Dans *Un cœur pris au* piège (1941, voir p. 152), une arnaqueuse, Barbara Stanwyck, entreprend d'escroquer (avant de lui donner une leçon) un riche spécialiste des reptiles (Henry Fonda).

Dans ce genre toujours, Capra a réalisé deux films qui ne lui ressemblent pas, d'un optimisme populiste. Dans *l'Extravagant M. Deeds* (1936), Longfellow Deeds (Cary Cooper) tente de mettre la fortune qu'il a héritée au service des fermiers expropriés. Trois ans plus tard, dans *Monsieur Smith au Sénat*, James Stewart se rend au Sénat pour y faire de l'obstruction parlementaire contre la corruption en politique. Dans ces deux films, Jean Arthur incarne le côté romantique tout en offrant sa clairvoyance aux héros innocents. Les films de Capra font exception à la règle, cependant. La plupart des films de screwball comedy évitent les leçons de démocratie ou le civisme. Le plus profond message de toute l'histoire du genre provient d'une élégante démonstration de la nature de la muse comique dans *Ninotchka*, d'Ernst Lubitsch (1892-1947). Assis au café avec l'agent soviétique peu amène qu'est Greta Garbo, Melvyn Douglas tente de l'amuser avec d'interminables plaisanteries. Déconcentré par son impassibilité, il se penche sur sa chaise qui s'écroule sous lui. Garbo éclate alors subitement de rire. **D. P.**

1937	1938	1938	1939	1940	1941
William Wellman (1896-1975) réalise *la Joyeuse Suicidée*. C'est la première screwball comedy en couleurs.	La farce de Howard Hawks *l'Impossible Monsieur Bébé* (voir p. 150) fait un four, mais deviendra plus tard un classique du genre et sera très appréciée.	*Vous ne l'emporterez pas avec vous* sort en salles, fort des dialogues enlevés et plein d'esprit typiques de la screwball comedy.	Claudette Colbert et James Stewart se partagent la vedette dans *le Monde est merveilleux*.	Cary Grant et Rosalind Russell se mitraillent de mots dans *la Dame du vendredi*, de Howard Hawks.	Alfred Hitchcock (1899-1980) réalise *Joies matrimoniales*, incursion atypique du réalisateur dans la screwball comedy.

L'Impossible Monsieur Bébé 1938
Bringing Up Baby HOWARD HAWKS 1896-1977

▲ Le personnage doux-dingue de Katharine Hepburn utilise sa faconde pour attirer l'attention du paléontologue guindé qu'interprète Cary Grant.

▼ Malgré une distribution éclatante, *l'Impossible Monsieur Bébé* sera un échec.

Avec *l'Impossible monsieur Bébé,* Howard Hawks perfectionne la screwball comedy. Tous les éléments clés du genre sont là : dialogues mitraillette, chassé-croisé de répliques et quiproquos. Le citoyen respectable et coincé, sous les traits de Cary Grant, paléontologue intellectuel, est complètement chamboulé par l'irruption dans sa vie d'une personne de sexe opposé, une mondaine libre et évaporée jouée par Katharine Hepburn. Les seconds rôles vont à des excentriques volubiles, qui ont chacun droit à leur quart d'heure de gloire lors de monologues quasi surréalistes piqués d'opinions outrancières. Les allusions sexuelles bravent le code Hays et les morceaux de bravoure sont d'une absurdité croissante. Tous ces éléments sont au service d'une intrigue loufoque qui se cramponne à un fil narratif ténu et tire tous azimuts.

Hawks avait remarqué l'alchimie entre Cary Grant et Katharine Hepburn dans *Vacances* (1938), où Cary Grant joue les trublions, mais ce film était moins empreint de bouffonnerie et d'irrévérence. Dans *l'Impossible Monsieur Bébé,* l'un des temps forts survient lorsque Grant tente désespérément de se dépêtrer de la logique absurde de Katharine Hepburn afin de reprendre sa partie de golf avec un donateur potentiel pour son projet de dinosaure : « J'arrive tout de suite, M. Peabody ! » Ils tentent d'amadouer le léopard, Bébé, en chantant comme des casseroles, pour qu'il descende du toit ; Hepburn embobine l'agent de police (Walter Catlett) en imitant grossièrement une gangster de Brooklyn. Bien que *l'Impossible Monsieur Bébé* ait fait un four à sa sortie, il est désormais considéré comme l'un des fleurons de la comédie hollywoodienne des années 1930. **P. K.**

LES SCÈNES PRINCIPALES

1 « GAUCHE D'ABORD »
Le Dr David Huxley (Cary Grant) déchire par inadvertance la robe de Susan Vance (Katharine Hepburn), qui laisse entrevoir ses sous-vêtements. Pour les dissimuler, il la suit comme son ombre et ils sortent tous deux d'un pas vif, provoquant l'hilarité générale.

2 ON PROMÈNE BÉBÉ
Cherchant une fois de plus à se dégager des manigances de Susan, David part dans la rue sans se rendre compte qu'elle a lâché son léopard, Bébé, lequel s'est pris d'affection pour David et ne le quitte pas. Le léopard symbolise l'esprit libre de sa maîtresse Susan.

3 « CE QUE VOUS AVEZ L'AIR BÊTE ! »
David et Susan cherchent Bébé dans la forêt et le bull-terrier de Susan, George, qui a enterré l'un des os du dinosaure de David. David glisse et tombe. Susan aussi, et son filet à papillon finit sur la tête de David : la chasseuse a capturé sa proie.

4 CHUTE DU BRONTOSAURE
Susan pourchasse David dans son laboratoire pour lui donner l'os perdu, il se réfugie sur l'échafaudage accolé à son très rare squelette de brontosaure. Susan grimpe à l'échelle, perd l'équilibre et s'écroule sur le brontosaure, détruisant le véritable château d'os de David.

LE RÉALISATEUR

1896-1923
Né à Goshen, dans l'Indiana, dans une famille aisée, Howard Hawks étudie l'ingénierie mécanique à l'université de Cornell. Durant les étés de 1916 et de 1917, il travaille sur des films tout en étant stagiaire à la Famous Players-Lasky Corporation. Après son diplôme, il intègre l'armée de l'air.

1924-1929
Hawks revient à Hollywood travailler comme accessoiriste à la Mary Pickford Company, entre au service montage puis scénario. Il écrit et réalise son premier long-métrage, *les Chemins de la gloire* (1926), pour la Fox. À la fin de son contrat avec la Fox, il ne signera plus jamais de contrat à long terme avec un studio.

1930-1940
Il réalise des films de tout type pour différents studios : film de guerre (*la Patrouille de l'aube*, 1930), policier (*le Code criminel*, 1931), de gangster (*Scarface, 1932)*, drame (*Ville sans loi*, 1935), film d'aventure (*Seuls les anges ont des ailes*, 1939), enfin et surtout de la screwball comedy *(Train de luxe, l'Impossible Monsieur Bébé* et *la Dame du vendredi)*.

1941-1953
Hawks est nominé pour l'oscar du meilleur réalisateur en 1942 pour le film de guerre *Sergent York* (1941). Il continue de passer d'un genre à l'autre, presque toujours avec succès : guerre (*Air Force*, 1943) ; screwball comedy (*Boule de feu*, 1941), *Allez coucher dehors !* (1949), *Chérie, je me sens rajeunir* (1952) ; aventure (*le Port de l'angoisse*, 1944) ; policier (*le Grand sommeil*, 1946) ; western, le premier (*la Rivière rouge*, 1948), avec John Wayne ; et même une comédie musicale à succès (*Les hommes préfèrent les blondes*, 1953).

1954-1977
Il essuie quelques échecs, dont le film historique grinçant *la Terre des pharaons* (1955). Durant son déclin, il produit trois westerns plein d'assurance avec John Wayne : *Rio Bravo* (1959), *El Dorado* (1967) et *Rio Lobo* (1970). Il recevra un seul oscar, à titre honorifique, en 1975.

Un cœur pris au piège 1941
The Lady Eve PRESTON STURGES 1898-1959

▲ La pomme renvoie au jardin d'Éden.

▼ L'affiche souligne la fâcheuse posture du scientifique : « Ensorcelé et dérouté ! ».

Le succès d'*Un cœur pris au piège*, troisième film de Preston Sturges pour Paramount, couronne sa réputation de plus grand scénariste-réalisateur de comédies aux États-Unis. Le Charles Pike que campe Henry Fonda est un herpétologue inhibé et héritier d'une lignée de riches brasseurs, ce qui lui permet d'assouvir sa passion pour les reptiles. Son idylle, lors d'une croisière, avec Barbara Stanwyck (Jean Harrington) – une aventurière qui essaie de le séduire mais en tombe amoureuse – révèle sa grande sensibilité. Quand il la rejette en apprenant la vérité sur son passé, il perd cette stabilité sentimentale fraîchement acquise et son innocence se transforme en moralisme, ce qui l'expose à être puni dans ce film très inspiré du jardin d'Éden.

Un cœur pris au piège passe sans effort de la farce à l'émotion. Henry Fonda montre le cœur passionné qui bat sous la raideur apparente, mélangeant naïveté, dignité et vulnérabilité. Barbara Stanwyck oscille entre manipulatrice mercenaire et amoureuse transie. William Demarest, dans le rôle du grossier domestique de Pike, se trouve à la tête d'acteurs fidèles au réalisateur (Arthur Hoyt, Harry Rosenthal, Al Bridge, Victor Potel) et qui donnent la griffe Sturges à nombre de seconds rôles. Les apparences sont trompeuses dans *Un cœur pris au piège*. « Soyons roublards, mais jamais vulgaires », entonne le père de Jean, tricheur professionnel, le « colonel » Harrington (Charles Coburn). Le père de Pike (Eugene Pallette) dissimule sous son allure de bouffon sagesse et sensibilité. Au cœur de la comédie de Sturges réside le concept quasi shakespearien selon lequel plus on se déguise plus on est fidèle à soi-même. **D. P.**

LES SCÈNES PRINCIPALES

1 ÉDEN

Charles Pike embarque sur un transatlantique. Héritier de riches brasseurs, il fait l'objet d'une grande attention : la belle arnaqueuse Jean Harrington entreprend le scientifique naïf et intimidé par les femmes, mais en tombe amoureuse.

2 LA CHUTE

En apprenant qui est vraiment Jean, Charles l'éconduit et regagne la propriété familiale. Bien décidée à se venger, Jean parvient à infiltrer le manoir Pike sous les traits de lady Eve Sidwich, riche excentrique anglaise. Victime de la supercherie, Charles tombe amoureux d'elle.

3 PARADIS RETROUVÉ

Ayant subi la vengeance de lady Eve, Pike embarque à nouveau sur un paquebot, direction l'Amérique du Sud, où l'attend Jean. Ils se rencontrent « fortuitement » et s'enlacent avec fougue. La tentatrice triomphe alors qu'ils se pardonnent l'un l'autre.

LE RÉALISATEUR

1898-1939

Preston Sturges naît à Chicago. Sa première pièce, *The Guinea Pig*, est jouée à Broadway en 1929. La seconde, *Strictly Dishonorable*, y restera 16 mois à l'affiche. Ce succès attire l'attention de Hollywood et il commence à écrire pour Paramount. Durant les années 1930, il travaille comme scénariste pour MGM, Universal et Columbia.

1940-1944

Sturges vend dix dollars son scénario *Gouverneur malgré lui* à la condition qu'il puisse le réaliser, et fait ses débuts dans la réalisation en 1940. Il remporte l'oscar du meilleur scénario original pour ce film et devient l'un des premiers scénaristes-réalisateurs stars de Hollywood. Une série de chefs-d'œuvre suivront : *le Gros Lot* (1940) ; *Un cœur pris au piège ; les Voyages de Sullivan* (1941) ; *Madame et ses flirts* (1942) ; *Miracle au village* (1944) ; et *Héros d'occasion* (1944).

1945-1959

En quête d'indépendance, Sturges crée California Pictures avec Howard Hughes (1905-1976). Ils produisent *The Sin of Harold Diddlebock* (1947), avec Harold Lloyd, mais Hughes retire le film des mains de Sturges et le distribue remonté sous le titre d'*Oh quel mercredi !* (1950). Une fois leur association dissoute, Sturges retrouve le succès avec *Infidèlement vôtre* (1948), mais *Mamzelle Mitraillette* (1949) est un échec. Il part pour l'Europe, où il réalise un dernier film, *les Carnets du major Thompson* (1955). Il meurt à l'hôtel Algonquin, à New York.

MÈRE ET FILS

Si la vie et la carrière de Preston Sturges ressemblent à une suite de brillantes improvisations, il ne faisait que marcher sur les pas de sa mère, Mary Dempsey. Elle part avec son fils en bas âge pour Paris, où elle devient l'amie de la danseuse Isadora Duncan. À leur retour à Chicago, Mary épouse le riche agent de change Solomon Sturges, qui adopte Preston. Mary repart bientôt pour l'Europe, où elle s'entiche du théosophe Aleister Crowley (ci-dessous). Aleister et Preston se détestent. Solomon, lui, est aux antipodes de Mary : il est digne de confiance alors qu'elle est fantasque. Après leur divorce, Solomon subvient aux besoins de Preston et l'encourage. Dans *Un cœur pris au piège*, il y a du Mary dans l'aventurière impulsive qu'est Harrington, et du Solomon dans la sagesse du père de Charles Pike.

DANS L'OMBRE DE LA GUERRE

1 *À l'Ouest rien de nouveau* – puissant plaidoyer anti-guerre – dépeint l'absurdité de la guerre à travers le quotidien de soldats du rang.

2 L'affiche de *L'homme qui réclamait sa tête* reflète l'axe promotionnel choisi par Universal : entre le thriller et l'horreur.

3 Francis Lederer incarne un membre du Bund germano-américain dans *les Aveux d'un espion nazi*, premier film hollywoodien antinazi, audacieusement sorti six mois avant la déclaration de guerre en Europe.

En 1930 sort *À l'Ouest rien de nouveau*, drame psychologique et humanitaire sur la Première Guerre mondiale de Lewis Milestone (1895-1980) adapté du roman d'Erich Maria Remarque. Il reflète le sentiment d'une génération d'Américains en plein accord avec les paroles de la chanson *I didn't raise my son to be a soldier* (« Je n'ai pas élevé de fils pour en faire un soldat »). Le film montre le conflit du côté allemand, où les coupables sont les politiciens et les civils qui prennent le patriotisme comme excuse pour envoyer les jeunes se faire tuer au front. Il s'adresse à ceux qui se rappellent les horreurs de la Der des Ders. La star Lew Ayres s'implique tellement dans le pacifisme que sa carrière sera entravée plus tard lorsqu'il révélera qu'il était resté objecteur de conscience lors de la Première Guerre mondiale, au moment du changement d'opinion national. Durant les années 1930, malgré – ou à cause de – les nouvelles d'Europe et d'Asie, les films comme *L'homme qui réclamait sa tête* (1934, à droite) dépeignent la guerre comme un mal nourri par les politiciens véreux, les marchands d'armes corrompus et les bigots mesquins.

La montée du nazisme dérange beaucoup de monde à Hollywood. Ironie, les dirigeants des studios, majoritairement juifs, ont parfois un style personnel qui les dispose à admirer le fascisme – Harry Cohn, de Columbia, prend modèle sur le bureau de Mussolini pour décorer le sien – n'eût été l'antisémitisme qui l'accompagne. Des producteurs comme Cohn, Walt Disney (l'un des rares « gentils » du milieu) et Louis B. Mayer auraient été – et étaient, dans les années 1950 – bien plus à combattre les communistes, en qui ils voyaient une véritable

REPÈRES

1931	1936	1937	1938	1938	1939
À l'Ouest rien de nouveau, de Lewis Milestone, remporte l'oscar du meilleur film.	Dans la série *Flash Gordon*, le héros combat l'empereur Ming, de la planète Mongo, et convainc les autochtones de renverser le régime fasciste.	*Après*, suite d'*À l'Ouest rien de nouveau*, sort en salles. Il montre l'Allemagne au lendemain de la guerre.	Le film d'espionnage *Une femme disparaît* met en scène de sinistres scélérats à l'accent germanique, jamais réellement identifiés comme des nazis.	William Dieterle (1893-1972) réalise *Blocus*, film antinazi sur la guerre civile espagnole légendé « L'amour sous le feu de l'ennemi ».	Michael Powell (1905-1990) et Emeric Pressburger (1902-1988) collaborent pour *l'Espion noir*, un avertissement au conflit à venir.

menace (*via* la montée des syndicats), que les fascistes. Hollywood entend aussi assurer ses bénéfices en Europe. La rhétorique intellectuelle et incendiaire anti-hollywoodienne de la gauche et de la droite n'est pas affectée par l'antisémitisme dans les années 1930 et les dirigeants des studios ne veulent pas parler de politique ou de religion. Quand Warner Bros. produit courageusement *la Vie d'Émile Zola* (1937), qui relate l'implication de l'écrivain dans l'affaire Dreyfus, la judéité de ce dernier est à peine évoquée. Pourtant, la popularité d'*À l'Ouest rien de nouveau* oblige Hollywood à monter plus de films traitant de l'état de l'Allemagne dans l'espoir de reproduire le succès de l'original. *Après* (1937), *Trois Camarades* (1938) et *La tempête qui tue* (1940) sont tous officiellement ou non une suite d'*À l'Ouest rien de nouveau* et montrent l'Allemagne d'après-guerre prenant un brusque virage à droite. *La tempête qui tue* crée une image clé pour l'anti-fascisme hollywoodien romantique, avec des amoureux cernés et harcelés par des agresseurs montrés comme une forêt de bras raides tendus vers le ciel.

Warner Bros., le plus antinazi de tous, ferme son antenne à Berlin, prétendument parce que des voyous antisémites ont assassiné son représentant allemand. En 1939, le studio produit les incendiaires *Aveux d'un espion nazi* (en bas), œuvre qui révèle l'espionnage allemand aux États-Unis et s'attaque aux tendances nazies du Bund germano-américain. Un autre conflit mondial semble inévitable et l'industrie cinématographique y répond : *la Ronde des pantins* (1939), adaptée de la pièce de Robert Sherwood, qui parle d'Américains piégés en Europe au déclenchement de la guerre, sort en salles quelques mois seulement avant que la situation qu'elle décrit ne devienne réalité. Elle laisse deviner que l'engagement des États-Unis est inéluctable. Les isolationnistes américains critiquent vertement la façon dont Hollywood prend parti pour les Britanniques au tout début du conflit, surtout s'agissant de réalisateurs comme Charlie Chaplin (1899-1977), avec *le Dictateur* (1940, voir p. 156), ou Alfred Hitchcock (1899-1980), avec *Correspondant 17* (1940, voir p. 156). Sensible aux plaintes contre un Hollywood va-t-en-guerre et antinazi, Metro Goldwyn Mayer finance un film explicitement pro-Axe, *Florian* (1940), allégorie sur l'entraînement des chevaux lippizans autrichiens dans laquelle un palefrenier autoritaire croise des chevaux de races différentes et dirige l'écurie à coups de fouet. Une œuvre désamorcée par un Robert Young peu crédible en doublure de Hitler.

En 1941, Hollywood est sans doute plus à même de combattre la guerre que l'armée américaine ou toute autre industrie liée à la défense. Résignée à perdre les marchés européens, en accord avec la politique de bon voisinage du président Roosevelt, l'industrie cinématographique multiplie les tentatives pour séduire l'Amérique du Sud et l'Amérique centrale. Avec, par exemple, l'inachevé *It's All True* (1943), d'Orson Welles, ou les comédies musicales de la Twentieth Century Fox où figure Carmen Miranda. Même avant l'entrée en guerre des États-Unis, Hollywood fait de grands efforts de propagande. Au moment de Pearl Harbor se tournent des films de guerre patriotiques. **K. N.**

1939

Le lion a des ailes, produit par Alexandre Korda, met en avant la capacité de réaction de l'Angleterre face à la guerre.

1939

Un feuilleton à énigmes construit autour du détective japonais est tiré de *Mr Moto Takes a Vacation*. Moto ne participera pas à l'effort de guerre.

1939

La Ronde des pantins, avec Clark Gable et Norma Shearer, est l'histoire d'un groupe piégé dans un hôtel des Alpes à la veille de la Seconde Guerre mondiale.

1940

Le Dictateur (voir p. 158) tourne Hitler en dérision. Le film est interdit en Allemagne, bien que Hitler s'en soit procuré une copie et l'ait vu deux fois.

1940

Correspondant 17 (voir p. 156) s'achève sur une séquence d'une actualité brûlante : le héros parle à la radio depuis Londres durant la Blitzkrieg.

1941

John Huston (1906-1987) est en plein tournage des *Griffes jaunes* lorsque Pearl Harbor est attaqué. Il quitte le plateau et part pour la guerre.

Correspondant 17 1940
Foreign Correspondent ALFRED HITCHCOCK 1899-1980

▲ Un assassin frappe, sur l'escalier balayé par la pluie.

▼ Visages souriants sur l'affiche, alors que la fin du film est bien plus austère.

Alors que les États-Unis demeurent neutres et que les isolationnistes reprochent à Hollywood de laisser les ressortissants étrangers soutenir la propagande britannique, *Correspondant 17* est sujet à controverse. Même si la quasi-totalité du contenu politique émane du livre de Vincent Sheean et si le film insinue que la Seconde Guerre mondiale a été déclenchée par de mystérieux Dr Mabuse se faisant passer pour une association pacifiste... Comme toujours avec Hitchcock, le méchant (Herbert Marshall) est un digne personnage qui se sacrifie pour le salut de sa fille honnête et patriote (Laraine Day).

L'action débute en août 1939, dans les locaux du (fictif) *Daily Globe*, avec un rédacteur en chef agacé par les rapports inutiles qu'envoie d'Europe un expert alcoolique (Robert Benchley). Il décide d'y envoyer un chroniqueur judiciaire patenté, Johnny Jones (Joel McCrea), sous le pseudonyme Huntley Haverstock, nom de plume plus crédible. Bien que le contexte de l'époque suppose plus de gravité que dans les thrillers anglais comme *les 39 Marches* (1935) ou *Une femme disparaît* (1938), dans lesquels les méchants sont les espions de pays sans nom, Hitchcock livre ici le même genre de spectacle finement ouvragé. Un complot se noue entre Londres et la Hollande, Jones s'attire des ennuis puis se tire d'embarras grâce au journaliste britannique sardonique et secrètement patriote (George Sanders). Il refuse d'admettre que la femme qu'il aime est étroitement liée à la conspiration. Seul le finale, ajouté des mois après la réalisation, en fera un film de propagande, avec l'appel aux armes de Jones à une Amérique pas encore convaincue (avec l'hymne national joué sur le générique de fin). **K. N.**

LES SCÈNES PRINCIPALES

1 L'ASSASSINAT SOUS LA PLUIE
Une mer de parapluies s'agite tandis qu'un tueur à gages fuit à travers la foule après avoir assassiné, semble-t-il, le diplomate hollandais M. Van Meer à Amsterdam. Déguisé en photographe de presse, le tueur a utilisé un revolver caché dans son appareil photo.

2 L'INDICE DES MOULINS À VENT
Jones, Carole Fischer (Laraine Day), et le journaliste Ffolliott (George Sanders) sont à la recherche du tueur. Mais comment, dans cette forêt de moulins, retrouver celui qui héberge les espions ? Serait-ce celui dont les ailes tournent dans le sens opposé au vent ?

3 L'ACCIDENT D'AVION
De l'intérieur d'un avion en piqué, la mer se rapproche. Il s'agit en réalité d'une projection par transparence (sur papier de riz) d'images tournées au préalable. Quand l'avion « s'écrase », de l'eau est projetée sur le papier et les comédiens (effets d'optique innovants).

4 L'ÉMISSION DE RADIO PATRIOTIQUE
Le héros américain est désormais dévoué à la cause antifasciste, et, depuis le studio de radio, il rend un vibrant hommage à l'héroïsme de l'Angleterre, tandis que les sirènes hurlent et les bombes tombent sur Londres. « C'est un grand moment, dit-il, et vous êtes présent. »

LE RÉALISATEUR

1899-1928
Alfred Hitchcock naît à Londres. En 1920, il entre dans l'industrie cinématographique britannique en concevant les cartons des titres. Il réalise deux coproductions anglo-allemandes qui seront un échec, *The Pleasure Garden* (1925) et *The Mountain Eagle* (1926). Il réalise ensuite son premier film « hitchcockien », le film à suspense *les Cheveux d'or* (1927), qui sera un succès.

1929-1933
Hitchcock tourne le premier film parlant anglais, le thriller *Chantage* (1929). Suivront *Meurtre !* (1930) et *Numéro 17* (1932), ainsi que d'austères adaptations de pièces (*Juno and the Paycok*, 1930, et *The Skin Game*, 1931).

1934-1939
Après une comédie musicale (*le Chant du Danube*, 1934), Hitchcock travaille avec le producteur Michael Balcon sur une série de thrillers légers, habiles, décalés et plein d'humour noir (*L'homme qui en savait trop*, 1934 ; *les 39 Marches*, 1935 ; *Jeune et innocent*, 1937 ; *Une femme disparaît*, 1938).

1940-1950
Le producteur David O. Selznick le fait venir à Hollywood. Leurs relations sont tendues sur *Rebecca* (1940) et *la Maison du docteur Edwardes* (1945). Hitchcock fait des films plus personnels, lorsqu'il est « prêté » à d'autres studios, ou lorsque Selznick est très occupé ailleurs : *Soupçons* (1941) ; *l'Ombre d'un doute* (1943) ; *Lifeboat* (1944) et *les Enchaînés* (1946).

1951-1959
Hitchcock s'impose avec *l'Inconnu du Nord-Express* (1951) et forge les classiques *Fenêtre sur cour* (1954), *Mais qui a tué Harry ?* (1955), *Sueurs froides* (1958), et *la Mort aux trousses* (1959). Il anime l'émission de télévision *Alfred Hitchcock présente*.

1960-1980
En 1960, il réalise un film d'horreur, *Psychose* (voir p. 296), qui réinvente le genre. Il tente de faire de Tippi Hedren une star dans *les Oiseaux* (1963) et *Pas de printemps pour Marnie* (1964). Son dernier film est *Complot de famille* (1976). Il meurt en 1980.

Le Dictateur 1940
The Great Dictator CHARLIE CHAPLIN 1889-1977

▲ *Le Dictateur* sera le premier grand succès commercial de Charlie Chaplin.

▼ C'est le premier film parlant de Chaplin.

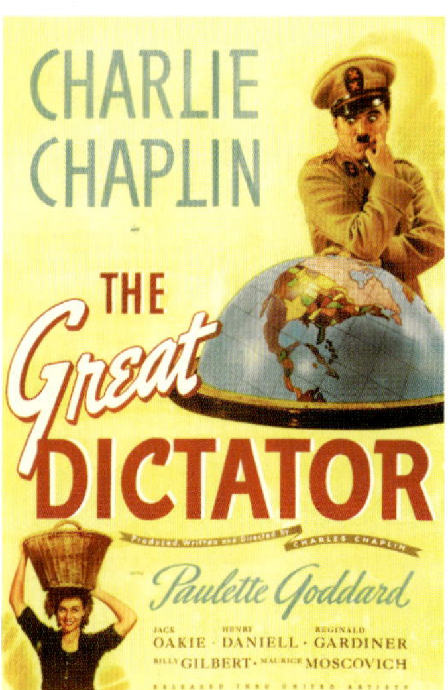

Il semble inévitable que Charlie Chaplin incarne Hitler à l'écran. Ils sont nés à quelques jours d'intervalle et ont une certaine ressemblance. Comme le dit Basil Wright, critique et réalisateur, « Hitler a fait l'erreur de porter la même moustache que Charlie, lequel n'a eu d'autre choix que de saisir cette occasion en or ». *Le Dictateur* a moins bien vieilli que d'autres films antinazis de l'époque, mais le simple fait que le film existe et les images de Chaplin en costume exercent une fascination qui va bien au-delà de celle que le film recèle.

Le film a coûté à Chaplin « 2 millions de dollars sur mes propres deniers et deux ans de travail », sur fond de lettres d'intimidation, de pressions de la part du code Hays et de menaces d'United Artists d'abandonner la production. À sa sortie, le 15 octobre 1940, c'est un événement puisqu'il marque les débuts dans le cinéma parlant de l'un des rares artistes du grand écran capables de défier Hitler. Pour l'interprétation, Henry Danielle impressionne dans le rôle du hautain Garbitsch (*alias* Goebbels). Malgré (ou peut-être à cause de) les frictions avec Chaplin sur le plateau, ses scènes recèlent un sentiment de danger qui font défaut ailleurs dans le film, par exemple, quand il déclare : « Il faut monter le peuple contre eux ! À l'époque, les violences faites aux Juifs auraient décontenancé le public. » Chaplin admettra : « Si j'avais eu connaissance de l'horreur des camps de concentration nazis, je n'aurais pas pu faire *le Dictateur.* Je n'aurais pas pu me moquer de la folie meurtrière des Nazis. » Bien entendu, le film sera interdit en Allemagne, mais Hitler en personne l'a vu deux fois. L'histoire ne dit pas ce qu'il en a pensé. **R. M. C.**

LES SCÈNES PRINCIPALES

1 « DEMOCRAZIE SCHTONK ! LIBERTIE SCHTONK ! FREESPRACHEN ! »
Notre présentation d'Adenoid Hynkel (Charlie Chaplin) est un discours en charabia allemand qui, rétrospectivement, se révèle le contrepoint de celui que donne son remplaçant à la fin du film.

2 HYNKEL DANSE AVEC LE GLOBE
Accompagnant le prélude de l'acte 1 de *Lohengrin*, de Richard Wagner, Chaplin donne à voir sa grâce de danseur. Un globe analogue se trouvait à la Chancellerie de Berlin. C'est l'un des rares objets demeurés intacts après la guerre.

3 NAPALONI ARRIVE
Jack Oakie, sous les traits du dictateur de Bactérie, Napaloni (sur le modèle de Mussolini), et Hynkel débattent souvent du sort de l'Osterlich (l'Autriche). Du début à la fin, ils tentent de s'éclipser l'un l'autre jusqu'au duel dans les fauteuils de dentiste.

4 DISCOURS FINAL
Chaplin a mis deux mois à écrire le discours de 6 minutes. « Quel discours incroyable ! », s'enthousiasme George Orwell, qui ajoute : « C'est une version en anglais hollywoodien du Gettysburg Address de Lincoln, un des plus grands textes de propagandes jamais écrits. »

HITLER ET HOLLYWOOD

Bien que Hitler ait figuré dans d'innombrables films de guerre depuis *le Dictateur,* Hollywood n'a jusqu'ici tenté que deux fois d'illustrer sa montée au pouvoir. Dans *Hitler et sa clique* (1944, ci-contre), avec Bobby Watson, déjà connu du public pour son interprétation en temps de guerre du « plus grand salaud au monde », comme l'écrivit *Variety,* dans le niais *The Devil with Hitler,* en 1942. Avec *Hitler et sa clique,* Watson fait un résumé peu enthousiasmant de la vie de Hitler. Puis dans *la Vie privée d'Hitler* (1962), de Stuart Heisler, avec Richard Baseheart, un film décrit par Denis Gifford comme « un véritable remake d'*Hitler et sa clique,* mais qui souligne la perversion sexuelle ».

1940 1942 1944 1946 1948

CINÉMA ET PROPAGANDE (p. 162)
- *Went the Day Well?* | **Alberto Cavalcanti** (p. 164)
- *Les bourreaux meurent aussi !* | **Fritz Lang** (p. 166)

LE FILM NOIR (p. 168)
- *Le Faucon maltais* | **John Huston** (p. 172)
- *Assurance sur la mort* | **Billy Wilder** (p. 174)
- *Le Troisièr*

LE NÉO-RÉALISME ITALIEN (p. 178)
- *Rome, ville ouverte* | **Roberto Rossellini** (p. 180)
- *Le Voleur de bicyclette* | **Vittor**

LE CINÉMA BRITANNIQUE DE L'APRÈS-GUERRE (p. 184)
- *Noblesse o*
- 1945 ◀ *Brève Rencontre* | **David Lean** (p. 186)

LA COMÉDIE MUSICALE HOLLYWOODIENNE (p. 198)

LE CINÉMA D'EUROPE DU NORD (p. 204)

LE CINÉMA ASIATIQUE (p. 210)

HOLLYWOOD DANS L'APRÈS-GUERRE (p. 220)
- *La vie est belle* | **Frank Capra** (p. 224)

3 | 1940-1959

LE CINÉMA DE LA GUERRE FROIDE (p. 236)

LE WESTERN HOLLYWOODIEN (p. 242)

1952 1954 1956 1958 1960

l Reed (p. 176)

)

amer (p. 188)

LE CINÉMA FRANÇAIS (p. 190) ● *Le Salaire de la peur* | **Henri-Georges Clouzot** (p. 196)
● *Casque d'or* | **Jacques Becker** (p. 194)

● *Chantons sous la pluie* | **Gene Kelly et Stanley Donen** (p. 202)

● *La Parole* | **Carl Theodor Dreyer** (p. 206)
● *Le Septième Sceau* | **Ingmar Bergman** (p. 208)

● *Voyage à Tokyo* | **Yasujiro Ozu** (p. 214)
● *Les Sept Samouraïs* | **Akira Kurosawa** (p. 216)
● La Trilogie d'Apu | **Satyajit Ray** (p. 218)

Ben-Hur | **William Wyler** (p. 226) ●
Certains l'aiment chaud | **Billy Wilder** (p. 228) ●

UNE JEUNESSE REBELLE (p. 230) ● *La Fureur de vivre* | **Nicholas Ray** (p. 234)
● *L'Équipée sauvage* | **Laslo Benedek** (p. 232)

● *Le Port de la drogue* | **Samuel Fuller** (p. 238)
● *L'Invasion des profanateurs de sépultures* | **Don Siegel** (p. 240)

● *La Prisonnière du désert* | **John Ford** (p. 246)

LA NOUVELLE VAGUE (p. 248) *Les Quatre Cents Coups* | **François Truffaut** (p. 252) ●
À bout de souffle | **Jean-Luc Godard** (p. 254) ●

1952 1954 1956 1958 1960

CINÉMA ET PROPAGANDE

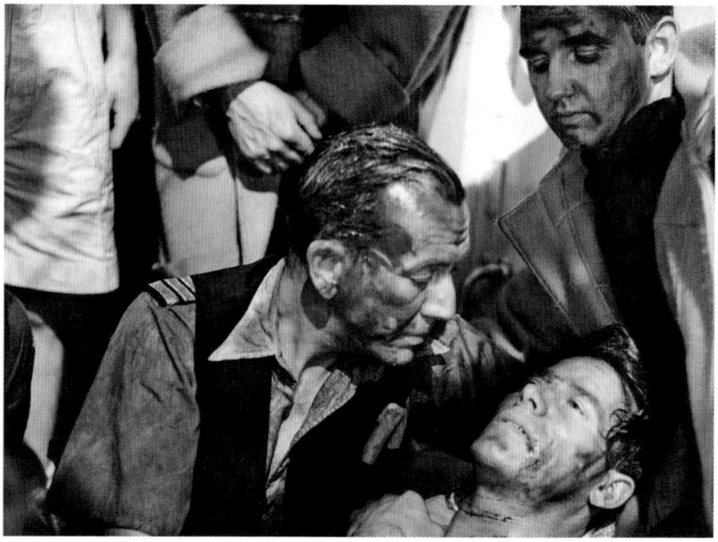

1 Le bienveillant capitaine Edward V. Kinross de Noël Coward dans *Ceux qui servent en mer* est inspiré du capitaine lord Louis Mountbatten, commandant du destroyer HMS *Kelly* lorsqu'il sombre, en mai 1941, lors de la bataille de Crète.

2 *Trente Secondes sur Tokyo* raconte l'histoire vraie d'un audacieux bombardement sur le Japon par un porte-avions en 1942.

3 Dans *Why We Fight*, Frank Capra utilise les images et la propagande ennemies qu'il remonte, sur lesquelles il ajoute un texte pour dénoncer les forces de l'Axe.

En juin 1942, le lieutenant-commandant John Ford (1894-1973) de l'United States Navy Reserve est blessé par un éclat d'obus dans un atoll du Pacifique alors qu'il filme une attaque aérienne japonaise avec sa caméra portable 16 mm. Les images feront partie du court documentaire *la Bataille de Midway* (1942). Ford estime qu'il est de son rôle de rapporter des nouvelles de la guerre au pays : « C'est pour les mères américaines, qu'elles sachent qu'on fait la guerre, qu'on ferraille depuis cinq mois et qu'on commence à riposter. »

Nombre de talents du cinéma s'impliquent dans l'effort de guerre et les meilleurs films élèvent la propagande au rang d'art populaire. En Grande-Bretagne, Humphrey Jennings (1907-1950) apporte une touche de poésie au documentaire avec sa vision de la vie à l'intérieur du pays (*Listen to Britain*, 1942). Le premier film de David Lean (1908-1991), co-réalisé par Noël Coward, *Ceux qui servent en mer* (1942, ci-dessus), est le récit raconté par les naufragés d'un navire. *Went the Day Well ?* (1942, voir p. 164), d'Alberto Cavalcanti (1897-1982), montre un village anglais somnolent qui devient le théâtre d'un bain de sang lorsque ses habitants prennent les armes et attaquent leurs agresseurs allemands.

En Allemagne, propagande rime souvent avec diabolisation. *Le Juif Süss* (1940), commandé par Joseph Goebbels et réalisé par Veit Harlan (1899-1964), s'appuie sur un roman de Lion Feuchtwangel de 1925 et une nouvelle de Wilhelm Hauff de 1827 pour en tirer une violente propagande antisémite. *Feldzug in Polen* (1940), de Fritz Hippler (1909-2002), documentaire sur l'invasion de la Pologne, entend dépeindre les Polonais comme les agresseurs de l'Allemagne.

REPÈRES

1939	1939	1940	1940	1940	1941
Les Aveux d'un espion nazi, d'Anatole Litvak (1902-1974), sur le procès d'un authentique espion, sont le premier film antinazi de Hollywood.	L'Allemagne envahit la Pologne le 1er septembre. Deux jours plus tard, la France et l'Angleterre déclarent la guerre à l'Allemagne.	En avril, Hollywood apprend que plusieurs exploitants de salles polonais ayant montré *les Aveux d'un espion nazi* ont été pendus dans leur cinéma.	*Le Siège de l'Alcazar* sort en août en Italie et remporte le prix Mussolini du meilleur film italien au festival de Venise.	*Le Juif Süss* sort le 24 septembre à Berlin et devient le film le plus populaire de l'année dans le IIIe Reich. Plus de vingt millions d'Allemands le verront.	Les États-Unis entrent en guerre après l'attaque de Pearl Harbor, par les Japonais, le 7 décembre.

En 1940, l'Italie et l'Espagne co-produisent *le Siège de l'Alcazar,* réalisé par Augusto Genina (1892-1957), une fiction destinée à montrer l'héroïsme des soldats du général Franco à travers le récit du siège d'Alcazar par les forces républicaines. Le chef de file du néo-réalisme (voir p. 178), Roberto Rossellini (1906-1977), réalise une trilogie pour contribuer à l'effort de guerre entre 1941 et 1943 : *le Navire blanc,* drame financé par le département Propagande de la marine italienne ; *Un pilote revient,* sur un pilote italien interné dans une geôle anglaise. Et *l'Homme à la croix,* sur l'offensive italienne de 1942 sur le front de l'Est.

Les États-Unis entrent en guerre en 1941. Plusieurs films, dont *Correspondant dix-sept* (1940, voir p. 156), d'Alfred Hitchcock (1899-1980), envoient un message affectif de Londres bombardé aux États-Unis, alors neutres. Après Pearl Harbor, Hollywood s'en prend aux puissances de l'Axe avec brio dans des films comme *Les bourreaux meurent aussi* (1943, voir p. 166) et *Trente Secondes sur Tokyo* (1944, ci-contre). Frank Capra (1897-1991) réalise *Why We Fight* (1943-1945 ; ci-dessous), une série de documentaires expliquant la politique de guerre aux troupes, mais qui sera aussi montrée au grand public. Le court documentaire sur la campagne menée par l'Italie *la Bataille de San Pietro* (1945), de John Huston (1906-1987), est si réaliste qu'au départ les autorités bloquent sa sortie. Quand la Russie devient un allié contre les puissances de l'Axe, Hollywood subit des pressions pour produire des films pro-soviétiques. *Mission à Moscou* (1943), de Michael Curtiz (1886-1962), se révèle notoirement bienveillant dans son portrait de Staline. *L'Étoile du Nord* (1943), de Lewis Milestone (1895-1980), met en scène des partisans russes chantant des paroles d'Ira Gershwin. Mais à la fin de la guerre, l'URSS est un ennemi et les deux films sont examinés à la loupe par le House Un-American Activities Commitee. **D. P.**

1942	**1942**	**1943**	**1943**	**1945**	**1945**
Cary Grant et Ginger Rogers raillent les Nazis dans *Lune de miel mouvementée,* de Leo McCarey (1898-1969).	Le président Franklin D. Roosevelt voit le premier documentaire de la série de Frank Capra, *Why We Fight,* et ordonne qu'il soit montré au public.	Le film de John Ford, *la Bataille de Midway,* reçoit l'oscar du meilleur documentaire.	Warner Bros., à la demande expresse du président Roosevelt, produit *Mission à Moscou* pour accroître le soutien à l'URSS.	*La Bataille de San Pietro,* de John Huston, description sans fard de la bataille de San Pietro Infine en 1943, est perçue comme un film anti-guerre.	L'Allemagne capitule en mai. En août, les bombes atomiques sont lâchées sur Hiroshima et sur Nagasaki. Le Japon capitule.

Went the Day Well ? 1942

ALBERTO CAVALCANTI 1897-1982

▲ Les villageois, tenus captifs dans une église.

▼ « *Went the day well ?* » était utilisé dans l'épitaphe de soldats morts au combat.

Il y a dans les films de guerre des studios Ealing un populisme qui les distingue des autres films anglais sur la Seconde Guerre mondiale, exempts de déférence pour les gradés comme celle dont fait l'objet le capitaine de *Ceux qui servent en mer* (1942). Chez Ealing, quiconque a un accent snob est négligent, incompétent, voire pire. *When the Day Well ?* ne déroge pas à la règle. Il montre, avec une pincée d'humour noir, les dangers de la brosse à reluire. Une section de soldats pénètre dans un village anglais assoupi. On les accueille et leur offre le gîte. La dame du manoir invite à dîner leur commandant, un homme éloquent. Malheureusement, les soldats se révèlent être des Allemands venus en éclaireurs et projetant une invasion. Lorsqu'ils révèlent leur identité, les villageois terrifiés s'adressent d'instinct au châtelain. Hélas, il est de mèche avec les envahisseurs et leur confiance en lui se révèle presque fatale aux Anglais. Mais ils vont prendre leur destin en main, se rebeller et défaire les Allemands.

Fort de son expérience de documentariste, le réalisateur Alberto Cavalcanti construit un film regorgeant de suspense et d'un réalisme inflexible. Les villageois anglais sont campés de façon très vivante. Accueillants et plaisants au départ, ils finissent par se venger de manière aussi impitoyable que leurs ravisseurs. Sachant que le film date de 1942, l'optimisme inconditionnel de l'œuvre est remarquable. Le récit progresse par flashbacks, avec un prologue et un épilogue en compagnie du bedeau (Merv Johns). Il montre le charnier des soldats allemands et précise que l'épisode a été étouffé « jusqu'à ce que la guerre soit finie et que le vieil Hitler n'ait que ce qu'il mérite ». **P. K.**

LES SCÈNES PRINCIPALES

1 **L'ENNEMI DIALOGUE**
On apprend l'identité secrète de la section des « ingénieurs royaux » lorsque le Kommandant Orlter, *alias* commandant Hammond (Basil Sydney), rencontre le châtelain, Oliver Wilsford (Leslie Banks). On comprend que l'un est officier allemand et l'autre traître pro-nazi.

2 **LE PREMIER MEURTRE**
Le vieux pasteur Ashton (C. V. France) s'apprête à sonner l'alarme à la cloche de l'église quand le commandant allemand l'abat. La photographie sombre de Wilkie Cooper accentue la brutalité de la première scène du film.

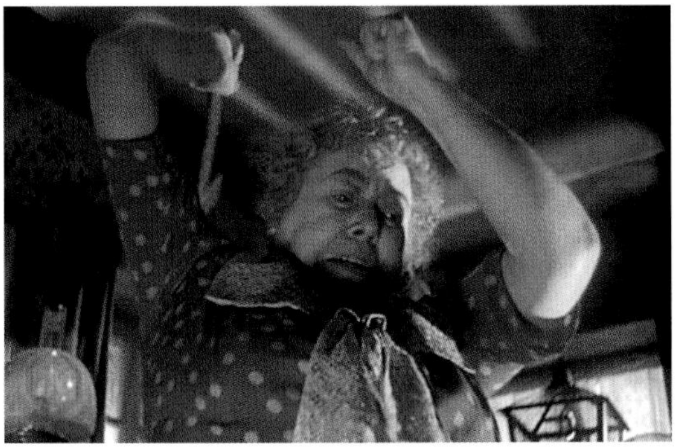

3 **LA RECEVEUSE DES POSTES FRAPPE**
La receveuse des postes, Mme Collins (Muriel George), est la première villageoise à s'en prendre aux envahisseurs, de façon inattendue et violente. Elle jette du poivre dans les yeux de son pensionnaire allemand et lui plante une hache dans le crâne.

4 **LA BATAILLE DU MANOIR**
Peggy Pryde (Elizabeth Allan) et Ivy Dawking (Thora Hird), de la Land Army, découvrent qu'elles ne détestent pas « tuer des Boches ». Leur courage permettra de stimuler la propagande au moment où l'invasion était possible et le public encouragé à être vigilant.

LE RÉALISATEUR

1897-1933
Alberto de Almeida Cavalcanti est né à Rio de Janeiro. Il y étudie le droit puis quitte le Brésil pour étudier l'architecture et le design d'intérieur à Genève. Il déménage à Paris et travaille comme décorateur sur les films avant-gardistes de Marcel L'Herbier (1890-1979). Cavalcanti réalise son premier film en 1926, *Rien que les heures*, véritable « symphonie urbaine ».

1934-1939
Cavalcanti quitte Paris lorsque John Grierson (1898-1972) l'invite à rejoindre le GPO Film Unit, où il travaille sur des courts-métrages, dont le satirique *Pett and Pott : A Fairy Story of the Suburbs* (1934), le film expérimental *Coal Face* (1935) et *Courrier de nuit* (1936), salué par la critique. Quand Grierson quitte le GPO, en 1937, Cavalcanti en prend la direction. Lorsque la Seconde Guerre mondiale éclate, en sa qualité de ressortissant étranger, Cavalcanti décide de quitter ce qui était devenu le Crown Film Unit du ministère de l'Information.

1940-1948
Cavalcanti intègre les studios Ealing comme producteur associé et réalisateur. C'est là qu'il tourne *Went the Day Well ?*, la comédie musicale *Champagne Charlie* (1934), le surnaturel *Au cœur de la nuit* (1945), ainsi qu'une adaptation, *The Life and Adventures of Nicholas Nickleby* (1947). Ensuite, il devient réalisateur indépendant et tourne trois films au Royaume-Uni, dont le très réaliste film noir *They Made Me a Fugitive* (1947).

1949-1953
Il revient dans son pays d'origine et co-fonde l'Institut du film brésilien. Il tourne trois films au Brésil, dont notamment *le Chant de la* mer (1952), sur la vie itinérante dans les zones arides du nord-est brésilien, qui sera nominé pour le grand prix du Festival de Cannes.

1954-1982
Ses opinions de gauche lui valant des ennuis avec les autorités brésiliennes, Cavalcanti finit par s'installer en France. Il tourne des films en Allemagne de l'Est, en France, au Royaume-Uni, en Roumanie et en Israël. Il meurt à Paris, en 1982.

Les bourreaux meurent aussi 1943
Hangmen Also Die FRITZ LANG 1890-1976

▲ Svoboda (Brian Donlevy) tente désespérément d'éviter les nazis.

▼ Le message de propagande anti-nazie prend les traits d'un thriller de l'époque.

Fritz Lang, pour *Les bourreaux meurent aussi,* s'inspire de l'assassinat, à Prague en 1942, de Reinhard Heydrich, colonel S.S. mais aussi protecteur de Bohême et de Moravie, ainsi que des sanglantes représailles nazies qui ont suivi. Le scénario a été co-écrit par John Wexley, Lang et le réfugié allemand Bertolt Brecht, émigré aux États-Unis en 1941. Lesté par une distribution bancale et la prolifération d'accents américains rendant la description de Prague vaguement comique, le film de Lang n'en demeure pas moins un thriller captivant. Notamment grâce à la photographie très évocatrice de James Wong Howe et à la musique de Hanns Eisler, nominé aux oscars.

Heydrich en personne, le « bourreau » du titre, n'apparaît que dans un rapide prologue, et sous les traits d'un tyran affecté, l'émigré allemand Hans Heinrich von Twardowski. Son assassinat a lieu hors écran. Lang a préféré se concentrer sur les manœuvres des résistants, qui tentent de faire disparaître l'assassin, et sur la Gestapo, qui essaie de les débusquer, mais qui, devant son insuccès, se vengera dans le sang. Dans ses meilleurs moments, le film n'est pas sans rappeler *M le maudit* (1931, voir p. 82), tant dans son esthétique que dans l'usage de récits parallèles : il juxtapose les nazis et les résistants tandis que *M le maudit* juxtapose l'enquête de police et la recherche menée par le milieu berlinois. Lang savoure avec gourmandise sa galerie de nazis grotesques, façon dessin animé parmi lesquels l'inspecteur de la Gestapo Alois Gruber (Alexandre Granach), avec ses gilet, nœud papillon et melon. Quant à l'impassible Dr Franticek Svoboda (Brian Donlevy), il rivalise avec le commissaire Lohmann de *M le maudit.* **R. M. C.**

LES SCÈNES PRINCIPALES

1 LES INSTRUCTIONS DE HEYDRICH AUX TCHÈQUES
Lors d'une scène qui fait froid dans le dos, le colonel hors de lui dicte ses exigences. Il traite les ouvriers militaires tchèques de « porcs puants » et décrète que la production sera dorénavant conduite par la Gestapo, qui elle saura venir à bout de ce « bordel putride ».

2 LA TCHÉCOSLOVAQUIE EXULTE
Tandis que le chirurgien et patriote tchèque Svoboda se terre dans un cinéma, la rumeur court dans la salle que le « bourreau » a été tué, ce qui provoque un tonnerre d'applaudissements. Un soldat nazi arrête la projection et exige de savoir qui a applaudi en premier.

3 « G » POUR GESTAPO
Suspecté par les nazis, le professeur Novotny (Walter Brennan) explique à sa fille Nasha (Anna Lee) les vertus de la discrétion. Lang disait de cette scène que seul Brecht aurait pu l'écrire... dans le seul film hollywoodien où Brecht apparaît au générique.

4 « ON NE SE RENDRA PAS ! »
Pescacek (James Bush) est conduit à la mort. Il fait partie des 400 civils innocents tchèques retenus en otages par les nazis jusqu'à ce que le tueur se livre. Ses compatriotes lui disent au revoir en chantant son poème mis en musique.

REINHARD HEYDRICH AU CINÉMA

L'assassinat de Heydrich dans les rues de Prague l'a privé pendant des années d'une plus triste notoriété en qualité de criminel de guerre. Dans *Les bourreaux meurent aussi*, il apparaît dans un court prologue, mais le film de Lang, tout comme *Hitler's Madman* (1934), de Douglas Sirk (1900-1987), s'attardent sur les conséquences : le massacre d'un village entier. L'assassinat en soi sera recréé sur les lieux même dans *Commando à Prague* (1965) et *Sept Hommes à l'aube* (1975). La conférence de Wannsee le 20 janvier 1942, qui organisa « la solution finale de la question juive », fut un secret bien gardé à l'époque – ainsi que le rôle de président de Heydrich – et a depuis été reprise pour la télévision dans *la Conférence de Wannsee* (1984) et *Conspiration* (2001, ci-contre).

LE FILM NOIR

1 Acteur consommé du film noir, Robert Mitchum arrache un regard aguicheur à Jane Greer dans *la Griffe du passé*.

2 L'affiche de *l'Ombre d'un doute*, d'Alfred Hitchcock, nominé aux oscars.

3 Richard Conte et Shelley Winters, un couple en cavale dans *la Proie*, de Robert Siodmak.

Le film noir est un concept délicat à définir. Est-ce un genre, un style, une atmosphère, un état d'esprit ou une esthétique ? Doit-il forcément être tourné en noir et blanc ? Se situer dans un cadre urbain ? Être violent ? Mal se terminer ? Le vrai film noir a-t-il seulement été fait aux États-Unis de 1941 à 1958 ? Ceux qui ont été faits ailleurs, ou après cette période décisive, relèvent-ils du registre néo-noir, rétro-noir voire pastiche de film noir ?

Les historiens du cinéma bataillent depuis des années à ce sujet sans parvenir à un consensus. Certains vont très loin : le critique anglais Raymond Durgnat, provocateur, inclut dans le panthéon *King Kong* (1933) et *2001 : l'Odyssée de l'espace* (1968, voir p. 292), ce qui dilue le concept au-delà du raisonnable. La plupart des critiques trouveraient légitime que le western noir (*la Vallée de la peur*, 1947), le film noir en costume (*le Livre noir*, 1949), voire le film noir britannique (*les Forbans de la nuit*, 1950 – au titre archétypal) soient canonisés.

Identifier le début du film noir à Hollywood n'est pas non plus une mince affaire. Ses origines remontent au monde confus, oblique et paranoïde de l'expressionnisme allemand. Des exilés du fascisme tels que Fritz Lang (1890-1976), Robert Siodmak (1900-1973) ou Karl Freund (1890-1969) ont apporté dans leurs bagages des composantes visuelles et thématiques qui ont nourri et assombri le courant dominant hollywoodien. Cette génération de réalisateurs européens a perçu la faculté de ce moyen d'expression à créer des effets psychologiques complexes tout en exploitant des sujets controversés, un aspect intrinsèque du travail de cinéastes comme Alfred Hitchcock (1899-1980), qui fait

REPÈRES

1941	1942	1943	1944	1945	1946
La version de John Huston du *Faucon maltais* sort en salles. On le considère aujourd'hui comme le premier vrai film noir.	Dans *Casablanca*, Rick (Humphrey Bogart) choisit son camp et marque la fin de l'isolationnisme, à l'écran comme hors écran.	*L'Ombre d'un doute* est le premier film noir d'Alfred Hitchcock. La première des *Amants diaboliques*, de Luchino Visconti (1906-1976), a lieu.	Sortie de cinq grands films noirs : *Assurance sur la mort* (voir p. 174), *Laura*, *Adieu ma belle*, *Les mains qui tuent* et *la Femme au portrait*.	Moisson de l'année : des productions de Poverty Row, *le Port de l'angoisse* (Bogart et Bacall), et l'essentiellement féminin *Roman de Mildred Pierce*.	Les films américains sont montrés à Paris et estampillés « film noir ». Première du *Dahlia bleu*, du *Facteur sonne toujours deux fois* et du *Grand Sommeil*.

ses débuts dans le film noir en 1943 avec *l'Ombre d'un doute* (à droite). *M le maudit,* de Fritz Lang (1931, voir p. 82), sur un tueur d'enfants en série, est l'un des premiers films à marier une esthétique et une intrigue de film noir. Ce thriller allemand a pour vedette Peter Lorre, acteur prototype du film noir, dans un rôle insidieusement troublant. Figure également une voix-off, procédé qui deviendra une marque de fabrique du genre. Un autre film de Lang, *J'ai le droit de vivre* (1937), avec un jeune couple condamné (Henry Fonda et Sylvie Sidney) fuyant le destin et la loi, semble lui aussi annoncer le film noir. Néanmoins, aucune de ces œuvres ne diffuse la claustrophobie existentielle ou la fourberie généralisée qui distingue la quintessence du film noir.

Autre candidat parfois donné comme premier film noir hollywoodien : *Stranger on the Third Floor* (1940), un thriller tortueux et évocateur, avec à nouveau Peter Lorre. Mais il demeure un film de série B de 64 minutes, réalisé par le peu connu Boris Ingster (1903-1978). Bien que la photographie soit signée Nicholas Musuraca, un maître du film noir, l'œuvre aura peu d'influence en son temps. C'est *le Faucon maltais* (1941 ; voir p. 172) qui peut vraiment s'enorgueillir d'avoir fait démarrer le film noir hollywoodien. Bien que ses instigateurs n'aient jamais eu l'intention de lancer une mode, encore moins d'inaugurer l'un des cycles les plus admirés et influents de l'histoire du cinéma.

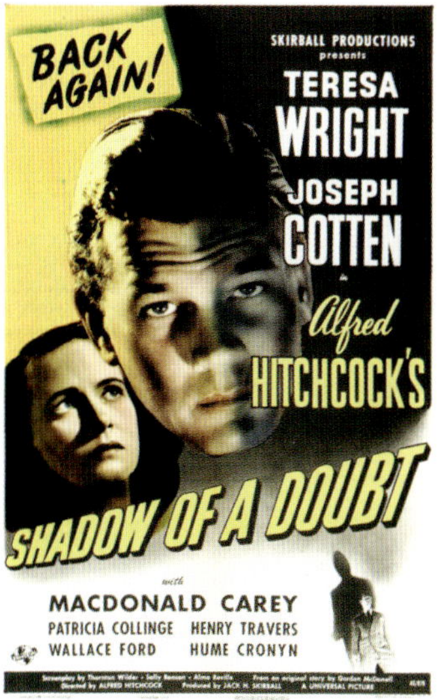

On peut en partie retrouver la nature insaisissable du genre dans le fait qu'il n'est devenu connu comme tel qu'après coup. Le concept est une construction historique rétroactive, comme pour « le Moyen Âge ». Les cinéastes qui ont créé le western, les films de cape et d'épée ou les biopics savaient parfaitement où ils se situaient. Mais peu, voire aucun des cinéastes du film noir, aurait parlé de leur travail en tant que tel. On doit le concept du « film noir » aux critiques français qui, remarquant une tendance nouvelle dans le cinéma américain arrivant en France après l'occupation allemande, se sont inspirés de la populaire collection « Série noire ». Le terme est inventé pour représenter le monde sombre et pessimiste du crime et de la corruption. C'est le critique français Nino Frank qui emploie le terme en premier, en 1946. Mais hors de France, l'expression « film noir » ne rentrera dans le langage qu'avec les années 1960.

Le héros du film noir est rarement un chic type. Cynique, sans pitié, opportuniste, peu sentimental, désabusé, solitaire, peu assuré et résigné quant à l'avenir, il est incarné par des acteurs comme Humphrey Bogart ou Robert Mitchum (pierre angulaire du film noir, *la Griffe du passé,* 1948 ; à gauche), capables d'exploiter la face cachée de leurs personnages. Dans l'univers du film noir, même si le héros se révèle assez chanceux pour survivre à la dernière bobine, il l'est moins avec les femmes. Le film noir se caractérise par la méfiance entre les personnages, la perte d'innocence, l'univers urbain menaçant (comme dans *la Proie,* 1948 ; à droite) et un sens du désespoir souvent contrebalancé par un humour grinçant maintenant le spectateur à distance de tant de désolation… Le genre sert de riposte aux comédies musicales et romantiques hollywoodiennes contemporaines. Là où le courant dominant dévoile non sans fierté ses héros à l'allure soignée et ses héroïnes à l'allure provinciale, le film noir donne à voir une armée d'anti-héros et de femmes fatales.

1947	1949	1953	1954	1955	1957
Une année prolifique qui voit *En marge de l'enquête, Angoisse dans la nuit* et *la Griffe du passé.* Suivront, en 1948, *la Cité sans voiles* et *Raccrochez, c'est une erreur.*	Sortie du *Troisième Homme* (voir p. 176), de Carol Reed. Et en 1950, *Quand la ville dort,* de John Huston, et *Boulevard du crépuscule,* de Billy Wilder.	L'actrice Ida Lupino est la première femme à réaliser un film noir : *le Voyage de la peur.*	Sortie de *la Chasse au gang, Désirs humains* et *Témoins de ce meurtre.*	Robert Mitchum incarne un bandit psychotique dans *la Nuit du chasseur.* Ce genre de rôle deviendra l'une de ses marques de fabrique.	Sortie du *Grand Chantage,* avec Burt Lancaster et Tony Curtis. En 1958, *la Soif du mal* est considéré comme le dernier grand film noir.

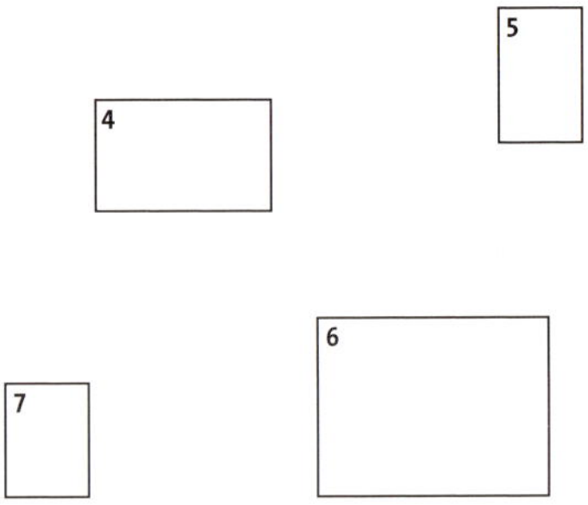

4 *Le Dahlia bleu,* adapté d'un roman de Raymond Chandler, est interprété par Alan Ladd et Veronica Lake, qui deviendront un couple célèbre du film noir.

5 La musique de *Feux croisés* et sa photographie minimaliste diffusent un sentiment de claustrophobie et de violence réprimée qui s'empare du spectateur pour ne pas le quitter à la sortie du cinéma.

6 Découvrant que son mari et sa belle-mère l'empoisonnent, Alicia (Ingrid Bergman) s'effondre dans *les Enchaînés,* d'Alfred Hitchcock.

7 En 1946, mariés à la ville, Bacall et Bogart se partagent la vedette de la version filmée du roman noir de Chandler, de 1939. Le détective privé Philip Marlowe y fait son apparition.

La grande période du film noir hollywoodien coïncide avec les années de guerre et la Chasse aux sorcières de l'après-guerre. Avec son atmosphère de peur et de paranoïa, plus ce sentiment d'effroyable fatalité, le film noir propose une réponse indirecte au climat politique de l'époque. Dans nombre de films, on perçoit l'inquiétude à propos du conflit qui engouffre l'Europe et entraînera bientôt les États-Unis. On y perçoit aussi, plus tard, la claustrophobie de la Guerre froide qui étrangle le pays, et la menace de destruction totale par arme nucléaire. John Huston (1906-1987) réalise *le Faucon maltais* avant l'entrée en guerre des États-Unis. On y distingue, submergée sous les conventions du policier, l'anxiété face à la situation en Europe. *Le Troisième Homme* (1949 ; voir p. 176), de Carol Reed, dont l'action se situe dans la Vienne d'après-guerre, macère dans le contrecoup de la Seconde Guerre mondiale et révèle l'atmosphère d'inquiétude, de pessimisme et de suspicion. Vienne occupée est dirigée par quatre puissances militaires différentes, tandis que le marché noir envahit la ville dévastée. Les paysages urbains offrent souvent un décor idéal au film noir. Tout comme les rues sombres et humides de la métropole, parfaites pour leur ambiance cauchemardesque et angoissante.

Parmi les techniques courantes dans le film noir, notons l'éclairage « clair-obscur », les angles de vue inhabituels, le flashback, la voix-off à la première personne, les dialogues ironiques et les intrigues non linéaires. Les directeurs de la photographie de l'époque, Nicholas Musuraca, John F. Seitz ou John Alton, utilisent un éclairage expressionniste pour créer une ambiance et accroître la tension. On doit à Arthur Edeson l'esthétique du film noir. Il participe à son premier long-métrage en 1914, puis enchaîne films de cape et d'épée avec Douglas Fairbanks et un des premiers parlants, *À l'ouest, rien de nouveau* (1930). Toujours dans les années 1930, il travaille sur des classiques du film d'horreur de James Whales (1899-1957) : *Frankenstein* (1931, voir p. 92), *la Maison de la mort* (1932) et *l'Homme invisible* (1933), où expressionnisme allemand à l'esthétique gothique et mélodrame dans sa version ironique fonderont le gabarit du film d'horreur. En 1941, Edeson signe la photographie du *Faucon maltais.*

L'intrigue et le thème du film noir puisent leurs racines dans le roman de gare cynique et le film policier, et donc dans le dialogue qui en résulte. *Assurance sur la mort* (1944 ; voir p. 174), un autre classique du genre, est adapté du roman de James M. Cain par Billy Wilder (1906-2002) et Raymond Chandler. Les œuvres de ce dernier inspireront de grands films, dont *le Grand Sommeil* (1946, à gauche). Dans *Assurance sur la mort,* Walter Neff (Fred MacMurray) entame son monologue par cette réplique : « Jamais je me serais douté que le crime, ça pouvait sentir le chèvrefeuille ! » Neff se retrouve mêlé à un meurtre à cause de l'intrigante Phyllis Dietrichson (Barbara Stanwyck). Les femmes ont tout de l'archétype : dévouées, aimantes ou femmes fatales, belles, mystérieuses, traîtresses et prêtes à tout pour rester au pinacle.

Durant les années 1940 et 1950, le ton du film noir s'assombrit. Les ombres se font plus lugubres et plus envahissantes, les temps forts plus audacieux voire frénétiques, les cadrages plus vertigineux, tandis que le sentiment de fatalisme s'intensifie et s'intériorise. « Le destin ou une force mystérieuse quelconque », médite le héros de *Detour* (1945), « peut s'abattre sur vous ou moi sans raison particulière ». D'autres traumatismes de l'époque en ternissent la nature : la paranoïa anti-communiste, la désorientation et l'atmosphère de vide propre à l'après-guerre. *Feux croisés* (1947 ; à droite) dit la violence des vétérans démobilisés. Le spectre tenace du nazisme émerge dans *les Enchaînés* (1946, ci-dessous). Le devenir des épouses ou petites amies durant la guerre, dans *le Dahlia bleu* (1946, ci-dessous). Et l'alcoolisme, un problème de plus en plus préoccupant aux États-Unis, qui anéantit presque le héros du *Poison* (1945).

L'audacieuse *La Soif du mal* (1958), d'Orson Welles, marque la fin du film noir américain. Histoire de corruption dans une ville frontalière sordide où Charlton Heston incarne un digne agent de la brigade des stupéfiants, Welles un policier américain dégénéré et Marlène Dietrich la tenancière d'une maison de tolérance. Le film doit sa réputation au plan-séquence d'ouverture de trois minutes et à la course-poursuite finale, aux effets visuels et sonores révolutionnaires.

Alors que les États-Unis s'enfoncent encore dans la névrose de la Guerre froide, le pessimisme du film noir avec ses images sinistres matérialise un envers désenchanté, une riposte à l'optimisme et aux sermons cocardiers hollywoodiens. Ces parades patriotiques sur la grand-rue trouvent leur équivalent sardonique dans les rues borgnes. Plus les lumières sont vives et les tambours bruyants, plus les ombres sont confuses et les échos caverneux. Selon le critique Colin McArthur : « Les énoncés du film noir ne sont pas sociaux, ni liés aux problèmes d'une société en particulier, mais métaphysiques et rattachés à l'angoisse existentielle, à la solitude, données fondamentales de la condition humaine. » **P. K.**

Le Faucon maltais 1941
The Maltese Falcon JOHN HUSTON 1906-1987

▲ Sam Spade (Humphrey Bogart) tenant « l'oiseau noir ». L'éclairage théâtral contribue à l'atmosphère oppressante.

▼ L'affiche originale trahit les origines populaires du roman.

Le roman de Dashiell Hammett (1894-1961), *le Faucon maltais,* signe les débuts dans la réalisation de John Huston, et le film les rendra, Humphrey Bogart et lui, célèbres. Il fonde le thème si cher à Huston de la quête perdue d'avance : des individus poursuivent un objectif qui se révèle impossible à atteindre. En le scénarisant lui-même, Huston touche le moins possible au texte de Hammett, créant un style et une ambiance en parfaite adéquation avec l'original.

Pour cette histoire de meurtre, de corruption, de cupidité, Huston réunit une distribution hors pair, dont Bogart, parfait en Sam Spade, détective privé. Ce rôle définira ce personnage emblématique d'homme calme, cynique, déçu par une vie remplie de coups durs et de rêves brisés. Le film arbore une riche galerie de méchants : Mary Astor, la femme fatale séductrice et manipulatrice. Sydney Greenstreet, le pompeux méchant qu'est Kasper Gutman. L'éternel dindon de la farce, Elisha Cook Jr, dans le rôle du tueur de Gutman. Et Peter Lorre, sous les traits de l'efféminé et cupide Joel Cairo.

L'autre excellente idée fut d'engager Arthur Edeson à la direction de la photographie. Son éclairage très contrasté et ses cadrages obliques créent une atmosphère troublante et pessimiste. Huston réalise ce chef-d'œuvre malgré six petites semaines de tournage et un budget modeste. Il choisit de tourner l'intégralité des séquences dans l'ordre, d'où ce sentiment extrêmement réaliste de continuité. Le filmage s'amorce sur un rythme relativement décontracté, puis la tension monte graduellement à mesure que la vitesse s'accroît, le procédé se trouvant amplifié par la musique provocante d'Adolph Deutsch. **P. K.**

LES SCÈNES PRINCIPALES

1 MISE EN PLACE DU MYSTÈRE
Le faucon entre en scène. Sam Spade est provisoirement à la merci de Joel Cairo, qui, après lui avoir proposé 5 000 dollars pour trouver la statuette du faucon incrustée de pierres précieuses, le met en joue. Spade maîtrise Cairo, le met KO et reprend ce qui lui appartient.

2 LA FEMME FATALE ENTRE
Après avoir menti à Brigid O'Shaughnessy (Mary Astor), en lui disant que l'appartement était surveillé, Spade la questionne. Brigid se montre fuyante, lui raconte des histoires, avant de l'attirer à elle pour un long baiser. Émoustillé mais pas convaincu, il exige la vérité.

3 LE DÉNOUEMENT
Spade montre le faucon maltais à Cairo, Brigid et Kasper Gutman. Il se révèle être une réplique en plomb dépourvue de toute pierre précieuse. Gutman demande aux autres de l'aider à trouver l'originale. Seul Cairo accepte.

LE RÉALISATEUR

1906-1941
John Huston est né à Nevada, dans le Missouri. Il commence comme scénariste à la Warner Bros., puis fait ses débuts dans la réalisation avec *le Faucon maltais*, qui immédiatement devient un classique. Il pose également la quête obsessionnelle comme thème récurrent de ses films.

1942-1946
Il sert dans l'armée et tourne d'excellents documentaires sur la guerre, dont *Let There Be Light* (1946), portrait très fidèle de soldats soignés pour psychose traumatique.

1947-1952
Il remporte l'oscar pour *le Trésor de la Sierra Madre* (1948), puis tourne certains de ses films les plus réussis, *Quand la ville dort* (1950) ou *The African Queen* (1951).

1953-1969
Alors que des films comme *Moby Dick* (1956) et *les Désaxés* (1961), avec Clark Gable, Marilyn Monroe et Montgomery Clift, font forte impression, le succès critique de Huston s'effondre dans les années 1960.

1970-1987
Huston revient à ses fondamentaux dans les années 1970 avec le film de boxe *Fat City* (1972), *L'homme qui voulut être roi* (1975), inspiré de Rudyard Kipling, et la comédie noire *l'Honneur des Prizzi* (1985), qui lui vaudra une nomination aux oscars. Son dernier film sera *les Gens de Dublin* (1987), adapté de James Joyce. Il meurt, âgé de 81 ans, en plein tournage de *Mr. North*, premier film de son fils Danny, où il tenait un petit rôle.

DU LIVRE À L'ÉCRAN

Le succès relatif des deux premières versions du *Faucon maltais* conduit John Huston à se montrer audacieux, voire téméraire – lorsqu'il tire le scénario du roman de Dashiell Hammett – en « suivant le livre plutôt qu'en s'en affranchissant ». Publié en 1930, *le Faucon maltais* intronise Dashiell Hammett comme chef de file des auteurs de romans noirs américains et son personnage Sam Spade incarne la quintessence du privé cynique et intraitable. L'authenticité du héros de Hammett est gagnée de haute lutte, parce qu'elle est le fruit de son expérience de détective privé. Conscient des vertus cinématographiques du récit serré de Hammett et de ses dialogues laconiques, John Huston porte le livre à l'écran sans beaucoup de retouches. Qu'il ait réalisé l'un des plus grands films noirs est un hommage à la sensibilité de Huston et aux grandes qualités littéraires de Hammett. En 1989, la bibliothèque du Congrès considère le film comme « culturellement, historiquement et esthétiquement capital » et vote sa conservation.

Assurance sur la mort 1944

Double Indemnity BILLY WILDER 1906-2002

▲ Walter Neff, revolver à la main, regarde le corps sans vie de Phyllis.

▼ Une affiche accrocheuse labellisée « film noir ».

La température d'*Assurance sur la mort* commence à monter lorsque Walter Neff (Fred MacMurray) découvre Phyllis Dietrichson (Barbara Stanwyck) enrobée dans une serviette sur les marches de l'escalier. Neff, un courtier en assurances, s'introduit en force dans une demeure des collines de Los Angeles pour vendre le renouvellement d'une assurance automobile. « Je peux vous aider ? », roucoule Phyllis. Un érotisme évident, et rare dans les premiers thrillers hollywoodiens, se dégage du film de Billy Wilder. Adapté par Raymond Chandler de la nouvelle de James M. Cain de 1936, il s'ouvre sous le signe du désir puis se précipite vers le meurtre. Pris au piège par Phyllis, Neff accepte d'assassiner son mari (Tom Powers) pour toucher la prime d'assurance-vie. Mais il sait que son patron (Edward G. Robinson) a un don pour repérer les escroqueries à l'assurance. L'histoire tout entière est racontée en flashback par Neff. Billy Wilder et Raymond Chandler ont compris que la voix-off était un outil d'expression en soi dont l'usage ne doit pas se cantonner à l'exposé de l'intrigue.

Initialement, Barbara Stanwyck rechigna à jouer la femme fatale. Pour la convaincre, Wilder se moqua d'elle en lui demandant si ce rôle lui faisait peur. MacMurray n'est pas non plus tenté d'incarner un coureur de jupons, mais Wilder parvient à le persuader. Les producteurs, Paramount, savent que l'acteur va sous peu intégrer un autre studio et espèrent que ce film ruinera sa réputation.

À Hollywood, on trouvera le film de mauvais goût. Dans les faits, Wilder et Chandler sont nominés pour l'oscar du meilleur scénario, et le film inaugure une approche plus franche, plus adulte, du thriller. **G. M.**

LES SCÈNES PRINCIPALES

1 LA FEMME DANS L'ESCALIER
Neff est ensorcelé dès qu'il voit Phyllis vêtue d'une serviette. On raconte que Wilder ne s'est aperçu de la laideur de cette perruque qu'un mois après le début du tournage, avant d'affirmer qu'il avait l'intention de montrer par là la désuétude de son personnage.

2 COMMENT COMPLOTER UN MEURTRE AU SUPERMARCHÉ
Neff et Phyllis se retrouvent dans les allées d'un supermarché pour préparer l'assassinat du mari. Les rayons surchargés évoquent la société de consommation en plein essor et les promesses du rêve américain, que le film torpille, comme la plupart des films noirs.

3 LA PORTE S'OUVRE VERS L'EXTÉRIEUR
Barton Keyes (Edward G. Robinson) quitte l'appartement de Neff sans se rendre compte que Phyllis s'y trouve également. Dans la réalité, les portes s'ouvrent presque toujours vers l'intérieur. Mais la licence de Wilder accroît l'intensité dramatique de la scène.

LE RÉALISATEUR

1906-1938
Billy Wilder naît à Vienne. Il fait ses débuts de scénariste avec *le Reporter diabolique* (1929). Il travaille avec Fred Zinnemann (1907-1997) et Robert Siodmak sur *les Hommes le dimanche* (1929). À l'arrivée de Hitler au pouvoir, Wilder s'exile à Hollywood.

1939-1944
Il est nominé aux oscars pour le scénario de *Ninotchka* (1939), avec Greta Garbo. *Uniformes et jupons courts* (1942) sera son premier film en tant que réalisateur hollywoodien.

1945-1959
Il travaille comme monteur sur le documentaire de l'armée américaine *Death Mills*, qui traite des camps de la mort, puis réalise la comédie romantique *la Scandaleuse de Berlin* (1948). Il remporte des oscars pour *le Poison* (1950), *Boulevard du crépuscule* (1950) et les célèbres farces *Sept Ans de réflexion* (1955) et *Certains l'aiment chaud* (1959), avec Marilyn Monroe.

1960-1968
La Garçonnière (1960) débute la nouvelle décennie de façon prometteuse en glanant trois oscars supplémentaires et sera suivie par *Irma la douce* (1963). *Embrasse-moi idiot* (1964) sera moins bien reçu, même si *la Grande Combine* (1966) vaut à Walter Matthau l'oscar du meilleur second rôle.

1969-2002
La Vie privée de Sherlock Holmes est lourdement coupée au montage. *Fedora* (1978) sera unanimement saluée, mais son dernier film, *Buddy Buddy* (1981), demeurera un échec, et sa carrière décline. Il meurt d'une pneumonie, en 2002.

DU LIVRE À L'ÉCRAN

Il est d'usage, dans le monde du cinéma, y compris de la bouche des deux intéressés, d'entendre dire que Billy Wilder et Raymond Chandler se détestaient cordialement. Wilder avait engagé Chandler pour une adaptation de la nouvelle de James M. Cain, car il admirait *le Grand sommeil* (et aussi car son co-scénariste habituel, Charles Brackett, avait refusé le projet, le trouvant « sinistre »). Les deux hommes comprennent vite qu'ils sont de tempérament incompatible ; Wilder savoure les dialogues et les descriptions de Chandler, mais affirme à Cameron Crowe que le romancier ne sait pas « construire ». Il estime par ailleurs que Chandler est une source de contrariétés comme il n'en a jamais connu. De son côté, Chandler écrit à son éditeur que travailler avec Wilder sur *Assurance sur la mort* était « une expérience atroce qui avait sans nul doute écourté sa vie ». Les deux hommes ne collaboreront plus jamais, bien qu'ils se respectent... à contrecœur. Chandler le reconnaîtra, ce qu'il a appris de l'écriture de scénario, il le tient de Wilder.

Le Troisième Homme 1949

The Third Man CAROL REED 1906-1976

▲ Sur les conseils de Reed, on aspergea les pavés d'eau pour faire ressortir les reflets.

▼ L'affiche met en valeur la grande scène de poursuite.

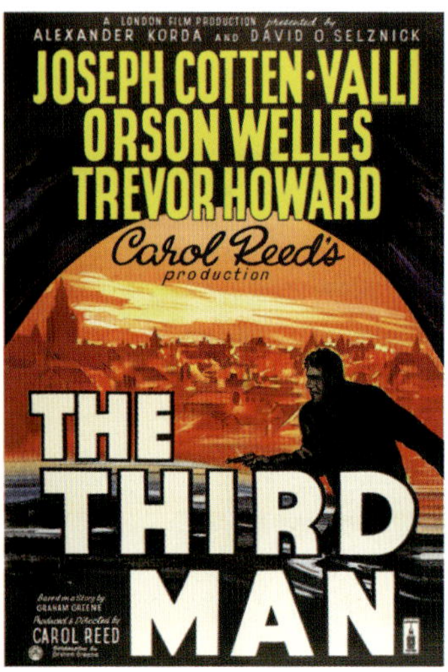

Avec un scénario de Graham Greene, *le Troisième Homme* s'empare de la paranoïa urbaine du film noir hollywoodien, qu'il déplace en Europe, explorant la ville de Vienne, détruite, au lendemain de la guerre, répartie entre quatre puissances militaires et ravagée par le marché noir. Greene est un des personnages clés – quoique mal connu – du film noir ; il écrira les scénarios de *Tueur à gages* (1942) et *Espions sur la Tamise* (1944). Dans cet univers arrive un Américain innocent, Holly Martin (Joseph Cotten), prolifique écrivain. Il apprend, choqué, que son ami d'enfance, le louche Harry Lime, est mort dans des circonstances suspectes. Il rencontre l'une des petites amies de Harry, Anna (Alida Valli), et tour à tour plusieurs excentriques sinistres lors de sa recherche du « troisième homme » sur les lieux de l'accident fatal à Lime. Il comprend que Harry (Orson Welles) a maquillé sa mort pour échapper au policier (Trevor Howard) et qu'il trempe dans le marché noir de pénicilline. Holly parviendra-t-il à retrouver son vieil ami ou l'aidera-t-il à rendre des comptes ?

Ce film anglais – l'un des rares techniquement aussi parfait qu'un classique hollywoodien – est un mélange savoureux de thriller politique, d'étrange romance et de mystère gothique, teinté d'un noir et blanc poétique. L'inoubliable thème de cithare d'Anton Karas, quant à lui, sera un véritable succès. Le dialogue le plus célèbre (l'anecdote du coucou) a été écrit par Orson Welles, sur l'impulsion du moment, pour étoffer le personnage. Les personnages sont magnifiquement campés, notamment grâce au travail extraordinaire de Joseph Cotten, qui compose cet homme perplexe et sans illusions. **K. N.**

LES SCÈNES PRINCIPALES

1 LE CERCLE DE LECTURE
Holly s'adresse à un groupe littéraire qui ne comprend pas tout de suite qu'il écrit des westerns. Les invités pensent qu'il plaisante lorsqu'il cite Zane Grey comme l'écrivain qui l'a le plus influencé et il doit lutter pour donner son avis sur James Joyce.

2 LA RÉSURRECTION DE HARRY LIME
Un chat se frotte à des jambes familières dans une porte entrebâillée. Un plafonnier s'allume. Holly aperçoit Harry Lime, vivant, qui jette un regard malicieux voire séducteur tandis que la musique reprend. Un des plus infâmes charmeurs entre en scène.

3 LE DIALOGUE DU COUCOU
Les deux amis sont réunis pour un des dialogues les plus connus du cinéma, où Harry détaille sa vision du monde. Quelle est sa conclusion ? « En Suisse, ils ont eu 500 ans de démocratie, de paix, et ça a donné quoi ? Le coucou ! »

4 LA POURSUITE SOUS LA VILLE
Harry est pourchassé dans les égouts de Vienne, avant d'être piégé et tué. Les scènes ont été tournées dans deux endroits : les égouts viennois et les studios de Shepperton, en Angleterre. L'arrivée tardive de Welles à Vienne a contraint Reed à faire appel à une doublure.

5 À L'ENTERREMENT
Le film débute et s'achève avec un enterrement pour Harry, bien que seule la cérémonie de fin soit authentique. Holly attend la fin de l'office pour parler avec Anna, mais elle refuse de lui répondre, fuyant l'homme qui a trahi Harry Lime.

LE RÉALISATEUR

1906-1932
Carol Reed naît en 1906 et débute au théâtre avant de travailler sur des adaptations de film. Il joue dans *The Flying Squad* (1929).

1933-1946
Il devient l'un des grands réalisateurs anglais : *Week-end* (1938), *Sous le regard des étoiles* (1940), *Train de nuit pour Munich* (1940), *Kipps* (1941), *The Young M. Pitt* (1942), et *l'Héroïque Parade* (1944).

1947-1961
Pour *Première Désillusion* (1948) et *le Troisième Homme,* il travaille avec Graham Green. Ils se réuniront pour *Notre agent à la Havane* (1959).

1962-1976
Après s'être retiré des *Révoltés du Bounty* (1962), Reed réalise deux « gros » films : *l'Extase et l'Agonie* (1965) et *Olivier !* (1968), qui remportera un oscar. Puis il décline, avec deux « petits » : *l'Indien* (1970) et *Sentimentalement vôtre* (1972).

LE NÉO-RÉALISME ITALIEN

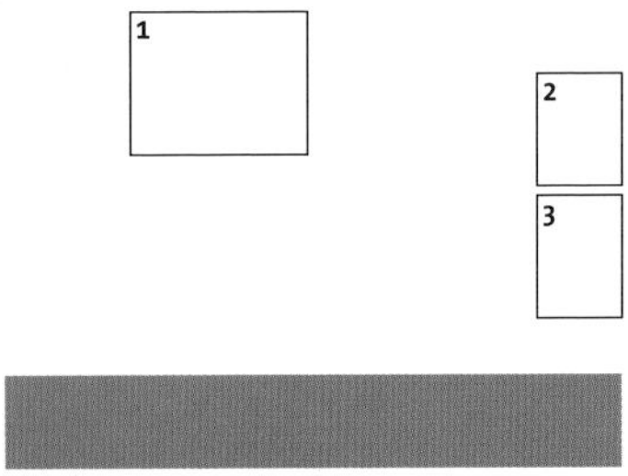

1 Clara Calamai et Massimo Girotti, les amants maudits du sulfureux récit de Luchino Visconti sur le désir, *Ossessione.*

2 *Allemagne, année zéro,* de Roberto Rossellini, raconte l'histoire tragique d'un jeune garçon qui tente de survivre dans le Berlin de l'après-guerre. Le film montre que malgré la fin de la guerre, ses effets se faisaient encore sentir sur les survivants.

3 Une affiche italienne de *Stromboli,* avec Ingrid Bergman, met l'accent sur la rudesse de la vie que son personnage rencontre lorsqu'elle va vivre sur l'île volcanique.

Le terme néo-réalisme fut inventé par des critiques italiens au début des années 1940. Le scénariste Cesare Zavattini fut l'un des principaux auteurs et théoriciens du mouvement. Il engagea les cinéastes à arpenter les rues, à monter dans les bus et les tramways et à « emprunter » leurs histoires à la vie quotidienne ; il écrivit ainsi dans son Journal des années de guerre, *Séquences d'une vie cinématographique :* « Installons notre caméra dans une rue, dans une chambre, observons avec une patience inlassable, prenons l'habitude de contempler nos semblables dans leurs actions élémentaires. » Par la suite, Cesare Zavattini écrivit les scénarios de film comme *le Voleur de bicyclette* (1948, voir p. 182), *Umberto D.* (1952) et *Miracle à Milan,* (1951), qui se concentrent tous sur les difficultés que les gens ordinaires devaient affronter dans l'Italie de l'époque. Le cinéma italien de la période néo-réaliste raconte en effet souvent l'histoire de personnages s'efforçant de résoudre des problèmes quotidiens. Il réagissait ainsi aux films des années 1930, de style dit *telefono bianco* (« téléphone blanc »), qui tentaient de rivaliser avec Hollywood et prenaient pour héros des bourgeois.

On cite parfois *Ossessione* (1943, ci-dessus), de Luchino Visconti (1906-1976), comme le premier exemple de néo-réalisme, bien qu'il contienne de nombreux éléments le rattachant plutôt au film noir. Son scénario s'inspire du roman policier de James M. Cain *Le facteur sonne toujours deux fois* (1934). Visconti y travailla avec des scénaristes et des cinéastes qui collaboraient au magazine *Cinema,* parmi lesquels Giuseppe De Santis. Il raconte l'histoire sordide,

REPÈRES

1940	1942	1943	1944	1945	1947
Federico Fellini (1920-1993) fait ses débuts de scénariste à Rome.	Vittorio De Sica collabore pour la première fois avec Cesare Zavattini sur le scénario du film *Les enfants nous regardent* (1944).	Considéré comme l'un des premiers films néo-réalistes, *Ossessione* subit les foudres de la censure fasciste, qui fait détruire le négatif ; Luchino Visconti en conserve une copie.	Federico Fellini rencontre Roberto Rossellini, qui l'engage parmi les dialoguistes de *Rome, ville ouverte.*	Roberto Rossellini réalise le premier film de sa trilogie consacrée à la guerre, *Rome, ville ouverte.*	Michelangelo Antonioni (1912-2007) co-écrit le scénario du film de Giuseppe De Santis *Chasse tragique,* consacré à une coopérative agricole.

transposée dans la province italienne, d'un vagabond ayant une liaison avec l'épouse d'un restaurateur et de l'assassinat du mari par les deux amants. Le film lui valut des ennuis avec la censure et fut interdit par les autorités fascistes.

Les héros du néo-réalisme couvrent un large éventail d'âges. *Umberto D.*, de Vittorio De Sica (1902-1974), raconte l'histoire d'un homme âgé (Carlo Battisti) tombé dans la pauvreté, mais luttant désespérément pour garder sa dignité, qui erre dans Rome en compagnie de son chien, son seul compagnon fidèle. À l'inverse, les enfants jouent un rôle de premier plan dans *le Voleur de bicyclette* et *Miracle à Milan.* Les réalisateurs néo-réalistes ne traitèrent cependant pas toujours leurs sujets dans un style documentaire. *Miracle à Milan,* de Vittorio De Sica, qui a pour protagonistes des sans-abri occupant des baraquements de la banlieue milanaise de l'après-guerre, pourrait ainsi être rattaché à la catégorie du « réalisme magique » : outre ses attaques contre les propriétaires cupides et les squatters vénaux, le film contient une forte composante de fantaisie. Les cinéastes néo-réalistes n'employèrent pas que des acteurs amateurs. *Rome, ville ouverte* (1945, voir p. 180), de Roberto Rossellini (1906-1977), par exemple, met en scène Anna Magnani, l'une des plus grandes stars du cinéma italien de l'après-guerre, ainsi que l'acteur, scénariste et réalisateur Aldo Fabrizi (1905-1990).

Rome, ville ouverte remporta le grand prix du Festival de Cannes et eut une influence immédiate. La légende veut que Rossellini l'ait réalisé à partir de *short ends,* des morceaux de pellicule que lui auraient donnés des soldats américains disposant d'une caméra, au moment de la libération de Rome. Quoi qu'il en soit, son style de reprise fut déterminé par les contraintes imposées à son travail. Les scènes furent tournées à la hâte et coupées abruptement. *Rome, ville ouverte* manifeste une rudesse et une énergie qui ont fini par être considérées comme caractéristiques du néo-réalisme.

Rossellini réalisa ensuite *Paisà* (1946), un film-fleuve consacré à la fin de la guerre en Italie, puis le brutal *Allemagne, année zéro* (1948 ; ci-contre, en haut), qui décrit la situation désespérée d'un jeune garçon luttant pour survivre, dans le sillage de la défaite nazie. Il existe une profonde différence entre les films de la « trilogie de la guerre » de Rossellini et le travail qu'il entreprit avec Ingrid Bergman dans *Stromboli* (1950 ; ci-contre), étrange et sinistre histoire d'une émigrée lituanienne mariée à un pêcheur italien pour échapper à un camp de déportés, à la fin de la guerre : elle part vivre avec lui sur une île lointaine, où elle se retrouve déroutée et opprimée par la société patriarcale qu'elle rencontre.

Au début des années 1950, le contexte avait changé : la société italienne était plus prospère et les réalisateurs moins soucieux de représenter des marginaux. Le néo-réalisme n'en exerça pas moins une large influence : le Cinema Novo, au Brésil, le Free Cinema, en Grande-Bretagne, la Nouvelle Vague, en France, et le mouvement « cinéma vérité », dans le domaine du documentaire, doivent tous beaucoup aux œuvres tournées, dans les années 1940, par des réalisateurs comme De Sica et Rossellini. **G. M.**

1948	1948	1949	1949	1950	1953
Luchino Visconti réalisa *La terre tremble,* dont le style est proche de ce que l'on définit aujourd'hui comme le néo-réalisme.	*Le Voleur de bicyclette* (voir p. 182), de Vittorio De Sica, sort en salles. On le considère comme un classique du néo-réalisme et il obtint, en 1950, un oscar d'honneur.	Giuseppe De Santis fait de Silvana Mangano une star et un sex-symbol en lui confiant le rôle d'une plantureuse paysanne dans *Riz amer,* qui fit scandale à l'époque.	La loi Andreotti offre des subventions aux réalisateurs à condition que leurs œuvres soient approuvées par le gouvernement et ne ternissent pas l'image de l'Italie.	Ingrid Bergman, mariée, fait scandale en quittant Hollywood pour jouer le premier rôle de *Stromboli,* de Rossellini, avec qui elle entame par la suite une liaison.	Sortie de *I Vitelloni,* de Federico Fellini, un film consacré à de jeunes oisifs d'une petite ville de province, qui remporte le lion d'or au Festival de Venise.

Rome, ville ouverte 1945
Roma, città aperta ROBERTO ROSSELLINI 1906-1977

▲ Après avoir assisté à l'exécution de leur curé, les enfants rentrent à Rome.

▼ Sur cette affiche, un fasciste sans visage se précipite sur Don Pietro et Pina.

On sait que Roberto Rossellini improvisa la réalisation de *Rome, ville ouverte*, qu'il tourna dans les rues de la ville au lendemain de sa libération. La plupart des reprises furent muettes, les éléments sonores ayant été ajoutés plus tard. Le montage est brusque, car le réalisateur n'avait pas de matériel de réserve. « Le plus souvent, la pellicule était finie avant que la scène soit terminée », se plaignit Aldo Fabrizi, qui joue le rôle d'un prêtre engagé dans la Résistance contre les nazis. Rossellini s'inspira de l'expérience qu'il avait lui-même vécue lorsqu'il s'était caché des patrouilles nazies qui recherchaient de jeunes Italiens pour les contraindre à combattre aux côtés des fascistes. Il avait d'abord pensé à un documentaire, et, lorsqu'il opta pour la fiction, il le fit avec un œil de documentariste. Les scènes de torture semblent étrangement d'actualité, à l'époque de Guantánamo et d'Abou Ghraib : on y voit un Résistant flagellé, fouetté et brûlé, tandis que Don Pietro (Fabrizi) est assis dans la pièce voisine.

Rome, ville ouverte n'est pas le pur et simple film néo-réaliste qu'il semble être à première vue. À côté de séquences ressemblant à des actualités filmées, il contient des éléments qui auraient toute leur place dans un mélodrame hollywoodien. On y trouve une femme au foyer héroïque (Anna Magnani) qui a tout l'aspect d'une *Mrs Miniver* italienne, de courageux enfants des rues et un prêtre ressemblant beaucoup à Father Brown. Personne ne pouvait, mieux que Rossellini, filmer une scène de mort : celle où Anna Magnani est tuée alors qu'elle court dans la rue et celle de l'exécution du prêtre devant un groupe d'enfants sont filmées pour aboutir à un paroxysme de pathétisme et de drame. **G. M.**

LES SCÈNES PRINCIPALES

1 UNE ÉVASION SUR LES TOITS

Tandis que des soldats allemands frappent à la porte, le combattant de la Résistance Giorgio Manfredi (Marcello Pagliero) s'échappe par les toits. Bien qu'il s'agisse d'un film néo-réaliste, un instant, Giorgio présente l'aspect fringant d'un héros à la Douglas Fairbanks.

2 LA RAFLE DANS L'IMMEUBLE

Une patrouille nazie ordonne à tous les occupants d'un immeuble, y compris les malades, de se rassembler dans la cour. Don Pietro arrive juste à temps pour cacher les armes appartenant à la Résistance sous le lit d'un vieillard.

3 LA MORT DE PINA

Lorsque son fiancé Francesco est capturé par les nazis et emmené sur un camion, Pina (Anna Magnani) court pour le rattraper. Lors d'une séquence qui semble tirée d'un film d'actualité, elle est abattue dans la rue. Son fils, désespéré, se jette sur son cadavre.

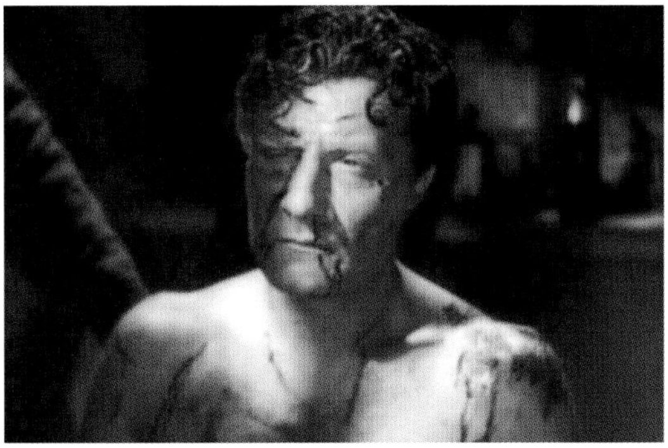

4 LA SCÈNE DE TORTURE

Assis et impuissant, le prêtre Don Pietro Pellegrini entend les terribles cris de Giorgio, le Résistant qu'on torture dans la pièce voisine. Quelques minutes plus tard, on voit le corps ensanglanté et balafré du combattant.

5 LA MORT DU PRÊTRE

Un groupe d'enfants, accablés de douleur et horrifiés, assiste à l'exécution par les nazis de leur prêtre bien-aimé. Pour manifester leur solidarité et lui donner du courage à ce moment tragique, ils l'appellent en sifflant.

LE RÉALISATEUR

1906-1953

Roberto Rossellini naît à Rome. Son père, architecte, aurait construit le premier cinéma de la ville. Après avoir travaillé comme technicien et tourné des documentaires, il réalise, en 1942, son premier long-métrage, *le Navire blanc.* Il tourne aussi, dans la clandestinité, des séquences consacrées aux Résistants anti-fascistes. Sa célèbre « trilogie de guerre », inaugurée par *Rome, ville ouverte,* se poursuit avec *Paisà* (1946) et *Allemagne, année zéro* (1948).

1954-1977

Voyage en Italie (1954), dont le rôle principal est tenu par son épouse, Ingrid Bergman, n'obtient pas beaucoup de succès à sa sortie, mais on le considère aujourd'hui comme son chef-d'œuvre. *La Prise de pouvoir de Louis XIV* (1966) est l'un des films biographiques qu'il consacra à de célèbres personnages historiques. Il meurt d'une crise cardiaque, âgé de 71 ans. Son dernier film est *le Messie,* 1975.

Le Voleur de bicyclette 1948

Ladri di biciclette VITTORIO DE SICA 1902-1974

▲ Maggiorani et Staiola donnèrent une interprétation touchante sans sensiblerie.

▼ Une affiche poignante du film qui obtint un oscar d'honneur en 1950.

Si la valeur d'un film se mesure à l'admiration qu'il suscite, celle du *Voleur de bicyclette* doit être immense. De René Clair (1898-1981) à Jacques Becker (1906-1960) et Robert Bresson (1901-1999), plusieurs réalisateurs se sont extasiés devant la fable néo-réaliste de Vittorio De Sica et sa simplicité. Dans la Rome de l'après-guerre, un chômeur (Lamberto Maggiorani) se voit offrir un emploi de colleur d'affiches – à condition qu'il dispose d'une bicyclette. Il s'en procure une, mais lorsqu'on la lui vole, sa vie menace de s'effondrer. Vittorio De Sica et ses scénaristes ont ainsi représenté le drame profond qui peut se cacher derrière une histoire de tous les jours. De Sica présenta le projet du film au producteur hollywoodien David. O. Selznick, qui proposa de confier le rôle du chômeur à Cary Grant ; De Sica répliqua que Henry Fonda aurait été un meilleur choix. Il finit par engager Maggiorani, « un simple ouvrier de Breda qui accepta de [lui] prêter son visage pendant deux mois ». Malgré tout son manque d'expérience, il était fringant et d'une beauté frappante.

Certaines séquences du film sont hautement stylisées. Quand Antonio part à la recherche de sa bicyclette volée, De Sica multiplie les images de vélos. La quête d'Antonio a quelque chose de cauchemardesque, comme si toute la ville était contre lui. Vittorio De Sica a aussi saisi l'essentiel du drame naturel des rues. Le fils d'Antonio (Enzo Staiola) n'est pas un enfant aux yeux de biche et au menton à fossette, comme on en voit chez Disney ; Enzo Staiola était fils de réfugiés, plein d'énergie et de ressources. Mais cela ne fait qu'ajouter au pathétisme du film. Comme le disait De Sica, « c'est le plus adorable enfant au monde ». **G. M.**

LES SCÈNES PRINCIPALES

1 LE VOL DE LA BICYCLETTE
Tandis qu'Antonio (Lamberto Maggiorani), perché sur une échelle, est occupé à coller une affiche, un jeune délinquant coiffé d'un béret militaire lui vole sa bicyclette. Il se lance à sa poursuite, mais il est déjà trop tard : sa bicyclette a disparu et, avec elle, son gagne-pain.

2 UN SIMPLE REPAS
Bien qu'effondré par le vol, Antonio emmène son fils Bruno (Enzo Staiola) dans une pizzeria. Bruno se goinfre de pâtes. « Pour manger comme toi, il faut gagner au moins un million de lires par mois », lui dit son père, découragé.

3 L'ACCUSATION
Antonio reconnaît avec certitude le jeune homme qui lui a volé sa bicyclette. Il l'accuse devant une foule rassemblée dans la rue, mais le jeune homme s'évanouit et l'assistance se retourne contre Antonio. La police lui conseille de renoncer à ses poursuites.

4 LA VICTIME DEVIENT VOLEUR
Antonio essaie de voler à son tour une bicyclette. Il se fait inévitablement prendre. Désemparé, son fils ramasse son chapeau. En voyant l'enfant, le propriétaire de la bicyclette se laisse toucher et renonce à porter plainte. Antonio et Bruno rentrent chez eux.

LE RÉALISATEUR

1902-1945
Vittorio De Sica naît à Sora, près de Rome. Il devient une vedette du cinéma italien muet ; tout au long de sa carrière, il continuera à mener une activité d'acteur parallèle à celle de réalisateur. *Madeleine, zéro de conduite* (1940) est son premier long-métrage. Son quatrième, *Les enfants nous regardent* (1944), marque les débuts de sa collaboration avec le grand scénariste Cesare Zavattini. Ensemble, ils jouèrent un rôle fondamental dans l'émergence du néo-réalisme, détournant la caméra du papier mâché des studios pour la diriger vers la vie réelle.

1946-1950
De Sica tourne *Sciuscià*, en 1946. Le film raconte l'histoire de deux gamins qui gagnent leur vie en cirant des chaussures dans les rues de Rome ; ils s'attirent des ennuis lorsqu'ils essaient de voler un cheval. *Le Voleur de bicyclette*, le plus célèbre film de De Sica, obtint un accueil triomphal dans le monde entier et remporta un oscar d'honneur en 1950.

1951-1952
De Sica et Zavattini poussent le néo-réalisme à ses limites les plus extrêmes dans *Miracle à Milan* (1951), où de forts sous-entendus politiques n'empêchent pas l'apparition d'une certaine fantaisie. *Umberto D.* (1952) est un film émouvant consacré à un vieillard appauvri s'efforçant de survivre (et de garder sa dignité) dans l'Italie de l'après-guerre.

1953-1964
Lors de ses débuts néo-réalistes, De Sica travailla souvent avec des acteurs inconnus. Pour *Mariage à l'italienne* (1964), une comédie romantique qui obtint une nomination aux oscars, il engagea au contraire deux des plus grandes vedettes du cinéma italien, Marcello Mastroianni et Sophia Loren.

1965-1974
Le Jardin des Finzi Contini (1970), qui remporta un ours d'or à Berlin et un oscar, analyse les conséquences du fascisme et de l'antisémitisme sur une riche famille juive, dans l'Italie de la fin des années 1930. De Sica meurt à Neuilly-sur-Seine, en 1974.

LE CINÉMA BRITANNIQUE DE L'APRÈS-GUERRE

1 Martin Scorsese (né en 1942) a souvent fait l'éloge des *Chaussons rouges*, qui, selon lui, « bâtissent un mystère fait de créativité et d'obsession ».

2 Richard Attenborough joue le rôle de Pinkie dans la première version du *Gang des tueurs*, réalisée par John Boulting (1913-1985).

3 Peter Cushing joue le rôle d'un parfait scélérat dans *Frankenstein s'est échappé*.

L'industrie du film britannique sortit confiante de la Seconde Guerre mondiale. La fréquentation des cinémas atteignit des sommets en 1945 et demeura au-dessus de son niveau d'avant-guerre durant toute la décennie suivante. Plusieurs des nouveaux talents apparus lors des années de conflit donnèrent le meilleur d'eux-mêmes durant l'après-guerre.

Après avoir collaboré avec Noël Coward (1899-1973) à *Ceux qui servent en mer* (1942), à *Heureux Mortels* (1944) et à *Brève Rencontre* (1945, voir p. 186), David Lean (1908-1991) réalisa deux adaptations sombres et expressionnistes d'après Dickens, *De grandes espérances* (1946) et *Oliver Twist* (1948). Carol Reed (1906-1976) s'affirma comme un cinéaste de premier plan avec *Huit Heures de sursis* (1947), *Première Désillusion* (1948) et *le Troisième Homme* (voir p. 176). Ces deux derniers films marquent l'apogée d'une fructueuse collaboration avec le romancier Graham Greene, dont *le Gang des tueurs* (à droite, en haut) fut porté sur grand écran en 1947. L'équipe anglo-hongroise formée par Michael Powell (1905-1990) et Emeric Pressburger (1902-1988) prolongea sa collaboration, née pendant la guerre avec des films comme *le Colonel Blimp* (1943), pour donner naissance à un cycle de fantaisies en Technicolor comprenant le charmant *Une question de vie ou de mort* (1946), le mélodrame exotique *le Narcisse noir* (1947) et le virtuose film de danse *les Chaussons rouges* (1948, ci-dessus). La plupart de ces films furent produits par la J. Arthur Rank Organisation, qui

REPÈRES

1946	1948	1949	1950	1951	1953
Une question de vie ou de mort est projetée à la première Royal Film Performance.	*Huit Heures de sursis* est élu meilleur film britannique par la British Film Academy, offrant ainsi à Carol Reed le premier de trois succès consécutifs.	Sortie de trois classiques de la Ealing comedy : *Passeport pour Pimlico*, *Whisky à gogo* et *Noblesse oblige* (voir p. 188).	*Police sans arme* présente pour la première fois (et tue) le personnage de PC George Dixon. Il ressuscitera dans la série télévisée *Dixon of Dock Green* (1955-1976).	Le British Board of Film Censors introduit la catégorie « X », qui interdit la projection d'un film aux moins de seize ans.	Le couronnement d'Élisabeth II est commémoré dans *A Queen is Crowned*.

s'était affirmée pendant la guerre comme étant le principal producteur et distributeur de Grande-Bretagne. À l'époque, Rank était prêt à prendre des risques économiques et esthétiques pour donner du prestige à l'industrie du film britannique. Plusieurs succès britanniques, en particulier *les Chaussons rouges* et l'adaptation de *Hamlet* (1948) par Laurence Olivier (1907-1989), plurent aussi beaucoup au public américain, ce qui poussa l'industrie du film britannique à effectuer une de ses tentatives régulières pour rivaliser avec Hollywood sur son propre terrain. Mais à chaque grand succès correspondit, hélas, un échec cuisant, par exemple *César et Cléopâtre* (1945) et *la Grande Révolte* (1948).

L'échec du défi lancé par Rank à Hollywood conduisit, dans les années 1950, à une politique de réduction des dépenses et à une approche plus conservatrice de la réalisation de films. Le cinéma britannique de l'après-guerre en vint ainsi à être apprécié non pas tant pour ses auteurs que pour ses genres. Les studios Gainsborough Pictures avaient déjà montré que des productions à petits budgets exploitant des genres populaires pouvaient générer des bénéfices sur le marché national, avec des mélodrames en costume comme *le Masque aux yeux verts* (1945), *la Caravane traquée* (1946) et *l'Archet magique* (1946) : *le Masque aux yeux verts* devint le film britannique le plus célèbre des années 1940. Ce furent toutefois les Ealing Studios qui saisirent le mieux l'esprit du temps de l'après-guerre, dans leur cycle de comédies à succès incluant notamment *Passeport pour Pimlico* (1949), *Whisky à gogo* (1949), *Noblesse oblige* (1949, voir p. 188), *De l'or en barres* (1951) et *l'Homme au complet blanc* (1951). Ces films font penser à ceux de Frank Capra (1897-1991) à leur façon de prendre le parti des « petites gens » luttant contre le système, mais les comédies des Ealing Studios s'attachent davantage aux communautés qu'aux individus. Leurs personnages originaux et excentriques et leurs scénarios saugrenus résultaient de la croyance du directeur des studios, Michael Balcon, en un cinéma authentiquement britannique n'ayant pas besoin de rivaliser avec Hollywood.

Dans les années 1950, ce cinéma devint culturellement et esthétiquement plus conservateur. Les plus grands succès de la période furent soit des comédies bourgeoises comme les films de « docteurs » – à commencer par *Toubib or not toubib* (1954) – soit des films de guerre tournés dans un style sobre presque documentaire, par exemple *la Mer cruelle* (1953) et *les Briseurs de barrages* (1955). Les Ealing Studios perdirent de leur force créative, leur dernier film digne d'intérêt étant la comédie grinçante *Tueurs de dames* (1955). À partir du milieu des années 1950, la diminution de la fréquentation des cinémas contraignit les producteurs à trouver de nouvelles formules. Les petits studios indépendants Hammer Film Productions surent reconnaître le potentiel d'exploitation du film d'horreur avec *le Monstre* (1955) et *Frankenstein s'est échappé* (1957, ci-contre). D'autres thèmes furent également abordés : la délinquance juvénile (*Cosh Boy*, 1953), la perversion sexuelle (*le Voyeur*, 1960) et l'homosexualité (*la Victime*, 1961). Tous ces éléments préparèrent l'avènement de la Nouvelle Vague britannique (voir p. 258). **J. C.**

1955	1956	1957	1958	1948	1960
Sortie des *Briseurs de barrages*, le film britannique qui obtint le plus de succès dans les années 1950.	*La Paix du dimanche*, de John Osborne, est représentée au Royal Court Theatre.	Sortie du premier film d'horreur britannique en couleurs – *Frankenstein s'est échappé* –, tourné dans les studios Hammer.	Sortie de *Carry On Sergeant*, premier film de la série « Carry on ». *Le Pont de la rivière Kwaï*, de David Lean, remporte sept oscars, dont celui du meilleur film.	Le *Hamlet* de Laurence Olivier remporte les oscars du meilleur acteur et du meilleur film.	Le nombre de billets de cinéma vendus en Grande-Bretagne tombe à 500 millions, soit moins de la moitié du chiffre atteint quatre ans plus tôt.

Brève Rencontre 1945
Brief Encounter DAVID LEAN 1908-1991

▲ Au-delà de leur retenue formelle, Laura et Alec partagent des moments de tendresse.

▼ L'affiche du film, avec sa gare si importante.

La meilleure des quatre adaptations d'après Noël Coward qui lancèrent la carrière de réalisateur de David Lean, *Brève Rencontre* est souvent loué (et presque aussi souvent tourné en dérision) comme le classique de la représentation cinématographique d'une répression des émotions typiquement britannique. Tourné dans les derniers mois de la Seconde Guerre mondiale (à laquelle il ne fait cependant aucune allusion, même indirecte), le film peut sembler désespérément daté : non seulement à cause d'une prononciation des voyelles typique des classes moyennes aisées, mais aussi de l'idée selon laquelle deux personnes irrésistiblement attirées l'une par l'autre devraient hésiter à se retrouver dans un lit. Mais par rapport à sa période de réalisation, il est d'une exactitude impitoyable et montre le comportement, à une époque donnée, de membres d'une certaine classe sociale.

Malgré tout le supplice du sacrifice de soi, ce film traite bien de la passion et de sa violence – de la façon dont elle peut éclater dans de tranquilles vies ordinaires et les déchirer. « Je ne pensais pas que des choses si violentes pouvaient arriver à des gens quelconques », s'exclame Laura Jesson (Celia Johnson) dans le commentaire rétrospectif en voix-off qui accompagne le film, le monologue angoissé qu'elle adresse en esprit à son bienveillant mais terne mari et qu'elle ne pourra jamais prononcer à haute voix. Trevor Howard est convaincant dans le rôle du médecin dont elle tombe amoureuse, mais c'est sa voix à elle qui guide le spectateur tout au long du film et la subtilité du jeu de Celia Johnson est d'un niveau supérieur. **P. K.**

LES SCÈNES PRINCIPALES

1 **LA PREMIÈRE RENCONTRE**

Dans le café de la gare de Milford Junction, Laura Jesson (Celia Johnson) fait la connaissance du Dr Alec Harvey (Trevor Howard) lorsqu'il lui enlève une poussière dans l'œil. Cette gare peu attrayante sert de décor à presque toutes les rencontres du couple.

2 **« VOUS SAVEZ CE QUI S'EST PASSÉ, N'EST-CE PAS ? »**

Dans un hangar à bateaux, à la suite d'une légère mésaventure de canotage, Laura et Alec commencent à s'avouer ouvertement leurs sentiments réciproques. La morosité des décors de toutes leurs rencontres reflète l'échec auquel est vouée leur relation inaccomplie.

3 **LA TENTATION DU SUICIDE**

Après avoir dit adieu à Alec, Laura est tentée de se jeter sous un train. Cette scène marque l'apogée du mélodrame. Alec représentait l'amour passionné et un moyen d'échapper à une vie monotone, mais Laura choisit la convention au détriment de l'idylle.

4 **« MERCI D'ÊTRE REVENUE VERS MOI »**

Fred (Cyril Raymond), le mari de Laura, est aux petits soins pour elle. Laura se rebelle un temps contre les contraintes de sa vie ordinaire, mais finit par s'y soumettre. Son comportement est caractéristique de la retenue des femmes de l'époque.

LE RÉALISATEUR

1908-1941

David Lean naît à Croydon de parents Quaker stricts, qui lui interdisent de fréquenter les cinémas. Adolescent, il regarde en cachette des films, qui le fascinent. En 1928, malgré la désapprobation de ses parents, il devint employé aux studios londoniens de la Gaumont-British, et gravit la hiérarchie à force de travail, passant du statut de clapman à celui de monteur principal. Il assura ainsi le montage de *Pygmalion* (1938), d'Anthony Asquith (1902-1968), et de *49e Parallèle* (1941), de Michael Powell et Emeric Pressburger.

1942-1954

En 1942, Noël Coward donne à Lean la possibilité de co-réaliser le film de guerre *Ceux qui servent en mer.* Lean tournera ensuite trois autres adaptations de pièces de Coward – *Heureux Mortels* (1944), *L'esprit s'amuse* (1945) et *Brève Rencontre.* Il réalisa aussi deux célèbres adaptations d'après Charles Dickens – *De grandes espérances* (1946) et *Oliver Twist* (1948). Ces deux derniers films eurent pour vedette Alec Guinness, que Lean employa souvent. On se mit à le considérer comme l'un des plus éminents réalisateurs britanniques, mais *les Amants passionnés* (1949) et *Madeleine* (1950), dont son épouse de l'époque, Ann Todd, tint les premiers rôles, ne furent pas bien accueillis. Il distribua à nouveau Ann Todd dans *le Mur du son* (1952), et Charles Laughton dans *Chaussure à son pied* (1954).

1955-1991

La carrière de Lean prend une dimension internationale en 1955, avec la comédie romantique *Vacances à Venise,* où Katharine Hepburn joue le rôle d'une Américaine entre deux âges qui vit une idylle à l'occasion d'un séjour à Venise. Cinq films à gros budget parachèvent le parcours de Lean : *le Pont de la rivière Kwaï* (1957), *Lawrence d'Arabie* (1962), *le Docteur Jivago* (1965), *la Fille de Ryan* (1970) et *la Route des Indes* (1984). Dans les derniers mois de sa vie, il préparait une adaptation du roman de Joseph Conrad *Nostromo,* pour laquelle il avait rassemblé un plateau de vedettes, dont Marlon Brando. En 1991, six semaines avant le début du tournage, il mourut, d'un cancer de la gorge.

Noblesse oblige 1949
Kind Hearts and Coronets ROBERT HAMER 1911-1963

▲ Mazzini : arrêté, mais pas encore vaincu.

▼ L'affiche porte un slogan éloquent : « Une étude hilarante sur le noble art du meurtre ».

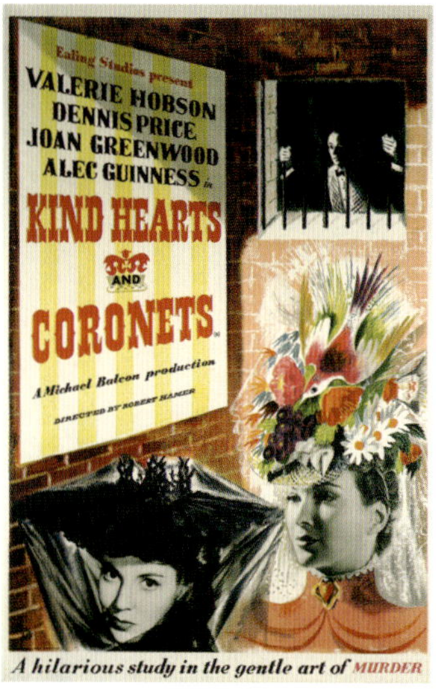

Bien que cataloguée parmi les Ealing comedies, *Noblesse oblige* se distingue de leurs caractéristiques habituelles. Elles sont en effet douillettes, et jamais vraiment dérangeantes, alors que le comique grinçant du récit de Robert Hamer sur l'ascension sociale d'un tueur en série est rude et amoral. L'humour des Ealing comedies est bon enfant ; *Noblesse oblige* est un film froid, ironique et spirituel. Les Ealing comedies cherchent à obtenir un consensus et les parties opposées y parviennent ; le sexe en est absent ou traité avec une jovialité embarrassée. *Noblesse oblige* se repaît de conflits et plusieurs scènes sont chargées d'une forte tension érotique. Dans les Ealing comedies, les criminels paient pour leurs méfaits ; la scène finale de *Noblesse oblige* laisse entendre que le très calculateur Louis Mazzini a de bonnes chances de s'en tirer à bon compte.

Robert Hamer, le réalisateur dissident des studios Ealing, s'est efforcé de faire un film « qui ne fasse aucun cas des conventions morales établies, et bien peu pratiquées, et où une famille entière est éliminée par un tueur en série ». Avec son co-scénariste, John Dighton, il donna du pétillement aux dialogues, ainsi qu'au froid détachement de la voix-off de Louis. L'interprétation par Alec Guinness de tous les membres du clan d'Ascoyne établit sa réputation d'acteur comique d'une rare polyvalence. Il a pour partenaires Dennis Price, dont le Louis byronien assure la cohésion de tout le récit, et Joan Greenwood, délicieusement provocante dans le rôle de sa maîtresse, Sibella. Durant sa courte carrière, Hamer réalisa plusieurs autres films d'une originalité excentrique, mais aucun d'eux ne s'approche du parfait équilibre de *Noblesse oblige*. **P. K.**

LES SCÈNES PRINCIPALES

1 LA PREMIÈRE VICTIME

Tandis que la barque contenant sa première victime et une jeune fille bascule, Louis commente : « Je fus désolé pour la jeune fille, mais je trouvai quelque soulagement dans la pensée qu'elle avait sans doute déjà subi, durant le week-end, un sort bien pire que la mort. »

2 L'ASSEMBLÉE DES ASCOYNE

Louis assiste à des funérailles où il voit tous les Ascoyne faisant encore obstacle à son acquisition du titre de duc. Le tour de force d'Alec Guinness, qui joue à lui seul tous les rôles des membres de la famille, le propulsa au rang d'acteur comique de tout premier plan.

3 LA CHUTE DE LADY AGATHA

Lady Agatha d'Ascoyne, une suffragette passionnée, monte en dirigeable pour disperser des tracts sur Londres. Louis l'abat avec un arc : « Je tirai une flèche en l'air ; elle descendit sur terre à Berkeley Square. » Le film est truffé de jeux de mots et de références littéraires.

4 LOUIS DEVANT SES JUGES

À cause de la traîtrise de sa maîtresse Sibella, Louis, qui a désormais hérité du titre de duc, est jugé pour un meurtre qu'il n'a pas commis, celui du mari de Sibella. L'ambiguïté morale de la conclusion du film amena les censeurs américains à demander des changements.

DE LA PAGE À L'ÉCRAN

Noblesse oblige s'inspire du roman de Roy Horniman *Israel Rank: The Autobiography of a Criminal (Israel Rank : Autobiographie d'un criminel)*, publié pour la première fois en 1907. L'ouvrage, écrit dans un style aphoristique lointainement inspiré d'Oscar Wilde, est léger, spirituel et divertissant. Surtout – et c'est sans aucun doute ce qui séduisit le plus le cinéaste Robert Hamer –, il exprime un dédain amusé pour la morale conventionnelle. Le héros de Horniman est à moitié juif (son père juif ayant épousé une jeune fille appartenant à la famille aristocratique des Gascoyne) et l'auteur tourne aimablement en dérision le racisme ordinaire de l'Angleterre édouardienne. Si peu de temps après la Seconde Guerre mondiale, une comédie sur un tueur en série juif aurait difficilement été acceptable : dans sa version cinématographique, le personnage d'Israel Rank devint donc le Britannique d'origine italienne Louis Mazzini. *Noblesse oblige* garde l'essentiel de l'intrigue du roman, ainsi que la plupart de ses personnages, et, une fois n'est pas coutume, l'adaptation filmée est nettement meilleure que le livre dont elle s'inspire et le récit montre plus de variété et d'inventivité.

LE CINÉMA FRANÇAIS

Les années 1950 furent une période troublée pour l'industrie française du film, qui assista à un conflit œdipien entre une nouvelle génération de cinéastes et leurs aînés. Le porte-étendard du changement fut François Truffaut (1932-1984), dans un article des *Cahiers du Cinéma*, le magazine lancé, en avril 1951, par André Bazin, Jacques Doniol-Valcroze et Joseph-Marie Lo Duca. Truffaut lut les premiers numéros des *Cahiers* dans une prison militaire, au début de 1952. En 1953, il y collaborait régulièrement. En 1954, il y lança une invitation à prendre d'assaut les barricades. « Une certaine tendance du cinéma français » constitue une violente attaque polémique contre ce qu'il rejetait comme « le cinéma de papa ». Mais sa révolte allait au-delà de son rejet du style cinématographique borné qu'il considérait exemplifié par les œuvres des scénaristes Jean Aurenche et Pierre Bost et de réalisateurs tels que Claude Autant-Lara (1901-2000) et Yves Allégret (1907-1987). « Un grand nombre de producteurs avaient collaboré avec les Allemands pendant la guerre », fit plus tard remarquer le cinéaste Marcel Ophüls (né en 1927) dans son essai sur Truffaut, « et il y avait donc toutes sortes de raisons d'essayer de se débarrasser de leur mainmise et, accessoirement, de celle des syndicats sur le cinéma français ». Truffaut porta aux nues les films américains de série B aux dépens de l'impersonnelle « qualité » française. Il plaida pour un style plus subjectif, où les réalisateurs prendraient des risques et laisseraient leur empreinte sur leurs œuvres. Tel fut le credo désigné sous le nom de « cinéma des auteurs ».

1 Simone Signoret et Anton Walbrook dans *la Ronde*. La pièce originale d'Arthur Schnitzler *Reigen*, avait inspiré celle de David Hare, *la Chambre bleue*.

2 Édith Scob et son masque humain dominent l'affiche du sombre classique de Georges Franju, *les Yeux sans visage*.

3 Le meurtre à l'esprit. Véra Clouzot joue le rôle de Christine dans *les Diaboliques*.

REPÈRES

1951	1952	1953	1953	1954	1955
Le *Journal d'un curé de campagne*, de Robert Bresson, *Un condamné à mort s'est échappé* (1956) et *Pickpocket* (1959) : trois classiques des années 1950.	*Jeux interdits*, de René Clément, remporte le lion d'or au Festival de Venise.	*Le Salaire de la peur* (voir p. 196) obtient la palme d'or au Festival de Cannes et l'ours d'argent à celui de Berlin.	Création d'un nouveau fonds étatique de soutien au cinéma français : les films qu'il subventionne sont tenus de garantir une certaine qualité artistique.	« Une certaine tendance du cinéma français », l'article polémique de François Truffaut dirigé contre la « vieille garde », paraît dans les *Cahiers du Cinéma*.	Le film de gangsters *Du rififi chez les hommes*, de Jules Dassin, marque les débuts d'un nouveau courant du cinéma policier français.

Cependant, le cinéma français des années 1950 peut se vanter d'avoir produit des films qui contredisent l'image d'immobilisme et de médiocrité intellectuelle attachée à cette décennie. *Le Salaire de la peur* (1953, voir p. 196), d'Henri-Georges Clouzot (1907-1977), qui raconte l'histoire de camionneurs transportant une cargaison de nitroglycérine sur les routes cahoteuses d'Amérique du Sud, est fascinant et son action à couper le souffle. *Les Diaboliques* (1955, ci-dessous), du même Clouzot, sont un film à suspense qui donne la chair de poule, et son intrigue regorge de rebondissements. Il s'inspire d'un roman du célèbre duo d'auteurs formé par Pierre Boileau et Thomas Narcejac, qui inventèrent aussi l'histoire du *Vertigo* d'Alfred Hitchcock (1899-1980) et écrivirent le scénario du film d'horreur surréaliste *les Yeux sans visage* (1960, ci-contre), de Georges Franju (1912-1987). Par ailleurs, l'adaptation par Max Ophüls de la pièce d'Arthur Schnitzler *la Ronde* (1950, à gauche), située à Vienne mais réalisée en France, offre un point de vue théâtral, sophistiqué et caustique sur la vie amoureuse d'un groupe de personnages en définitive tous liés les uns aux autres.

À la vérité, le cinéma français des années 1950 fut bien plus riche et plus complexe que ne le suggère l'article polémique de François Truffaut. Des cinéastes aussi reconnus que Clouzot, Robert Bresson (1901-1999), Georges Franju, Jacques Becker (1906-1960), Jacques Tati (1907-1982), René Clément (1913-1996), Max Ophüls, René Clair (1898-1981) et Jean Renoir (1894-1979) tournèrent tous des films de première importance durant cette période, qui se révéla être un moment de transition dans l'histoire du cinéma français.

1956	1957	1958	1959	1959	1960
Brigitte Bardot devient une star après son rôle dans *Et Dieu... créa la femme*, de Roger Vadim (1928-2000).	Le record du box-office est battu, avec 400 millions de spectateurs dans les cinémas français.	François Truffaut est interdit de présence au Festival de Cannes en raison de ses critiques envers son organisation.	François Truffaut remporte le prix de la mise en scène au Festival de Cannes pour *les Quatre Cents Coups* (voir p. 252).	Sortie du premier long-métrage d'Alain Resnais (né en 1922), *Hiroshima, mon amour.*	Sorties d'*À bout de souffle* (voir p. 254) et du *Petit Soldat*, de Jean-Luc Godard, et de *Tirez sur le pianiste*, de François Truffaut.

Bien avant Truffaut, Jean-Luc Godard (né en 1930) et ses collègues des *Cahiers* commencèrent à réaliser leurs premiers films. D'autres cinéastes s'opposaient déjà à l'ancienne génération. Le premier long-métrage d'Agnès Varda (née en 1928), *la Pointe courte* sortit en 1955. S'inspirant de Bertolt Brecht et des *Palmiers sauvages* de William Faulkner, la réalisatrice, alors âgée de vingt-cinq ans, y raconte deux histoires en parallèle – celle d'un couple connaissant des difficultés matrimoniales et celle de pêcheurs luttant pour faire reconnaître leurs droits. Financée selon des modalités inhabituelles (les techniciens et les acteurs formèrent une coopérative) et bénéficiant d'un tout petit budget, *la Pointe courte* ne remporta pas de succès au box-office mais révéla une jeune cinéaste très éloignée de la « tradition de qualité » que Truffaut abhorrait tant.

On peut aussi se demander si les prolifiques et éclectiques Aurenche et Bost furent vraiment des scénaristes aussi conventionnels que le prétendit Truffaut. « Truffaut se méprit sur l'adversaire [...] Il aurait dû s'en prendre aux réalisateurs, pas aux scénaristes », écrivit plus tard Bertrand Tavernier pour défendre le duo. « Il se trompa de cible. En attaquant Aurenche, il s'attaquait à la personne la plus proche de la Nouvelle Vague – quelqu'un d'esprit très ouvert, prêt à expérimenter. » Tavernier prit Aurenche comme scénariste pour plusieurs de ses films des années 1970, parmi lesquels *l'Horloger de Saint-Paul* (1974).

De bien des points de vue, le cinéma français des années 1950 se caractérise par la virtuosité technique de ses réalisateurs, par exemple René Clément. *Jeux interdits* (1952), où deux enfants recourent à leur imagination pour affronter les traumatismes et les morts de la Seconde Guerre mondiale, fut attaqué par certains critiques pour sa prétendue mièvrerie, mais remporta le lion d'or au Festival de Venise et l'oscar du meilleur film étranger. René Clément avait collaboré avec Jean Cocteau (1889-1963) à *la Belle et la Bête* (1946) et réalisé un excellent film sur la Résistance, *la Bataille du rail* (1946), mais il eut le malheur d'être enfermé dans la catégorie des cinéastes de « qualité ». Claude Autant-Lara souffrit d'une situation analogue. Parmi ses films les plus célèbres des années 1950, on rappellera la comédie grinçante *l'Auberge rouge* (1951) et *le Rouge et le Noir* (1954), adaptation du célèbre roman de Stendhal.

Bien différents furent les films en costume que Max Ophüls réalisa en France dans les années 1950, à son retour de Hollywood. *Le Plaisir* (1952) s'inspire de trois nouvelles de Guy de Maupassant. L'esprit de *Madame de...* (1953), qui se situe dans le Paris du début du siècle et dont le récit tourne autour de boucles

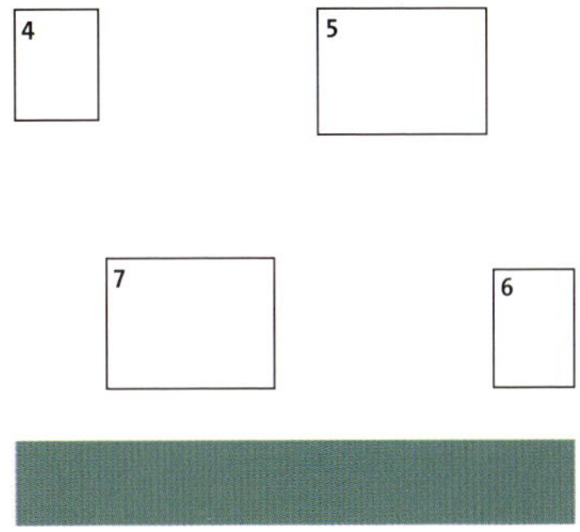

d'oreilles perdues et du thème de l'infidélité, est résumé tout entier lorsqu'un personnage masculin remarque que son mariage n'est « que superficiellement superficiel ». L'action peut bien se dérouler dans les salons de la haute société, les souffrances des protagonistes n'en sont pas moins réelles.

Après environ quinze ans passés à l'étranger, Jean Renoir revint dans son pays natal pour tourner *French Cancan* (1954), qui a pour décor le Montmartre de la Belle Époque. Comme la plupart de ses réalisations tardives, *French Cancan* est vivant et coloré, mais manque du mordant de ses films d'avant-guerre. Jacques Becker, un ancien collègue de Renoir, eut la faveur des critiques des *Cahiers*. Son meilleur film reste *Casque d'or* (1952, voir p. 194), foisonnante évocation romantique de la pègre parisienne des années 1890. D'une qualité presque égale, *Touchez pas au grisbi* (1954) relança la carrière de Jean Gabin et exerça une influence profonde sur les films policiers français de l'après-guerre, comme en témoigne le froid minimalisme du long-métrage de Jules Dassin (1911-2005) *Du rififi chez les hommes* (1955, à gauche) : cette histoire de hold-up contient une célèbre séquence muette de forçage d'un coffre qui dure presque une demi-heure. Une atmosphère tout aussi pessimiste imprègne *Bob le flambeur* (1956, à gauche, en bas), de Jean-Pierre Melville (1917-1973). La conception française du film noir (voir p. 168) se caractérise par un lyrisme mélancolique destiné à influencer les films policiers américains de la période suivante.

Avec sa musique retentissante et ses images de passe-temps en bord de mer, l'ironique film d'évasion de Jacques Tati intitulé *les Vacances de Mr Hulot* (1953, ci-contre) est une célébration des loisirs à la française, tournée dans un style doux et lent, et surtout très drôle. Mais en même temps, on note une mélancolie sous-jacente : Hulot est un personnage incongru, qui ne parvient jamais vraiment à s'adapter aux situations auxquelles il se trouve mêlé.

Lui aussi apprécié par la bande des *Cahiers*, Robert Bresson réalisa un chef-d'œuvre existentiel avec *Un condamné à mort s'est échappé* (1956, ci-dessus), où un combattant français de la Résistance emprisonné par les nazis emploie chaque minute qui lui reste à vivre à des projets d'évasion. Truffaut en admirait beaucoup le style sobre et dépouillé. Comme il l'écrivit, il s'agit « d'un de ces films dont on peut dire qu'il ne contient pas la moindre image inutile ou de scène pouvant être coupée ou réduite ». Cette remarque montre bien que le cinéma français des années 1950 ne fut pas aussi sclérosé que Truffaut lui-même l'avait suggéré dans sa célèbre attaque publiée par les *Cahiers*. **G. M.**

4 Le moment du vol est-il venu ? Jean Servais, au regard noir, sur l'affiche du film de Jules Dassin, sorti en 1955.

5 Le Résistant français Fontaine (François Leterrier, au milieu à gauche) dans *Un condamné à mort s'est échappé*. Le film s'inspire des expériences de guerre vécues par André Devigny.

6 Un service avec le sourire : l'affiche des débuts de Jacques Tati (qui obtint une nomination aux oscars) dans le rôle de M. Hulot.

7 Isabelle Corey et ses yeux de biche dégagent tout leur charme dans le film de gangsters *Bob le flambeur*.

Casque d'or 1952

JACQUES BECKER 1906-1960

▲ La sensualité égrillarde de Signoret crève l'écran dans *Casque d'or*. Sa performance lui valut un British Academy Award.

▼ L'héroïne du film, Marie, doit son surnom Casque d'or au blond de sa chevelure.

Jacques Becker était bien décidé à ce que *Casque d'or* ne fût en aucune manière un film historique conventionnel. Dans le cadre d'un Paris du début du XXᵉ siècle soigneusement reconstitué jusqu'aux moindres détails, les acteurs se déplacent, parlent et agissent de manière crédible, comme s'il s'agissait de leur milieu d'origine. Chaque personnage, même s'il n'est qu'entrevu, est caractérisé avec précision, donnant ainsi au spectateur la sensation, comme le dit Becker, qu'ils « continuent à vivre hors écran, entre les scènes, et qu'ils existaient même avant le début du film ». Il s'agit ici d'un monde vu dans son ensemble, sans romantisme et sans théâtralisation, et présenté comme une communauté complexe vivant selon ses propres règles.

Au centre de ce monde, on trouve les amants maudits, Marie et Manda. Excellent directeur d'acteurs, subtil, prévenant et réceptif, Becker obtint de Simone Signoret et de Serge Reggiani la meilleure interprétation de leur carrière. L'alchimie qui les lie est palpable, avec un Reggiani tendre et tenace, sous une apparence de taciturnité fragile, et une Signoret à la fois sûre d'elle et vulnérable. L'essentiel de l'action se déroule dans les rues et les estaminets enfumés de Paris, mais au milieu du film, Becker accorde à ses amants une courte idylle au bord d'une rivière, durant laquelle se déroulent leurs scènes les plus tendres.

À sa sortie, le film reçut en France un accueil assez froid, mais s'attira ensuite l'admiration des futurs représentants de la Nouvelle Vague (voir p. 248) pour « la tendresse et la violence », comme le dit François Truffaut, de son évocation du passé. Ces deux mots résument à eux seuls le chef-d'œuvre de Becker. **P. K.**

LES SCÈNES PRINCIPALES

1 LA RENCONTRE DE MANDA ET MARIE
Dans un café des bords de Seine, Manda, un criminel repenti devenu charpentier, rencontre Marie, la maîtresse d'un gangster. Leur attirance réciproque est immédiate. Il l'invite à danser et provoque ainsi la jalousie de son souteneur, Roland (William Sabatier).

2 LE COMBAT AU COUTEAU
Manda vient chercher Marie. Sa rivalité avec Roland aboutit à un combat au couteau dans l'arrière-cour d'un estaminet, arbitré par le chef de gang Leca (Claude Dauphin). Manda tue Roland. Une violence menaçante plane sur de nombreux extérieurs du film.

3 L'IDYLLE AU BORD DE LA RIVIÈRE
Manda et Marie passent leur première nuit en amoureux à la campagne. Manda tend à la jeune femme un bol de café à travers une fenêtre ouverte – auparavant, le cinéma avait rarement évoqué la douce fugacité de la passion érotique de manière si vive.

4 LA VENGEANCE DE MANDA
Manda se lance à la poursuite du gangster Leca, qui a monté un coup contre Raymond (Raymond Bussières), un ami de Manda, en représailles du meurtre de Roland. Il tue Leca d'un coup de revolver dans une arrière-cour, avant de se livrer une nouvelle fois à la police.

5 L'EXÉCUTION
Manda est guillotiné pour le meurtre de Leca. Horrifiée, Marie assiste à l'exécution depuis un appartement donnant sur la cour où elle se déroule. L'histoire du film s'inspire d'événements réels survenus dans la pègre parisienne en 1898.

LE RÉALISATEUR

1906-1941
Jacques Becker naît à Paris d'un père français et d'une mère écossaise. Il devient l'assistant de Jean Renoir (1894-1979) durant la meilleure période de ce dernier. Après avoir réalisé quelques courts-métrages, il est incorporé dans l'armée.

1942-1951
Becker réalise six films : un film à suspense (*Dernier Atout*, 1942), un film policier (*Goupi mains rouges*, 1943), une tragi-comédie située dans le monde parisien de la mode (*Falbalas*, 1945) et trois comédies légères. Tous témoignent de sa connaissance des milieux sociaux et de son acuité psychologique.

1952-1960
Becker dirige deux de ses meilleurs longs-métrages, *Casque d'or* et *Touchez pas au grisbi* (1954). *Le Trou* (1960), récit d'une évasion tourné dans un style sobre presque documentaire, fut achevé peu de temps avant sa mort.

Le Salaire de la peur 1953

HENRI-GEORGES CLOUZOT 1907-1977

▲ Mario lutte pour empêcher Jo de mourir noyé dans le pétrole.

▼ Le drame et la menace d'une catastrophe se lisent dans cette affiche à sensation.

Selon le réalisateur Basil Wright, *le Salaire de la peur* « peut prétendre au titre de plus grand film à suspense de tous les temps : non pas le suspense du mystère, mais celui de l'épée de Damoclès ». Vainqueur de la palme d'or à Cannes et de l'ours d'or à Berlin, il fut aussi la première production en langue étrangère à occuper le sommet du box-office dans les cinémas britanniques.

Très long (156 minutes) bien qu'inspiré d'un court roman de Georges Arnaud situé au Guatemala – ce que le film ne précise jamais –, *le Salaire de la peur* offre au spectateur un classique que l'on pourrait appeler un divertissement « de haut niveau ». Une équipe de laissés-pour-compte, Mario (Yves Montand), Jo (Charles Vanel), Bimba (Peter van Eyck) et Luigi (Folco Lulli), saisit l'occasion de gagner l'équivalent d'un billet d'avion et de se sortir du trou perdu sud-américain de Las Piedras en acceptant une mission consistant à transporter 910 litres de nitroglycérine, nécessaire à l'extinction de l'incendie d'un puits de pétrole, sur une route en mauvais état de 480 kilomètres. La Southern Oil Company y envoie deux camions, montrant qu'elle ne croit pas à la possibilité qu'ils arrivent tous sains et saufs à destination (« Un au moins doit y arriver »).

« Les dialogues, qui jouaient un rôle majeur dans mes premiers films, ont perdu en importance », déclara Clouzot à l'époque. « *Le Salaire de la peur* est un film visuel, où les dialogues sont largement relégués au second plan. » Le critique Richard Mallett a fait remarquer que le réalisateur « maintient un équilibre admirable entre le comportement des personnages dicté par leur tension nerveuse et les difficultés essentiellement mécaniques du transport ». **R. M. C.**

LES SCÈNES PRINCIPALES

1 LE BUREAU DE LA SOUTHERN OIL COMPANY
Bill O'Brien (William Tubbs) montre ce qui se passe lorsque l'on renverse de la nitroglycérine. Un critique du *New York Times* a parlé du « maniement délicat, pendant lequel on retient son souffle » de la nitroglycérine : « On est assis là en attendant que le studio explose. »

2 LUIGI ET BIMBA FONT SAUTER LE ROCHER
Après avoir franchi une plate-forme en bois pourrie en équilibre précaire au-dessus d'un gouffre, les protagonistes se trouvent bloqués par un gros rocher. Bimba transforme de son mieux en bombe une thermos de nitroglycérine pour le faire sauter.

3 JO ENGLUÉ DANS LE PÉTROLE
Mario se sert de Jo comme d'un rouage humain pour sortir leur camion d'un trou rempli de pétrole. La manœuvre réussit mais Jo est grièvement blessé. Charles Vanel eut la plus longue carrière de tous les acteurs français ; il fit ses débuts à l'écran en 1912.

LE RÉALISATEUR

1907-1941
Henri-Georges Clouzot naît en 1907. Il fait ses débuts dans l'industrie du film en qualité d'assistant à la réalisation et écrit des scénarios pendant dix ans, notamment ceux d'*Un soir de rafle* (1931) et des *Inconnus dans la maison* (1942). Vers le milieu des années 1930, il passe plusieurs années dans un sanatorium.

1942-1956
Son premier film de réalisateur, *L'assassin habite au 21* (1942) lui vaut une renommée immédiate. Viennent ensuite plusieurs impressionnantes études de la crapule, parmi lesquelles *le Corbeau* (1943), *Quai des orfèvres* (1947) et *Manon* (1949). Clouzot obtient un succès international retentissant avec *le Salaire de la peur* et *les Diaboliques* (1955), inspirés du roman *Celle qui n'était plus*, dont il avait acquis les droits au grand regret d'Alfred Hitchcock, qui désirait en proposer sa propre adaptation. Son premier film en couleurs fut un documentaire très original, *le Mystère Picasso* (1956), très apprécié de la critique.

1957-1977
Clouzot souffre d'une très mauvaise santé et son œuvre subit les critiques de nombreux représentants de la Nouvelle Vague (voir p. 248). Ses derniers films, tels *les Espions* (1957), *la Vérité* (1960), *l'Enfer* (inachevé, 1964) et *la Prisonnière* (1968), ont moins de succès que les précédents. Sa première femme, Véra Gibson-Amado, joua dans trois de ses films *(le Salaire de la peur, les Diaboliques, les Espions)* et collabora au scénario d'un quatrième (*la Vérité*). Clouzot meurt à Paris, en janvier 1977.

LE CINÉMA ET LES CAMIONS

Avec sa combinaison mouvementée de roues, de paysages et de machisme, le camionnage offre un rude arrière-plan à des mélodrames tels *Une femme dangereuse* (1940), de Raoul Walsh (1887-1980), et *les Bas-fonds de Frisco* (1949), de Jules Dassin. Le succès du *Salaire de la peur* mena à des variations aux décors exotiques : par exemple le Sahara, dans *le Désert de la peur* (1958), et la Côte-d'Ivoire, dans *The Big Gamble* (1961). Les dimensions impressionnantes d'un camion n'inspirèrent pas seulement les comédies tapageuses des années 1970, comme *Cours après moi, shérif* (1977) et le *Convoi* (1978), mais aussi le premier film de Steven Spielberg (né en 1946), *Duel* (1971), où un citadin ordinaire, interprété par Dennis Weaver, s'aperçoit qu'un camionneur qui reste caché cherche à le tuer. Dans *Déviation mortelle* (1981), film de Richard Franklin (1948-2007), le routier Stacy Keach réalise qu'un maniaque l'a pris pour cible.

LA COMÉDIE MUSICALE HOLLYWOODIENNE

Dans les années 1940, les comédies musicales hollywoodiennes prirent un ton brillant, tapageur et militant. *La Glorieuse Parade* (1942, ci-dessus), de Michael Curtiz (1886-1962), correspondait bien, par son patriotisme, son sentimentalisme et son agressivité, à l'humeur d'une nation qui faisait son entrée dans la Seconde Guerre mondiale ; et le film déifiait autant le président Franklin D. Roosevelt que son personnage principal, le chanteur et danseur George M. Cohan (James Cagney). Dans *Remerciez votre bonne étoile* (1943), le ton dominant est celui d'une gaieté entraînante. À l'inverse, *le Chant du Missouri* (1944, à droite, en haut), de Vincente Minnelli (1903-1986), avec Judy Garland, se présente comme une œuvre nostalgique, douce-amère, construite à partir de chansons existant et racontant une enfance vécue au tournant du siècle.

Après la guerre, les films biographiques continuèrent à se bâtir autour des vies et des catalogues de chansons disponibles de musiciens comme Al Jolson (Larry Parks), dans *le Roman d'Al Jolson* (1946), ou de compositeurs comme Cole Porter (Cary Grant), dans *Nuit et Jour* (1946). Fred Astaire et Ginger Rogers, les deux grandes stars musicales des années 1930, furent réunis une dernière fois dans un film assez faible, *Entrons dans la danse* (1949), mais Fred Astaire fut mieux servi par son association avec le crooner Bing Crosby dans des films comme *L'amour chante et danse* (1942). Son statut de vedette masculine des films musicaux lui fut disputé par le plus jeune et plus athlétique Gene Kelly

1 Après l'attaque de Pearl Harbor, l'équipe de *la Glorieuse Parade* décida de rendre le film patriotique et roboratif.

2 *Le Chant du Missouri* est l'histoire d'une famille vivant à Saint Louis à l'époque de l'Exposition universelle de 1904.

3 Dans *Un jour à New York* (1944), trois marins en permission ont vingt-quatre heures pour explorer la Grande Pomme.

REPÈRES

1943	1949	1952	1952	1953	1954
Oklahoma !, de Richard Rodgers et Oscar Hammerstein II, débute à Broadway ; ce spectacle établira un record de 2 212 représentations.	Sortie d'*Un jour à New York*, de Gene Kelly et Stanley Donen. Le film remporte l'année suivante l'oscar de la meilleure partition pour une comédie musicale.	*Un Américain à Paris*, de Vincente Minnelli, musique de George Gershwin et Gene Kelly pour vedette, remporte l'oscar du meilleur film.	Donen et Kelly réalisent *Chantons sous la pluie* (voir p. 202) pour l'unité de la MGM dirigée par Arthur Freed, à l'époque où ce studio est à l'apogée de sa créativité.	Vincente Minnelli et Fred Astaire répliquent à *Chantons sous la pluie* en produisant leur propre comédie musicale sur les coulisses du spectacle, *Tous en scène*.	*Les Sept Femmes de Barbe-Bleue*, de Stanley Donen, mettent en valeur la chorégraphie originale de Michael Kidd.

(1912-1996), qui fit ses débuts dans *Pour moi et ma mie* (1942) et ne tarda pas à tourner dans des longs-métrages novateurs, par exemple *Escale à Hollywood* (1945), où il danse aux côtés de la star du film d'animation de la MGM, Jerry la souris, et *la Reine de Broadway* (1944), où il a son propre reflet pour partenaire.

Minnelli engagea Astaire pour *Yolanda et le voleur* (1945) et Kelly pour *le Pirate* (1948), et il choisit de réaliser des comédies musicales fantaisistes et stylisées. Tous ces artistes travaillèrent surtout sous la direction d'Arthur Freed, à la MGM. *Escale à Hollywood,* qui raconte l'histoire de marins en permission à la recherche désespérée de places pour un concert au Hollywood Bowl, et *Match d'amour* (1949), qui porte sur le sport et constitue le dernier film réalisé en solitaire par Busby Berkeley (1895-1976), apparaissent comme autant de précédents d'*Un jour à New York* (1949, ci-dessous), dirigé par Gene Kelly et Stanley Donen (né en 1924), et inspiré du spectacle conçu par Leonard Bernstein pour Broadway en 1944. Trois marins (Gene Kelly, Frank Sinatra et Jules Munshin), qui disposent d'une journée pour visiter New York, rencontrent trois jeunes filles (Vera-Ellen, Betty Garrett et Ann Miller). Dans sa scène d'ouverture grisante, tournée en extérieurs, le film échappe à l'artificialité des salles de tournage ayant servi à toutes les comédies musicales précédentes, ce qui n'empêche pas certains de ses temps forts d'être aussi fantasques, scéniques et chorégraphiques que tout ce qu'aurait pu imaginer Minnelli. Tout le reste de la décennie, ce même Minnelli, le binôme Donen-Kelly et Fred Astaire rivalisèrent et firent élégamment progresser la comédie musicale à pas de géants.

Gene Kelly collabora avec Minnelli à *Un Américain à Paris* (1951), qui s'inspire de partitions de George Gershwin et remporta un oscar ; il s'associa ensuite à Stanley Donen pour *Chantons sous la pluie* (1952, voir p. 202). Les deux films

1955	1956	1956	1957	1959	1961
Oklahoma ! est enfin adapté sur grand écran : le film de Fred Zinnemann remporte deux oscars l'année suivante.	Frank Sinatra et Bing Crosby partagent l'affiche de *Haute Société* avec Grace Kelly. Le film rapporte plus de 13 millions de dollars.	Henry King (1886-1982) adapte au cinéma *Carousel*, de Rodgers et Hammerstein. Cette comédie musicale a pour particularité le caractère tragique de son intrigue.	Frank Sinatra a Kim Novak et Rita Hayworth pour partenaires dans *la Blonde ou la rousse*, de George Sidney.	*Gigi*, de Vincente Minnelli, la dernière des grandes comédies musicales de la MGM produites par Freed, remporte l'oscar du meilleur film.	Sortie de *West Side Story*, qui remporte dix oscars l'année suivante, nombre jamais atteint pour un film musical.

obtinrent un immense succès et furent très admirés. Toutefois, on établit une légère distinction entre les prétentions artistiques vaguement xénophiles de Minnelli et l'autodérision plus terre à terre de Stanley Donen, par exemple le raccourci entre la devise de la prétentieuse star de cinéma interprétée par Gene Kelly, « La dignité, toujours la dignité », et les pantalonnades qu'il jouait à ses débuts. Cela devint le sujet du film novateur, calomnieux et divinement inventif tourné par Minnelli en représailles : *Tous en scène* (1953), qui montre les coulisses de la comédie musicale. Fred Astaire, dont les numéros de danse avaient atteint des sommets dans *Mariage royal* (1951), y joue le rôle de Tony Hunter, une vedette de la comédie musicale qui accepte sans se fâcher les plaisanteries sur son âge et a pour partenaire une danseuse de ballet interprétée par Cyd Charisse, qui inaugurait une longue série d'impressionnantes performances.

Stanley Donen dirigea seul *les Sept Femmes de Barbe-Rousse* (1954), une comédie musicale sous forme de western ayant pour vedette le baryton Howard Keel sur une chorégraphie de Michael Kidd. Donen réalisa avec Kelly *Beau fixe sur New York* (1955), suite désabusée mais intéressante d'*Un jour à New York*. Cyd Charisse s'y montre tout à fait à la hauteur de Gene Kelly, qui, comme Fred Astaire, dut souvent danser seul en raison des difficultés qu'il avait à trouver des partenaires de son niveau. Donen collabora ensuite avec Astaire à *Drôle de frimousse* (1957) et fit équipe avec George Abbott (1887-1995) pour transposer à l'écran des succès théâtraux récents, par exemple *Pique-nique en pyjama* (1957). Minnelli eut moins de succès avec ses transpositions de spectacles de Broadway : lorsqu'il dirigea Kelly dans *Brigadoon* (1954) et Keel dans *Kismet* (1955), il obtint des résultats assez guindés. Il eut plus de réussite avec Leslie Caron dans *Gigi* (1958, à droite, en haut), qui obtint un oscar et fut la dernière grande réalisation de la MGM dirigée par Freed. Bien que touchant à la fin de sa carrière, Fred Astaire obtint beaucoup de succès avec *Papa longues jambes* (1955), *Drôle de frimousse* et *la Belle de Moscou* (1957), où il eut respectivement pour partenaires Leslie Caron, Audrey Hepburn et Cyd Charisse. Gene Kelly dirigea seul la curiosité expérimentale qu'est *Invitation à la danse* (1956), mais resta en contact avec le cinéma commercial grâce aux *Girls* (1957), de George Cukor (1899-1983).

Oklahoma ! (1943), le succès de Broadway le plus caractéristique de la période, ne fut porté à l'écran qu'en 1955, sous la direction de Fred Zinnemann (1907-1997). La longue carrière du film encouragea les comédies musicales western à sortir de l'ornière du cow-boy chantant, mais eut surtout de

l'importance par sa confirmation du lien direct entre Broadway et Hollywood, qui alimenta un flux régulier d'adaptations de la scène à l'écran, comme *Show Boat* (1951), *Carmen Jones* (1954), *Blanches Colombes et vilains messieurs* (1955), *le Roi et moi* (1956), *South Pacific* (1958, à droite, en bas) et *Porgy and Bess* (1959). Certains de ces films permirent à des stars du cinéma ou de la musique, comme Doris Day et Frank Sinatra, d'aborder des chansons et des rôles ambitieux, d'autres offrirent à des acteurs de théâtre comme Yul Brynner la possibilité de rejouer les rôles qui leur avaient valu le succès sur la scène, d'autres enfin, de façon déconcertante, distribuèrent Rossano Brazzi dans le rôle d'un Français ou dans un premier rôle non chantant à la Marlon Brando. *Embrasse-moi, chérie* (1953), de George Sidney (1916-2002), est très cinématographique, mais tous ces films ne sont pas des réalisations aussi abouties que celles de Donen, de Kelly et de Minnelli. Malgré les diminutions des budgets alloués aux comédies musicales, les superproductions se poursuivirent tout au long des années 1960, avec entre autres *West Side Story* (1961), *My Fair Lady* (1964) et *la Mélodie du bonheur* (1965).

Les années 1950 offrirent aussi des écrins démodés à l'apparition de jeunes talents, comme Marilyn Monroe et Jane Russell dans *Les hommes préfèrent les blondes* (1953), de Howard Hawks (1896-1977), ou Bing Crosby et Danny Kaye dans *Noël blanc* (1954, à gauche, en bas), de Michael Curtiz. Bing Crosby eut Frank Sinatra et Grace Kelly pour partenaires dans *Haute Société* (1956, à gauche, en haut), un remake d'*Indiscrétions* (1940) enrichi d'une partition de Cole Porter et dirigé par Charles Walters (1911-1982). Sinatra s'y affirme déjà comme le chanteur favori d'une génération de « jeunes gens dans le vent », qui devait aboutir au mouvement Rat Pack des années 1960.

Les véritables changements dans la comédie musicale, et la musique en général, furent liés à l'apparition d'un nouveau public de jeunes filles, qui succédèrent à celles qui avaient été les fans de Sinatra. En 1956, Elvis Presley fit ses débuts à l'écran dans *le Cavalier du crépuscule*. D'autres comédies musicales furent construites autour de sa présence provocatrice, sexualisée, mais son potentiel fut gâché par les erreurs de son agent – le « colonel » Tom Parker refusa *West Side Story* en son nom. *La Blonde et moi* (1956), de Frank Tashlin (1913-1972), qui fut la première grande comédie musicale pop, met en scène Eddie Cochran, Little Richard et Fats Domino, qui plurent beaucoup au jeune public. Toutefois, c'est Richard Lester (né en 1932) qui devait changer la donne avec *Quatre Garçons dans le vent* (1964). En remplaçant les enchâssements de numéros par des montages imaginatifs de chansons, Lester mit en mouvement le processus en vertu duquel le film musical sera supplanté par la vidéo pop. **K. N.**

4 5 7 6

4 Dans *Haute Société*, Mike Connor (Frank Sinatra) aide Tracy Lord (Grace Kelly), une jeune fille glaciale, à découvrir l'humanité qu'elle cache en elle.

5 Gaston (Louis Jourdan) danse avec Mme Alvarez (Hermione Gingold), tandis que Gigi (Leslie Caron) s'accorde une coupe de champagne.

6 Mitzi Gaynor et Rossano Brazzi dans *South Pacific*. La partie chantée du rôle de Brazzi fut doublée par Giorgio Tozzi, une star de l'opéra.

7 Crosby, Kaye, Vera-Ellen et Rosemary Clooney expriment une humeur festive de circonstance dans le final de *Noël blanc*.

Chantons sous la pluie 1952

Singin' in the Rain GENE KELLY 1912-1996 STANLEY DONEN né en 1924

▲ La scène, légendaire, où Kelly danse et chante la chanson principale du film.

▼ La MGM était à son apogée.

Film nostalgique, *Chantons sous la pluie* présente la fin des années 1920 comme une sorte d'âge d'or, dont il tourne affectueusement en ridicule les habitudes, les personnalités et les goûts musicaux, tout en racontant les bouleversements de l'industrie du film. Arthur Freed, responsable des comédies musicales à la MGM, voulait construire le film autour d'un ensemble de chansons que lui-même et Nacio Herb Brown avaient écrites dans les années 1920 et 1930. Lorsqu'il confia le projet à Betty Comden et Adolph Green, ils se mirent en grève pour obtenir l'autorisation d'utiliser leurs propres chansons, et celles de Cole Porter et d'Irving Berlin ou de Richard Rodgers et Oscar Hammerstein II. Contractuellement tenus d'achever les scénarios, ils s'inspirèrent des souvenirs qu'avait laissés à Hollywood l'apparition du cinéma parlant.

Gene Kelly, Debbie Reynolds et Donald O'Connor jouent magistralement, mais l'intrigue est portée par Jean Hagen, qui joue le rôle d'une star du cinéma muet que sa voix hideuse voue à l'échec dans les films parlants. Kelly, co-réalisateur du film avec Stanley Donen, y enchaîne les sketches comiques en musique et réserve toute la pureté de son génie aux numéros de danse, qui sont tous de parfaites réussites : O'Connor risquant de se blesser sérieusement dans la farce athlétique de « Make 'Em Laugh » ; les jeux de mots de la leçon de prononciation dans « Moses supposes » ; les trois acteurs principaux renversant les meubles dans « Good Morning ». *Chantons sous la pluie* est devenu, depuis sa sortie, un objet de nostalgie en lui-même, mais on éprouve toujours un sentiment de révélation quand on le voit pour la première fois. **K. N.**

LES SCÈNES PRINCIPALES

1 « GOOD MORNING »
Après avoir trouvé l'idée de sauver le film de Don (Gene Kelly) en le transformant en comédie musicale, Don, Kathy (Debbie Reynolds) et Cosmo (Donald O'Connor) se livrent à une danse exubérante. Le tournage de la scène mit les pieds de Debbie Reynolds en sang.

2 « SINGIN' IN THE RAIN »
Amoureux de Kathy, Don, euphorique, patauge dans des flaques d'eau et se fait tremper en « chantant sous la pluie ». Gene Kelly dansa dans de l'eau mélangée à du lait, de manière que les flaques et les gouttes de pluie soient visibles à l'écran.

3 LA VAMP DE BROADWAY
Le spectaculaire numéro de fantaisie « Broadway Rhythm Ballet » dure quatorze minutes. Un jeune naïf (Gene Kelly) arrive à New York, poussé par son désir de danser : « Gotta dance ! » Il se laisse ensorceler par les jambes d'une sirène de Broadway (Cyd Charisse).

4 LEVER DE RIDEAU
À la première du film de Don, *The Dancing Cavalier,* le public veut que sa star, Lina (Jean Hagen), chante en direct. Don tire le rideau pour montrer que Kathy chante la chanson que Lina se contente de mimer ; il présente Kathy comme la véritable vedette du film.

HOLLYWOOD VU PAR LUI-MÊME

Le cinéma a dirigé la caméra sur lui-même dès l'époque du muet (*Merton of the Movies,* 1924). Un puissant mélange de commérages, de séduction, de tragédie et d'astucieuse autopromotion caractérise des films comme *What Price Hollywood ?* (1932) et *Une étoile est née* (1937, 1954). Un cycle ultérieur traita des monstres sacrés enfermés dans leurs effrayantes demeures, de *Boulevard du crépuscule* (1950) à *Qu'est-il arrivé à Baby Jane ?* (1962). *Ed Wood* (1994, ci-contre) et *Ni dieux ni démons* (1998) ont pour sujets des secteurs spécifiques de l'industrie du film. Enfin, *le Voyeur* (1960), de Michael Powell (1905-1990) – un caméraman tueur en série –, et *le Diable en boîte* (1980), de Richard Rush (né en 1929), avec Peter O'Toole en cinéaste méphistophélique, suggèrent que tourner des films a quelque chose de malsain.

LE CINÉMA D'EUROPE DU NORD

1 Henrik (Birger Malmsten) et Marie (Maj-Britt Nilsson) dans *Jeux d'été*, d'Ingmar Bergman.

2 Anita Björk joue le rôle d'une aristocrate tombée amoureuse d'un domestique de sa propriété dans *Mademoiselle Julie*, l'adaptation par Alf Sjöberg de la pièce d'August Strindberg.

3 L'affiche de l'émouvant *la Fille aux jacinthes*, de Hasse Ekman.

Les années 1950 virent la renaissance du cinéma nordique, qui avait occupé une position d'avant-garde à l'époque du muet. À la fin des années 1910 et au début des années 1920, les meilleurs films de Carl Theodor Dreyer (1889-1968), de Victor Sjöström (1879-1960) et de Mauritz Stiller (1883-1928) avaient atteint un degré de délicatesse et de réalisme presque inégalé. Mais avec l'apparition du cinéma parlant et la domination croissante de Hollywood, les pays nordiques, peu peuplés, connurent un isolement linguistique et culturel. Cependant, vers la fin des années 1940, la Scandinavie, et en particulier la Suède, produisait à nouveau des films créatifs. Un élément essentiel de ce succès tient à la beauté photogénique de ses paysages ruraux et urbains, mais aussi au contraste entre ses austères traditions luthériennes et son évolution, au cours du XXe siècle, vers une social-démocratie pacifique et laïque.

Durant les années 1950, tous ces éléments trouvèrent leur expression dans l'œuvre d'Ingmar Bergman (1918-2007). Ses meilleurs premiers films, *Jeux d'été* (1951, ci-dessus) et *Un été avec Monika* (1953), sont autant d'idylles mélancoliques, situées sur l'arrière-plan de l'archipel de Stockholm, dont la beauté saisonnière sauvage et temporaire reflète la fugacité du sentiment amoureux. Ces films s'inscrivent dans une veine traditionnelle suédoise, qu'illustre aussi *Elle n'a dansé qu'un seul été* (1951), d'Arne Mattsson (1919-1995), autre histoire d'amour tragique

REPÈRES

1944	1946	1949	1950	1951	1952
En Suède, Alf Sjöberg réalise *Tourments*, sur un scénario d'Ingmar Bergman ; le succès international du film annonce le renouveau du cinéma suédois.	Ingmar Bergman fait ses débuts comme réalisateur avec *Crise*.	Les cinéastes norvégiens Edith Carlmar et Arne Skouen réalisent leurs premiers films, respectivement *La mort est une caresse* et *Garçons des rues*.	Bergman tourne *Jeux d'été* (1951). Parmi les autres films suédois importants de la même année, il faut citer *la Fille aux jacinthes*, de Hasse Ekman.	Arne Mattsson réalise *Elle n'a dansé qu'un seul été*, une tragédie sentimentale qui remporte l'ours d'or au Festival de Berlin. Sjöberg tourne *Mademoiselle Julie*.	Ingmar Bergman et Erik Blomberg réalisent respectivement *Un été avec Monika* (1953) et *le Renne blanc*, tourné en Finlande.

ayant pour décor un arrière-plan rural. Bergman se tourna ensuite vers l'allégorie et l'existentialisme avec *le Septième Sceau* (1957, voir p. 208). Dans *la Source* (1960), Bergman revisite des thèmes médiévaux et aborde la question du double héritage païen et chrétien échu à la Scandinavie. *Les Fraises sauvages* (1957) racontent, dans un style plus apaisé et plus réaliste, l'histoire d'un vieillard faisant le bilan de son existence, qui préfigure l'accent que mit Bergman sur la psychologie dans ses réalisations des années 1960.

Alf Sjöberg (1903-1980) a été injustement éclipsé par les deux exceptionnels artistes suédois auxquels il s'associa. Son film le plus connu à l'étranger, *Tourments* (1944), fut en effet réalisé à partir d'un scénario de Bergman, à qui l'on attribua ses austères sous-entendus psychologiques, mais il faut sans doute porter son atmosphère oppressante au crédit du metteur en scène. Dans les années 1950, Sjöberg adapta des œuvres du plus grand dramaturge suédois, August Strindberg : il tourna une version mémorable de *Mademoiselle Julie* (1951, ci-contre) et un film historique novateur et enjoué, *Karin Månsdotter* (1954), inspiré de l'*Erik XIV* du même Strindberg. Peu connu hors de Suède, Hasse Ekman (1915-2004) mériterait davantage de célébrité pour *la Fille aux jacinthes* (1950, à droite, en bas), qui relate l'histoire obsédante d'une enquête sur le suicide d'une jeune fille. Le film manifeste l'exceptionnelle franchise sexuelle caractéristique du cinéma suédois de l'après-guerre, tout en explorant les compromis faits par la Suède pour rester neutre durant la Seconde Guerre mondiale. Tout aussi remarquable, l'œuvre d'Arne Sucksdorff (1917-2001) propose un mélange original de fiction et de documentaire.

Le plus grand cinéaste danois, Carl Dreyer, ne tourna qu'un film dans les années 1950. *La Parole* (1955, voir p. 206) est toutefois un chef-d'œuvre, une parabole austère et pourtant humaine dont les éléments miraculeux sont atténués par le réalisme subtil des décors et du jeu des acteurs. La période vit aussi les débuts de Gabriel Axel (né en 1918), qui devait plus tard obtenir une renommée internationale grâce au *Festin de Babette* (1987). Son premier film, *Toujours des histoires* (1955), est un récit réaliste consacré à une famille ouvrière.

Le cinéaste norvégien le plus talentueux, Arne Skouen (1913-2003), obtint un succès international et une nomination aux oscars grâce aux *Neuf Vies* (1957), narration tendue et habilement construite de la fuite d'un combattant de la Résistance, pendant la guerre, vers la Suède. Après avoir fait ses débuts avec l'effrayant *La mort est une caresse* (1949), la première cinéaste norvégienne, Edith Carlmar (1911-2003), poursuivit sa carrière tout au long des années 1950. Son dernier film, *l'Indocile* (1959), qui raconte une série de rites de passage, marqua la première apparition à l'écran de Liv Ullmann.

Parmi les films finlandais les plus remarquables, on citera *le Renne blanc* (1952), adaptation sur grand écran d'un conte populaire lapon, due à Erik Blomberg, et le film de guerre *Soldats inconnus* (1955), d'Edvin Laine (1905-1989), qui demeure le plus grand succès du cinéma finlandais. **A. J.**

1953	1954	1955	1957	1959	1960
La Nuit des forains, de Bergman, raconte une histoire obsédante, avec pour arrière-plan le monde du cirque.	Sortie de *Salka Valka* et de *Fortroll ad vandrig*, d'Arne Mattsson.	*La Parole* (voir p. 206), de Carl Dreyer, est sans doute le meilleur film danois des années 1950. Sortie de *Soldats inconnus*, d'Edvin Laine, le plus gros succès du cinéma finlandais.	Bergman réalise *le Septième Sceau* (voir p. 208) et *les Fraises sauvages*. *Les Neuf Vies*, d'Arne Skouen, attirent l'attention du monde entier sur le cinéma norvégien.	Sortie en Norvège de *l'Indocile*, le dernier film d'Edith Carlmar.	*La Source* marque la fin de la période ouvertement allégorique de la carrière de Bergman.

La Parole 1955
Ordet CARL THEODOR DREYER 1889-1968

▲ La « mort » d'Inger aide les deux familles à accepter l'histoire d'amour d'Anne et Anders.

▼ Cette affiche sévère montre Johannes (Preben Lerdorff Rye) en prédicateur.

Morten Borgen (Henrik Malberg) est un vieux fermier unanimement respecté pour sa piété. Sa femme vient de mourir. Son fils cadet, Anders (Cay Kristiansen), veut épouser Anne (Gerda Nilsen), mais le père de cette dernière appartient à une secte dont Morten abhorre les croyances. Mikkel (Emil Hass Christensen), son fils aîné, à qui son épouse, Inger (Birgitte Federspiel) ne parvient pas à communiquer sa foi, est athée. Le dernier fils, Johannes, étudiant en théologie, est un fanatique aux yeux exorbités.

La sobriété de Dreyer rend la scène finale du « miracle » d'autant plus écrasante. Le magazine *Time* remarqua l'intensité et la sincérité de la façon dont le film aborde les questions liées aux croyances religieuses : « L'histoire est racontée avec la franchise lumineuse qui auréole presque tout ce que fait Dreyer. » *La Parole* semble souvent sévère, mais s'achève sur une note de rédemption. Johannes, le visionnaire dément, se révèle doué d'une pureté spirituelle utile à la résolution des doutes et des conflits qui affligent les autres personnages. Lorsque Inger « meurt » en couches, il se montre capable de la ramener à la vie parce qu'une enfant croit en lui. La foi de cette dernière lui donne la force d'implorer Dieu de lui accorder « la parole » qui ressuscitera la morte.

Avec ses lents travellings, ses gros plans sur les visages des acteurs et son utilisation subtile des sons, l'adaptation par Dreyer de la pièce de Kaj Munk est très finement construite. Les films traitant de la foi religieuse et du doute apparaissent souvent grandiloquents. *La Parole,* au contraire, nous invite à nous jeter à l'eau et à « croire ». **G. M.**

LES SCÈNES PRINCIPALES

1 « MALHEUR À VOUS, HYPOCRITES »
Conduit à la démence par la lecture des œuvres de Kierkegaard, et maintenant aux prises avec les affres d'un complexe messianique, Johannes, au début du film, se tient au sommet d'une colline battue par le vent, où il prêche comme un prophète de l'Ancien Testament.

2 « ON DIRAIT QUE DIEU VOUS A ABANDONNÉ »
Morten, le vieux fermier, est au bord du désespoir. De santé fragile, il se tourmente à cause de ses fils, qui le déçoivent. Dieu n'a pas entendu ses prières et il se le reproche. À contrecœur, il en est arrivé à accepter que les miracles n'arrivent tout simplement pas.

3 « IL MENT DANS L'APPAREIL À QUATRE PIÈCES »
Mikkel raconte brutalement l'histoire de l'enfant mort-né. Après la fausse couche d'Inger, la famille éprouve les pires difficultés à garder la foi. Le docteur (Henrik Skjær) discute avec Morten des forces respectives de la science et de la croyance religieuse.

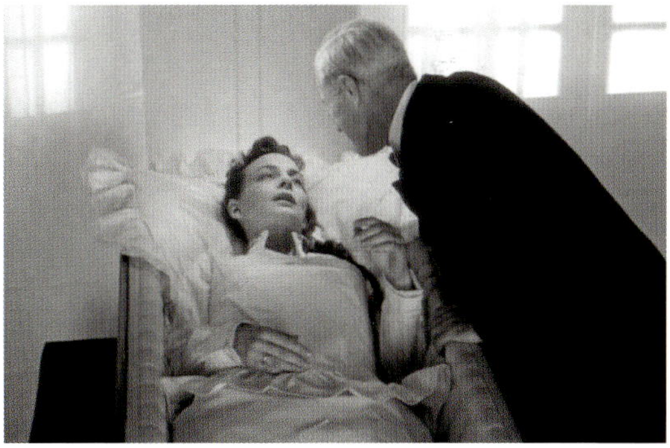

4 LE MESSAGE
Juste avant que le cercueil ne se referme sur Inger, Maren (Ann Elisabeth Groth), la fille de Mikkel, s'agrippe à la manche de Johannes et l'implore de sauver la femme morte. La foi de l'enfant le galvanise et le miracle a lieu.

DE LA PAGE À L'ÉCRAN

Dreyer avait vu la pièce de Kaj Munk *Au commencement était le Verbe* au début des années 1930 et elle l'avait profondément ému. Elle avait été écrite en 1925, mais ne fut jouée que sept ans plus tard. Le destin de Munk, un pasteur et dramaturge danois tué par les nazis en 1944, donna un caractère poignant au film, qui fut tourné dans le Jutland de l'ouest, où Munk avait exercé son sacerdoce. Il avait écrit le rôle de Borgen, le vieux fermier patriarcal, pour l'acteur Henrik Malberg. Ce dernier n'avait finalement pas pu jouer le rôle sur scène, mais Dreyer lui donna la possibilité de l'interpréter à l'écran. À sa sortie, le film, immédiatement salué comme un chef-d'œuvre, obtint un immense succès, à la fois commercial et critique. Malgré la fidélité de Dreyer au texte original, *la Parole* apporte un changement important à la pièce. Tel que le décrit Munk, le miracle reste ambigu, et l'auteur laisse ouverte la possibilité qu'Inger n'ait pas été réellement morte. Dans le film de Dreyer, sa résurrection est un miracle authentique. La pièce avait été précédemment portée à l'écran, en 1943, par Gustaf Molander (1888-1973). Cette adaptation suédoise ne sortit qu'après la fin de la Seconde Guerre mondiale et n'obtint pas le même succès que celle de Dreyer.

Le Septième Sceau 1957

Det sjunde inseglet INGMAR BERGMAN 1918-2007

▲ La Mort au visage blanc et au manteau noir devint un archétype au cinéma.

▼ L'affiche annonce la partie d'échecs, qui joue un rôle central dans l'histoire du film.

On peut aujourd'hui considérer *le Septième Sceau* comme la quintessence du cinéma scandinave inquiétant et introspectif, mais il doit son existence à une comédie romantique. Le succès de *Sourires d'une nuit d'été* (1955) poussa en effet les producteurs suédois à accorder leur confiance à un projet qu'ils regardaient au départ avec beaucoup d'appréhension.

Un chevalier désabusé (Max von Sydow) rentre chez lui après avoir participé aux Croisades. La violence, la maladie et la mort l'entourent. Le pays est ravagé par la peste noire ; un artiste travaille dans une église à une fresque représentant une danse macabre ; et la Mort encapuchonnée, au visage blafard (Bengt Ekerot), attend du chevalier qu'il lui paie son dû. Le film tire son origine d'une courte pièce de Bergman intitulée *Peinture sur bois* jouée à la radio en 1954 avec l'auteur pour récitant. Les événements de l'époque donnèrent aux méditations eschatologiques de Bergman une actualité brûlante : l'exacerbation de la Guerre froide avait en effet communiqué à beaucoup d'esprits la crainte d'une catastrophe nucléaire capable de détruire le monde.

Le film offrit une série d'images d'une originalité exceptionnelle, destinées à être imitées et parodiées, en particulier la partie d'échecs avec la Mort au bord de la mer. Le film trahit de nombreuses influences, des gravures sur bois d'Albrecht Dürer à *la Charrette fantôme* (1921), de Victor Sjöström, en passant par *Carmina Burana*, de Carl Orff. Pour de nombreux artistes et cinéastes postérieurs à Bergman, *le Septième Sceau* fut l'une de leurs principales références lorsqu'ils en vinrent à traiter et explorer le thème de la mort. **G. M.**

LES SCÈNES PRINCIPALES

1 LA PARTIE D'ÉCHECS AU BORD DE LA MER
Vêtue d'un manteau noir, la Mort dit au chevalier : « J'ai longtemps marché à tes côtés. » Pas encore prêt à ce qu'elle l'emmène, le chevalier entraîne sa Némésis dans une partie d'échecs. Bergman avait vu une image de cette scène dans une église de l'Uppland.

2 LA MORT POUR CONFESSEUR
Le désespoir du chevalier le pousse à déverser son angoisse sur son ombre mortelle. « Je veux me confesser aussi honnêtement que possible, mais mon cœur est vide. [...] Mon indifférence pour les autres m'a rejeté en dehors de leur société. »

3 DANSER SUR LE FEU
Dans une auberge bondée, Jof, l'acteur itinérant, est forcé de se dandiner comme un ours dansant sur une table brûlante. Il s'agit là d'une des nombreuses scènes où Ingmar Bergman humilia les acteurs sur un mode symbolique.

4 LA DANSE DE LA MORT
Lors de la scène finale du film, Jof, le comédien doué d'une seconde vue, a une vision de la Mort, avec sa faux et son sablier, entraînant le chevalier et ses autres victimes dans une solennelle danse macabre, sur le sommet éloigné d'une colline.

LE RÉALISATEUR

1918-1945
Fils d'un pasteur luthérien, Ingmar Bergman naît à Uppsala. Son scénario pour *Tourments* (1944) offre un premier aperçu sur plusieurs de ses futures obsessions de réalisateur : l'amour adolescent, la jalousie sexuelle, le ressentiment contre l'autorité. Il dirigea d'ailleurs quelques scènes de *Tourments*.

1946-1954
Bergman fait ses débuts comme cinéaste avec le mélodrame *Crise* (1946), mais il considéra ensuite *Jeux d'été* (1951) comme son premier véritable film.

1955-1960
En 1956, sa comédie romantique *Sourires d'une nuit d'été* (1955) reçoit un accueil dithyrambique au Festival de Cannes, lui vaut une renommée internationale et prépare le terrain à la réalisation de son chef-d'œuvre, *le Septième Sceau*.

1961-1975
Sa « trilogie de la foi » commence avec *À travers le miroir* (1961), se poursuit avec *les Communiants* (1963) et s'achève avec *le Silence* (1963). *Persona* (1966) est son film le plus âpre et le plus expérimental de la période ; il a pour vedette l'actrice norvégienne Liv Ullmann, qui devint ensuite la muse du réalisateur et tint le rôle principal dans neuf de ses films. Leur couple donna naissance à une fille, en 1966.

1976-2002
Arrêté pour fraude fiscale en 1976, Bergman jura qu'il ne travaillerait plus jamais en Suède et s'exila en Allemagne. Il finit cependant par revenir en Suède pour y réaliser *Fanny et Alexandre* (1982), puis annonça qu'il ne tournerait plus de films pour le cinéma. Il continua en revanche à mettre en scène des pièces de théâtre, à réaliser des films pour la télévision et à écrire des scénarios.

2003-2007
Son dernier film, *Sarabande* (2003), fut conçu pour la télévision, puis distribué au cinéma dans de nombreux territoires. Il mourut peu après son quatre-vingt-neuvième anniversaire sur l'île de Faro, où il vivait depuis de nombreuses années.

LE CINÉMA ASIATIQUE

L'Asie produisait déjà des films à l'époque du cinéma muet. Au Japon, on adapta à l'écran des pièces du théâtre kabuki dès la première décennie du XXe siècle, et le premier long-métrage indien, *Raja Harishchandra*, date de 1913. Le cinéma japonais connut un premier âge d'or dans les années 1930, durant lesquelles des réalisateurs comme Kenji Mizoguchi (1898-1956), Yasujiro Ozu (1903-1963) et Hiroshi Shimizu (1903-1966) tournèrent des films remarquables, au style et au langage typiquement nippons. En Chine, l'industrie cinématographique de Shanghaï produisit des films dont les réalisateurs, par exemple Yu Sun (1900-1990), optèrent pour un style mélodramatique réaliste, afin d'aborder les problèmes qui se posaient à une grande mais faible nation, assaillie de menaces extérieures et minée par des conflits internes.

Toutefois, jusqu'aux années 1950, le cinéma asiatique demeura largement méconnu en Occident. Quelques films japonais avaient certes été projetés en Europe et en Amérique du Nord avant la Seconde Guerre mondiale, de même que deux films muets réalisés en Inde sous la direction de l'Allemand Franz Osten (1876-1956). Cependant, ce fut la présentation de *Rashomon* (1950, ci-dessus), d'Akira Kurosawa (1910-1998), au Festival de Venise de 1951, où le film remporta le lion d'or, qui attira l'attention du public international sur la richesse du cinéma japonais. Humaniste libéral, Kurosawa aborda des thèmes à valeur

1 Le duel à mort entre un samouraï et un bandit constitue le moment crucial de l'histoire de *Rashomon*.

2 Mori Masayuki et Kyo Machiko sont les acteurs principaux des *Contes de la lune vague après la pluie*.

3 Nakadai Tatsuya donna une inoubliable interprétation du héros idéaliste de *la Condition de l'Homme*.

REPÈRES

1945	1948	1949	1950	1951	1952
Sous l'occupation américaine, un code de censure est imposé au cinéma japonais, afin de lui inculquer des valeurs libérales et démocratiques.	*Printemps dans une petite ville* est l'un des meilleurs films produits dans le Shanghaï de l'après-guerre.	Zheng Junli tourne *Corbeaux et moineaux* à Shanghaï. Le président Mao nationalise l'industrie chinoise du film.	Début de la guerre de Corée. Akira Kurosawa tourne *Rashomon*, qui remporte l'année suivante le lion d'or au Festival de Venise.	Raj Kapoor tourne *le Vagabond* à Bollywood. Keisuke Kinoshita réalise le premier film japonais en couleurs, *Carmen revient au pays*.	Fin de l'occupation américaine au Japon. Kenji Mizoguchi réalise *la Vie d'Oharu, femme galante*. Sortie en Inde de *Mangala fille des Indes*, de Mehboob Khan (1907-1964).

universelle, comme l'inaccessibilité de la vérité, dans *Rashomon,* ou la réaction d'un homme face à l'inéluctabilité de la mort, dans *Vivre* (1952). Admirateur de la culture occidentale, il adapta au cinéma les œuvres de ses grands auteurs, transposant par exemple la Russie de Dostoïevsky à Hokkaido, dans *l'Idiot* (1951), ou conjuguant les traditions théâtrales jacobéenne et japonaise dans sa vision samouraï de *Macbeth, le Château de l'araignée* (1957). Cette influence occidentale aide à expliquer l'admiration dont son œuvre fit l'objet à l'étranger et le fait que ses films de samouraïs les plus célèbres, *les Sept Samouraïs* (1954, voir p. 216) et *le Garde du corps* (1961), aient été adaptés sous forme de westerns.

Le triomphe de Kurosawa à Venise contribua au succès international d'autres réalisateurs japonais. Les films sereins de la période tardive de Kenji Mizoguchi, en particulier *la Vie d'Oharu, femme galante* (1952), *Les contes de la lune vague après la pluie* (1953, ci-contre) et *l'Intendant Sansho* (1954) conjuguent une profonde humanité à une extraordinaire beauté stylistique. Les mouvements de caméra de Mizoguchi sont d'une délicatesse et d'une précision sans égales, mais son style, jamais purement décoratif, est au contraire toujours mis au service de l'expression visuelle des émotions et de la situation des personnages. Par contraste, l'autre grand maître du cinéma japonais de l'après-guerre, Yasujiro Ozu, ne fait presque jamais bouger sa caméra, choisissant un style austèrement quiétiste pour raconter ses subtiles histoires consacrées à la famille japonaise. Dans des films comme *Printemps tardif* (1949), *Été précoce* (1951) et *Voyage à Tokyo* (1953, voir p. 214), il explore les relations difficiles entre parents et enfants avec beaucoup de compassion et de sagesse résignée.

Outre ces deux grands réalisateurs, il faut mentionner d'autres cinéastes remarquables : Heinosuke Gosho (1902-1981), un dramaturge subtil aux talents variés ; Kon Ichikawa (1915-2008), un critique féroce dont les meilleurs films offrent une satire caustique de la société de l'après-guerre ; Keisuke Kinoshita (1912-1998), réalisateur de sombres mélodrames sentimentaux à la saveur japonaise unique ; Mikio Naruse (1905-1969), auteur d'histoires pessimistes de femmes courageuses confrontées à l'adversité ; Kozaburo Yoshimura (1911-2000), qui tourna des drames sobres eux aussi consacrés à des personnages féminins ; Masaki Kobayashi (1916-1996), le réalisateur humaniste de la trilogie épique *la Condition de l'Homme* (1959-1961, ci-contre). Des cinéastes comme Inagaki Hiroshi (1905-1980) réalisèrent d'élégants films de samouraïs, dont les meilleurs conjuguent une violence impeccablement chorégraphiée à la critique des valeurs féodales qui avaient exercé leur emprise sur le Japon durant des siècles. Cette variété de contenus et la profondeur des thèmes traités allèrent de pair avec la popularité : à leur apogée, les studios japonais obtinrent un succès considérable et, vers la fin des années 1950, ils produisaient environ 500 films par an. C'est seulement dans les années 1960, lorsque le public détourna son attention vers les films étrangers ou resta chez lui pour regarder la télévision, que l'industrie du film entra dans une période de déclin.

1955

Mikio Naruse tourne le mélodrame tragique *Nuages flottants,* que les critiques considèrent comme son chef-d'œuvre.

1956

Le réalisateur cinghalais Lester James Peries fait ses débuts avec *la Ligne du destin,* un film consacré à la vie rurale sur l'île de Ceylan.

1957

Mehboob Khan tourne à Bollywood le film à grand spectacle *Mother India,* qui relate l'histoire de l'Inde à travers la vie d'une seule femme.

1958

Satyajit Ray réalise *le Salon de musique,* tragédie obsédante d'un propriétaire terrien tombé dans la misère.

1959

Le cinéaste Nagisa Oshima (né en 1932), un des principaux représentants de la Nouvelle Vague japonaise, fait ses débuts avec *Une ville d'amour et d'espoir.*

1961

En Corée du Sud, Yu Hyun-mok réalise *Une balle perdue,* considéré par une grande partie de la critique comme le meilleur film sud-coréen.

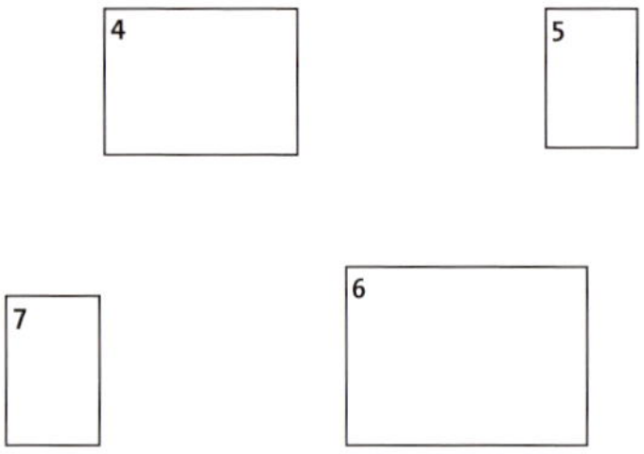

4 *Corbeaux et moineaux* a pour sujet principal la situation désespérée des locataires d'un appartement de Shanghaï dont le propriétaire est un officier nationaliste corrompu.

5 Le film indien *Fleurs de papier* fut un échec commercial à sa sortie. Il connut un succès international au moment de sa redécouverte, dans les années 1980.

6 Les colossaux mélodrames romantiques de l'âge d'or du cinéma indien, dans les années 1950, montrent d'imposants décors à grande échelle, comme ceux du *Vagabond*, de Raj Kapoor.

7 L'affiche du film sud-coréen *Une femme libre*, un mélodrame romantique décrit les activités extraconjugales d'un professeur et de son épouse.

Le succès du cinéma japonais de l'après-guerre résulta en partie de la stabilité politique du pays. Au même moment, les productions d'autres industries cinématographiques d'Asie du Sud-Est souffrirent davantage des effets de l'Histoire. La Chine traversait une période troublée. Dans les années immédiatement postérieures au conflit, des réalisateurs comme Zheng Junli (1911-1969) tournèrent des films de critique sociale clairvoyants et développèrent un style visuel inventif. Junli réalisa *Corbeaux et moineaux* (1949, ci-dessus) au moment où le gouvernement nationaliste de Tchang Kaï-Chek était sur le point de tomber sous les coups de la révolution communiste, et le film ne sortit pas avant la fin de la guerre civile. Plusieurs des cinéastes chinois de l'époque étaient des sympathisants de gauche mais beaucoup connurent des difficultés après que le président Mao se fut emparé du pouvoir. Les sévères critiques adressées à *la Vie de Wu Xun* (1950), de Yu Sun – qui racontait l'histoire d'un héros de la culture du XIXe siècle, Wu Xun –, inaugurèrent une période d'interventions étatiques contraignantes sur l'industrie du film chinoise. Vers la fin des années 1950, une libéralisation provisoire permit l'apparition d'une poignée de films remarquables, dont le plus célèbre est peut-être le mélodrame *Sœurs de scène* (1964), de Xie Jin (1923-2008). Mais, en 1966, les débuts de la Révolution culturelle aboutirent à la cessation temporaire de toute réalisation de films.

Le développement du cinéma coréen fut lui aussi entravé par la situation politique. La guerre de Corée aboutit à la partition de la péninsule en deux États séparés, respectivement dirigés par des régimes autoritaires d'extrême droite et d'extrême gauche, qui imposèrent tous deux une stricte censure. Toutefois, dans les années 1950, la Corée du Sud produisit quelques magnifiques films inspirés de romans à succès, par exemple *Une femme libre* (1956, ci-contre), de Han Hyeong-mo (1917-1999), une histoire d'adultère qui obtint un succès commercial considérable. À la fin de la décennie, plusieurs importants réalisateurs sud-coréens étaient désormais célèbres, parmi lesquels Yu Hyun-mok (1925-2009). La transition entre la chute du régime de Syngman Rhee, en 1960, et l'instauration de la dictature militaire de Park Chung-hee, l'année suivante, permit à Yu de réaliser *Une balle perdue* (1961), description de la vie dans un bidonville, que certains critiques considèrent comme le meilleur film coréen de tous les temps.

Plus à l'ouest, la florissante industrie du film indienne obtint ses premiers succès internationaux grâce aux œuvres de son meilleur réalisateur, le Bengali Satyajit Ray (1921-1992), qui attira l'attention avec *la Complainte du sentier* (1955) et les deux films suivants de la *Trilogie d'Apu* (voir p. 218). Ces films racontent l'itinéraire d'un jeune garçon originaire d'un milieu rural, de l'enfance à l'âge adulte, tout en faisant de son expérience personnelle le microcosme de la vie en Inde. Par la suite, Satyajit Ray réalisa d'autres films remarquables, par exemple *Charulata* (1964), une étude sur la solitude d'une femme mariée. Un engagement politique plus direct est perceptible dans l'œuvre d'un autre réalisateur bengali, Ritwik Ghatak (1925-1976), dont le naturaliste *Nagarik* (1952) n'obtint pas de succès commercial. Ghatak tourna ensuite son chef-d'œuvre, *Étoile cachée* (1960), qui relate l'histoire tragique d'une femme réfugiée à Calcutta.

Les films de Ray et de Ghatak en langue bengalie représentent l'un des deux pôles du cinéma indien. L'autre est constitué des films populaires en langue hindoue, produits de l'industrie installée à Bombay et connue sous le nom de Bollywood (voir p. 542), pourvoyeuse de divertissements mélodramatiques conjuguant action, histoires d'amour, chants et danses. L'immigration en provenance du sous-continent indien contribua par la suite à la célébrité de Bollywood en Occident, mais dans les années 1950, peu de ces films bénéficiaient d'une distribution internationale. Cependant, *le Vagabond* (1951, ci-dessous), de Raj Kapoor (1924-1988), obtint une nomination pour le grand prix du Festival de Cannes. L'acteur et réalisateur Guru Dutt (1925-1964) tourna lui aussi d'excellents films dans un langage populaire, dont le plus célèbre est *Fleurs de papier* (1959, ci-contre), récit tragique de l'échec professionnel et matrimonial d'un cinéaste.

À Ceylan (l'actuel Sri Lanka), Lester James Peries (né en 1919), considéré comme le meilleur réalisateur de son pays, fit ses débuts en 1956 avec *la Ligne du destin*. De même que Bollywood, le cinéma cinghalais avait été dominé par le mélodrame stylisé ; le film de Peries l'amena vers un nouveau réalisme. En racontant l'histoire des mauvais traitements infligés à un jeune garçon censé posséder des pouvoirs magiques, il exprime une critique subtile des croyances traditionnelles. Il exista aussi d'actives industries du film aux Philippines, en Malaisie, en Indonésie, en Thaïlande, au Pakistan, en Iran et en Asie centrale soviétique. Leurs productions de l'époque restent assez méconnues à l'étranger, mais elles contiennent peut-être des joyaux à découvrir. **A. J.**

Voyage à Tokyo 1953
Tokyo monogatari YASUJIRO OZU 1903-1963

▲ Shukichi (Chishu Ryu) et Tomi (Chieko Higashiyama).

▼ Le film d'Ozu décrit les liens familiaux à une époque de profonds bouleversements.

À en croire l'écrivain Donald Richie, Yasujiro Ozu « n'eut en substance qu'un seul sujet principal d'inspiration, la famille japonaise et sa dissolution ». Dans *Voyage à Tokyo*, Ozu donna à ce thème son expression la plus accomplie. Mais le film ne constitue pas un simple document historique, et bien qu'on ait décrit Ozu comme « le plus japonais des réalisateurs japonais », son œuvre dépasse les caractéristiques spécifiques de la culture nippone.

Le film raconte l'histoire d'un couple âgé, qui habite la ville portuaire d'Onomichi, à l'ouest du Japon, et part pour la capitale rendre visite à ses enfants, désormais adultes. Occupés à leurs propres vies, ces derniers négligent les besoins de leurs parents. Seule leur belle-fille Noriko, devenue veuve, leur offre l'affection et l'engagement qu'ils auraient pu attendre des liens du sang. À partir de cette histoire simple, Ozu offre un point de vue profond sur les affres d'un pays en proie à un processus de modernisation rapide et agité, où les mœurs traditionnelles laissent la place à l'individualisme libéral et au capitalisme industriel. Toutefois, ce récit est aussi une description de la condition humaine.

Le style d'Ozu, d'une sobriété inégalable, évite les mouvements de caméra et construit le drame à partir des subtilités de l'expression des visages, des gestes et du ton des voix. Les interprétations de Chishu Ryu et de Chieko Higashiyama, dans le rôle des parents, sont parfaitement convaincantes, même si Ryu joue un personnage âgé d'environ vingt ans de plus que lui. Quant à l'interprétation par Setsuko Hara de la bienveillante Noriko, elle ajoute à l'atmosphère mélancolique du film une note rédemptrice d'espoir. **A. J.**

LES SCÈNES PRINCIPALES

1 « SERAI-JE ENCORE LÀ ? »
Tandis que Shukichi, le père, observe la scène de la maison, Tomi, son épouse, marche avec son petit-fils, Minoru, sur un talus herbeux. « Que feras-tu quand tu seras grand, lui demande-t-elle ? Médecin, comme ton père ? Mais quand tu seras médecin, serai-je encore là ? »

2 « ALORS VOUS AVEZ EU AUTANT D'ENNUIS QUE MOI »
Shukichi et Tomi se rendent chez leur belle-fille Noriko, devenue veuve. Ils regardent une photographie de leur défunt fils. Levant un verre de saké, Tomi affirme que son mari avait l'habitude de trop boire ; Noriko avoue que leur fils faisait de même.

3 « RENTRONS CHEZ NOUS »
Après une nuit blanche à l'établissement balnéaire d'Atami, le vieux couple s'assied sur une digue et décide d'interrompre son voyage. Lorsqu'elle se lève, Tomi est prise de vertiges, que Shukichi attribue au manque de sommeil. Ils marchent alors le long de la digue.

LE RÉALISATEUR

1903-1930
Yasujiro Ozu naît à Tokyo. Après avoir fait ses débuts avec ce qui sera son unique film en costume, *le Sabre de pénitence* (1927), il se spécialise dans la comédie légère pour Shochiku, l'un des principaux studios japonais.

1931-1936
On remarque un sérieux accru dans des films comme *le Chœur de Tokyo* (1931) et *Gosses de Tokyo* (1932), qui contribuèrent à définir la préoccupation pour la famille et le ton doux-amer dont les studios Shochiku et Ozu se firent une spécialité et qu'il est convenu de désigner sous le nom de *shomin-geki* (voir encadré). *Le Fils unique* (1936), premier film parlant d'Ozu, inaugure le style austère de sa période de maturité.

1937-1948
Le service militaire interrompit à deux reprises la carrière d'Ozu, et sa production fut aussi affectée par les restrictions que le régime militariste imposa aux cinéastes. Il ne réalisa que deux films entre 1937 et 1947 et reprit une activité régulière sous l'occupation américaine, avec *Récit d'un propriétaire* (1947).

1949-1963
Printemps tardif (1949), étude discrète de la relation entre un père et sa fille, est exemplaire de l'humanité et de la résignation qui caractérisent l'œuvre d'Ozu après la guerre. Avec *Été précoce* (1951) et *le Chœur de Tokyo*, ce film forme une sorte de trilogie consacrée à la vie familiale japonaise. Les réalisations tardives d'Ozu revinrent à des intrigues et à des thèmes qu'il avait déjà abordés auparavant. Il mourut à Tokyo à l'âge de soixante ans.

SHOCHIKU ET *SHOMIN-GEKI*

Yasujiro Ozu fut l'un des plus éminents représentants du florissant système des studios japonais, qui produisirent plus de 300 films en 1953. Des actrices comme Setsuko Hara (ci-dessous) étaient de véritables stars. Les drames d'Ozu comptèrent parmi les réalisations les plus remarquables dans le genre du *shomin-geki* (des films consacrés à la petite bourgeoisie), dont les studios Shochiku se firent une spécialité, et qui se distingue par des mélodrames à l'élégance discrète et un mélange d'humour et de mélancolie. Des réalisateurs comme Hiroshi Shimizu et Keisuke Kinoshita contribuèrent eux aussi au développement de ce genre.

Les Sept Samouraïs 1954

Shichinin no samurai AKIRA KUROSAWA 1910-1998

▲ La somptuosité des scènes d'action est sans équivalent dans le cinéma japonais.

▼ Le classique de Kurosawa se situe dans les années 1850, à l'époque des guerres civiles.

Le film de samouraïs occupe au Japon une place équivalente à celle du western à Hollywood (voir p. 242) : il définit un espace où les réalisateurs et le public japonais peuvent s'identifier à leur histoire et à leur héritage culturel. À la fin des années 1950, environ un tiers des films nippons se situaient dans le passé, et la plupart avaient des samouraïs pour personnages principaux. Akira Kurosawa devait se faire une renommée de maître du genre, même si, avant *les Sept Samouraïs*, la plupart de ses films se situaient dans le présent. Pourtant, il se montra d'emblée très à l'aise avec cette catégorie de films, conformes à son goût pour les récits épiques. Le tournage dura un an, et le perfectionnisme de Kurosawa troubla les studios Toho, qui menacèrent d'annuler le projet. À sa sortie, il obtint un immense succès commercial.

Bien que *les Sept Samouraïs* demeurent en Occident l'exemple le plus célèbre du genre, il ne s'agit pas d'un film de samouraïs conventionnel ; il ne s'inspire pas de figures connues de l'Histoire ou du folklore nippons. Son histoire d'un groupe de ronins (samouraïs sans maîtres) aidant les habitants d'un village pauvre à se débarrasser d'une horde de bandits doit beaucoup au western américain, et en particulier à John Ford (1894-1973), dont *la Chevauchée fantastique* (1939) était le film favori du scénariste Hashimoto Shinobu. Kurosawa doit aussi beaucoup à Ford pour son imagerie. Rien d'étonnant dès lors à ce que le film ait fait l'objet d'un remake à Hollywood en 1960, *les Sept Mercenaires,* sous le même titre que celui qui fut donné au long-métrage de Kurosawa lors de sa première distribution aux États-Unis, dans une version considérablement raccourcie. **A. J.**

LES SCÈNES PRINCIPALES

1 LA MENACE

Des bandits envisagent de piller un village, mais comme ils en ont déjà volé le riz l'automne précédent, il ne reste plus rien à emporter ; ils décident de revenir après la récolte de l'orge. Les premières images du film sont un hommage de Kurosawa à John Ford.

2 MAINTENANT NOUS SOMMES SEPT

Après avoir déclenché une fausse alarme, Kikuchiyo (à gauche) reproche aux paysans de s'être précipités sous la protection des samouraïs, qu'ils avaient auparavant combattus, et dont le chef, Kanbei (à droite), l'invite à devenir le septième d'entre eux.

3 LE FILS DU FERMIER

Kyuzo ayant dit qu'il aimerait tuer tous les fermiers, Kikuchiyo lui demande : « Qui a transformé les fermiers en animaux ? Vous, les samouraïs. » Kannei lui répond : « Tu es fils de fermier, n'est-ce pas ? »

4 LA BATAILLE FINALE

Les bandits lancent leur dernière attaque sur le village, qu'ils sillonnent à dos de cheval. Les samouraïs et les villageois résistent avec acharnement. La bataille finale se déploie sous une pluie battante, tandis que le sol se transforme en boue.

LE RÉALISATEUR

1910-1949

Né à Tokyo, Akira Kurosawa fait ses débuts de réalisateur avec *la Légende du grand judo* (1943). Contraint de tourner des films de propagande à l'époque de la guerre, il se rattrape sous l'occupation américaine avec *Je ne regrette rien de ma jeunesse* (1946), qui porte sur les persécutions dont furent victimes les libéraux avant le conflit. Il réalise aussi deux thrillers urbains : *l'Ange ivre* (1948), sa première collaboration avec l'acteur Toshiro Mifune, et *Chien enragé* (1949).

1950-1965

Rashomon remporte le lion d'or au Festival de Venise et lui vaut une réputation internationale. Il réalise ensuite quelques-uns de ses films les plus caractéristiques : le très humaniste *Vivre* (1952), *les Sept Samouraïs* et la transposition du *Macbeth*, de Shakespeare, *le Château de l'araignée* (1957). Deux films historiques cyniques, *le Garde du corps* (1961) et *Sanjuro* (1962), obtiennent un gros succès commercial, mais après *Barberousse* (1965), le quinzième de ses films avec Mifune, Kurosawa eut des difficultés à obtenir des financements au Japon.

1966-1974

Engagé en 1968 pour diriger la partie japonaise du film de la Twentieth Century Fox *Tora ! Tora ! Tora !*, il eut du mal à s'adapter aux exigences des productions hollywoodiennes et finit par être licencié. Il tente en vain de s'affirmer comme producteur indépendant avec *Dodes' kaden* (1970). Incapable de s'assurer des fonds pour ses réalisations futures et souffrant d'ennuis de santé, il tente de se suicider en décembre 1971.

1975-1998

Il obtient des financements à l'étranger pour *Dersou Ouzala* (1975), qui se déroule en Sibérie, et les deux films de samouraïs *Kagemusha, l'ombre du guerrier* (1980) et *Ran* (1985), dont le second s'inspire en partie du *Roi Lear*, de Shakespeare. Francis Ford Coppola (né en 1939) co-produisit *Kagemusha*, qui remporta la palme d'or au Festival de Cannes. *Madadayo* (1993) fut son ultime réalisation avant sa mort, mais il collabora au scénario de *Dernier Recours* (1996).

La Trilogie d'Apu 1955-1959

SATYAJIT RAY 1921-1992

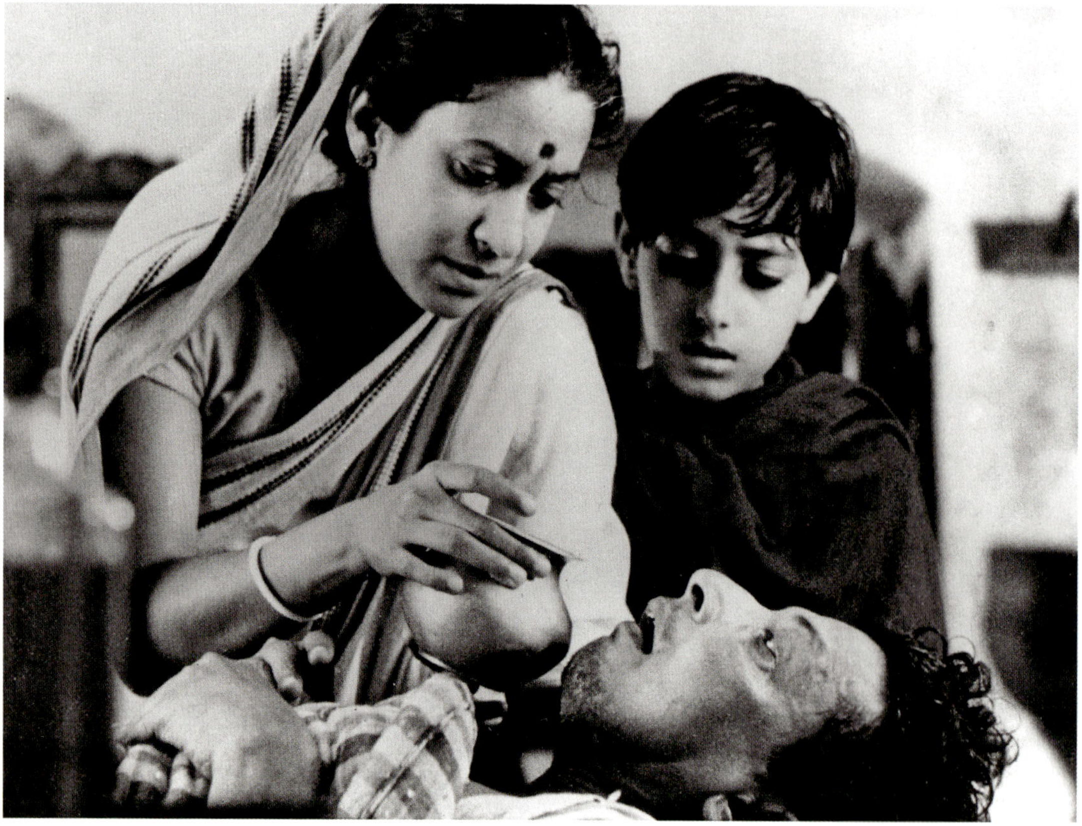

▲ C'est la femme de Satyajit Ray qui a remarqué Subir Banerjee, le jeune Apu.

▼ Les films racontent la vie d'Apu.

Lors de sa projection au Festival de Cannes, en 1956, *la Complainte du sentier* (1955) fit sensation. Pour la première fois en un demi-siècle d'existence, l'industrie cinématographique indienne avait produit un film comparable à ceux des meilleurs réalisateurs. Lorsque Satyajit Ray tourna les deux films servant de suite au premier – *l'Invaincu* (1956) et *le Monde d'Apu* (1959) –, il fut clair qu'un des grands maîtres du cinéma humaniste avait fait son apparition.

Dans *la Complainte du sentier*, le jeune Apu grandit dans un petit village bengali tandis que sa mère, Sarbojaya se bat pour assurer son éducation et celle de sa sœur, Durga, en l'absence fréquente de leur père, Harihar, un prêtre brahmane oisif. Après la mort de Durga, des suites d'une pneumonie, la famille part s'installer à Bénarès. Dans *l'Invaincu*, Harihar gagne sa vie sur les bords du Gange, mais, lorsqu'il meurt de la fièvre, Sarbojaya ramène Apu à la campagne. Brillant élève, il obtient une bourse pour poursuivre ses études à Calcutta. Demeurée seule, Sarbojaya s'affaiblit et meurt. *Le Monde d'Apu* nous montre le héros poussé au mariage contre son gré. Son union se révèle malgré tout un succès, jusqu'à ce que son épouse meure en couches. Refusant de voir son enfant, Apu s'enfuit dans une région sauvage, mais finit par revenir réclamer son fils et reprendre contact avec le monde.

Par la suite, Satyajit Ray réalisa des films plus complexes et plus sophistiqués, mais la chaleur, la compassion, l'humour, l'immédiateté émotionnelle, le sens du détail et l'habileté naturelle dont font preuve les acteurs de la *Trilogie d'Apu* lui donnent un charme durable. **P. K.**

LES SCÈNES PRINCIPALES

1 LA COMPLAINTE DU SENTIER

Tandis qu'Apu et sa sœur, Durga, errent dans un champ de plantes blanches floconneuses, ils entendent le bruit d'un train. Apu court en direction du panache de fumée, le vagabondage de son œil constituant une exploration du mystérieux monde extérieur.

2 L'INVAINCU

Après la mort de son père, à Bénarès, Apu est ramené à la campagne par sa mère. Il est maintenant tout ce qu'elle a au monde, mais peu à peu, inexorablement, il se détachera d'elle, même lorsqu'elle aura de plus en plus besoin de lui.

3 LE MONDE D'APU

Après avoir perdu son épouse, Apu vagabonde de longues années, mais finit par venir réclamer le fils qu'il n'a jamais vu. Le jeune garçon commence par le rejeter, mais lorsque Apu s'éloigne, il court après lui. Son fils sur les épaules, Apu part rejoindre la ville et le monde.

LE RÉALISATEUR

1921-1955

Né à Calcutta, Satyajit Ray fait ses études à l'« université du monde » de Rabindranath Tagore, à Santiniketan. Il devient ensuite directeur artistique d'une agence de publicité britannique et fonde la première société de production cinématographique de Calcutta. Son premier film, *la Complainte du sentier*, lui vaut une renommée internationale.

1956-1963

Après avoir achevé la *Trilogie d'Apu*, il est salué comme un des grands maîtres du cinéma humaniste. Il élargit sans relâche la portée de son art avec des films comme *le Salon de musique* (1958), *Devi la déesse* (1960), *Kanchenjungha*, son premier film en couleurs (1962), et *la Grande Cité* (1963).

1964-1969

Deux de ses meilleurs films – *Charulata* (1964) et *Des jours et des nuits dans la forêt* (1970) – concluent une période inégale de sa carrière, qui comprend aussi le premier de ses films pour enfants, *les Aventures de Goopy et Bagha* (1968).

1970-1981

Ray prend pour sujets la contestation sociale, les manœuvres industrielles et la mauvaise gestion des autorités impériales britanniques dans *l'Adversaire* (1971), *Société à responsabilité limitée* (1971) et *les Joueurs d'échecs* (1977).

1982-1992

La maladie ralentit sa production, mais il atteint son chant du cygne avec *le Visiteur* (1991) et reçoit un oscar d'honneur quelques semaines avant sa mort, le 23 avril 1992.

DE LA PAGE À L'ÉCRAN

Premier roman de Bibhutibhushan Banerji (1894-1950), *la Complainte du sentier* est l'une des œuvres les plus aimées de la littérature bengalie du XXe siècle et fut publiée pour la première fois sous forme de livre en 1929. Banerji lui donna une double suite, *l'Invaincu* et *Kajal*, qui n'obtinrent cependant pas le même succès. Le film de Satyajit Ray intitulé *la Complainte du sentier* correspond environ aux deux premiers tiers du roman de Banerji, jusqu'au moment où la famille part pour Bénarès. Bien qu'il n'ait jamais utilisé de scénario complet, le cinéaste resta proche de sa source d'inspiration. *L'Invaincu* correspond à la fin du premier roman et à la première moitié de sa suite, mais n'aborde pas certains épisodes importants et met surtout l'accent sur la relation entre Apu et sa mère. *Le Monde d'Apu* est l'adaptation d'une autre grande partie de la suite du roman, mais sur un ton plus rude et plus sombre. Les cent dernières pages de *l'Invaincu* et la totalité de *Kajal* sont totalement absentes de la trilogie de Satyajit Ray. On considère à juste titre *la Complainte du sentier* comme son chef-d'œuvre.

HOLLYWOOD DANS L'APRÈS-GUERRE

Hollywood profita beaucoup de la Seconde Guerre mondiale. Les studios principaux firent non seulement preuve de leur efficacité comme machines de propagande, mais ils exportèrent avec succès leurs productions dans les pays alliés, où l'effort de guerre limitait les budgets. On pensait que la réussite obtenue par le cinéma hollywoodien durant le conflit se poursuivrait après la guerre, mais le contexte économique, culturel, social et politique, ainsi que le spectre d'une nouvelle forme de divertissement (la télévision) jouèrent un rôle dans la diminution de l'influence et de la croissance d'une des industries américaines les plus lucratives.

Hollywood semblait encore riche dans l'immédiat après-guerre : l'année 1946 vit ainsi battre le record de fréquentation des salles, établi en 1939. Le film qui obtint le plus d'entrées fut *Mélodie du Sud*, de Disney, mais la sortie la plus importante fut sans doute celle des *Plus belles années de notre vie*, de William Wyler (1902-1981), un drame consacré au retour de trois militaires après la guerre, qui explore les complexités de la vie des hommes, des souvenirs de combats qui les hantent et des défis que devaient relever leurs familles et leurs proches. Le film s'achève sur une note relativement optimiste, mais ne laisse entrevoir aucune issue à la lutte que doit poursuivre chacun des personnages, reflétant ainsi le malaise d'une bonne partie des États-Unis. Cette ambivalence caractérise même le grand classique de l'après-guerre réalisé par Frank Capra

1 James Stewart joue un photographe, cloué à son fauteuil roulant, dans *Fenêtre sur cour*, le deuxième des quatre films qu'il tourna avec Alfred Hitchcock.

2 Le drame d'Elia Kazan *Sur les quais*, remporta quatre oscars, dont ceux du meilleur acteur et du meilleur film.

3 Marilyn Monroe, plus idole que jamais dans *Sept Ans de réflexion*.

REPÈRES

1946	1947	1947	1947	1948	1949
La fréquentation des cinémas atteint des niveaux jamais connus auparavant. *Les plus belles années de notre vie* dominent les oscars et les Golden Globes.	Installation du HUAC à Los Angeles. Les « Dix de Hollywood » condamnent le maccarthysme et sa liste noire.	Marilyn Monroe fait ses débuts à l'écran dans *Dangerous Years*.	Début du procès antitrust les États-Unis contre Paramount Pictures, Inc., 334 US 131.	Vincente Minnelli (1903-1986) tourne *le Pirate*. On considère, *a posteriori*, cette année comme la dernière de l'âge d'or de Hollywood.	Raoul Walsh (1887-1980) tourne *L'enfer est à lui*, qui marque la fin du film de gangsters classique.

(1897-1991), *La vie est belle* (1946, voir p. 224), dont la fin pourrait sembler marquée par le sentimentalisme qui gâche un grand nombre d'œuvres du cinéaste, mais on ne peut se méprendre sur la tonalité sombre qui imprègne le film, et en particulier le personnage qu'incarne James Stewart. Après avoir servi dans l'US Air Force, ce dernier se fit prier pour reprendre son métier d'acteur. Son expérience de la guerre l'avait profondément affecté et se refléta dans son choix de rôles plus graves. Ce changement de registre sera exploité par Alfred Hitchcock (1899-1980) dans *Fenêtre sur cour* (1954, à gauche) et *Sueurs froides* (1958), et par Anthony Mann (1906-1967), pour qui Stewart excella à jouer toute une variété de personnages moralement compromis.

Le mélange d'ombres et de lumières caractérisant les acteurs, les personnages et les films est bien perceptible dans l'œuvre de Billy Wilder (1906-2002). Il se montra très prolifique dans les années 1940 et 1950, tournant des films aussi variés que le dramatique *le Poison* (1945), le très noir *Boulevard du crépuscule* (1950), ou encore *Sept Ans de réflexion* (1955, à droite, en bas) et *Certains l'aiment chaud* (1959, voir p. 228), qui valurent la célébrité à Marilyn Monroe. L'évolution de Hollywood vers une thématique plus sombre avait d'ailleurs commencé un peu plus tôt, avec l'institution, en 1947, du House Un-American Activities Committee (HUAC, Commission de la Chambre sur les activités anti-américaines). Cette commission avait pour mission d'enquêter sur l'infiltration de sympathisants communistes parmi l'élite du show-business ; il en résulta l'inscription sur une liste noire de 250 membres de la communauté hollywoodienne, et beaucoup dénoncèrent des confrères. Ce fut notamment le cas d'Elia Kazan (1909-2003), dont le film *Sur les quais* (1954, à droite, en haut), perçu comme une réponse à ses critiques, a pour personnage principal un délateur de la mafia (interprété par Marlon Brando). Contrairement à Kazan, Ring Lardner Jr., l'un des nombreux scénaristes inscrits sur la liste noire, accablé de mépris lors d'une audition de 1947, eut cette réplique célèbre devant la commission : « Je pourrais vous répondre… mais si je le faisais, je me haïrais tous les matins. » L'écrivain Lillian Hellman fut encore plus cinglante. Elle écrivit en 1948 : « Naturellement, des hommes qui ont peur de faire des films sur les Noirs américains, qui ont autorisé seulement depuis un an l'introduction du mot "Juif" dans un dialogue, qui ont mis plus de dix ans avant de réaliser un film anti-fasciste, sont des hommes terrorisés, très utiles pour commencer à terroriser les autres. À la fois boucs émissaires et traîtres, ils conduiront les autres au massacre pour vous. »

Hollywood fut terrifié par les enquêtes. Par une sorte de réflexe conditionné, plusieurs studios produisirent des films anti-communistes, par exemple *Mon fils John* (1952) et *le Port de la drogue* (1953, voir p. 238). Même certains films pour enfants, comme l'adaptation par Dr. Seuss des *5 000 doigts du Dr. T.* (1953), furent conçus de manière à contenir des connotations anti-communistes. L'orage passa, mais les dommages provoqués par les enquêtes,

1950	1951	1952	1956	1957	1959
Sortie de deux des films les plus sombres de Hollywood sur lui-même, *Boulevard du crépuscule*, de Billy Wilder, et *le Violent*, de Nicholas Ray (1911-1979).	Vincente Minnelli tourne *Un Américain à Paris*. Billy Wilder offre une vision corrosive du star-system avec *le Gouffre aux chimères*.	La Cour suprême autorise les cinéastes à se prévaloir, contre la censure, des droits garantis par le Premier Amendement.	Le morceau *Rock Around the Clock*, qui accompagne le film *Graine de violence*, attire les adolescents, qui dansent dans les allées des cinémas et cassent les fauteuils.	*Le Grand Chantage*, d'Alexander Mackendrick (1912-1993), déboulonne une nouvelle fois le culte de la célébrité promus par le show-business américain.	*Ben-Hur* (voir p. 226) bat le record d'oscars obtenus par un même film. La série télévisée *Rawhide*, avec Clint Eastwood, fait ses débuts sur CBS.

conjugués aux efforts budgétaires croissants que durent faire tous les studios, à l'impact de la télévision et à l'apparition d'un public différent, marquèrent la fin de l'âge d'or du système hollywoodien.

Malgré l'affluence dans les cinémas durant l'immédiat après-guerre, la fréquentation des salles commença à faiblir à la fin des années 1940. Pendant le conflit, de nombreuses personnes disposaient de plus de temps libre et aller au cinéma constituait une manière efficace, divertissante et peu coûteuse de l'employer. Toutefois, avec le retour des conscrits, les gens adoptèrent un mode de vie plus casanier. Pour beaucoup d'Américains, la crise économique de l'après-guerre et la rareté des offres d'embauche rendirent inabordable le prix des places de cinéma. La télévision offrait désormais une forme de divertissement moins onéreuse. En 1940, les États-Unis comptaient 3 875 postes. En 1960, neuf ménages sur dix en possédaient un. Prenant conscience du goût de leur public pour le cinéma, les chaînes se mirent à proposer des séries et obtinrent un succès si rapide que les petits studios firent faillite ; les compagnies de télévision rachetèrent alors leurs installations et les utilisèrent pour y tourner leurs propres divertissements de masse.

Les grands studios hollywoodiens réagirent en se dirigeant vers un terrain sur lequel la télévision ne pouvait pas les suivre. L'épopée redevint alors pour la première fois à la mode depuis l'époque du cinéma muet. *Quo Vadis ?* (1951), *la Tunique* et *Salomé* (tous deux de 1953), *les Dix Commandements* (1956), *Alexandre le Grand* (1956) et *Ben-Hur* (1959, voir p. 226) offrirent au public des spectacles à grande échelle. On développa le Cinémascope et les salles furent aménagées pour accueillir de plus larges écrans. On recourut aussi à d'autres procédés, de la tridimensionnalité à des dispositifs diffusant des odeurs dans les salles ou envoyant une légère décharge électrique dans les sièges.

Des genres plus traditionnels évoluèrent de façon à satisfaire le public en lui offrant du nouveau. Le drame familial s'enrichit ainsi d'éléments empruntés au western dans *Géant* (1956, ci-dessous), où George Stevens (1904-1975) décrit la vie d'une famille sur les champs de pétrole texans. Douglas Sirk (1900-1987) lui emboîta le pas. Faisant un usage expressionniste de la couleur, dont les effets sont spectaculaires dans *le Secret magnifique* (1954), *Tout ce que le ciel permet* (1955, ci-contre) et *Mirage de la vie* (1959), et atteignant les limites des allusions sexuelles autorisées par le cinéma de l'époque, ses films offrent un contraste saisissant avec les tonalités plus ternes des drames télévisuels. Toutefois, ces tendances ne captivèrent le public qu'un temps, et la télévision

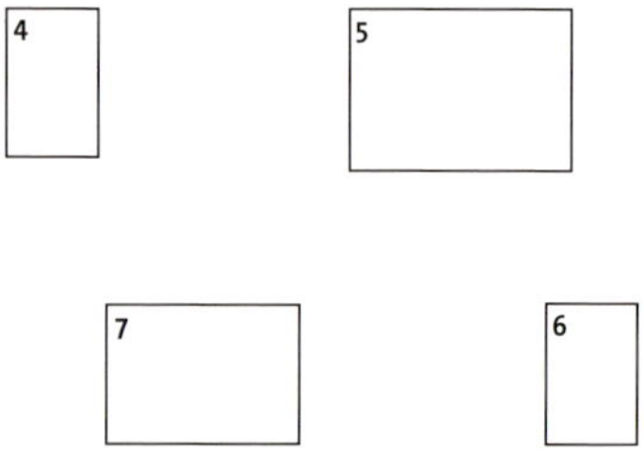

4 Rock Hudson et Jane Wyman sur l'affiche, éminemment romantique et mélodramatique, de *Tout ce que le ciel permet*.

5 Lee J. Cobb rejoue la scène du meurtre avec un peu trop de véhémence dans *Douze Hommes en colère*. Impassible, le juré n° 8 (Henry Fonda) se tient devant lui.

6 L'affiche de *la Mort aux trousses*, d'Alfred Hitchcock.

7 Jett Rink (James Dean) et Leslie Benedict (Elizabeth Taylor) dans le film à grand spectacle *Géant* : James Dean y joua son dernier grand rôle, qui lui valut un oscar.

devint vite le divertissement dominant des Américains. En outre, le déclin de Hollywood fut accéléré par des changements juridiques intervenus dans le système des studios et par l'activité des réalisateurs à l'étranger.

L'affaire Hollywood Antitrust de 1948 – les États-Unis contre Paramount Pictures, Inc., 334 US 131 – mit fin à des années d'intégration verticale, en vertu de laquelle les studios pouvaient être propriétaires des salles où l'on projetait leurs films. Le jugement limita aussi la réservation groupée de tickets de films d'un même studio et la fixation de leurs prix. Cette décision eut des effets négatifs notables sur les finances des studios. En outre, les nouvelles venues de l'étranger n'étaient pas bonnes. Les pays affectés par la guerre virent dans le cinéma un moyen de restaurer l'orgueil national, et des États comme la France, l'Italie et la Grande-Bretagne se mirent à produire leurs propres films et à endiguer les importations américaines en imposant tarifs et quotas.

De manière plus positive, le recul de la censure donna aux réalisateurs une plus grande liberté d'expression. En 1952, la Cour suprême renversa une jurisprudence édictée en 1915 et permit enfin aux films de bénéficier de la liberté de parole garantie par le Premier Amendement. Cet arrêt autorisa aussi les cinéastes à remettre en cause les décisions du comité de censure, ce que fit Otto Preminger (1905-1986), en 1953, lorsque l'on tenta de faire interdire son film *La lune était bleue* dans le Kansas, en Ohio et dans le Maryland, en raison de son utilisation audacieuse du mot « vierge ». Des questions relatives à la responsabilité et aux droits sociaux furent également abordées dans *Douze Hommes en colère* (1957, ci-dessus), de Sidney Lumet (1924-2011) : ce drame remit en cause des préjugés et stimula la conscience collective trois ans avant les débuts d'une nouvelle ère de révolution sociale.

Le monde en général, et celui du cinéma en particulier, étaient sur le point de changer. Les adolescents rebelles des années 1950 devinrent les *easy riders* des années 1960 ; Cary Grant, héros de plus d'une comédie loufoque (voir p. 148), court pour sauver sa vie dans *la Mort aux trousses* (1959, ci-contre) ; les réalisateurs américains commençaient à subir l'influence des cinéastes français ; en réaction aux bouleversements sociaux et politiques, une nouvelle époque de violence portée à l'écran et de films d'esprit progressiste allait s'affirmer. L'âge d'or de Hollywood était terminé. **I. H. S.**

La vie est belle 1946
It's a Wonderful Life FRANK CAPRA 1897-1991

▲ L'un des dénouements heureux les plus intenses de l'histoire du cinéma.

▼ Frank Capra produisit, finança, dirigea et co-écrivit le film.

George Bailey (James Stewart), banquier d'une petite ville, envisage de se suicider à Noël, après la ruine apparente de sa vie et la mise au bord de la faillite de sa banque à la suite des machinations du Crésus local, Mr Potter (Lionel Barrymore). Son ange gardien sans ailes, Clarence (Henry Travers), lui montre à quoi sa ville natale de Bedford Falls ressemblerait s'il n'était jamais né.

Seuls l'idéalisme de George et le sacrifice qu'il a accompli en restant dans ce trou perdu ont maintenu la cohésion de cette communauté certes vieux jeu, mais pleine de gens sympathiques. Si George n'avait pas été là, la ville serait un sombre village où l'avenante Violet (Gloria Grahame) serait emmenée de force par la police, où la rue principale offrirait le spectacle d'une profusion de néons et de sons rauques, où le cinéma serait remplacé par un cabaret. Convaincu que, au bout du compte, sa vie vaut la peine d'être vécue, George fixe du regard une fleur séchée que lui a donnée sa fille, qu'il a écartée de son existence. Il revient à la réalité à l'occasion d'une émouvante réunion de famille – la banque a été sauvée par de petits investisseurs, des ailes poussent sur le dos de l'ange et George souhaite en sanglotant un joyeux Noël à tout le monde. La scène est si puissante que le film peut se permettre de laisser sa principale question sans réponse : Potter, toujours en possession de l'argent volé, garde sa capacité de nuisance.

Ce conte de fées devint un élément de base des programmes télévisés de Noël lorsque ses droits d'exploitation expirèrent, en 1974. Souvent accusé à tort d'un sentimentalisme excessif, ce film en réalité complexe, contient autant de tragédie sans solution que de foi dans le triomphe de l'esprit humain. **K. N.**

LES SCÈNES PRINCIPALES

1 « ATTRAPER LA LUNE AU LASSO »
Le jeune George promet tout à sa bien-aimée Mary : « Vous voulez la lune ? Vous n'avez qu'un mot à dire, et je l'attraperai au lasso pour la faire descendre jusqu'ici. » L'idéalisme du jeune George offre un fort contraste avec les désillusions de l'homme mûr.

2 SUR LE PONT
George se retrouve pris dans une tempête de neige et se dirige vers un pont, résolu à se suicider. Clarence, son ange gardien, se manifeste. Capra mit au point un nouveau type de fausse neige pour son film, qu'il tourna pendant une vague de chaleur.

3 « UN TROU AFFREUX »
Sans George, Bedford Falls est devenue Potterville, un horrible travestissement de son identité. Clarence dit à George : « C'est étrange, non ? La vie de chaque homme touche tant d'autres vies que lorsqu'il n'est plus là, il laisse un trou affreux, n'est-ce pas ? »

4 UNE HEUREUSE RÉUNION
George retrouve sa famille, ses amis, sa vie et une cloche confirme que Clarence a gagné ses ailes. Cette conclusion à tonalité religieuse fut controversée, puis rejetée, mais l'impact émotionnel de l'aide apportée à George par ses proches se révéla durable.

LE RÉALISATEUR

1897-1927
Né en Sicile, Frank Capra arriva aux États-Unis avec sa famille en 1903. Après avoir servi dans l'armée lors de la Première Guerre mondiale, il rejoignit l'industrie du film comme auteur de gags pour le producteur Mack Sennett. Il fit ses débuts de réalisateur en prenant le relais de Harry Langdon pour le tournage de *The Strong Man* (1926), avant de se voir lui-même écarté de celui de *Sa dernière culotte* (1927).

1928-1933
Il devient l'un des principaux metteurs en scène de la Columbia, réalisant un grand nombre de comédies et de drames ayant pour vedettes des stars telles que Jean Harlow ou Barbara Stanwyck : *l'Épave vivante* (1928), *la Blonde platine* (1931), *la Ruée* (1932) et *la Grande Muraille* (1933).

1934-1941
New York-Miami (1934) rafle plusieurs oscars et fait de Capra l'un des réalisateurs les plus célèbres des États-Unis. Il tourne ensuite toute une série de comédies loufoques, ayant pour héros des personnages mi-futés, mi-naïfs, typiquement américains, interprétés par Gary Cooper ou James Stewart, notamment *l'Extravagant Mr. Deeds* (1936), *Vous ne l'emporterez pas avec vous* (1938), *Mr. Smith au sénat* (1939, sans Robert Riskin), et *l'Homme de la rue* (1941).

1942-1945
Il quitte Hollywood pour réaliser des films de propagande militaire, dont la série *Pourquoi nous combattons*. Son seul film commercial est *Arsenic et vieilles dentelles* (1944).

1946-1991
La vie est belle est nominée pour cinq oscars, dont celui de meilleur metteur en scène. Produit par un studio indépendant, il n'obtient pas beaucoup de succès au box-office. Capra tourne ensuite quelques films mineurs – *Jour de chance* (1950) ; *Un trou dans la tête* (1959) – et des films pédagogiques – *Our Mr Sun* (1956) et *Hemo the Magnificent* (1957), tous deux pour la télévision. Son dernier long-métrage pour le cinéma est *Milliardaire pour un jour* (1961).

Ben-Hur 1959

WILLIAM WYLER 1902-1981

▲ La célèbre course de chars nécessita la présence de 15 000 figurants.

▼ L'affiche promet un film monumental.

Remake d'un péplum muet sorti en 1925, *Ben-Hur* appartient à une série de films à grand spectacle qui obtinrent d'immenses succès au box-office dans les années 1950. Venant après *Quo vadis* (1951), *la Tunique* (1953) et *les Dix Commandements* (1956), *Ben-Hur* fut considéré comme la plus épique de toutes ces épopées. Il est aussi demeuré célèbre pour une critique narquoise (« J'ai aimé Ben… j'ai détesté Hur ») autant que pour ses effets spectaculaires. L'élément clé de cette critique consiste en l'adoption par le réalisateur, William Wyler, de l'axiome de Cecil B. DeMille (1881-1959), selon qui le public des films bibliques se sentait autorisé à apprécier de véritables orgies de sexe et de violence au seul motif que la colère de Dieu finit par s'abattre sur les impies.

Cinéaste plus sophistiqué que DeMille, Wyler pensait qu'il ne suffisait pas de faire s'écrouler le temple sur les méchants. Ainsi, la forte et simple histoire de Judah Ben-Hur (Charlton Heston), le noble juif trahi et réduit en esclavage par son ami romain, le perfide Messala (Stephen Boyd), fait alterner les scènes d'action spectaculaires aux rencontres « inspirées » avec le Christ. La première moitié du film contient ses meilleures scènes ; la section postérieure à la course de chars s'attarde en revanche trop dans la léproserie. Les péplums ultérieurs, de *Spartacus* (1960), de Stanley Kubrick, à *Gladiator* (2000), de Ridley Scott, atténuèrent le prêchi-prêcha et insistèrent sur la violence. Pourtant, lorsque Charlton Heston et Stephen Boyd lancent des regards furieux sur les rênes de leurs chars, le public ne peut pas s'empêcher d'aimer *Ben-Hur,* qui obtint un nombre d'oscars inégalé jusqu'à *Titanic* (1997), de James Cameron. **K. N.**

LES SCÈNES PRINCIPALES

1 AMIS POUR TOUJOURS
Judah et Messala réaffirment leur lien d'enfance. La légende veut que Charlton Heston ait refusé l'idée, proposée par Gore Vidal dans une première version du scénario, selon laquelle les deux adversaires étaient d'anciens amants. Un sujet cependant sous-jacent.

2 ESCLAVE SUR UNE GALÈRE
Messala, très calculateur, se retourne contre Judah et le condamne à l'esclavage sur une galère romaine. Après avoir été contraint de se plier à la condamnation, Ben-Hur fait la connaissance du nouveau commandant du navire, le consul Quintus Arrius (Jack Hawkins).

3 LA BATAILLE NAVALE
Lors d'un affrontement avec des pirates macédoniens, la galère de Quintus Arrius est attaquée et coulée, mais Judah sauve sa vie et celle de ses compagnons de banc. De retour à Rome, Quintus Arrius sollicite la liberté de Judah, dont il fait son fils adoptif.

4 DANS L'ARÈNE
La scène de la course de chars (tournée par Andrew Marton et Yakima Canutt) fut conçue de manière à être plus impressionnante que celle de la version muette. Charlton Heston fut doublé, par Joe Canutt, le fils de Yakima, pour certaines parties de la séquence.

5 LE MIRACLE CHEZ LES LÉPREUX
Après la Crucifixion, une averse fait couler le sang du Christ sur la léproserie : la guérison de sa mère et de sa sœur encourage encore davantage Judah Ben-Hur à se convertir à la nouvelle foi chrétienne.

LE RÉALISATEUR

1902-1935
Né en Alsace, William Wyler devient l'un des principaux réalisateurs des studios Universal avec *Héros de l'enfer* (1929).

1936-1941
Wyler rejoint le producteur indépendant Samuel Goldwyn et travaille à plusieurs projets, dont *les Hauts de Hurlevent* (1939).

1942-1954
Après avoir réalisé des documentaires de guerre, il revient chez Goldwyn pour *Les plus belles années de notre vie* (1946).

1955-1959
Après quelques films policiers, dont *Histoire de détective* (1951), et quelques westerns spectaculaires, parmi lesquels *les Grands Espaces* (1958), sa carrière atteint son apogée avec *Ben-Hur*.

1960-1981
Il obtient son dernier succès commercial avec le résolument démodé *Funny Girl* (1968).

Certains l'aiment chaud 1959

Some Like It Hot BILLY WILDER 1906-2002

▲ Marilyn, et un Tony Curtis en perruque.

▼ Marilyn, mise en vedette sur l'affiche du film, y fait l'objet de légères insinuations.

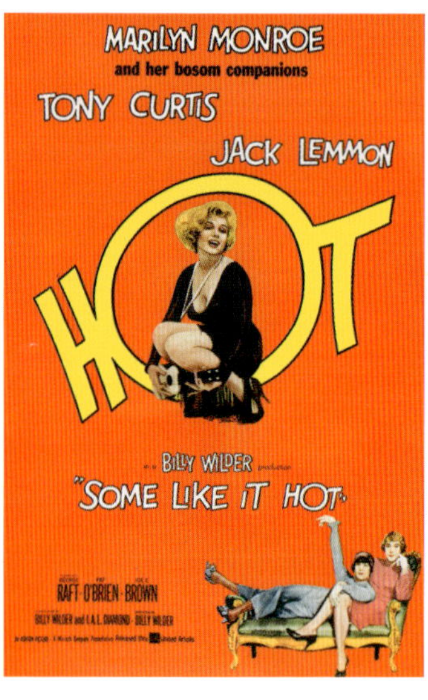

On oublie aisément combien *Certains l'aiment chaud* put apparaître osé au moment de sa sortie. Il s'agissait en effet d'une comédie dramatique jouant sur l'androgynie et se déroulant sur l'arrière-plan d'un des plus violents épisodes de la guerre des gangs américaine : le massacre de la Saint-Valentin survenu en 1929. Comme l'indiqua plus tard Billy Wilder dans un entretien avec Cameron Crowe, le célèbre producteur David O. Selznick lui avait prédit : « Ils vont vous crucifier. Le public quittera les salles en masse. »

Toutefois, Wilder supposa à juste titre que les spectateurs apprécieraient un sujet qui faisait ouvertement fi des règles du bon goût. Malgré les tribulations de sa collaboration avec Marilyn Monroe pour *Sept Ans de réflexion* (1955), il savait aussi que, à force de persévérance, il pourrait la rendre « éblouissante » à l'écran. « Et elle se révéla, croyez-moi ou non, excellente dans les parties dialoguées », dit-il aussi à Crowe. « Elle savait où et quand il fallait faire rire. »

L'intrigue, en partie reprise d'un vieux film allemand, est très simple. Jack Lemmon et Tony Curtis jouent les rôles de deux musiciens qui assistent par hasard, à Chicago, à un règlement de comptes entre gangs. Pour quitter la ville au plus vite, ils se déguisent en musiciennes et s'engagent dans un orchestre de jazz itinérant uniquement composé de femmes. En Grande-Bretagne, le *Manchester Guardian* désapprouva le « cynisme cru, voire abject », qui imprègne la réalisation de Wilder. Le magazine *Time* jugea que Marilyn Monroe avait été « plus coquette, plus mince et plus sexy » dans ses films précédents. Toutefois, *Certains l'aiment chaud* offrait tant de moments agréables que le public fut conquis. **G. M.**

LES SCÈNES PRINCIPALES

1 LE MAUVAIS ENDROIT AU MAUVAIS MOMENT
« Les mains en l'air ! Face au mur ! » Nous sommes à Chicago en 1929. Les musiciens Joe (Tony Curtis) et Jerry (Jack Lemmon) se cachent, tandis que Spats (George Raft) ordonne le massacre d'un gang rival dans un parking de la ville.

2 « I WANNA BE LOVED BY YOU ! »
Sugar Kane Kowalczyck (Marilyn Monroe) atteint des sommets de séduction lorsqu'elle chante un vieil air dans un nightclub de Floride. Les commentaires du magazine *Time* sur le poids de l'actrice étaient justifiés, quoique peu aimables : Marilyn était enceinte à l'époque.

3 QU'Y A-T-IL DANS LE GÂTEAU ?
Les gangsters sont venus en Floride sous prétexte d'assister à une réunion d'amateurs d'opéra italien. Malgré des mesures de sécurité très strictes, lorsqu'un bandit armé sort d'un énorme gâteau, Spats reçoit enfin ce qu'il mérite.

4 « PERSONNE N'EST PARFAIT ! »
Jerry, toujours habillé en femme, cherche à échapper aux assiduités du millionnaire Osgood (Joe E. Brown). Tous ses arguments sont rejetés l'un après l'autre par ce dernier. Jerry finit par avouer : « Je suis un homme ! » « Eh bien, lui répond Osgood, personne n'est parfait ! »

LA VEDETTE : MARILYN MONROE

1926-1941
Marilyn Monroe naît sous le nom de Norma Jeane Mortenson – elle prendra ensuite Baker pour nom de famille. Sa mère, Gladys, souffre de troubles psychiques. Norma connaît une enfance difficile, marquée par des placements dans des familles d'accueil et des institutions étatiques.

1942-1945
Âgée de seulement seize ans, elle épouse James Dougherty. Tandis que des obligations militaires retiennent son mari à l'étranger, elle s'engage dans une carrière de mannequin.

1946-1950
Remarquée par un découvreur de vedettes, elle signe un contrat avec les studios de la Fox et prend le nom de Marilyn Monroe ; elle divorce en 1946. Son contrat n'ayant pas été renouvelé, elle en signe un autre avec Columbia en 1948, lui aussi vite résilié. Elle commence cependant à jouer dans des films importants, notamment *Quand la ville dort* et *Ève* (tous deux de 1950). En 1949, elle a posé quelque temps pour des photographies de nus.

1951-1954
Elle signe un contrat de sept ans avec la Fox et s'affirme comme l'une des plus importantes vedettes de ce studio dans des films tels que *Les hommes préfèrent les blondes* et *Comment épouser un millionnaire* (sortis en 1953). En 1954, elle épouse le joueur de base-ball Joe DiMaggio, dont elle divorce la même année.

1955-1962
Elle suit des cours à l'Actor's Studio de Lee Strasberg. Elle épouse le dramaturge Arthur Miller, en 1956. La même année, *Bus Stop* lui vaut les éloges de la critique. Après *le Prince et la Danseuse* (1957), mis en scène par Laurence Olivier, elle quitte les plateaux de cinéma pendant un an. *Certains l'aiment chaud* (1959) marque son grand retour. Elle divorce d'Arthur Miller, en 1961, et tourne son dernier film achevé, *les Désaxés*. En 1962, elle chante en public *Happy Birthday*, avec une sensualité demeurée célèbre, en présence du président John F. Kennedy. On la retrouve quelque temps plus tard morte dans son appartement, à l'âge de trente-six ans.

UNE JEUNESSE REBELLE

1 2 3

1 Cal (James Dean) est agressé par le videur d'une maison close (Timothy Carey) dans *À l'est d'Eden*, qui s'inspire de l'histoire de Caïn et Abel.

2 Elvis Presley dans *le Rock du bagne*, un film très subversif pour son époque.

3 Richard Dadier (Glenn Ford) affronte un adolescent fauteur de troubles (Sidney Poitier) dans *Graine de violence*.

Entre la sortie de *l'Équipée sauvage* (1953, p. 232) et celle d'*Easy Rider* (1969), Hollywood s'engagea dans une idylle intermittente avec la jeunesse américaine. Bien que significatifs à l'époque, seuls quelques-uns de ces films parvinrent à donner une dimension universelle aux conflits générationnels du milieu du siècle. On considère souvent que *l'Équipée sauvage*, de Laslo Benedek (1905-1992), inaugura le cycle, mais il ne s'agit que marginalement d'un film consacré à la jeunesse et les motards y ressemblent davantage aux hors-la-loi des westerns qu'à des adolescents en crise. Marlon Brando avait presque trente-six ans lorsqu'il tourna le film, mais sa grâce inexprimable, ses lunettes de soleil, son blouson de cuir et son air de méfiance envers tout ne tardèrent pas à faire de lui l'incarnation d'une jeunesse insatisfaite.

James Dean remplaça l'intensité frémissante de Brando par une introspection douloureuse. Dans *À l'est d'Eden* (1955, ci-dessus), d'Elia Kazan (1909-2003), sa représentation d'un fils rebelle luttant pour obtenir l'amour de son père eut beaucoup d'écho auprès du jeune public. Sorti un peu plus tard, *la Fureur de vivre* (voir p. 234), de Nicholas Ray (1911-1979), transporta loin des rues le monde de la délinquance juvénile pour le situer dans les beaux quartiers de la bourgeoisie. James Dean joua le rôle de Jim Stark : un personnage dont l'état s'apparente moins à de la rébellion qu'à l'incompréhension envers le monde qui l'entoure.

REPÈRES

1952	1953	1954	1955	1956	1956
Marlon Brando, est nominé aux oscars pour son interprétation du rôle de Stanley Kowalski dans *Un tramway nommé Désir.*	*L'Équipée sauvage* (voir p. 232) immortalise Marlon Brando sous les traits d'un rebelle en blouson de cuir noir.	Elvis Presley effectue ses premiers enregistrements pour les studios Sun Label, à Memphis.	Sortie d'*À l'est d'Eden* et de *la Fureur de vivre* (voir p. 234). James Dean meurt dans un accident de voiture, à l'âge de vingt-quatre ans.	Sortie posthume du dernier film de James Dean, *Géant*, de George Stevens (1904-1975). Elvis Presley fait ses débuts au cinéma dans *le Cavalier du crépuscule*.	Elvis Presley publie sa première chanson à succès, *Heartbreak Hotel*, et fait sa première apparition à la télévision nationale.

Avec *Graine de violence* (1955, ci-dessous), Richard Brooks (1912-1992) ramena la délinquance juvénile dans le cadre du système scolaire. Conçu en partie comme une analyse sociale pleine de bonnes intentions, le film, où Glenn Ford joue le rôle d'un enseignant obligé d'affronter la violence de ses élèves, fut détourné de son sens par l'inclusion de la chanson de Bill Haley *Rock Around the Clock*. C'était la première fois qu'un grand film hollywoodien utilisait du rock'n roll dans sa bande sonore, et, dans les cinémas britanniques, les blousons noirs se livrèrent régulièrement à des bagarres lors de sa projection. Dans les années 1950, le rock'n roll constitua en effet, plus que le cinéma, l'expression authentique de l'expérience des adolescents, et le jeune Elvis Presley en offrit l'incarnation la plus charismatique. Sa carrière cinématographique commença par des rôles dramatiques ; *le Rock du bagne* (1957, ci-contre) fut l'un des rares films à saisir la rudesse de ses premières années. Toutefois, après son service militaire, il s'orienta vers une déclinaison en série de premiers rôles de gentils garçons, dans des comédies musicales de plus en plus fades.

Ces films semblent aujourd'hui refléter autant les efforts de Hollywood pour comprendre et exploiter la nouvelle génération que les mécontentements de la jeunesse. La courte carrière de James Dean aboutit à la représentation ayant défini une fois pour toutes les tourments générationnels de l'Amérique du milieu du siècle. L'émergence de la contre-culture, au milieu des années 1960, changa le cours de l'évolution des films sur la jeunesse. En 1966, Roger Corman (né en 1926) réalisa le film de motards *les Anges sauvages*. Sa scène de viol collectif et celle de l'enterrement d'un motard dont le cercueil est enveloppé du drapeau nazi en font une œuvre bien plus agressive que *l'Équipée sauvage*. **D. P.**

1957	1957	1958	1958	1958	1964
Sortie des *Griffes du loup-garou*, produit par American International Pictures : Michael Landon y joue le rôle d'un « délinquant juvénile ».	*Le Rock du bagne* confirme le talent d'acteur d'Elvis Presley, mais il gaspille son potentiel dans ses films ultérieurs.	Elvis Presley rejoint l'armée américaine. Les icônes d'autrefois que sont Marlon Brando et Montgomery Clift jouent dans *le Bal des maudits*.	Jack Arnold (1916-1992) réalise *Jeunesse droguée*, « le cauchemar d'un professeur ! une jungle adolescente ! ». Le film inclut la chanson de Jerry Lee Lewis.	Steve McQueen joue le rôle d'un lycéen dans *Danger planétaire*, représentatif des films de série B à petit budget réalisés à la fin des années 1950.	La première tournée des Beatles aux États-Unis contribue à attirer l'attention des jeunes Américains sur la culture juvénile britannique.

L'Équipée sauvage 1953
The Wild One LASLO BENEDEK 1905-1992

▲ L'équipe du Black Rebels Motorcycle Club. Les blousons de cuir devinrent à la mode.

▼ L'affiche insiste sur le sexe, la violence, et la présence troublante de Marlon Brando.

En 1947, les membres du Hell's Angels Motorcycle Club – composé alors essentiellement de vétérans de la Seconde Guerre mondiale ayant gardé les surnoms et les couleurs de leurs unités militaires – parcoururent à moto les rues de la petite ville de Hollister, en Californie, dont ils importunèrent les habitants par leurs fougueuses bouffonneries. L'incident, monté en épingle par un article de *Harper's Magazine* intitulé « The Cyclists' Raid », incita Stanley Kramer, connu pour ses films « sociaux » à tendance progressiste, à tourner ce drame, autrefois controversé. Il fut interdit en Grande-Bretagne jusqu'en 1968, par crainte que les voyous à Vespa n'imitent la conduite irresponsable et le comportement asocial de la bande des Black Rebels (dont beaucoup conduisaient des motos British Triumph), qui terrorisent Wrightsville tout un week-end.

Le personnage de Johnny (Marlon Brando), moins convaincant en voyou crasseux que le scélérat Chino (Lee Marvin), toujours monté sur sa Harley Davidson, est assez crédible dans son aspect sentimental, qui l'amène à s'amender après être tombé amoureux d'une gentille jeune fille de la ville (Mary Murphy). Le film oscille entre la saleté et le prêchi-prêcha, mais les scènes où les motos roulent le long des routes tranquilles sont devenues des classiques et la question lancinante « Contre quoi vous rebellez-vous ? » reçoit la réponse hargneuse : « Qu'avez-vous à offrir ? »

En tant qu'analyse de la délinquance juvénile, le film est moins pertinent que *Graine de violence* (1955) ou *la Fureur de vivre* (1955, voir p. 234), mais il inaugura le sous-genre du film de motards. **K. N.**

LES SCÈNES PRINCIPALES

1 LA BANDE DE MOTARDS
« Ceci est une histoire choquante… Il appartient au public de faire en sorte qu'elle ne se reproduise pas. » Ces mots s'affichent, alors que sur une route de campagne, on voit apparaître une bande de motards, qui se rapproche à mesure que le générique défile.

2 LA TENUE DU REBELLE
Marlon Brando porte un blouson de motard, les lèvres plissées en un sourire sarcastique. L'image devint une icône de la rébellion, du non-conformisme et – grâce à l'artiste Tom of Finland et au motard des Village People – de la sexualité gay.

3 L'ARRIVÉE DE CHINO
Johnny et sa bande sont sur le point de quitter la ville lorsqu'ils sont rejoints par leur destin. Chino (Lee Marvin), un ancien Black Rebel, est maintenant le chef d'une bande rivale, les Beetles. Lee Marvin apprit à conduire une moto pour pouvoir jouer le rôle.

4 L'ANGE BLESSÉ
Après avoir abandonné sa bande par amour d'une fille bien, Johnny se retrouve seul lorsque les habitants de la ville attaquent. Comme plusieurs autres personnages de martyrs interprétés par Brando, il atteint une beauté suprême dans la souffrance.

LES FILMS DE MOTARDS

Des films de série B suivirent *l'Équipée sauvage* dans les années 1950, tels *Motorcycle Gang* (1957), d'Edward L. Cahn, et l'iconographie du motard caractérise *Scorpio Rising* (1964), de Kenneth Anger. Toutefois, le film de motards ne s'affirma pas comme genre avant le succès des *Anges sauvages* (1966), de Roger Corman. Ces derniers inspirèrent *Easy Rider* (1969), de Dennis Hopper, un film plus artistique, qui donna naissance dans les années 1970 à toute une série de road-movies, dont l'un mit en scène un anti-motard, le policier à moto d'*Electra Glide in Blue* (1973), de James William Guercio. Les films de motards apparaissent de nos jours comme des objets de nostalgie ; on signalera par ailleurs la série télévisée *Sons of Anarchy* (depuis 2008).

La Fureur de vivre 1955

Rebel Without a Cause NICHOLAS RAY 1911-1979

▲ En blouson rouge, Jim Stark est à l'écart.

▼ L'affiche tape-à-l'œil d'un film puissant, aux émouvantes performances d'acteur.

Au début de *la Fureur de vivre,* Jim Stark (James Dean) pousse son célèbre cri d'animal blessé, « Vous m'écartelez ! », lorsque ses parents s'agitent autour de lui dans un commissariat de police de Los Angeles où il a été conduit pour ivresse sur la voie publique. James Dean est l'incarnation par excellence de l'adolescent rebelle tourmenté par des angoisses existentielles, mais il n'a rien à voir avec les voyous qui apparaissent dans des films comme *Rue sans issue* (1937) ou *les Anges aux figures sales* (1938). Il ne s'agit pas en effet d'un garçon né du mauvais côté de la barrière, mais d'un adolescent américain des années 1950, riche et beau. Le public européen, qui vivait alors dans une relative austérité, s'étonna de voir que tous les sauvages jeunes adultes du film possédaient chacun leur voiture.

À l'époque, la Warner Bros. avait acquis les droits d'un livre de non-fiction, *Rebel Without a Cause,* relatif à un délinquant criminel. Nicholas Ray avait de son côté proposé une idée de scénario intitulé *The Blind Run* (« la course aveugle »), qui avait pour personnages principaux de jeunes garçons à problèmes. Le gangster adolescent de Los Angeles Frank Mazzola joua un petit rôle dans le film et apporta à Nicholas Ray sa connaissance directe des mœurs des gangs. Cependant, il ne s'agit pas ici d'un réalisme cru. Tourné dans des couleurs onctueuses et en Cinémasope, le film a quelque chose d'une fable.

La présence de James Dean crève l'écran, mais la force de sa performance d'acteur a rendu le public aveugle à l'autre histoire que le film raconte – celle de parents entre deux âges si tristement étrangers à leurs propres enfants. **G. M.**

LES SCÈNES PRINCIPALES

1 « VOUS M'ÉCARTELEZ »
Le célèbre cri d'angoisse de Jim laisse ses parents bouche bée et abasourdis. Puisqu'ils lui donnent tout leur amour, pourquoi donc leur est-il si hostile ? Avec Judy (Natalie Wood) et Plato (Sal Mineo), Jim forme un groupe de trois adolescents aliénés.

2 LE COMBAT SUR LE TOIT DU PLANÉTARIUM
Au sommet du Griffith Observatory, Buzz (Corey Allen) et Jim se lancent dans un combat au couteau, auquel Los Angeles sert d'arrière-plan. Jim ne se contente pas de prouver qu'il n'est pas un lâche, il menace aussi Buzz de lui souffler sa petite amie, Judy.

3 LA FIN DE BUZZ
Buzz et Jim conduisent des voitures volées en direction d'une falaise, dans un jeu de « chickie run », dans lequel Buzz meurt lorsque son véhicule tombe dans le précipice. Sa bande ainsi que la police se lancent à la poursuite de Jim, Judy et Plato.

4 LA MORT DE PLATO
Plato, l'ami dévoué de Jim, parle avec Judy quelques instants avant d'être tué par la police. Il porte le blouson de Jim et tient un revolver non chargé à la main. Sa mort est si dévastatrice qu'elle contribue à la réconciliation de Jim et de son père.

LE RÉALISATEUR

1911-1945
Nicholas Ray fait des études d'architecture auprès de Frank Lloyd Wright. Dans les années 1930, il participe aux projets théâtraux fédéraux rattachés au programme culturel du New Deal de Franklin D. Roosevelt. Il participe comme assistant réalisateur au tournage du *Lis de Brooklyn* (1945).

1946-1949
En 1946, il met en scène pour la seule et unique fois une comédie musicale à Broadway, *Beggar's Holiday*. Trois ans plus tard, il fait ses débuts de réalisateur avec *les Amants de la nuit*.

1950-1954
Dans *le Violent* (1950), Ray obtient de Humphrey Bogart une de ses interprétations les plus courageuses et les moins caractéristiques, celle d'un scénariste accusé de meurtre. Avec *Johnny Guitare* (1954), son incursion baroque dans le genre du western, avec pour vedette Joan Crawford, Ray en subvertit les codes : ce sont en effet des femmes au caractère bien trempé qui mènent l'action du film.

1955-1960
La Fureur de vivre est le plus grand succès de Ray. *Le Brigand bien-aimé* (1957) était censé avoir James Dean pour vedette, mais le rôle finit par échoir à Robert Wagner.

1961-1979
Ray s'installe en Europe et réalise deux majestueux films à grand spectacle, *le Roi des rois* (1961) – éreinté par la critique de l'époque mais très apprécié de nos jours – et *les 55 Jours de Pékin* (1963). Sa réputation décline, sa santé se détériore et il éprouve les pires difficultés à faire aboutir d'autres projets. Sa rencontre avec Dennis Hopper, à un concert des Grateful Dead, l'amène à entamer une activité d'enseignant : il donne alors des cours au Lee Strasberg Institute et à la New York University. En 1979, il collabore avec Wim Wenders (né en 1945) à un documentaire, *Lightning Over Water* (1980), relatif à sa propre mort. Il décède la même année des suites d'un long cancer.

LE CINÉMA DE LA GUERRE FROIDE

1 Leurs yeux le prouvent : des extra-terrestres prennent une apparence humaine dans *le Météore de la nuit.*

2 L'affiche de *I Was a Communist for the F.B.I.*

3 La préoccupation pour l'apparition, relativement récente, du nucléaire – et pour la vulnérabilité humaine fondamentale – transparaissent dans *L'homme qui rétrécit,* de Grant Williams.

Images de panique d'un autre temps : un homme se précipite au milieu des voitures en criant : « Ils sont après vous ! Ils sont après nous tous ! » ; une vieille femme donne à un espion communiste en sueur la permission de la sortir de sa misère ; une jeune femme tue sa complice d'un coup de revolver pour pouvoir ouvrir une boîte de métal, libérant ainsi les serpents sifflants de la destruction nucléaire. Ces trois séquences, tirées de trois films du milieu des années 1950 – *le Port de la drogue* (1953, voir p. 238) ; *En quatrième vitesse* (1955) ; *l'Invasion des profanateurs de sépultures* (1956, voir p. 240) – montrent la mentalité sous-jacente d'une nation en proie à la Guerre froide et au maccarthisme. L'installation à Hollywood, en septembre 1947, du House Un-American Activities Committee (HUAC, Commission de la Chambre sur les activités antiaméricaines) terrifia les dirigeants des studios. Lors d'une réunion secrète organisée à l'hôtel Waldorf-Astoria de New York en novembre de la même année, ils décidèrent d'adopter une politique de coopération.

Souvent cité comme le premier film de la Guerre froide, *le Rideau de fer* (1948), de William Wellman (1896-1975), offre une description relativement sobre, fondée sur des faits réels, d'un réseau d'espionnage installé au Canada. La trivialité du point de vue exprimé dans des films ultérieurs se reflète bien dans des titres comme *The Red Menace* (1949), de R. G. Springsteen (1904-1989), où un ancien G. I. se retrouve absorbé dans un réseau communiste, ou encore

REPÈRES

1945	1947	1948	1950	1951	1953
Sous la présidence de Harry S. Truman, des bombes atomiques sont lâchées sur Hiroshima et sur Nagasaki.	La découverte supposée, au Nouveau Mexique, de cadavres et de débris d'extra-terrestre prend le nom d'« affaire Roswell ». Installation à Hollywood du HUAC.	Les Dix de Hollywood, des scénaristes et des cinéastes qui refusent de témoigner devant le HUAC, sont mis en prison. L'Union soviétique interdit aux alliés l'accès à Berlin.	Le sénateur Joe McCarthy prétend que le Département d'État est « infesté de communistes ». Début de la guerre de Corée.	Début à Hollywood de la seconde vague d'investigations du HUAC.	Fin de la Guerre de Corée. Sortie du *Météore de la nuit.*

I Was a Communist for the F.B.I. (1951, à droite), de Gordon Douglas (1907-1993), où un agent secret infiltre le parti communiste. Réalisés à bon marché et sans recourir aux services de stars, ces efforts de propagande accomplis par les studios apparaissent presque apologétiques.

Les films offrant un reflet authentique de leur époque ne reposent pas sur une propagande simpliste. Le réalisateur Samuel Fuller (1912-1997) ne fut en aucune façon un apôtre du maccarthysme. Dans *le Port de la drogue,* des espions communistes sillonnent New York pour s'emparer d'un microfilm appartenant au gouvernement, mais les principaux personnages du film, que J. Edgar Hoover détestait, sont de petits malfaiteurs. *En quatrième vitesse* (1955), de Robert Aldrich (1918-1993), donne à Mike Hammer, le héros vengeur marqué à droite de Mickey Spillane, les traits d'une brute narcissique pataugeant à la recherche du « grand machin », une boîte en métal renfermant la destruction nucléaire.

À l'été de 1947, les journaux rapportèrent que l'on avait découvert au Nouveau Mexique des débris non identifiés, provoquant ainsi un début de paranoïa liée aux OVNI. Dans certains films de science-fiction, les récits d'invasions extraterrestres firent écho aux angoisses de la Guerre froide. *La Chose d'un autre monde* (1951), réalisé par Christian Nyby (1913-1993) mais qui porte la marque de son producteur, Howard Hawks, met en scène un extraterrestre buveur de sang involontairement associé à une expédition scientifique dans l'Arctique. La réplique finale, « Regardez les cieux, partout ! », pourrait être comprise comme un appel au réveil de la nation. *Le Météore de la nuit* (1953, à gauche) est plus ambigu : des extraterrestres assez bienveillants y habitent temporairement des corps humains. *L'Invasion des profanateurs de sépultures,* avec ses cosses extraterrestres reproduisant leurs hôtes humains, pourrait être perçue comme une métaphore de la menace communiste ou du conformisme rampant caractéristique des États-Unis sous le maccarthysme. *L'homme qui rétrécit* (1957, à droite), de Jack Arnold (1916-1992), offre la métaphore la plus poignante des peurs de l'Amérique du milieu du siècle : un homme d'affaires de Los Angeles remarque qu'il commence à rétrécir – conséquence irréversible d'une contamination nucléaire fortuite ; dans son voyage vers le néant, il en est réduit à habiter une maison de poupées qui reproduit sa propre habitation de banlieue, et affronte son combat final pour sa survie seul dans sa cave, grain de poussière insignifiant perdu dans les détritus de la vie américaine.

En 1960, il sembla possible d'exorciser certains fantômes politiques. *Un crime dans la tête* (1962), de John Frankenheimer (1930-2002), met en scène un sénateur calqué sur McCarthy, sorte de bouffon utilisé pour contrecarrer une tentative de coup d'État communiste ; *Point of Order* (1964), d'Emile de Antonio (1920-1989), utilisa les séquences télévisées des auditions du procès ayant opposé l'armée à McCarthy pour révéler la vérité sur le maccarthysme. Mais avec la crise des missiles de Cuba et l'assassinat du président Kennedy, les peurs des années 1950 avaient pris une nouvelle forme. **D. P.**

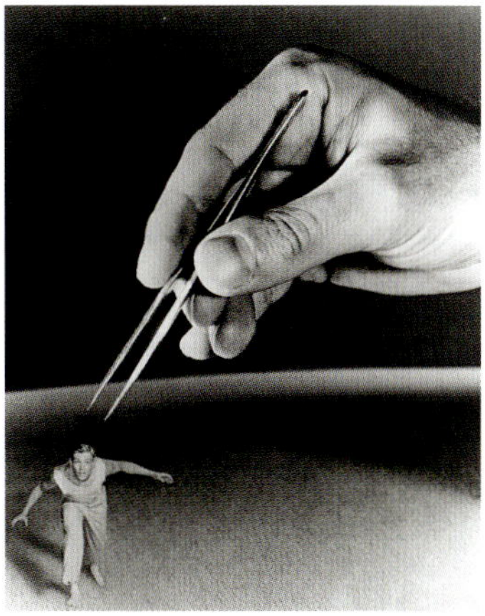

1954	1955	1957	1961	1962	1963
Début du procès opposant l'armée à McCarthy. Sortie du *Port de la drogue* (voir p. 238).	Sortie d'*En quatrième vitesse,* de Robert Aldrich.	Mort de Joseph McCarthy. Sortie de *L'homme qui rétrécit,* de John Arnold.	Affaire de la baie des Cochons : la tentative d'invasion de Cuba visant à renverser Fidel Castro échoue.	La construction d'une base militaire à Cuba, avec l'aide de l'Union soviétique, déclenche la crise des missiles. Sortie d'*Un crime dans la tête.*	Assassinat de John F. Kennedy.

Le Port de la drogue 1953
Pickup on South Street SAMUEL FULLER 1912-1997

▲ Candy et McCoy sont jetés par le hasard dans les bras l'un de l'autre.

▼ Jean Peters souffla à Marilyn Monroe et Ava Gardner le rôle de Candy.

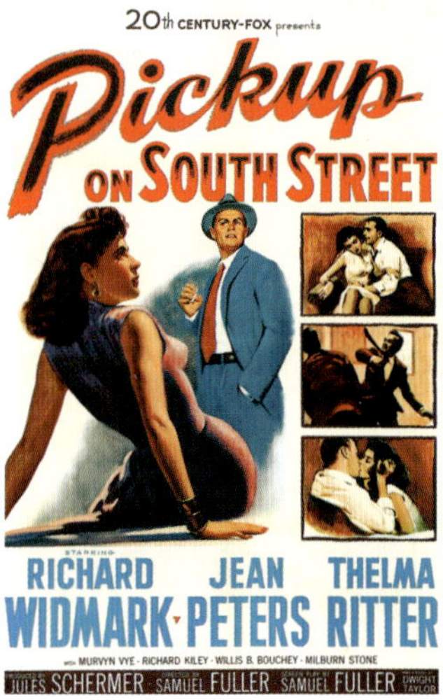

Ancien journaliste, Samuel Fuller avait déjà eu des ennuis avec le FBI en raison de sa description brutale de la guerre dans *J'ai vécu l'enfer* (1951). À en croire son autobiographie, *le Port de la drogue* lui valut un entretien avec J. Edgar Hoover à cause de son contenu très sombre, du fait qu'il suggérait que les agents fédéraux recouraient à des pots-de-vin pour obtenir des informations, et surtout parce qu'il montrait un citoyen américain disposé à s'acoquiner avec des conspirateurs communistes. Il serait facile de voir dans ce film – comme le fit Hoover – un produit ordinaire et paranoïde de l'époque où l'on craignait de retrouver des communistes sous son lit, mais cela reviendrait à se méprendre totalement sur les intentions de Fuller. Car son film ne parle pas des communistes, mais d'une faillite morale.

L'acteur principal, Richard Widmark, y joue le rôle de Skip McCoy, un voyou aux dents longues, au sourire ravageur et doué d'un profond charisme. Escroc de seconde zone, il s'attire des ennuis lorsqu'il vole un précieux microfilm destiné à un réseau communiste. La malheureuse jeune fille chargée de le transporter, Candy (Jean Peters), passe une bonne partie de l'histoire battue et couverte d'hématomes. Son intrigue très sombre, les dialogues pétillants et gouailleurs de Fuller – inspirés de l'époque où il était chroniqueur judiciaire à New York – et sa direction rythmée, habilement coordonnée – son utilisation des mouvements de caméra pour souligner les émotions est remarquable, et on en trouve des échos chez Martin Scorsese (né en 1942) et Quentin Tarantino (né en 1963) – garantissent au film son statut de classique du film policier. **D. J.**

LES SCÈNES PRINCIPALES

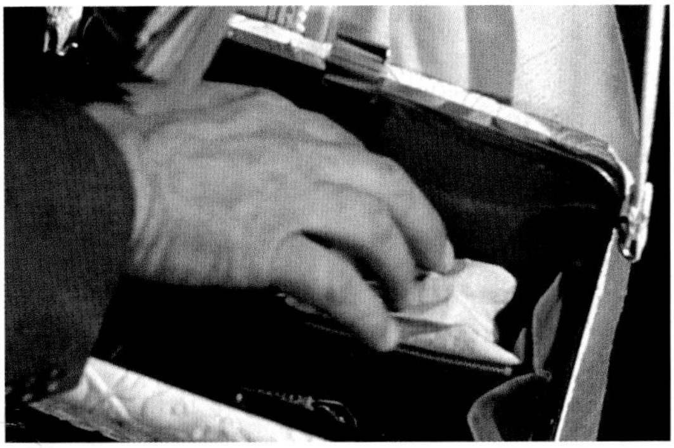

1 L'ESCROQUERIE
La scène d'ouverture nous introduit au cœur du récit, lorsque McCoy prend par inadvertance un microfilm dans le sac à main de Candy. L'utilisation par Samuel Fuller des gros plans et des angles fermés permet de montrer le geste de trois points de vue différents.

2 UN BAISER EMPOISONNÉ
Derrière la façade de la passion, Candy pense pouvoir séduire McCoy et lui racheter le microfilm à bas prix ; McCoy attend une offre pour mesurer l'importance réelle qu'il revêt lui-même aux yeux de la jeune femme.

3 L'EXÉCUTION DE MOE
Moe (Thelma Ritter), l'indicatrice de police lasse du monde, est tuée d'une balle dans la tête par Joey (Richard Kiley), le sous-fifre communiste, après un émouvant monologue final aux accents existentiels.

4 DU SANG SUR LES RAILS
Faisant écho à la scène d'ouverture, Skip reprend le microfilm dans la poche de Joey, mais les deux hommes sautent alors du train et s'engagent dans une longue bagarre près des guichets. La violence envahit les rails.

LE RÉALISATEUR

1912-1936
Samuel Fuller naît dans le Massachusetts, d'une famille d'émigrants juifs de Russie. Il commence une carrière journalistique comme grouillot de rédaction au *New York Journal*, en 1924, avant de devenir journaliste d'investigation à part entière pour le *New York Evening Graphic*.

1937-1945
Il écrit des romans de gare et des scénarios – les deux premiers pour *Hats Off* (1936) et *Idole d'un jour* (1937). En 1941, il est affecté dans la première division d'infanterie (connue sous le nom de Big Red One) comme fusilier.

1946-1950
Il dirige ses trois premiers films pour le producteur indépendant Robert Lippert, dont le plus important est le premier, *J'ai tué Jesse James* (1949).

1951-1957
Malgré son insistance à aborder des sujets controversés, il obtient un contrat avec la Twentieth Century Fox et produit alors quelques-uns de ses meilleurs films, parmi lesquels *Baïonnette au canon* (1951) et *le Port de la drogue*.

1958-1964
Deux films indépendants à petit budget datant de cette période résument le style de Fuller, primitif et délicieusement hystérique : *Shock Corridor* (1963) et *Police spéciale* (1964).

1965-1966
Il fait une apparition éclair dans *Pierrot le fou* (1965), de Jean-Luc Godard (né en 1930), où il résume le cinéma d'une simple formule fraîche sans effort : « Un film est un champ de bataille : amour, haine, violence, action, mort. En un mot : émotion ! »

1967-1997
Il réalise enfin le film de guerre à grand spectacle dont il rêvait depuis longtemps, *Au-delà de la gloire* (1980), qui adopte le point de vue d'un simple soldat ; les résultats au box-office sont décevants. Fuller s'installe à Paris après la polémique provoquée par son film anti-raciste *Dressé pour tuer* (1982). Il meurt en 1997.

L'Invasion des profanateurs de sépultures 1956
Invasion of the Body Snatchers DON SIEGEL 1912-1991

▲ Les survivants repèrent les cosses.

▼ Une affiche alarmiste et accrocheuse.

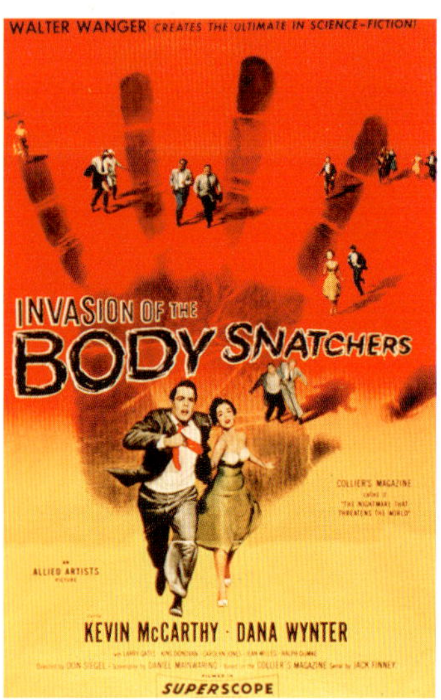

Aucun film n'a saisi le malaise du milieu du XXe siècle avec autant d'énergie que *l'Invasion des profanateurs de sépultures*. Le scénario, de Daniel Mainwaring, inspiré d'un feuilleton de Jack Finney paru dans la presse, se fonde sur une vision cauchemardesque de conformisme rampant, que l'on a interprété tantôt comme une métaphore du maccarthysme, tantôt comme une manifestation des phobies de la Guerre froide. En tout état de cause, l'intensité paranoïde du film transcende son époque. Alors qu'il assiste à une conférence, le Dr Miles Bennell (Kevin McCarthy) est rappelé par sa clientèle dans la ville de Santa Mira, en proie à une illusion contagieuse : les gens se sont mis à nier que leurs parents soient bien ce qu'ils disent être. Ce qui apparaît au départ comme une forme d'hystérie collective se révèle être un élément d'une invasion extraterrestre lorsque l'on découvre des téguments dotés du pouvoir de reproduire leurs hôtes humains. Ce que l'invasion offre est une vie privée des complications liées aux émotions : comme le dit l'un des extraterrestres : « L'amour, le désir, l'ambition, la foi – comme la vie est plus simple sans tout cela. »

McCarthy interprète à la perfection le dernier homme luttant contre l'invasion, et donne à ses traits autrefois placides un aspect révulsé lorsqu'il utilise une fourche pour détruire l'embryon de son double. La conclusion originelle (« C'est vous le prochain ! ») fut jugée trop sombre par le studio, qui imposa une solution suggérant que le monde pouvait être alerté à temps contre la menace. Toutefois, l'atmosphère d'hystérie est si étouffante qu'aucun public ne peut vraiment croire que l'Humanité a la moindre chance de s'en sortir. **D. P.**

LES SCÈNES PRINCIPALES

1 « JE NE SUIS PAS FOU »
Le film, marqué par plusieurs scènes montrant le héros dans un état d'affolement désespéré, commence dans un pavillon d'hôpital : un médecin y est sommé de traiter un patient, le Dr Miles Bennell, qui hurle des mises en garde à quiconque veut bien l'entendre.

2 « IL A L'IDÉE FOLLE QUE CE N'EST PAS SA MÈRE »
La majeure partie du film est un retour en arrière. Miles rencontre des gens qui prétendent que leurs parents ne sont plus les mêmes. Il rencontre aussi sa petite amie de lycée, Becky Driscoll, et à mesure qu'ils redeviennent proches, la ville se met à changer autour d'eux.

3 « C'EST UNE MALADIE MALIGNE »
Prenant conscience que la ville est peu à peu envahie par les cosses extraterrestres, Miles et Becky se réfugient dans un cabinet médical et restent éveillés toute la nuit. Au matin, ils voient des camions remplis de cosses destinées à être emmenées dans d'autres villes.

4 « JE N'AVAIS JAMAIS CONNU LA PEUR AVANT D'EMBRASSER BECKY »
Miles et Becky sont poursuivis par les habitants de la ville. Cachés dans une mine abandonnée, ils savent que s'ils s'endorment, ils ne seront plus eux-mêmes au réveil. Devant Miles horrifié, Becky s'endort et elle est instantanément métamorphosée.

LE RÉALISATEUR

1912-1942
Don Siegel naît le 26 octobre 1912 à Chicago. Après des études à Cambridge, en Angleterre, il travaille pour la Warner Bros. au département du montage et dirige celui de *Casablanca* (1942).

1943-1954
Son premier film est *The Verdict* (1946) avec Sidney Greenstreet et Peter Lorre. Il réalise ensuite des films dans les genres les plus variés : film noir, avec *Ça commence à Vera Cruz* (1949) et *Ici brigade criminelle* (1954) ; films sur la prison, avec *les Révoltés de la cellule 11* (1954) ; western, avec *Duel sans merci* (1952).

1955-1964
Après le succès de *l'Invasion des profanateurs de sépultures*, ses réalisations les plus remarquables furent le film noir (voir p. 168) *The Line-Up* (1958), le film de guerre *L'enfer est pour les héros* (1962), le western *les Rôdeurs de la plaine* (1960), avec Elvis Presley, et *À bout portant* (1964), adaptation d'une nouvelle d'Ernest Hemingway.

1965-1973
Un shérif à New York (1968) marque le début de sa collaboration avec Clint Eastwood (né en 1930), qu'il mit en scène dans quatre autres films, parmi lesquels *Sierra Torride* (1970), *les Proies* (1971) et *l'Inspecteur Harry* (1971). Il dirigea aussi le très réaliste *Police sur la ville* (1968) et le drame criminel *Tuez Charley Varrick* (1973).

1974-1991
Sa production devient plus irrégulière, mais elle comprend deux chefs-d'œuvre tardifs : le western automnal *le Dernier des géants* (1976), avec John Wayne, et le sobre film de prison *l'Évadé d'Alcatraz* (1979), sa dernière collaboration avec Clint Eastwood. Il fait aussi une rapide apparition dans le remake à succès de *l'Invasion des profanateurs de sépultures* réalisé en 1978 par Philip Kaufman (né en 1936). Don Siegel meurt en Californie, le 29 avril 1991. Signalons enfin qu'*Impitoyable* (1992), l'hymne de Clint Eastwood à l'Ouest d'autrefois récompensé aux oscars, porte une dédicace à « Sergio et Don », autrement dit Sergio Leone (1929-1989) et Don Siegel, les deux réalisateurs qui eurent le plus d'influence sur Eastwood.

LE WESTERN HOLLYWOODIEN

Le western a constitué un élément fondamental du cinéma hollywoodien dès ses tout débuts. Il s'agit sans conteste du plus américain des genres, mais ce n'est pas toujours le plus prisé. Peut-être parce que l'on pouvait les tourner vite et à bas prix – le paysage était prêt à l'usage, et il était facile d'engager de vrais cow-boys comme figurants – les westerns furent souvent qualifiés de « remplisseurs de programmes ». À l'époque du muet, des pionniers comme Allan Dwan (1885-1981) et Raoul Walsh (1887-1980) en réalisèrent souvent jusqu'à un par semaine. En 1909, la Bison Company était désormais établie en Californie ; en 1910, Broncho Billy Anderson était devenu la première star du western ; selon l'historien du cinéma Ed Buscombe, 213 des 1 001 films américains tournés cette année-là étaient des westerns. Avec l'avènement du parlant, la popularité du genre décrut légèrement, mais le nombre de réalisations diminua peu jusqu'aux années 1960 : Hollywood en produisit plus de 800 dans les années 1950.

La Chevauchée fantastique (1939), de John Ford (1894-1973), marque le début d'une période où les westerns furent dirigés par des cinéastes de première importance, tels Ford lui-même, Michael Curtiz (1886-1962), Fritz Lang (1890-1976) et Howard Hawks (1896-1977), qui réalisa de célèbres classiques du genre, parmi lesquels *la Rivière rouge* (1948, à droite, en bas) et *Rio Bravo* (1959). Après la Seconde Guerre mondiale, l'intérêt croissant de la critique pour Hollywood se focalisa d'abord sur des réalisateurs comme Ford, puis sur le genre du western

1 Le shérif Will Kane (Gary Cooper) dans *Le train sifflera trois fois*. Le rôle avait été refusé, entre autres, par Gregory Peck, Marlon Brando et Kirk Douglas.

2 L'affiche de *Seuls sont les indomptés*, mis en scène et interprété par Kirk Douglas.

3 *La Rivière rouge*, de Howard Hawks, a pour sujet le premier déplacement de bétail des ranchs du Texas à une gare de chemin de fer au Kansas, le long du Chisholm Trail.

REPÈRES

1939	1943	1946	1947	1948	1950
La Chevauchée fantastique, *le Brigand bien-aimé*, *les Conquérants* et *Femme ou démon* : le renouveau du western de catégorie A.	Howard Hughes et Jane Russell introduisent le sexe dans le western : *le Banni* sort en salles après deux ans de négociations avec la censure.	*La Poursuite infernale* est l'un des nombreux films racontant une nouvelle fois l'histoire de Wyatt Earp. *Duel au soleil*, produit par David Selznick, fait un triomphe au box-office.	Robert Mitchum et Teresa Wright tiennent les rôles principaux de *la Vallée de la peur*, qui fait partie d'une poignée de « westerns noirs ».	John Wayne joue le personnage principal dans *le Massacre de Fort Apache*, premier volet de la trilogie consacrée par John Ford au « septième de cavalerie ».	James Stewart encaisse la moitié des bénéfices de *Winchester 73* et joue le rôle d'un vétéran de la Guerre de Sécession qui épouse une Apache dans *la Flèche brisée*.

en tant que tel, qui en vint à être analysé à travers le prisme de la mythologie américaine, en sa qualité d'espace imaginaire de la bataille entre les hors-la-loi et les justiciers, entre le monde sauvage et la civilisation.

Le western est le plus facilement reconnaissable des genres hollywoodiens. Les membres du gang de Jesse James, dans *L'assassinat de Jesse James par le lâche Robert Ford* (2007), et les bandits du *Vol du grand rapide* (1903, voir p. 22) portent des chapeaux différents, mais leur apparence et leurs actions les identifient clairement comme appartenant au même genre. On associe d'ordinaire les westerns à des coordonnées géographiques et historiques précises : l'ouest du Mississippi, le sud du 49e parallèle, le nord du Rio Grande et une période située entre 1865 (la fin de la Guerre de Sécession) et 1890 (l'année où un rapport des services américains du recensement établit que la Frontière n'existait plus). Mais cette définition est trop restrictive. Il existe en effet des westerns contemporains, comme *Seuls sont les indomptés* (1962, à droite), des westerns canadiens, comme *Je suis un aventurier* (1954), ou mexicains, comme *Vera Cruz* (1954), et enfin des westerns situés à l'est, comme *Sur la piste des Mohawks* (1939). Pour certains, le western est une forme de récit qui peut se dérouler au Texas, au Viêt-nam ou dans l'espace : *Outland* (1981), transpose ainsi *Le train sifflera trois fois* (1952, à gauche) sur un des satellites de Jupiter. Cependant, un ensemble d'événements historiques, de personnages et de lieux constituent son noyau fondamental.

Le western glorifie l'histoire américaine en même temps qu'il la récrit. John Ford prétendait que sa description, dans *la Poursuite infernale* (1946), de la fusillade d'OK Corral, à Tombstone (Arizona), s'inspirait de ce que lui avait raconté Wyatt Earp en personne. Cette affirmation a fait l'objet d'un large débat ;

1952	1956	1958	1959	1960	1960
Le shérif incarné par Gary Cooper affronte seul la bande de Miller, sans l'aide des habitants de Hadleyville, dans *Le train sifflera trois fois.*	*La Prisonnière du désert* (voir p. 246), de John Ford, sort en salles. Malgré son succès commercial, il n'obtient aucune nomination aux oscars.	Les studios Republic, autrefois producteurs de plus de trente westerns par an, cessent leur activité.	Robert Ryan affronte Burl Ives dans *la Chevauchée des bannis;* Randolph Scott traque et capture Lee Van Cleef dans *la Chevauchée de la vengeance.*	*Les Sept Samouraïs* (1954, voir p. 216), d'Akira Kurosawa (1910-1998), inspire à Hollywood *les Sept Mercenaires.*	Anthony Mann (1906-1967) réalise son dernier western, *la Ruée vers l'Ouest,* avec Glenn Ford et Maria Schell.

on a soutenu que ces westerns n'ont pas tant pour sujet l'Ouest lui-même que d'autres westerns. Compte tenu de l'emprise qu'exerce le mythe de la Frontière sur la mentalité collective américaine, on ne pouvait que s'attendre à de telles révisions. Ce processus a lui-même parfois inspiré des westerns, par exemple *Buffalo Bill et les Indiens* (1976), de Robert Altman (1925-2006) ou encore *L'homme qui tua Liberty Valance* (1962), de John Ford, et sa célèbre réplique : « C'est ça l'Ouest, monsieur. Lorsque la légende devient un fait, publiez la légende. »

Comme Altman, Ford était conscient que le western était de la légende manufacturée, mais contrairement à lui, il voyait en cela un phénomène plutôt positif : c'est seulement dans *la Prisonnière du désert* (1956, voir p. 246) qu'il explora vraiment la face obscure du héros de western. À la fin des années 1930 et au début des années 1940, la tonalité dominante du genre était constituée de certitudes teintées de nostalgie. *Le Brigand bien-aimé* (1939) – de même que la suite qu'en donna Fritz Lang, *le Retour de Frank James* (1940) – présentent les tristement célèbres frères hors-la-loi comme des défenseurs des valeurs rurales s'opposant aux usurpations des banques du nord. Dans *la Charge fantastique* (1941), Raoul Walsh trace un portrait romancé du général Custer, et *Buffalo Bill* (1944), de William Wellman (1896-1975), se livre au même genre d'opération.

La Poursuite infernale, de John Ford, et *l'Homme des vallées perdues* (1953), de George Stevens, incarnent la quintessence du western hollywoodien classique. Ils utilisent leurs décors comme un espace de confrontation entre forces opposées : celles du respect de la loi et celles de sa violation, dans *la Poursuite infernale ;* les colons et les propriétaires de bétail, dans *l'Homme des vallées perdues*. Les deux films laissent entrevoir un futur radieux, voire un avenir auquel le héros appartient nécessairement.

Des westerns moins catégoriques caractérisent les années 1940 et, surtout, les années 1950. Écrit par Carl Foreman, qui ne devait pas tarder à être inscrit sur la liste noire du HUAC, *Le train sifflera trois fois* fut apprécié à l'époque non seulement pour l'habileté de son suspense, mais aussi pour son allégorie de la manière dont la peur avait envahi la communauté hollywoodienne et l'empêchait d'opposer une résistance aux investigations anti-communistes de l'époque. Parmi les autres auteurs inscrits sur la liste noire ayant travaillé à des westerns, on mentionnera Albert Maltz et Ben Maddow, scénaristes respectifs de *la Flèche brisée* (1950) et de *Johnny guitare* (1954, ci-dessous). *La Flèche brisée* offre un exemple précoce de description bienveillante des Indiens

4 Paul Newman joue le rôle d'un Billy le Kid vengeur dans *le Gaucher.*

5 *Rio Bravo* fut l'occasion d'une association mémorable entre John Wayne et Dean Martin. Le film fut suivi d'*El Dorado* (1967) et *Rio Lobo* (1970) – tous deux également réalisés par Howard Hawks et mettant en scène John Wayne – et *Assaut* (1976), de John Carpenter (né en 1948).

6 L'affiche très théâtrale de *Johnny guitare.* Comme le suggère la place notable qu'y tient Joan Crawford, l'intrigue du film est menée par deux femmes au caractère bien trempé.

d'Amérique, que l'on retrouve dans *Bronco Apache* (1954), *la Dernière Chasse* (1956) et *le Jugement des flèches* (1957). *Johnny guitare* (un film très apprécié des cinéastes de la Nouvelle Vague, voir p. 248) a pour vedettes Sterling Hayden et Joan Crawford. En 1951, Hayden avait donné des noms lors des auditions du HUAC ; dans le film, son personnage est contraint de faire de même.

Le « western psychologique » devint une autre tendance forte de l'après-guerre. *La Vallée de la peur* (1947), de Raoul Walsh, nous montre un Robert Mitchum hanté par son passé, dans un paysage confus et noir ; Paul Newman offrit une incarnation inégalée de Billy le Kid dans *le Gaucher* (1958, à gauche) ; dans *la Cible humaine* (1950), Gregory Peck joue le rôle d'un homme poursuivi par sa réputation de « détente la plus rapide », conscient que, tôt ou tard, quelque jeune prétendant l'étendra au sol. Même John Wayne joua des personnages à la psychologie complexe dans *la Rivière Rouge* et *la Prisonnière du désert ;* on le sent cependant plus à son aise dans *Rio Bravo* (1959, ci-dessus), réponse déclarée de Howard Hawks au *Train sifflera trois fois.*

Vers cette période, deux collaborations entre un acteur et un réalisateur méritent une mention particulière. Entre 1956 et 1960, Budd Boetticher (1916-2001) tourna avec Randolph Scott (sur des scénarios de Burt Kennedy) une série de films à petit budget d'un pessimisme tranquille, d'une remarquable sobriété quant au récit et à la caractérisation des personnages. Et James Stewart joua les premiers rôles obsédants de cinq westerns d'Anthony Mann (1906-1967) : *Winchester 73* (1950), *les Affameurs* (1952), *l'Appât* (1953), *Je suis un aventurier* (1954) et *l'Homme de la plaine* (1955).

Le western hollywoodien continua de vivre pendant les années 1960 et au-delà, mené par une nouvelle génération de réalisateurs, tels Robert Altman, Arthur Penn (1922-2010) et Sam Peckinpah (1925-1984). Ce dernier modifia les conventions du genre, affectueusement dans *Coups de feu dans la Sierra* (1962), plus violemment dans *la Horde sauvage* (1969) et *Pat Garrett et Billy le Kid* (1973). Le western survécut même au désastre commercial de *la Porte du Paradis* (1980), de Michael Cimino. Hollywood se mit à produire des westerns pour adolescents, comme *Young Guns* (1988), de Christopher Cain, des westerns ayant pour thème l'homosexualité, comme *le Secret de Brokeback Mountain* (2005), d'Ang Lee, et, en 2007, le remake de *3h10 pour Yuma* (1957), de Delmer Daves, où l'on retrouve le mélange efficace de chaos et de paysages splendides, fondé essentiellement sur les personnages, qui avait caractérisé les films des années 1950. **G. B.**

La Prisonnière du désert 1956

The Searchers JOHN FORD 1894-1973

▲ Martin et Ethan poursuivent leur recherche en pleine tempête de neige.

▼ « Il fallait qu'il la retrouve... il fallait qu'il la retrouve... » Le texte fait écho à sa quête.

On considère *la Prisonnière du désert* comme le meilleur film de John Ford et de son acteur principal, John Wayne. Il s'agit en tout cas de leur film le plus complexe. L'interprétation magistrale du personnage d'Ethan Edwards par John Wayne renversa l'image mythique du héros de western. Ethan et Martin Pawley (Jeffrey Hunter), son neveu adoptif en partie Cherokee, entreprennent une quête de cinq ans dans le désert du sud-ouest américain pour venger l'assassinat par les Comanches de la famille du frère d'Ethan et délivrer sa nièce Debbie (jouée par les sœurs Lana et Natalie Wood), prisonnière de ces mêmes Comanches ; cependant, Ethan se décide peu à peu à la tuer, pour la punir du « crime » de croisement entre races. Ford se montra conscient de sa rupture par rapport à la tradition lorsqu'il définit *la Prisonnière du désert* comme « une épopée psychologique ». Lorsqu'il découvre le corps de sa belle-sœur Martha (Dorothy Jordan), mutilée et violée par le chef indien Cicatriz, dit aussi Scar (Henry Brandon), Ethan devient fou, car il aimait Martha, et son viol par Scar le renvoie à ses propres besoins sexuels.

Les images du film offrent une variété d'effets allant d'un expressionnisme strict à une ample majesté, grâce au procédé de VistaVision mis au point par Winton C. Hoch, qui donne à la Monument Valley un aspect surréel aliénant. La musique de Max Steiner crée un large éventail d'atmosphères, tour à tour mélancoliques ou effrayantes. Hunter, Brandon, Vera Miles (qui joue la fiancée de Martin, Laurie Jorgensen) et Ward Bond (qui incarne le révérend capitaine Samuel Johnston Clayton) excellent dans les seconds rôles. **G. F.**

LES SCÈNES PRINCIPALES

1 DES SENTIMENTS DÉFENDUS

Après la guerre de Sécession, Ethan (John Wayne) revient dans le ranch de son frère Aaron (Walter Coy), Martha, l'épouse de ce dernier, et leurs enfants. L'amour illicite liant Ethan et Martha est observé en silence par le révérend capitaine Samuel Clayton, des Texas Rangers.

2 UNE DÉCOUVERTE TERRIFIANTE

Hors écran, Ethan enterre le corps mutilé de Lucy Edwards (Pippa Scott). Furieux, il donne des coups de poignard sur le sol. Il ne raconte pas ce qu'il a vu à Martin et au fiancé de Lucy, Brad Jorgensen (Harry Carey Jr), mais n'en est que plus incité à retrouver Debbie.

3 DES FEMMES RENDUES FOLLES

On montre à Ethan et à Martin des femmes blanches délivrées des Comanches par le septième régiment de cavalerie. Elles ont toutes perdu l'esprit. Ethan leur jette un regard de haine amer en affirmant : « Ce ne sont plus des Blanches. Ce sont des Comanches. »

4 ENFIN RETROUVÉE

Des années plus tard, au Mexique, Ethan et Martin sont conduits au camp du chef Comanche Scar. Ils découvrent que Debbie est l'une des quatre épouses de Scar. Martin le tue et Ethan prend sa nièce dans ses bras, et lui dit tendrement : « Rentrons à la maison. »

JOHN FORD ET LE RACISME

John Ford commença à éprouver de la sympathie pour les Indiens et les Noirs américains vers la fin de sa carrière, mais il dut toujours se défendre contre des accusations de racisme. Ethan n'est pas le seul personnage raciste de *la Prisonnière du désert*. Laurie, qui veut à tout prix que Martin renonce à essayer de ramener Debbie à la maison, est tout aussi virulente : « Ramener quoi à la maison ? Les restes qu'un bellâtre Comanche n'a pas cessé de vendre au plus offrant, avec des sales mômes sauvages à elle ? » En partie Cherokee, Martin est en apparence plus tolérant. Mais lorsque sa fiancée indienne (Beulah Archuletta) s'allonge près de lui, il la repousse du pied. Le chagrin qu'il exprime lorsqu'on la retrouve assassinée atténue à peine l'horreur du traitement que lui-même – et John Ford – inflige à la jeune femme.

LA NOUVELLE VAGUE

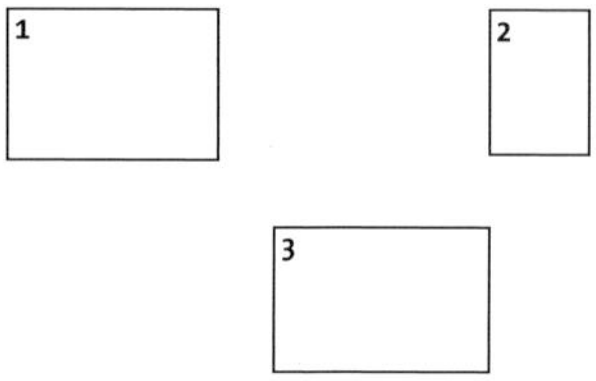

1 Nana (Anna Karina) se tourne vers la prostitution dans *Vivre sa vie*. Godard raconte la tragique histoire de Nana en douze scènes ponctuées chacune d'intertitres.

2 L'affiche du film *le Beau Serge*, de Claude Chabrol (largement reconnu comme le premier de la Nouvelle Vague).

3 La caméra de Jacques Rivette se régale de vues grandioses de la capitale française dans *Paris nous appartient*.

Peu de mouvements cinématographiques ont eu l'impact de la Nouvelle Vague. Ce qui commence comme une réunion de critiques en herbe œuvrant à une revue de cinéma devient un ensemble de réalisateurs dont le travail va redéfinir le cinéma moderne. On doit la naissance du mouvement à la présence tutélaire de deux hommes, l'historien Henri Langlois et le critique André Bazin. Ce dernier est l'un des fondateurs en 1950 de la revue *Cahiers du Cinéma*. Langlois co-fonde la Cinémathèque française, fonds d'archives cinématographiques qui organise des projections à Paris. La plupart des futurs membres de la Nouvelle Vague connaissent Langlois personnellement et se rendent à la Cinémathèque avec une ferveur quasi religieuse, débattant de ce qu'ils ont vu au petit matin. Parmi les cinéastes qui écriront plus tard dans les *Cahiers du Cinéma* figurent François Truffaut (1932-1984), Jean-Luc Godard (né en 1930), Jacques Rivette (né en 1928) et Éric Rohmer (1920-2010).

La revue écarte le cinéma français conservateur et met en avant les réalisateurs américains ainsi que la « politique des auteurs ». Elle considère la signature d'un cinéaste – la marque de son travail de réalisateur– comme un signe de grandeur. Les critiques des *Cahiers*, comme d'autres habitués de la Cinémathèque, veulent faire des films. Quoique immatures, les premiers films de Godard, de Rivette et de Rohmer soulignent un changement esthétique important puisque l'action passe du studio au décor naturel. Surtout grâce aux progrès technologiques : les caméras peu coûteuses et de grande qualité ainsi qu'une pellicule permettent désormais de privilégier les extérieurs et de filmer sans l'apport de lumière.

REPÈRES

1952	1954	1955	1957	1958	1959
Jean-Luc Godard, Éric Rohmer et Jacques Rivette commencent à écrire dans les *Cahiers du Cinéma*.	François Truffaut lance le débat avec son article sur la qualité du cinéma français, « Une certaine tendance du cinéma français ».	Agnès Varda réalise *la Pointe courte*, qui apparaît aujourd'hui comme un flirt précoce avec le style de la Nouvelle Vague.	François Truffaut tourne le court-métrage *les Mistons*, dont le thème sera développé dans son premier long-métrage, en 1959.	Louis Malle tourne *Ascenseur pour l'échafaud* et *les Amants*.	*Hiroshima mon amour*, d'Alain Resnais, est plébiscité au festival de Cannes. Éric Rohmer réalise *le Signe du lion*.

La Nouvelle Vague commence officiellement avec *le Beau Serge* (1958, ci-contre), de Claude Chabrol (1930-2010), bien que *les Quatre Cents Coups*, de François Truffaut (1959, voir p. 252), et *À bout de souffle* (1960, voir p. 254), de Jean-Luc Godard, aient fait plus de remous. Interdit à Cannes en 1958 pour ses positions critiques sur le cinéma français, Truffaut y fera un triomphe l'année suivante. Partiellement autobiographique et tourné là où Truffaut a grandi, *les Quatre Cents Coups* ont pour vedette Jean-Pierre Léaud, dans le rôle d'Antoine Doinel. Sa vie et ses amours formeront l'ossature de cinq films du réalisateur, en l'espace de vingt ans.

Tantôt plein d'esprit, tantôt enjoué ou impertinent, *À Bout de souffle* devient le film emblématique de la Nouvelle Vague. Écrit par Truffaut, il reprend tous les éléments qui sous-tendent le style du mouvement. De son côté, Godard dispense références littéraires et cinématographiques, allant jusqu'à faire jouer Jean-Pierre Melville (1917-1973), l'un des cinéastes français qu'admirent les *Cahiers du Cinéma*. Aux dires d'historiens, c'est Melville qui suggérera à Godard certaines coupes pour obtenir un montage plus nerveux, créant le jump-cut, en rupture avec le montage « invisible » classique. L'histoire en soi n'a guère d'importance et reflète le commentaire d'un personnage du troisième film de Godard (*Vivre sa vie*, 1962, à gauche), qui dit du livre qu'elle lit : « L'histoire est crétine, mais c'est très bien écrit. »

Le Signe du lion (1959), d'Éric Rohmer, est reçu avec moins d'enthousiasme, mais grâce aux lieux de tournage et aux références littéraires, il s'aligne sur ses homologues. *Paris nous appartient* (1961, ci-dessous), de Jacques Rivette se révèle le plus long film de la Nouvelle Vague, mais son exploration de Paris

1960	1961	1962	1963	1964	1965
Jean-Luc Godard s'affranchit de toutes les règles avec *À bout de souffle* (voir p. 254). Claude Chabrol revient avec *les Bonnes Femmes*.	Anna Karina tient le rôle-titre dans son premier film de Godard, *Une femme est une femme*. Alain Resnais trouble le public avec *l'Année dernière à Marienbad*.	*Jules et Jim*, de François Truffaut, sort en salles. Son *Antoine et Colette* voit le retour d'Antoine Doinel moins jeune. Agnès Varda joue avec le temps dans *Cléo de 5 à 7*.	Jean-Luc Godard tourne trois films impressionnants dans l'année : *le Petit soldat*, *les Carabiniers* et *le Mépris*.	*Les Parapluies de Cherbourg*, de Jacques Demy (1931-1990), s'inspirent du style du mouvement.	La Nouvelle Vague fait un dernier tour de piste avec *Alphaville* et *Pierrot le fou*, de Jean-Luc Godard.

fait de lui le plus beau de tous, même s'il lui manque la désinvolture des films de Godard ou de Truffaut. Claude Chabrol, sans doute plus que tout autre cinéaste de la Nouvelle Vague, demeure fasciné par le thriller, qui représente à ses yeux une veine exceptionnelle pour l'exploration des marottes humaines. Après son premier film, *le Beau Serge,* portrait à plat de la vie provinciale en France, *les Cousins* (1959) dessinent le patron des films qui suivront. La même année, *À double tour* réassocie les ingrédients du mouvement dans un genre plus conventionnel. Chabrol continue dans sa voie et développe un corpus distinct.

Parmi les films des autres réalisateurs relevant de la Nouvelle Vague, on trouve *Cléo de 5 à 7* (1962, ci-contre), où figure Godard, dans un petit film dans le film. Le séduisant *Bonheur* (1965), portrait d'une société patriarcale et évocation de la douleur muette d'une femme trompée, place l'œuvre aux antipodes des films davantage axés sur l'homme. Tous deux sont réalisés par Agnès Varda (née en 1928), qui fait ses débuts dans la réalisation en 1955, avec *la Pointe courte,* mélange d'une histoire fictive de mariage malheureux et d'images documentaires d'un village de pêcheurs en proie à la crise. On considère ce film, unique à l'époque, tant par sa narration que son filmage, comme une œuvre importante et émanant d'une des grandes cinéastes françaises.

Autre cinéaste dont les premières œuvres riment avec la Nouvelle Vague : Alain Resnais (né en 1922). Prenons *l'Année dernière à Marienbad* (1961, ci-dessus), sans nul doute le plus énigmatique de tous. Écrit par Alain Robbe-Grillet, membre du Nouveau Roman, mouvement littéraire d'avant-garde, dont le chemin croise celui de la Nouvelle Vague. Le film se rapporte, comme souvent dans l'œuvre de Resnais, à la mémoire et à l'identité. Avec la fluidité du filmage et la douce voix-off de Giorgio Albertazzi, on plonge au cœur du cinéma. Bien que sans prétention intellectuelle, *Un homme et une femme* (1966), de Claude Lelouch (né en 1937), tire son inspiration de la Nouvelle Vague au sens où il récrit l'idylle filmique, oscille par jeu entre la couleur et le noir et blanc, tout en jouant sur le contraste monologue intérieur-dialogue.

Jules et Jim (1962), de François Truffaut, devient l'un des films emblématiques de la Nouvelle Vague. Prenant pour thème un triangle amoureux pendant et après la Première Guerre mondiale, il utilise des techniques et des éléments qui caractérisent le nouveau style, comme les images d'actualités, arrêts sur image, travellings et voix-off. Georges Delerue signe la musique, de facture classique. Le premier rôle revient à Jeanne Moreau, qui personnalise l'actrice de la Nouvelle Vague telle que la décrit la critique Ginette Vincendeau : « Belle, mais naturelle. Sexy, mais intellectuelle. » Jeanne Moreau joue également dans *les Amants* (1958, ci-dessous), de Louis Malle (1932-1995), où elle arbore son amoralité et sa conception désinvolte du sexe – autre trope très présent dans la Nouvelle Vague. Dans ses œuvres plus tardives, telles que *Fahrenheit 451*, Truffaut opte pour un style plus classique. Cependant, comme il le montre dans les actes au festival de Cannes de 1968, où il manifeste son soutien aux étudiants, il demeure un activiste énergique.

Jean-Luc Godard est le plus prolifique cinéaste du mouvement et il continue de jouer avec le genre, affichant son amour de la littérature, du cinéma et de la philosophie dans des œuvres comme *Une femme est une femme* (1961) et *Bande à part* (1964, à droite). Les films de Godard, comme beaucoup d'autres de la Nouvelle Vague, regorgent de références au cinéma américain – les escrocs d'*À bout de souffle* et de *Bande à part* sont des mordus de série B américaine. Ils continuent d'influencer les générations plus jeunes, et quand Quentin Tarantino (né en 1963) baptise sa société de production *A Band Apart*, il rend hommage au légendaire cinéaste français. *Pierrot le fou* (1965) amorce la franche politisation de l'œuvre de Godard, qui ne fera que croître dans la décennie.

Plus tard, la confrérie soudée de la Nouvelle Vague se verra déchirée par les querelles et les disputes. À la fin des années 1960, Truffaut et Godard ne s'adressent quasiment plus la parole. Mais aux premières heures, les membres du groupe collaborent souvent et s'entraident. Le groupe ne se résume pas aux cinéastes. On compte parmi les acteurs fortement liés à la Nouvelle Vague, Jeanne Moreau, Anna Karina, Michel Bouquet, Jean-Paul Belmondo, Jean-Claude Brialy, Stéphane Audran et bien entendu, l'*alter ego* de François Truffaut à l'écran, Jean-Pierre Léaud. Derrière la caméra œuvrent d'autres collaborateurs réguliers, dont les chefs opérateur Henri Decaë, Sacha Vierny, Nicholas Hayer, Nestor Almendros et Raoul Coutard, ainsi que les monteurs Lila Herman, Cécile Decugis, Claudine Bouché et Agnès Guillemot, ou les compositeurs Georges Delerue et Michel Legrand. **I. H. S.**

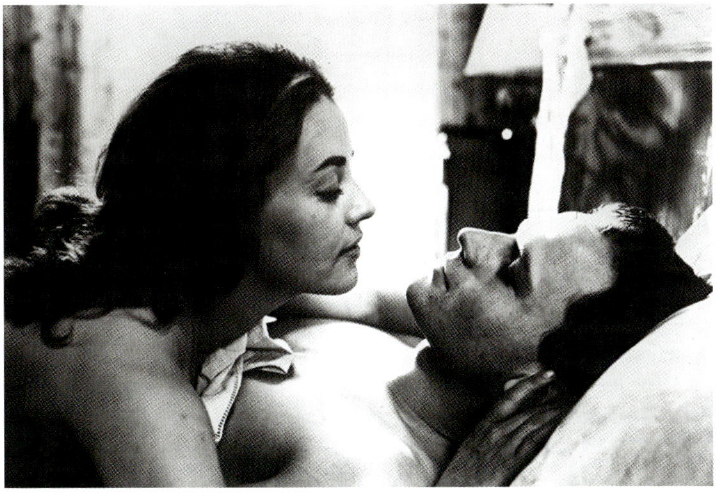

4 Dans cette photographie ambiguë de *l'Année dernière à Marienbad*, les silhouettes dans le parc projettent une ombre, contrairement aux arbres.

5 La saisissante affiche de *Bande à part* se fonde sur un montage de scènes du film, l'un des plus amusants de Godard.

6 Jeanne (Jeanne Moreau) s'engage dans une scandaleuse histoire d'amour avec le jeune Bernard (Jean-Marc Bory) dans *les Amants* de Louis Malle.

7 *Cléo de 5 à 7*, d'Agnès Varda, raconte deux heures de la vie d'une chanteuse française qui se croit condamnée.

Les Quatre Cents Coups 1959

FRANÇOIS TRUFFAUT 1932-1984

▲ La passion d'Antoine pour le cinéma est l'une des rares joies de sa triste existence.

▼ Le personnage d'Antoine Doinel est considéré comme l'*alter ego* de Truffaut.

François Truffaut, le critique cinématographique devenu cinéaste, intègre des éléments autobiographiques dans son premier long-métrage sur un jeune Parisien de treize ans engagé sur le chemin de la délinquance à cause d'une situation familiale malheureuse. Le personnage d'Antoine Doinel (Jean-Pierre Léaud) a en commun avec Truffaut une enfance difficile, un esprit rebelle et un amour précoce du cinéma. Le film aura un succès foudroyant dans le monde et fera de la Nouvelle Vague le plus débattu des sujets de discussion. Quand *À bout de souffle* (1960, voir p. 252), de Jean-Luc Godard, sort l'année suivante, se profile une certaine diversité au sein de la Nouvelle Vague. Le film de Godard est innovant par sa technique, tandis que *les Quatre Cents Coups* seront perçus comme une redécouverte française du néo-réalisme italien (voir p. 178).

En rappelant la réalité quotidienne du *Voleur de bicyclette* (1948, voir p. 182) et ses lieux de tournage, le film de Truffaut offre un portrait de l'enfance chargé d'émotions. Il récrit les règles du Cinémascope, prouvant que la timidité de Hollywood pour les mouvements de caméra et le montage rapide est injustifiée. Henri Decaë assure la photographie en noir et blanc et Dyaliscope (équivalent français du Cinémascope) d'un film qui perdrait tout son caractère s'il était en couleurs, et qui gagne à être vu au cinéma. Les derniers films de Truffaut deviennent de plus en plus conformistes, plus très éloignés du « cinéma de papa » que le jeune critique iconoclaste avait chapitré dans les *Cahiers du Cinéma*.

Toujours est-il que *les Quatre Cents Coups* conservent l'énergie formidable et la joie de découvrir propres à la Nouvelle Vague. **M. S.**

LES SCÈNES PRINCIPALES

1 PARIS
Les plans panoramiques derrière le générique prouvent que, dans l'histoire d'Antoine, Paris est un personnage se faufilant dans la narration. La ville fait partie intégrante du monde du garçon, l'air qu'il respire comme la mer dans laquelle il se noiera peut-être.

2 INSTANTS SAGACES
Antoine voit sa mère embrasser un étranger, ce qui accentue la conscience qu'il a d'une vie de famille vide de sens. Cela confirme que la femme qui n'est pas la mère qu'il voudrait se révèle aussi une mauvaise épouse, trompant le mari qui l'a accueilli lui, l'enfant naturel.

3 LE DÉLINQUANT
Antoine se fait prendre en train de voler une machine à écrire et se retrouve en maison de redressement. Face au psychologue, Antoine s'exprime mieux qu'il ne l'a jamais fait auparavant. La puissance de cette scène découle de la prise de son directe et de l'improvisation.

4 QUI EST RESPONSABLE ?
Antoine s'enfuit et atteint la plage, mais ne peut guère aller plus loin. Dans une scène saisissante, celle d'un conte ne proposant aucune vraie fin, Truffaut statue avec un arrêt sur image sur Antoine, qui se tourne vers le spectateur, lançant un regard accusateur.

LE RÉALISATEUR

1932-1958
François Truffaut naît à Paris hors des liens du mariage. Il ne connaîtra jamais son père. Durant son enfance, malheureuse, le cinéma représente son seul réconfort. En 1953, il commence à écrire des critiques pour la revue *Cahiers du Cinéma*. En 1957, il se tourne vers la réalisation. Son premier court-métrage, qui bénéficie d'un bon accueil, *les Mistons*, se penche sur un groupe d'adolescents de province qui s'éprennent d'une belle femme.

1959-1962
François Truffaut devient instantanément célèbre avec son premier long-métrage, *les Quatre Cents Coups*, qui signent l'arrivée de la Nouvelle Vague. Il écrit également un scénario pour le cinéaste Jean-Luc Godard, qui deviendra *À bout de souffle*. Le deuxième film de Truffaut, *Tirez sur le pianiste* (1960), sera plus controversé, mais, en 1962, *Jules et Jim* fait un triomphe.

1963-1979
En 1967, François Truffaut publie son livre-interview avec Alfred Hitchcock (1899-1990), qui demeurera un classique. En marge du sous-évalué *Fahrenheit 451* (1966), tourné en Angleterre, et d'un rôle dans *Rencontres du 3e type* (1977), François Truffaut reste en France et réalise une série de films à succès dont deux dans lesquels il joue, *l'Enfant sauvage* (1970) et *la Chambre verte* (1978). L'Antoine Doinel de Jean-Pierre Léaud reviendra dans d'autres films, mais ils marqueront moins les esprits. *La Nuit américaine* (1973), mise en abîme, sera le plus gros succès du cinéaste dans les années 1970.

1980-1984
Bien que *le Dernier Métro* (1980) soit un succès, ses derniers films accusent malgré tout un déclin. François Truffaut meurt d'une tumeur au cerveau, en 1984, à l'âge de cinquante-deux ans. Il lui manque cinq films pour atteindre son objectif de trente (il en avait plusieurs dans ses tiroirs). Il est enterré au cimetière de Montmartre.

À bout de souffle 1960

JEAN-LUC GODARD né en 1930

▲ L'un des couples historiques de la Nouvelle Vague. En 1960, il n'y en avait pas de plus français ni de plus en vogue.

▼ Le célèbre poster qui a décoré les murs d'étudiants dans le monde entier.

Fondé sur un traitement de François Truffaut, le premier film de Jean-Luc Godard est dédié à Monogram Pictures, le studio de série B américain d'où sortirent l'inépuisable Béla Lugosi, les East Side Kids et un chef-d'œuvre existentialiste, *Detour* (1945), d'Edgar G. Ulmer (1904-1972). Film emblématique s'il en est, *À bout de souffle* s'appuie sur une intrigue minimaliste et un montage rugueux qui donnent au film un parcours sinueux. Accompagnés d'un piano jazzy inquiétant et calme à la fois, les personnages semblent électrisés, comme si leur existence était en avance accélérée.

Michel Poiccard (Jean-Paul Belmondo) incarne un méchant truand doublé d'un prédateur sexuel et d'un tueur occasionnel – il abat un policier – qui crache des nuages de fumée à longueur de temps, cigarette à la bouche. Il porte un feutre à la Bogart et se frotte constamment le pouce sur la lèvre supérieure, comme son idole américaine. N'hésitant pas à exploiter les femmes – il déleste une ancienne maîtresse pour assurer ses dépenses courantes –, Michel fréquente Patricia Franchini (Jean Seberg), une Américaine qui expérimente ses sentiments, entre héroïne hitchcockienne et dame de film noir indigne de confiance. S'ensuit une séquence séduction-partie de cache-cache dans son studio désordonné qui dure un tiers du film, un gros morceau de claustrophobie dans une œuvre toujours en mouvement grâce aux jump-cuts révolutionnaires de Godard. À la fin, Franchini révèle aux policiers où trouver Poiccard, qui l'abattent. Alors qu'il est allongé, mort, elle s'empare de son personnage et se frotte le pouce sur la lèvre supérieure. Elle l'a quitté, à bout de souffle. **K. N.**

LES SCÈNES PRINCIPALES

1 L'ALLURE
Après une première image impie, Michel baisse son journal et regarde au-delà du bord de son chapeau des années 1940. Avec une insolence sans pareil, il recrache un panache de fumée. Ce rôle détonnant fait de Belmondo un acteur phare de la Nouvelle Vague.

2 HORS DU STUDIO
Michel et Patricia se rencontrent sur les Champs-Élysées. Il joue comme un voyou de film de série B des années 1940. Elle est la gamine américaine du moment. Tourné en décor naturel, le film consigne les vues et bruits de Paris avec une belle spontanéité.

3 « BOGEY ! »
Michel étudie l'affiche de *Plus dure sera la chute* (1956). Ses poses et attitudes sont empruntées au film – il prend modèle sur Bogart. Passionné de cinéma américain, Godard intègre des citations d'autres films dans *À bout de souffle*.

4 LIQUIDÉ
Trahi par Patricia, Michel prend une balle dans le dos et court dans la rue. L'auréole de sang s'étend dans son dos, il tombe, recrachant toujours de la fumée. Elle regarde, horrifiée, mais encaisse avec froideur ses derniers mots : « T'es vraiment dégueulasse. »

LE RÉALISATEUR

1930-1959
Jean-Luc Godard naît à Paris de parents suisses. Il passe la Seconde Guerre mondiale en Suisse et revient à Paris après le divorce de ses parents, en 1948. Il étudie l'ethnologie à la Sorbonne et commence à fréquenter les ciné-clubs du Quartier latin, où il rencontre André Bazin, co-fondateur de l'influente revue *Cahiers du Cinéma*. Pendant cette période, il fait aussi la connaissance d'autres cinéastes et théoriciens qui donneront naissance à la Nouvelle Vague. Dès 1952, il publie des critiques dans les *Cahiers du Cinéma*, souvent sous le pseudonyme de Hans Lucas. Godard défend régulièrement les films américains de série B contre le supposé « cinéma de papa » français. Il tourne plusieurs courts-métrages, dont *Charlotte et son jules* (1958), avec Jean-Paul Belmondo.

1960-1967
Après son premier et emblématique film *À bout de souffle*, Godard réalise plusieurs films comptant parmi les chefs-d'œuvre de la Nouvelle Vague : *Vivre sa vie* (1962), *le Mépris* (1963), *Bande à part* (1964), *Alphaville* (1965), *Pierrot le fou* (1965) et *Week-End* (1967). En 1960, il épouse Anna Karina et quatre ans plus tard, ils fondent leur société de production, Anouchka Films.

1968-1979
Après les événements de Mai-68, Godard rejoint Jean-Pierre Gorin (né en 1943) au sein du groupe Dziga Vertov et tourne des films de moins en moins conventionnels, sous-tendus par son engagement maoïste (*le Vent d'Est*, 1970 ; *Tout va bien*, 1972 ; *Numéro deux*, 1975). Pour expliquer ses opinions très tranchées, il publie une série de « Ciné-tracts ».

de 1980 à nos jours
Godard revient à la fiction avec notamment *Sauve qui peut (la vie)*, *Je vous salue, Marie* (1985), *Détective* (1985) et *King Lear* (1987). Il continue à tourner des films, dont des documentaires impressionnistes sur le cinéma, la culture et la politique.

1960 1961 1962 1963 1964

4 | 1960-1969

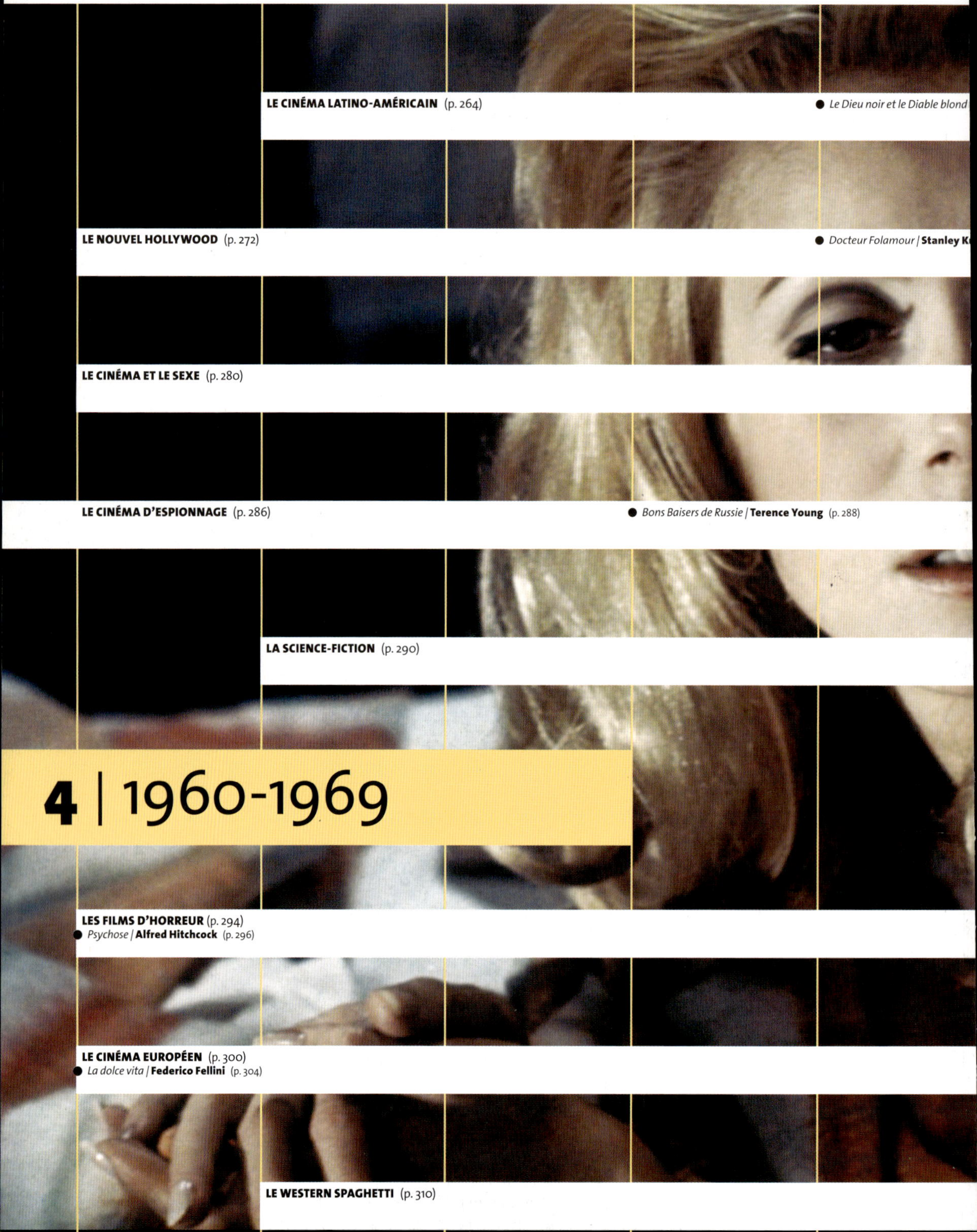

LA NOUVELLE VAGUE BRITANNIQUE (p. 258)
- *Samedi soir, dimanche matin* | **Karel Reisz** (p. 260)
- *Le Prix d'un homme* | **Lindsay Anderson** (p. 262)

LE CINÉMA LATINO-AMÉRICAIN (p. 264)
- *Le Dieu noir et le Diable blond*

LE NOUVEL HOLLYWOOD (p. 272)
- *Docteur Folamour* | **Stanley K**

LE CINÉMA ET LE SEXE (p. 280)

LE CINÉMA D'ESPIONNAGE (p. 286)
- *Bons Baisers de Russie* | **Terence Young** (p. 288)

LA SCIENCE-FICTION (p. 290)

LES FILMS D'HORREUR (p. 294)
- *Psychose* | **Alfred Hitchcock** (p. 296)

LE CINÉMA EUROPÉEN (p. 300)
- *La dolce vita* | **Federico Fellini** (p. 304)

LE WESTERN SPAGHETTI (p. 310)

1960 1961 1962 1963 1964

a (p. 268)

Mémoires du sous-développement | **Tomas Gutierrez Alea** (p. 270) ●

● *Bonnie and Clyde* | **Arthur Penn** (p. 278)

● *Belle de jour* | **Luis Buñuel** (p. 282)
● *Le Lauréat* | **Mike Nichols** (p. 284)

2001 : l'Odyssée de l'espace | **Stanley Kubrick** (p. 292) ●

Rosemary's Baby | **Roman Polanski** (p. 298) ●

● *Andreï Roublev* | **Andreï Tarkovsky** (p. 306)

● *Des trains étroitement surveillés* | **Jiří Menzel** (p. 308)

● *Le Bon, la Brute et le Truand* | **Sergio Leone** (p. 312)

LA NOUVELLE VAGUE BRITANNIQUE

1 Le jeune délinquant Colin Smith (Tom Courtenay) échappe à la tristesse de sa vie grâce à la course à pied dans *la Solitude du coureur de fond.*

2 *Un amour pas comme les autres* : les yeux de la jeune fille débordent d'espoir, mais il est significatif que l'expression de son amant (Alan Bates) reste invisible.

3 Dirk Bogarde et Julie Christie s'enlacent dans *Darling.*

Nous sommes en 1956. De courts documentaires britanniques à petit budget sont projetés à Londres. Un journal raconte : « On dirait que toutes les barbes et tous les *duffel coats* de Londres, toutes les coiffures à la garçonne et tous les jeans convergent » vers South Bank pour y voir les films du Free Cinema. Ces films paraissent révolutionnaires par rapport au cinéma britannique de l'époque. Selon le cinéaste et critique Lindsay Anderson (1923-1994), le cinéma britannique des années 1950 se caractérisa par son autosatisfaction et son « humanisme tiède ». Ce fut l'époque des films de guerre de John Mills et des drames où ne transparaissent pas les émotions.

Le mouvement de la Nouvelle Vague britannique fut conduit par un groupe de critiques devenus réalisateurs ayant, à la fin des années 1940, collaboré étroitement à *Sequence,* la revue cinématographique de l'université d'Oxford, puis ayant écrit dans *Sight and Sound.* On compte Lindsay Anderson, Karel Reisz (1926-2002), Tony Richardson (1928-1991) et Gavin Lambert (1924-2005). Lorsqu'ils tournèrent des longs-métrages, ils concentrèrent leur attention sur les centres industriels du nord de la Grande-Bretagne. Pourtant, le film considéré comme l'initiateur de la Nouvelle Vague britannique fut réalisé par un cinéaste sans lien avec *Sequence,* Jack Clayton (1921-1995). *Les Chemins de la haute ville* (1958), avec son héros ouvrier communiste et son traitement très cru de thèmes liés au sexe

REPÈRES

1958	1959	1960	1960	1961	1961
Tiré d'un roman de John Braine, le film de Jack Clayton *les Chemins de la haute ville* obtiennent un immense succès au Royaume-Uni, malgré une catégorie X.	Sortie de l'adaptation par Tony Richardson de la pièce de John Osborne *les Corps sauvages* (1956). Le film inaugure l'époque du « jeune homme en colère ».	*Samedi soir, dimanche matin* fait d'Albert Finney une star. Le film s'inspire d'un roman d'Alan Sillitoe, qui l'adapta au grand écran.	Nouvelle adaptation par Richardson d'une pièce d'Osborne, *le Cabotin* a pour acteur principal Laurence Olivier, à qui le rôle d'Archie Rice valut un oscar.	Le documentaire pris sur le vif de John Schlesinger *Terminus,* qui relate une journée à la gare londonienne de Waterloo, remporte un lion d'or et un British Academy Award.	*Un goût de miel* offre un rôle en or à Rita Tushingham. Ce premier rôle féminin apporte un changement dans le monde très phallocrate de la Nouvelle Vague britannique.

et à la lutte des classes, offrirent un modèle que suivirent Karel Reisz dans *Samedi soir, dimanche matin* (1960, voir p. 260), Tony Richardson dans *la Solitude du coureur de fond* (1962, à gauche) et Lindsay Anderson dans *le Prix d'un homme* (1963, voir p. 262). De même que Clayton, John Schlesinger (1926-2003) garda ses distances vis à vis des principaux membres du groupe, mais dans *Un amour pas comme les autres* (1962, ci-contre), avec Alan Bates, il employa une structure analogue aux leurs. Richardson écrivit plus tard que ces films furent tournés « avec un minimum de matériel, en décors naturels et sans maquillage ».

Les films de la Nouvelle Vague britannique s'inspirèrent de romans ou de pièces de théâtre, telles les adaptations par Richardson des *Corps sauvages* (1959), de John Osborne, ou d'*Un goût de miel* (1961), de Shelagh Delaney. Ce film avait une femme pour protagoniste, interprétée par Rita Tushingham. Un article du *Guardian* tourna en dérision la façon dont ces cinéastes bourgeois originaires du sud du pays observaient les régions du nord, à la recherche « de la vie plus rude et des accents plus riches conformes à leurs goûts sociologiques ».

L'énergie de la Nouvelle Vague britannique se dissipa vite. Tony Richardson réalisa *Tom Jones* (1963) avant de s'envoler pour Hollywood. Après *Billy le menteur* (1963), Schlesinger accorda son attention au sud de l'Angleterre dans *Darling* (1965, ci-dessous). Anderson, l'esprit de la Nouvelle Vague, avait durablement transformé le cinéma britannique. Son influence est perceptible dans les films de Ken Loach (né en 1936), de Mike Leigh (né en 1943) et de Terence Davies (né en 1945), et, plus récemment, de ceux d'Andrea Arnold (née en 1961), de Lynne Ramsay (née en 1969) et de Pawel Pawlikowski (né en 1957). **G. M.**

1962

Comme beaucoup d'autres films de la Nouvelle Vague britannique, *Un amour pas comme les autres* met le prolétariat au cœur de l'action.

1963

Le film en couleurs *Tom Jones* marque un changement d'orientation de la Nouvelle Vague. Dans *Billy le menteur*, Julie Christie se dirige vers le sud de l'Angleterre, la Nouvelle Vague suit.

1964

Quatre Garçons dans le vent, le film de Richard Lester (né en 1932) avec les Beatles, inaugure les Swinging Sixties. Il retrace une journée de la vie des Fab Four, qui jouent leurs propres rôles.

1965

Julie Christie remporte un oscar pour *Darling* et devient par la même occasion une star.

1966

Morgan, la comédie de Karel Reiszl montre l'artiste ouvrier Morgan Delt sombrer dans la folie et terminer sa vie dans un asile.

1968

If..., de Lindsay Anderson, fait la satire des *public schools* anglaises. Le film a pour vedette Malcolm McDowell, qui y fait sa première apparition.

Samedi soir, dimanche matin 1960

Saturday Night, Sunday Morning KAREL REISZ 1926-2002

▲ Coiffure à la mode, costume cravate et chope de bière.

▼ Le film fut classé X en raison de ses scènes de sexe très explicites.

Le début du film nous montre Arthur Seaton (Albert Finney) vociférant du haut d'une tour d'usine : « Ne laissez pas ces salopards vous écraser ! » Vu en contre-plongée, une cigarette pendue à la bouche et une expression arrogante de défi imprimée sur le visage, Albert Finney est éloigné de la placidité et de la jovialité de la plupart des vedettes britanniques de l'époque.

Adapté d'un roman d'Alan Sillitoe, *Samedi soir, dimanche matin* aborde les thèmes de l'alcoolisme, de l'adultère, de la violence et de l'avortement. Il doit son tranchant à sa glorification d'un héros naturellement rebelle, qui s'intéresse sans la moindre gêne à ses seuls plaisirs. Tel que le joue Albert Finney, Arthur n'est jamais en proie au remords. Comme il le dit lui-même : « Ce que je recherche, c'est passer du bon temps. Tout le reste n'est que de la propagande. »

« Beaucoup de gens furent scandalisés à la sortie du film... Ils pensaient que la fin du monde était venue parce qu'on avait l'impression que j'avais couché avec une femme mariée qui n'était pas mon épouse. » Dans une interview de 1982, Albert Finney évoque les scènes montrant Arthur avec sa maîtresse mariée (Rachel Roberts) et tourne en dérision les conventions très élaborées du cinéma britannique de l'époque.

C'était là du « cinéma pour homme » par excellence. Reisz et Sillitoe portaient aux nues l'agressivité et l'humour du jeune héros caustique sans le juger. Ils prirent conscience que les « salopards » trouveraient un moyen d'écraser un personnage aussi insouciant qu'Arthur Seaton. Malgré son esprit de rébellion, il pourrait finir comme ses parents, assis à regarder sa nouvelle télévision. **G. M.**

LES SCÈNES PRINCIPALES

1 « NE LAISSEZ PAS CES SALOPARDS VOUS ÉCRASER »
Le tout début du film nous montre Arthur travaillant dans une usine. Il apparaît à l'évidence aussi compétent dans son travail que las de le faire. La scène insiste sur son irrespect et sa voix-off indique clairement qu'il se défend déjà contre le système.

2 LE COMBAT SUR LE CHAMP DE FOIRE
Arthur a eu une aventure avec Brenda, une femme mariée, qu'il met enceinte. Il est agressé sur un champ de foire par un soldat qui n'est autre que le frère du mari. C'est là le premier signe montrant qu'Arthur ne contrôle pas autant sa vie qu'il se plaît à l'imaginer.

3 UNE BELLE NOUVELLE VIE ?
Arthur et Doreen (Shirley Anne Field) descendent en direction de leur avenir. Il s'était juré de ne pas s'installer et se prétend encore capable de se battre, mais la jeune femme veut une nouvelle maison « avec une salle de bains et tout le reste », qu'il se doit de lui offrir.

LE RÉALISATEUR

1926-1947
Né en Tchécoslovaquie, Karel Reisz se réfugie au Royaume-Uni en 1938. La clarté de son point de vue sur les classes et les mutations sociales britanniques est attribuable à son regard d'étranger. En 1947, il compte parmi les co-fondateurs de *Sequence*, l'influent magazine cinématographique britannique.

1948-1959
Il participe au Free Cinema Documentary Movement. En 1955, il co-réalise le documentaire *Momma Don't Allow*, qui raconte une soirée au Wood Green Jazz Club. Il réalise *Ceux de Lambeth* (1958), consacré à un groupe d'adolescents ouvriers rebelles.

1960-1970
À la suite de *Samedi soir, dimanche matin*, Reisz produit deux films essentiels des années 1960, *le Prix d'un homme* (1963) et *Morgan* (1966). Son long-métrage *Isadora* (1968) reçoit cependant un accueil hostile.

1971-1981
Après une interruption de sa carrière, il tourne *le Flambeur* (1974), adaptation moderne du *Joueur* de Dostoïevsky avec James Caan, et *les Guerriers de l'enfer* (1978), un film sur la guerre du Viêt-nam avec Nick Nolte. *La Maîtresse du lieutenant français* (1981), sur un scénario de Harold Pinter inspiré du roman de John Fowles, lui vaut un beau succès critique.

1982-2002
Parmi ses projets les plus remarquables de la période, on retiendra *Sweet Dreams* (1985) et *Chacun sa chance* (1990), sur un scénario d'Arthur Miller. Reisz meurt en 2002.

DE LA PAGE À L'ÉCRAN

Le roman d'Alan Sillitoe *Samedi soir, dimanche matin* regorge d'éléments autobiographiques. L'auteur avait grandi à Nottingham dans un rude milieu ouvrier, quitté l'école sans qualification et travaillé en usine. Le livre fut refusé par plusieurs éditeurs, que décontenança sa description de la vie ouvrière. Juste après sa publication, en 1958, Harry Saltzman, le futur producteur des *James Bond*, en acquit sans tarder les droits. Sillitoe, qui écrivit le scénario à la demande de Karel Reisz, fut apprécié pour sa description de la vie du prolétariat, conjuguant la transgression au lyrisme. Le film de Reisz décrivit l'agitation et l'irrévérence d'Arthur telles que Sillitoe les avait conçues. Mais le cinéaste déclarera : « Je crois que dans le livre d'Alan, Arthur est un héros plus simple, un porte-parole, le cœur de l'auteur bat pour lui. Le film a conservé cet aspect, mais il montre le personnage comme un élément de son contexte et s'efforce de voir en lui le produit de la façon dont il doit gagner sa vie... Il montre le côté victime de sa situation difficile. »

Le Prix d'un homme 1963

This Sporting Life LINDSAY ANDERSON 1923-1994

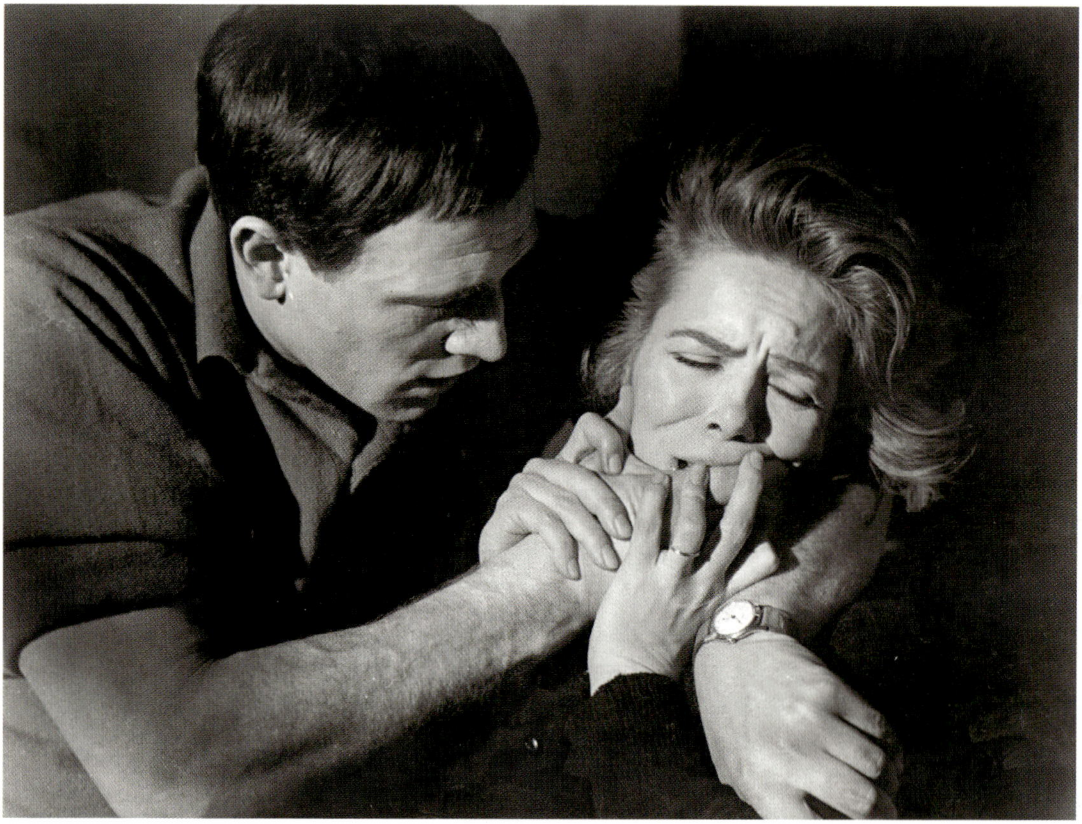

▲ Frank Machin et Margaret entretiennent une relation intense mais vaine.

▼ Le film s'inspire d'un roman de David Storey, qui en écrivit le scénario.

Dans le cinéma britannique de l'époque, *le Prix d'un homme* jette à la figure du spectateur une présence physique peu commune. « C'est un véritable coup de poing. Je n'ai jamais vu de film anglais exprimer aussi bien la violence et la capacité de souffrance inhérente au caractère anglais », remarqua la critique Penelope Gilliat. Richard Harris était l'acteur idéal pour le rôle de Frank Machin, le mineur devenu joueur vedette du championnat de rugby. Car il était lui-même un rugbyman compétent et il disposait aussi d'une capacité à l'introspection songeuse qui amena les critiques à le comparer à Brando.

Porte-étendard du Free Cinema et l'un des polémistes les plus cinglants de la culture cinématographique britannique des années 1950, Anderson faisait ses débuts au cinéma à l'âge de quarante ans. Son intérêt pour le roman de David Storey était moins dû à sa description du nord de l'Angleterre et de la subculture du championnat de rugby qu'à la psychologie de Frank Machin. Il était intrigué par le fait que cette brute machiste soit dotée « d'une grande sensibilité innée et d'un besoin d'amour dont il était à peine conscient ». Le critique et scénariste Gavin Lambert prétendit que le film d'Anderson contenait une part d'homosexualité masquée. Selon lui, dans *le Prix d'un homme,* le réalisateur réagissait à « la présence physique du sportif et de son monde, aux mêlées sur le terrain et au trouble émotionnel de la vapeur des vestiaires ».

Le film est autant une histoire d'amour que le drame d'une vedette du sport agitée et rebelle. Anderson insuffle de la tendresse et du lyrisme dans un récit aux apparences des plus brutales. **G. M.**

LES SCÈNES PRINCIPALES

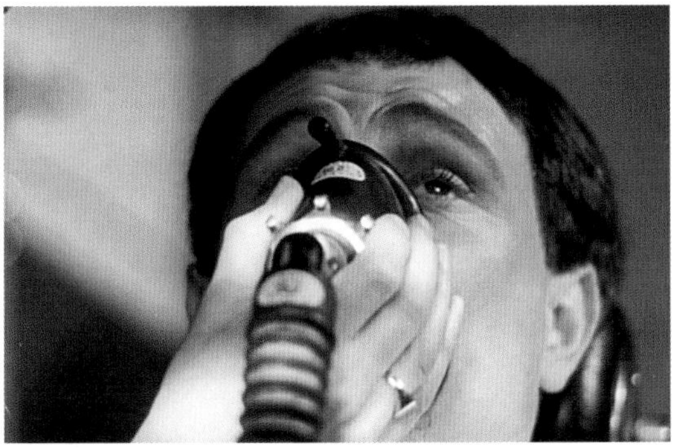

1 LE FAUTEUIL DU DENTISTE
Frank Machin s'est cassé une dent sur un terrain de rugby et se retrouve chez le dentiste. Sous l'effet du gaz, il revoit une série d'événements passés. Lindsay Anderson et son monteur Peter Taylor utilisent un style novateur pour un récit fondé sur des flashbacks.

2 LA RELATION AVEC MRS HAMMOND
Machin loge chez la très froide Margaret Hammond (Rachel Roberts). Tout en cirant obsessionnellement les chaussures de son défunt mari, elle commence à faire part de ses sentiments au jeune homme. Une liaison tendue se développe entre eux.

3 LE ROI DU MONDE
Lorsque Machin marque un essai spectaculaire devant une foule compacte, il a le sentiment d'être au sommet du monde. Hors du terrain, son agressivité lui vaut des déboires. Il devient certes une célébrité du monde du rugby, mais ce succès affecte sa liaison.

4 « VOUS ÊTES UN HOMME, VOUS ÊTES UN HOMME QUI SAIGNE »
Tandis que Margaret fait le lit, Frank l'empoigne. Elle lui résiste, mais envoie ensuite sa fille jouer dehors et succombe. Son chagrin l'empêche de manifester son affection à Frank. Ils sont cruels l'un envers l'autre, mais ses émotions à lui basculent dans la violence.

LE RÉALISATEUR

1923-1946
Fils d'un officier de l'armée britannique, Lindsay Anderson naît à Bangalore. Il fait ses études dans une *public school* anglaise, puis à Oxford. Malgré ces références lui donnant accès à l'establishment, il réagit violemment contre le snobisme et l'esprit de caste de l'Angleterre de l'après-guerre.

1947-1962
D'abord dans ses articles pour *Sequence*, qu'il contribue à fonder en 1947, puis dans ceux pour *Sight and Sound* et *The New Statesman*, il affirme son statut de polémiste véhément et de théoricien de la culture. Il tourne des documentaires dans un style personnel et élabore le manifeste du mouvement cinématographique documentariste connu sous le nom de Free Cinema. Il est aussi très impliqué dans les productions du Royal Court Theatre, à Londres.

1963-1982
Le Prix d'un homme, qui marque ses débuts comme réalisateur de longs-métrages, s'inspire d'un roman de David Storey publié en 1960. Anderson devait mettre en scène plusieurs pièces de Storey sur les planches londoniennes. Sa trilogie informelle sur « l'état de la Grande-Bretagne » commence avec *If...* (1968), satire subversive située dans une *public school* britannique. Elle se poursuit avec *O Lucky Man !* (1973), qui raconte les mésaventures d'un vendeur de café dans la Grande-Bretagne du début des années 1970, et s'achève avec *Britannia Hospital* (1982), une comédie fustigeant la société britannique à travers la métaphore du National Health Service. Cette trilogie met en scène le personnage de Mick Travis (Malcolm MacDowell).

1983-1994
Admirateur depuis toujours de John Ford (1894-1973), et en particulier de ses westerns, Anderson rédige sa biographie, *About John Ford* (1983), que beaucoup considèrent comme l'ouvrage de référence sur le cinéaste. Dans son dernier film, *les Baleines du mois d'août* (1987), il met en scène trois monstres sacrés de Hollywood : Bette Davis, Lillian Gish et Vincent Price. Il meurt en France, le 30 août 1994, à l'âge de 71 ans.

LE CINÉMA LATINO-AMÉRICAIN

1 Dans *Antonio das Mortes*, de Glauber Rocha, le tueur Antonio das Mortes (Mauricio do Valle), engagé pour liquider un *cangaciero* (leader révolutionnaire), en vient à s'interroger sur sa mission.

2 *Les Fusils*, de Ruy Guerra, sont un puissant récit sur les inégalités sociales. Il remporta un ours d'argent spécial du jury au 14e Festival international du film de Berlin.

3 Dans l'austère et émouvant *Vidas secas*, de Nelson Pereira dos Santos, le vacher Fabiano (Atila Iório) conduit sa famille à travers l'inoubliable paysage du *sertão* brésilien, en espérant trouver du travail dans le sud du pays, plus urbanisé.

L'Amérique latine est une région vaste et diversifiée étendue de l'extrémité méridionale de l'Amérique du sud à sa frontière avec la Californie et aux îles des Caraïbes. Dans les années 1960, elle comprenait aussi bien le gouvernement militaire brésilien d'extrême droite que le régime communiste de Cuba. Concernant le cinéma, elle inclut des pays qui avaient mis sur pied des industries du film de première importance bien avant les années 1960, et d'autres où la production cinématographique était au contraire très faible.

On peut prétendre que dans les années 1960, le cinéma national le plus significatif de la région fut celui du Brésil, le plus grand et le plus peuplé des pays du continent sud-américain, qui se distinguait des autres par sa langue – le portugais – et par une culture singulière trahissant des influences africaines, mais aussi celles des colons européens et des populations indigènes. Vers 1930, le cinéma brésilien avait donné naissance à des œuvres de qualité, mais il perça au début des années 1960, avec l'effervescence du mouvement Cinema Novo, caractérisé par le slogan « une idée dans la tête et une caméra à la main ». Son représentant le plus fameux, à la fois théoricien et critique, fut le scénariste et réalisateur Glauber Rocha (1939-1981), dont le film le plus célèbre, *Antonio das Mortes* (1969, ci-dessus), raconte l'histoire d'un tueur à gages engagé pour éliminer un *cangaciero,* qui finit par s'engager dans un mouvement révolutionnaire. Influencé par le néo-réalisme (voir p. 178) italien et la Nouvelle Vague française (voir p. 248), Rocha fit ses débuts de réalisateur en 1962 avec *Barravento,* et puis ensuite *le Dieu noir et le Diable blond* (1964, voir p. 268), une étude de la vie rurale, visuellement extraordinaire, qui utilise une légende locale

REPÈRES

1961
Parmi les films argentins sortis cette année-là, on retiendra *la Main dans le piège* et *Peau d'été,* de Leopoldo Torre Nilsson.

1962
Au Brésil, le principal représentant du Cinema Novo, Glauber Rocha, fait ses débuts avec *Barravento.*

1962
La Parole donnée, d'Anselmo Duarte, remporte la palme d'or au festival de Cannes. Luis Buñuel tourne *l'Ange exterminateur* au Mexique.

1963
Nelson Pereira dos Santos, autre représentant du Cinema Novo, réalise l'âprement réaliste *Vidas secas.*

1964
Sortie de films brésiliens du Cinema Novo, parmi lesquels *les Fusils,* de Ruy Guerra, et *le Dieu noir et le Diable blond* (voir p. 268). Coup d'État militaire au Brésil.

1964
Le réalisateur soviétique Mikhaïl Kalatozov tourne *Soy Cuba.*

et les musiques de Jean-Sébastien Bach et de Heitor Villa-Lobos pour développer une critique acérée de la situation d'appauvrissement du nord-est du Brésil et pour analyser les solutions à la disposition des ouvriers agricoles. Le coup d'État militaire de 1964 aboutit à une censure croissante de l'industrie du cinéma brésilien ; Rocha y répondit par l'allégorique *Terre en transe* (1967).

S'opposant à la stylisation des films de Rocha, d'autres représentants du Cinema Novo optèrent pour un style plus résolument réaliste. Après plusieurs documentaires, Nelson Pereira dos Santos (né en 1928) réalisa *Sécheresses* (1963, ci-dessous), description accablante de la misère paysanne, avec pour arrière-plan les paysages désolés du nord-est. Ruy Guerra (né en 1931) tourna *les Fusils* (1964, ci-contre), impressionnante étude d'un groupe de soldats protégeant un entrepôt contre des paysans affamés. Plus tard dans la décennie, après le coup d'État de 1964 et celui de 1968, Joaquim Pedro de Andrade (1932-1988) adopta une approche bien différente pour *Macunaíma* (1969), une comédie délirante traitant de questions liées à l'appartenance raciale, à la sexualité et à la politique.

Les années 1960 offrirent aussi au cinéma brésilien sa reconnaissance internationale la plus significative, lorsque *la Parole donnée* (1962), d'Anselmo Duarte (1920-2009), qui relate l'histoire d'un propriétaire terrien ayant fait vœu de porter une croix jusqu'à une église très éloignée si son âne guérit, reçut la palme d'or au Festival de Cannes (à ce jour, la seule œuvre brésilienne ayant remporté cette prestigieuse récompense). Duarte aborda des thèmes religieux analogues dans *Vereda da Salvação* (1964), qui a pour héros un homme

1965	1966	1968	1968	1968	1969
Le réalisateur argentin Leonardo Favio tourne *Crónica de un niño solo.* Luis Buñuel réalise son dernier film mexicain, le brûlot anti-religieux *Simon du désert.*	Tomás Gutiérrez Alea tourne à Cuba le film satirique *la Mort d'un bureaucrate.*	*Mémoires du sous-développement* (voir p. 270), d'Alea, et *Lucía,* de Humberto Solas, comptent parmi les meilleurs films cubains de l'année.	Au Chili, la percée de plusieurs jeunes réalisateurs annonce la phase de maturité du cinéma national.	Nouveau coup d'État au Brésil ; Rogério Sganzerla (1946-2004) tourne *le Bandit de la lumière rouge,* très influencé par Godard.	*Antonio das Mortes,* de Rocha, et *Macunaíma,* de Joachim Pedro de Andrade, sortent en salles au Brésil.

se prenant pour Jésus. Les éléments de critique sociale de ces films valurent au cinéaste, soupçonné de communisme, un séjour en prison, et il dut aussi subir les critiques des réalisateurs du Cinema Novo.

Un mouvement parallèle au Cinema Novo se développa au Mexique, où un groupe de jeunes critiques fonda la revue *Nuevo Cine* et adressa des critiques virulentes à l'industrie cinématographique commerciale du pays. Collaborateur de *Nuevo Cine*, J. M. Garcia Ascot (1927-1986) suggéra au cinéma mexicain des voies alternatives avec *Sur le balcon vide* (1961), inspiré de souvenirs relatifs à la guerre civile espagnole et à l'exil au Mexique, et que John King décrivit comme « une évocation proustienne du temps perdu ». En 1965 et en 1966, deux adaptations tirées de récits de l'écrivain colombien Gabriel García Márquez furent réalisées : *Il n'y a pas de voleurs dans ce village*, d'Alberto Isaac (1925-1988), et *Tiempo de morir*, d'Arturo Ripstein (né en 1943).

Le plus remarquable artiste du cinéma travaillant au Mexique fut cependant l'émigré espagnol Luis Buñuel (1900-1983), qui avait quitté son pays lors de la guerre civile. Il avait fait une belle carrière dans l'industrie mexicaine du film dans les années 1950, grâce à des films comme *Los Olvidados* (1950), *Tourments* (1953) et *Nazarin* (1958), mêlant la critique sociale au surréalisme. Parmi les derniers films de la période mexicaine de Buñuel, on compte *l'Ange exterminateur* (1962), parabole obsédante consacrée à un groupe de convives pris au piège dans un dîner que, de manière inexplicable, personne ne parvient à quitter. Cette première approche du « charme discret de la bourgeoisie » définit la tonalité des quinze dernières années de la carrière de Buñuel, mais hormis *Simon du désert* (1965, à droite), il réaliserait ses œuvres ultérieures en Europe.

Dans le reste de l'Amérique latine, l'industrie cinématographique la plus remarquable fut celle de l'Argentine. À la fin des années 1950, Leopoldo Torre Nilsson (1924-1978) avait acquis une renommée internationale grâce à ses descriptions mélodramatiques de la haute bourgeoisie décadente, en particulier *la Maison de l'ange* (1957), récompensée à Cannes. Le film s'inspirait d'un roman de Beatriz Guido, qui en co-écrivit le scénario et devint l'épouse et la scénariste attitrée de Torre Nilsson. Elle adapta ses romans pour *la Main dans le piège* (1961) et *Peau d'été* (1961). Avec *El ojo de la cerradura* (1966), Torre Nilsson aborda la situation politique sud-américaine à travers l'histoire d'un révolutionnaire d'extrême droite. Vers le début des années 1960, le succès de Torre Nilsson avait contribué au développement d'une Nouvelle Vague argentine, influencée par

4 *Soy Cuba* est un film représentatif de la propagande soviétique et cubaine. Maria (Luz Maria Collazo) passe la nuit avec un Américain. Il lui laisse de l'argent pour le temps qu'elle lui a consacré, mais aussi pour son crucifix, qu'il emporte avec lui.

5 Simón (Claudio Brook) vit sur une colonne pour manifester sa piété, maintes fois mise à l'épreuve dans *Simon du désert*, de Luis Buñuel, inspiré de la vie de saint Siméon le Stylite.

6 *L'Heure des brasiers*, d'Octavio Getino et Fernando Solanas, offre un excellent exemple de « troisième cinéma ».

la Nouvelle Vague française. Parmi ses réalisations les plus remarquables, *Tres veces Ana* (1961), de David José Kohon (1919-2004), raconte trois histoires érotiques interprétées chacune par Maria Vaner dans le rôle de trois femmes prénommées Ana, et *Crónica de un niño solo* (1965), de Leonardo Favio (né en 1938), consacrée à la vie, dans un orphelinat, d'un enfant des bidonvilles.

Dans l'Argentine des années 1960, le mouvement cinématographique le plus significatif consista en une tentative de s'affranchir des modèles étrangers. Fernando Solanas (né en 1936) et Octavio Getino (né en 1935) collaborèrent à *l'Heure des brasiers* (1968, ci-dessous). Exposé didactique sur l'histoire et la situation politique de l'Argentine, le film devint le modèle du « troisième cinéma », défini par un style tiers-mondiste offrant un contrepoint au « premier cinéma », celui de Hollywood, et au « second », celui des Nouvelles Vagues.

L'industrie du film chilienne prit forme à la fin des années 1960. Le cinéaste d'avant-garde Raul Ruiz (né en 1941) fit ses débuts de réalisateur avec *Trois Tristes Tigres* (1968), qui mit au point le type de jeu intellectuel qui caractérisera l'ensemble de son œuvre. Mais il fit sa carrière à l'étranger, sutout en France. D'orientation plus réaliste, *le Chacal de Nahueltoro* (1969), de Miguel Littin (né en 1942), offre, dans un style documentaire, une description de meurtre grossière mais puissante, qui use des expériences du réalisateur pour proposer une description dramatique des conditions de vie désespérées du prolétariat chilien. Après la victoire du socialiste Salvador Allende, aux élections de 1970, Littin dirigea quelque temps l'institution publique Chile Films, mais démissionna avant le coup d'État qui déposa Allende, et que suivirent son propre exil et celui de Ruiz.

Aucun des autres pays de langue espagnole du continent sud-américain – la Bolivie, la Colombie, l'Équateur, le Pérou, le Venezuela, le Paraguay et l'Uruguay – ne développa une production cinématographique d'envergure durant les années 1960 ; dans certains de ces pays, on ne tourna même que des courts-métrages ou des documentaires. Un grand nombre des films latino-américains les plus remarquables de la décennie furent produits sur l'île caribéenne de Cuba, où la révolution de 1959 changea du tout au tout ce qui, jusque-là, n'avait été qu'une industrie commerciale secondaire. En 1961, après que le *lider maximo* Fidel Castro eut nationalisé les industries locales et établi des liens avec l'Union soviétique, les États-Unis rompirent leurs relations diplomatiques avec Cuba, et le régime de Castro évolua en toute sécurité dans l'orbite soviétique. Ce nouvel alignement trouva une expression cinématographique lorsque Mikhaïl Kalatozov (1903-1973), le réalisateur d'origine géorgienne auteur de *Quand passent les cigognes* (1957), séjourna sur l'île pour y tourner *Soy Cuba* (1964, à gauche). Cette œuvre de propagande aux effets visuels étonnants montrait comment la nation cubaine était passée de l'oppression pré-révolutionnaire à un présent festif idéalisé.

Le réalisateur cubain Tomás Gutiérrez Alea (1926-1996) donne l'un des premiers longs-métrages post-révolutionnaires, le film de guerre néo-réaliste *Histoires de la révolution* (1960). Ses œuvres ultérieures déploient une dialectique croissante de critique sociale : *la Mort d'un bureaucrate* (1966) propose une satire saisissante des convulsions de la bureaucratie socialiste, *Mémoires du sous-développement* (1968, voir p. 270) décrit sombrement la vie après la révolution, avec un scepticisme surprenant pour un film produit sous un régime totalitaire. La même année, Humberto Solas (1941-2008) tourna *Lucía,* récit percutant du destin d'une femme à trois différentes périodes de l'histoire cubaine, remarquable pour son intensité dramatique et sa reconstitution historique.

Le contexte cubain, seul exemple, dans toute l'Amérique latine, de révolution d'extrême gauche réussie et durable, fut unique. Toutefois, comme le prouve la critique sociale déclarée qui caractérise les meilleurs films réalisés au Brésil, en Argentine et au Mexique, l'orientation vers un cinéma politiquement engagé n'avait pas disparu. Dans l'Amérique latine des années 1960, le cinéma ne pouvait pas se permettre de ne pas être politique. **A. J.**

Le Dieu noir et le Diable blond 1964

Deus e o Diabo na terra do sol GLAUBER ROCHA 1938-1981

▲ Le prêtre Sebastião (Lidio Silva) conduit son troupeau vers la terre promise.

▼ Corisco, le bandit, orne l'affiche du film.

L'histoire et la politique entrent en conflit avec le mythe et la religion dans ce drame austère consacré à une famille de paysans que la pauvreté et la déchéance poussent à devenir des révolutionnaires s'opposant aux propriétaires terriens et à l'Église. Chargé d'allusions au folklore incompréhensibles pour le public international, le film doit son succès à la clarté de son message principal. Rocha le dit, « cette débauche de métaphores, d'allégories et de symboles n'est en aucune manière un carnaval de la subjectivité ; elle correspond au refus d'analyser rationnellement une réalité étouffée par la culture européenne et l'impérialisme américain. Je fais des films qui résistent aux classifications de l'anthropologie coloniale ». L'œuvre est une réussite pour un réalisateur si jeune – il avait vingt-deux ans à l'époque. Son sujet, l'histoire d'un couple des années 1940 qui se réfugie auprès d'un prédicateur radical, puis d'un bandit, naquit de la réaction du cinéaste contre les iniquités de l'élite politique brésilienne.

Le Dieu noir et le Diable blond évite toute caractérisation conventionnelle des personnages, employant chacun d'eux comme le symbole crypté d'une idéologie qui tantôt s'oppose à l'État et à sa structure colonialiste, et tantôt les représente. Rocha manifeste une parfaite compréhension de la mécanique cinématographique et crée des séquences frémissantes de tension. Le film est resté célèbre pour sa bande sonore, qui reprend le chanteur folklorique Sergio Ricardo, et pour la photographie magnifique de Waldemar Lima, qui rend à merveille la terre brûlée où les personnages se forgent une existence. **I. H. S.**

LES SCÈNES PRINCIPALES

1 ENFREINDRE LA LOI
La radicalisation de Manuel (Geraldo Del Rey) commence par le meurtre d'un propriétaire de ranch. Dans cette scène, Rocha situe clairement chaque personnage soit du côté des dirigeants corrompus, soit du côté de leurs victimes.

2 LES DOUX HÉRITERONT DE LA TERRE
Christianisme et socialisme se mêlent inextricablement dans un sermon du prêtre sur une montagne, qui se transforme en un appel révolutionnaire à prendre les armes. Dans les scènes suivantes, la croix et le pistolet deviennent les symboles de la révolte paysanne.

3 UN SISYPHE MODERNE
Faisant écho à Albert Camus (« toutes les grandes actions et toutes les grandes pensées ont un commencement dérisoire »), Rocha évoque Sisyphe dans une séquence où Manuel porte une pierre sur une route sans fin : pénitence et chemin vers l'illumination.

4 L'ÉCHANGE DE COUPS DE FEU FINAL
Le duel entre Antonio das Mortes et Corisco (Othon Bastos) préfigure le style non conformiste du western spaghetti (voir p. 310) : ses faux raccords montrent bien le peu d'envie qu'avait le réalisateur de se plier aux règles hollywoodiennes en matière de fusillade.

LE RÉALISATEUR

1938-1959
Glauber Rocha naît au Brésil le 14 mars 1938. À l'occasion d'un séjour au Salvador, il manifeste son intérêt pour le théâtre et la politique et travaille comme critique de cinéma pigiste pour un journal local. En 1959, il s'inscrit à la faculté de droit, où il tourne ses premiers courts-métrages, *Pátio* et, la même année, *A cruz na praça*.

1960-1963
Encouragé par l'accueil favorable de ses courts-métrages, Rocha abandonne ses études pour devenir réalisateur. Son premier long-métrage est *Barravento* (1962).

1964-1970
Le Dieu noir et le Diable blond, nominé pour la palme d'or au Festival de Cannes, forme le premier volet d'une trilogie que complètent *Terre en transe* (1967) et *Antonio das Mortes* (1969). En 1965, Rocha est emprisonné pour avoir manifesté contre une réunion de l'Organisation des États américains. *Têtes coupées* (1970) est son dernier film brésilien avant son départ volontaire en exil.

1971-1978
Durant son exil, Rocha tourne une série de films caractérisés par leurs allégories et leur symbolisme, parmi lesquels *le Lion à sept têtes* (1971), *Cancer* (1972) et *Claro* (1975). Il retourne au Brésil en 1978 pour y être candidat à une élection dans la région de Bahia.

1979-1980
Son dernier film, *l'Âge de la terre* (1980), se présente comme un cri de ralliement avant-gardiste contre le colonialisme, dont les seize bobines sont conçues de manière à pouvoir être montrées dans n'importe quel ordre ; Michelangelo Antonioni (1912-2007) y voyait « une leçon sur la façon dont le cinéma moderne devrait être fait ».

1981
Souffrant d'une grave infection, Rocha retourne au Brésil et meurt à Rio de Janeiro, le 22 août, à l'âge de 43 ans.

Mémoires du sous-développement 1968
Memorias del subdesarrollo TOMAS GUTIERREZ ALEA 1928-1996

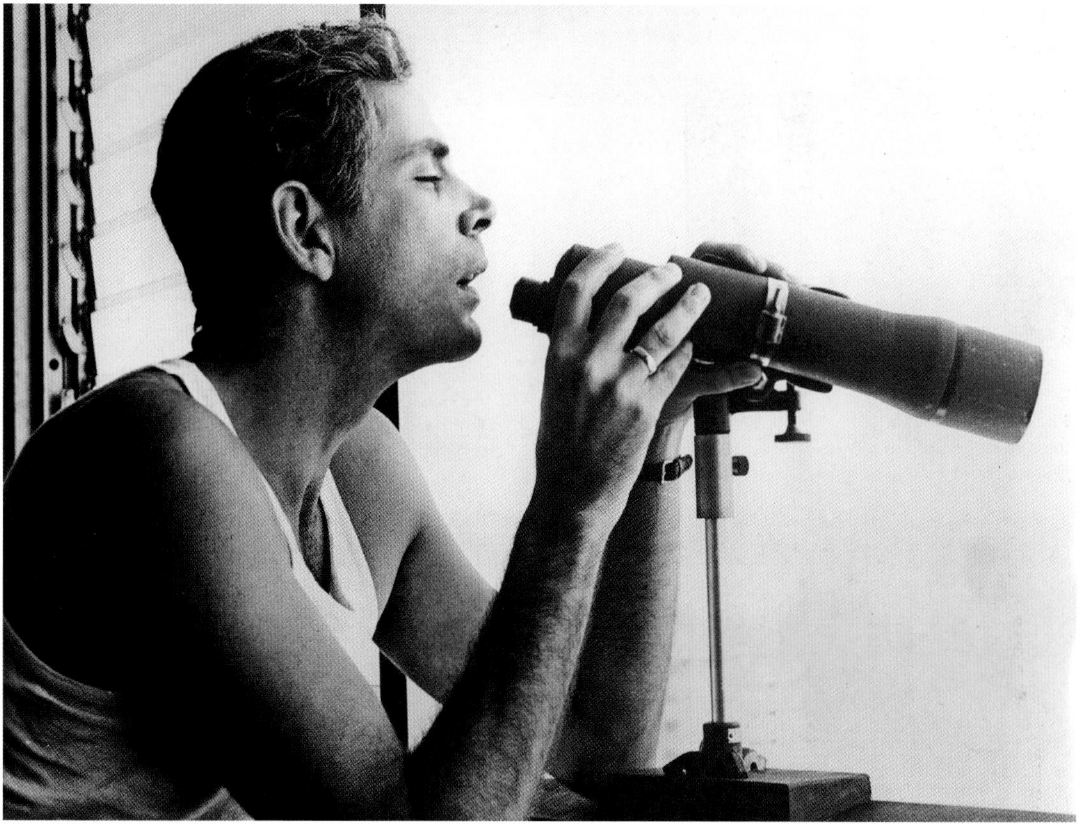

▲ Sergio observe les événements qui se déroulent dans les rues de La Havane.

▼ Une esquisse énigmatique orne l'affiche.

Ce chef-d'œuvre de Tomás Gutiérrez Alea, le plus célèbre réalisateur cubain, est un film sophistiqué sur le rôle de l'intellectuel dans la société, dont le récit oscille entre la réalité et la fiction, le soutien à la révolution cubaine et un regard critique. Tiré d'un roman d'Edmundo Desnoes, il se situe à La Havane, entre le débarquement de la Baie des cochons, en 1961, et la Crise des missiles, en 1962. Après une ouverture montrant l'exode des classes moyennes (prospères sous le régime de Batista) vers les États-Unis, il se concentre sur le destin d'un de leurs membres, qui a décidé de rester.

Sergio (Sergio Corrieri) est un bourgeois à la dérive, méprisant sa propre classe, mais aussi les masses populaires représentées par la révolution, dont le manque de culture le consterne. Sa propre inertie entrave son désir d'écrire un roman : il passe son temps à observer au télescope la ville en proie aux combats, à errer dans les rues et à séduire des femmes. Un jour, Elena (Daisy Granados), une fille du peuple que Sergio s'efforce de faire entrer dans le moule de son idéal occidentalisé, lui dit : « Tu n'es ni révolutionnaire, ni contre-révolutionnaire… Tu n'es rien. » Cet homme intelligent mais distant élabore alors un prisme intrigant destiné à mettre en évidence les lignes de faille d'une nouvelle société handicapée par l'hostilité des États-Unis et par son sous-développement.

À ses débuts, Alea avait réalisé des documentaires influencés par le néo-réalisme italien (voir p. 178). Ici, il mêle une photographie de style documentaire, des actualités filmées d'archives et des images fixes de l'époque de Batista. Il en résulte un brillant cinéma dialectique. **D. M.**

LES SCÈNES PRINCIPALES

1 L'EXODE
La Havane, 1961. Une foule nombreuse quitte le pays pour les États-Unis. Sergio dit adieu à son épouse et à sa famille. On pourrait croire qu'il s'agit là d'images d'archives, si les acteurs n'intervenaient pas au milieu de l'action.

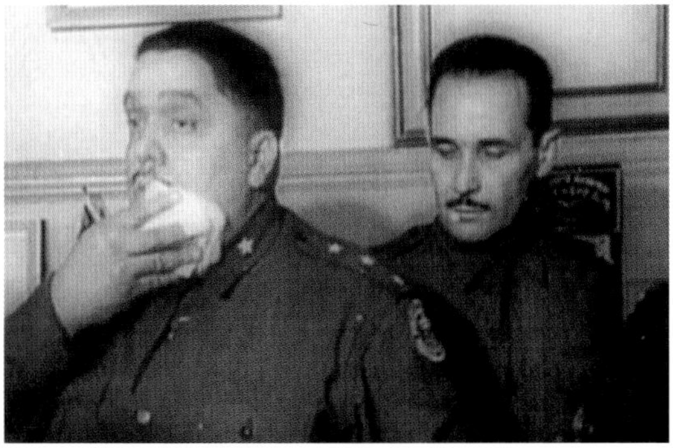

2 LA BAIE DES COCHONS
Actualités filmées, interviews d'archives et images fixes font le procès des conspirateurs de la Baie des cochons, du régime Batista et de l'élite bourgeoise qui prospéra sous sa dictature. Une voix-off compare les auteurs de la tentative d'invasion à cette bourgeoisie.

3 LA SÉDUCTION
Sergio séduit Elena. Après l'avoir emmenée dans un studio de cinéma, où ils assistent au montage de scènes érotiques, il la conduit dans son appartement. Elle endosse une des robes de son épouse, puis ils s'enlacent et font l'amour.

4 LA CRISE DES MISSILES
Fidel Castro apparaît à la télévision et refuse de céder aux menaces américaines d'attaque nucléaire. Sergio, très peureux, arpente son appartement et marche seul le long de la mer. Il décrit le défi lancé par Castro comme « une dignité coûteuse ».

LE RÉALISATEUR

1928-1958
Tomás Gutiérrez Alea naît à La Havane. Après avoir obtenu un diplôme en droit à l'université de la ville, il suit un apprentissage cinématographique au Centro Sperimentale de Rome et se rapproche du néo-réalisme italien. Il rentre à Cuba en 1953 et s'y associe au combat de Castro contre la dictature de Batista. En collaboration avec Julio Garcia Espinosa (né en 1926), il co-dirige *El mégano* (1955), un court documentaire sur l'exploitation des travailleurs, plus tard confisqué par le gouvernement de Batista.

1959-1960
Alea compte, avec Santiago Alvarez (1919-1998), parmi les co-fondateurs de l'Institut cinématographique cubain. Son premier long-métrage, *Histoires de la révolution* (1960), est un compte rendu néo-réaliste de la lutte armée contre Batista.

1961-1973
La Mort d'un bureaucrate (1966) rend hommage à Chaplin, à Harold Lloyd et à Laurel et Hardy, tout en proposant une satire cinglante des lourdeurs de la bureaucratie. Le cinquième film d'Alea, *Mémoires du sous-développement*, lui vaut une reconnaissance internationale, premier film cubain ayant bénéficié d'une large diffusion aux États-Unis après la révolution.

1974-1993
En 1974, le Département d'État américain refuse à Alea un visa pour aller retirer la récompense du meilleur film attribuée à *Mémoires du sous-développement* par les National Society of Film Critics Awards. Son drame en costume *la Dernière Cène* (1976), qui se déroule à Cuba au XVIIIe siècle, raconte l'histoire d'un propriétaire d'esclaves qui s'efforce de leur appliquer un traitement plus humain.

1994-1996
Fraise et chocolat (1994), qui remet en question le traitement réservé aux homosexuels par le parti communiste, devient le premier film cubain à être nominé pour l'oscar du meilleur film étranger. Alea tourne son dernier long-métrage, *Guantanamera* (1995), un an avant sa mort.

LE NOUVEL HOLLYWOOD

Dans les années 1950, le système d'organisation des studios et l'idée selon laquelle Hollywood était la capitale mondiale de la production de films étaient obsolètes. La décennie suivante, Hollywood connut de profonds bouleversements. La séparation imposée entre les structures de production et les structures de distribution des grands studios fut suivie d'une augmentation des tournages de films à gros budget à l'étranger, pour utiliser les gains générés par le box-office dans des pays dont les lois obligeaient à dépenser sur place les bénéfices faits sur place, ou pour profiter d'avantages tels que le coût moins élevé des figurants. Cela n'empêcha pas les vieux studios de rester à Hollywood, qui succéda à New York comme capitale de la production télévisuelle.

La seule observation des succès du box-office et de l'attribution des récompenses pourrait laisser croire que peu de chose avait changé. Les comédies musicales à grand spectacle et les films historiques continuèrent à dominer les années 1960, même si de nouveaux genres, comme les britanniques James Bond et les westerns spaghetti (voir p. 310), acquirent une importance croissante. Les aventures de l'agent 007 naquirent du climat de paranoïa qui caractérisa aussi des films américains comme *Un crime dans la tête* (1962). Les westerns spaghetti firent du Clint Eastwood de *Rawhide* une icône durable de Hollywood, mais furent tous produits en Italie. Hollywood s'efforça bien de prendre le train en marche, mais l'agent Derek Flint, interprété par James Coburn, est loin d'avoir

1 Jack Lemmon joue le rôle de Bud Baxter, tête de turc de ses collègues de bureau, dans *la Garçonnière*, de Billy Wilder.

2 *Diamants sur canapé* offrit à Audrey Hepburn le rôle de sa carrière et immortalisa son statut d'icône du style.

3 *Qui a peur de Virginia Woolf ?* reste très fidèle à la pièce d'Edward Albee, dont le nom est en évidence sur l'affiche.

REPÈRES

1960	1961	1962	1963	1964	1965
Hitchcock (1899-1980) interdit l'entrée des salles aux retardataires, ainsi le public assiste aux toutes premières scènes de *Psychose* (voir p. 296).	Dernière apparition à l'écran de Clark Gable et de Marilyn Monroe dans *les Désaxés*.	Mort de Marilyn Monroe. Le tournage à l'étranger de *Cléopâtre* s'éternise. John Ford réalise *L'homme qui tua Liberty Valance*.	Deux années de suite, l'oscar du meilleur film est attribué à des productions internationales à dominante britannique : *Tom Jones* et *Lawrence d'Arabie*.	Après une longue bataille avec la censure, *le Prêteur sur gages*, de Sidney Lumet (1924-2011), sort en salles. On y voit des seins nus.	*La Mélodie du bonheur* bat le record d'*Autant en emporte le vent* (1939) au box-office et donne une nouvelle impulsion aux comédies musicales itinérantes.

le flegme du James Bond de Sean Connery. *Butch Cassidy et le Kid* et *la Horde sauvage*, tous deux de 1969, s'inspirèrent de la réinvention italienne du western.

Les excès de *Cléopâtre* (1963) faillirent ruiner la Twentieth Century Fox et marquèrent la fin de l'épopée au cinéma. De même, des films comme *l'Extravagant Docteur Dolittle* (1967) démontrèrent que les comédies musicales à gros budget – qui constituent par bien des aspects les *success stories* de la période – n'étaient pas infaillibles. Chez Universal et chez Columbia, des producteurs exécutifs désormais âgés assistèrent au succès commercial de films nés de la contre-culture, comme *Easy Rider* (1969), sans en comprendre les raisons, de sorte que de plus jeunes responsables, par exemple Robert Evans, chez Paramount, prirent le pouvoir dans le nouvel Hollywood.

Cela n'empêcha pas quelques grands réalisateurs de la période précédente, tel Billy Wilder (1906-2002), de pousser leur chant du cygne. *La Garçonnière* (1960, page de gauche) a pour vedette son acteur fétiche, Jack Lemmon, qui y joue le rôle d'un employé d'assurances solitaire qui prête son appartement à ses supérieurs pour leurs aventures extraconjugales afin de s'attirer leurs faveurs. Venant après le très populaire *Certains l'aiment chaud* (1959, voir p. 228), *la Garçonnière* obtint un succès commercial et critique (cinq oscars, dont celui du meilleur metteur en scène et celui du meilleur acteur).

De nouveaux réalisateurs, plus jeunes, assirent leur réputation et se montrèrent aussi ouverts à l'influence du nouveau cinéma européen qu'à celle du vieux cinéma hollywoodien. On citera Arthur Penn (1922-2010), Norman Jewison (né en 1926), Mike Nichols (né en 1931) et Sydney Pollack (1934-2008). Blake Edwards (1922-2010) avait commencé à se faire un nom grâce à ses comédies, en particulier la célèbre série de *la Panthère rose*. Il dirigea Audrey Hepburn dans un de ses rôles les plus fameux, celui de Holly Golightly, la mondaine excentrique de *Diamants sur canapé* (1961, ci-contre). Adaptation d'une nouvelle de Truman Capote, le film atténua les aspects les plus sombres du livre et la « touche » comique de Blake Edwards en fit l'une des comédies romantiques les plus mémorables de la décennie.

Au début des années 1960, la hiérarchie des stars de cinéma était dominée par des acteurs comme Cary Grant, Elizabeth Taylor, Frank Sinatra et John Wayne. À la fin de la décennie, étaient apparus Paul Newman, Warren Beatty, Faye Dunaway, Robert Redford, Dustin Hoffman, Sidney Poitier, Jane Fonda et Barbra Streisand. Les petits rôles de brutes interprétés de longue date par Charles Bronson et Lee Marvin devinrent les personnages principaux des films d'action et le plus grand succès américain de 1966 mettait en scène une actrice de la « vieille garde », Elizabeth Taylor, dans *Qui a peur de Virginia Woolf ?* (ci-contre), de Mike Nichols, adapté d'une pièce à quatre personnages d'Edward Albee. La distribution de la célèbre beauté dans le rôle de Martha, vieille et mal fagotée, ne manqua pas de surprendre, mais sa performance d'actrice et celle de ses partenaires (Burton, George Segal et Sandy Dennis) suscita l'admiration.

1966	1967	1967	1968	1969	1969
Qui a peur de Virginia Woolf ? remporte le dernier oscar attribué à un film en noir et blanc.	*Le Lauréat* (voir p. 284) et *Bonnie and Clyde* (voir p. 278) sont un exemple d'une nouvelle tendance cinématographique s'adressant à un public jeune.	*Le Point de non-retour*, de Boorman, introduit dans le film noir américain un style de montage et des angoisses existentielles qui doivent beaucoup à la Nouvelle Vague.	Des révoltes éclatent un peu partout dans le monde. *Oliver!* et *Funny Girl* sont néanmoins les principales histoires à succès de l'année.	Le western revient : *Macadam Cowboy* remporte l'oscar du meilleur film, mais John Wayne souffle à Jon Voight celui du meilleur acteur grâce à *Cent Dollars pour un shérif*.	*Butch Cassidy et le Kid*, *la Horde sauvage* et *Easy Rider* explorent l'Ouest et se terminent par la mort dans la poussière de leurs héros libres d'esprit.

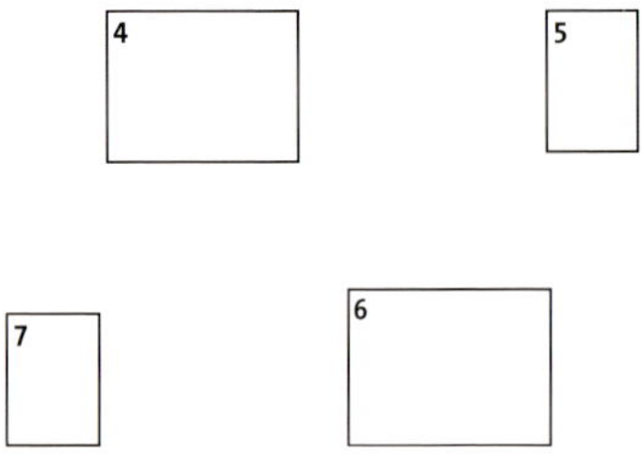

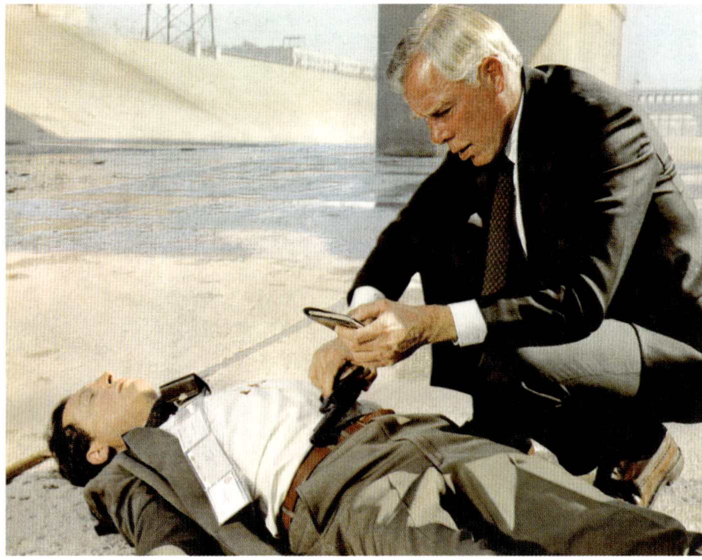

4 Lee Marvin interprète un personnage au visage de fer, Walker, dans *le Point de non-retour.* Rejetant les tonalités du film noir, John Boorman fit baigner le sien dans la lumière éclatante du jour.

5 *Bullitt* définit le personnage de l'officier de police rebelle, frisant l'insubordination, que l'on retrouvera plus tard dans *l'Inspecteur Harry* (1971).

6 Une amitié se développe entre deux marginaux à la dérive dans *Macadam Cowboy,* film où Schlesinger examine les points faibles de la société américaine.

7 *Dans la chaleur de la nuit* innove en confiant le rôle principal à un acteur noir. Il suscita la polémique à cause de la scène où le personnage joué par Sidney Poitier, Tibbs, réagit à l'agression d'un blanc en lui donnant une raclée.

À New York, John Cassavetes (1929-1989) expérimenta un cinéma improvisé de forme libre, tandis qu'Andy Warhol (1928-1987) dirigea sa caméra sur les drogués, prostituées, marginaux et travestis, pour en faire des « superstars ». Certains réalisateurs américains, comme Stanley Kubrick (1928-1999) et Richard Lester (né en 1932), travaillent en Grande-Bretagne, qui avait connu sa propre Nouvelle Vague (voir p. 258). L'un des films les plus marquants réalisés par Kubrick dans les années 1960 fut *Docteur Folamour* (1964, voir p. 276).

Des cinéastes d'origine étrangère installés aux États-Unis, tels John Schlesinger (1926-2003), John Boorman (né en 1933) et Roman Polanski (né en 1933), portèrent un regard neuf sur l'Amérique. *Le Point de non-retour* (1967, ci-dessus), de Boorman, thriller stylisé adapté d'un classique du roman à sensation, a pour vedette Lee Marvin, qui exigea que le réalisateur anglais fasse le film. Marvin y joue le rôle d'un bandit solitaire luttant contre une puissante corporation impersonnelle masquée sous un vernis de respectabilité. Les effets visuels du film et son rythme frénétique trahissent l'influence de la Nouvelle Vague (voir p. 248) ; à l'époque de sa sortie, il intéressa davantage les cinéastes que le public, mais sa réputation n'a fait que croître depuis. Compatriote de Boorman, Schlesinger produisit l'un des films les plus puissants de la fin de la décennie, *Macadam Cowboy* (1969, à droite), portant un coup de projecteur sur le prolétariat américain et le sujet tabou de la prostitution masculine. Ce drame, qui fit la célébrité de Jon Voight, était accompagné d'une envoûtante chanson plaintive de Harry Nilsson et remporta trois oscars (dont celui du meilleur film et celui du meilleur metteur en scène).

Du point de vue des changements intervenus dans les critères de la censure et des attitudes sociales et politiques, la période alla en effet du Rat Pack à Woodstock, de l'idéalisme du mythe de John Fitzgerald Kennedy à la colère du mouvement de protestation pour la défense des droits civiques et contre la guerre du Viêt-nam. Les nouveaux paramètres d'évaluation du cinéma devaient prendre en compte un traitement plus audacieux de la sexualité, de la violence et du blasphème. Vers la fin de la décennie, des films sortant de l'ordinaire exprimaient la volonté de montrer ou de dire des choses autrefois réservées à des réalisateurs de série B comme Russ Meyer (1922-2004). À la période très laxiste de la fin des années 1960, la Twentieth Century Fox confia à Meyer la réalisation d'un blockbuster, *la Vallée des plaisirs* (1970). Un nouveau degré de violence fut atteint dans les scènes finales, criblées de balles, de *Bonnie and Clyde* (1967, voir p. 278), d'Arthur Penn, et de *la Horde sauvage* (1969), de Sam Peckinpah (1925-1984). Les comédies prudes avec Rock Hudson et Doris Day préparèrent le terrain aux névrotiques et cyniques films d'essai sur les mœurs de l'époque, tel *le Lauréat* (1967, voir p. 284). Des attitudes libérales s'affirmèrent : Spencer Tracy se vit ainsi contraint d'accepter Sidney Poitier comme futur gendre dans *Devine qui vient dîner...* (1967), même si le public noir préférait *Dans la chaleur de la nuit* (1967, à gauche), où le même Sidney Poitier exigeait le respect de Rod Steiger. Ce film de Norman Jewison, avec pour protagoniste un détective afro-américain enquêtant sur un meurtre commis dans un Mississippi très raciste, reflétait bien l'atmosphère tendue de l'époque des droits civiques.

John Wayne continua à tirer les films vers les sommets du box-office, grâce à sa collaboration aux chefs-d'œuvre tardifs de John Ford (1894-1973) et de Howard Hawks (1896-1977), et obtint enfin un oscar pour *Cent Dollars pour un shérif* (1969). Clint Eastwood fut le cow-boy préféré d'un public plus jeune, qui aimait que ses policiers favoris – tel Steve McQueen dans *Bullitt* (1968, ci-contre) – soient décalés, nonchalants et anti-conformistes. Réalisé par Peter Yates (1929-2011), d'origine britannique, *Bullitt* est resté célèbre pour sa poursuite en voiture dans les rues de San Francisco, qui valut un oscar au monteur Frank P. Keller.

Même dans les genres où Hollywood obtenait des oscars en toute sûreté, on observe les signes d'un changement d'époque : la reconstitution historique *Un homme pour l'éternité* (1966) met en scène un rebelle opposé à l'autorité brisé par l'establishment comme le sont les motards par les provinciaux d'*Easy Rider ;* sans oublier la mélodieuse comédie musicale *Oliver !* (1968), qui réunit escrocs, assassins, pédophiles et prostituées n'ayant rien à envier aux héros de *Macadam Cowboy.* Premier de la décennie à avoir remporté l'oscar du meilleur film, *la Garçonnière* dit le désenchantement envers le rêve américain en flanelle grise ; le dernier, *Macadam Cowboy,* raconte la vie de marginaux qui ne pourraient pas même aspirer à la position désespérée du fainéant d'entreprise qu'est le protagoniste du film de Wilder. Bientôt, le producteur Roger Corman instituerait une politique offrant à de jeunes talents des expériences de travail et des occasions de se faire connaître, par exemple Francis Ford Coppola (né en 1939) ou Martin Scorsese (né en 1942). Et, en 1969, Steven Spielberg (né en 1946) dirigea Joan Crawford dans la série télévisée *Night Gallery,* tandis que George Lucas (né en 1944) travaillait à son premier long-métrage, *THX 1138.* **K. N.**

Docteur Folamour 1964
Dr Strangelove STANLEY KUBRICK 1928-1999

▲ La salle du conseil de guerre. Le décorateur Ken Adam avait collaboré à *James Bond 007 contre Dr. No* (1962).

▼ Tomi Ungerer créa l'affiche du film.

Lorsqu'il fit du roman *Red Alert*, de Peter George, son film *Docteur Folamour (Dr Strangelove or : How I Learned to Stop Worrying and Love the Bomb)*, Stanley Kubrick pensait qu'un projet si grandiose et absurde recevrait l'appellation « comédie cauchemardesque » et il engagea le satiriste Terry Southern pour ajouter de l'acidité à des dialogues riches en répliques mémorables.

Paniqué par la fluoration, selon lui un complot communiste contre « nos précieux fluides corporels », le général Jack D. Ripper (Sterling Hayden), membre de l'état-major de l'armée de l'air, déclenche la Troisième Guerre mondiale. Peter Sellers offre sa plus belle performance d'acteur et joue trois rôles : capitaine de la RAF qui s'efforce de raisonner Ripper ; président libéral contraint de faire face à un premier ministre soviétique alcoolique et bouleversé, à l'autre bout du téléphone rouge, et aussi à sa propre équipe turbulente ; apocalyptique expert Strangelove (Folamour), un ancien nazi dont le bras artificiel se dresse de façon incontrôlable pour un « Heil » aux moments les plus embarrassants. L'interprétation de George C. Scott (le général Buck Turgidson), incapable de dissimuler son enthousiasme presque érotique pour l'holocauste nucléaire, et celle de Slim Pickens (le pilote enlaçant sa bombe atomique) sont tout aussi mémorables. Dans la scène finale, Peter Bull, merveilleusement sombre dans le personnage de l'ambassadeur soviétique, malgré son visage de pierre, est visiblement sur le point d'éclater de rire tandis que Folamour se débat dans son fauteuil roulant. Pour Kubrick, l'impuissance sexuelle des hommes entre deux âges des élites occidentale et orientale mène à la fin du monde. **K. N.**

LES SCÈNES PRINCIPALES

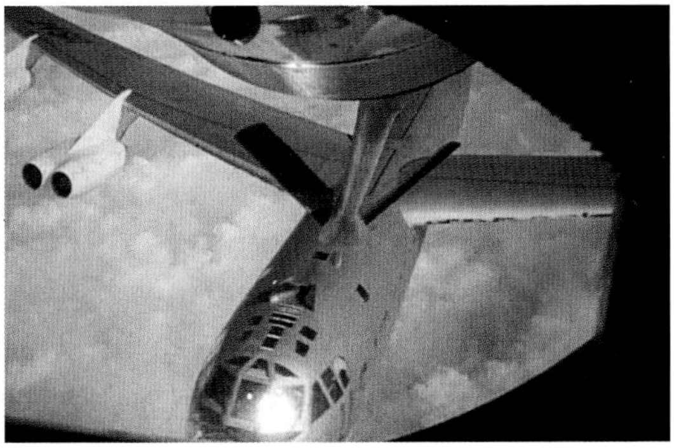

1 « ESSAYEZ UN PEU DE TENDRESSE »
Le ravitaillement en vol d'un bombardier se transforme en une étrange copulation dans les airs. La scène finale du film emploie des fragments de la chanson de Vera Lynn *We'll Meet Again* pour accompagner l'image du champignon atomique.

2 LE TÉLÉPHONE ROUGE
Le président Merkin Muffley (Peter Sellers) essaie d'expliquer au premier ministre russe, ivre mort, qu'une attaque accidentelle contre son pays est imminente : « Je parle de la bombe, Dmitri, la bombe à hydrogène. »

3 LE PIQUÉ DE RODÉO
Le major T. J. « King » Kong (Slim Pickens) chevauche une bombe nucléaire comme un cheval sauvage. Peter Sellers fut pressenti pour ce rôle aussi, mais il ne fut pas en mesure de le jouer. Il fut proposé ensuite à John Wayne, puis à Dan Blocker, et enfin à Pickens.

4 « MEIN FÜHRER, JE MARCHE ! »
Folamour explique sa vision de l'avenir post-nucléaire – un monde de politiciens de haut niveau, de généraux et de jeunes femmes fécondes préservant l'« American way of live » – tandis que son bras métallique hors de contrôle tente un salut nazi.

LE RÉALISATEUR

1928-1955
Stanley Kubrick naît à Manhattan. Photographe professionnel, il réalise quelques documentaires (*Flying Padre, Day of the Fight,* tous deux en 1951) avant de lever des fonds pour son premier long-métrage (*Fear and Desire,* 1953), qu'il reniera plus tard. Vint ensuite *le Baiser du tueur* (1955), dont Kubrick est auteur, réalisateur, producteur et directeur de la photographie.

1956-1961
Après *l'Ultime razzia* (1956), film noir relatant un hold-up, il est engagé par Kirk Douglas pour *les Sentiers de la gloire* (1956) et *Spartacus* (1960). Les tensions de sa collaboration avec Kirk Douglas pour le second film et de celle, plus courte, avec Marlon Brando pour *la Vengeance aux deux visages* (1961), dont il devait être le réalisateur, le convainquent de s'installer en Angleterre.

1962-1979
Il devient son propre producteur pour une série de films de grande envergure (la plupart inspirés de romans), qui lui donnèrent l'occasion d'exercer son célèbre perfectionnisme. *Lolita* (1962) marque les débuts de sa collaboration avec Peter Sellers, qu'il retrouve dans *Docteur Folamour.* Il co-écrit avec Arthur C. Clarke le scénario de *2001 : l'Odyssée de l'espace* (1968 ; voir p. 292). *Orange mécanique* (1971) est resté célèbre pour son extrême violence ; Kubrick fit cesser la distribution du film au Royaume-Uni, où il resta interdit vingt-sept ans. *Barry Lyndon* (1975) reçoit quatre oscars.

1980-1999
Malgré un accueil critique mitigé, *Shining* (1980) obtint beaucoup de succès auprès du public et devint un classique du film d'horreur ; il fut suivi de *Full Metal Jacket* (1987), consacré à la guerre du Viêt-nam. Le dernier film de Kubrick, *Eyes Wide Shut* (1999), offre une vision très sombre de la sexualité humaine ; le cinéaste mourut quatre jours après une projection privée de la version finale. Célèbre pour sa vie de reclus et son caractère obsessionnel, il travailla à des projets restés inaboutis, y compris un scénario de science-fiction à partir duquel Steven Spielberg réalisa *A. I. : Intelligence artificielle* (2001).

Bonnie and Clyde 1967

ARTHUR PENN 1922-2010

▲ W. Beatty et F. Dunaway, un joli couple…

▼ Le slogan publicitaire du film : « Ils sont jeunes, amoureux et ils tuent des gens. »

Conçu par les scénaristes David Newman et Robert Benton comme une version américaine de la Nouvelle Vague (voir p. 248), ce projet fut soutenu par l'acteur et producteur Warren Beatty, qui convainquit la Warner Bros. de le financer, leur rappelant les bénéfices qu'avaient rapportés les films de gangsters à l'époque des vrais Bonnie et Clyde. Dans les années 1930, la Warner Bros. avait dû ajouter des scènes de désapprobation officielle destinées à apaiser la censure et précisant que les truands de films comme *Scarface* (1932) n'étaient pas des héros. En accord avec la contre-culture des années 1960, le viril et bien vêtu Warren Beatty et l'élégante Faye Dunaway se présentent comme de magnifiques rebelles défiant un establishment dénué de tout sens de l'humour. Clyde se vante de sa réputation de Robin des bois ennemi des banques qui ont saisi les biens des pauvres et Bonnie envoie aux journaux un poème idéalisé sur la vie (et la mort) de son couple. Arthur Penn agrémente la splendeur du couple de chamailleries incessantes émaillant leur déchaînement de violence gratuite, qui conduit à la multiplication de morts sanglantes tout autour d'eux.

Beatty joue un Clyde souffrant de troubles sexuels, bien qu'il finisse par coucher avec Bonnie juste avant l'embuscade fatale, tandis que Faye Dunaway garde une expression égarée. Le gang Barrow est complété par l'idiot C. W. (Michael J. Pollard), Buck (Gene Hackman), le frère de Clyde, vantard et jaloux, et la hautaine et plaintive épouse de Buck (Estelle Parsons). Ce film est aussi euphorisant, frais et drôle que choquant par sa série de hold-up ratés et ses explosions de violence tapageuse, dans des séquences au montage serré. **K. N.**

LES SCÈNES PRINCIPALES

1 UN HOLD-UP MANQUÉ
Bonnie et Clyde s'enfuient comme ils peuvent après un hold-up raté. La comédie tourne au drame lorsqu'un employé de la banque est tué d'un coup de feu en plein visage. Un air de banjo au rythme rapide accompagne la fuite des personnages.

2 EUGENE ET VELMA
Les membres du gang kidnappent un jeune couple, terrifié mais excité – Eugene (Gene Wilder) et Velma (Evans Evans) – alimentant ainsi leur célébrité croissante. Lorsqu'ils découvrent le métier d'Eugene (entrepreneur de pompes funèbres), Bonnie cesse de rire.

4 UNE RÉUNION DE FAMILLE
Bonnie et Clyde profitent d'une réunion de la famille de Bonnie, mais sa mère jette un froid en annonçant que leur adieu est définitif. La scène est filmée dans les tonalités douces d'une journée d'été, mais tous les membres du gang sont vêtus d'un noir funèbre.

3 LA LÉGENDE EN TRAIN DE SE FAIRE
Bonnie lit un poème sur les exploits du couple (la vraie Bonnie Parker envoya un pème à la presse) : « Un jour ils tomberont ensemble/ On les enterrera côte à côte/Certains en auront du chagrin/ La loi sera soulagée/Mais pour Bonnie et Clyde, ce sera la mort. »

5 LA MACABRE SCÈNE FINALE
Dans la scène finale du film, Arthur Penn transforme en art la violence à l'état brut. Lors d'une embuscade, les hors-la-loi sont liquidés dans une véritable orgie de coups de feu qui criblent de balles leur voiture et leurs corps magnifiques.

LE RÉALISATEUR

1922-1957
Arthur Penn naît à Philadelphie. À partir de 1951, il travaille pour la télévision et dirige des productions pour Playhouse 90.

1958-1967
Il tourne des films inspirés de réalisations télévisées, dont *le Gaucher* (1958) et *Miracle en Alabama* (1962). Sa carrière fait un bond grâce à *Mickey One* (1965) et à *la Poursuite impitoyable* (1966) ; en 1967, il réalise *Bonnie and Clyde*.

1968-1981
Il tourne *Alice's Restaurant* (1969), le western révisionniste *Little Big Man* (1970). Même des échecs comme *Missouri Breaks* (1976) ont leur intérêt.

1982-2010
Penn réalise plusieurs films, *Target* (1985) et *Froid comme la mort* (1987), mais travaille surtout pour la télévision. Il meurt en 2010, le lendemain de son 88e anniversaire.

LE CINÉMA ET LE SEXE

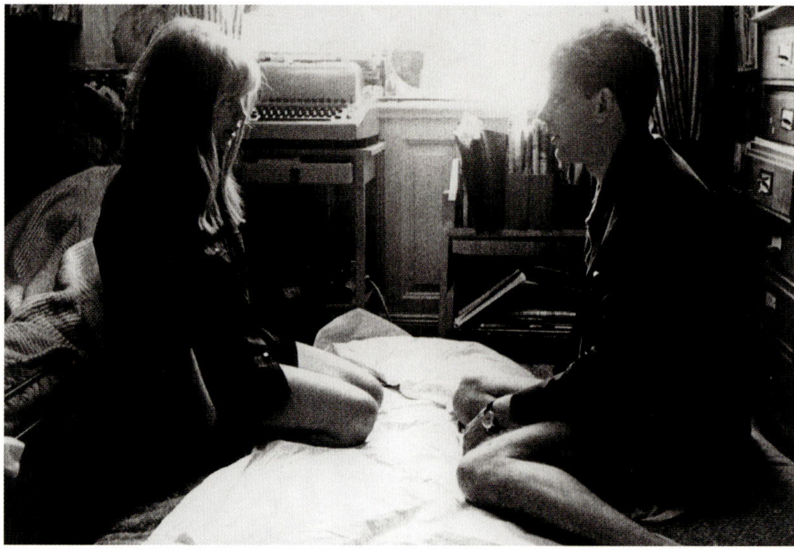

1 *Je suis curieuse : jaune* décrit la société suédoise lors de la révolution sexuelle à travers les expériences d'une jeune femme rebelle. Le film contient des scènes de nu et montre des rapports sexuels.

2 L'affiche de *Blow-Up* représente un photographe à la mode en plein travail. Le film s'inspirerait de la vie de D. Bailey.

3 Jane Fonda, la très érotique *Barbarella*, qui fait l'expérience mémorable de l'Excessive Machine inductrice de plaisir, qui finit par disjoncter.

Les *swinging sixties* amenèrent une nouvelle attitude envers le sexe, la jeunesse, la drogue et la liberté individuelle, qui eut des effets sur tous les arts et défia les restrictions de la censure. Tôt dans la décennie, Tony Richardson (1928-1991), un réalisateur de la Nouvelle vague britannique (voir p. 258), abandonna le réalisme social en faveur de la comédie burlesque lorsqu'il tourna *Tom Jones* (1963), adapté du roman de Henry Fielding. À grand renfort de clins d'œil complices et d'allusions osées, le film raconte les aventures érotiques du jeune Tom (Albert Finney). Aux yeux des spectateurs du XXIe siècle, *Tom Jones* peut paraître timide dans sa description des ébats amoureux du héros, mais le film était leste pour l'époque.

Le réexamen cinématographique des mœurs ne se limita pas à la société occidentale. Au Japon, des réalisateurs comme Shohei Imamura (1926-2006) montrèrent le nouveau rôle des femmes et une sexualité désinhibée dans des films tels que *la Femme insecte* (1963), l'histoire d'une paysanne devenue geisha, violée par son beau-père et condamnée pour son « désir charnel ». Ce film évoque aussi l'histoire du Japon au XXe siècle, avant et après la Seconde Guerre mondiale, lorsque la société traditionnelle fit place à une société industrielle libérale.

Le cinéma manifesta une propension croissante à aborder des sujets tabous et à refléter les événements d'une société de plus en plus ouverte. *Blow-Up* (1966, à droite), de Michelangelo Antonioni (1912-2007), dut en partie son succès à ses scènes érotiques explicites et s'attaqua aux excès, liés à la consommation de drogue, de la société londonienne à la mode de l'époque. *Belle de jour* (1967,

REPÈRES

1960	1961	1964	1966	1967	1968
L'American Food and Drug Administration autorise la distribution du premier contraceptif oral, connu sous le nom de « pilule ».	Le film anglais *Un goût de miel* défie la censure par ses sujets tabous (la bâtardise, l'homosexualité et les relations interraciales).	*La Femme insecte* est nominée pour l'ours d'argent au Festival de Berlin. Sachiko Hidari remporte l'ours d'argent de la meilleure actrice.	*Blow-Up* vaut à Michelangelo Antonioni une nomination pour l'oscar du meilleur metteur en scène et, l'année suivante, la palme d'or au Festival de Cannes.	Luis Buñuel (1900-1983) tourne *Belle de jour* (voir p. 282), qui remporte le lion d'or au Festival de Venise.	Aux États-Unis, le Motion Picture Production Code (code Hays) est remplacé par une procédure d'évaluation des films confiée à la Motion Picture Association of America.

voir p. 282) choqua le public avec l'histoire d'une jeune bourgeoise (Catherine Deneuve), qui se prostitue pour donner libre cours à ses fantasmes sado-masochistes. Vilgot Sjöman (1924-2006) fit scandale par les scènes crues de sexe et de violence émaillant *Je suis curieuse : jaune* (1967, à gauche), qui raconte l'histoire d'une jeune femme aux mœurs légères. Mike Nichols (né en 1931) saisit les hésitations de la société américaine à la veille de la révolution sexuelle dans *le Lauréat* (1967, voir p. 284), relatant une liaison faisant fi de la différence d'âge. Jusqu'alors, le cinéma américain était resté assez conventionnel, mais *le Lauréat* établit un pont entre l'ancien et le nouveau monde, tout en annonçant le cinéma plus expérimental des années 1970.

Vers la fin des années 1960, certains films se mirent à vouloir choquer pour choquer. Dans *Barbarella* (1968, ci-dessous), un film de science-fiction très kitsch, Jane Fonda joue le rôle d'une astronaute du XLe siècle. Outre les inexplicables changements de costume de l'actrice d'une tenue transparente à une autre, les allusions lesbiennes de la rencontre entre la lascive Great Tyant (Anita Pallenberg) et Barbarella et les scènes de fétichisme et de bondage, ce film culte cabotin comporte aussi une certaine dose de sado-masochisme.

Dennis Hopper co-écrivit le scénario d'*Easy Rider* (1969), dont il tint la vedette aux côtés de Peter Fonda (et Jack Nicholson) : deux hippies voyagent à moto de Los Angeles à la Nouvelle-Orléans. Leurs ébats amoureux, aidés par la drogue, sont innocents, puis angoissants, jamais explicites. Hopper utilisa la nouvelle liberté offerte aux cinéastes pour poser des questions insistantes à la jeunesse du pays. La révolution ne concernait désormais plus le sexe, mais les idées. **C. K.**

1968

Le Lauréat (voir p. 284) est nominé pour sept oscars et Mike Nichols remporte celui du meilleur metteur en scène.

1968

La comédie musicale *Hair* crée la polémique par sa description de l'utilisation de la drogue, de la nudité et de la sexualité. Sa version cinématographique ne sortira pas avant 1979.

1968

Le mouvement déclenché par les étudiants parisiens aboutit à une grève générale de deux semaines qui manque de provoquer la chute du gouvernement français.

1969

Je suis curieuse : jaune est interdit dans le Massachusetts pour sa supposée pornographie. Le procès qui s'ensuit aboutit à une sentence déclarant que le film n'a rien d'obscène.

1969

Environ 400 000 personnes assistent au Festival de Woodstock près du village de Bethel, dans l'État de New York. Il s'agit du plus grand concert rock de la décennie.

1970

Easy Rider, le classique du *road movie,* remporte deux nominations aux oscars.

Belle de jour 1967

LUIS BUÑUEL 1900-1983

▲ C. Deneuve met beaucoup de distance émotionnelle dans son interprétation.

▼ L'image la plus célèbre d'un rôle majeur dans la carrière de C. Deneuve.

On aurait du mal à imaginer *Belle de jour* réalisé à une autre époque que les années 1960. Tiré d'un roman (1928), ce film aborde des thèmes érotiques provocateurs et remet en cause des normes étriquées de l'esprit très caractéristique de la décennie. Il ne s'agit pas d'un plaidoyer pour la libération sexuelle. Séverine (Catherine Deneuve), bourgeoise devenue prostituée, y est punie de ses transgressions. Elle apparaît soumise et attirée par les hommes cruels, agressifs ou dangereux. Elle sourit rarement – une expression mémorable de volupté se dessine sur son visage dans une scène où elle est étendue sur un lit, épuisée, après des ébats avec un client qui rend les autres prostituées nerveuses. Séverine serait-elle donc une masochiste à la recherche de frissons illicites ? Peut-être en partie, mais *Belle de jour* est un film plus complexe. La performance d'actrice, conjuguée à la réalisation puissante et sobre de Luis Buñuel, suggère des questions socio-psychologiques profondes que ne peuvent résoudre les tentatives que mène Séverine pour réaliser ses fantasmes. Buñuel, qui changea la fin du livre, veut-il dire qu'elle aurait dû faire appel à son mari pour pratiquer ses fantaisies, ou qu'elle aurait tout simplement dû se les refuser ?

Belle de jour suscita beaucoup de controverses, mais la plupart concernent son sujet très osé. Buñuel reste dans sa description des actes sexuels et offre une vision très propre de la prostitution, à grand renfort de vêtements de marque et de flots de champagne. La question de savoir s'il s'agit là d'un effet de l'imagination de Séverine ou de celle de Buñuel constitue l'un des nombreux mystères du film. **A. S.**

LES SCÈNES PRINCIPALES

1 LE RÊVE DE SÉVERINE

Le film s'ouvre sur le tintement de clochettes de diligence, qui indiquent que Séverine rêve. Elle est dans une voiture tirée par des chevaux avec son mari, qui lui reproche sa froideur envers lui et ordonne à ses cochers de s'arrêter dans la forêt, où il la fait fouetter.

2 LA MAISON CLOSE

Séverine gravit les marches d'une maison close tout en repensant à des épisodes de son enfance. L'accueillante Madame Anaïs ne tarde pas à comprendre ses intentions. Anaïs la surnomme Belle de jour, car elle travaillera seulement dans la journée.

3 QU'Y A-T-IL DANS LA BOITE ?

Un client montre à une prostituée une boîte qui bourdonne. Elle refuse de s'en servir, mais Séverine accepte. Le client agite une clochette et Séverine sourit, se souvenant peut-être de celles de son rêve. Le mystère de la boîte exerce sa fascination sur le spectateur.

4 PIERRE : MORT OU VIVANT ?

M. Husson se présente pour dire la vérité à Pierre, le mari de Séverine. Husson s'en va ; la main inerte de Pierre indique qu'il est mort. Soudain, il se lève de son fauteuil et se met à converser avec Séverine, qui entend des clochettes. S'agit-il de son nouveau rêve ?

UNE VEDETTE : CATHERINE DENEUVE

1943-1963

Catherine Fabienne Dorléac naît à Paris, des acteurs M. Dorléac et R. Deneuve. Elle fait ses débuts dans *les Collégiennes* (1957). Après avoir adopté le nom de jeune fille de sa mère, elle tourne plusieurs films sous la direction du réalisateur Roger Vadim (1928-2000), avec qui elle a un enfant en 1963.

1964-1979

La comédie musicale *les Parapluies de Cherbourg* (1964), de Jacques Demy (1931-1990), la rendent célèbre. *Répulsion* (1965), de Roman Polanski (né en 1933), confirme son statut de star, avant que *Belle de jour* ne fasse d'elle un *sex symbol* international : son rôle de très belle femme distante et froide lui vaut par ailleurs le surnom de « glaçon ». En 1965, elle épouse le photographe David Bailey ; ils divorcent sept ans plus tard. Elle a un second enfant, Chiara, de l'acteur Marcello Mastroianni, avec qui elle tourne quatre films. Elle fait carrière surtout en Europe mais figure dans quelques films américains, dont *la Cité des dangers* (1975). Égérie du parfum Chanel N° 5 dans les années 1970, elle en provoque une augmentation spectaculaire des ventes sur le territoire américain.

1980-1998

Elle remporte le césar de la meilleure actrice pour *le Dernier Métro* (1980), de François Truffaut (1932-1984), et fait l'objet d'un nouveau culte après son interprétation d'un vampire bisexuel dans *les Prédateurs* (1983), de Tony Scott (né en 1944), aux côtés de David Bowie et de Susan Sarandon. *Indochine* (1992) lui vaut un second césar et elle tourne une dernière fois avec Mastroianni dans *les Cent et Une Nuits de Simon Cinéma* (1995). En 1994, elle devient ambassadrice bénévole du fonds de l'UNESCO pour la sauvegarde du patrimoine filmique.

de 1999 à nos jours

Son rôle dans *Dancer in the Dark* (2000) provoque la polémique. Catherine Deneuve continue ensuite à travailler aussi bien à Hollywood qu'en Europe, et tourne dans plusieurs films très bien accueillis, dont *la Fille du RER* (2009).

Le Lauréat 1967
The Graduate MIKE NICHOLS né en 1931

▲ Benjamin veut donner du sens à sa liaison sans émotion avec Mrs Robinson.

▼ La jambe de Mrs Robinson domine l'affiche du film.

Proche du cinéma d'art et d'essai européen, caractérisé par un sens habile du rythme comique, des flashes d'images osées et une bande sonore à succès, *le Lauréat* ramena au cinéma un public jeune et annonça l'avènement de la « renaissance hollywoodienne ». L'idylle de l'industrie américaine du film avec la rébellion juvénile et le cinéma d'auteur ne dura pas, mais *le Lauréat*, ancré dans son époque et pourtant frais, d'une ambiguïté désarmante, s'est révélé résistant.

Le scénario de Buck Henry (le concierge de l'hôtel) et Calder Willingham reste assez proche du roman (1963) que Charles Webb a écrit alors qu'il terminait ses études. L'histoire de ce jeune diplômé en proie à l'ennui se laissant entraîner dans une liaison avec une femme mariée plus âgée que lui reflète bien les changements des années 1960 dans les mœurs sociales et sexuelles. Le moment où il illustre le mieux les troubles des étudiants de l'époque est la scène où son mentor de Berkeley demande à Benjamin Braddock (Dustin Hoffman) s'il fait partie de « ces agitateurs ». Pourtant, l'évolution de Benjamin, de l'apathie à l'action, touchait de près le public jeune de l'époque. Le film modifia aussi les normes stylistiques de la période. Le vétéran du cinéma Robert Surtees y fit grand usage de la profondeur de champ (et de l'image dans l'image) pour exprimer une sensation d'aliénation, tandis qu'une utilisation habile et novatrice du montage et de la bande sonore fait avancer l'intrigue sans à-coups tout en montrant la désorientation de Benjamin dans sa façon de mener sa liaison. L'interprétation de Dustin Hoffman ouvrit des possibilités de premiers rôles que Hollywood pourrait accepter. **G. B.**

LES SCÈNES PRINCIPALES

1 QU'ALLEZ-VOUS FAIRE MAINTENANT ?
Le jeune diplômé Benjamin Braddock rentre à Los Angeles pour y assister à une fête en son honneur. Les amis de ses parents le questionnent et le conseillent. Accablé par les attentes de ses proches, il se réfugie dans sa chambre.

2 MRS ROBINSON
Après avoir d'abord refusé les avances de Mrs Robinson, Benjamin la rejoint au Taft Hotel. Mrs Robinson est presque professionnelle dans sa façon de séduire le naïf Benjamin. Anne Bancroft apporte au rôle un juste mélange d'indifférence et d'intimidation.

3 EN RETARD AU MARIAGE
Benjamin apprend qu'Elaine Robinson (Katharine Ross) se marie et il se précipite à l'église. Il arrive au moment où le futur marié embrasse sa fiancée, mais il attire l'attention d'Elaine et les deux jeunes gens écartent ceux qui tentent de s'opposer à leur fuite.

LE RÉALISATEUR

1931-1971
Michael Igorévitch Peschkowsky, dit Mike Nichols, naît à Berlin et suit sa famille juive aux États-Unis en 1939. Il fait ses études à l'université de Chicago, où il commence à travailler à des comédies improvisées. En 1963, il met en scène à Broadway *Pieds nus dans le parc*, de Neil Simon, immense succès qui le rend amoureux du métier de metteur en scène. Ses deux premiers films, *Qui a peur de Virginia Woolf ?* (1966) et *le Lauréat*, font un triomphe au box-office. Il n'en alla pas de même pour *Catch-22* (1970), mais *Ce plaisir qu'on dit charnel* (1971) obtint une place de premier plan dans la révolution sexuelle après que la Cour suprême des États-Unis eut renversé des jugements précédents ayant déclaré le film obscène.

1972-1982
Ni *le Jour du dauphin* (1973) ni *la Bonne Fortune* (1975) n'attirent beaucoup l'attention dans les années 1970, et la carrière de Mike Nichols à Hollywood semble alors toucher à sa fin.

1983-1997
Le Mystère Silkwood (1983) lui rend sa place de réalisateur et de producteur à succès. Les fioritures stylistiques de ses précédents films font place à des drames plus construits et à des comédies sur l'égalité des sexes, par exemple *Working Girl* (1988).

de 1998 à nos jours
Mike Nichols collabore de nouveau avec Elaine May pour *Primary Colors* (1998) et poursuit dans la veine de la satire politique légère dans *la Guerre selon Charlie Wilson* (2007). Pour HBO, il tourne *Wit* (2001) et *Angels in America* (2003).

BANDES SONORES

Après avoir demandé à Paul Simon d'écrire la musique de son film, Mike Nichols décida de recourir à des chansons tirées de deux albums de Simon & Garfunkel, quelques-unes de celui, inachevé, intitulé *Mrs Robinson*, et des musiques additionnelles de Dave Grusin. L'industrie cinématographique profita de ce choix autant que celle du disque. La bande sonore joua un rôle crucial dans le succès du film, et l'album figura en tête des meilleures ventes avant d'être détrôné par *Bookends* (ci-dessous), qui contenait une version plus complète de *Mrs Robinson* et d'autres chansons, inemployées, écrites pour le film. Les modalités d'utilisation de la musique furent particulières. *The Sounds* (plus tard *Sound*) *of Silence* au début, à la fin et au cours de la séquence, entrecoupe les scènes où Benjamin traîne chez lui, à l'époque de sa liaison. *Hello darkness, my old friend* suggère les pensées intimes de Benjamin mais n'ont pas de lien direct avec le récit, et la tristesse des mots est compensée par un débit enlevé.

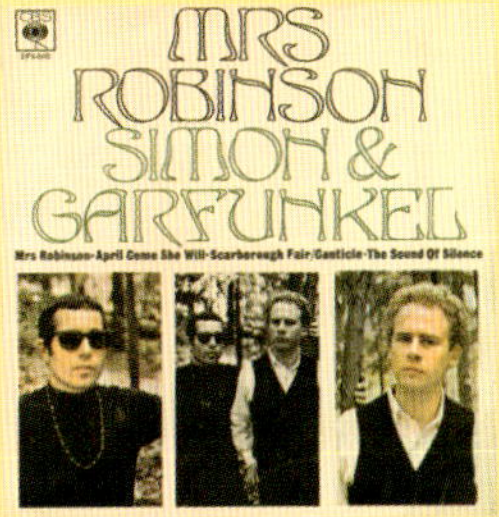

LE CINÉMA D'ESPIONNAGE

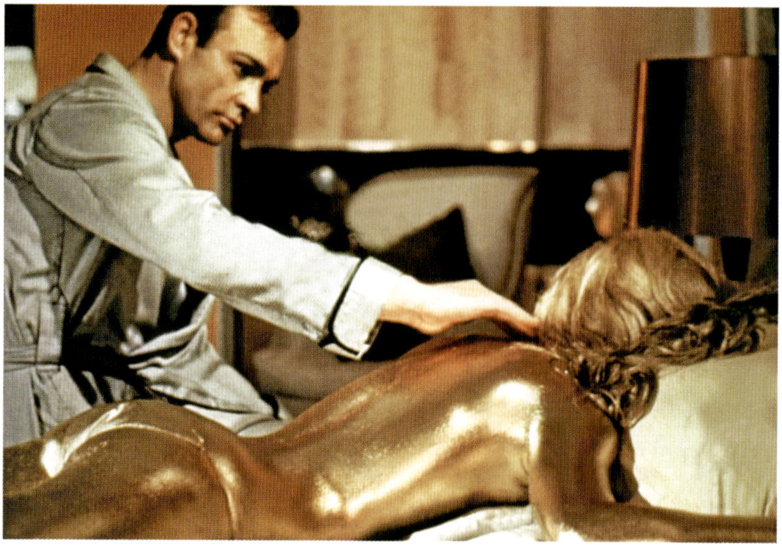

Le cinéma d'espionnage s'est toujours partagé en deux catégories : les films à suspense sensationnalistes aux récits construits autour de poursuites – les aventures de Bulldog Drummond et deux longs-métrages d'Alfred Hitchcock (1899-1980), *Correspondant 17* (1940, voir p. 156) et *Cinquième Colonne* (1942) en offrent d'excellents exemples – et les films à suspense plus existentiels, adaptés d'écrivains comme Eric Ambler ou Graham Greene, tels *Voyage au pays de la peur* (1942) et *Espions sur la Tamise* (1943). Leurs personnages sont plus « ordinaires » que des agents secrets professionnels et se caractérisent par un style proche du film noir.

Le cinéma d'espionnage connut son âge d'or durant la Guerre froide. Les premiers films typiques de cette période, comme *I Was a Communist for the F.B.I.* (1951), furent de purs produits de la paranoïa maccarthyste, mais à mesure que la « peur des rouges » diminua, les cinéastes eurent la possibilité de jeter un regard plus critique sur les affaires d'espionnage. *La Mort aux trousses* (1959), d'Alfred Hitchcock, aborde ainsi la question de l'ambiguïté morale de la Guerre froide, et le thriller de John Frankenheimer (1930-2002) *Un crime dans la tête* (1962) associe la crainte du lavage de cerveau (un thème très caractéristique de la Guerre froide) à une intrigue qui préfigure étrangement l'assassinat du président Kennedy, en 1963.

Les films d'espionnage des années 1960 se firent l'écho d'événements comme la construction du mur de Berlin (1961) et la crise des missiles de Cuba (1962). Les thrillers à sensation furent représentés avant tout par la

1 Sean Connery est James Bond dans *Goldfinger*. Le deuxième film avec Daniel Craig dans ce rôle, *Quantum of Solace* (2008), rendra hommage à cette scène désormais classique.

2 La sombre affiche de l'adaptation par Martin Ritt du roman de John Le Carré *L'Espion qui venait du froid*.

3 Michael Caine est Harry Palmer, l'insubordonné « anti-Bond » du thriller d'espionnage *Mes funérailles à Berlin*.

REPÈRES

1959	1962	1963	1964	1964	1965
A. Hitchcock sort *la Mort aux trousses*, qui marque un jalon dans l'histoire du film d'espionnage et exercera une profonde influence sur les premiers James Bond.	United Artists produit deux des films d'espionnage les plus influents : *Un crime dans la tête* et *James Bond 007 contre Dr. No*, premier de la série des James Bond.	Assassinat de John F. Kennedy. Sa mort suscite une multitude de théories du complot.	Débuts de la série télévisée *Des agents très spéciaux*, qui présente au monde les personnages de Napoléon Solo et Illya Kuryakin.	*Goldfinger*, troisième film de la série des James Bond, définit la formule du genre.	La « Bondmania » atteint son apogée avec *Opération Tonnerre*, tandis qu'on assiste à l'émergence d'« anti-Bond » dans *L'Espion qui venait du froid* et *Ipcress-Danger immédiat*.

série des James Bond, tirée des romans de Ian Fleming, qui commença avec *James Bond 007 contre Dr. No* (1962) et se poursuivit avec *Bons Baisers de Russie* (1963, voir p. 288). Les *James Bond* sont différents des livres dont ils s'inspirent – les scélérats soviétiques sont remplacés par un syndicat du crime supranational – et se démarquent du contexte idéologique de la Guerre froide. Ils conjuguent des éléments visuels spectaculaires à des images de consommation ostentatoire et de sexualité permissive. La formule se révéla gagnante au box-office. *Goldfinger* (1964, à gauche) et *Opération Tonnerre* (1965) marquèrent l'apogée de la « Bondmania », et malgré des volets ultérieurs plus stéréotypés, James Bond est demeuré l'archétype de l'agent secret et le modèle de séries comme *Mission impossible* ou la série de films ayant pour héros Jason Bourne.

Vers le milieu des années 1960, plusieurs films « anti-Bond » choisirent un point de vue plus cynique et plus ambigu. Martin Ritt (1914-1990) réalisa une adaptation fidèle du roman de John Le Carré *L'Espion qui venait du froid* (ci-contre), qui s'oppose aux films de James Bond par son anti-héros mesquin, sa photographie en noir et blanc et ses décors hivernaux. Son atmosphère est plus proche de celle du film noir (voir p. 168) que du monde imaginaire de 007. Par ailleurs, Michael Caine joua le rôle de l'espion cockney Harry Palmer dans trois films inspirés de romans de Len Deighton : *Ipcress-Danger immédiat* (1965), *Mes funérailles à Berlin* (1966, ci-dessous) et *Un cerveau d'un milliard de dollars* (1967). Ces films reflétaient la réalité de l'espionnage, dans le sillage de l'affaire du réseau de Cambridge, qui impliqua Burgess, Maclean et Philby. **J. C.**

1966

Une parodie américaine de James Bond apparaît sous les traits du Derek Flint de James Coburn dans *Notre homme Flint* et du Matt Helm de Dean Martin dans *The Silencers.*

1966

Une nouvelle adaptation d'un roman de John Le Carré, *M 15 demande protection*, a pour acteurs principaux James Mason et Harry Andrews.

1966

Ian Fleming publie les dernières aventures de James Bond, *Octopussy* et *Meilleurs vœux de la Jamaïque.*

1966

Alfred Hitchcock revisite le monde de l'espionnage dans *le Rideau déchiré*, avec Paul Newman et Julie Andrews.

1967

James Coburn apparaît à nouveau dans une parodie encore plus satirique et libre du film d'espionnage, *la Folle mission du docteur Schaeffer.*

1969

Premier pas d'un homme sur la lune, qui met fin à la course à l'espace et ajoute un frisson d'aventure à l'atmosphère paranoïaque de la Guerre froide.

Bons Baisers de Russie 1963

From Russia with Love TERENCE YOUNG 1915-1994

▲ Sean Connery dans le rôle de sa carrière.

▼ Immense succès au box-office, avec une recette de plus de 70 millions de dollars.

Le deuxième film de la série des James Bond, *Bons baisers de Russie,* réunit Sean Connery, le réalisateur Terence Young et le scénariste Richard Maibaum. Il bénéficia d'un budget deux fois supérieur à celui du précédent (950 000 dollars) et de seconds rôles d'un niveau exceptionnel : Grant (Robert Shaw), l'assassin taciturne, et Rosa Klebb (Lotte Lenya), la mémorable crapule. On y voit le premier des ingénieux gadgets de Bond : sa mallette équipée de poignards et de gaz lacrymogène a des effets meurtriers lors du combat brutal dans l'Orient-Express.

Bons baisers de Russie se caractérise par une excellente intrigue, qui reste dans les limites de la vraisemblance. Il s'agit davantage d'un retour aux romans d'espionnage des années 1930 que d'une anticipation des virtuosités technologiques des films ultérieurs. Bond, qui a ici pour mission de s'emparer d'un décodeur russe, n'a pas conscience d'être en réalité un pion manipulé par le SPECTRE (Service Pour l'Espionnage, le Contre-espionnage, le Terrorisme, les Règlements et l'Extorsion) pour dresser les Britanniques et les Russes les uns contre les autres. Le film délaisse ainsi les déploiements de haute technologie qui entachent la plupart des autres volet, au profit de la caractérisation des personnages et de l'atmosphère.

Les producteurs de la série, Cubby Broccoli et Harry Saltzman, avaient désormais tant confiance en son succès qu'ils annoncèrent, en conclusion du générique de fin : « James Bond reviendra dans le prochain thriller d'après Ian Fleming, *Goldfinger.* » Il le fit, et encore dans vingt autres. **J. C.**

LES SCÈNES PRINCIPALES

1 LA SÉQUENCE AVANT LE GÉNÉRIQUE
Une scène introductive de deux minutes, durant laquelle Grant (Robert Shaw) traque un sosie de Bond dans un jardin ornemental, montre bien le caractère implacable du premier. Le public connaît ainsi d'emblée le danger qui guette le véritable Bond.

2 LE CAMP DE GITANS
Le divertissement nocturne de Bond et Kerim Bey (Pedro Armendariz) prévoit un crêpage de chignon entre deux gitanes rivales, qui se disputent les faveurs du fils du chef. De tels spectacles érotiques font partie du charme des films de James Bond.

3 L'ORIENT-EXPRESS
Bond et Tatiana (Daniela Bianchi) s'enfuient d'Istanbul à bord de l'Orient-Express. Bond réalise que Grant est un agent ennemi lorsque le Russe commet l'erreur impardonnable de commander du vin rouge pour accompagner du poisson.

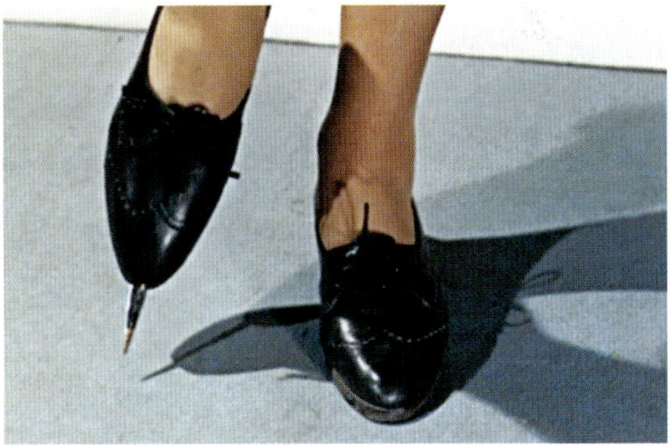

4 LE DÉNOUEMENT
La scélérate Rosa Klebb (Lotte Lenya) fait un ultime effort pour tuer Bond avec les pointes empoisonnées de ses chaussures. Tatiana montre de quel côté elle est en tuant Klebb. « Elle a pris son pied », commente Bond dans une réplique devenue classique.

DE LA PAGE À L'ÉCRAN

Tandis que les films ultérieurs de la série des *James Bond* devaient ressembler de moins en moins aux romans de Ian Fleming, les premiers, et en particulier *Bons Baisers de Russie,* sont très proches de leur source d'inspiration. Le scénario de Richard Maibaum garde la structure du livre, où le lecteur prend connaissance de la conspiration ennemie avant Bond. Les personnages de Tatiana, Kerim, Grant et Klebb sont repris tels quels du roman, de même que plusieurs scènes fondamentales, comme l'attaque du camp gitan et le voyage en Orient-Express. Toutefois, Maibaum introduisit deux changements importants. Il « anima » le dernier quart du film de scènes d'action spectaculaires : la poursuite en bateau à moteur et l'attaque de l'hélicoptère, inspirée de *la Mort aux trousses* (1959), le célèbre thriller d'espionnage d'Alfred Hitchcock. Et il remplaça le SMERSH (contraction de deux mots russes signifiant « mort aux espions ») soviétique de Ian Fleming par le SPECTRE, de manière à « dépolitiser » les films de James Bond et à bien les distinguer de ceux de la Guerre froide. Publié pour la première fois en 1957, le livre était le cinquième écrit par Fleming. Il obtint d'abord peu de succès, et devint un best-seller seulement après que John F. Kennedy eut déclaré qu'il l'admirait.

LA SCIENCE-FICTION

1 Rod Taylor se prépare à un voyage temporel dans *la Machine à explorer le temps*. La machine porte l'inscription « Manufacturé par H. George Wells ».

2 *Alphaville* mêle l'anti-utopie d'une certaine science-fiction aux codes du film noir, comme le montre la tenue du personnage masculin de l'affiche.

3 *La Planète des singes* fit un usage révolutionnaire du maquillage prothétique élaboré par J. Chambers.

Même si l'on a pu considérer les années 1950 comme un « âge d'or » dans ce domaine – caractérisé par la sombre paranoïa de la Guerre froide dans des films tels que *la Chose d'un autre monde* (1951) –, c'est pendant les années 1960 que le genre devint autonome. La science-fiction prit les aspects variés de la spéculation politique – *Un crime dans la tête* (1962) –, de l'horreur cauchemardesque – *Seconds* (1966) – et du *space opera* ironique – *Barbarella* (1968).

Dans *King Kong contre Godzilla* (1963), des titans d'un autre âge se parèrent des séductions d'un chromatisme chatoyant et connurent une évolution visant à toucher un très jeune public. Un spectacle destiné à toute la famille est également offert par *la Machine à explorer le temps* (1960, ci-dessus), où le réalisateur George Pal (1908-1980) atténua le pessimisme amer du roman de H. G. Wells (1895). Tandis que la science-fiction des années 1950 jouait sur la peur de l'inconnu, celle de la décennie suivante – grâce aussi à la fascination que la compétition entre l'Union soviétique et les États-Unis conférait à tout ce qui avait trait à la conquête spatiale – fit feu de tout bois. L'exploration de la Lune suscita de l'intérêt pour les aventures dans l'espace et favorisa les progrès des effets spéciaux, qui permirent de donner un aspect convaincant au futur rempli de gadgets de *2001 : l'Odyssée de l'espace* (1968, voir p. 292). Tournée la même année,

REPÈRES

1961	1961	1962	1963	1964	1965
Youri Gagarine fait un retour triomphal en Union soviétique. Les événements nourrissent l'imaginaire des créateurs de cinéma.	*Les Damnés*, de Joseph Losey (1909-1984) – sorti aux États-Unis en 1963 –, conjuguent la paranoïa nucléaire des années 1950 à la rébellion des années 1960.	Le film soviétique *l'Homme amphibie* associe des aventures en haute mer aux rêves de la science-fiction.	Sortie de *la Révolte des Triffides*, inspiré d'un roman post-apocalyptique de John Wyndham écrit en 1951.	Michael Moorcock devient rédacteur en chef de la revue *New Worlds*, qui prend fait et cause pour des auteurs de la Nouvelle Vague (J. G. Ballard et Harlan Ellison).	*La Bombe*, de Peter Watkins (né en 1935), sort en salles et obtiendra l'oscar du meilleur film documentaire en 1966.

la Planète des singes (ci-dessous) montre une équipe d'astronautes s'écrasant sur une planète du futur où les singes, espèce dominante, ont réduit l'Humanité en esclavage. L'image mémorable de la statue de la Liberté en ruine, à la fin du film, symbolise à la perfection les anxiétés, exacerbées par la crise des missiles de Cuba, liées à la guerre nucléaire et à la multiplication de déchets radioactifs qu'elle pourrait provoquer.

Forme de cinéma populaire en Grande-Bretagne, aux États-Unis et au Japon, la science-fiction commença à trouver un écho dans d'autres cultures. Des tentatives de futurisme sérieux (bien que satirique) furent menées par des cinéastes d'art et d'essai comme François Truffaut (1932-1984), dans *Fahrenheit 451* (1966), et Jean-Luc Godard (né en 1930), dans *Alphaville* (1965, ci-contre), où l'acteur américain Eddie Constantine joue le rôle de l'agent secret Lemmy Caution, qui serait tout à fait à sa place dans un film noir des années 1940. Bien que théoriquement situé dans un futur anti-utopique, *Alphaville* fut tourné à Paris en décors naturels.

Hormis pour *Fahrenheit 451*, d'après Ray Bradbury, ou *la Révolte des Triffides* (1963), d'après John Wyndham, on répugnait, dans les années 1960, à s'inspirer d'œuvres d'écrivains vivants : Philip K. Dick ne devint un auteur souvent adapté à l'écran qu'après *Blade Runner* (1982).

Malgré le succès commercial de films comme *la Planète des singes*, le chef-d'œuvre de la période reste *2001 : l'Odyssée de l'espace*, de Stanley Kubrick (1928-1999). Avec ses effets spéciaux encore inégalés à ce jour, il suscita un engouement considérable : le public ne peut s'empêcher d'être fasciné par sa vision transcendantale et l'on ne surestimera jamais son influence sur le cinéma de science-fiction ultérieur. **K. N.**

1965	1967	1967	1968	1968	1969
Alphaville, de Jean-luc Godard, déniche le futur dans les quartiers d'affaires de Paris.	Les studios Hammer produisent *les Monstres de l'espace*, de Roy Ward Baker (1916-2010), un film conceptuellement ambitieux.	Première opération réussie de greffe du cœur, qui inspirera *le Retour de Frankenstein* et *Change of Mind* (sortis en 1969).	À la fois satire à la manière de Swift et aventure à la Flash Gordon, *la Planète des singes* crée un précédent pour les films de science-fiction.	*2001 : l'Odyssée de l'espace* (voir p. 292) : collaboration entre Stanley Kubrick et Arthur C. Clarke, le projet s'affirme comme un film de science-fiction indépassable.	Certains considèrent que le « petit pas » de Neil Armstrong sur la Lune rendra la science-fiction obsolète.

2001 : l'Odyssée de l'espace 1968
2001 : A Space Odyssey STANLEY KUBRICK 1928-1999

▲ Les effets spéciaux donnent l'impression que ce steward défie les lois de la gravité.

▼ L'affiche du film insiste sur la nature infinie et impitoyable de l'espace.

Lorsque Stanley Kubrick forma le projet de réaliser le chef-d'œuvre du film de science-fiction, il exigea comme collaborateur « le meilleur auteur de science-fiction au monde ». La plupart des experts lui auraient suggéré Ray Bradbury, mais Kubrick était à la recherche d'un visionnaire connaissant bien les aspects scientifiques de la course à l'espace, d'où l'auteur anglais Arthur C. Clarke, spécialiste des grandes théories et de leurs applications pratiques.

Le scénario prit pour point de départ *la Sentinelle*, un roman-feuilleton de Clarke ayant pour sujet un artefact extraterrestre installé sur la Lune pour mesurer l'évolution de l'Humanité – lorsque l'espèce humaine atteint un niveau technologique lui permettant d'atteindre le satellite de la Terre, un signal est envoyé à la civilisation extraterrestre pour lui indiquer que les hommes méritent d'être contactés. Dans le film, ce point de vue progressiste s'associe à un drame à la Frankenstein lorsque HAL, l'ordinateur de bord, se révolte contre ses maîtres et tente d'assassiner l'équipage ; mais la transcendance est le véritable thème du film, qui décrit des voyages spatiaux aussi lentement que le cinéma européen d'art et d'essai et submerge le spectateur de ses effets visuels méticuleux.
Le récit, elliptique et ambigu, fait peu à peu prendre conscience au spectateur qu'une race extraterrestre inconnaissable, représentée par des monolithes noirs, est intervenue dans l'évolution de l'Humanité depuis l'âge de pierre – d'abord en apprenant à un proto-humanoïde à se servir d'un outil, puis en laissant sur la Lune un message qui provoque une mission humaine sur Jupiter. C'est de là que l'astronaute Bowman (K. Dullea) découvrira enfin le destin de l'Humanité. **K. N.**

LES SCÈNES PRINCIPALES

1 L'AUBE DE L'HUMANITÉ
Le monolithe noir apparaît à Moonwatcher, membre d'une tribu de proto-humanoïdes vivant dans les plaines africaines. Le poème symphonique de Richard Strauss *Ainsi parlait Zarathoustra* exprime les débuts de l'Humanité et de la guerre.

2 UNE TRANSITION SPECTACULAIRE
L'os lancé par Moonwatcher devient une plateforme orbitale, dans un raccord de continuité qui s'étend sur des millénaires. L'une des meilleures transitions du cinéma, cette séquence délivre un message clair et condense l'évolution de l'Humanité.

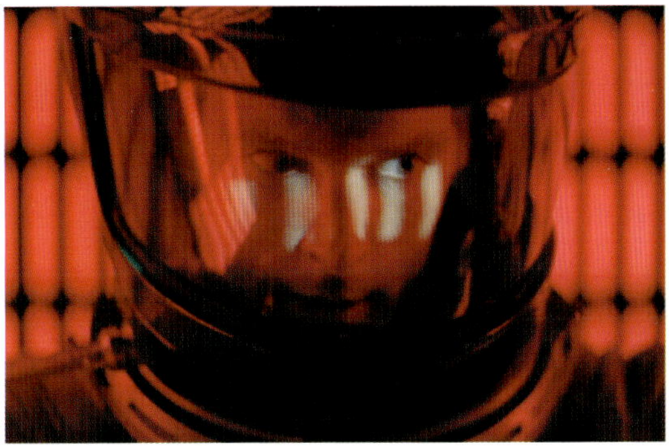

3 LA DESTRUCTION DE HAL
Au cours d'une séquence tendue, moite et étouffante, Bowman détruit HAL, l'ordinateur rebelle, de l'intérieur. L'agonie de l'intelligence artificielle est exprimée par les efforts maladroits de la machine pour chanter l'air de music-hall *Daisy, Daisy...*

4 L'ENFANT-ÉTOILE
Bowman va « au-delà de l'infini » et passe à travers un hôtel tenu par des extraterrestres avant de renaître et de se régénérer. Flottant sur l'éternité, l'enfant-étoile aux yeux grand ouverts, l'être qui fut Bowman autrefois, regarde la Terre.

LA BANDE SONORE PRÉEXISTANTE

Alex North, qui avait composé la musique de *Spartacus* (1960), fut engagé pour celle de *2001 : l'Odyssée de l'espace*. Kubrick se servit de musiques préexistantes pour accompagner le montage bout à bout et inciter North à écrire quelque chose de similaire, mais finit par utiliser sa sélection de morceaux (Strauss, Ligeti, etc.) pour la version définitive. *Ainsi parlait Zarathoustra*, de Strauss, acquit à cette occasion une immense célébrité et fut repris par la BBC pour son reportage sur la mission Apollo. North réutilisa des fragments de sa partition pour *2001* dans *les Souliers de saint Pierre* (1968), *Shanks* (1974) et *le Dragon du lac de feu* (1981). À la suite de *2001*, d'autres cinéastes, M. Scorsese (né en 1942) ou Q. Tarantino (né en 1963), puisèrent dans leurs discothèques pour l'accompagnement musical de leurs films.

LES FILMS D'HORREUR

Les films d'horreur des années 1960 se servirent souvent des conventions du genre pour explorer des thèmes plus larges. Le scénario du *Village des damnés* (1960, ci-dessus) imagine une société subvertie de l'intérieur par une force infiltrée dans l'esprit de ses enfants ; *Brûle, sorcière, brûle !* (1962) mêle à une histoire de sorcellerie des questions relatives à la croyance et à la superstition ; et dans *l'Heure du loup* (1968), Ingmar Bergman (1918-2007) s'interroge sur le rôle de l'art et de l'artiste, dans le cadre d'un film apparenté au cinéma fantastique. Même Roger Corman (né en 1926) prit le temps, dans *le Masque de la mort rouge* (1964), d'intervenir dans le débat sur la nature de la foi religieuse.

Les discussions les plus intéressantes apparaissent peut-être dans les films contenant un commentaire sur la société contemporaine. On trouve ainsi de virulentes critiques contre la bourgeoisie dans les festivités grotesques des riches que décrit le cycle de Corman inspiré d'Edgar Poe et dans le sketch des *Histoires extraordinaires* (1968) tourné par Roger Vadim (1928-2000), ainsi que dans l'assemblée caquetante des sorcières de l'Upper West Side que met en scène *Rosemary's Baby* (1968, voir p. 298). Tous ces éléments pourraient être interprétés comme autant de condamnations de l'avidité, où les années 1960 renouaient avec l'esprit libertaire, égalitaire et civique caractéristique de l'après-guerre.

REPÈRES

1960

Psychose (voir p. 296), de Hitchcock, révolutionne le cinéma par sa description de la violence et de la sexualité et par son utilisation inégalée du MacGuffin.

1960

Le Village des damnés, un des premiers exemples du sous-genre « enfants démoniaques », est adapté de J. Wyndham *les Coucous de Midwich*.

1960

En raison de la violence de son contenu, *le Masque du démon*, de Mario Bava (1914-1980), est interdit au Royaume-Uni.

1961

Influencé par *Psychose*, W. Castle (1914-1977) réalise un des premiers films d'épouvante, *Homicide*, qui recourt à un fright-break nvitant les spectateurs sensibles à quitter la salle.

1962

La Rivière du hibou remporte l'oscar du meilleur court-métrage. Il influencera plus tard *l'Échelle de Jacob* (1990) et *Donnie Darko* (2001).

1962

Joan Crawford et Bette Davis exploitent leur rivalité notoire dans une description brutale des dangers de la célébrité, *Qu'est-il arrivé à Baby Jane ?*

Le Grand Inquisiteur (1968) est une puissante évocation des atrocités de l'Histoire et une métaphore brutale de la Chasse aux sorcières engagée par McCarthy dans les années 1950. Un cinéma d'épouvante à petit budget s'imposa ensuite, et des films comme *la Nuit des morts-vivants* (1968, ci-contre), de George A. Romero (né en 1940), illustrèrent une nouvelle tendance s'interrogeant sur la bonté et la moralité du monde. Avec ses plans rapprochés spectaculaires, ses prises de vues obliques et ses personnages fouillés, ce film marqua l'avènement d'un réalisateur indépendant et attira l'attention du public sur de nouvelles préoccupations. Les zombies peuvent y être perçus comme des références au racisme et à la guerre, et à l'inverse de ce qui se passe dans beaucoup d'autres films d'horreur, le danger est ici national, voire mondial.

À côté de la malveillance surnaturelle de *la Maison du diable* (1963) et des envahisseurs extraterrestres de *la Révolte des Triffides* (1962), on donna aussi à l'horreur un visage humain. Le danger pouvait s'identifier à n'importe qui et la terreur était bien réelle, comme dans *le Voyeur* (1960) et *Psychose* (1960, voir p. 296). Après *Psychose,* Alfred Hitchcock (1899-1980), dans *les Oiseaux* (1963, à gauche), surprit à nouveau les attentes du public. Jusque-là, dans les films d'horreur, le personnage principal féminin était honnête, virginal, vêtu de blanc, et offrait un modèle de moralité : Mina, la jeune fille au cœur pur, échappe à Dracula, tandis que le sexe mène Mia Farrow à sa perte dans *Rosemary's Baby.* Contrairement aux premiers rôles féminins de films d'épouvante, la Melanie de Tippi Hedren, dans *les Oiseaux,* n'est pas une jeune femme craintive, mais une femme sûre d'elle qui poursuit un homme de ses assiduités. Les personnages féminins n'avaient désormais plus pour fonction exclusive d'avoir l'air terrifié.

Le succès du cinéma d'épouvante s'étendit à l'Europe et à l'Asie. L'horreur surnaturelle d'*Onibaba* (1964) et de *Kwaïdan* (1964) fut le symptôme de la « vague » japonaise dans ce genre trente ans avant *Ring* (1998). Le *giallo* offrit des possibilités de carrière à nombre de réalisateurs européens, dont Dario Argento (né en 1940). Le cinéma d'horreur français eut peu d'impact, malgré l'effrayant *les Yeux sans visage* (1960), de Georges Franju (1912-1987), mais on peut déceler une influence française chez des cinéastes sensibles à l'esthétique du Grand Guignol, ainsi dans l'épouvante stylisée de *Qu'est-il arrivé à Baby Jane ?* (1962) et dans la luxuriance de la production des studios Hammer. S'appuyant sur le trio Terence Fisher (1904-1980), Christopher Lee et Peter Cushing, ces derniers dominèrent le marché britannique et sortirent en série des films comme *Dracula, prince des ténèbres* (1966) et *le Retour de Frankenstein* (1969), pour atteindre leur apogée en 1968 avec *les Vierges de Satan,* sur un scénario de Richard Matheson.

Dans les années 1960, les films d'horreur bénéficiaient du statut respectable d'œuvres d'art. Les studios prirent conscience qu'ils pouvaient produire des suites à l'infini et les confier à des imitateurs médiocres. Les films d'horreur de ces années connurent une ampleur et une variété qui s'épanouirent avant l'apparition, et la saturation rapide, du marché adolescent. **S. W.**

1 Les sinistres enfants du *Village des damnés* ont de pâles cheveux blonds, un regard saisissant et des pouvoirs télépathiques dont ils se servent pour se protéger.

2 Avec *la Nuit des morts-vivants,* George Romero créa un mélange spectaculaire et audacieux d'horreur et de critique sociale, nouvelle tendance du film d'épouvante.

3 Il fallut sept jours pour tourner la scène culminante des *Oiseaux.* Les volatiles étaient attachés aux vêtements de Tippi Hedren, qui qualifia cette période de « pire semaine de [sa] vie ».

1963

La Maison du diable offre l'archétype des récits consacrés aux maisons hantées. Film d'épouvante préféré de Martin Scorsese (né en 1942), il influencera *Shutter Island* (2010).

1963

La Fête sanglante, de Herschell Gordon Lewis (né en 1929), inaugure l'avènement du cinéma d'horreur commercial.

1963

Mario Bava réalise ce que l'on considère comme le premier film *giallo, La fille qui en savait trop,* en hommage à Hitchcock.

1968

Le code Hays est remplacé par la classification de la MPAA, qui compte les catégories « tout public », « enfants accompagnés », « déconseillé -17 ans », « interdit -17 ans ».

1968

Un film d'horreur déguisé ? *Chitty Chitty Bang Bang* met en scène un cauchemardesque « chasseur d'enfants », efficacement interprété par Robert Helpmann.

1969

Le Cercueil vivant avec Vincent Price et Christopher Lee est la dernière adaptation d'après Edgar Allan Poe des studios American International.

Psychose 1960
Psycho ALFRED HITCHCOCK 1899-1980

▲ L'inquiétante silhouette de Norman Bates.

▼ Une Janet Leigh à demi vêtue orne l'affiche du film.

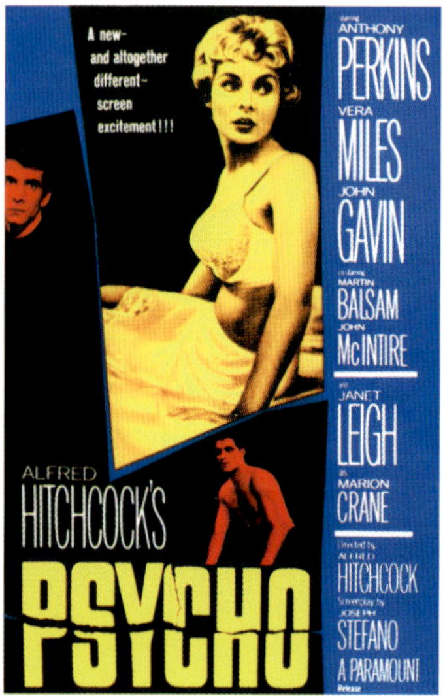

Alfred Hitchcock se plaisait à prétendre que son seul objectif consistait à « faire passer un mauvais quart d'heure au public ». *Psychose* doit être considéré comme son accomplissement suprême, et il fut le premier de ses films qui poussa les spectateurs à se réfugier sous leurs sièges. Il demeure l'un des films les plus angoissants jamais réalisés. Tous ses éléments sont d'une parfaite cohérence : la musique lancinante de Bernard Herrmann pour orchestre à cordes, aiguë et déchirante ; la sobre adaptation par Josef Stefano du roman à sensation de Robert Bloch ; les ombres envahissantes du directeur de la photographie John L. Russel ; l'interprétation touchante de la vulnérable Marion Crane par Janet Leigh ; Anthony Perkins, dans le rôle qui fit et détruisit sa carrière ; et un réalisateur au sommet de son art, qui use de sa virtuosité technique pour manipuler et terrifier les spectateurs, et qui a l'audace de faire mourir son héroïne quarante minutes après le début du film. C'est à ce moment que Hitchcock nous joue son tour le plus cruel, déplaçant l'identification du public de Marion à Norman. Et les spectateurs prennent seulement peu à peu conscience qu'ils ont prêté allégeance à un tueur psychotique.

En noir et blanc, avec un petit budget et une équipe réduite, *Psychose* rapporta 15 millions de dollars sur le seul territoire américain. « Il est terriblement satisfaisant, déclara Hitchcock, de se montrer capable de provoquer quelque chose qui s'apparente à une émotion de masse par des moyens purement cinématographiques. Ce n'est ni un message, ni une performance d'acteur, ni la qualité du roman qui secoua le public, mais le film en lui-même. » **P. K.**

LES SCÈNES PRINCIPALES

1 LE POLICIER SOUPÇONNEUX
Après avoir volé 40 000 dollars à un client de son patron, Marion Crane (Janet Leigh) s'enfuit vers la ville où habite son petit ami. Endormie dans sa voiture, elle est réveillée par un policier ; son agitation trahit son sentiment de culpabilité et sa confusion.

2 « MA MÈRE N'EST PAS DANS SON ASSIETTE AUJOURD'HUI »
Au Bates Motel, Norman (Anthony Perkins) s'excuse pour la scène de jalousie de sa mère et offre à Marion un léger souper dans son « parloir ». Norman Bates fut le grand rôle de la carrière de Perkins et lui valut d'être classé dans la catégorie des tueurs.

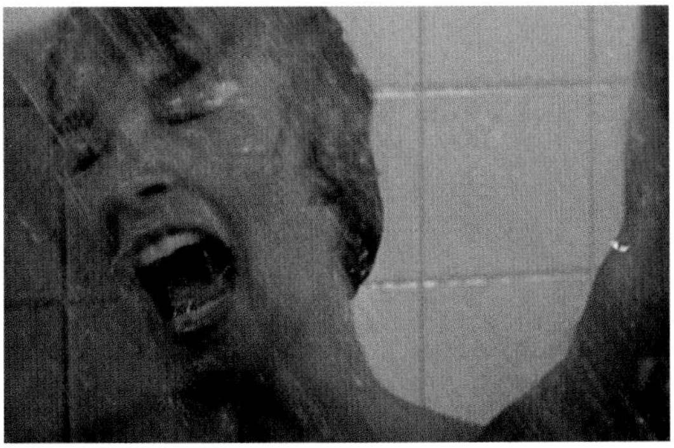

3 LA SCÈNE DE LA DOUCHE
Marion est poignardée sous la douche – trente-six plans en seulement trente secondes. Les spectateurs ne voient pas réellement le poignard lacérer la chair de Marion, mais l'habileté des effets sonores et les crissements des violons leur en donnent l'impression.

4 LE MEURTRE D'ARBOGAST
Milton Arbogast (Martin Balsam), un détective privé engagé par l'employeur de Marion, vient inspecter la maison de Bates. Alors qu'il monte les escaliers, le personnage aperçu dans la scène de la douche se précipite sur lui en brandissant un énorme couteau.

5 LA RENCONTRE AVEC LA MÈRE
En explorant la maison de Bates à la recherche de sa sœur, Lila Crane (Vera Miles) découvre un personnage aux cheveux gris assis dans la cave, qui se révèle être le cadavre momifié de la mère de Norman.

LE COMPOSITEUR

1911-1955
Né à New York, Bernard Herrmann fait ses études à la Juilliard School avant de rejoindre la chaîne CBS, en 1934. Il compose les musiques de *Citizen Kane* (1941) et de *la Splendeur des Amberson* (1942). Parmi ses autres partitions, on retiendra celle de *Tous les biens de la terre* (1941), qui lui valut un oscar, et celles de *Jane Eyre* (1943), de *Hangover Square* (1945) et du *Jour où la Terre s'arrêta* (1951).

1955-1975
Herrmann écrit les musiques de neuf films de Hitchcock, notamment *Sueurs froides* (1958), *la Mort aux trousses* (1959), *Psychose* et *les Oiseaux* (1963). Cette collaboration cesse lorsque le cinéaste refuse la partition pour *le Rideau déchiré* (1966). Hermann travaille alors avec Truffaut pour *Fahrenheit 451* (1966) et *La mariée était en noir* (1968). Il meurt après avoir écrit la sombre musique de *Taxi Driver* (1976, voir p. 358).

Rosemary's Baby 1968

ROMAN POLANSKI né en 1933

▲ Au moment culminant du film, Rosemary apprend enfin la vérité sur son enfant.

▼ Une sombre méditation sur le thème central du film sert à illustrer son affiche.

Après avoir réalisé des films très remarqués en Pologne – *le Couteau dans l'eau* (1962) – et en Angleterre – *Répulsion* (1965) –, Roman Polanski fit ses débuts aux États-Unis à l'occasion d'une collaboration avec Robert Evans et William Castle, qui avaient acquis les droits d'adaptation du roman à succès d'Ira Levin. *Rosemary's Baby*, sans doute l'un des meilleurs films d'horreur paranoïdes, associe l'habileté de Polanski à aborder des sujets mettant mal à l'aise aux recettes narratives éprouvées de Hollywood.

La fragile Rosemary Woodhouse (Mia Farrow) et son ambitieux mari comédien (John Cassavetes) emménagent dans un élégant immeuble new-yorkais. L'héroïne sombre dans la folie lors d'une grossesse difficile ou (autre interprétation possible) devient la cible de son mari et de ses voisins satanistes pour faire venir l'Antéchrist au monde. Le récit d'Ira Levin propose un point de vue féministe sur le mariage, conçu comme un piège, et sur la société établie, perçue comme une bande de conspirateurs visant à sacrifier l'indépendance d'une femme pour assurer l'avènement d'une anti-utopie domestique. Dans le film, les éléments démoniaques, qui influenceront *l'Exorciste* (1973, voir p. 336), l'emportent sur la critique sociale. Mia Farrow montre une certaine ambiguïté, à laquelle les seconds rôles contribuent par une déférence qui fait frémir.

Polanski souligne l'aspect sinistre du faste de Manhattan, tandis que l'intrigue habile de Levin apparaît de plus en plus mordante, conduisant le film vers un paroxysme à la fois terrifiant et subtilement sentimental. La berceuse composée par Christopher Komeda est particulièrement mémorable. **K. N.**

LES SCÈNES PRINCIPALES

1 UN PREMIER PRÉSAGE
Rosemary sent l'herbe (la fictive « racine de tannis ») que ses voisins insistent à faire porter à leur protégée (Angela Dorian). Les premières scènes montrent Mia Farrow avec une perruque, qu'elle abandonne vite au profit de sa célèbre coupe conçue par Vidal Sassoon.

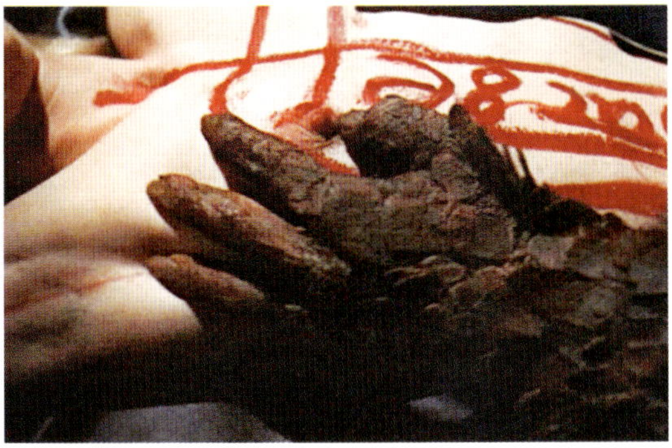

2 UNE CONCEPTION CAUCHEMARDESQUE
Après avoir avalé un dessert drogué, Rosemary fait un rêve troublant, où elle est tenue immobile par une assemblée de sorcières, couverte de symboles mystiques peints et violée par un personnage démoniaque. Cette scène est l'une des plus terrifiantes du film.

3 UNE NOUVELLE TRAHISON
Rosemary demande de l'aide à son ancien médecin, qui fait cependant intervenir un de ses collègues membre de la secte ; elle est renvoyée chez les satanistes. L'aspect fluet et vulnérable de Mia Farrow la servit beaucoup pour le rôle de Rosemary.

4 L'ANTI-PIETÀ
Encouragée par l'assemblée de sorcières à être la digne mère de l'Antéchrist, Rosemary, anéantie, s'approche du berceau et voit à quoi son bébé ressemble. Polanski opte pour une scène finale effrayante, où Rosemary se met à bercer doucement son enfant.

LE CINÉMA SATANIQUE

Le diable obtint très tôt des rôles de vedette. G. Méliès (1861-1938) interprétait Méphistophélès dans *le Manoir du diable* (1896). La meilleure adaptation directe de la légende de Faust reste le *Faust* (1926) de F. W. Murnau (1888-1931), mais on trouve des pactes avec le Diable dans des films allant de *Tous les biens de la terre* (1941) à *l'Associé du diable* (1997). De nombreuses comédies dramatiques, tels *Wall Street* (1987) et *Le Diable s'habille en Prada* (2006), reprennent l'histoire de Faust, déguisée sous des préoccupations de leur époque. Le culte du Diable s'introduisit au cinéma sous forme de menace, comme dans *la Septième Victime* (1943), dont l'assemblée de sorcières à Manhattan préfigure celle d'Ira Levin. Parmi les meilleures incarnations du Diable, citons Robert de Niro, dans *Angel Heart* (1987, ci-contre).

LE CINÉMA EUROPÉEN

Le cinéma européen des années 1960 est un riche ensemble de visions personnelles, de révisions stylistiques et d'engagements personnels, dans un contexte politique en pleine mutation. Durant cette décennie de réaction, de révolution et de maturité, les réalisateurs modifièrent la grammaire du cinéma narratif et parfois se rebellèrent contre les mouvements dont ils avaient fait partie. De nombreux cinéastes, à commencer par ceux de la Nouvelle Vague (voir p. 248), refaçonnèrent des modèles usés et aboutirent à des résultats novateurs, voire déconcertants. Ce fut l'époque où l'œuvre des réalisateurs les plus importants souscrivit aux injonctions de la théorie qui concevait l'auteur comme un artiste, formulée à la fin des années 1950.

Outre la Nouvelle Vague et le mouvement Rive Gauche, qui comptait des personnalités comme Chris Marker (né en 1921) et Agnès Varda (née en 1928), il y eut d'autres cinéastes talentueux dont l'œuvre s'enracinait dans les mêmes idéaux. Jacques Demy (1931-1990) réalisa des films qui s'inspiraient des films à suspense hollywoodiens. Mais il se montra moins sensible à la dureté des films noirs (voir p. 168) classiques d'Edgar G. Ulmer (1904-1972) et de Fritz Lang (1890-1976) qu'au romantisme meurtri de réalisateurs comme Douglas Sirk (1900-1987) et Stanley Donen (né en 1924). Son premier long-métrage, *Lola* (1961), a pour héroïne une danseuse de cabaret (Anouk Aimée), qui élève seule son jeune fils

1 Une obscurité de mauvais augure entoure Piero (A. Delon) et Vittoria (M. Vitti), les amants de *l'Éclipse* d'Antonioni.

2 L'affiche de *Play Time*, de Jacques Tati, accentue l'anonymat auquel l'architecture moderne condamne l'individu.

3 Le magasin de Geneviève (C. Deneuve) et de sa mère veuve (A. Vernon), dans *les Parapluies de Cherbourg*, la comédie musicale de Jacques Demy.

REPÈRES

1960	1960	1961	1962	1962	1962
Luchino Visconti (1906-1976) tourne *Rocco et ses frères*.	*L'Avventura* est sifflée par le public du Festival de Cannes, mais la façon dont le film réinvente le langage visuel du cinéma lui vaut le prix du Jury.	*La dolce vita* (voir p. 304) sort aux États-Unis et obtient un immense succès au box-office.	Attiré par l'ouverture de l'Europe aux réalisateurs indépendants, Orson Welles quitte les États-Unis pour Paris, où il tourne *le Procès*.	Roman Polanski fait ses débuts au cinéma avec *le Couteau dans l'eau*, qui obtiendra une nomination pour l'oscar du meilleur film étranger en 1964.	Andreï Tarkovsky fait ses débuts avec *l'Enfance d'Ivan* et s'apprête à devenir l'un des plus grands artistes de la période.

jusqu'à ce que son amant revienne la tirer de la misère. Les films de Demy ont souvent pour protagonistes des personnages qui remettent leur vie en question et portent en général sur les tensions émotionnelles liées à des départs et à des recommencements. Son célèbre film musical, *les Parapluies de Cherbourg* (1964, ci-contre) propose une tranche de vie stylisée empreinte de mélancolie provinciale : deux amants contrariés par le destin, Geneviève Emery (Catherine Deneuve) et Guy Foucher (Nino Castelnuovo) rêvent à ce qu'aurait pu être leur vie si le jeune homme n'avait pas été happé par la guerre d'Algérie.

L'une des fantaisies françaises les plus brillantes de la décennie est *Play Time* (1967, ci-contre), de Jacques Tati (1907-1982). Sorte de « chef-d'œuvre à ne jamais refaire », le film a vu sa réputation décroître à mesure que la définition même du perfectionnisme d'auteur se brouillait. Tati y investit la totalité des bénéfices de ses films précédents, pour financer la construction d'un décor très élaboré dans les environs de Paris – surnommé Tativille – où son héros, Monsieur Hulot, pouvait errer comme une âme en peine. Tati construisit son film sous la forme d'une série de sketches incluant la cour embarrassée que Monsieur Hulot fait à une touriste américaine, dans un décor d'immeubles en verre et en acier et d'habitations futuristes remplies d'appareils utilitaires extravagants. Jouant mieux que tous les autres cinéastes des possibilités offertes par l'espace et la profondeur de champ, la chorégraphie minutieuse de Tati – ce qu'il appelait la « démocratisation de la comédie » – met aussi en évidence ses préoccupations, déjà exprimées dans *Mon oncle* (1958), en particulier les effets aliénants de la modernité. L'échec commercial de *Play Time* provoqua la ruine du réalisateur.

En 1960, le réalisateur italien Michelangelo Antonioni (1912-2007) fit scandale au Festival de Cannes avec *L'Avventura*, une courageuse parabole sur l'ennui persistant auquel est en proie un groupe de membres de la jet-set ; mais il s'agissait aussi d'un progrès stylistique dans la façon dont on pouvait utiliser les architectures et les paysages pour définir une atmosphère. Anna (Lea Massari) disparaît lors d'une excursion nautique en Méditerranée ; Sandro (Gabriele Ferzetti), son amant, et Claudia (Monica Vitti), sa meilleure amie, entreprennent un voyage pour la retrouver. Le film trompe peu à peu l'attente du spectateur en se concentrant sur la détresse existentielle du couple, à mesure que leurs sentiments réciproques sont étouffés par le fantôme de leur amie disparue. La mise en scène radicale d'Antonioni montre ce couple prisonnier des grands espaces, des gratte-ciel et, lors d'une scène mémorable, entourés dans une rue par un groupe d'hommes au regard mauvais. *L'Avventura* inaugure une trilogie importante sur l'aliénation, qui comprend aussi *la Nuit* (1961), consacré au destin d'un couple désuni, et *l'Éclipse* (1962, à gauche), une histoire d'amour vaine.

Tandis qu'Antonioni rendait suffocants les espaces ouverts, le cinéaste polonais Roman Polanski (né en 1933) obtenait le même effet avec les intérieurs. Polanski fit ses débuts dans le domaine du long-métrage avec *le Couteau dans l'eau* (1962, en bas à gauche), un film inquiétant où les tensions érotiques entre

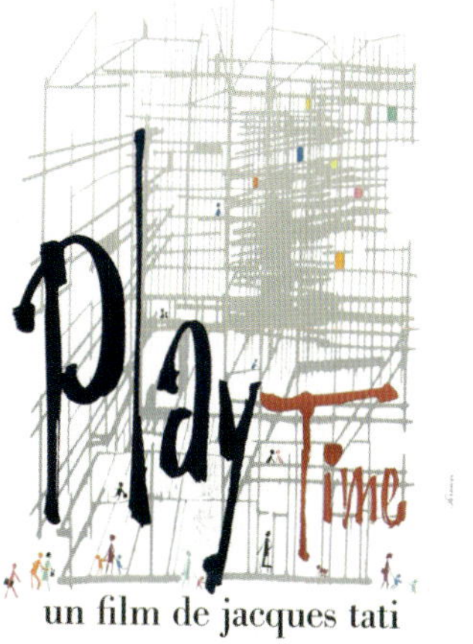

1964	1966	1966	1967	1968	1969
Jacques Demy reçoit la palme d'or pour *les Parapluies de Cherbourg*, qui conjuguent l'influence du théâtre misérabiliste au réalisme romantique de Hollywood.	*La Bataille d'Alger*, de Gillo Pontecorvo, qui attaque durement le colonialisme français en Algérie, est interdite en France durant cinq ans.	*Trains étroitement surveillés* (voir p. 308) et *les Petites Marguerites* proclament l'avènement de la Nouvelle Vague tchèque.	*Play Time*, de Jacques Tati, est un échec au box-office : son humour léger peine à trouver un public au sein d'une population européenne troublée, au bord de l'insurrection.	Dans toute l'Europe, les révoltes étudiantes poussent les cinéastes à redéfinir leurs priorités. Le Festival de Cannes est annulé.	L'esprit des films européens de l'époque traverse l'Atlantique et influence le road-movie de Dennis Hopper, *Easy Rider*.

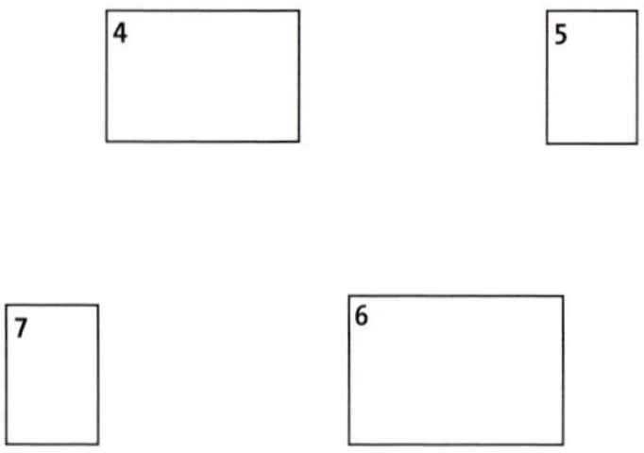

4 Dans *Huit et demi*, Marcello Mastroianni, l'acteur fétiche de Fellini, joue le rôle de Guido, un cinéaste dépressif aux mèches de cheveux gris, coiffé d'un chapeau noir, vêtu d'un costume noir et portant des lunettes cerclées de noir.

5 Dans *la Bataille d'Alger*, Gillo Pontecorvo recourut à une technique presque documentaire pour décrire les horreurs effroyables de la guerre.

6 Anthony Perkins dans le rôle de Josef, le héros traqué et désorienté de l'onirique *Procès*, d'Orson Welles, à la conclusion tragique.

7 L'affiche du thriller de Roman Polanski *le Couteau dans l'eau* reflète bien la composition serrée du film et le sentiment de désolation qui l'habite.

un homme (Leon Niemczyk), sa femme (Jolanta Umecka) et un mystérieux autostoppeur (Zygmunt Malanowicz) atteignent leur paroxysme sur un petit voilier. Le film montre la façon dont les préjugés de personnages idéalistes et prospères sont remis en cause lorsque ces derniers doivent affronter un troisième personnage, qui essaie de s'immiscer dans leur vie.

Les vicissitudes de riches oisifs constituèrent une des thématiques du cinéma européen des années 1960, qui n'apparaît nulle part mieux que dans la satire sociale de *La dolce vita* (1960, voir p. 304), de Federico Fellini (1920-1993). Tout en déployant une abondance d'images à l'iconographie romantique, ce film décrit le déclin moral d'aristocrates décadents, dont la recherche du frisson à tout prix ternit la réalité d'une Rome émergeant de la stagnation de l'après-guerre. *La dolce vita* marqua un tournant dans la carrière de Fellini, qui, après ses films néo-réalistes des années 1950, aborda des questions plus proprement artistiques. Ses fantaisies baroques se poursuivirent avec son chef-d'œuvre autobiographique, *Huit et demi* (1963, ci-dessus), qui porte sur les tourments intérieurs d'un cinéaste blasé, Guido Anselmi (Marcello Mastroianni), confronté à une panne d'inspiration lors de la préparation d'un film. Outre des interrogations sur le processus de création cinématographique et sur l'aliénation de la vie moderne, *Huit et demi* contient des séquences oniriques et des évocations de souvenirs, lorsque Anselmi réfléchit à sa vie et à ses relations avec les femmes.

Le réalisateur italien Gillo Pontecorvo (1919-2006) s'appuya sur les fondements du néo-réalisme (voir p. 178) pour sa chronique de guérilla urbaine *la Bataille d'Alger* (1966, à droite, en haut), commandée par le gouvernement algérien. Tourné en décors naturels dans le labyrinthe de la casbah d'Alger, le film développe un double récit retraçant l'action violente de guérilla d'une cellule rebelle luttant contre le gouvernement impérialiste français et la contre-insurrection très contestable qui s'ensuit. Inspiré des Mémoires du combattant Saadi Yacef (qui joua l'un des rôles principaux et contribua à la production du projet), il obtient des effets d'immédiateté émotionnelle grâce à sa photographie proche des actualités filmées et à ses scènes dramatiques d'attentats dans des cafés ou de tortures de prisonniers, mais sa description subjective de l'Histoire pousse le spectateur à adopter un point de vue moral.

Les films constitutifs de la Nouvelle Vague tchèque, au milieu des années 1960, utilisèrent l'allégorie et le sous-entendu pour dissimuler leur malaise politique envers le régime communiste, antérieur au Printemps de Prague, de 1968. *Trains étroitement surveillés* (1966, voir p. 308), de Jirí Menzel (né en 1938), masque sa colère sous l'histoire paillarde d'un jeune cheminot qui désespère de perdre sa virginité, tandis que la Seconde Guerre mondiale fait rage autour de lui. Ce film aborde aussi des questions sérieuses, en particulier l'abîme qui sépare les intentions d'une législation politique et les désirs des gens normaux. *Au feu les pompiers !* (1967), qui valut la célébrité à Milos Forman (né en 1932) et décrit des pompiers braillards obsédés par le sexe et leurs tentatives malencontreuses d'organiser une fête dans leur quartier général, aborda une problématique analogue, celle de l'établissement d'une autorité sur une population intransigeante libre d'esprit. Tout aussi amusant, mais bien plus audacieux dans ses cadrages, dans son montage et dans le jeu des acteurs, *les Petites Marguerites* (*Sedmikrásky*, 1966), de Vera Chytilová (née en 1929), constitue un essai délirant sur l'anarchie, où deux femmes en tenue légère, prénommées Marie, donnent libre cours à leurs instincts destructeurs.

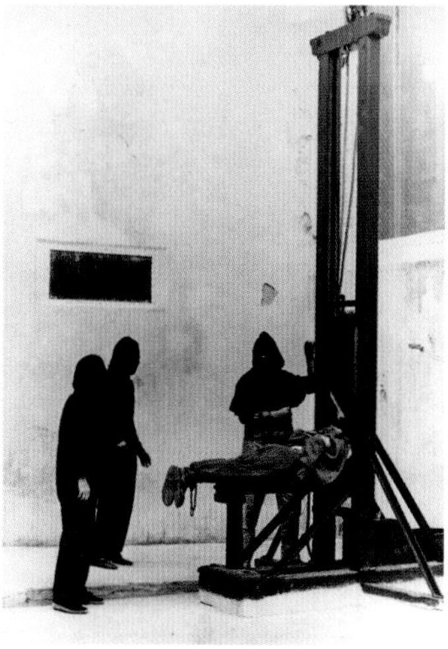

Dans les années 1960, on assista en Union soviétique à un relâchement de la censure et à l'affaiblissement du réalisme socialiste imposé par l'État à la production cinématographique sous Staline. *Andreï Roublev* (1966, voir p. 306), d'Andreï Tarkovsky (1932-1986), est un film biographique spirituel consacré à un peintre d'icônes du XVe siècle, qui fit vœu de silence en raison de la généralisation des souffrances dont il avait été témoin ; le contenu religieux et politique du film attira néanmoins l'attention des censeurs étatiques. Dans un autre pays du bloc communiste, la réalisatrice roumaine Kira Mouratova (née en 1934) réalisa des films abordant ouvertement les questions politiques du moment. *Brèves Rencontres* (1967, sortie en 1988) offre une description sereinement saisissante de la vie en Union soviétique et des échecs du communisme. Mouratova y joue elle-même le rôle d'une responsable locale, Valentina Ivanovna, prise dans un triangle amoureux comprenant aussi son époux Maksim (Vladimir Vysotsky), un géologue vagabond, et sa domestique Nadya (Nina Ruslanova). Des tensions apparaissent lorsque Nadya quitte la campagne pour s'installer en ville et partir à la poursuite de Maksim, après leur liaison.

Il n'est donc pas surprenant que l'Europe ait attiré l'acteur et réalisateur américain Orson Welles (1915-1985). Dans *le Procès* (1962, ci-dessous), il offrit une adaptation expressionniste très personnelle du roman de Franz Kafka, où l'employé de bureau Josef K (Anthony Perkins) est condamné pour un crime jamais précisé, dans un pays anonyme. Welles se servit de la gare d'Orsay, désaffectée à l'époque, pour représenter les quartiers généraux d'un État totalitaire sans nom. Il comptait *le Procès* parmi ses films les plus aboutis. **D. J.**

La dolce vita 1960

FEDERICO FELLINI 1920-1993

▲ Rubini (M. Mastroianni), le journaliste, succombe au charme de Sylvia (A. Ekberg).

▼ L'affiche du film montre un Rubini malheureux, entouré des femmes de sa vie.

Federico Fellini fut propulsé au premier plan international par *La dolce vita*. Le titre du film devint synonyme de décadence chic, et sa vedette, Marcello Mastroianni, avec ses lunettes de soleil à minuit, un modèle de décontraction. Aussi adulé par certains que détesté par d'autres, le film de Fellini décrit les activités de Romains victimes de la mode, obsédés par les célébrités, qui passent leur temps dans les cafés et les réceptions. Mastroianni y joue Marcello Rubini, un écrivain sérieux devenu chroniqueur mondain, qui méprise ce qu'il est et les gens qu'il fréquente, mais se montre incapable de résister à leur vie fastueuse, à l'argent et au sexe facile. Son collègue, le photographe Paparazzo (Walter Santesso), devait donner son nom aux journalistes fouineurs.

Avec *La dolce vita,* Fellini fit ses adieux au néo-réalisme (voir p. 178) de ses racines cinématographiques. Il laissa son imagination mettre les bouchées doubles et son imagerie baroque s'emballer. Dans la séquence d'ouverture, une immense statue du Christ, bras écartés, est transportée au-dessus de Rome. Plus tard, Sylvia (Anita Ekberg), la plantureuse starlette écervelée, se baigne en robe du soir dans la fontaine de Trevi ; un spectacle médiatique hystérique se déchaîne sur le site d'un faux miracle simulé avec succès par trois jeunes enfants. Rubini est déchiré entre Maddalena (Anouk Aimée), une riche héritière névrotique, et sa fiancée Emma (Yvonne Furneaux) ; le seul homme qu'il admire, l'écrivain Steiner (Alain Cuny) tue ses propres enfants et se suicide de désespoir. *La dolce vita* illustre la décadence spirituelle et morale d'une génération, mais ne parvient pas à détourner son regard fasciné de ce qu'il déplore. **P. K.**

LES SCÈNES PRINCIPALES

1 LE CHRIST AU-DESSUS DE ROME
Une immense statue du Christ est transportée au-dessus de la Ville éternelle, en direction de la place Saint-Pierre. Marcello et Paparazzo, qui l'accompagnent en hélicoptère, sont distraits par le spectacle de jeunes femmes en bikini prenant le soleil sur une terrasse.

2 L'ARRIVÉE DE LA STAR
Marcello est envoyé à l'aéroport de Rome pour rendre compte de l'arrivée de Sylvia, une magnifique star de cinéma américano-suédoise. Son apparition provoque l'effervescence. Marcello tombe amoureux d'elle et l'invite à visiter la basilique Saint-Pierre.

3 LA FONTAINE TREVI
Après une nuit hédoniste passée en ville avec Marcello, Sylvia, ivre, se baigne dans la plus célèbre fontaine de Rome. Marcello, en smoking, la suit dans l'eau. L'abandon sensuel du couple est devenu l'une des scènes les plus légendaires de l'histoire du cinéma.

4 LA PROCESSION NOCTURNE
Marcello participe à une réception décadente dans un château, où un groupe d'aristocrates vêtus de costumes exotiques parade autour des fossés. Maddalena demande à Marcello de l'épouser, mais elle se joue de lui, et il est ensuite séduit par une autre femme.

5 UN MESSAGE INAUDIBLE
Se réveillant au bord de la mer après une nouvelle orgie, Marcello voit une jeune fille angélique, Paola (Valeria Ciangottini), déjà rencontrée. Elle essaie de lui dire quelque chose, mais le bruit des vagues couvre le son de sa voix et Marcello part rejoindre les invités.

LE RÉALISATEUR

1920-1951
Né à Rimini, Federico Fellini s'installe à Rome en 1939 pour faire du droit, mais entreprend une carrière de scénariste et de dessinateur, puis écrit des sketches pour des films et des émissions de radio. Il co-écrit avec Roberto Rossellini (1906-1977) le script de *Rome, ville ouverte* (1945, voir p. 180), qui remporte l'oscar du meilleur scénario.

1952-1959
Il débute avec *le Scheik blanc* (1952) et conquiert une réputation internationale grâce aux *Vitelloni* (1953). En 1957, *La strada* est son premier film qui recevra l'oscar du meilleur film étranger.

1960-1993
La dolce vita remporte la palme d'or au Festival de Cannes. Après *Huit et demi*, les films de Fellini deviennent hautement stylisés et fantasques ; il demeure l'un des géants du milieu cinématographique.

Andreï Roublev 1966

ANDREI TARKOVSKY 1932-1986

▲ La jeune paysanne, Dourochka (I. Raush), et son sauveur, Roublev (A. Solonitsine).

▼ L'affiche du film intègre un Christ peint par Andreï Roublev en 1420.

Sept fragments psychologiquement capitaux de la vie d'Andreï Roublev (Anatoli Solonitsine), le moine itinérant et peintre d'icônes russe du xve siècle, sont légèrement romancés et abruptement rendus dans cette époustouflante épopée monochrome sur des principes perdus et retrouvés réalisée par Andreï Tarkovsky. La Russie médiévale y est décrite comme un assemblage instable de bourbiers froids et humides noyés dans le brouillard, de misérables villages sinistres, peuplés de paysans braillards et vulnérables aux violentes attaques des hordes tartares qui pillent et ravagent le pays.

Tarkovsky aborda son sujet en étoffant des épisodes de la vie de Roublev qui aident à définir son identité, par exemple sa présence lors du sac de la ville de Vladimir, qui le poussa à faire vœu de silence, ou son observation de la fabrication d'une cloche d'église. Le réalisateur ne cherche pas à mettre au point une structure narrative susceptible de mettre de l'ordre dans le tumulte des événements ; le drame, omniprésent, est au contraire filtré par une conscience subjective. Tarkovsky invite les spectateurs à faire l'expérience de ce monde sauvage à travers le regard mélancolique de son personnage, les scories du son et de l'image symbolisant les tourments intérieurs de Roublev. Le film propose des réflexions pénétrantes sur les prérogatives de l'artiste, la valeur humaine de la spiritualité et les mystères de la foi aveugle. Avec un modeste budget d'un million de roubles, le film fut réduit de 205 à 186 minutes par les censeurs soviétiques, inquiets de sa thématique religieuse, de son ambiguïté politique et de la violence de certaines scènes, et ne sortit en salles qu'en 1971. **D. J.**

LES SCÈNES PRINCIPALES

1 LE BALLON
Éfim (Nikolaï Glazkov) s'efforce d'échapper à un groupe d'assaillants en s'élevant vers le ciel, attaché par des cordes à un ballon gonflé d'air chaud. Il monte en flèche vers les hauteurs et survole un lac, avant de s'écraser près d'une autre foule vociférante.

2 LA SORCIÈRE
Roublev, surpris à espionner les convives nus d'une fête païenne, est fait prisonnier et attaché à une croix. Une jeune fille dénudée, Marfa (Nelly Snegina), le libère. Le lendemain, Roublev voit des soldats la malmener, mais il ignore sa détresse et détourne le regard.

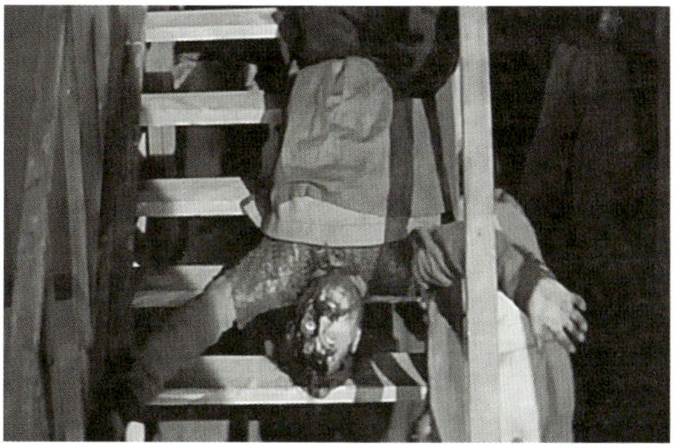

3 LE SACRIFICE
Roublev tue un attaquant qui tente de violer une jeune paysanne handicapée mentale. Il transcende ainsi son rôle d'artiste objectif et s'engage dans l'Histoire. Pour obtenir son absolution, il renonce à la peinture et fait vœu de silence.

4 LA FABRICATION DES CLOCHES
Boriska (Nikolaï Bourliayev) prétend détenir le secret de la fabrication de cloches en bronze ayant appartenu à son père mort. La scène décrit ce processus médiéval minutieux jusqu'au dévoilement final, où les larmes du jeune homme, soulagé, trahissent son mensonge.

5 LA VIE ET L'ART
Dans son court épilogue, le film passe d'un noir et blanc épuré, très contrasté, à un riche chromatisme ; Tarkovsky s'y attarde sur seize icônes et fresques de Roublev, dont la magnificence est rehaussée par la riche partition pour chœur de Viacheslav Ovchinnikov.

LE RÉALISATEUR

1932-1961
Andreï Tarkovsky naît dans le village russe de Zavrazhie. À partir de 1954, il étudie la mise en scène à l'Institut cinématographique de Moscou.

1962-1971
Son premier long-métrage, le drame de guerre *l'Enfance d'Ivan* (1962), lui vaut le lion d'or au Festival de Venise. Son deuxième film, *Andreï Roublev*, reçoit en 1969 le prix de la Fipresci au Festival de Cannes.

1972-1986
Tarkovsky réalise un cycle de films ayant pour thème la fonction de la mémoire, qu'inaugure *Solaris* (1972). *Le Miroir* (1975), son film le plus abstrait, s'inspire d'épisodes de son enfance, tandis que *Stalker* (1979) constitue un puzzle philosophique sur les conceptions de l'utopie. Son dernier film, *le Sacrifice* (1986), propose sa vision de l'Apocalypse.

Des trains étroitement surveillés 1966

Ostře sledované vlaky JIRI MENZEL né en 1938

▲ Ces trains étaient le transport de l'armée allemande durant la Seconde Guerre.

▼ L'adolescence se poursuit malgré des événements historiques traumatisants.

Inspiré d'un roman de Bohumil Hrabal, *Des trains étroitement surveillés* se rattache à la Nouvelle Vague tchèque, qui s'épanouit un temps au milieu des années 1960 avant d'être entraînée dans la chute du régime libéral de Dubcek, lorsque les chars soviétiques envahirent Prague, en août 1968. La scène d'ouverture du film de Jiri Menzel montre l'entrée des tanks nazis en Tchécoslovaquie, en 1939, tandis que le personnage principal, Milos, résume l'histoire poignante de sa famille et de son pays. L'histoire du grand-père de Milos, tué alors qu'il tentait d'hypnotiser les troupes allemandes pour leur faire quitter la Tchécoslovaquie, définit bien le mélange troublant d'atmosphères caractéristique du film. Il s'agit d'une comédie burlesque mais, selon Menzel, « sa véritable poésie ne réside pas tant dans l'absurdité des situations en elles-mêmes que dans leur juxtaposition avec l'obscénité et le tragique ».

L'action se situe pendant la Seconde Guerre mondiale dans une gare provinciale. Le conflit constitue l'arrière-plan menaçant du drame, mais l'aiguilleur Hubicka fait partie de la Résistance et il intégrera Milos au combat anti-nazi. Le film s'intéresse moins à la politique qu'aux frustrations sexuelles de Milos – une éjaculation précoce le pousse à une tentative de suicide ratée.

La mise en scène, pleine d'esprit et d'invention, manifeste une informalité délibérée de composition, qui ajoute au sentiment d'improvisation du film. Sa légèreté ne rend que plus brutale sa conclusion, qui en dit long sur le destin tragique des nations d'Europe centrale au XXe siècle – une tragédie qui établit un lien entre les années 1940 et les années 1960, période de sa réalisation. **A. J.**

LES SCÈNES PRINCIPALES

1 LE BAISER INTERROMPU
Lorsque le train s'arrête en gare, Milos est appelé par Masa, qui se penche pour l'embrasser. Mais Hubicka donne un coup de sifflet et la jeune fille est emmenée au loin. Milos reste debout les yeux fermés jusqu'à ce que Hubicka lui glisse son sifflet entre les lèvres.

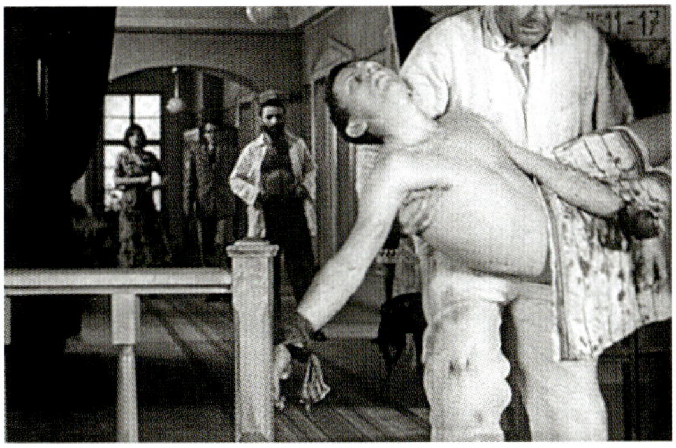

2 LA TENTATIVE DE SUICIDE
Déprimé par ses défaillances sexuelles, Milos loue une chambre dans un hôtel minable et se taillade les veines. Un ouvrier travaillant au mur du hall adjacent troue accidentellement la paroi de la salle de bains, découvre Milos inconscient et l'emmène hors de l'hôtel.

3 LA SCÈNE DE TATOUAGE
La nuit, dans les bureaux de la gare, Hubicka s'endort sur sa chaise ; sa collègue Zdenka le renverse au sol. Il se lance à sa poursuite, puis ils s'étendent l'un à côté de l'autre le long de la table. Il l'embrasse et lui tamponne ensuite la jambe et la fesse.

LE RÉALISATEUR

1938-1969
Jirí Menzel naît à Prague, où il fait ses études à l'Académie du film (FAMU) ; assistant de Vera Chytilová (née en 1929), il dirige une partie de son film à sketches *les Petites Perles au fond de l'eau* (1966), inspiré de récits de l'auteur tchèque Bohumil Hrabal. Il s'inspire à nouveau de Hrabal pour son premier long-métrage, *Des trains étroitement surveillés* et tourne *l'Été capricieux* (1968), très apprécié de la critique. Cependant, *Alouettes, le fil à la patte* (1969, sortie en 1990), nouvelle adaptation d'après Hrabal, est interdit en raison de sa critique du communisme.

1970-1989
Contraint de se rétracter, Menzel ne put plus tourner de film avant 1974, et sa production des années 1970 est considérée comme mineure. Il revint d'une certaine manière à un cinéma formaliste avec une autre adaptation d'après Hrabal, *Postriziny* (1981), et la comédie populaire *Mon cher petit village* (1985). En 1989, après la chute du communisme en Tchécoslovaquie, il prend la direction de la section mise en scène de la FAMU.

de 1990 à nos jours
En 1990, Menzel filme sa propre mise en scène théâtrale de l'adaptation par Vaclav Havel de *l'Opéra de quat'sous*. Après la partition de la Tchécoslovaquie, en 1993, il tourne en russe *les Aventures d'Ivan Tchonkine* (1994), vision satirique de la Seconde Guerre mondiale, et une dernière adaptation d'après Hrabal, *Moi qui ai servi le roi d'Angleterre* (2006).

LA NOUVELLE VAGUE TCHÈQUE

Les réalisateurs de la Nouvelle Vague tchèque produisirent ce que M. et A. Liehm ont appelé « un portrait impitoyable de l'ensemble de la société, dont le cinéma tchécoslovaque n'avait jusqu'alors jamais offert l'équivalent ». Les satires spirituelles de M. Forman et I. Passer (né en 1933) se servirent de drames personnels pour aborder des questions politiques. D'autres réalisateurs suivirent Menzel dans sa dramatisation de l'expérience de la guerre. *Et le cinquième cavalier, c'est la peur* (1965), de Zbynek Brynych (1927-1995), décrit le totalitarisme du passé pour critiquer le présent. En 1968, avec l'invasion soviétique, la Nouvelle Vague tchèque cessa. Les cinéastes virent leur travail suspendu. Certains émigrèrent, tels Forman et Passer. Films interdits pour toujours, nombre de films des années 1960 ne purent réapparaître qu'après la chute du communisme.

LE WESTERN SPAGHETTI

Le western hollywoodien (voir p. 242) avait entamé son déclin vers la fin des années 1950. L'ennemi des communautés se forgeant une nouvelle existence sur la Frontière n'était plus le tueur vêtu de noir ou le peau-rouge maraudeur, mais le spectre de la télévision, qui offrait aux spectateurs des séries à bas coût comme *Gunsmoke* et *Bonanza*. Mais le western devait connaître son ultime heure de gloire, et ce, en Europe.

La production de films y avait en effet gagné en importance et Hollywood constituait tout naturellement pour les cinéastes le modèle à émuler. Michael Carreras (1927-1994) réalisa pour la Hammer Film Production le premier western spaghetti, *la Chevauchée des outlaws* (1961), en co-production avec l'Espagne. Toutefois, exception faite des acteurs anglophones qui jouèrent parfois dans ce type de film, la langue de prédilection de ce nouveau genre fut l'italien.

Un désir de réinventer l'Ouest américain et le film de samouraïs japonais fut à l'origine du premier western spaghetti d'envergure : dans *Pour une poignée de dollars* (1964), Sergio Leone (1929-1989) s'inspira du *Garde du corps* (1961), d'Akira Kurosawa (1910-1998). Ce film offre un contraste saisissant avec les westerns traditionnels. Il ne met en scène aucun personnage moralement recommandable : le héros, joué par Clint Eastwood, est un chasseur de primes motivé par l'appât du gain, traversé seulement de manière intermittente par des éclairs de conscience. Les Indiens ont complètement disparu, même dans *Il était une fois dans l'Ouest* (1968, ci-dessus), qui joue sur les archétypes du scénario de western traditionnel consacré à l'expansion vers l'Ouest et de ses dangers.

1 Henry Fonda joue (à contre-emploi) le rôle de Frank, le tueur vindicatif de l'épopée de Sergio Leone, *Il était une fois dans l'Ouest*.

2 L'affiche de *Django*, dont la violence crue contribue à créer une atmosphère apocalyptique.

3 Loin de sa collaboration aux épopées de Sergio Leone, Lee Van Cleef donna une nouvelle orientation à sa carrière en interprétant le héros de *Sabata*.

REPÈRES

1961	1962	1964	1964	1965	1966
La Chevauchée des outlaws marque l'arrivée du western spaghetti. Le film fut tourné en Espagne, qui servirait de décor à de nombreuses autres réalisations.	Harald Reini (1908-1986) tourne *le Trésor du lac d'argent*, inspiré de la série de Karl May consacrée à Winnetou le Mescalero.	Sortie de *Pour une poignée de dollars*, de Sergio Leone, qui demeure le western spaghetti de référence.	*Cavalca e uccidi* est l'une des premières comédies du western spaghetti.	*Un pistolet pour Ringo* inaugure la première série du genre ; le héros charismatique y est interprété par Giuliano Gemma.	*Le Bon, la Brute et le Truand* (voir p. 312) confirme le statut iconique d'« homme sans nom » conféré à Clint Eastwood.

L'essentiel de l'action se déroule ici au contraire dans les États du sud, où les populations mexicaines et latino-américaines jouent un rôle de premier plan.

L'univers de Leone, très violent, s'accompagne des mémorables partitions d'Ennio Morricone. Son film suivant, *Et pour quelques dollars de plus* (1965), associe Lee Van Cleef à Clint Eastwood, un jeune arriviste auquel un vieillard n'ayant que la vengeance à l'esprit inculque des notions de morale. Leone put une nouvelle fois s'appuyer sur la musique de Morricone, dont le thème central met bien en évidence la subtilité du compositeur, tout en ajoutant une forte charge émotive à la fusillade finale. *Le Bon, la Brute et le Truand* (1966, voir p. 312) consolida la réputation de Leone comme maître du genre et celle de Morricone comme musicien de prédilection de tout réalisateur de western spaghetti.

On se souviendra de Sergio Corbucci (1926-1990) pour son brutal – même selon les critères du western spaghetti – *Django* (1966, ci-contre). Loin des décors arides de Leone, l'anti-héros éponyme du film, interprété par Franco Nero, traque sa proie dans un décor boueux trempé de pluie, traînant derrière lui un cercueil qui contient une mitrailleuse, son arme favorite. Gianfranco Parolini (né en 1930) dut son succès à la trilogie des *Sabata* (1969-1971, ci-dessous), avec deux piliers du western cinématographique, Lee Van Cleef et Yul Brynner (dans le rôle-titre, selon le volet). Ces films, remplis d'histoires de chantage et de fusillades, ont pour accompagnement les musiques entraînantes de Marcello Giombini.

On l'appelle Trinita (1970), d'Enzo Barboni (1922-2002) montra que le western spaghetti avait fait son temps et se prêtait désormais à la parodie. L'histoire du genre se conclut avec *Keoma* (1976), mais son esprit et son style ont depuis influencé deux générations de cinéastes, de Clint Eastwood (né en 1930) et Sam Raimi (né en 1959) à Quentin Tarantino (né en 1963) et Robert Rodriguez (né en 1968). **I. H. S.**

1967

Giulio Petroni (1917-2010) réalise un remake de *Et pour quelques dollars de plus* sous le titre *D'homme à homme*, avec Lee Van Cleef dans le même rôle.

1968

Il était une fois dans l'Ouest donne au western spaghetti sa légitimité auprès de la critique ; depuis, beaucoup le considèrent comme le meilleur film de Sergio Leone.

1968

Sortie du *Grand Silence*, de Sergio Corbucci, qui a pour vedette Klaus Kinski, dans le rôle d'un chasseur de primes.

1970

Avec *On l'appelle Trinita*, Enzo Barboni offre une parodie divertissante du genre.

1971

Le dernier western spaghetti de Sergio Leone, *Il était une fois la révolution*, est plus politique et moins impressionnant que ses films antérieurs.

1973

Sortie de *Mon nom est personne*, le dernier western spaghetti de qualité. Il est réalisé par Tonino Valerii (né en 1934), sur une idée de Sergio Leone.

Le Bon, la Brute et le Truand 1966
Il buono, il brutto, il cattivo SERGIO LEONE 1929-1989

▲ Clint Eastwood dans sa pose classique, avec cigare et poncho, clignant les yeux.

▼ Lee Van Cleef était déjà apparu dans *Et pour quelques dollars de plus.*

Bien qu'éclipsé par *Il était une fois dans l'Ouest* et sa célèbre déconstruction de la mythologie du western, *le Bon, la Brute et le Truand* reste le meilleur film de Sergio Leone. Troisième volet de la trilogie des *Dollars,* qui défièrent les conventions du genre, il affiche la même amoralité que les films précédents, sur l'arrière-plan historique de la Guerre de Sécession.

Clint Eastwood joue à nouveau un anti-héros, surnommé Blondie : il a pour adversaires un chasseur de primes (Lee Van Cleef) et un bandit mexicain (Eli Wallach), Tuco, qui représente les opprimés et les victimes d'abus, depuis les voleurs à la petite semaine jusqu'aux soldats enrôlés de force de la Guerre de Sécession, autant de pions dans un jeu dont les stratégies sont déterminées par des hommes prêts à mettre en danger la vie des autres, mais jamais la leur. Même Blondie finit par se montrer sensible à cette injustice : il détruit un pont d'une importance stratégique vitale pour mettre fin aux pertes humaines causées par les combats pour sa conquête, et offre son manteau à un jeune soldat mourant. Ni la guerre ni les nombreuses fusillades qui ponctuent le film ne confèrent la moindre noblesse à la mort.

Sergio Leone conçut le montage du film en fonction de la musique d'Ennio Morricone, l'une de ses meilleures partitions. Du thème élégiaque de la *Mort d'un soldat* à l'*Extase de l'or* et au *Triello* – un morceau à couper le souffle qui accompagne une alternance de plans larges, de plans rapprochés et de mouvements de caméra tourbillonnants –, la musique de Morricone et le style de Leone, austère et brutal, révolutionnèrent à jamais le western. **I. H. S.**

LES SCÈNES PRINCIPALES

1 À LA POURSUITE DE TUCO
Après un long prologue qui ressemble à un échauffement avant le vrai début du film, Tuco, très débraillé, saute par une fenêtre après avoir liquidé trois tueurs. Sa première apparition dans le film contraste fortement avec celles des autres personnages principaux.

2 LES RETROUVAILLES DES DEUX FRÈRES
Tuco attend le retour de son frère dans le monastère où Blondie, encore convalescent, assiste à leurs retrouvailles. Elles dégénèrent vite, car Tuco reproche à son frère de ne pas lui avoir laissé d'autre choix que de se lancer dans une carrière de bandit.

3 L'EXPLOSION DU PONT
Hommage déclaré de Sergio Leone au *Mécano de la Générale* (1926, voir p. 66), la destruction du pont est l'un des grands moments du film. Blondie et Tuco le font exploser pour passer de l'autre côté de la rivière, mais aussi pour exaucer le vœu d'un officier mourant.

4 LA FUSILLADE FINALE
Le cimetière de Sad Hill fut construit à Carazo, en Espagne. Faisant alterner gros plans rapprochés et plans larges, cette scène finale, accompagnée par la musique saisissante d'Ennio Morricone, compte parmi les meilleures séquences à suspense du cinéaste.

LE RÉALISATEUR

1929-1963
Né à Rome, Sergio Leone fait ses débuts comme réalisateur assistant et second directeur d'unité de plusieurs films italiens, de sa collaboration anonyme au *Voleur de bicyclette* (1948, voir p. 182) et à *Quo Vadis* (1951) jusqu'à *Ben-Hur* et *les Derniers Jours de Pompéi*, en 1959. Il achève ce dernier film, dont il avait écrit le scénario, lorsque le cinéaste Mario Bonnard (1889-1965) tombe malade, et fait ses débuts de réalisateur avec *le Colosse de Rhodes* (1961).

1964-1967
Pour une poignée de dollars (1964) cimente sa réputation, fixe l'image cinématographique de Clint Eastwood et redéfinit le western. On retrouve la même vision sombre et nihiliste du monde dans *Et pour quelques dollars de plus* (1965) et dans *le Bon, la Brute et le Truand*, qui obtint un succès critique et commercial encore plus considérable.

1968-1970
Il était une fois dans l'Ouest (1968) reste l'anti-western par excellence, avec sa critique de l'expansion des frontières américaines et du pouvoir des forces du marché. Leone envisage un moment de proposer une adaptation de *Don Quichotte*, avec Clint Eastwood dans le rôle-titre et Eli Wallach dans celui de son valet Sancho Panza.

1971-1989
Il était une fois la Révolution (1971) se présente sous l'aspect d'un western mexicain imparfait, d'une grande véhémence politique, avec Rod Steiger et James Coburn pour vedettes. Leone produit et co-dirige *Mon nom est Personne* (1973) et *Un génie, deux associés, une cloche* (1975). Son dernier film, *Il était une fois en Amérique* (1984), est une épopée ayant pour héros des gangsters américains, et pour acteurs principaux Robert De Niro, James Woods et Jennifer Connelly, alors à ses tout débuts. Le film dure plus de trois heures et Leone dut batailler avec le producteur au moment du montage. À sa mort, d'une crise cardiaque, en 1989, il réfléchissait à un film sur le siège de Leningrad, avec Robert De Niro.

1970 1972 1974 1976 1978

LE CINÉMA D'EUROPE DE L'OUEST (p. 316)
- *Cris et Chuchotements* | **Ingmar Bergman** (p. 324)
- *Le Genou de Claire* | **Eric Rohmer** (p. 320)
- *Le Conformiste* | **Bernardo Bertolucci** (p. 322)

LE NOUVEAU CINÉMA ALLEMAND (p. 326)
- *Les Larmes amères de Petra von Kant* | **Rainer W. Fassbinder** (p. 330)
- *L'Énigme de Kaspar Hauser* | **Werner Herzog** (p. 332)

LE NOUVEAU CINÉMA D'ÉPOUVANTE (p. 334)
- *L'Exorciste* | **William Friedkin** (p. 336)
- *The Wicker Man* | **Robin Hardy** (p. 338)

LE FILM POLICIER HOLLYWOODIEN (p. 340)
- *Chinatown* | **Roman Polanski** (p. 344)
- *Le Parrain* | **Francis Ford Coppola** (p. 342)

PARANOIA À HOLLYWOOD (p. 346)
- *Conversation secrète* | **Francis Ford Coppola** (p. 348)
- *Les Hommes du président* | **Alan Jay Pakula** (p. 350)

DRAMES À L'AMÉRICAINE (p. 352)
- *Vol au-dessus d'un nid de coucou* | **Milos Forman** (p. 356)
- *Taxi Driver* | **Martin Scorsese** (p. 358)

LES BLOCKBUSTERS DE HOLLYWOOD (p. 360)
- *La Tour infernale* | **Irwin Allen et John Guillermin** (p. 362)
- *Les Dents de la mer* | **Steven Spielberg** (p. 364)
- *La Guerre des étoiles* | **George Lucas** (p. 366)

LA NOUVELLE VAGUE AUSTRALIENNE (p. 368)
- *Pique-nique à Hanging Rock* | **Peter Weir** (p. 370)
- *Ma brillante*

LE CINÉMA ASIATIQUE (p. 374)
- *L'Empire des sens* | **Nagisa Oshima** (p. 378)
- *A Touch of Zen* | **King Hu** (p. 376)

UNE NOUVELLE ÉPOQUE POUR LES COMÉDIES MUSICALES (p. 380)
- *Cabaret* | **Bob Fosse** (p. 382)

LE CINÉMA AFRICAIN (p. 384)
- *Xala* | **Ousmane Sembène** (p. 388)

LES SÉQUELLES DU VIÊT-NAM (p. 392)
- *Apocalypse N*

ACTION ET AVENTURE (p. 398)

5 | 1970-1989

LE DRAME PSYCHOLOGIQUE (p. 416)

LE CINÉMA CANADIEN (p. 426)

LE CINÉMA CHINOIS (p. 432)

1970 1972 1974 1976 1978

illian Armstrong (p. 372)

Yeelen | **Souleymane Cissé** (p. 390) ●

cis Ford Coppola (p. 394)

● *Platoon* | **Oliver Stone** (p. 396)

● *Les Aventuriers de l'Arche perdue* | **Steven Spielberg** (p. 400)

● *Terminator* | **James Cameron** (p. 402)

COMÉDIES DES ANNÉES 1980 (p. 404)

● *Spinal Tap* | **Rob Reiner** (p. 406)

Qui veut la peau de Roger Rabbit ? | **Robert Zemeckis** (p. 408) ●

LE CINÉMA BRITANNIQUE (p. 410)

Withnail et moi | **Bruce Robinson** (p. 412) ●

Distant Voices, Still Lives | **Terence Davies** (p. 414) ▶ 1988

Blue Velvet | **David Lynch** (p. 418) ●

LE CINÉMA EUROPÉEN (p. 420)

● *Méphisto* | **Istvan Szabo** (p. 422)

Tu ne tueras point | **Krzysztof Kieslowski** (p. 424) ●

● *Le Déclin de l'empire américain* | **Denys Arcand** (p. 428)

● *La Mouche* | **David Cronenberg** (p. 430)

● *Terre jaune* | **Chen Kaige** (p. 434)

La Cité des douleurs | **Hou Hsiao-hsien** (p. 436) ●

LE CINÉMA D'EUROPE DE L'OUEST

1 Un repas qui mérite la mort ? Jean Yanne sert Stéphane Audran dans *le Boucher,* suspense de Claude Chabrol.

2 L'affiche pertinemment surréaliste du *Charme discret de la bourgeoisie,* de Luis Buñuel.

3 Dirk Bogarde joue le rôle de Gustav von Aschenbach, le compositeur malade tombé amoureux d'un jeune éphèbe, dans *Mort à Venise,* de Luchino Visconti.

Dans les années 1970, les réalisateurs reconnus qui avaient donné le ton du cinéma ouest-européen de l'après-guerre furent peu à peu éclipsés par une nouvelle génération de cinéastes pleins d'avenir ayant des idées et des attitudes bien à eux. En Allemagne (voir p. 326), la transition se fit relativement sans heurts, car au début de la décennie, il y avait peu de réalisateurs âgés d'envergure. Ailleurs, les choses se firent plus en désordre, car certains vieux maîtres – Luis Buñuel (1900-1983), Robert Bresson (1901-1999) ou Ingmar Bergman (1918-2007) – étaient encore en pleine possession de leurs moyens. Tous trois connurent une période faste. L'œuvre de Bergman datant de cette période compte *Cris et Chuchotements* (1972, voir p. 324), qui est peut-être son film psychologiquement le plus pénible, et *la Flûte enchantée* (1975), que beaucoup considèrent comme le plus bel exemple d'opéra filmé. Bresson élargit l'éventail de sa thématique avec *Quatre Nuits d'un rêveur* (1971), d'après Dostoïevsky, et *le Diable probablement* (1977), une fable morale impitoyable. Dans ses derniers films, notamment *le Charme discret de la bourgeoisie* (1972, à droite) et *Cet obscur objet du désir* (1977), Buñuel fut plus provocateur que jamais.

D'autres cinéastes, en revanche faiblissaient. *Profession : reporter* (1975) devait ainsi se révéler être le dernier grand film de Michelangelo Antonioni (1912-2007). Il en alla de même pour Michel Cacoyannis (1922-2011), dont *Iphigénie* (1976) vint clore la trilogie consacrée à la Grèce antique. Tournée pour la télévision, *Parade*

REPÈRES

1970	1972	1972	1973	1973	1974
Sortie de *Tristana,* le film de Luis Buñuel ayant pour vedettes Catherine Deneuve et Franco Nero.	Sexe, beurre et Marlon Brando : *le Dernier Tango à Paris,* de B. Bertolucci, fait plus de gros titres dans la presse internationale que n'importe quel film antérieur tourné dans une autre langue.	L'inquiétude face à la corruption qui gangrène l'Italie nourrit *l'Affaire Mattei,* de Francesco Rosi, qui a pour vedette Gian Maria Volonté et remporte une récompense à Cannes.	*L'Esprit de la ruche,* premier long-métrage de l'Espagnol Victor Erice, révèle un nouveau grand talent.	Dans *Amarcord,* Federico Fellini retrouve un peu de son ancienne magie.	Inspiré d'un roman de Georges Simenon, le premier film de Bertrand Tavernier, *l'Horloger de Saint-Paul,* lui vaut un prix et fait de lui un réalisateur à suivre.

(1974), la dernière réalisation de Jacques Tati (1907-1982), déçut beaucoup, alors que *Trafic* (1971) témoignait encore de son génie passé ; quant au dernier film de Jean-Pierre Melville (1917-1973), *Un flic* (1972), il donne un sentiment de lassitude. Plusieurs grands cinéastes moururent avant la fin de la décennie, après avoir livré leur dernière œuvre. Le cinéma italien, en particulier, perdit certaines de ses icônes : Roberto Rossellini (1906-1977), Vittorio De Sica (1901-1974), Pier Paolo Pasolini (1922-1975) et Luchino Visconti (1906-1976), qui approcha le sommet de son génie avec *Mort à Venise* (1971, ci-dessous) et *Violence et Passion* (1974).

En France, les anciens lions de la Nouvelle Vague (voir p. 248) continuèrent à développer leurs styles particuliers. Claude Chabrol (1930-2010) entama une décennie prolifique avec l'un de ses meilleurs films, le très hitchcockien *le Boucher* (1970, à gauche), et François Truffaut (1932-1984) obtint un immense succès au box-office grâce à *la Nuit américaine* (1973), où le cinéma se prend lui-même pour objet. Mais Chabrol et Truffaut furent éclipsés par la qualité plus consistante des réalisations d'un de leurs collègues des *Cahiers du Cinéma*, Éric Rohmer (1920-2010), qui termina sa série des « Six contes moraux » par *le Genou de Claire* (1970, voir p. 320) et *l'Amour l'après-midi* (1972). Avant d'inaugurer, dans les années 1980, sa série de « Comédies et Proverbes », Rohmer se livra à deux adaptations littéraires, *la Marquise d'O...* (1976) et *Perceval le Gallois* (1978). La seule œuvre authentiquement commerciale réalisée à cette période par Jean-Luc Godard (né en 1930) fut *Tout va bien* (1972) – avec Yves Montand et Jane Fonda – tandis que Jacques Rivette (né en 1928) atteignit l'apogée de son expérimentalisme badin dans *Céline et Julie vont en bateau* (1974).

Le triste déclin de Jacques Demy (1931-1990) se poursuivit avec le conte de fées *Peau d'âne* (1970), qui se veut proche de Cocteau. Agnès Varda (née en 1928) tourna peu dans les années 1970, mais *L'une chante, l'autre pas* (1977) offrit un point de vue passionnément romantique sur les bouleversements liés au féminisme. Dans *Stavisky* (1974), Alain Resnais (né en 1922) livra un récit à l'élégance glacée d'un scandale politique français des années 1930, tandis que *Providence* (1977), son premier film en anglais, entreprit un voyage hanté par l'imaginaire dans l'esprit d'un écrivain mourant.

D'autres cinéastes abordèrent des sujets sociaux, politiques et historiques. *Le Voyage des comédiens* (1975) fit la réputation de Theo Angelopoulos (né en 1935), internationalement célèbre pour la complexité de ses films enracinés dans l'histoire grecque. Une sympathie marquée pour les classes pauvres, alliée à des préoccupations sociales, imprègne des films italiens comme *l'Arbre aux sabots* (1978), d'Ermanno Olmi (né en 1931), et *Padre padrone* (1977), des frères Paolo et Vittorio Taviani (nés en 1931 et en 1929), tandis que *l'Affaire Mattei* (1972), de Francesco Rosi (né en 1922), présente une enquête corrosive sur la corruption politique. Constantin Costa-Gavras (né en 1933), le cinéaste d'origine grecque naturalisé français, construisit toute sa carrière sur des films consacrés à des injustices d'État. Dans les années 1970, il tourna *l'Aveu* (1970), violente critique

1975

Le troisième film du grec Theo Angelopoulos, *le Voyage des comédiens*, confirme le talent exceptionnel de son réalisateur et la grande originalité de son style.

1975

L'assassinat de Pier Paolo Pasolini prive le cinéma italien d'un réalisateur considéré comme un auteur fondamental dès ses débuts, en 1961.

1977

En conclusion d'une longue carrière qui lui avait valu le plus grand respect, le surréaliste Luis Buñuel réalise son dernier film, *Cet obscur objet du désir*, acclamé par la critique.

1977

Claude Goretta (né en 1929) tourne *la Dentellière*, qui vaut à Isabelle Huppert une reconnaissance internationale.

1978

La Cage aux folles, une comédie d'Édouard Molinaro (né en 1928) sur l'homosexualité, montre les meilleurs aspects du cinéma populaire français.

1978

L'Arbre aux sabots, où Ermanno Olmi décrit longuement et en détail la vie de paysans du XIXe siècle, devient son plus grand succès.

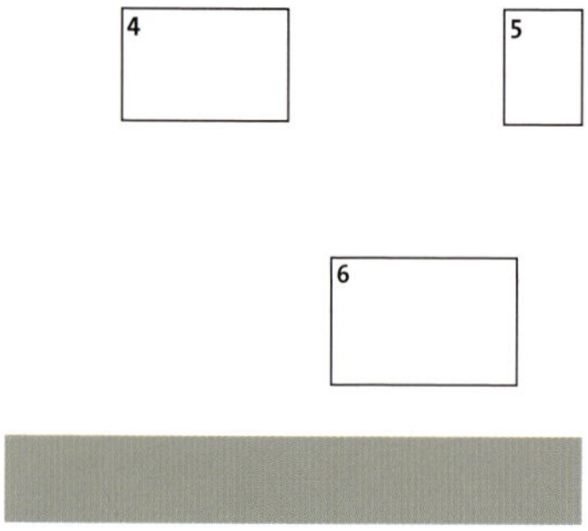

4 Plusieurs événements publics, dont un bal, un feu de joie, un défilé et une course de voiture, ponctuent *Amarcord*, le film doux-amer de Federico Fellini évoquant son enfance, à Rimini, avant la guerre.

5 L'affiche originale espagnole de *l'Esprit de la ruche*, qui raconte comment la vie d'une jeune fille est bouleversée après qu'elle a vu le classique *Frankenstein* (1931, voir p. 92).

6 *Salo ou les 120 journées de Sodome*, de Pier Paolo Pasolini, est une exploration violente, aux scènes érotiques très explicites, des abîmes moraux inhérents à la nature humaine, sur l'arrière-plan historique du fascisme.

du communisme praguois située en 1951, *État de siège* (1972), qui prend pour cible l'implication de la CIA en Uruguay, et *Section spéciale* (1975), qui traite des tribunaux d'exception du régime de Vichy.

Plus éclectique que jamais, Louis Malle (1932-1995) passa des thèmes politiques et historiques à des drames familiaux intimes. Dans *Lacombe Lucien* (1974), il aborde le sujet du fascisme français sous l'Occupation, tandis qu'avec *le Souffle au cœur* (1971), il choqua la bourgeoisie française par sa description bienveillante d'une relation incestueuse entre une mère et son fils. Dans le même esprit, *Amarcord* (1973, ci-dessus), de Federico Fellini (1920-1993), évocation stylisée de la ville natale du réalisateur à l'époque fasciste, est un film magistral.

Pour certains réalisateurs, le privé s'identifie au politique. Marco Ferreri (1928-1997) suscita l'inquiétude des censeurs par ses allégories de la cupidité capitaliste – par exemple l'orgie de sexe et de gloutonnerie de *la Grande Bouffe* (1973) ou celle, plus sophistiquée encore, de *la Dernière Femme* (1976). Mais le scandale provoqué par ces deux films ne fut rien en comparaison de la fureur qui se déchaîna contre *le Dernier Tango à Paris* (1972), de Bernardo Bertolucci (né en 1940). Stigmatisé comme obscène par les tribunaux italiens, il fit les choux gras de la presse grâce à la présence de Marlon Brando. La carrière de Bertolucci prit dès lors une dimension internationale, au grand regret des admirateurs de ses films bien plus subtils, comme *le Conformiste* (1970, voir p. 322) et *la Stratégie de l'araignée* (1970). Le dernier film de Pier Paolo Pasolini – *Salo ou les 120 journées de Sodome* (1975, à droite), qui transposait les excès du marquis de Sade dans l'éphémère République instaurée en Italie du nord par Mussolini, en 1944 – obtint presque la même notoriété que le film de Bertolucci. Lui aussi très doué pour déranger le public, Jean Eustache (1938-1981) offrit des études objectives de la sexualité dans *la Maman et la Putain* (1973) et *Une sale histoire* (1977).

De manière plus ou moins explicite, plusieurs de ces films réagissaient à l'émergence du féminisme. Au cours des années 1970, des réponses plus réfléchies apparurent dans l'œuvre de plusieurs réalisatrices d'Europe de l'Ouest. La norvégienne Anja Breien (née en 1940) obtint un beau succès grâce au féminisme enjoué de *Hustruer* (1975). La théâtralité mélodramatique de films italiens comme *Portier de nuit* (1974), de Liliana Cavani (née en 1933), et *Vers un destin insolite, sur les flots bleus de l'été* (1974), de Lina Wertmüller (née en 1926), offre un contraste saisissant avec le minimalisme qui caractérise les films de la dramaturge française Marguerite Duras (1914-1996), par exemple *India Song* (1975), ou encore l'étude de la prostitution bourgeoise proposée par Chantal Akerman (née en 1950) dans *Jeanne Dielman, 23 Quai du Commerce,*

1080 Bruxelles (1975). Plusieurs actrices se tournèrent vers la mise en scène, notamment Gunnel Lindblom (née en 1931), qui décrivit les détraquements d'une famille suédoise dans un film au titre ironique, *Paradis d'été* (1976).

En Espagne, Carlos Saura (né en 1932), qui avait commencé sa carrière de réalisateur en 1960, poursuivit sa critique indirecte du régime fasciste de son pays ; la fable cruelle *Cria cuervos* (1976) reste son film le plus mémorable de la période. Le drame paysan *Furtivos* (1975), de José Luis Borau (né en 1929), sorti en salles quelques semaines avant la mort de Franco, offrait une allégorie de la vie sous le gouvernement du dictateur vieillissant. Le premier long-métrage de Victor Erice (né en 1940), *l'Esprit de la ruche* (1973, ci-contre), suscita un vif débat. Il met en scène la remarquable actrice Ana Torrent, à l'époque encore toute jeune, et se prête, par-delà son étude de l'enfance, à une multiplicité d'interprétations ; il fit d'Erice un réalisateur n'ayant que Terrence Malick (né en 1943) pour égal dans sa capacité à obtenir autant d'estime pour un œuvre si réduit.

Les jeunes réalisateurs européens des années 1970 ne s'opposaient pas tous à la production de leurs aînés ; certains voulurent poursuivre et développer une tradition. Deux cinéastes français, qui avaient appris leur métier auprès de leurs collègues de la Nouvelle Vague, firent alors leurs débuts. Claude Miller (né en 1942) tourna ainsi sous l'influence de Truffaut *La meilleure façon de marcher* (1976), un drame situé dans un camp de vacances et consacré aux troubles de l'adolescence, puis *Dites-lui que je l'aime* (1977), un thriller psychologique très chabrolien. Dans le même temps, Bertrand Tavernier (né en 1941) entamait une brillante carrière avec *l'Horloger de Saint-Paul* (1974), subtile adaptation d'un roman de Georges Simenon, pour manifester ensuite un éclectisme proche de celui de Louis Malle dans deux drames historiques très différents l'un de l'autre, *Que la fête commence...* (1975) et *le Juge et l'Assassin* (1976).

Toutefois, certains cinéastes furent tout simplement trop singuliers pour se laisser enfermer dans une catégorie quelconque. Maurice Pialat (1925-2003), qui devait plus tard donner de très beaux rôles à Isabelle Huppert et Gérard Depardieu dans *Loulou* (1980), se fit une réputation d'auteur de films rudes et acerbes, par exemple l'autobiographique et nauséeux *Nous ne vieillirons pas ensemble* (1972). Aussi inconfortables à regarder que, selon la rumeur, inconfortables à tourner, ces films traduisaient cependant bien l'esprit d'une décennie troublée. **M. S.**

Le Genou de Claire 1970

ÉRIC ROHMER 1920-2010

▲ Aurora (A. Cornu) inspecte les doigts de Claire, blessée lors d'une partie de volley-ball.

▼ L'affiche montre un regard de voyeur.

Les six films formant le cycle des « contes moraux » d'Éric Rohmer (1963-1972) ont tous pour sujet la façon dont le désir peut venir perturber un équilibre moral. Impitoyablement cultivés, sournoisement érotiques, de dimensions modestes, ils consistent en variations subtiles sur un thème presque identique, dont Rohmer a reconnu qu'il lui fut inspiré par *l'Aurore* (1927, voir p. 70), de F. W. Murnau (1888-1931) : un garçon a une petite amie, rencontre une autre fille, envisage de se mettre en couple avec elle et finit par revenir à la première, mais avec moins d'enthousiasme. Ce schéma permit à Rohmer d'étudier les interférences du contexte – époque, lieu, environnement – et la façon dont il subvertit, favorise ou empêche l'idylle.

Le Genou de Claire est une œuvre ironique et bavarde qui, comme le précédent de la série, *la Collectionneuse* (1967), se déroule au cours d'un séjour de vacances. Jérôme (Jean-Claude Brialy), un diplomate sur le point de se marier, va à Annecy vendre une propriété et s'y retrouve en proie à une tentation érotique qui prend la forme d'adolescentes, Laura (B. Romand) et Claire (L. de Monaghan) , dont le genou provoque chez lui une fixation presque fétichiste.

Délaissant les angoisses de Jérôme et ses méthodes, risiblement hautaines, d'auto-justification, Rohmer construit une intrigue complexe et ambiguë en opposant l'expressivité fleurie du langage à la réalité des sentiments vécus. Lorsque Jérôme parvient à poser la main sur le genou de Claire, il se produit une décharge de tension érotique, même si les spectateurs restent libres de prendre pour argent comptant ou non l'aimable perversité de sa mésaventure. **D. J.**

LES SCÈNES PRINCIPALES

1 LE LAC D'ANNECY
Nestor Almendros, le photographe de Rohmer, saisit le charme du lac d'Annecy sobrement. Le voyage de Jérôme en bateau à moteur souligne combien les propriétés isolées du bord de l'eau se prêtent aux idylles clandestines.

2 LE TEMPS
Rohmer insère des cartons indiquant le jour et la date. Du point de vue dramatique, ce procédé donne au film sa structure de base et pose une limite temporelle aux aventures de Jérôme, le forçant ainsi à réaliser ses fantasmes avant que les occasions ne s'évanouissent.

3 LE BAISER
Jérôme, qui flirte avec l'adolescente Laura, tente de lui voler un baiser. La jeune fille commence par se prêter au jeu, puis se dérobe. « Ne pouvons-nous pas continuer à jouer ? », lui demande Jérôme. « Non, lui répond-elle, j'aimerais un amour sérieux. »

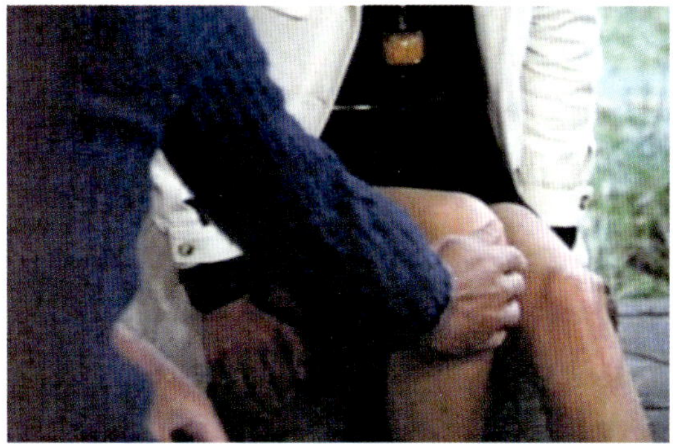

4 UN CONTACT PHYSIQUE
Jérôme surprend le petit ami de Claire en pleine intimité avec une autre jeune fille. Révélant à Claire la duplicité de son fiancé, il pose la main sur son genou. On apprendra qu'il a attribué au petit ami en question sa moralité douteuse.

LE RÉALISATEUR

1920-1949
Né à Tulle, Maurice Henri Joseph Schérer adoptera le nom d'Éric Rohmer en hommage au réalisateur Erich von Stroheim et à l'auteur Sax Rohmer. Il s'installe à Paris durant son adolescence et entreprend une triple carrière de professeur de littérature, de reporter et de romancier. En 1946, il publie son unique roman, *Élisabeth*, sous le pseudonyme de Gilbert Cordier.

1950-1962
Il travaille comme critique cinématographique et collabore, sous la direction d'André Bazin, aux *Cahiers du Cinéma*. Lui-même rédacteur en chef de la revue entre 1956 et 1963, il contribue à la définition théorique du cinéma d'auteur et tourne cinq courts-métrages avant 1958, dont le premier est *Journal d'un scélérat*, en 1950. Il réalise son premier long-métrage, *le Signe du lion*, en 1959, et devient l'un des pères fondateurs de la Nouvelle Vague (voir p. 248).

1963-1973
Tout en travaillant pour la télévision, il réalise sa première série de films, centrée sur des personnages masculins et intitulée « Six contes moraux », qu'inaugure *la Boulangère de Monceau* (1963) et que parachève *l'Amour l'après-midi* (1972). *Ma nuit chez Maud* (1969), qui lui vaut deux nominations aux oscars, assoit définitivement sa réputation.

1974-1987
Il réalise sa deuxième série des films, les « Comédies et Proverbes » (1981-1987), plutôt centrée sur des personnages féminins ; elle comprend en particulier *Pauline à la plage* (1983) et *le Rayon vert* (1986).

1988-2010
Dans les deux dernières décennies de sa vie, Rohmer réalise une tétralogie de films autour du thème des saisons, un film historique à décors de synthèse (*l'Anglaise et le Duc*, 2001), un thriller politique (*Triple Agent*, 2004) et une pastorale excentrique (*les Amours d'Astrée et de Céladon*, 2007). Il meurt à Paris, à l'âge de quatre-vingt-neuf ans.

Le Conformiste 1970

Il conformista BERNARDO BERTOLUCCI né en 1940

▲ Marcello Clerici – un homme pétri de contradictions – rend visite à sa fiancée.

▼ Violence, sexualité et conservatisme, innés chez Marcello, mènent l'intrigue.

À la fois thriller intellectuel et film néo-noir, *le Conformiste* s'inspire d'un roman de Moravia situé dans les années 1930 et dont le personnage principal, Marcello Clerici, se porte volontaire pour commettre un assassinat commandité par les fascistes. Il s'agit de la contribution visuellement la plus éblouissante, structurellement la plus précise et intellectuellement la plus exigeante du réalisateur à l'expérimentalisme formel et à la thématique politique revendiquée du cinéma de l'époque.

Ce film, tourné à Paris et à Rome, offre un exemple précoce et réussi de co-production internationale dans la carrière de Bertolucci. Gaston Moschin apporta une touche d'inquiétante bouffonnerie à son interprétation du fasciste Manganiello, l'ange-gardien de Clerici, et Dominique Sanda dégage un érotisme enjôleur et une vulnérabilité émotionnelle dans le rôle d'Anna, l'épouse du professeur Quadri, la cible des assassins. Avec sa suavité, son intelligence discrète et sa capacité à masquer ses émotions, Jean-Louis Trintignant incarne le personnage de Clerici, les illusions d'un homme arraché à la vie normale par les déchirements et la violence de l'Histoire de son pays, par son sentiment de culpabilité lié à ses pulsions meurtrières et sexuelles, par les privilèges discutables de son riche milieu social et les troubles psychiques de ses parents.

Bertolucci confère une profondeur psychologique, une dimension onirique et un symbolisme fragmentaire à sa description du fascisme, réalisant une enquête sur le passé fasciste de son pays, son héritage actuel et les motivations complexes sous-jacentes à l'engagement politique. **W. H.**

LES SCÈNES PRINCIPALES

1 L'OMBRE D'UN TUEUR
Devant l'Hôtel d'Orsay, à Paris, Clerici attend son complice fasciste, Manganiello. Leur victime désignée, l'agitateur anti-fasciste en exil Quadri (Enzo Tarascio), s'est échappée. Au cours de la poursuite, Clerici revoit les moments principaux de son passé troublé.

2 LA FIGURE DU PÈRE
Après avoir fini par retrouver Quadri à Paris, Clerici évoque devant son ancien mentor le mythe platonicien de la caverne et son allégorie de la vérité et de l'illusion. Quadri lui dit qu'il ne parle pas en fasciste convaincu et se décide à lui faire de nouveau confiance.

3 « TOI AUSSI, BRUTUS ? »
Clerici et Manganiello rattrapent Quadri, qu'une multitude d'assaillants, dans une scène rappelant *Jules César*, frappe de coups de couteau. Anna se précipite sur la voiture de Clerici, lui demande une aide qu'il lui refuse, et la jeune femme est assassinée elle aussi.

LE RÉALISATEUR

1940-1963
Né à Parme, Bernardo Bertolucci est présenté par son père, critique cinématographique, au réalisateur Pier Paolo Pasolini, qui l'engage pour collaborer à *Accattone* (1961) et rédiger le scénario de son premier long-métrage, *La commare secca* (1962).

1964-1970
Il poursuit l'exploration de sa thématique politique de gauche et de ses obsessions freudiennes dans *Prima della rivoluzione* (1964), qui lui vaut une nomination aux oscars, *Partner* (1968), *la Stratégie de l'araignée* (1970) et *le Conformiste*. Tous ces films accroissent sa réputation auprès de la critique internationale.

1971-1977
Le Dernier Tango à Paris (1972) lui apporte un succès à la fois commercial et critique – et une notoriété mondiale pour son approche très crue de la sexualité. *1900* (1976), son premier film à gros budget et à grand spectacle, est un échec au box-office.

1978-1993
Après avoir travaillé avec la scénariste britannique Clare Peploe à *La luna* (1979), Bertolucci collabore avec son frère Mark et le producteur Jeremy Thomas au *Dernier Empereur* (1987), qui lui vaut un oscar, et aux deux autres volets de sa trilogie « orientale », *Un thé au Sahara* (1990) et *Little Buddha* (1993).

de 1994 à nos jours
Il travaille à des projets commercialement moins risqués, mais toujours aussi personnels, comme l'idylle toscane *Beauté volée* (1996) et sa description des événements de 1968, *Innocents* (2003).

LE « CINÉMA BLEU »

Avec *le Conformiste,* Bertolucci inaugura une association durable avec plusieurs collaborateurs, dont le directeur de la photographie Vittorio Storaro (ci-dessous), qui contribuèrent à huit de ses films. Ses discussions avec Storaro avaient pour thèmes principaux la lumière, la couleur et la composition. Bertolucci choisissait les lentilles, les mouvements de caméra, la relation de cette dernière avec les personnages, et « tout le reste relevait du travail créateur du directeur de la photographie ». *Le Conformiste* donna à Storaro « l'occasion de découvrir les vibrations et les émotions inhérentes à la couleur bleue », dont les froides textures et les connotations imprègnent le film. Elle crée également le contraste entre le rouge chaud des scènes qui ont été tournées à Paris et la monumentalité inhospitalière des « décors » fascistes de Sabaudia.

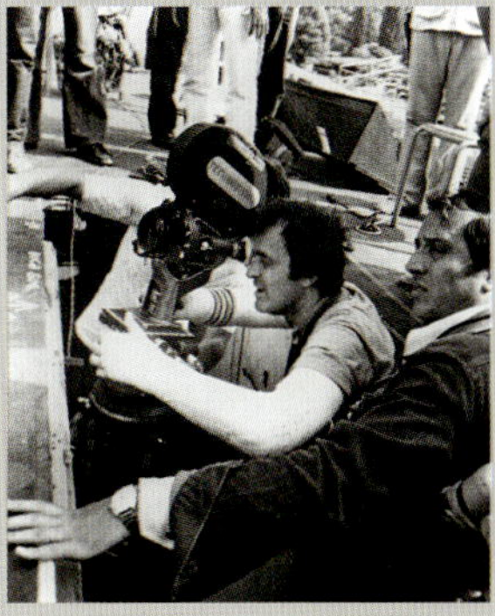

Cris et Chuchotements 1972

Visknigar och rop INGMAR BERGMAN 1918-2007

▲ Rentrée pour sa jeune sœur mourante, Maria (Liv Ulman) songe au passé.

▼ L'affiche du film montre les trois sœurs – vêtues de blanc – au temps du bonheur.

Quelques-uns des thèmes d'Ingmar Bergman, futilité de l'amour, impossibilité d'une communication authentique, inaccessibilité de la foi sont analysés avec précision dans *Cris et Chuchotements*. Son statisme et sa description du délitement d'une famille évoquent *les Trois Sœurs* d'Anton Tchékhov et les réalisations de Yasujiro Ozu (1903-1963). Pourtant, *Cris et Chuchotements* marque un moment de renouveau créateur et de vigueur chez Bergman – la fluidité des flashbacks, la sensualité des gros plans et la somptuosité des couleurs saturées définissant un psychodrame riche et rigoureux.

Bergman déclara qu'il aurait pu imaginer ses films en noir et blanc sauf celui-ci, où la séduction du style façonne le contenu. Sven Nykvist, le photographe du réalisateur, mena trois semaines d'expérimentations pour saisir les nuances de rouge – la couleur du sang, de la passion et (pour Bergman) de l'âme – destinées au décor où les femmes, vêtues d'un blanc éclatant, errent à la dérive.

Karin (I. Thulin) et Maria (L. Ullmann) prodiguent leurs soins à leur sœur mourante, Agnes (H. Anderson), mais c'est la domestique, Anna (K. Sylwan), qui lui apporte le plus de réconfort. *Cris et Chuchotements* décrit un monde en proie à la douleur. Les séquences oniriques et flashbacks montrent comment le passé et le présent s'entremêlent, et offrent une explication de la paralysie émotionnelle à laquelle nous assistons. Bergman conçoit rarement un monde privé d'espoir et le film s'achève sur un moment de grâce. Anna lit un passage joyeux du journal intime d'Agnes et un flashback montre la déambulation bienheureuse des trois sœurs dans le flamboiement automnal d'un parc. **J. G.**

LES SCÈNES PRINCIPALES

1 LA MISE EN PLACE DU DÉCOR
Le film s'ouvre sur une séquence montrant une série d'horloges qui tictaquent et carillonnent, le temps en est l'un des thèmes. Maria dort dans une chambre rouge, Agnes est dans son lit, grimaçant de douleur. Le premier son humain du film est un râle d'agonie.

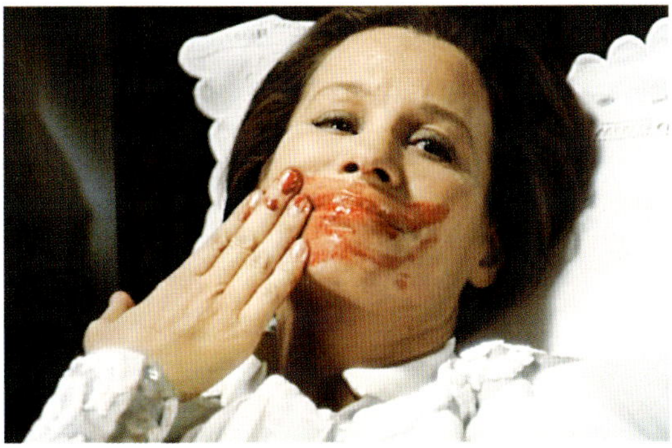

2 LE RÊVE DE KARIN
Traumatisée par son mariage sans amour, Karin fait un rêve. Elle s'introduit un éclat de verre entre les cuisses, entre dans la chambre de son mari et retrousse sa robe de nuit ensanglantée. Elle ajoute une touche d'horreur en se badigeonnant les lèvres de sang.

3 REVENUE DE LA MORT
Agnes meurt, mais elle ressuscite dans une séquence onirique. Maria s'enfuit lorsque Agnes l'embrasse. Un gros plan très original encadre le visage d'Agnes au moment où des larmes coulent de ses yeux. « Je suis morte, tu vois. Mais je n'arrive pas à dormir », dit-elle.

4 UNE ODE À LA JOIE
Anna lit un passage du journal d'Agnes : « Nous sommes même sorties faire une courte promenade. C'était un véritable événement... Toute ma douleur avait disparu. Les êtres que j'aime le plus au monde étaient avec moi. J'ai pensé : C'est vraiment cela le bonheur. »

LA COLLABORATION AVEC SVEN NYKVIST

Le photographe suédois Sven Nykvist (ci-contre, à droite) collabora pour la première fois avec Bergman en 1953, aux côtés de Hilding Bladh, lors du tournage de *la Nuit des forains* et devint le directeur de la photographie préféré du cinéaste. Bergman et Nykvist travaillèrent ensemble à plus de vingt films, notamment *À travers le miroir* (1961), *Persona* (1966), *Scènes de la vie conjugale* (1973) et *Fanny et Alexandre* (1982). Nykvist révolutionna l'utilisation du gros plan et fit renoncer Bergman aux compositions anguleuses de ses premiers films, au profit d'un éclairage simple et naturel. La richesse chromatique de *Cris et Chuchotements* et de *Fanny et Alexandre* lui valut deux oscars du meilleur photographe.

LE NOUVEAU CINÉMA ALLEMAND

1 À la poursuite de l'or : Lope de Aguirre (Klaus Kinski) recherche la ville perdue d'El Dorado dans *Aguirre, la colère de Dieu*, de Werner Herzog.

2 Le spectre du terrorisme – et la façon dont son traitement par les médias peut provoquer la panique publique – s'insinue dans *l'Honneur perdu de Katharina Blum*.

3 *Alice dans les villes*, de Wim Wenders, montre comment le journaliste Phil Winter (Rüdiger Vogler) est amené malgré lui à aider la jeune Alice (Yella Rottländer) à retrouver la trace de sa grand-mère.

Dans les années 1970, on assista, en République fédérale d'Allemagne, au renouveau le plus excitant du cinéma germanique depuis les années 1920, qui débuta en 1962, avec l'apparition du Jeune Cinéma allemand, suivie, la même année, de la signature du Manifeste d'Oberhausen par des réalisateurs tels Edgar Reitz (né en 1932) et Alexandre Kluge (né en 1932). À la fin des années 1970, plusieurs metteurs en scène allemands, parmi : lesquels Rainer Werner Fassbinder (1945-1982), Wim Wenders (né en 1945), Volker Schlöndorff (né en 1939), Werner Herzog (né en 1942) et Hans-Jürgen Syberberg (né en 1935), avaient désormais acquis une reconnaissance et une célébrité internationales et fait du Nouveau Cinéma allemand (l'expression fut employée pour la première fois au Festival du Film de New York, en 1967) un élément dynamique et influent du milieu cinématographique international.

Les critiques définissent en général le Nouveau Cinéma allemand à partir de quatre caractéristiques. La plupart de ses représentants étaient jeunes et n'avaient pas tourné de longs-métrages avant les années 1970. Le mouvement reprit en outre à la post-Nouvelle Vague française son insistance sur la maîtrise d'ensemble de son film par le réalisateur, l'adoption de nouvelles technologies, plus mobiles, et d'équipes réduites. Il fut aussi influencé par le cinéma américain, tant classique que moderne. Enfin, ce cinéma radical réagit contre les œuvres « commerciales » vieillies, discréditées et teintées de nazisme de la génération précédente (le « cinéma de papa ») : films nostalgiques sur la « patrie », westerns rances, thrillers à la manière d'Edgar Wallace, romances d'évasion, érotisme sage.

REPÈRES

1969	1970	1971	1972	1973	1974
Michael Kohlhaas, le rebelle, de Volker Schlöndorff, est présenté au Festival de Cannes. Rainer Werner Fassbinder débute avec *L'amour est plus froid que la mort*.	Scandale au Festival de Berlin : *O.K.*, de Michael Verhoeven (né en 1938), y propose une description controversée des atrocités américaines commises lors de la guerre du Viêt-nam.	*Fata Morgana* et *Au pays du silence et de l'obscurité*, de Werner Herzog, sortent en salles. Fondation de la coopérative de production Filmverlag der Autoren.	*L'Angoisse du gardien de but au moment du penalty*, de Wim Wenders, compte parmi les premières réalisations du Filmverlag.	*Aguirre, la colère de Dieu* vaut à Thomas Mauch le prix de la meilleure photographie aux German Film Awards.	Wim Wenders tourne *Alice dans les villes*. L'accord conclu entre le cinéma et la télévision inaugure une nouvelle ère de films allemands produits par cette dernière.

Ce caractère rebelle du Nouveau Cinéma allemand des années 1970 a été remis en question par certains critiques, qui mettent en avant : la nature apolitique et métaphysique de plusieurs films de Herzog, par exemple *Aguirre, la colère de Dieu* (1972 ; à gauche) ; la critique d'un média intrusif dans *l'Honneur perdu de Katharina Blum* (1975 ; ci-contre) ; l'absence de toute condamnation directe du nazisme dans des films comme *Allemagne, mère blafarde* (1980). Les films ouest-allemands du début des années 1970 trahissent encore l'influence de la décennie précédente, durant laquelle les réalisateurs s'étaient vus contraints de s'adapter à la situation alarmante, intellectuellement moribonde, de l'industrie cinématographique germanique. Cette industrie commençait à peine à se remettre de la Seconde Guerre mondiale et d'une reconstruction menée sous l'égide, et dans l'intérêt commercial, des forces alliées dominées par l'armée américaine. Elle était également affaiblie par un record historique (1963) de baisse de fréquentation des salles, et par la popularité de la télévision en RFA.

Au moins jusqu'à l'accord conclu en 1974 entre le cinéma et la télévision, plusieurs jeunes cinéastes travaillèrent à des productions estudiantines et à des courts-métrages ; leurs films, autofinancés ou bien subventionnés par l'État fédéral ou les Länder, à petit budget, indépendants et pour la plupart en noir et blanc, se caractérisent par leur formalisme expérimental. On citera la première collaboration de Wim Wenders avec le directeur de la photographie Robby Müller, *Un été dans la ville* (1970), séduisant road-movie dominé par le rock et la pop music. Avec ses interrogations existentielles, sa sensation de désarticulation, son goût de cinéphile pour le cinéma américain et ses évocations profondément

1975	1976	1977	1978	1979	1980
Le Droit du plus fort, de Fassbinder, et *l'Honneur perdu de Katharina Blum*, de Margarethe von Trotta, sortent en salles.	Sortie d'*Au fil du temps*, de Wim Wenders.	Des membres de la bande à Baader meurent à Stammheim. Augmentation des subventions de l'État fédéral à l'industrie cinématographique. *L'Ami américain*, de Wenders, sort en salles.	Sortie de *Hitler : un film d'Allemagne*, de Hans-Jürgen Syberberg. Coproduit avec la France, *Despar* est le premier film de Fassbinder à mettre en scène une distribution internationale.	60 cinéastes allemands signent la Déclaration de Hambourg, pour un « nouveau cinéma allemand ». *Nosferatu, fantôme de la nuit*, de Werner Herzog, est fraîchement accueilli.	Helma Sanders-Brahms (née en 1940) tourne *Allemagne, mère blafarde*. *Le Tambour* remporte l'oscar du meilleur film étranger.

senties de l'espace et du temps, ce film préfigure les obsessions thématiques des futures œuvres de Wenders, telle *Alice dans les villes* (1974 ; page précédente).

Parmi les premiers films de Werner Herzog, on compte sa description anarchiste de la rébellion d'une communauté de petites gens, *Les nains aussi ont commencé petits* (1970) et *Au pays du silence et de l'obscurité* (1971), consacré à Fini Straubinger, une femme sourde et aveugle de cinquante-six ans. Rainer Werner Fassbinder fit des débuts très remarqués avec *L'amour est plus froid que la mort* (1969), sombre incursion dans le monde des films américains de série B, que suivirent *le Soldat américain* (1970), récit chargé de références cinématographiques du retour d'un vétéran du Viêt-nam, et son premier film en couleurs, *Pourquoi monsieur R. est-il atteint de folie meurtrière ?* (1970), où Kurt Raab, un dessinateur d'apparence tranquille, commet un meurtre et se suicide.

Ces films firent l'objet d'attaques – pour leur manque de soumission au contrôle des autorités et leur penchant croissant à l'esprit critique – en réaction à ce que les différentes institutions dispensatrices de subventions considéraient, après 1968, comme une inacceptable position hostile à l'establishment, qui devait atteindre son apogée à la fin des années 1970. Wenders, Herzog, Fassbinder, Kluge et d'autres répondirent par la fondation, en 1971, de leur propre organisation de production, de distribution et de marketing, le Filmverlag der Autoren. Plusieurs de leurs meilleurs films furent réalisés sous cet étendard, notamment *Aguirre, la colère de Dieu* et *l'Énigme de Kaspar Hauser* (1974 ; voir p. 332), de Herzog, *Dans le danger et la plus grande détresse, le juste milieu apporte la mort* (1974), de Kluge, *Alice dans les villes* et *l'Ami américain* (1977), de Wenders, et *les Larmes amères de Petra von Kant* (1972 ; voir p. 330), de Fassbinder.

À mesure que les années 1970 passaient, la tâche que les cinéastes d'Allemagne de l'Ouest s'étaient fixée prit une dimension soit plus précise, soit plus internationale. Fassbinder aborda la situation des travailleurs étrangers dans plusieurs films, en particulier le très compatissant *Tous les autres s'appellent Ali* (1974), transposition du mélodrame de Douglas Sirk (1900-1987) *Tout ce que le ciel permet* (1955). Le rôle des femmes est analysé dans des films comme *Personnalité réduite de toutes parts* (1978), de Helke Sander (née en 1937), et *le Second Éveil de Christa Klages* (1978), de Margarethe von Trotta (née en 1942). La relation entre le terrorisme urbain et l'accroissement de la présence policière est examinée dans *l'Honneur perdu de Katharina Blum*, adaptation du livre homonyme de Heinrich Böll, dans *le Couteau dans la tête* (1978), de Reinhard Hauff (né en 1939), et dans *la Troisième Génération* (1979), de Fassbinder. Le débat sur l'héritage nazi est élargi par Hans-Jürgen Syberberg dans *Hitler : un film d'Allemagne* (1978), un très long film, à la fois essai et opéra, d'esprit brechtien.

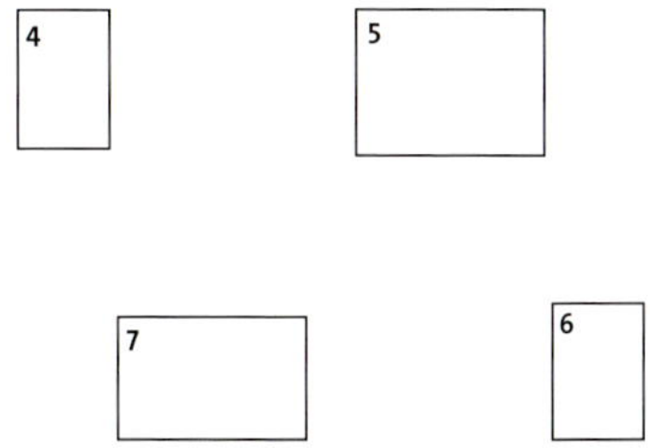

L'année 1977 fut d'une importance capitale, aussi bien pour l'Allemagne de l'Ouest que pour le Nouveau Cinéma allemand. Elle vit en effet l'enlèvement et l'assassinat de l'industriel Hanns-Martin Schleyer, le suicide de Gudrin Ensslin et la mort, à la prison de Stammheim, d'autres membres de la Fraction Armée Rouge (la « bande à Baader ») – autant d'événements que l'on considère en général comme marquant la fin, en Allemagne, de la « décennie de la terreur ». Dans le film collectif *l'Allemagne en automne* (1978 ; à gauche), Fassbinder, Reitz et Schlöndorff, entre autres, proposèrent chacun leur réaction à ces événements.

Le Nouveau Cinéma allemand atteignit alors son plus haut degré de reconnaissance. *Palermo* (1980), de Werner Schroeter (1945-2010), remporta l'ours d'or du Festival de Berlin un an après que *le Mariage de Maria Braun* (1979 ; à gauche) eut valu l'ours d'argent à Fassbinder ; *le Tambour* (1979 ; ci-dessus), un film de Schlöndorff, adapté du livre de Gunter Grass, obtint l'oscar du meilleur film étranger en 1980 ; et l'année suivante, *le Bateau* (1981), de Wolfgang Petersen (né en 1941), inspiré du roman de Lothar Buchheim, connut un succès considérable aussi bien en Allemagne qu'à l'étranger. Cependant, ce phénomène se produisit au moment où les voix les plus critiques et les plus radicales, qui venaient de contribuer à définir le Nouveau Cinéma allemand, étaient en cours de marginalisation, où ses expérimentations formelles connaissaient un coup d'arrêt et où ses représentants encourageaient ou imposaient des projets « acceptables », susceptibles de rehausser ou de « légitimer culturellement » l'image internationale du cinéma allemand. Certains acceptèrent de se plier aux exigences d'investisseurs étrangers ; d'autres, comme Wenders et Herzog, préférèrent émigrer pour continuer à faire de véritables films.

Toutefois, il faut aussi tenir compte de la collaboration continue, prolifique et durable, établie en Allemagne entre la télévision et le cinéma. En 1980, Fassbinder, sans doute le plus original, le plus productif et le plus influent des réalisateurs du Nouveau Cinéma allemand, tourna en Bavière son chef-d'œuvre, l'adaptation de *Berlin Alexanderplatz* (1929), d'Alfred Döblin, diffusé ensuite sur la chaîne du service public ADR. Fassbinder mourut en 1982 : on peut considérer que cette date marque la limite – bien que légèrement en retard – entre la fin d'une période qui vit, dans les années 1970, l'audacieux épanouissement du cinéma allemand, et le déclin de ce même cinéma, qui la suivit immédiatement. **W. H.**

4 Une affiche de *l'Allemagne en automne,* qui regroupe les contributions de plusieurs cinéastes renommés. En 1977, plus de la moitié de la production cinématographique germanique émanait du Nouveau Cinéma allemand.

5 Oskar Matzerath (David Bennent) – un petit garçon qui choisit de ne jamais grandir – et son objet de prédilection, dans *le Tambour,* de Volker Schlöndorff.

6 Le drame sous les vagues : l'affiche du film à succès de Wolfgang Petersen consacré à un sous-marin, *le Bateau.*

7 Maria (Hanna Schygulla) affronte son amant Hermann (Klaus Löwitsch), de retour du Canada, dans *le Mariage de Maria Braun,* où Fassbinder met en scène un des triangles amoureux.

Les Larmes amères de Petra von Kant 1972

Die bitteren Tränen der Petra von Kant RAINER W. FASSBINDER 1945-1982

▲ Petra et Sidonie discutent devant la reproduction d'un tableau de Nicolas Poussin, dans la chambre de Petra.

▼ Ce film, l'un des plus forts de Fassbinder, analyse la dynamique des liens entre désir et pouvoir dans les relations de Petra.

Rainer Werner Fassbinder autorisa d'abord l'adaptation de son œuvre sous forme de pièce de théâtre. Bien que le film se déroule dans un appartement et qu'il compte de nombreuses scènes aux longs dialogues, il s'agit d'une des réalisations les plus cinématiques de la carrière de son créateur. Influencée par les mélodrames de Douglas Sirk, son imagerie, aussi somptueuse que terrifiante, abonde en références aux styles les plus divers – comme si un marchand d'anxiété, C. T. Dreyer (1889-1968) ou I. Bergman (1918-2007), avait dû collaborer avec M. Powell (1905-1990) ou V. Minnelli (1903-1986).

Le personnage de la dessinatrice de mode Petra von Kant (Margit Carstensen) représente Fassbinder lui-même et son histoire peut être lue comme une allégorie de l'entourage du cinéaste. Sous l'effet de sa liaison naissante avec l'apprentie mannequin Karin (Anna Schygulla), Petra, la diva capricieuse, se met à maltraiter Marlene (Irm Hermann), son assistante silencieuse. Karin exploite Petra avant de la rejeter, provoquant un désespoir qui conduit la dessinatrice à s'aliéner sa mère, sa fille et sa sœur, et enfin à inciter Marlene à s'en aller.

Les profondeurs féroces des sentiments s'expriment à travers la remarquable performance des actrices – la tendance de Petra au monologue a pour pendant le silence de Marlene – et une imagerie haute en couleur, qui évoque les films de vampires. Insistant sur le désespoir de Petra, la caméra descend niveau du sol dans la section finale : les objets morcellent souvent les cadrages, tandis que des sons insistants accompagnent les scènes de séduction, les disputes et les effondrements émotifs. **K. N.**

LES SCÈNES PRINCIPALES

1 LA LARME DE MARLENE
Petra parle à Sidonie (Katrin Schaake) de l'échec de son mariage et se tracasse pour son maquillage tandis que la caméra approche du visage de Marlene, et y saisit le scintillement d'une larme. Fassbinder dédia le film à Peer Raben : « À celui qui devint ici Marlene. »

2 LA FEMME FATALE
Fassbinder offre à Karin une entrée de femme fatale parfaitement hollywoodienne, où l'impitoyable aspirant mannequin porte un col en plumes d'autruche. Karin exploite autant Petra que cette dernière exploite Marlene.

3 « SOUVENIRS DE MA JEUNESSE »
Petra, déguisée en Theda Bara, évoque les « souvenirs de ma jeunesse » et les sentiments qu'ils lui inspirent. Au premier plan, Karin danse pour séduire les frères Walker, tandis qu'à l'arrière-plan, Marlene cesse de taper à la machine pour lancer un regard furieux.

4 MENS-MOI
Bouleversée lorsque Karin fantasme délibérément à voix haute sur des relations sexuelles avec « un grand Noir à gros braquemart », Petra, coiffée d'une perruque orange, supplie sa maîtresse de lui mentir ; une simple larme la défigure.

LE RÉALISATEUR

1945-1968
Fils de l'actrice Liselotte Pempiet, Rainer W. Fassbinder intègre dès son adolescence le monde du théâtre ; il y approfondit les métiers les plus variés, de l'écriture à la mise en scène, en passant par le jeu, l'administration et la publicité.

1969-1971
Il tourne dix films, pour la plupart adaptés de ses pièces de théâtre, notamment *L'amour est plus froid que la mort* (1969), hué au Festival de Berlin, et *Prenez garde à la sainte putain* (1971). Avec *le Bouc* (1969), il aborde pour la première fois le thème de l'outsider aliéné plongé dans un environnement hostile, véritable leitmotiv de tout son œuvre. En 1971, *le Marchand des quatre saisons* reçoit un accueil des plus chaleureux.

1972-1975
Figure de premier plan du Nouveau Cinéma allemand, Fassbinder réalise des films novateurs, personnels et transgressifs, très influencés par le mélodrame hollywoodien, avec un ensemble d'acteurs qui vont et viennent dans son œuvre. On citera, entre autres, *les Larmes amères de Petra von Kant*, *Tous les autres s'appellent Ali* (1974), *Martha* (1974), *Effi Briest* (1974), *Fox* (1975) et *Maman Küsters s'en va au ciel* (1975).

1976-1982
Durant cette période, Fassbinder maintient un rythme de production élevé. Ses films vont désormais au-delà de ses préoccupations personnelles et constituent souvent des épopées consacrées à l'Allemagne contemporaine et aux troubles de son passé récent, par exemple *l'Année des treize lunes* (1978), *le Mariage de Maria Braun* (1979) – qui sera son plus grand succès – *Despair* (1978), *Lili Marleen* (1981), *Lola, une femme allemande* (1981), *le Secret de Veronika Voss* (1982) et *Querelle* (1982). Il meurt à trente-sept ans d'un arrêt cardiaque, alors qu'il travaillait à un film sur la vie de Rosa Luxemburg.

L'Énigme de Kaspar Hauser 1974

Jeder für sich und Gott gegen alle WERNER HERZOG né en 1942

▲ Werner Herzog confia aussi à Bruno S. le rôle principal de *la Ballade de Bruno* (1977).

▼ Le titre original se traduit littéralement par : « Chacun pour soi et Dieu contre tous. »

Ce deuxième long-métrage de Werner Herzog fit de lui l'un des grands visionnaires singuliers du cinéma moderne. On y retrouve deux de ses caractéristiques : l'utilisation de sources historiques ou documentaires détaillées – ici, celles qui sont relatives au destin de l'enfant trouvé apparu en 1828 dans une petite ville de Bavière après avoir passé sa vie dans une cave sombre, privé de contact avec le reste de l'Humanité – et un intérêt pour leurs implications métaphysiques et pour ce qu'elles révèlent de la condition humaine.

Le succès du film repose sur trois facteurs. En décrivant les cinq courtes années de « liberté » de Kaspar, Herzog manifeste sa maîtrise de la reconstitution historique et son respect pour cette démarche. En deuxième lieu, son choix inspiré, bien que risqué, de confier le rôle principal à un amateur – le chanteur des rues Bruno S. – et d'établir un contraste avec le travail maîtrisé, discipliné, des comédiens professionnels de la distribution donna toute son intensité à sa performance et ouvrit des canaux d'expression aussi peu orthodoxes que communicatifs et porteurs d'émotions. L'approche aventureuse de Herzog – son utilisation audacieuse de la musique classique, ses séquences oniriques vacillantes et les cadrages tendant vers le cinéma d'épouvante de son directeur de la photographie, Jörg Schmidt-Reitwein – pose entre le film et le spectateur une relation moins didactique que celle du cinéma « classique ». Tout, depuis les songeries humoristiques de Herzog sur la poursuite aveugle de l'intérêt particulier jusqu'au pathétique de la situation de Kaspar, en passant par le mystère de la destinée individuelle, trouvait ainsi moyen de s'exprimer. **W. H.**

LES SCÈNES PRINCIPALES

1 ÉTABLIR UN CONTACT

L'effrayant gardien (Hans Musäus) et futur assassin de Kaspar fait son apparition dans la cellule où le jeune homme a passé une partie de sa vie enchaîné et privé de contact avec le reste de l'Humanité, nourri au pain et à l'eau, avec un cheval de bois pour compagnon.

2 LA DÉCOUVERTE DE L'ENFANT TROUVÉ

Le 28 mai 1828, on découvre Kaspar errant seul dans les rues de Nuremberg ; incapable de se tenir et de prononcer le moindre mot – hormis « Je veux être cavalier comme mon père avant moi » –, il est conduit à la tour réservée aux criminels et aux fous.

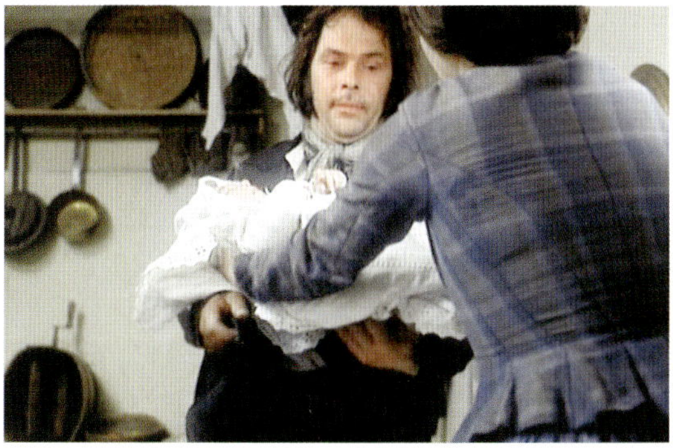

3 MÈRE, JE SUIS SI LOIN DE TOUT

Toujours à Nuremberg, Kaspar berce la fille de son geôlier compatissant (Volker Prechtel). Plus tard, on fait de lui une attraction de cirque, où il attire l'attention du bienveillant Pr Daumer (Walter Ladengast) et du veule lord Stanhope (Michael Kroecher).

4 UNE MORT ANNONCÉE

Mortellement blessé par un mystérieux assaillant dit « M. L. O. » (H. Musäus), Kaspar court dire adieu à ses bienfaiteurs, Daumer et Kathe (B. Mira). L'autopsie rassure la science médicale en révélant une déformation du foie et de l'hémisphère crânien gauche.

LE RÉALISATEUR

1942-1967

Né à Munich, Werner Herzog exprime son envie de voir le monde et son individualisme d'autodidacte par de multiples voyages en Europe et en Amérique du Nord et par plusieurs courts-métrages et documentaires autofinancés.

1968-1971

Encouragé par d'autres indépendants du Nouveau Cinéma allemand, dont Rainer W. Fassbinder, il tourne une série de films à petit budget peu distribués mais très impressionnants, parmi lesquels *Signes de vie* (1968), *Les nains aussi ont commencé petits* (1970), *Fata Morgana* (1971) et *Au pays du silence et de l'obscurité* (1971), caractérisés par une vision sombrement compatissante, presque métaphysique, de l'aliénation.

1972-1979

Herzog entame sa collaboration avec deux acteurs principaux atypiques, Klaus Kinski et Bruno S. : il obtient une célébrité internationale grâce à l'extraordinaire interprétation par Kinski d'un conquistador fou, dans *Aguirre, la colère de Dieu* (1972), et remporte le prix du jury à Cannes avec *l'Énigme de Kaspar Hauser*. Il tourne ensuite, entre autres, *Nosferatu, fantôme de la nuit* (1979), son chef-d'œuvre, et *Woyzeck* (1979), adaptation éblouissante de la pièce de Büchner.

1980-1987

Fitzcarraldo (1982), sa deuxième épopée historique située en Amérique du Sud – et avant-dernière collaboration avec Kinski – lui vaut le prix de la mise en scène au Festival de Cannes et constitue l'apogée de ses ambitions dans le domaine du long-métrage et de sa « monomanie » revendiquée. *Cobra Verde*, sa dernière collaboration avec Kinski, reçoit un accueil critique mitigé, connaît un destin commercial décevant et marque un point d'arrêt dans sa carrière.

de 1988 à nos jours

Après deux décennies consacrées au documentaire, Herzog fait un retour-surprise au cinéma narratif avec le thriller *Bad Lieutenant : Escale à la Nouvelle-Orléans* (2009) et *My Son, My Son, What Have Ye Done ?* (2009).

LE NOUVEAU CINÉMA D'ÉPOUVANTE

1 Le tueur psychotique de *Halloween, la Nuit des masques,* de John Carpenter, reste masqué jusqu'à la scène finale.

2 Dans *Carrie au bal du diable,* de Brian De Palma, le sang est une métaphore visuelle efficace des pouvoirs télépathiques de la reine du bal.

3 Les fantômes des jumelles Grady, assassinées, reviennent tout au long de *Shining,* dans des images obsédantes.

Les années 1970 sont celles de l'apogée du film d'horreur. Subversif, nihiliste et d'une immédiateté choquante, avec ses prises de vues très réalistes, le film apocalyptique de zombies *la Nuit des morts-vivants* (1968), de George A. Romero (né en 1940), suggérait que quelque chose n'allait vraiment pas aux États-Unis. « Vous regardez ces films et vous savez que vous êtes entre les mains d'un maniaque », déclara John Landis (né en 1950) à propos de la production de Wes Craven (né en 1939), David Cronenberg (né en 1943), Brian de Palma (né en 1940), David Lynch (né en 1946) et John Carpenter (né en 1948). Il s'agissait là d'un nouveau type de cinéastes, sensibles à l'influence de *Psychose* (1960, voir p. 296) ou de *Rosemary's Baby* (1968, voir p. 298), de la Nouvelle Vague (voir p. 248) et du contexte social, économique et politique. Il en résulta un excès de films commerciaux s'attaquant au mythe de la famille traditionnelle et s'attachant aux malades et aux pauvres.

Les studios Hammer produisirent quelques surprises, tel *Demons of the Mind* (1972), au cours de leur agonie prolongée ; la chute des maisons Tigon et Amicus fut pontuée par les films de Peter Walker (né en 1939), notamment *Flagellations* (1974). Deux films étonnants sortirent en 1973 : *Ne vous retournez pas,* de Nicolas Roeg (né en 1928), étude du chagrin et de la superstition, et *The Wicker Man* (voir p. 338), cauchemar païen d'un érotisme inquiétant.

Rosemary's Baby prépara le terrain d'un grand nombre de films à thème religieux. Les plus célèbres, *l'Exorciste* (1973, voir p. 336) et *la Malédiction* (1976),

REPÈRES

1970	1971	1972	1973	1974	1976
Avec *l'Oiseau au plumage de cristal,* Dario Argento (né en 1940) entame brillamment une carrière ponctuée par son obsession pour les meurtres de femme.	Dans le film d'horreur kitsch *l'Abominable docteur Phibes,* Vincent Price joue le rôle d'un homme qui se venge des médecins ayant bâclé l'intervention chirurgicale de son épouse.	*La Dernière Maison sur la gauche,* de Wes Craven, critique violemment le Flower Power et hausse d'un cran le degré de sauvagerie du cinéma d'épouvante.	La première incursion de Brian de Palma dans le genre du film d'horreur voyeuriste, *Sœurs de sang,* utilise des effets hitchcockiens d'écran divisé.	Le très violent *Black Christmas* adopte dans certaines scènes le point de vue du tueur. Tobe Hooper (né en 1943) place la barre encore plus haut dans *Massacre à la tronçonneuse.*	*Carrie au bal du diable* lance la mode des héroïnes adolescentes, des protagonistes doués de pouvoirs télépathiques ou psychiques et des adaptations d'après Stephen King.

sont représentatifs d'une nouvelle tendance à produire des films d'épouvante à gros budget avec des vedettes. *Les Dents de la mer* (1975, voir p. 364) et *Alien, le huitième passager* (1979) apportèrent du sang neuf aux films consacrés à des monstres, tandis que *Shining* (1980, ci-dessous) bénéficia de superbes décors, d'un financement prodigue, d'une technique impeccable et de la collaboration de deux stars, Jack Nicholson (né en 1937) et Stanley Kubrick (1928-1999). Avec *Carrie au bal du diable* (1976, ci-contre), qui reste la meilleure adaptation de Stephen King, Brian de Palma réalisa un film d'épouvante qui marqua un tournant dans le genre. Il s'agissait d'une œuvre prestigieuse aux yeux d'un public disposé à tous les sacrifices plutôt que de continuer à regarder d'abominables films de cannibales ou les sanglants *gialli* venus d'Italie.

On continua à produire des films d'horreur à gros budget jusqu'à une période avancée des années 1980, les studios s'efforçant d'accroître le succès du genre en adoucissant ses aspects effrayants et en lui ajoutant de l'humour, des effets spéciaux et des éléments amusants. Il en résulta des films sympathiques, visibles en famille ou entre amis, comme *Poltergeist* (1982) et *S.O.S Fantômes* (1984), qui apportèrent un contrepoint bienvenu aux réalisations stéréotypées apparues dans le sillage du remarquable thriller de John Carpenter *Halloween, la Nuit des masques* (1978, page de gauche). Par ailleurs, les progrès accomplis dans les effets prothétiques par des maquilleurs comme Rick Baker – *le Loup-garou de Londres* (1981) – et Rob Bottin – *la Chose* (1982) – étaient le signe de l'importance acquise par le film d'horreur. Apparurent des films d'épouvante intelligents et subversifs, comme *la Mouche* (1986, p. 430), de Cronenberg, et la fantaisie sadomasochiste *Hellraiser* (1987), de Clive Barker (né en 1952). **J. G.**

1978

Halloween, la Nuit des masques s'inspire de *Psychose* et des *gialli* de Mario Bava (1914-1980) et de Dario Argento pour définir le modèle du film d'horreur.

1981

John Landis mêle l'épouvante à la comédie dans *le Loup-garou de Londres*. Sortie en salles de *Hurlements* et de *Wolfen*.

1984

Les Griffes de la nuit, horreur fantasmatique, joue sur les peurs ancestrales. Au Royaume-Uni, le Video Recordings Act réglemente l'usage domestique de la vidéo.

1986

La Mouche, de David Cronenberg, sort en salles. *Blue Velvet*, de David Lynch, s'en prend violemment à la vie de famille.

1987

Peter Jackson (né en 1961) débute avec *Bad Taste*. *White of the Eye*, de Donald Cammel (1934-1996), poursuit les attaques contre la famille.

1989

Le film japonais cyberpunk *Tetsuo : The Iron Man*, de Shinya Tsukamoto (né en 1960), allie les influences de Cronenberg et de Lynch.

L'Exorciste 1973
The Exorcist WILLIAM FRIEDKIN né en 1935

▲ Le bien dans l'ombre, le mal en pleine lumière : le père Merrin affronte Regan.

▼ L'affiche joue sur des effets de clair-obscur pour créer un sentiment d'appréhension.

Jusqu'alors scénariste de comédie, William Peter Blatty s'inspira, pour son roman, de récits relatifs à des épisodes de possession et d'exorcisme survenus aux États-Unis en 1949. Bien que reposant sur une intrigue convenue, *l'Exorciste* est construit de manière plus sérieuse que des films comme *Dracula, prince des ténèbres* (1966). La controverse a fait rage des décennies entre William Friedkin, le scénariste Blatty et la Warner Bros. quant à sa forme finale et à sa signification théologique précise ; mais les spectateurs des années 1970 sortaient du film moins préoccupés par l'existence de Dieu que profondément effrayés par une succession habile de scènes choquantes recourant à une technologie de pointe.

La jeune Regan (Linda Blair) manifeste des symptômes qui pourraient dénoter aussi bien une adolescence très perturbée qu'une réelle possession par le diable (Pazuzu, le démon assyrien du vent). Les soins médicaux et psychiatriques ayant échoué, on fait appel à l'Église catholique, représentée par le père Karras (Jason Miller) et le père Merrin (Max von Sydow), un exorciste aguerri. L'adolescente est attachée à un lit (qui lévite), tandis que les religieux psalmodient leurs prières, dans une scène qui apparaît encore plus atroce de nos jours, après des décennies de scandales liés à la pédophilie de certains ecclésiastiques, qu'elle ne l'était à une époque où l'enjeu semblait être l'âme de la jeune fille et la grande bataille entre Dieu et le Diable. **K. N.**

LES SCÈNES PRINCIPALES

1 PAZUZU
Près des ruines de l'antique Ninive, le père Lankester Merrin, archéologue, découvre une statuette en pierre de ce qui semble être un démon grimaçant. Il trouve ensuite une statue du roi des démons, Pazuzu, dont le visage ressemble à celui de la statuette.

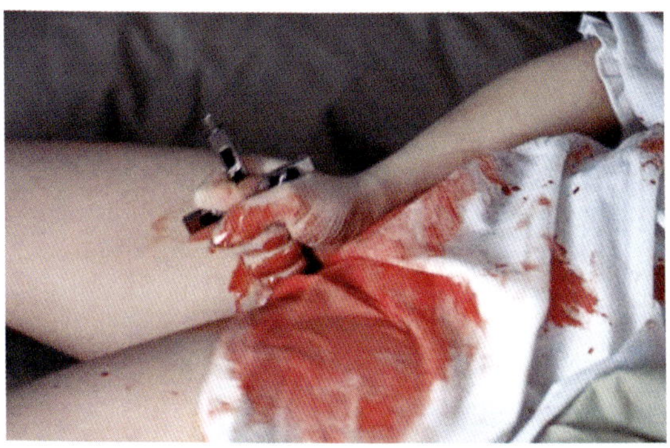

2 LE CRUCIFIX
Regan est ramenée chez elle après un séjour en clinique, sa mère la met au lit. Vient ensuite l'une des scènes les plus choquantes du film, durant laquelle Regan se livre avec le crucifix à une masturbation sanglante, qui symbolise la perte de sa virginité.

3 L'APPEL DE L'EXORCISTE
Dans ce plan qui servit à l'affiche du film, le père Merrin s'approche de la maison de Georgetown et lève les yeux vers les fenêtres éclairées. L'image tire autant sa force de ce qu'elle masque que de ce qu'elle révèle.

4 LE SACRIFICE
À l'issue d'un combat intense entre Regan, la possédée, Merrin et Karras, ce dernier accueille le démon en lui et se jette ensuite délibérément à travers la fenêtre, sauvant ainsi l'âme de la jeune fille au prix de sa propre vie.

LE RÉALISATEUR

1935-1970
Né à Chicago, d'un père travaillant pour la marine marchande, William Friedkin rejoignit la WGN TV après ses études. Il réalise plusieurs téléfilms – notamment, en 1965, l'un des derniers épisodes de la série *Alfred Hitchcock présente* (1965) –, fait ses débuts sur grand écran avec un long-métrage avec le duo Sonny and Cher – *Good Times* (1967) –, et tourne des films d'art et d'essai tirés de pièces de théâtre, tels *l'Anniversaire* (1968) et *les Garçons de la bande* (1970). Son seul film commercial de la période, la comédie musicale historique *The Night They Raided Minsky's* (1968), est un échec.

1971-1973
Son thriller *French Connection* (1971) reçoit cinq oscars, dont celui du meilleur metteur en scène, et obtient, de même que *l'Exorciste* (1973, nominé pour dix oscars), un immense succès commercial et critique ; ces deux films contribuent à l'introduction, dans leurs genres respectifs, d'un style intense, sans complaisance et de forme libre. Friedkin est désormais considéré comme l'un des principaux jeunes réalisateurs du Nouveau Hollywood, aux côtés de cinéastes comme Francis Ford Coppola (né en 1939) et Peter Bogdanovich (né en 1939).

1974-1980
Le Convoi de la peur (1977), remake du *Salaire de la peur* (1953, voir p. 196), met fin à la série de succès de Friedkin. Sa comédie policière *Têtes vides cherchent coffres pleins* (1978), consacrée au hold-up de la Brinks à Boston en 1950, est un échec au box-office. Friedkin suscite en outre la controverse avec *la Chasse* (1980), où Al Pacino joue le rôle d'un tueur en série homophobe.

de 1981 à nos jours
Malgré quelques films de qualité, en particulier le thriller glacé *Police fédérale Los Angeles* (1985) et *Bug* (2006), adaptation terrifiante d'une pièce de théâtre, Friedkin travaille surtout des projets peu à son goût – *la Nurse* (1990) ; *Jade* (1995) *du devoir* (2000) – ou pour la télévision : *C.A.T. Squad* ; (*CSI*). En 2000, un remake de *l'Exorciste* obtint à nou un succès considérable.

The Wicker Man 1973

ROBIN HARDY né en 1939

▲ À Summerisle, un rituel matinal de fertilité réunissant les femmes.

▼ L'affiche annonce le choc de la scène culminante du film.

Le film britannique *The Wicker Man* prend la religion au sérieux. Il oppose un sévère christianisme écossais presbytérien à un paganisme exubérant, tout en exposant leurs défauts respectifs. Spirituel, irrévérencieux, se délectant des estocades du débat doctrinal, le scénario d'Anthony Shaffer atteint son point culminant avec l'affrontement entre le sergent Howie (Edward Woodward), un policier complexé venu du continent, et le très raffiné lord Summerisle (Christopher Lee). « Et qu'en est-il du vrai Dieu ? Qu'en est-il de Lui ? », s'exclame à un moment Howie, consterné d'apprendre que l'érotisme païen constitue le credo officiel de l'île. « Il est mort », lui répond gaiement Summerisle ; « Et il n'a pas à se plaindre. On lui a laissé sa chance et, pour le dire en termes modernes, il l'a gâchée. »

The Wicker Man dédaigne les accessoires et les costumes gothiques des studios Hammer au profit de la clarté ensoleillée et limpide et de la floraison printanière des Hébrides. Tous les habitants de l'île mènent Howie, le pieux policier encore vierge, par le bout du nez.

Le principal atout du film est la froide intelligence du scénario de Shaffer. La religion de l'île offre le méli-mélo un peu fou auquel on pouvait s'attendre de la part d'un solennel libre-penseur de l'époque victorienne : un fatras de traditions antiques, de jargon druidique et de larges passages tirés du *Rameau d'or (The Golden Bough)*, de James Frazer. Mieux encore, il s'agit d'un film qui a le courage de ses opinions. Le spectateur s'attend à ce que les auteurs du film n'aillent pas jusqu'au bout, mais le sacrifice est consommé. **P. K.**

LES SCÈNES PRINCIPALES

1 LA FILLE DU PROPRIÉTAIRE
Arrivé à Summerisle pour y enquêter sur la disparition d'une jeune fille, Howie est choqué par la paillardise du pub de l'île, où les autochtones chantent crûment les louanges des attraits de Willow (Britt Ekland), la fille du propriétaire.

2 « ICI, LES ANCIENS DIEUX NE SONT PAS MORTS »
De plus en plus abasourdi et consterné par les attitudes et les spectacles que lui montre Summerisle, Howie affronte le propriétaire foncier de l'île, lord Summerisle, et apprend que le christianisme a été banni de l'île en faveur du paganisme.

3 LA TENTATION DU SERGENT HOWIE
Howie, qui désire rester chaste avant son mariage, se voit soumis à la tentation, qui prend la forme aguichante de Willow courant nue dans sa chambre. S'il avait succombé et perdu sa virginité, il n'aurait plus constitué une victime acceptable pour le sacrifice.

4 LE SACRIFICE
Prisonnier de la statue d'osier géante, Howie brûle en offrande au dieu soleil. Les propos de May Morrison (Irene Sunter) se révèlent sinistrement prophétiques : « Vous ne comprendrez tout simplement jamais la véritable nature du sacrifice. »

UNE VEDETTE : CHRISTOPHER LEE

1922-1956
Né à Londres d'un père britannique et d'une mère italienne, Christopher Lee sert dans la RAF durant la guerre ; il entreprend une carrière d'acteur et débute à l'écran dans *l'Étrange Rendez-vous* (1948), de Terence Young (1915-1994). Il joue un rôle dans le *Hamlet* (1948) de Laurence Olivier (1907-1989) et tourne dans environ trente films avant de signer avec les studios Hammer.

1957-1969
Il interprète le monstre dans *Frankenstein s'est échappé* (1957) et le rôle principal dans *le Cauchemar de Dracula* (1958) ; il rejouera ce personnage à six reprises, toujours pour les studios Hammer. Il obtient aussi les premiers rôles de *la Malédiction des pharaons* (1959), *Raspoutine, le moine fou* (1966) et *le Masque de Fu-Manchu* (1965, et trois suites).

1970-1974
Il joue le rôle de Mycroft, le frère de Sherlock Holmes, dans *la Vie privée de Sherlock Holmes* (1970), de Billy Wilder (1906-2002), et celui de l'ennemi de James Bond, Scaramanga, dans *l'Homme au pistolet d'or* (1974). En 1973, il tourne dans *The Wicker Man* (qu'il décrira plus tard chaleureusement comme « un film brillant »).

de 1975 à nos jours
Lee revient à des rôles sérieux vers la fin du XXe siècle et apparaît dans plusieurs films remarqués, dont *Sleepy Hollow, la légende du cavalier sans tête* (1999) et *Charlie et la chocolaterie* (2005). Parmi les rôles les plus remarquables de sa période tardive, on retiendra Saruman, dans la trilogie du *Seigneur des anneaux* (2001-2003, voir p. 530), le comte Dooku, dans deux épisodes du cycle de *la Guerre des étoiles* (2002-2005) et le rôle-titre de *Jinnah* (1998), le fondateur du Pakistan moderne, qu'il décrivit comme « ce que j'ai fait de mieux, de très loin ». En 2001, il reçoit le titre de Companion of the British Empire et, huit ans plus tard, celui de chevalier. Il continue à tourner chaque année dans plusieurs films, pour un total, à ce jour, de plus de deux cent soixante. Il a de nouveau collaboré avec les studios Hammer pour *The Resident* (2011).

LE FILM POLICIER HOLLYWOODIEN

1 Dans *l'Inspecteur Harry*, Clint Eastwood brandit un Magnum 44, son arme de prédilection censée être « le pistolet le plus puissant du monde ».

2 Richard Roundtree dans *Shaft*, archétype du « type cool ». *The from Shaft*, d'Isaac Hayes, remporta un Grammy Award et l'oscar de la meilleure musique originale.

3 *French Connection* fut un succès critique et commercial ; il remporta les oscars du meilleur film, du meilleur scénario et du meilleur acteur, pour l'interprétation de Popeye Doyle (Gene Hackman).

Les années 1970 s'ouvrirent sur le procès de Charles Manson, coupable de meurtres qui avaient frappé l'élite de Hollywood. Le cambriolage du Watergate jeta l'opprobre sur la présidence des États-Unis et l'impopulaire guerre du Viêt-nam s'acheva sur l'évacuation de Saïgon. Comme l'époque à laquelle ils appartiennent, les films policiers de cette période se caractérisèrent par la désillusion, la défiance envers l'autorité et la paranoïa.

Trois des grands classiques de la décennie observèrent la déchéance morale de la nation selon une optique historique. En offrant au monde *le Parrain* (1972, voir p. 342) et sa suite, *le Parrain 2e partie* (1974), Francis Ford Coppola (né en 1939) réinventa le film de gangsters pour en faire une sorte de grand opéra. Ces deux films montrèrent la place de la mafia au cœur de la vie américaine, et donnèrent une nouvelle signification au concept américain de la « famille ». *Chinatown* (1974, voir p. 344), de Roman Polanski (né en 1933), enquête aussi sur les fondements criminels de la société américaine, son récit de meurtre et d'inceste se déroulant sur l'arrière-plan de la corruption à Los Angeles.

Le manque de confiance en la justice constitue le thème de films policiers de la période. *L'Inspecteur Harry* (1971, ci-dessus), de Don Siegel (1912-1991), met en scène l'officier Harry Callahan (Clint Eastwood), qui arpente en solitaire les rues de San Francisco, à la poursuite d'un tueur en série sadique. *L'Inspecteur Harry* ne fait pas l'apologie de l'autodéfense ; il a pour sujet la synergie destructrice qui s'établit entre le policier et le psychopathe. Dans *French Connection* (à droite),

REPÈRES

1970	1971	1971	1972	1973	1974
Début du procès de Charles Manson. La Garde nationale tue quatre étudiants à l'université de Kent State.	William Friedkin tourne *French Connection*, qui remporte quatre oscars, dont celui du meilleur acteur pour Gene Hackman et celui du meilleur réalisateur.	Charles Manson et ses co-inculpés sont reconnus coupables de toutes les charges pesant contre eux. Sortie de *l'Inspecteur Harry*, et de *Klute*, d'Alan J. Pakula.	Cinq hommes sont arrêtés pour avoir cambriolé l'immeuble du Watergate. Mort de John Edgar Hoover. Richard Nixon est réélu président à une écrasante majorité.	Condamnation des cambrioleurs du Watergate. Le vice-président Agnew, coupable de corruption, de fraude fiscale et de blanchiment d'argent, démissionne.	Nixon démissionne le 9 août. Son successeur, Gerald Ford, lui accorde son pardon. Patty Hearst est kidnappée par l'Armée de libération symbionaise.

William Friedkin (né en 1935) présente la loi sous les traits de Popeye Doyle, un policier mal embouché, qui contraste avec le trafiquant de drogue raffiné dont il s'efforce de provoquer la chute.

Dans *le Privé* (1973), de Robert Altman (1925-2006), l'errance du détective de Raymond Chandler, Philip Marlowe, est située dans les années 1970. Le Marlowe d'Elliot Gould est hors de son temps, il fume cigarette sur cigarette en arpentant un Hollywood où la méthode d'un gangster pour extirper des informations consiste à improviser une orgie. Leigh Brackett avait déjà travaillé à une adaptation d'après Chandler, *le Grand Sommeil* (1946), et son scénario pour Altman saisit bien les modulations du culte du moi typique des années 1970.

L'essai *The « Me » Decade and the Third Awakening* (1976), de Tom Wolfe, qui s'efforce de définir le solipsisme de son époque, pourrait s'appliquer à la ville de Los Angeles telle que la décrit *le Privé*. Clint Eastwood (né en 1930) fit ses débuts de réalisateur avec *Un frisson dans la nuit* (1971) : il y analyse les mœurs de la « décennie du moi » et troque ses habits de héros de film d'action pour ceux d'un animateur de radio, don juan serein, amateur de jazz, déstabilisé quand l'admiratrice avec laquelle il a passé une nuit sombre dans une folie meurtrière.

L'évolution que connut la négritude au cours des années 1970 se refléta dans le phénomène de la « blaxploitation », la production d'une série de films visant un public noir. Le ton du genre fut donné par *Shaft, les nuits rouges de Harlem* (1971, ci-contre), du cinéaste afro-américain Gordon Parks (1912-2006), qui met en scène un charismatique détective privé noir, et par le plus ambigu *Super Fly* (1972), de Gordon Parks Jr (1934-1979), le fils de Parks, qui a pour héros un trafiquant de drogue des ghettos. La bande sonore des deux films inclut des morceaux de musique révolutionnaires, qui eurent autant de succès que les films eux-mêmes : *Shaft*, d'Isaac Hayes, et *Super Fly*, de Curtis Mayfield.

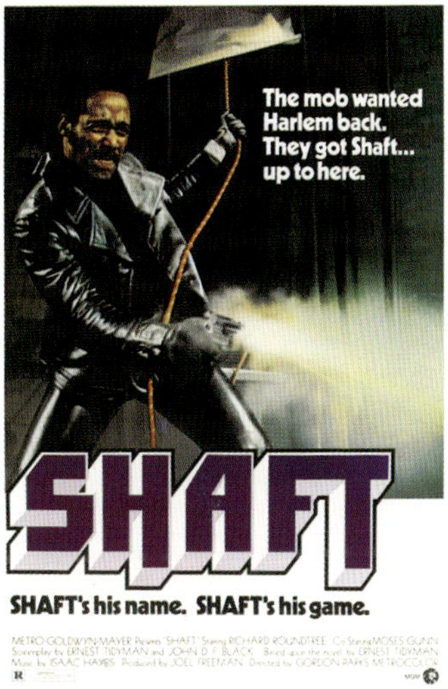

Dans cette décennie du procès Manson et du suicide collectif dela secte de Jim Jones, on pensait que le Diable était en liberté ; cette impression est rendue dans *Course contre l'enfer* (1975), road-movie de Jack Starrett (1936-1989), qui joue sur la paranoïa liée au procès Manson : deux couples assistent à un sacrifice humain et sont poursuivis par les adeptes d'une secte sataniste ; le film montre un sud-ouest des États-Unis victime d'une conspiration d'adorateurs du mal.

Même si les années 1960 et 1980 produisirent d'excellents films policiers, la profusion d'œuvres originales ayant saisi l'esprit de leur temps fait des années 1970 un âge d'or du genre. Malgré la tendance de ces dernières années à tourner des remakes de grands classiques – *Shaft*, en 2000 ; *Assaut sur le central 13*, en 2005 ; *l'Attaque du métro 123*, en 2009 –, l'ADN des films policiers des années 1970 a servi à la création de thrillers originaux, tels *The Town* (2010), de Ben Affleck (né en 1972), *Jackie Brown* (1997), de Quentin Tarantino (né en 1963), et *Zodiac* (2007), de David Fincher (né en 1962). Ces réalisations montrent que la structure et la morale des films policiers des années 1970 ont gardé leur importance. **D. P.**

1975	1976	1977	1978	1979	1981
Chute de Saïgon. Sortie du thriller néo-noir *Adieu ma jolie*, de Dick Richards.	Dans le *New York Magazine*, Tom Wolfe forge l'expression « la décennie du Moi ».	Sortie de *l'Épreuve de force*, le sixième film de Clint Eastwood. Jimmy Carter succède à Gerald Ford.	Jim Jones organise le suicide collectif de neuf cents membres de sa secte à Jonestown.	Patty Hearst sort de prison sur l'ordre de Jimmy Carter.	Sortie en salles de *la Blessure*, d'Ivan Passer (né en 1933), un des protagonistes du Printemps de Prague.

Le Parrain 1972
The Godfather FRANCIS FORD COPPOLA né en 1939

▲ Marlon Brando reçut un oscar pour le rôle de don Vito Corleone.

▼ L'affiche du film insiste sur le profil de Marlon Brando, mais le reste de sa solide distribution y est aussi mentionné.

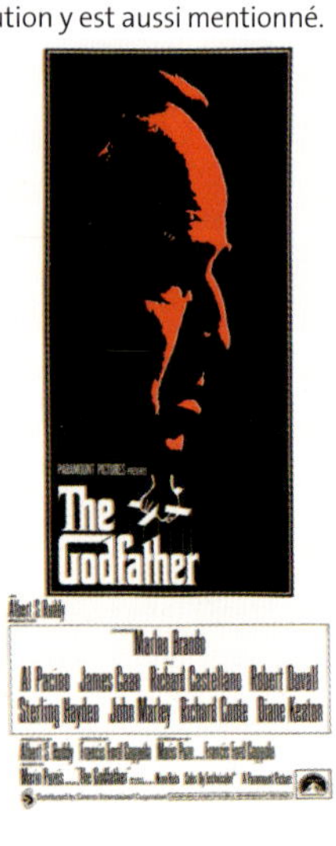

L'adaptation par Francis Ford Coppola du best-seller de Mario Puzo marque la fin du classicisme hollywoodien et inaugure l'époque du film colossal. L'interprétation de Marlon Brando symbolise tous les aspects du vieux Hollywood auxquels l'enfant terrible du cinéma qu'était Coppola pouvait aspirer, tandis que la nouvelle génération des Corleone est interprétée par une équipe de remarquables jeunes acteurs (A. Pacino, J. Caan, R. Duvall, D. Keaton, et, dans le second film, R. De Niro). Le film illustre la même transition dans le monde de la pègre, où le monde patriarcal courtois, bien que sinistre, de don Vito Corleone (Brando) fait place à une organisation plus brutale, plus expéditive et plus politisée, qu'incarnent Sonny (Caan) le maudit et Michael (Pacino) le calculateur.

Le film laissa un véritable héritage et s'infiltra dans la culture populaire à travers quelques répliques célèbres, comme « Faites-lui une offre qu'il ne puisse pas refuser ». Grâce peut-être à son cadre historique, qu'évoquent la photographie de Gordon Willis et la musique décadente de Nino Rota, *le Parrain* apparaît aujourd'hui moins daté que beaucoup d'autres films du début des années 1970, même si sa dénonciation de la corruption endémique vise autant l'Amérique de Nixon que la période à laquelle l'intrigue est censée se dérouler. Coppola ose donner à une histoire complexe le rythme lent d'un film d'art et d'essai, où les scènes d'action et d'horreur sont d'autant plus parlantes que de longs moments de tranquillité s'y entremêlent. Coppola poursuivit la saga des Corleone avec *le Parrain 2e partie* (1974), *le Parrain 3e partie* (1990) et plusieurs rééditions ou réarrangements destinés à la télévision ou au DVD. **K. N.**

LES SCÈNES PRINCIPALES

1 « JE CROIS EN L'AMÉRIQUE »
Le film commence dans le bureau de don Vito Corleone, qui écoute la requête d'un entrepreneur de pompes funèbres. Ces troubles négociations contrastent avec la réception matrimoniale, mais soulignent également les liens entre famille et affaires.

2 UN RÉVEIL BRUTAL
Après avoir décliné la demande, exprimée par Tom Hagen (Robert Duvall), de donner un rôle à Johnny Fontane (Al Martino) dans son prochain film, Jack Woltz (John Marley) découvre à son réveil la tête d'un de ses coursiers dans son lit. Il engage alors Fontane.

3 L'ASSASSINAT
Parti au secours de sa sœur Connie (Talia Shire), maltraitée et battue, Sonny arrive à un péage. Ses ennemis l'y attendent et l'abattent, criblant de balles son corps et sa voiture. La violence de l'élimination d'un personnage si important a pour objectif de choquer le public.

4 LA MORT DE DON VITO
Sorti de l'hôpital et convalescent, don Vito se retire peu à peu du monde du crime. Alors qu'il joue avec son petit-fils dans le jardin, il mord dans une écorce d'orange, puis poursuit l'enfant au milieu de plants de tomates, avant de succomber à une crise cardiaque.

5 LE BAPTÊME ET LE MASSACRE
Tandis que Michael assiste au baptême de sa nièce et filleule (jouée par Sofia Coppola) et prête serment de « renoncer à Satan et à ses pompes », les ennemis de sa famille sont abattus sur son ordre. Coppola montre les deux événements en parallèle.

6 LES OMBRES S'AMONCELLENT
Michael s'est installé dans le bureau de son défunt père. L'ancien idéaliste devient le nouveau parrain et le film se termine là où il a commencé. Kay (Diane Keaton) observe de mystérieux personnages venus présenter leurs respects à don Corleone.

Chinatown 1974

ROMAN POLANSKI né en 1933

▲ Gittes (Jack Nicholson) recouvre l'odorat.

▼ Pour l'affiche, deux figures stéréotypées du film noir, le privé et la femme fatale.

Situé à Los Angeles en 1937, mais obscurci par l'ombre portée de crimes remontant à la fondation de la ville, *Chinatown* est l'archétype du film de gangsters rétro et chic. Il recrée le monde de Raymond Chandler tout en y ajoutant une conscience ironique des conventions du genre et un certain cynisme, typique de l'époque du Watergate, quant à une société truffée de conspirateurs. En dépit de sa noirceur, qui lui vient de la mythique corruption généralisée du quartier chinois, l'œuvre présente des aspects lumineux.

Au détour d'une enquête, le détective privé J. J. (Jake) Gittes (Jack Nicholson), élégant mais louche (davantage un Mike Hammer haut de gamme qu'un Philip Marlowe), découvre à la fois un vaste réseau d'escroquerie visant à tirer profit de la fourniture d'eau à la ville et une trame complexe d'inceste et de violence liée au requin de l'industrie Noah Cross (John Huston). Ce dernier, l'un des pires scélérats du cinéma des années 1970, a autrefois violé sa fille Evelyn (Faye Dunaway) et veut s'accaparer l'approvisionnement en eau de Los Angeles.

Chef-d'œuvre à facettes multiples, synthèse parfaite de la collaboration entre un auteur (Roman Polanski), un scénariste (Robert Towne) et une vedette (Nicholson), *Chinatown* conduit le genre du film noir jusqu'à sa conclusion ultime. Le chevalier errant à l'imperméable, démythifié, s'y retrouve impuissant face à un mal social et spirituel dont il peine à se protéger lui-même. Les films noirs traditionnels de la Warner Bros. avaient un rythme rapide et dynamique ; *Chinatown,* au contraire, est serpentin et langoureux, truffant de scènes puissamment choquantes son intrigue complexe. **K. N.**

LES SCÈNES PRINCIPALES

1 SATISFAIRE LE CLIENT
Jake Gittes vivote de ses sordides enquêtes de détective privé, dans un monde moralement ambigu. Ici, il montre des photographies à un mari trompé et observe la réaction de son client devant le spectacle de sa femme faisant l'amour avec un autre homme.

2 LE FOUINEUR
Un voyou de toute petite taille (Polanski) incise le nez de Gittes pour le dissuader de poursuivre son enquête. « Tu es un sacré fouineur, mon minet, hein ? Et tu sais ce qui arrive aux fouineurs, hein ? Non ? Devine un peu ! Hein ? Non ? OK – on leur coupe le nez ! »

3 RÉVÉLATIONS
Jake affronte Evelyn et lui demande de lui révéler la vérité sur l'affaire. Lorsqu'elle prétend que Katherine (Belinda Palmer) est sa fille, Jake la gifle ; elle prétend que la jeune fille est sa sœur, et Jake la gifle à nouveau. Elle avoue : « C'est à la fois ma sœur et ma fille. »

4 « N'Y PENSE PLUS, JAKE, NOUS SOMMES À CHINATOWN »
Evelyn s'enfuit avec Katherine. La police ouvre le feu, atteint Evelyn à la tête. Le père et amant diabolique emmène Katherine, hystérique. Le collègue de Jake le conduit à l'écart et, quand Jake se retourne une dernière fois sur la scène, l'exhorte à tout oublier.

LE RÉALISATEUR

1933-1963
Né à Paris de parents Polonais, Roman Polanski fait ses débuts au cinéma comme acteur, dans *Une fille a parlé* (1954), d'Andrzej Wajda (né en 1926), et dirige lui-même plusieurs courts-métrages tout en continuant parallèlement à jouer dans les films d'autres réalisateurs.

1964-1967
Il s'installe en Angleterre et tourne ses premiers films en anglais, *Répulsion* (1965), *Cul-de-Sac* (1966) et *le Bal des vampires* (1967).

1968-1978
Il s'installe aux États-Unis, où ses thrillers *Rosemary's Baby* (1968, voir p. 298) et *Chinatown* lui valent un succès considérable. En 1969, son épouse, Sharon Tate, est assassinée dans des conditions atroces par des membres de la « famille » de Charles Manson. Polanski tourne ensuite *Macbeth* (1971) en Grande-Bretagne, *Quoi ?* (1972) à Rome et *le Locataire* (1976), à Paris ; une accusation de relations sexuelles illicites avec une mineure le contraint à s'établir en Europe.

1979-2001
Résidant désormais surtout à Paris, où il incarne Mozart au théâtre dans *Amadeus*, en 1980, Polanski publie son autobiographie en 1984 et épouse la comédienne Emmanuelle Seigner, en 1989. Toujours en Europe, il réalise *Tess* (1979), *Pirates* (1986), *Frantic* (1988), *Lunes de fiel* (1992), *la Jeune Fille et la Mort* (1994) et *la Neuvième Porte* (1999).

de 2002 à nos jours
Le Pianiste (2002), consacré au destin d'un musicien juif polonais durant la Seconde Guerre mondiale, lui vaut l'oscar du meilleur réalisateur, et celui du meilleur acteur à Adrien Brody. Polanski tourne ensuite *Oliver Twist* (2005), *Chacun son cinéma* (2007) et le thriller *The Ghost Writer* (2010), dont il élabora le montage alors qu'il était assigné à résidence dans son chalet suisse. En 2010, la demande d'extradition ayant été refusée, il est remis en liberté. Plus tard la même année, il commence à travailler à une adaptation d'une pièce de théâtre aux multiples récompenses, *le Dieu du carnage*.

PARANOIA À HOLLYWOOD

1

2

3

1 *Soleil vert,* de R. Fleischer (1916-2006), peinture sombre des forces de l'Amérique dans un futur où la rareté de la nourriture provoque des émeutes.

2 L'affiche d'*À cause d'un assassinat,* d'Alan J. Pakula, fait référence aux thèmes de l'anonymat et du patriotisme.

3 L. Olivier et D. Hoffman dans une scène de *Marathon Man* qui révèle la nature de tortionnaire du personnage d'Olivier.

L'afflux des thrillers politiques et psychologiques à Hollywood au cours des années 1970 est interprété comme une réaction paranoïaque au scandale du Watergate et aux répercussions de la Chasse aux sorcières, des années 1950. Il existe d'autres facteurs, notamment le spectre de la guerre du Viêt-nam et le sentiment des progressistes que, bien que presque tout le monde l'ait en horreur, elle continue à cause de l'intransigeance du gouvernement. Hollywood donne de plus en plus l'impression de ne pas comprendre son public et tout cela se résout en incertitude pour Hollywood et en introspection pour la nation.

Un crime dans la tête (1962), de John Frankenheimer (1930-2002), est le prototype du thriller de conspiration hollywoodien. L'intrigue, à première vue l'histoire d'un complot communiste contre le gouvernement américain, dévoile une conspiration ourdie par des politiciens et des chefs militaires locaux. Au cours des années 1960 et au début des années 1970, un grand nombre de films mettent en scène des personnages officiels louches ou corrompus. Mais la paranoïa hollywoodienne atteindra des sommets en 1972 avec le Watergate.

Un net sentiment de malaise apparaît dans beaucoup des genres de Hollywood : en témoignent des westerns comme *Pat Garrett et Billy le Kid* (1973), des drames politiques comme *Votez McKay* (1972), des thrillers de gangsters comme *le Parrain 2e partie* (1974) et des films de science-fiction comme *Soleil vert* (1973, ci-dessus). Les forces du pouvoir et de la politique américaine y sont représentées comme indignes de confiance, acharnées à exploiter les gens

REPÈRES

1970	1971	1971	1971	1972	1972
Sortie d'une série de films anti-establishment : *Catch-22, Des fraises et du sang, WUSA...*	Alan J. Pakula commence sa trilogie paranoïaque par *Klute* ; le film définit des thèmes qui deviendront essentiels au genre thriller de conspiration.	La publication des Pentagon Papers révèle les dissimulations du gouvernement à propos de l'engagement politique et militaire des États-Unis au Viêt-nam.	*Le Gang Anderson,* de Sidney Lumet (1924-2011) pose l'omniprésence de la surveillance électronique comme un thème majeur.	Les 28 mai et 17 juin, des cambriolages ont lieu au siège du parti démocrate dans le complexe du Watergate, à Washington D. C.	Sortie de *Votez McKay.* Cette peinture cynique de la politique américaine en souligne les absurdités.

ordinaires. C'est *Soleil vert* qui présente le point de vue le plus sombre, montrant le New York de 2022 comme une contre-utopie dans laquelle les gens sont devenus cannibales alors que des fonctionnaires corrompus couvrent l'affaire.

À cause d'un assassinat (1974, ci-contre) est le film emblématique de la période. Dans ce thriller troublant d'Alan J. Pakula (1928-1998), un reporter hippie (Warren Beatty) enquête sur l'assassinat, inspiré de celui de Kennedy, d'un sénateur américain et découvre par hasard un complot qui touche les plus hauts niveaux des affaires et du pouvoir. Le film définit le modèle stylistique du film de conspiration : récit labyrinthique, effets sonores fracassants sur des dialogues enchevêtrés, architecture brutaliste de verre et d'acier et utilisation minimale de la musique dans la bande sonore. *Conversation secrète* (voir p. 348), de Francis Ford Coppola, et *la Fugue* (1975), d'Arthur Penn (1922-2010), adoptent le même style de froid modernisme mais racontent des histoires plus intimes. Dans les deux films, Gene Hackman incarne un détective privé qui perd son identité au fil de l'intrigue. Le héros, voué à l'échec malgré son intelligence et sa motivation, est la proie d'influences extérieures puissantes mais aussi la victime de sa faiblesse émotionnelle, de son instabilité et de sa nature obsessionnelle. *Les Hommes du président* (voir p. 350) sont le seul film à s'attaquer au scandale du Watergate. En dépit de la complexité de son récit et de son scénario, le film sera un succès auprès d'un public qui voudrait oublier la période Nixon. Ensuite, la paranoïa laissera la place à des œuvres plus optimistes sur le mode de *la Guerre des étoiles* (1977, voir p. 366). On en retrouvera des vestiges dans des films comme *Marathon Man* (1976, ci-dessous), de John Schlesinger (1926-2003), bien que dans ce cas la corruption ne soit pas l'apanage d'une organisation gouvernementale mais d'un seul individu, un criminel de guerre nazi. **T. H.**

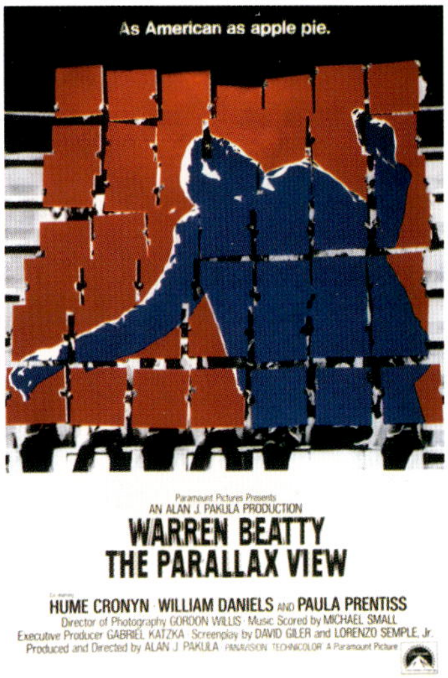

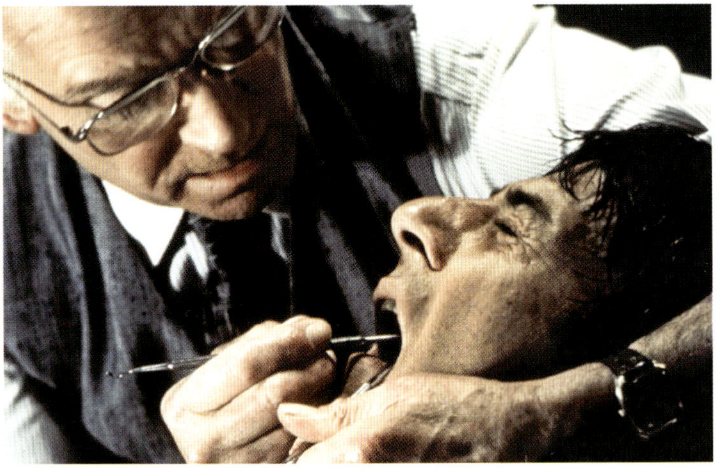

1973	1974	1975	1976	1977	1978
Le scandale du Watergate s'aggrave. Des films comme *Soleil vert* visitent les thèmes du déclin moral et des abus de pouvoir généralisés.	Démission de Richard Nixon. *Chinatown*, *Conversation secrète* (voir p. 348) et *À cause d'un assassinat* traitent des thèmes de la conspiration et de la défiance.	*La Fugue* et *Nashville* présentent des points de vue plus intimes et personnels sur les idées de surveillance, de criminalité et d'assassinats.	*Les Hommes du président* (voir p. 350) enterrent le fantôme de Nixon et le scandale du Watergate. Sortie de *Marathon Man* et de *Network*.	Le début de la saga *la Guerre des étoiles* révèle le goût du public pour un cinéma plus simple et plus conventionnel.	*Morts suspectes* comme *Capricorn One* (1977) font appel à l'iconographie de la paranoïa pour soutenir une histoire fantastique.

Conversation secrète 1974
The Conversation FRANCIS FORD COPPOLA né en 1939

▲ Harry Caul donne le meilleur de lui-même.

▼ L'affiche du film retient les écoutes téléphoniques.

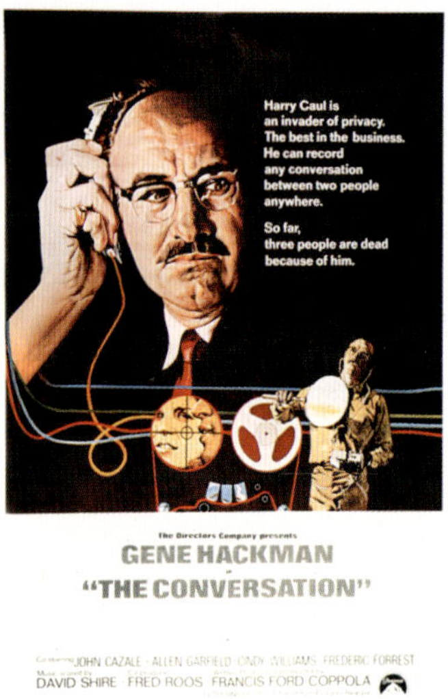

Entre les deux premiers volets du *Parrain* (1972 et 1974), Francis Ford Coppola réalise sur le mode paranoïaque ce film modeste dans le monde du Watergate, des assassinats de Kennedy et de Martin Luther King, de Jimmy Hoffa et de Howard Hughes. Harry Caul (Gene Hackman), expert de la surveillance qui travaille pour un sinistre chef d'entreprise (Robert Duvall), enregistre une conversation dans un square bruyant de San Francisco. À partir de quelques phrases échangées entre l'épouse de son employeur (Cindy Williams) et l'amant de celle-ci (Frederic Forrest), Harry les croit menacés de meurtre. Après bien des scrupules et troublé par des interlocuteurs mystérieux (un Harrison Ford tout jeune), il décide d'intervenir. Il découvrira qu'il a mal évalué la situation en interprétant une phrase cruciale, qui raconte une histoire différente et horrible. Dans le même temps, le génie solitaire est rongé par des phobies. Il se tient à l'écart de ses collègues (Allen Garfield, John Cazale), qui profiteront d'un salon de la surveillance pour le lester d'un micro et divulguer une conversation privée. Il se brouille avec sa compagne (Teri Garr), pour tomber dans les griffes d'une rencontre occasionnelle (Elizabeth MacRae), animée par ses propres objectifs.

Le film est né de l'intérêt grandissant de Coppola pour la magie de la technique. Avec le temps, il en viendra, comme Harry, à travailler depuis une caravane bourrée de gadgets, au risque de s'éloigner de ses acteurs et de s'exposer – comme son héros – à des erreurs de compréhension. Le film est aussi une démonstration du talent du monteur son de Coppola, Walter Murch, auteur d'une bande-son sombre et riche qui mérite d'être écoutée les yeux fermés. **K. N.**

LES SCÈNES PRINCIPALES

1 « IL POURRAIT NOUS TUER ! »
Ann et Mark parlent en marchant dans Union Square, à San Francisco. Malgré l'ambiance bruyante, Harry parvient à enregistrer et à retravailler le dialogue jusqu'à ce que les mots soient audibles, bien que leur sens ne soit pas clair.

2 LA SANGLANTE VÉRITÉ
Inquiet pour Ann et Mark, Harry s'installe dans la chambre d'hôtel voisine et écoute leurs conversations. Des bruits le poussent à se précipiter vers leur chambre. Du sang s'écoule des toilettes. Il finira par comprendre le vrai sens de la conversation qu'il a entendue.

3 NOTRE DAME
Harry, choqué de découvrir qu'il est lui-même surveillé, ne parvient pas à trouver comment on l'espionne. Après avoir dévasté son appartement en recherchant un système d'écoute, il finit par détruire sa statue de la Vierge.

4 SOLO DE SAXO
À la fin du film, Harry a ravagé son appartement : il a même arraché le papier des murs dans sa recherche d'un micro – métaphore, peut-être, de la manière dont il a détruit sa vie. Il finit par s'asseoir au milieu des ruines pour jouer du saxophone.

SONS ET IMAGES

Blow-Up (1966, ci-contre), de M. Antonioni (1912-2007), adapté d'une histoire de Julio Cortazar dans laquelle un photographe pense détenir la preuve d'un meurtre, a probablement inspiré *Conversation secrète*. À leur tour, *Blow-Up* et *Conversation secrète* inspireront *Blow Out* (1981), de Brian De Palma (né en 1940), dans lequel un preneur de son à la recherche de bruits sinistres pour un film d'horreur à petit budget enregistre par accident un accident de voiture douteux. Tous ces films n'ont pu être réalisés que par des cinéastes qui ont grandi avec le cinéma sonore et s'intéressent autant à la technique (qui fait partie de l'intrigue) qu'à l'histoire elle-même. Les réalisateurs de ces trois films montrent la même fascination pour les gadgets, les technologies nouvelles et une utilisation recherchée de la caméra.

Les Hommes du président 1976

All the President's Men ALAN J. PAKULA 1928-1998

▲ L'équipe du *Post* regarde à la télévision les derniers développements politiques.

▼ Une affirmation ambitieuse, mais justifiée, pour le slogan de l'affiche.

Deux hommes assis, occupés à taper à la machine ou à passer des appels téléphoniques à la rédaction d'un journal, cela n'a rien de très excitant. La tension ne retombe pourtant jamais et la routine banale et répétitive des interrogatoires, des pistes à suivre, des rebuffades et de la ténacité – le travail laborieux du journaliste d'investigation – reste passionnante, ce qui doit être mis à l'actif de la réalisation d'Alan J. Pakula, du scénario de William Goldman et du talent de toute la distribution. Le fait que la proie ultime soit le président des États-Unis y est aussi pour beaucoup.

Pakula avait déjà réalisé un « film paranoïaque » essentiel des années 1970, *À cause d'un assassinat* (1974) : cette histoire véridique de deux reporters du *Washington Post*, Bob Woodward et Carl Bernstein, qui découvrent un réseau complexe de corruption lié au Watergate, le replace en terrain connu.

Robert Redford et Dustin Hoffman opposent leurs personnalités contrastées alors que Hal Holbrook apporte une nuance sardonique au personnage de l'informateur de Woodward, « Gorge profonde ». Dans le rôle de Ben Bradlee, le rédacteur du *Post*, Jason Robards domine toutes ses scènes – et remporte un oscar du meilleur second rôle.

L'éclairage, dû au directeur de la photographie Gordon Willis, oppose les bureaux illuminés du *Post* aux ombres des bâtiments publics de Washington. Les cinéastes s'en tiennent au seul récit, résistant à la tentation d'ajouter de la « chaleur humaine » ; si ces deux-là ont des femmes, le public n'en saura rien et le film en est d'autant plus convaincant. **P. K.**

LES SCÈNES PRINCIPALES

1 LE CAMBRIOLAGE
Le 17 juin 1972, des policiers arrêtent cinq hommes en flagrant délit de cambriolage au siège du parti démocrate, dans le complexe du Watergate, de Washington D. C. Le plus grand scandale de corruption qui ait jamais frappé les États-Unis commence ainsi.

2 « GORGE PROFONDE »
Bob Woodward (Robert Redford) rencontre son principal informateur à la Maison Blanche, « Gorge profonde ». Durant tout le film, le visage du personnage restera en partie dans l'ombre, métaphore de la nature ténébreuse et secrète de son rôle.

3 FEU VERT
Les deux journalistes obtiennent l'autorisation de publier le fond de l'histoire : c'est le procureur général des États-Unis, John Mitchell, qui dirige le « département des affaires louches » du parti républicain.

4 MENACES DE MORT
Woodward, qui pense, sur la foi d'une allusion de « Gorge profonde », que son appartement est sur écoute, met de la musique puis les deux reporters communiquent en tapant des notes l'un pour l'autre.

5 SALUT ET BON VOYAGE
Sur l'écran de la télévision, on voit Nixon prêter serment pour son second mandat tandis que, à l'arrière-plan, Woodward et Bernstein sont occupés à taper l'article qui le mettra à bas. À la fin du film, on entend le discours de démission de Nixon.

LE RÉALISATEUR

1928-1962
Alan J. Pakula est né dans le Bronx. Il travaille pour la MGM puis pour la Paramount. Sa première production, *Fear Strikes Out* (1957), a été réalisée par Robert Mulligan (1925-2008).

1963-1968
Pakula crée avec Mulligan une compagnie de production indépendante. Leur première réalisation, *Du silence et des ombres* (1962), remportera trois oscars.

1969-1981
Son premier film est *The Sterile Cuckoo* (1969). *Klute* (1971) sera un succès. Il réalise des films documentés et engagés : *À cause d'un assassinat* (1974), *les Hommes du président* et *Une femme d'affaires* (1981).

1982-1998
Le Choix de Sophie (1982) sera le dernier grand succès de Pakula. *Ennemis rapprochés* (1997) est son dernier film.

DRAMES À L'AMÉRICAINE

Les premiers commentateurs ayant pris le cinéma populaire au sérieux ont identifié un Âge d'or hollywoodien dans les années 1930 et 1940 et considéré 1939 comme « la plus grande année du cinéma ». Cette doctrine a été supplantée par l'argument selon lequel les années 1970 ont été les plus importantes pour le cinéma américain, bien qu'une simplification de l'histoire prétende que la domination des films révolutionnaires et influents ait pris fin avec les blockbusters de Steven Spielberg (né en 1946) et de George Lucas (né en 1944). Au début de la décennie, il y avait des chances qu'un acteur principal soit aussi compliqué que Robert Eroica Dupea (Jack Nicholson) dans *Cinq Pièces faciles* (1970) ; à la fin, il était plus probable de tomber sur un personnage à deux dimensions, comme Clark Kent (Christopher Reeve) dans *Superman* (1978).

Avant même la sortie des *Dents de la mer* (1975, voir p. 364), de Spielberg, et de *la Guerre des étoiles* (1977, voir p. 366), de Lucas, les majors s'emparaient de n'importe quelle tendance profitable. *French Connection* (1971), de William Friedkin (né en 1935), et *l'Arnaque* (1973, à droite), de George Roy Hill (1921-2002), ont inspiré de mémorables poursuites automobiles et des comédies dramatiques nostalgiques sur l'amitié masculine ; *les Anges gardiens* (1974) combinent les deux formules et font partie d'une avalanche de films qui réunissent des flics mal assortis (noir/blanc, homme/femme, gay/hétéro, humain/extraterrestre) qui tiendront la vedette pendant et après les années 1980. *La Barbe à papa* (1973, à droite) présente une autre complicité inégale : la jeune orpheline pédante (Tatum O'Neal) et son père escroc (Ryan O'Neal).

1 George C. Scott, dans le rôle-titre de *Patton*, salue le drapeau américain.

2 L'affiche de *l'Arnaque*. Robert Redford et Paul Newman avaient déjà fait équipe dans *Butch Cassidy et le Kid*, réalisé lui aussi par George Roy Hill.

3 Tatum et Ryan O'Neal, père et fille dans la vie, dans *la Barbe à papa* de Peter Bogdanovich. Tatum, neuf ans au moment du tournage, apprenait ses répliques avec un magnétophone.

REPÈRES

1970	1971	1972	1972	1973	1975
Une vague de films intéressants, acclamés jusqu'aux oscars, commence avec *Cinq Pièces faciles* et *M.A.S.H.*	*Le Parrain* supplante *la Mélodie du bonheur* (1965) comme plus grosse recette de tous les temps et obtient l'oscar du meilleur film.	*Gorge profonde* remet pour un temps la pornographie à la mode et la rend incroyablement rentable.	Sortie de *The King of Marvin Gardens* et de *Votez McKay.*	Le jour de sortie des films passe du mercredi au vendredi, ce qui donne une nouvelle importance au nombre d'entrées du premier week-end, désormais incontournable.	*Les Dents de la mer*, une sortie d'été, dépasse *le Parrain* au box-office ; il sera considéré comme le premier blockbuster.

Le public apprécie Donald Sutherland et Elliot Gould dans *M.A.S.H.* (1970), de Robert Altman (1925-2006), le couple romantique et excentrique de Bud Cort et Ruth Gordon dans *Harold et Maude* (1971), de Hal Ashby (1929-1988), et Jack Nicholson en McMurphy dans *Vol au-dessus d'un nid de coucou* (1975, voir p. 356), de Milos Forman (né en 1932). Les publics plus conservateurs se montrent enthousiastes pour des héros à l'ancienne, comme Harry Callahan (Clint Eastwood), le flic de *l'Inspecteur Harry* (1971), le shérif Buford Pusser (Joe Don Baker) de *Justice sauvage* (1973) ou Paul Kersey (Charles Bronson), rôle-titre d'*Un justicier dans la ville* (1974). On retrouve les divisions de la société que ces films considèrent sous différents angles dans une série de réalisations sur les conflits culturels aux États-Unis, exacerbés par les différences d'opinions sur le Viêt-nam. Le vétéran paranoïaque Travis Bickle (Robert De Niro) dans *Taxi Driver* (1976, voir p. 358), de Martin Scorsese (né en 1942), qui échoue comme assassin politique avant de devenir justicier et héros, représente un point de vue sur la guerre.

Bonnie and Clyde (1967, voir p. 278), *le Lauréat* (1967, voir p. 284), *la Nuit des morts-vivants* (1968), *Easy Rider* (1969), *la Horde sauvage* (1969) et *Medium Cool* (1969) datent de la fin des années 1960 mais c'est au cours des années 1970 que leurs leçons commerciales et artistiques seront appliquées. L'épanouissement de la créativité pourrait être dû au fait que le public porte au pinacle des films que des directeurs de studio trop âgés ne pouvaient pas comprendre. Ceux-ci ont donc donné le feu vert à des projets qui les déconcertaient, supposant que le public apprécierait des choses aussi ahurissantes qu'un os devenant un vaisseau spatial dans *2001 : l'Odyssée de l'espace* (1968, voir p. 292) ou que David Hemmings effectuant des agrandissements photographiques dans *Blow-Up* (1966). Ce phénomène est à l'origine d'un grand nombre de films devenus plus tard des classiques reconnus : pas seulement des films qui ont fait un flop à leur sortie pour devenir des chefs-d'œuvre par la suite comme *Macadam à deux voies* (1971) ou *Charlie et la chocolaterie* (1971), mais aussi des succès immédiats. Produire *le Parrain* (1972, voir p. 342) dans les années 1970 n'était pas une décision radicale puisque le film de gangsters avait été l'un des piliers de Hollywood depuis les années 1930. Mais le choix pour ce projet d'un réalisateur dont la dernière œuvre de studio avait été *la Vallée du bonheur* (1968) parce qu'il était italo-américain relevait du désespoir inspiré.

Après la perte du Viêt-nam, politiciens et militaires, regrettaient que, à part *les Bérets verts* (1968), Hollywood se soit désintéressé du sujet en ne mobilisant pas la machine à propagande comme à l'époque de la Seconde Guerre mondiale. À la place de *la Glorieuse Parade* (1942), les jeunes allaient voir *Woodstock* (1970) ; à la place des jambes de Betty Grable et de « Duke » Wayne à la conquête d'Iwo Jima, Jane Fonda soutenait l'ennemi et Donald Sutherland semblait franchement stone. Le cinéma ne proposait rien de mieux en faveur de l'effort de guerre que *Patton* (1970, à gauche) de Franklin J. Schaffner (1920-1989), qui pouvait passer, selon vos opinions politiques, soit pour la glorification d'un grand

1975	1976	1976	1977	1977	1979
Michael Ovitz fonde la Creative Artist Agency. Le pouvoir passe des studios aux packagers, qui définissent les projets et les négocient avec les majors.	La Paramount est la première major à autoriser la sortie de son catalogue de films en vidéo ; le standard VHS commence à gagner du terrain sur son rival, le système Betamax.	Sortie de *Taxi Driver*, de Martin Scorsese, souvent élu meilleur film de la décennie.	*La Guerre des étoiles* rapporte plus que *les Dents de la mer*. Nouveau Flash Gordon en superproduction, il encourage les studios à donner à l'action la priorité sur des drames plus aboutis.	L'oscar du meilleur film ne couronne pas *la Guerre des étoiles*, de George Lucas, mais *Annie Hall*, de Woody Allen.	Six réalisateurs, parmi lesquels Francis Ford Coppola et Martin Scorsese, sont cités comme nouvelles éminences grises dans le livre *The Movie Brats*.

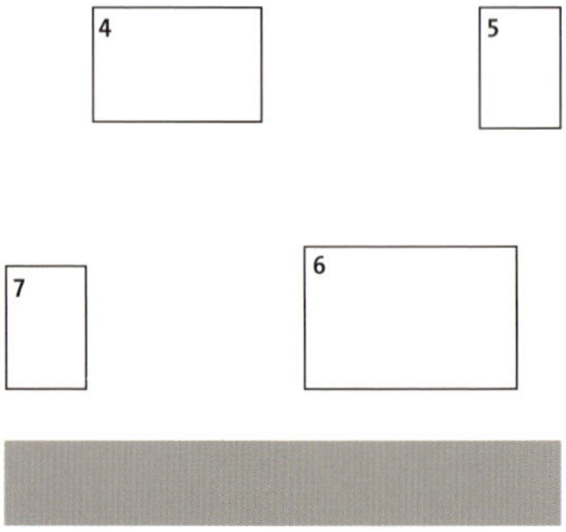

4 Au point culminant de *Rocky,* l'« Étalon italien » (Sylvester Stallone) rencontre Apollo Creed (Carl Weathers) à l'occasion d'un match de boxe organisé pour le Nouvel An.

5 Ted (Dustin Hoffman) et son fils Billy (Justin Henry), juste avant que celui-ci ne parte passer le reste de la journée avec sa mère Joanna (Meryl Streep), dans l'émouvant *Kramer contre Kramer.*

6 Dans ce qui est peut-être le plan le plus mémorable de *Manhattan,* Isaac (Woody Allen) et Mary (Diane Keaton) restent assis à parler au pied du Queensboro Bridge, de New York.

7 L'affiche du deuxième film de Terrence Malick, *les Moissons du ciel.* L'esthétique du film est influencée par le style obsédant des œuvres de peintres comme Andrew Wyeth et Edward Hopper.

soldat américain soit pour le portrait subversif d'une figure de l'establishment représenté comme un fou dangereux. Il y eut même des films, depuis *Alice's Restaurant* (1969) jusqu'à *Graffiti Party* (1978), dont les héros étaient des insoumis et où les militaires américains étaient au mieux des clowns et au pire les forces même du mal. Hollywood, à ses débuts, était animé par des patrons immigrés qui ressentaient le besoin de prouver leur patriotisme, au point de soutenir le président Franklin Roosevelt, dont, en privé, ils détestaient et redoutaient la politique. Ce qui se passait en Europe les concernait assez pour qu'ils considèrent la Seconde Guerre mondiale sous un angle si personnel que les films réalisés de 1942 à 1946 semblent plus favorables au gouvernement que ne le serait une propagande d'État. Dans les années 1970, les grands studios hollywoodiens produisent *À cause d'un assassinat* (1974) et *les Hommes du président* (1976, voir p. 350), deux visions paranoïaques de conspirations gouvernementales. Des films sur le Viêt-nam font leur apparition : entre autres, *le Retour* (1978), *Voyage au bout de l'enfer* (1978) et *Apocalypse Now* (1979, voir p. 394).

Roger Corman (né en 1926), bien qu'il ait réalisé presque tous ses films avant 1971, est peut-être le cinéaste américain le plus marquant de la décennie. Alors que les studios essayaient encore de retrouver le succès de *la Mélodie du bonheur* (1965), Corman faisait travailler Francis Ford Coppola (né en 1939), Peter Bogdanovich (né en 1939), Martin Scorsese, Robert Towne (né en 1934), Jonathan Demme (né en 1944), Joe Dante (né en 1946), Robert De Niro, Jack Nicholson, Monte Hellman (né en 1932) et Paul Bartel (1938-2000). Sans l'approche de Corman – une caméra toujours en mouvement, aucun complexe avec la nudité, des clichés agrémentés d'humour, des musiques bon marché mais qui seront bientôt à la mode et un brin de commentaire social à l'intention de la jeunesse –, on n'aurait jamais vu *American Graffiti* (1973), *Mean Streets* (1973), *Conversation secrète* (1974, voir p. 348), *Chinatown* (1974, voir p. 344) ou *Shampoo* (1975).

Le plan de développement de Corman impressionna aussi d'autres indépendants. Les drive-in et les ciné-clubs des seventies débordaient de coups de cœur et de films de tous les genres possibles. Il y avait des films d'action noirs comme *Shaft, les nuits rouges de Harlem* (1971) ou *Blacula, le vampire noir* (1972), des pornos légers ou hardcore comme *The Student Nurses* (1970) ou *Gorge profonde* (1972), et des road-movies comme *Electra Glide in Blue* (1973) ou *la Balade sauvage* (1973). John Carpenter (né en 1948) réalise des films hors genre : *Dark Star* (1974), *Assaut* (1976). Clint Eastwood (né en 1930) devient réalisateur pour *Un frisson dans la nuit* (1971) et *Josey Wales hors-la-loi* (1976). Terrence Malick s'essaie au récit symbolique dans *les Moissons du ciel* (1978, ci-contre). Arrivent les premiers films de Woody Allen (né en 1935) qui conduiront à *Annie Hall* (1977), le moment où il décide que le comique ne suffit pas, et à son hommage à New York, *Manhattan* (1979, ci-dessous). Mais il restait encore de la place pour le drame et l'émotion : *Kramer contre Kramer* (1979, ci-contre) obtiendra cinq oscars.

Les Dents de la mer (1975, voir p. 364) sont dus à une équipe de jeunes cinéastes. Il y avait eu des précédents : Hollywood, à première vue, considéra le film de requin de Spielberg comme une simple continuation du cycle de films catastrophe commencé avec *l'Aventure du Poséidon* (1972) et *la Tour infernale* (1974, voir p. 362). C'est lorsque son succès dépassa celui *du Parrain* que son originalité devint évidente et qu'on le regarda comme un film d'horreur de haut vol. *Mondwest* (1973) fut une réussite significative et influente dans ce domaine. Les studios réservèrent une partie de leurs ressources à des réalisateurs comme Spielberg, Lucas, Brian De Palma (né en 1940), John Milius (né en 1944), John Landis (né en 1950) et même leur « parrain » italien, Francis Ford Coppola. On a prétendu que *la Guerre des étoiles,* un détour vers un infantilisme commercialement exploitable, marquait la fin de la créativité mais Lucas était aussi sincère dans sa recherche du merveilleux que Nicolas Roeg (né en 1928) dans *L'homme qui venait d'ailleurs* (1976) ou que Spielberg dans *Rencontres du troisième type* (1977). *La Guerre des étoiles* parvient à être en accord avec les idées politiques de l'époque : ses héros sont des rebelles en lutte avec l'ordre établi, et le Grand Moff Tarkin et Dark Vador évoquent Nixon et le lieutenant Calley.

Les effets à long terme de *la Guerre des étoiles* pourraient à l'origine de la disparition des opportunités dont profita Hollywood au cours des années 1970. Dans *les Dents de la mer* et *la Guerre des étoiles* – et dans les films de Carpenter, Walter Hill (né en 1942) et d'autres – on redécouvrait les modes classiques hollywoodiens, ce qui poussa les cinéastes américains à s'inspirer tant d'Alfred Hitchcock (1899-1980), Howard Hawks (1896-1977) et John Ford (1894-1973) que de Jean-Luc Godard (né en 1930), Michelangelo Antonioni (1912-2007) ou Ingmar Bergman (1918-2007). On peut regarder *Rocky* (1976, à gauche) sous le même éclairage, bien que l'original ait été plus intéressant que ses suites. Le cinéma américain, qui courait le risque de films lents et sans joie, y retrouva l'énergie et le sens de la plaisanterie, attirant un énorme public qui était passé à côté de films considérés plus tard comme significatifs. **K. N.**

Vol au-dessus d'un nid de coucou 1975
One Flew Over the Cuckoo's Nest MILOS FORMAN né en 1932

▲ McMurphy reste maître de lui. Le film a été tourné à l'Oregon State Hospital à Salem, décor du roman de Kesey.

▼ Un oscar pour l'interprétation de Jack Nicholson.

Le roman de Ken Kesey, une peinture allégorique de la répression et de la révolte dans un hôpital psychiatrique des années 1960, a été adapté par Milos Forman sous une forme sans prétention, presque documentaire. Jack Nicholson excelle dans le rôle de Randle P. McMurphy, anti-héros qui accepte imprudemment, pour échapper à la prison, d'être transféré dans une institution psychiatrique. Il n'a pas compris qu'il échange une peine limitée contre une situation dans laquelle sa liberté dépend des personnes qu'il affronte tous les jours. McMurphy, qui pense avoir dupé les autorités en se faisant envoyer à l'asile, semble plutôt content de lui mais on le voit craquer progressivement : seul un fou oserait entrer en conflit ouvert avec une organisation qui peut en toute légalité lui administrer des électrochocs et même le lobotomiser. L'infirmière Ratched (Louise Fletcher), sadique malgré sa voix posée, représente l'autoritarisme ; elle se heurte à Randle à tout propos. À sa sortie, le film a été reçu comme le récit d'une rébellion héroïque contre un système répressif, mais McMurphy, plus détendu, est, comme son ennemie, engagé dans un jeu de pouvoir, même si son exemple ranime la résistance de certains internés.

Forman a engagé des acteurs peu connus aux allures étranges pour les faire jouer avec de vrais malades mentaux. Beaucoup d'entre eux, inconnus, sont devenus des acteurs de genre prolifiques : Danny DeVito, Christopher Lloyd, Brad Dourif. Contrairement à beaucoup d'oscars du meilleur film, celui-ci traite sans suffisance d'un sujet grave : l'approche de Forman et la qualité de l'interprétation font de l'histoire d'un personnage un exposé sur la condition humaine. **K. N.**

LES SCÈNES PRINCIPALES

1 THÉRAPIE DE GROUPE
McMurphy incite les autres patients à résister à la tyrannie de l'infirmière Ratched et profite des séances de thérapie – la méthode de Ratched pour humilier les internés en les dressant les uns contre les autres – pour revendiquer et cimenter l'unité du groupe.

2 PARTIE DE PÊCHE
McMurphy entraîne ses compagnons dans une partie de pêche chaotique mais excellente pour le moral, qui fait plus pour leur santé mentale que tous les traitements proposés par l'institution. Ce passage diffère des autres, tous tournés à l'intérieur de l'hôpital.

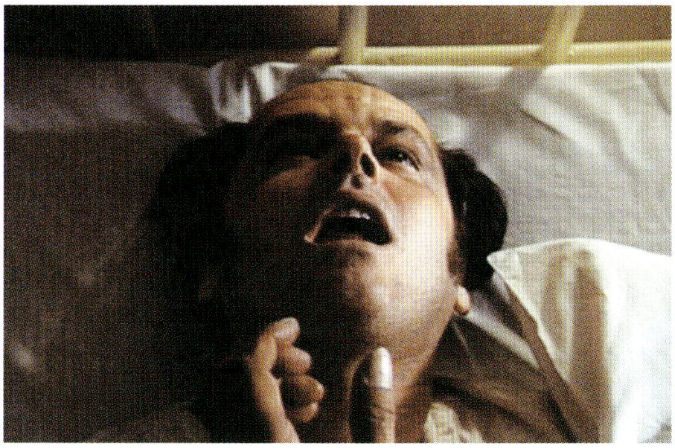

3 EUTHANASIE
Le Chef Bromden (Will Sampson), l'un des internés, découvre que McMurphy a été lobotomisé. Pour ne pas le laisser vivre cet avilissement, il l'étouffe avec un oreiller. C'est le souvenir de McMurphy qui inspire au Chef le courage de tenter une évasion.

4 LIBERTÉ
Le Chef, reprenant le plan d'évasion de McMurphy, arrache une console d'hydrothérapie, la projette à travers une fenêtre et disparaît dans la nature. Cette fenêtre brisée provoquera les acclamations des autres patients.

LE RÉALISATEUR

1932-1970
Milos Forman (Jan Tomas Forman) est né à Caslav, en Tchécoslovaquie. Son père et sa mère sont morts à Auschwitz. Après ses études à l'École de cinéma de Prague, il réalise une série de comédies douces-amères au ton satirique et rebelle : *l'Audition* (1964), *l'As de pique* (1964), *les Amours d'une blonde* (1965) et *Au feu les pompiers !* (1967). En 1968, après le Printemps de Prague, Forman s'exile à New York, où il deviendra professeur de cinéma à la Columbia University.

1971-1990
Il réalise des films sur la société américaine avec l'engagement critique qu'il apportait à ceux qu'il faisait sous le communisme : *Taking Off* (1971), *Vol au-dessus d'un nid de coucou* – pour lequel il obtient l'oscar de la réalisation, l'un des cinq raflés par le film – *Hair* (1979) et *Ragtime* (1981). En 1977, Forman devient citoyen des États-Unis. Il se consacre à des œuvres de prestige international, parmi lesquelles *Amadeus* (1984) – dont le succès a dépassé celui de *Vol au-dessus d'un nid de coucou*, avec un total de huit oscars – et *Valmont* (1989). Forman reste l'un trois réalisateurs vivants à avoir obtenu deux oscars du meilleur film, avec Francis Ford Coppola et Clint Eastwood.

1991-2006
Forman reçoit un autre oscar de la meilleure réalisation pour *Larry Flynt* (1996) et remporte un Golden Globe. Parmi ses autres films de cette période, il faut noter *les Fantômes de Goya* (2006) et *Man on the Moon* (1999), un film biographique consacré au comédien américain Andy Kaufman. En 2000, Forman co-réalise avec Edward Norton la première réalisation de celui-ci, *Au nom d'Anna*.

de 2007 à nos jours
En 2009, il réalise son premier film depuis son retour en République tchèque, *Dobre placená procházka*.

Taxi Driver 1976

MARTIN SCORSESE né en 1942

▲ « Voilà l'homme pour qui la coupe est pleine ! » : Travis Bickle s'entraîne au tir.

▼ Un anti-héros seul dans la cité : l'affiche.

Parmi tous les « sales gosses du cinéma » associés à la renaissance de Hollywood des années 1970, Martin Scorsese est peut-être le plus intéressant. Pendant que Francis Ford Coppola élargit le grand public et que Steven Spielberg et George Lucas en font évoluer les goûts, Scorsese arpente son propre terrain. *Mean Streets* (1973) avait déjà mis en évidence ses particularités : l'utilisation vivante des quartiers de New York, un style visuel fluide et plein d'énergie, une violence explicite et une fascination pour la sous-culture criminelle et les protagonistes masculins perturbés. Dans *Taxi Driver* ces choix sont soutenus par un scénario d'une actualité incendiaire, écrit en dix jours par un Paul Schrader tourmenté qui voulait exorciser le mal qu'il sentait en lui.

Robert De Niro campe un fascinant Travis Bickle, un vétéran du Viêt-nam perturbé devenu chauffeur de taxi que la recherche d'un objectif conduit à passer d'une tentative d'assassinat politique au sauvetage d'une prostituée mineure (Jodie Foster). L'action est vue du seul point de vue de Travis, auquel s'ajoute une voix-off énigmatique. L'étude de caractère nuancée de De Niro est mise en valeur par la dernière musique de film de Bernard Herrmann : ses passages abrupts d'un jazz mélancolique à une combinaison prémonitoire de caisse claire et de cuivres suggèrent le potentiel de violence qui sous-tend la solitude et l'aveuglement romantique de Travis. *Taxi Driver* fut nominé pour quatre oscars et remporta la palme d'or à Cannes. En 1981, le tristement célèbre John Hinckley Jr évoquait son obsession pour le film – et en particulier pour Jodie Foster – comme catalyseur de sa tentative d'assassinat contre Ronald Reagan. **D. M.**

LES SCÈNES PRINCIPALES

1 L'IMAGE DU MONDE DE TRAVIS
Vétéran du Viêt-nam, Travis Bickle devient chauffeur de taxi. Alors qu'il conduit sa voiture dans Manhattan, sa voix intérieure révèle son dégoût pour ce qu'il voit : « Un jour viendra où une bonne pluie lavera les rues de toute cette racaille. »

2 MAUVAISE PIOCHE
Travis emmène Betsy (Cybill Shepherd) pour une soirée désastreuse : son choix d'un film pornographique révèle son inexpérience de l'échange social. Si le rendez-vous lui avait offert l'espoir d'une intégration sociale, son rejet par Betsy sera le détonateur de sa rage.

3 « C'EST À MOI QUE TU PARLES ? »
Tandis qu'il prépare l'assassinat du candidat président Charles Palantine, Bickle se lance dans une conversation imaginaire devant son miroir, qu'il termine en braquant un revolver. La scène souligne l'isolement de son personnage et sa quête de sens.

4 BAIN DE SANG
Après l'échec de sa tentative d'assassinat politique, Bickle transfère son sens du devoir sur la jeune prostituée Iris. Fonçant jusqu'à l'hôtel où elle habite, il abat son souteneur, son client du moment et le tenancier de l'hôtel.

LE RÉALISATEUR

1942-1972
Martin Scorsese est né à New York. Diplômé de l'école de cinéma de la New York University, il se fait remarquer par ses courts-métrages, dont *It's Not Just You, Murray !* (1964). Il réalise son premier long-métrage, *I Call First* (1967), devient réalisateur assistant et monteur sur le tournage de *Woodstock* (1970) et réalise *Bertha Boxcar* (1972) pour Roger Corman.

1973-1982
Scorsese et Robert De Niro, au début d'une coopération réalisateur-acteur qui marquera le cinéma, tournent le premier de leurs huit films, *Mean Streets* (1973). En 1980, ils réalisent une biographie du boxeur Jake La Motta, *Raging Bull*, remarquable par la richesse de sa photographie en noir et blanc et un tour de force d'interprétation de De Niro. Scorsese réalisera *New York, New York* (1977), comédie musicale avec Liza Minnelli et De Niro, et *la Dernière Valse* (1978), le concert d'adieu de The Band.

1983-1989
Appréciée aujourd'hui, *la Valse des pantins* (1982) fera un flop. *La Dernière Tentation du Christ* (1988) sera bien reçue par la critique mais démolie par la controverse : le film sera interdit dans certains pays à la suite de protestations de groupes religieux.

1990-2001
Des retrouvailles tardives avec De Niro produisent *les Affranchis* (1990), un film très réussi sur la Mafia, puis un remake terrifiant des *Nerfs à vif* (1991) et *Casino* (1995). En 1990, le réalisateur crée la Film Foundation, association vouée à la préservation des films. Il réalise, en 1997, le magnifique *Kundun*, une biographie du Dalaï-lama.

de 2002 à nos jours
Gangs of New York (2002) marque le début d'une collaboration avec Leonardo DiCaprio, qui compte *Aviator* (2004), *les Infiltrés* (2006), qui vaut à Scorsese un oscar tardif, et *Shutter Island* (2010). *No Direction Home* (2005), qui remporte un Grammy Award, et *Shine a Light* (2008), qui célèbrent respectivement les œuvres de Bob Dylan et des Rolling Stones, confirment son implication de toujours dans le documentaire musical.

LES BLOCKBUSTERS DE HOLLYWOOD

Au cours des années 1970, Hollywood rendait le monde plus vaste que la vie même. L'arrivée des blockbusters modernes vient rappeler que le cinéma est aussi une forme ultime d'évasion. La meilleure définition du blockbuster est peut-être la suivante : un film construit à partir d'un ensemble réduit de paramètres génériques – science-fiction, horreur, comédie, fantastique, catastrophe ou action – afin d'attirer un public aussi large que possible. Toutefois, le concept est lui aussi important. Et si votre meilleur ami était un extraterrestre ? Regardez *E.T. : l'extra-terrestre* (1982). Que se passe-t-il si un avion de ligne est pris dans une tempête de neige avec une bombe à bord ? Regardez *Airport* (1970). Ces questions sont assez obsédantes pour que les producteurs investissent et que le public paie pour voir les films.

La scène du vaisseau dans *Rencontres du troisème type* (1977, ci-dessus) est aussi étonnante que des films comme *l'Aventure du Poséidon* (1972, à droite) peuvent être saisissants. D'autres films, comme *la Tour infernale* (1974, voir p. 362), interprètent des catastrophes potentielles réelles à travers le prisme de Hollywood. Les blockbusters fusionnent spectacle et monde réel. Ils montrent la vie, mais à une échelle plus vaste, luxueuse et fantastique. La bande-son et les effets spéciaux contribuent à l'effet dramatique. Ils renforcent le sentiment de terreur ou l'émerveillement du public lorsque les bons triomphent des méchants ou lorsque l'humanité survit alors que tout paraît perdu.

1 Une scène spectaculaire de *Rencontres du troisième type*, de Steven Spielberg.

2 L'affiche originale de *l'Aventure du Poséidon* résume ce film catastrophe dégoulinant.

3 Christopher Reeve file vers le ciel dans *Superman*. « Vous croirez qu'un homme peut voler », prétendait le slogan du film.

REPÈRES

1970	1972	1975	1978	1980	1980
Airport mélange soap opera, film catastrophe et terrorisme dans le récit du sabotage d'un avion. Plusieurs suites : *747 en péril* (1974) et *Airport 80 Concorde* (1979).	Irwin Allen (1916-1991) est le producteur et l'un des réalisateurs de *l'Aventure du Poséidon*, devenant ainsi le « maître en catastrophes » des années 1970.	Le premier film-événement, *les Dents de la mer* (voir p. 364), met en place les standards du blockbuster moderne.	*Superman* donne naissance au film de super-héros. *Les Dents de la mer 2* sont le premier d'une vague de prolongements assez mauvais du classique de Steven Spielberg, de 1975.	*Y a-t-il un pilote dans l'avion ?* est une parodie du film catastrophe. Le ridicule incitera les cinéastes à abandonner ce format. Une suite moins réussie sortira deux ans plus tard.	*L'Empire contre-attaque* et *Superman II* prouvent qu'une bonne suite peut aussi être un vrai succès.

Les Dents de la mer (1975, voir p. 364) sont le premier film conforme à la définition du blockbuster hollywoodien ; il a aussi été le premier à tenter l'expérience d'une sortie à grande échelle. Depuis l'aube du cinéma, les films avaient été distribués ville par ville, en commençant par Los Angeles et New York pour continuer par les villes plus petites. Mais les cinéphiles des États-Unis ont vu *les Dents de la mer* le même jour, et sa sortie a été un événement national.

Avec *la Guerre des étoiles* (1977, voir p. 366), l'équilibre entre les grandes scènes des personnages et l'excitation pure commence à basculer. Yan Solo (Harrison Ford), Obi-Wan Kenobi (Alec Guiness) et les autres restent essentiels, le film ne fonctionnerait pas si le public ne s'intéressait pas aux protagonistes, mais ils ne font jamais obstacle aux sensations pures. Steven Spielberg (né en 1946) ramènera l'action sur la Terre avec le dosage parfait de réalisme émotionnel et de vision épique de *Rencontres du troisième type*, mais le blockbuster centré sur un personnage qu'il défendait se trouva de plus en plus mis sur la touche.

La série des *Superman* (ci-dessous) est le premier exemple d'une stratégie de studio étendue à plusieurs épisodes : une grande partie du deuxième volet a été tournée pendant la production du premier. Le public reste demandeur de bonne science-fiction : le succès d'*Alien, le huitième passager* (1979) et de la suite de *la Guerre des étoiles, l'Empire contre-attaque* (1980) le prouve. Les tentatives de prendre en marche le train de *la Guerre des étoiles*, par exemple *Star Trek : le film* (1979), ont échoué. La touche de Spielberg vaut de l'or mais pour une réussite comme *S.O.S. Fantômes* (1984) il y a un flop. Les studios savent qu'un vrai succès rembourse beaucoup d'espoirs déçus. Pour le meilleur et pour le pire, l'idylle entre Hollywood et les blockbusters ne montre aucun fléchissement. **T. H.**

1982	1983	1984	1984	1985	1989
Malgré son échelle modeste, *E.T. : l'extra-terrestre* fait exploser le box-office et devient le plus gros succès de son époque.	*Le Retour du Jedi* termine la trilogie de *la Guerre des étoiles* (voir p. 366). *L'Étoffe des héros* tente de concilier science-fiction et histoire populaire, mais fait un flop.	Ivan Reitman (né en 1946) réalise *S.O.S. Fantômes* (1984). Son mélange de comédie et d'effets spéciaux le conduira au succès.	La comédie noire *Gremlins*, produite par Spielberg, obtient des jugements mitigés à sa sortie mais elle attirera les foules.	*Retour vers le futur* est le modèle du blockbuster tranquille de l'époque Reagan. Des répliques tels *les Goonies* ou *Oz, un Monde extraordinaire* n'auront pas ce succès.	*Batman* remet au goût du jour le blockbuster de super-héros ; il sera le premier film à rapporter cent millions de dollars dans les dix premiers jours.

La Tour infernale 1974
The Towering Inferno IRWIN ALLEN 1916-1991, JOHN GUILLERMIN né en 1925

▲ Paul Newman affronte les flammes. Steve McQueen avait été pressenti pour ce rôle, mais il a préféré celui du chef des pompiers.

▼ L'affiche théâtrale : un face-à-face entre deux géants de Hollywood.

Aboutissement du film catastrophe, *la Tour infernale* est sortie juste après les incendies dramatiques des immeubles Andraus et Joelma de São Paulo. Le film adaptate des romans inspirés par ces événements. Irwin Allen eut l'idée de combiner les projets de deux studios, Warner Bros. et Twentieth Century Fox, développés à partir de livres écrits sur des bases identiques : *The Tower* de Richard Martin Stern et *The Glass Inferno* de Frank M. Robinson et Thomas N. Scortia. Moyennant une affiche complexe et une quantité de retouches de scénario visant à équilibrer les rôles de mâles dominants des superstars Paul Newman (l'architecte qui a construit le plus grand immeuble du monde) et Steve McQueen (le chef des pompiers chargés de maîtriser l'incendie), le film résultant est dans la moindre de ses images un produit de synthèse. John Guillermin s'est chargé des intrigues secondaires et des mélodrames – le détestable gendre de William Holder (Richard Chamberlain), qui a rogné sur les coûts en installant du matériel électrique de mauvaise qualité, est largement responsable de la catastrophe – alors qu'Irwin Allen multipliait les scènes d'action, prédominantes lorsque l'incendie se propage.

Le film semble suggérer que tous ces fêtards bien habillés et absurdement fortunés méritent leur horrible destin alors que les pompiers (à qui le film est dédié) et les sauveteurs font les frais de l'opération. Le film, avec ses héros pleins d'assurance et son génie des scènes de suspense, reste pourtant capable de séduire même le spectateur le plus résistant. *La Tour infernale*, indéniablement conventionnelle, est pourtant extraordinairement passionnante. **K. N.**

LES SCÈNES PRINCIPALES

1 UNE JEUNE FEMME EN FEU
Lorrie (Susan Flannery), l'assistante et la maîtresse du directeur de la publicité Bigelow (Robert Wagner), cernée par les flammes, se jette par la fenêtre. Au total, le film a employé près de quatre-vingts cascadeurs et doublures.

2 LE SAUVETAGE D'UNE PETITE FILLE
L'architecte Doug Roberts (Newman) franchit plusieurs étages de ferrailles tordues, tout ce qui reste de l'escalier de secours détruit par une explosion de gaz, avec une petite fille terrifiée accrochée à son cou. Newman s'est chargé lui-même de la plupart de ses cascades.

3 UN POMPIER EN DANGER
Le chef des pompiers O'Halloran (Steve McQueen) agrippe les mains de l'un de ses camarades, déséquilibré au cours d'un sauvetage. Il finit par lâcher prise, mais ils ont pu se rapprocher du sol : l'homme tombe sur le matelas qui l'attendait.

4 O. J. SAUVE UN CHAT
Le chef de la sécurité Harry Jernigan (O. J. Simpson) explique à Harlee Claiborne (Fred Astaire) que son amie Liselotte (Jennifer Jones) s'est tuée en tombant de l'ascenseur panoramique. Lui-même a sauvé le chat de la jeune femme, Elkie, dont il lui confie la garde.

5 MORALITÉ
Épuisé, O'Halloran remarque qu'ils ont eu de la chance qu'il n'y ait pas plus de victimes. Il précise qu'une catastrophe bien pire reste possible. L'architecte et le chef des pompiers décident qu'à partir de ce jour ils se consulteront pour éviter d'autres désastres.

LE PRODUCTEUR

1916-1959
Irwin Allen est né à New York. Il commence sa carrière par un oscar pour son documentaire *Cette mer qui nous entoure* (1953), puis il se spécialise dans les spectacles à sujets étranges : *The Story of Mankind* (1957), *le Cirque fantastique* (1959).

1960-1971
Il donne libre cours à son goût pour les effets spéciaux dans des films de science-fiction clinquants : *le Monde perdu* (1960), *le Sous-Marin de l'apocalypse* (1961) puis dans une quantité de séries télévisées populaires, dont *Perdus dans l'espace*, *Au cœur du temps* et *Au pays des géants*.

1972-1991
L'Aventure du Poséidon (1972) et *la Tour infernale* surfent sur la vague des films catastrophe. La formule perdra son intérêt, après *l'Inévitable Catastrophe* (1978), *le Dernier Secret du Poséidon* (1979) et *le Jour de la fin du monde* (1980).

Les Dents de la mer 1975

Jaws STEVEN SPIELBERG né en 1946

▲ Rapide mais mémorable apparition de Chrissie (Susan Backlinie)…

▼ L'affiche emblématique de Tony Seiniger.

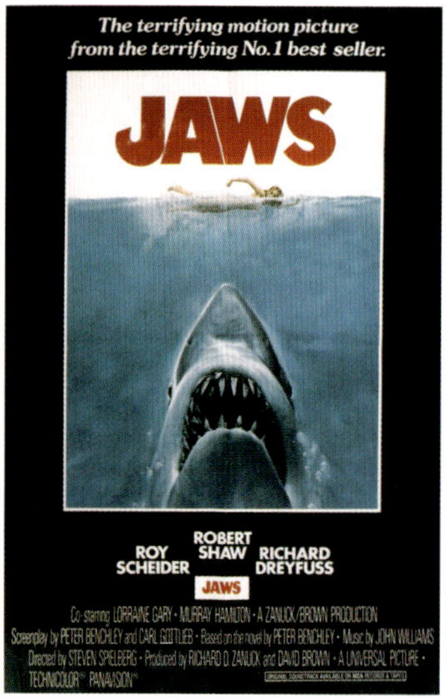

Le premier des « blockbusters de l'été » – le premier film à franchir le mur des cent millions de dollars de recettes – est un phénomène. L'été de 1975, tout le monde parlait des *Dents de la mer.* Ce film a bouleversé les habitudes de baignade d'une génération et propulsé la carrière d'un jeune réalisateur doué.

Le tournage a connu moult vicissitudes, aggravées par le tournage en mer et les problèmes de fonctionnement du requin mécanique. *Les Dents de la mer* restent malgré tout un classique qui rehausse d'aventure et d'horreur l'histoire d'un héros hors norme amené à combattre sa communauté et sa propre phobie de l'eau. Le récit retrace les conséquences pour la vie et l'économie de l'arrivée d'un énorme requin blanc dans les eaux de l'île d'Amity. Le monstre attaque le jour de l'anniversaire de l'Indépendance. Martin Brody (Roy Scheider) finira par embarquer sur l'*Orca,* sous les ordres de son redoutable « Capitaine » Quint (Robert Shaw) avec l'océanographe Matt Hooper (Richard Dreyfuss) pour tuer le bourreau d'Amity.

On voit apparaître dans *les Dents de la mer* les premiers indices de l'instinct de cinéaste de Spielberg, de l'utilisation du point de vue de l'animal pour faire monter le suspense jusqu'à l'effet « travelling avant et zoom » au moment où Brody comprend que le requin vient de dévorer un enfant sous ses yeux. Cependant, la réussite du film serait impensable sans la musique de John Williams, avec son thème menaçant sur deux notes qui signale la présence du requin, le montage de Verna Fields et l'interprétation des acteurs. Le pêcheur campé par Robert Shaw est inoubliable, mais c'est à une improvisation de Roy Scheider que le film doit sa meilleure réplique : « Il nous faudrait un plus gros bateau ! » **D. M**

LES SCÈNES PRINCIPALES

1 REPAS NOCTURNE
Chrissie part avec un garçon pour un bain au clair de lune. Il s'emmêle dans ses vêtements tandis qu'elle court vers la mer. Elle est brutalement entraînée sous l'eau, puis emportée à la surface, hurlante, avant de disparaître. Une introduction sidérante.

2 INDEPENDANCE DAY
Le maire d'Amity ouvre les plages pour le week-end de l'anniversaire de l'Indépendance. Une fausse alerte sème la panique parmi des centaines de nageurs. Le requin entre dans l'étang où le fils de Brody, Michael, fait de la voile avec ses copains.

3 L'INDIANAPOLIS
Quint raconte ce qu'il a vécu pendant la Seconde Guerre mondiale, lorsque le cuirassé *Indianapolis* a été torpillé et coulé. Il évoque les jours passés dans l'eau, alors que les requins attaquaient ses camarades. C'est la scène préférée de Spielberg.

4 TUER LE REQUIN
Brody se retrouve seul sur le bateau en perdition alors que le requin attaque à nouveau. Il lui jette une bouteille d'air comprimé dans la gueule puis tire sur la bouteille avec un fusil. Celle-ci explose, mettant le requin en pièces.

LE RÉALISATEUR

1946-1969
Steven Spielberg est né en 1946. Il entre à l'université d'État de Californie de Long Beach. Il travaille comme bénévole pour les studios Universal. Le succès de son premier court-métrage, *Amblin'*, en 1968, lui permet de signer un contrat avec Universal.

1970-1974
Il réalise des films pour la télévision américaine, dont certains épisodes de *Docteur Marcus Welby* et de *Columbo*, mais surtout le téléfilm *Duel* (1971). Il débute avec *Sugarland Express*, en 1974.

1975-1982
Après *les Dents de la mer*, Spielberg consolide sa réputation avec deux classiques de la science-fiction : *Rencontres du troisième type* (1977) et *E.T. : l'extra-terrestre* (1982). *Les Aventuriers de l'Arche perdue* (1981), co-produits avec George Lucas (né en 1944), marquent le début d'une série à succès. En 1981, Spielberg fonde la compagnie de production Amblin Entertainment.

1983-1992
Cette période est celle des suites d'*Indiana Jones* et de quelques tentatives assez mal reçues de productions plus sérieuses comme *la Couleur pourpre* (1985). Il renoue avec le succès commercial comme producteur de *Retour vers le futur* (1985) et de *Qui veut la peau de Roger Rabbit ?* (1988).

1993
Alors que *Jurassic Park* devient le fer de lance de l'image de synthèse et rapporte 900 millions de dollars, *la Liste de Schindler* obtient sept oscars dont celui du meilleur film et pour Spielberg son premier oscar du meilleur réalisateur.

de 1994 à nos jours
Spielberg crée la Shoah Foundation, qui a pour objectif l'enregistrement des témoignages des survivants de l'Holocauste ; il est l'un des fondateurs de DreamWorks. *Il faut sauver le soldat Ryan* (1998) lui vaut un nouvel oscar du meilleur réalisateur. Il alterne science-fiction et aventure avec *Minority Report* et *Arrête-moi si tu peux*, tous deux sortis en 2002, puis avec *la Guerre des Mondes* et *Munich*, sortis en 2005.

La Guerre des étoiles 1977

Star Wars GEORGE LUCAS né en 1944

▲ Un chasseur X-wing file au ras de la surface de l'Étoile noire : le suspense final.

▼ Dans cette affiche de *la Guerre des étoiles,* tous les personnages principaux ont été habilement rassemblés.

George Lucas, après avoir rendu hommage à la culture rock de son adolescence dans *American Graffiti* (1973), se tourne pour cette réalisation, un film sans ambition mais qui modifiera les standards cinématographiques, vers des feuilletons d'aventures spatiales sur le modèle de Flash Gordon et de Buck Rogers. Dans l'impossibilité d'obtenir les droits de *Flash Gordon,* Lucas crée son propre univers, qui finira en épopée wagnérienne. Son idée était de réaliser un film à l'échelle des productions de David O. Selznick ou des réalisations de David Lean (1908-1991), mais avec un contenu qu'ils auraient difficilement assimilé à une distraction enfantine : les monstres, les vaisseaux spatiaux, les princesses, les combats et les évasions que l'on retrouvait dans des douzaines de feuilletons ne valaient plus grand-chose à l'âge d'or de Hollywood.

Les tignasses et les yeux écarquillés de Mark Hamill et de Harrison Ford disent que nos rebelles galactiques ne succèdent que de peu aux conducteurs de dragsters d'*American Graffiti.* Alec Guiness et Peter Cushing apportent un peu de classe et de maturité et les robots amusants sont taillés sur mesure pour les enfants. Le scénario ne s'éloigne guère des feuilletons d'aventures spatiales, des films de *Sinbad,* des exploits épiques des samouraïs, des westerns et des films d'aviation de la Seconde Guerre mondiale que Lucas appréciait. Les véhicules de l'espace sont plutôt des substituts d'aéroplanes et de navires de guerre que de réelles fusées. Seule la musique d'orchestre de John Williams est caractéristique de l'âge d'or hollywoodien. Le film est réglé sur les sensibilités des années 1970, de la conception aux aspects mystiques et de la politique à la mode. **K. N.**

LES SCÈNES PRINCIPALES

1 L'OUVERTURE, AU RALENTI
Après un « résumé des épisodes précédents » dans le plus pur style feuilleton, le film commence par un paysage spatial où un vaisseau menaçant surgit du haut de l'écran, qui précède un croiseur impérial impressionnant qui entre dans le champ de vision.

2 UN JEUNE FERMIER PLEIN D'AMBITION
Luke (Mark Hamill) rentre à la ferme de son oncle. Sa vie ne lui convient guère : il a le sentiment qu'un univers plus vaste l'attend au dehors et semble entendre l'écho du thème entraînant de John Williams. L'aventure lui fait signe !

3 L'HOLOGRAMME
Luke et son oncle ont acheté R2-D2 et C-3PO à un marchand. Le jeune homme active involontairement un hologramme dans lequel la princesse Leia (Carrie Fisher) lance un appel : « Au secours Obi-Wan Kenobi – vous êtes mon seul espoir… »

4 GREEDO TIRE
Dans la « cantina » de Mos Eisley, un chasseur de primes nommé Greedo a une discussion avec Yan Solo (Harrison Ford). Greedo tire sur le pilote, mais celui-ci riposte. La question de savoir qui a tiré le premier a fait l'objet de nombreux débats.

5 DUEL AU SABRE-LASER
Obi-Wan Kenobi (Alec Guiness) et son élève Dark Vador (Dave Prowse, avec la voix de James Earl Jones) s'affrontent en une dernière épreuve de force. Vador semble vainqueur, mais Obi-Wan fait désormais partie de cette énergie universelle qu'on appelle la Force.

6 « UTILISE LA FORCE, LUKE »
Alors qu'il survole l'Étoile noire à bord de son chasseur, Luke entend la voix de son mentor disparu et décide de se fier à son instinct mystique pour guider son tir : il parvient à contourner les défenses ennemies et à détruire l'arme mortelle de l'Empire.

LA NOUVELLE VAGUE AUSTRALIENNE

Le cinéma australien, dans les années 1970 et au début des années 1980, se divisait en deux secteurs. D'une part, le cinéma de prestige de Fred Schepisi (né en 1939), Peter Weir (né en 1944) et Gillian Armstrong (née en 1950) racontait des histoires typiquement australiennes : fleuries, amoureusement composées, riches d'intégrité artistique et de grâce tranquille. D'autre part, la florissante industrie des séries B, l'« Ozploitation », proposait un défilé de comédies sexuelles crues, braquages violents et horreur inventive et sanglante.

À la fin des années 1960, en dehors de quelques mélodrames historiques inspirés de l'étranger, l'industrie cinématographique australienne a produit très peu de films. Au début des années 1970, une série d'événements a tout changé. Une nouvelle contre-culture émergeait, la télévision locale, de plus en plus populaire, avait formé des réalisateurs, des acteurs et des producteurs et une série d'initiatives gouvernementales et de niches fiscales rendaient la production beaucoup plus lucrative. Il en résulta, pour le cinéma du pays, une vague créative que les médias appelleront la Nouvelle Vague australienne.

Les premiers succès furent des comédies « ocker », peintures de la vie de banlieue et de la frustration sexuelle nées d'une nouvelle liberté culturelle mais qui glorifiaient et brocardaient en même temps les idées de culture et de masculinité australiennes. Il est intéressant de remarquer que le plus grand cinéaste de la période, Peter Weir, a commencé sa carrière avec un film qui ne se rattachait ni aux séries B ni au cinéma de prestige : *Les voitures qui ont mangé Paris* (1974) sont un film d'exploitation, mais sans scènes de sexe ni violence

1 Le métis aborigène exploité Jimmie Blacksmith est mort, après s'être violemment vengé de la société blanche.

2 *Mad Max*, une réussite au box-office, donna naissance à deux suites et ouvrit le marché international au cinéma de la Nouvelle Vague australienne.

3 *Crocodile Dundee* a offert au comique « ocker » australien Paul Hogan son premier rôle d'acteur et un Golden Globe.

REPÈRES

1971	1971	1972	1974	1975	1976
La Randonnée, de Nicolas Roeg (né en 1928), représente l'outback australien sous l'aspect d'une contrée mystérieuse et menaçante.	*Stork*, une comédie sexy à petit budget, devient le premier succès local majeur du pays.	Création de la South Australian Film Commission. Bruce Beresford (né en 1940) revient en Australie pour réaliser *The Adventures of Barry MacKenzie.*	*Les voitures qui ont mangé Paris*, de Peter Weir, laisse voir une influence européenne. Le drame de bikers *Stone* est une reprise violente et machiste de série B américaine.	Création de l'Australian Film Commission. Ken Hannam (1929-2004) apporte sa contribution à la renaissance du cinéma australien avec *Sunday Too Far Away.*	Sortie de *Don's Party*, de Bruce Beresford. Adapté de la pièce du même nom, de David Williamson, le scénario retrace les élections fédérales australiennes de 1969.

sanglante et influencé par le cinéma d'art et d'essai européen. En revanche, son film suivant, *Pique-nique à Hanging Rock* (1975, voir p. 370), illustre tout ce qui fait le cinéma de qualité australien : des paysages à couper le souffle, des décors historiques recréés dans le moindre détail, le calme et la beauté mêlés au sentiment d'une vague appréhension. Le film met en avant et questionne plusieurs aspects de la culture australienne, en particulier l'influence toujours puissante de l'Angleterre, la dépendance implicite d'un système de classes et une culture aborigène foulée aux pieds par le colonialisme.

En écho à *Pique-nique à Hanging Rock,* les cinéastes de prestige australiens ont exploré en profondeur les divers aspects du passé colonial du pays. *Le Chant de Jimmie Blacksmith* (1978, à gauche), de Fred Schepisi, évoque la brutale sauvagerie de la naissance du pays et représente les forces de la progression coloniale sous l'aspect de bandits meurtriers menant une guerre de domination et déchirant la population aborigène au passage. *Ma brillante carrière* (1979, voir p. 372), de Gillian Armstrong, et *Gallipoli* (1981), de Peter Weir, s'intéressent aux efforts du pays pour survivre au déclin de l'empire britannique.

L'industrie de la série B trouve également ses marques. Le film de bikers *Stone* (1974) reprend le modèle des épopées rebelles motocyclistes du producteur Roger Corman et y ajoute des scènes de sexe explicites, de la violence et un sens aigu de l'identité australienne, ouvrant la route au plus grand succès mondial du pays, *Mad Max* (1979, ci-contre). Ce dernier film consacre en même temps une nouvelle star internationale : Mel Gibson a les allures et le comportement rude d'une icône classique du cinéma, mais avec en plus la dureté et l'instabilité émotionnelle. Les séries B australiennes surpassent souvent leurs contreparties américaines mieux dotées. Le travail d'Everett De Roche, un scénariste né aux États-Unis, dans des films comme la satire écologique *Long Weekend* (1978), sans abandonner le frisson des séries B, y ajoutent des dialogues pleins d'esprit et des idées constructives sur la psychologie, l'écologie et le paysage, à travers le filtre du regard d'un étranger conquis sur sa patrie d'adoption.

Les deux composantes, série B et prestige, du cinéma australien déclinent au milieu des années 1980 avec l'assèchement des financements de l'État et le départ pour Hollywood de Peter Weir et d'autres réalisateurs essentiels. Fred Schepisi avait été si déçu par le mauvais accueil du *Chant de Jimmie Blacksmith* dans son pays qu'il quitta l'Australie, pour n'y revenir que dix ans plus tard.

La culture cinématographique australienne n'est pas très différente aujourd'hui de celle de n'importe quel petit pays occidental : une profusion de films dramatiques modestes, un afflux régulier de scénaristes, d'acteurs et de réalisateurs talentueux au regard fixé sur Hollywood et des succès mondiaux occasionnels comme *Crocodile Dundee* (1986, ci-contre). Écrit et joué par le comédien Paul Hogan, ce film cherchait à séduire le grand public américain mais il sut toucher une corde internationale. Le cinéma australien reste synonyme de réalisations populaires, intelligentes et de qualité. **T. H.**

1978	1979	1981	1982	1987	1988
Newsfront est une étude de l'histoire difficile de l'Australie. *Long Weekend* et *Patrick* s'intéressent à l'image complexe que le pays a de lui-même.	George Miller (né en 1945) réalise *Mad Max*. Le film affichera le meilleur rapport coût-profit de tous les temps et fera connaître Mel Gibson au monde entier.	Le film de guerre *Gallipoli* et *Mad Max 2* profitent de l'argent de Hollywood pour raconter des histoires australiennes.	*Les Traqués de l'an 2000* montrent le désespoir de la série B, à un moment où nombre de réalisateurs « de qualité » du pays ont cédé aux sirènes de Hollywood.	John Duigan (né en 1949) réalise *The Year My Voice Broke*, l'un des films de sa trilogie ; il retrace une enfance australienne dans les années 1960.	Fred Schepisi revient en Australie pour réaliser *Un cri dans la nuit*, l'histoire de Lindy Chamberlain, accusée d'avoir tué son enfant à Ayers Rock.

Pique-nique à Hanging Rock 1975

Picnic at Hanging Rock PETER WEIR né en 1944

▲ Le rocher surplombe Miranda et ses camarades, peu avant leur disparition.

▼ L'esprit de l'époque choisie pour l'histoire.

Le roman *Pique-nique à Hanging Rock,* de Joan Lindsay, est construit comme un reportage, pour esquiver l'inévitable remarque selon laquelle un mystère sans solution est forcément décevant. L'adaptation de Peter Weir reprend ce principe : le film commence par une note qui précise les lieux et les dates, cherchant ainsi à persuader le public qu'il s'agit d'une histoire vraie.

De jeunes élèves corsetées et vêtues de blanc partent en excursion sur un site volcanique local. La directrice (Rachel Roberts) a consigné près d'elle une orpheline, Sara (Margaret Nelson), avec qui elle a un compte à régler. Conduit par Miranda (Anne Lambert), un groupe de quatre jeunes filles s'éloigne pour grimper un peu plus haut. Une seule d'entre elles redescendra : Edith (Christine Schuler), plus ronde et terre à terre que les autres. Une enseignante, une vieille fille, a disparu et les policiers, professeurs et même un pisteur aborigène mobilisés ne les retrouvent pas jusqu'à ce qu'un jeune homme (Dominic Guard) découvre Irma (Karen Robson). Elle deviendra le bouc émissaire de ses camarades de classe. Sara, admiratrice de Miranda, souffre plus que les autres (« C'est pour son bien, pour qu'elle se tienne droite ! », s'écrie une institutrice lorsqu'on la retrouve attachée à une planche), puis des ombres gothiques enveloppent l'école.

Avec *Les voitures qui ont mangé Paris* (1974) et *la Dernière Vague* (1977), de Peter Weir, le film forme un triptyque dédié aux hantises mystiques et primitives d'une jeune nation. C'est également une étude sur un érotisme bouillonnant, chez les enseignantes refoulées comme chez leurs élèves légères comme l'air, ce qui, depuis des décennies, lui conserve son attrait hypnotique. **K. N.**

LES SCÈNES PRINCIPALES

1 À LA RECHERCHE DES FANTÔMES
Le lettré Ku suit un personnage mystérieux. Les chauves-souris voltigent, les éclairs zèbrent le ciel, des araignées guettent du fond de leurs toiles géantes. La tempête se lève et finalement, Ku rejoint une forme humaine, qui se révèle être... sa mère.

2 RENCONTRE SUR LA ROUTE
Ou-Yang Yin rencontre un homme qui semble aveugle. Lorsqu'il le nomme « Général Shih », l'homme réagit et Ou-Yang l'abat d'un coup de poing. Alors Ku et sa mère sortent d'un chemin latéral, Ou-Yang se cache. Ku et sa mère aideront Shih à se mettre en sécurité.

3 YIN ET YANG
Après une nuit d'amour, Ku et Miss Yang sont découverts par Ou-Yang Yin. Celui-ci écarte Ku et tire son épée pour attaquer Miss Yang, mais celle-ci riposte sur le même ton. C'est l'occasion de la première des longues et athlétiques séquences de combat du film.

4 LE COMBAT DANS LA FORÊT
Les héros rencontrent les gardes de Mun Ta, en uniformes rouges, dans une forêt de bambous. Ils les poursuivent à travers la forêt, puis engagent un corps à corps à l'épée. Miss Yang utilise une hampe de bambou pour sauter et disperser ses assaillants.

LE RÉALISATEUR

1931-1964
King Hu est né à Beijing. Après avoir étudié les beaux-arts, il quitte la Chine pour Hong Kong, en 1949. Il travaille aux décors pour les services artistiques de différents studios. Il devient ensuite acteur, scénariste et réalisateur quelque temps pour les studios Shaw Brothers de Hong Kong. Il travaillera avec Han Hsiang Li (1926-1996) sur le tournage de *The Love Eterne* (1963).

1965-1971
Sa première réalisation personnelle est le film de guerre *Sons of Good Earth* (1965). Il trouvera le succès commercial avec *l'Hirondelle d'or*, un film de *wuxia*. Il part pour Taïwan en 1967, monte son propre studio et sort un autre succès majeur, *Dragon Inn* (1967), dont les recettes l'aideront à réaliser son film le plus ambitieux, *A Touch of Zen*. La scène du combat dans la forêt de bambous de ce dernier film inspirera un duel similaire dans *Tigre et dragon* (2000, voir p. 500), d'Ang Lee (né en 1954).

1972-1989
King Hu continue à réaliser des films sur le thème des arts martiaux, parmi lesquels *l'Auberge du printemps* (1973) et *The Valiant Ones* (1975). Cependant, comme ce fut le cas pour *A Touch of Zen*, le succès commercial se fait attendre. *Legend of the Mountain* (1979) et *Raining in the Mountain* (1979) sont tournés en Corée, mais, à partir du milieu des années 1980, King Hu ne parvient plus à trouver l'argent nécessaire pour réaliser d'autres projets.

1990-1997
King Hu commence la réalisation de *The Swordsman* (1990) mais des mésententes avec le producteur Tsui Hark l'obligent à abandonner. Sa dernière réalisation sera *Painted Skin* (1993). Au moment de sa mort – à la suite d'une attaque –, il essayait de trouver des fonds à Hollywood pour *The Battle of Ono*, un film sur les immigrants chinois qui travaillaient aux voies ferrées de Californie à l'époque de la Ruée vers l'or. Il laisse le souvenir d'un pionnier du *wuxia*, dont les films d'arts martiaux très personnels dérivent des traditions d'opéra bouddhistes et chinoises.

L'Empire des sens 1976

Ai no corrida NAGISA OSHIMA né en 1932

▲ Érotisme extrême : Abe Sada étrangle, à sa demande, son amant, Ishida Kichizo, au plus fort de leur acte sexuel.

▼ Les amants sont interprétés par Eiko Matsuda et Tatsuya Fuji.

Dans le Japon des années 1930, *l'Empire des sens* situe l'étrange histoire d'amour entre un propriétaire d'hôtel, Kichi-san, et Sada, l'une de ses employées. C'est une exploration en profondeur de la relation sexuelle et de l'union charnelle : le couple comme la caméra ne quittent que rarement la chambre, lieu choisi de leur relation dans toute son étouffante splendeur.

En dehors de cette proximité passionnée, les décors se limitent à des couloirs fonctionnels et tranquilles et à de froides ruelles. Le spectateur ne fait qu'apercevoir l'extérieur : des étrangers qui passent et les grandes cheminées fumantes des usines. Les personnages principaux restent à l'écart du monde, dans leur propre univers privé. Leur liaison est le dernier souffle d'un monde encore instinctif, avant les bouleversements qui engloutiront le Japon impérial.

L'Empire des sens est connu en tant que premier film non pornographique qui laisse voir des scènes de fellation et un pénis en érection, le récit ne pouvant pas se passer de ces images explicites. En décrivant l'intimité sexuelle crument, Nagisa Oshima pose la question du libéralisme et de l'hypocrisie de la culture contemporaine japonaise, en particulier des contraintes qui pèsent sur les images à contenu sexuel. Historiquement, le sexe et la mort sont liés, en particulier dans la culture japonaise : Oshima souligne ce lien par le contraste entre la relation de Sada et Kichi et la démarche décidée et fatale des soldats. Sada semble souffrir quand elle est auprès de Kichi, comme si elle supportait difficilement leur bonheur. À mesure qu'ils avancent d'extrême en extrême, ils savent – et le public le sait aussi – que leur relation n'a qu'une issue. **S. W.**

LES SCÈNES PRINCIPALES

1 LA PREMIÈRE RENCONTRE DE SADA ET KICHI
Sada est timide et polie mais sans réticence tandis que Kichi, charmé, lui fait ouvertement la cour. Ils sont tous deux ensorcelés et il se passera peu de temps avant qu'ils ne se rencontrent à nouveau pour poursuivre leur relation.

2 UNE GEISHA LES REGARDE
Sada et Kichi ne se cachent pas des gens qui les entourent : geishas, vieilles femmes et même un prêtre. Ces personnages sont hypnotisés par ce qu'ils voient. Le réalisateur oblige ainsi les spectateurs à réfléchir à leurs propres réactions.

3 LE COUPLE SUPPORTE MAL LA SÉPARATION
Sada part rejoindre un professeur avec qui elle a une liaison. Dans le train, elle respire le kimono de Kichi pour retrouver son odeur. Elle couche avec le professeur, Kichi avec une geisha : ces expériences sexuelles simultanées renforceront encore leur attachement.

4 LE CHEMIN DES EXTRÊMES
Sada et Kichi se livrent à des expériences érotiques avec la nourriture. Réalisateur et acteurs ne craignent pas les longueurs lorsqu'ils montrent les détails intimes de la relation du couple, pour lequel la faim est moins importante que l'exploration sexuelle.

LE RÉALISATEUR

1932-1961
Nagisa Oshima est né à Kyoto. Il débute, en 1954, comme apprenti du studio cinématographique Shochiku et monte rapidement en grade. Sa première réalisation est *Une ville d'amour et d'espoir* (1959). En 1960, il fait trois films : *Contes cruels de la jeunesse*, *l'Enterrement du soleil* et *Nuit et brouillard au Japon*. Tous trois sont directs et sujets à controverse, en particulier pour ce qui concerne la politique japonaise et le côté critique de sa réflexion politique.

1962-1975
Au cours de la décennie, Oshima réalisera seize films. Parmi eux, il faut remarquer *le Révolté* (1962), *les Plaisirs de la chair* (1965), *Carnets secrets des Ninja* (1967), *la Mort par pendaison* (1968), un exposé brechtien sur la culpabilité, *le Petit Garçon* (1969), qui traite de la subjectivité, et *Une petite sœur pour l'été* (1972).

1976-1983
L'Empire des sens, un exposé controversé sur la sexualité et la culture japonaise, sort en 1976. Dans cette production franco-japonaise, Oshima met à profit des libertés impensables au Japon pour composer un tableau sans tabou du sexe et déconstruire la manière de filmer japonaise stéréotypée. *L'Empire de la passion* suivra, en 1978, et *Furyo*, l'histoire d'un prisonnier de guerre japonais, sortira en 1983.

de 1984 à nos jours
Max mon amour, « la plus grande histoire d'amour simiesque depuis King Kong », sort en 1986. Le film raconte avec sympathie et détachement la relation entre Margaret (Charlotte Rampling) et un chimpanzé nommé Max. Oshima ne réalisera plus aucun film jusqu'en 1999 ; *Tabou* est une étude sur l'homosexualité et les derniers jours des samouraïs, œuvre d'un réalisateur de plus en plus isolé. Le film obtiendra de nombreuses récompenses et nominations.

UNE NOUVELLE ÉPOQUE POUR LES COMÉDIES MUSICALES

Les comédies musicales hollywoodiennes (voir p. 198) sont associées à l'âge d'or du cinéma américain, mais elles n'ont pas disparu avec la fin du studio system. On trouvait encore des comédies musicales traditionnelles, relookées pour le public contemporain, et le genre fut propulsé vers de nouveaux domaines, explorant les questions et les tendances de l'époque, plate-forme pour de nouveaux genres musicaux ou simplement pour une réévaluation du passé.

Il était une fois Hollywood (1974) et sa suite *Hollywood, Hollywood !* (1976) sont un rappel de la période heureuse de la comédie musicale hollywoodienne. D'autres sorties de l'époque diffèrent peu des productions des années 1950 : *Scrooge* (1970), *Charlie et la chocolaterie* (1971), *Un violon sur le toit* (1971), *Funny Lady* (1975) et *Annie* (1982) ont en commun un style de tournage classique et offrent la même évasion de la réalité. Norman Jewison (né en 1926) propose une approche plus inventive avec *Jésus Christ Superstar* (1973), porté par la musique des nouveaux prodiges de la comédie musicale théâtrale Andrew Lloyd Webber et Tim Rice. *Godspell : A Musical Based on the Gospel According to St Matthew,* autre adaptation de récit biblique, sort la même année. Le mouvement contre-culturel né des années 1960 est représenté par des reprises de spectacles de scène : *Oh ! Calcutta !* (1972) et *Hair* (1979, à gauche). Avec leur structure narrative conventionnelle, ces films, et les spectacles dont ils sont adaptés, provoquent la controverse par leur mépris des tabous sur la nudité, le sexe et la politique.

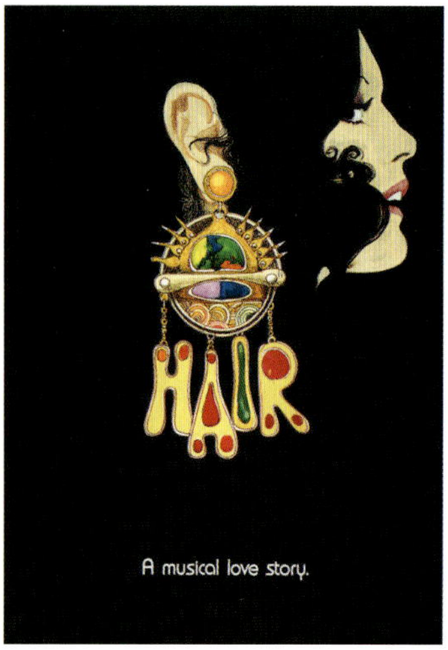

REPÈRES

1972

Un violon sur le toit, le récit par Norman Jewison de l'histoire d'un paysan russe, remporte trois oscars, dont celui de la meilleure photographie.

1973

Cabaret (voir p. 382) s'empare de huit oscars, dont ceux du meilleur réalisateur, de la meilleure actrice pour Liza Minelli et du meilleur second rôle pour Joel Grey.

1973

Sortie de *Godspell* et de *Jésus Christ Superstar,* tous deux adaptés de comédies musicales de scène sur la vie de Jésus.

1975

The Rocky Horror Picture Show, de Jim Sharman, et *Tommy,* de Ken Russell, confirment la popularité de l'opéra rock. Barbra Streisand revient dans le rôle de Fanny Brice, dans *Funny Lady.*

1977

La Fièvre du samedi soir et la musique disco envahissent le monde. L'album de la bande originale deviendra la musique de film la plus vendue de tous les temps.

1978

Grease est l'un des grands succès de la décennie. Les Bee Gees font un flop avec *Sgt Pepper's Lonely Hearts Club Band,* montrant ainsi qu'ils ne sont pas infaillibles.

À la fin des années 1960, Bob Fosse (1927-1987) est le moteur de la comédie musicale américaine. Chorégraphe, Fosse a créé un style où chaque geste accentue le mouvement du danseur. *Cabaret* (1972, voir p. 382) a reçu huit oscars et *Que le spectacle commence* (1979), l'histoire à demi autobiographique d'un réalisateur au bord de l'effondrement alors qu'il prépare un nouveau spectacle, obtiendra la palme d'or au Festival de Cannes.

À partir des années 1970, la musique rock domine les comédies musicales. Alan Parker (né en 1944), qui a réalisé *Bugsy Malone* (1976) et *Fame* (1980), crée *Pink Floyd The Wall* (1982). *Grease* (1978, à gauche), une interprétation de la révolte et de l'amour dans un lycée, sera l'un des succès de la décennie. *The Rocky Horror Picture Show* (1975) mêle mœurs sexuelles des années 1960 et films d'horreur des années 1940, avec des chansons et des séquences de danse superbement orchestrés. Le mouvement punk est représenté : *The Great Rock'n'Roll Swindle* (1980) fera connaître les Sex Pistols à un public élargi.

Le succès de *la Fièvre du samedi soir* (1977) lance le phénomène disco grâce à la bande-son des Bee Gees et débute une succession de films de danse dont la popularité augmentera au long des années 1980. Dans *Staying Alive* (1983), le personnage joué par John Travolta, Tony Manero, tente de faire carrière à Broadway alors que dans *Flashdance* (1983, ci-dessous) une ouvrière métallurgiste (Jennifer Beal) rêve d'entrer dans une école de danse. Le conservatisme s'oppose à la danse dans deux comédies musicales populaires de la décennie, *Footloose* (1984) et *Dirty Dancing* (1987, ci-contre). Comme dans toutes les comédies musicales des années 1980, la musique est pré-enregistrée : elle reprend souvent des morceaux connus du public, relançant ainsi leur popularité. **I. H. S.**

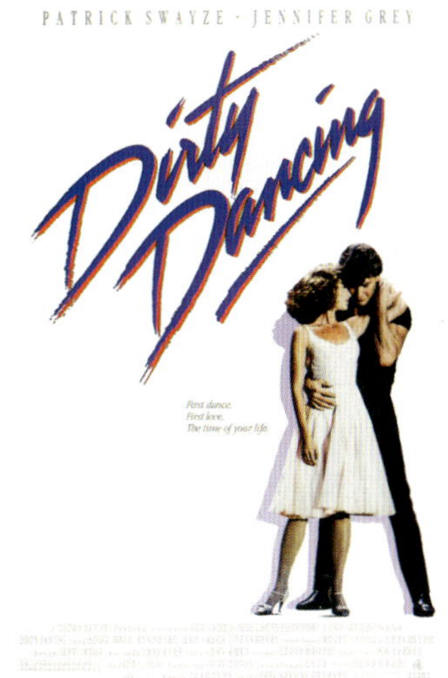

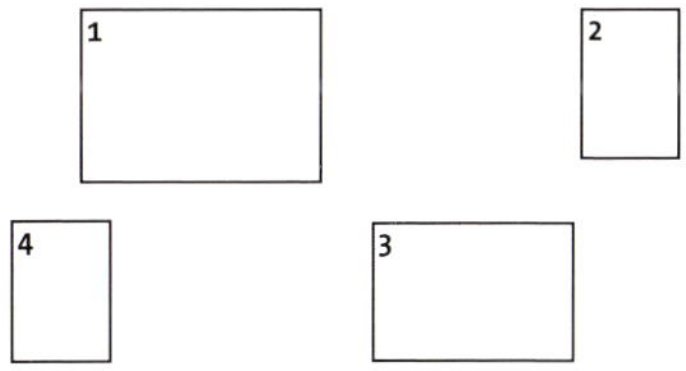

1 L'interprétation de Travolta en chef de bande des T-Birds dans *Grease* donne à la danse un caractère décontracté.

2 *Dirty Dancing* met en vedette les danseurs Patrick Swayze et Jennifer Grey, offrant à Swayze le rôle de sa vie.

3 Dans *Flashdance*, la soudeuse que joue Jennifer Beal, qui veut devenir danseuse de ballet, deviendra strip-teaseuse la nuit.

4 La composition de l'affiche de *Hair* reflète les inquiétudes de la contre-culture hippie du film.

1980	1981	1983	1983	1984	1987
Que le spectacle commence, de Bob Fosse, obtient la palme d'or au Festival de Cannes et quatre oscars.	*Fame*, d'Alan Parker, l'histoire d'une école new-yorkaise pour étudiants doués dans les arts de la performance, obtient deux oscars.	Le succès de *Flashdance*, d'Adrian Lyne, marque le début de la domination des producteurs Jerry Bruckheimer et Don Simpson dans le domaine des films pour le grand public.	Sylvester Stallone (né en 1946) trouve le succès comme réalisateur avec *Staying Alive*.	Dans *Footloose*, de Herbert Ross, Kevin Bacon parade au sommet du box-office dans le rôle d'un adolescent de Chicago.	*Dirty Dancing*, d'Emile Ardolino, est l'un des films essentiels des années 1980.

Cabaret 1972

BOB FOSSE 1927-1987

▲ Liza Minnelli et le démoniaque Maître de cérémonie, interprété par Joel Grey.

▼ Liza Minnelli, dans le rôle de la précoce et fragile Sally Bowles.

Le chef-d'œuvre de Bob Fosse est une critique cynique de la décadence des derniers jours de la République de Weimar et de la montée du national-socialisme, émaillée de chansons accrocheuses et frivoles qui visent à démentir les événements inquiétants en Europe.

Brian (Michael York) arrive à Berlin en 1931. Il rencontre Sally Bowles (Liza Minnelli), dont il tombe amoureux. Elle travaille au Kit Kat Klub (avec trois K !), un cabaret underground coupé du monde extérieur. L'histoire d'amour passagère de Brian et de Sally est remise en perspective par les violentes émeutes qui les entourent et qui commencent à détruire la liberté qu'ils aiment tant.

Ici, les chansons donnent vie à l'intrigue et aux personnages ; ce sont elles qui font avancer le récit tout en commentant les événements. *Maybe This Time* est l'aveu des rêves éveillés de Sally ; *If You Could See Her* est une allégorie de la flambée des persécutions exercées contre la population juive de Berlin. Les chansons sont toutes interprétées sur la scène du Kit Kat Klub et, en regard des angles expressionnistes qui révèlent la grisaille morale des spectateurs, les numéros sont présentés avec réalisme. Fosse les filme de loin et il utilise la lumière des projecteurs pour mettre en valeur la petite scène et les silhouettes des spectateurs, conspirateurs de ce monde obscur.

Les dernières images font écho à la scène d'ouverture : le miroir déformant reflète ceux qui forment désormais le public, seulement identifiables par leurs brassards à croix gammées. Un miroir est présenté à la société et on y voit des personnages flous et déformés, mais dans une même perspective cruelle. **S. W.**

LES SCÈNES PRINCIPALES

1 « MEIN HERR »
On n'a encore vu Sally que chez elle, où elle court partout et bavarde sans cesse. Ici, en costume, sur scène pour sa première chanson, elle est transformée. Elle brûle les planches, transformant sa naïveté et son exubérance en charme et en prouesses.

2 « TOMORROW BELONGS TO ME »
Qu'est-ce qui s'annonce lorsqu'un sympathique chant traditionnel se transforme en affirmation bruyante de la supériorité de la race allemande ? La foule des auditeurs reprend en chœur chaque refrain avec passion. « Vous croyez toujours que vous les mettrez au pas ? »

3 LA VIE EST UN CABARET
Sally dans sa plus belle performance. Elle communique un sentiment d'optimisme avant que le Maître de cérémonie ne fasse son dernier discours, terrifiant. Au son d'un roulement de tambour interminable, la scène bascule dans les sombres derniers plans.

LE RÉALISATEUR

1927-1968
Robert Louis Fosse est né à Chicago. Après avoir travaillé sur scène et au cinéma comme acteur et comme danseur, il devient chorégraphe pour la scène. Sa première comédie musicale dans ce métier sera *The Pajama Game*, en 1954, suivie de *Damn Yankees*, en 1955, et de *New Girl in Town*, en 1957. En 1959, il réalise *Redhead*, récompensée par des Tony Awards pour la meilleure comédie musicale et pour sa chorégraphie.

1969-1973
Son premier long-métrage est *Sweet Charity* (1969), comédie musicale avec Shirley MacLaine en danseuse pleine d'espoir. Son optimisme et son ambition préfigurent le personnage de Sally Bowles, que joue Liza Minnelli dans *Cabaret*. En 1973, *Cabaret* est nominé pour dix oscars et en obtiendra huit, parmi lesquels celui de la meilleure actrice, pour Liza Minnelli, celui du meilleur second rôle, pour Joel Grey, et celui du meilleur réalisateur.

1974-1987
Lenny (1974) est un film biographique sans détour sur le comédien controversé Lenny Bruce, interprété par Dustin Hoffman. Il sera nominé pour six oscars. En 1975, Fosse est l'auteur des paroles et de la chorégraphie de la production originale pour la scène de la comédie musicale à succès *Chicago*. *Que le spectacle commence* (1979), continue à explorer la fascination de Fosse pour le côté sombre de la célébrité. Il obtiendra quatre oscars dont celui de la meilleure bande originale. *Star 80* est son dernier film, réalisé en 1983, la biographie controversée d'une fille de *Playboy*.

DU LIVRE À L'ÉCRAN

C. Isherwood a publié *Adieu à Berlin* en 1939, année de la déclaration de la Seconde Guerre mondiale. C'est une série d'esquisses inspirées par les impressions qu'il a ressenties à Berlin avant-guerre. Alors, il assiste à la décadence et à la vie désordonnée de la République de Weimar, mais aussi à la tempête grandissante qu'annonçait le IIIe Reich. Isherwood était ouvertement homosexuel à une époque où une telle franchise était rare. Il était habitué aux différentes facettes de la société et à dissimuler son existence ; ces profondeurs cachées – un monde de lumière et d'obscurité – sont essentielles dans son œuvre. Sally Bowles n'apparaît que dans un chapitre du roman et Christopher (Brian dans le film) n'est pas son amant. *Adieu à Berlin* a été adapté pour le théâtre sous le titre *I Am a Camera*, tiré d'une phrase du livre : « Je suis une caméra braquée, absolument passive, qui enregistre et ne pense pas. » La pièce écrite par John Van Druten, en 1951, a donné en 1955 le film *Une fille comme ça*, avec Laurence Harvey et Shelley Winters. *Cabaret* est adapté à la fois du roman et de la pièce.

LE CINÉMA AFRICAIN

Le cinéma africain dans les années 1970 et 1980 a connu à une explosion d'inventivité et de créativité qui rivalise avec tout autre renaissance cinématographique dans le monde. Aiguillonnés par l'énergie et l'évolution politique de l'époque post-colonialiste, les cinéastes ont tourné des films plus forts, plus ambitieux. Cependant, comparés à celles de la Nouvelle Vague par exemple (voir p. 248), ces œuvres demeurent sous-estimées.

Souvent considéré comme le « père du cinéma africain », l'auteur et réalisateur sénégalais Ousmane Sembène (1923-2007) personnifie la nouvelle urgence de l'Afrique post-coloniale. En 1947, Sembène arrive en France et travaille comme docker à Marseille, s'inscrit au parti communiste, puis devient un syndicaliste virulent. Son cinéma montre un même engagement politique et social, et son premier film, *la Noire de...* (1966), restera comme le premier long-métrage africain à trouver une reconnaissance internationale.

Autre cinéaste à part dans les années 1970, le Sénégalais Djibril Diop Mambéty (1945-1998), dont le premier long-métrage, *Touki Bouki* (1973, ci-dessus), se fait l'écho de la jeunesse africaine et offre une plongée vertigineuse, intense, dans le cinéma. Comme l'écrit Manthia Diawara, « il déchire l'écran avec les fantasmes de la modernité africaine comme jamais on ne l'a fait au cinéma », et le critique Mark Cousins le décrit comme l'équivalent d'*Easy Rider* ou d'*À bout de souffle*. Le film revêt aussi un caractère politique. Il suit un jeune couple qui rêve de quitter le Sénégal et s'embarque dans une série d'aventures pour réunir l'argent nécessaire, mais décide au dernier moment qu'il ne pourra jamais quitter son pays natal.

1 *Chronique des années de braise* relate la lutte algérienne pour l'indépendance vue par un paysan.

2 L'affiche du film africain *Touki Bouki* montre le vacher Mory sur sa moto surmontée d'un crâne de vache.

3 *Une moisson de trois mille ans*, film de Haile Gerima, met l'accent sur le triste sort d'une famille de paysans éthiopiens.

REPÈRES

1969	1970	1971	1973	1975	1975
Le festival FESPACO se tient pour la première fois à Ouagadougou, au Burkina Faso. L'événement bi-annuel est crucial pour l'avenir du cinéma africain.	Le premier et joli film de Med Hondo, *Soleil Ô*, lance audacieusement la décennie pour le cinéma africain.	Ousmane Sembène réalise son troisième long-métrage, *Dieu du tonnerre*, œuvre d'une grande beauté formelle qui évoque la société diola dans le milieu rural sénégalais.	*Touki Bouki*, premier film palpitant de Djibril Diop Mambéty, remporte le prix international de la critique au festival de Cannes.	Safi Faye devient la première réalisatrice en Afrique sub-saharienne avec *Lettre paysanne*.	La Fédération panafricaine des cinéastes crée une charte afin que le cinéma africain traite des problèmes africains.

Inspiré par l'exemple de Sembène, mais aussi par la création de deux festivals essentiels, celui de Carthage (Tunisie) en 1966 et le FESPACO (Festival panafricain de cinéma de Ouagadougou), le cinéma africain regorge de promesses à l'aube des années 1970. Galvanisé par des scénaristes comme Frantz Fanon, qui, dans *les Damnés de la Terre,* affirme que la libération nationale n'est possible qu'après la libération psychologique des individus, le début des années 1970 voit des cinéastes novateurs tels que Med Hondo (né en 1936), né en Mauritanie et habitant Paris, aller au-delà d'une simple imitation des films occidentaux, vers une voix distinctement africaine s'attaquant aux problèmes du peuple africain.

En Afrique de l'Est, le film-phare, *Une moisson de trois mille ans* (1976, ci-dessous), de l'Éthiopien Hail Gerima (né en 1946), se révèle une accusation radicale de l'oppression des paysans éthiopiens par les propriétaires terriens. Ses personnages symbolisent la relation entre l'Afrique et l'Occident. Pendant ce temps, en Afrique du Nord, des cinéastes tels que le Tunisien Abdellatif Ben Ammar (né en 1943) tournent des films stimulants, comme *Aziza* (1980), primé. *Chronique des années de braise* (1975, ci-contre), de Mohammed Lakhdar-Hamina (né en 1934), dresse le portrait de la lutte pour l'indépendance menée par l'Algérie contre l'empire colonial français. L'œuvre fera renaître le cinéma algérien en remportant la palme d'or à Cannes.

Si les cinémas asiatique et occidental ont leurs racines dans la littérature et le théâtre, les cinéastes africains commencent par puiser leur inspiration dans la culture orale traditionnelle. Des films comme *Soleil Ô* (1973), sur les

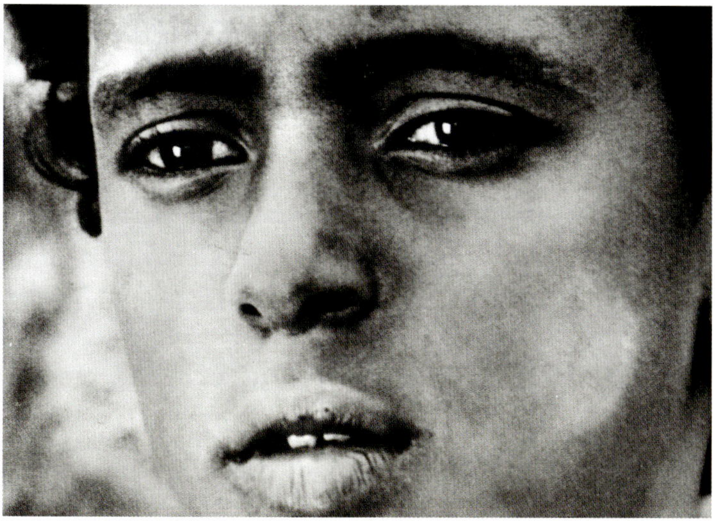

1982	1986	1986	1987	1988	1989
Gaston Kaboré réalise l'influent *Wend kuuni, le don de Dieu,* qui traite du passé pré-colonial. *Le Vent,* de Souleymane Cissé, remporte le grand prix au FESPACO.	Le cinéaste burkinabé Idrissa Ouedraogo tourne *le Choix.*	Le troisième long-métrage de Med Hondo, *Sarraounia,* considéré comme son chef-d'œuvre, remporte le grand prix au FESPACO.	Dans *Camp de Thiaroye,* Ousmane Sembène met en lumière la triste façon dont l'armée française traite les Sénégalais après la Seconde Guerre mondiale.	Gaston Kaboré étudie les rituels de la culture mossi dans *Zan Boko.*	Idrissa Ouedraogo termine son deuxième long-métrage *Yaaba,* unanimement salué, qui remporte le prix FIPRESCI à Cannes.

4 Aï Keïta dans son premier rôle, l'imposante reine africaine Sarraounia.

5 L'affiche de *Baara*. Le film, tourné dans une fabrique de textile dans le Mali contemporain, critique la bourgeoisie africaine.

6 Idrissa Ouedraogo, dans son film dramatique et touchant *Yaaba*, réussit à saisir magnifiquement les rythmes simples de la vie d'un village africain.

émigrés en France, et *Dieu du tonnerre* (1971), de Sembène, sur l'affrontement entre l'armée française et les villageois sénégalais à la fin de la Seconde Guerre mondiale, usent d'ingrédients traditionnels comme les flash-backs et les récits discontinus.

Le sillage de Sembène ou de Hondo compte des cinéastes venant de l'autre côté de l'Afrique sub-saharienne : Ababacar Samb-Makharam (1934-1987), réalisateur de *Kodou* (1970), Safi Faye (née en 1943), également originaire du Sénégal, qui deviendra la première réalisatrice d'Afrique sub-saharienne avec *Lettre paysanne* (1975), un docu-fiction raconté par une voix, Faye elle-même. L'action se situe dans son village natal, au Sénégal, et porte sur la vie quotidienne et les coutumes de ses habitants. Ce faisant, elle raconte l'histoire d'un jeune couple qui veut se marier, mais ne peut pas car la sécheresse a anéanti la récolte du prétendant, qui ne peut payer la dot.

L'indépendance étant encore toute fraîche, et les gouvernements post-coloniaux en Afrique glissant dans la corruption, le cinéma africain des années 1970 se concentre sur le présent. Les films de l'époque couvrent des sujets controversés et actuels. *Xala* (1975, voir p. 388), de Sembène, est censuré pour ses propos acérés sur les élites post-indépendance, qui ont remplacé les abus des dirigeants coloniaux par d'autres. Son ambitieux *Ceddo* (1977), bien qu'il se déroule au XIXe siècle, se veut porteur d'un message clair sur l'Afrique contemporaine dans son histoire des traditions africaines sous la menace extérieure. Le lyrique *Enfant de l'autre* (1975), du Camerounais Jean-Pierre Dikongué-Pipa (né en 1940), suit *Lettre paysanne* dans sa critique du système de dot. Une autre voix importante émerge avec le Malien Souleymane Cissé (né en 1940), qui, à l'instar de Sembène, étudiera à Moscou. Le deuxième long-métrage de Cissé, *le Porteur* (1978), s'attache à la vie des ouvriers d'une usine de textile de Bamako et révèle la formation marxiste de Cissé dans ce portrait d'un ingénieur qui défie les dirigeants de l'usine. Le film remporte le grand prix au FESPACO, comme le suivant, *le Vent* (1982), qui ausculte les conflits de classe et de génération et montre des étudiants osant défier l'autorité du régime militaire.

Si la réalité et les sujets contemporains dominent dans le cinéma africain des années 1970, les années 1980 voient les cinéastes africains puiser leur inspiration dans le passé pré-colonial. Le mouvement achemine un cinéma au rythme plus lent, plus enraciné dans les mythes africains que dans les discours de colère de la décennie passée.

On doit ce dynamisme à un petit pays d'Afrique de l'Ouest, le Burkina Faso. Par le biais du FESPACO, il a déjà un impact sur le cinéma africain hors de proportion avec son statut, l'une des nations les plus pauvres du continent. Dans les années 1980, et avec le soutien du charismatique jeune chef d'État Thomas Sankara, le pays commence à produire des films très influents sur le développement du cinéma africain.

Wend Kuuni, le Don de Dieu (1982), de Gaston Kaboré (né en 1951), fera date. L'action se situe à l'époque pré-coloniale, autour d'un jeune garçon muet trouvé dans la savane, garçon que des villageois adoptent. Le film suivant de Kaboré, *Zan Boko* (1988), critique implicitement le contexte politique au Burkina Faso. Kaboré inspire d'autres cinéastes, dont le Burkinabé Idrissa Ouedraogo, qui réalise ses propres films « villageois » comme il dit, dont le plébiscité *Yaaba* (1989, ci-dessous), dans lequel un garçon de dix ans se lie d'amitié à une femme âgée mise au ban de la société.

Le plus célèbre film africain des années 1980 suit également l'exemple de *Wend Kuuni, le don de Dieu*. Avec l'extraordinaire *Yeelen* (1987, voir p. 390), Souleymane Cissé s'éloigne du réalisme contemporain du *Porteur* et du *Vent* pour raconter une histoire de mythe, de magie et de rituel en plein XIIIe siècle au Mali, dans la droite lignée des contes issus de la tradition orale. Ce film jouit d'une des plus belles photographies de l'histoire du cinéma.

Parmi les films africains remarquables, dans cette décennie, on trouve le récit épique de Med Hondo, *Sarraounia* (1986, ci-contre). Dans cette fresque historique, Hondo immortalise l'un des rares chefs tribaux africains opposés à l'expansionnisme français – Sarraounia, la reine Azna –, qui boutera les forces coloniales militairement supérieures jusqu'au Niger grâce à une tactique de guérilla. Le film de Hondo reçoit un très bon accueil critique et remporte le grand prix au FESPACO. Les années 1980 voient aussi l'arrivée d'une nouvelle génération de l'Afrique sub-saharienne, dont un autre grand cinéaste malien, Cheik Oumar Sissoko (né en 1945), dont le premier long-métrage, *Nyamanton* (1986), dépeint la vie des enfants de la rue à Bamako. Au Burkina Faso, S. Pierre Yaméogo (né en 1955) se révèle à suivre de près. De tels talents assureront au cinéma africain une présence dans les années 1990, à l'heure où prospère l'industrie des films vidéo dans les anciennes colonies anglaises du Ghana et du Nigeria, pays où le cinéma était jusqu'alors entravé par le manque de soutien structurel et financier, contrairement aux anciennes colonies subventionnées par la France. **J. B.**

Xala 1975

OUSMANE SEMBÈNE 1923-2007

▲ Dans la satire de Sembène, les maîtres coloniaux tiennent le pouvoir en coulisse.

▼ *Xala* a eu le prix spécial du Jury du Festival international du film de Karlovy Vary.

Dans ses premiers films, Ousmane Sembène dénonce l'exploitation du système colonial, mais avec *Xala,* qu'il adapte de son roman de 1973, il tourne son regard critique sur la façon dont les dirigeants de l'Afrique post-coloniale ont commencé à abuser de leur pouvoir et fustige impitoyablement la nouvelle bourgeoisie pour sa prétention et son arrogance.

Le film s'ouvre sur le jour où le Sénégal a gagné son indépendance, mais les nouveaux dirigeants acceptent déjà des pots-de-vin des anciens colons français, toujours influents et puissants. El-Hadji Abdoukader Beye, homme d'affaires prospère appartenant à la nouvelle élite, est père et marié à deux femmes. Pour fêter son nouveau poste à la chambre de commerce, El-Hadji décide de prendre une troisième femme. Le soir de son mariage, il se découvre frappé par la malédiction de l'impuissance, le *xala.* Ses efforts pour s'en défaire le mèneront à la ruine et à l'humiliation.

Sembène fait de la détresse d'El-Hadji une métaphore de l'échec des nouveaux dirigeants du Sénégal dans leur approche des problèmes du pays. Le film égrène les contradictions et désordres culturels de l'époque post-coloniale. El-Hadji retient ou abandonne les coutumes africaines, selon ce qui l'arrange. Il traite avec dédain les traditions, puis justifie son troisième mariage en déclarant que la polygamie fait partie de la religion. Pour les nouveaux dirigeants sénégalais, la pilule est amère, et *Xala* sera sévèrement censuré. Cependant, le film sera un succès, dans et hors des frontières, et on le considère encore aujourd'hui comme l'une des réussites de Sembène. **J. B.**

LES SCÈNES PRINCIPALES

1 LE JOUR DE L'INDÉPENDANCE
Le Sénégal accède à l'indépendance, mais les nouveaux dirigeants du pays acceptent des mallettes d'argent des anciens colons français, avec qui ils se sont acoquinés, et qui demeurent les véritables détenteurs du pouvoir.

2 EL-HADJI RENCONTRE LE MARABOUT
Quoique hostile aux vieilles coutumes, El-Hadji rencontre un marabout pour guérir de son impotence. El-Hadji a renoncé aux traditions africaines – comme dit son épouse : « Tu n'es ni chair ni poisson. »

3 L'HUMILIATION FINALE
Après avoir perdu sa maison, son travail et son prestige, El-Hadji comprend que le *xala* lui a été envoyé par son demi-frère, qu'il a déshérité. Il le délivrera du maléfice uniquement si El-Hadji se fait cracher dessus par une bande de mendiants et d'estropiés.

LE RÉALISATEUR

1923-1959
Ousmane Sembène naît au Sénégal, d'un père pêcheur. Il exerce dans sa jeunesse divers métiers manuels avant d'être enrôlé pour la Seconde Guerre mondiale. Il intègre les Force françaises libres et restera en France à la démobilisation. Après avoir travaillé comme docker à Marseille, il publie son premier roman, en 1956, qui sera l'objet de nombreux éloges.

1960-1971
Sembène revient au Sénégal au 1960. Se rendant compte que ses livres ne touchent qu'une élite, il étudie la réalisation à l'Institut national de la cinématographie (VGIK) de Moscou, en 1961, puis travaille aux Studios Gorki. De retour au Sénégal, il tourne son premier long-métrage, *la Noire de...* (1966), avant de passer au satirique *Mandat* (1968) et à l'anticolonialiste *Dieu du tonnerre* (1971).

1972-1987
À travers le kidnapping d'une princesse, *Ceddo* (1977) étudie le choc au XIXe siècle entre expansion musulmane et tradition africaine. *Camp de Thiaroye* (1987) décrit comment la France traite les vétérans sénégalais après la Seconde Guerre mondiale.

1988-2007
Ses trois derniers films sont baptisés « Trilogie de l'héroïsme quotidien » : *Guelwaar* (1992) s'attache à l'affrontement entre communautés chrétiennes et musulmanes ; *Faat Kiné* (2000) évoque le statut des femmes dans le Sénégal d'aujourd'hui ; et *Moolaadé* (2004) est l'histoire bouleversante d'un groupe de femmes qui protègent des filles de l'excision.

DU LIVRE À L'ÉCRAN

Ousmane Sembène a affirmé qu'il préférait la littérature au cinéma, mais qu'il était passé au cinéma pour mieux communiquer ses idées aux Africains. Il a écrit neuf romans et nouvelles, à commencer par *le Docker noir* (1956), sur un docker africain exécuté pour la mort accidentelle d'une femme blanche. Ses premiers romans brocardent les maux du colonialisme. Son deuxième roman, *Ô pays, mon beau peuple !* (1957) sera un succès international, mais de nombreux critiques considèrent l'autobiographique *les Bouts de bois de Dieu* (1960), qui romance la grève du rail sur la ligne Dakar-Niger (1947-1948), comme son chef-d'œuvre. Les romans suivants, tels que *Xala* (1973), s'intéressent à la corruption dont il est témoin dans la nouvelle élite africaine post-coloniale. Son dernier grand roman, *le Dernier de l'empire* (1981), étudie comment la corruption conduit à un putsch militaire dans une nation nouvellement indépendante.

Yeelen 1987

SOULEYMANE CISSÉ né en 1940

▲ Attu se tient sous une chute d'eau. Le film regorge d'images d'eau et de lumière.

▼ Le soleil aveuglant de l'affiche rappelle le titre (« lumière », en bambara).

Souleymane Cissé se fait connaître à l'échelle internationale avec *Yeelen*. Ce film innovant qui remportera le prix du jury au festival de Cannes en 1987 est considéré dans le monde entier comme l'un des meilleurs films africains jamais réalisés. Fable du XIIIe siècle chez les Bambaras, au Mali, le film s'inspire de contes issus de la tradition orale.

S'ouvrant sur un soleil éblouissant, le film suit le voyage spirituel de Nianankoro, un jeune Bambara ayant grandi dans la peur de son méchant père, Soma, un sorcier qui les a abandonnés, sa mère et lui. L'heure est venue pour Nianankoro de l'affronter et il part à la recherche de son oncle, le jumeau de Soma, qui lui fournira le savoir dont il a besoin. La confrontation fatale du père et du fils sera le point culminant du film. Avec son cadre historique, *Yeelen* marque un nouveau départ pour Cissé, dont les films jusqu'alors étaient des œuvres très réalistes explorant les problèmes contemporains du Mali. Le film fait pourtant des commentaires moins directs, allégoriques, sur la situation actuelle. L'étude des traditions bambaras est pour Cissé même une redécouverte, qu'il décrira d'ailleurs comme « une leçon extraordinaire ».

Malgré un petit budget et une série de problèmes durant la production, dont une météo difficile et la mort d'un acteur important, Cissé parvient avec brio à évoquer le passé mythique que régit la magie. En cela, il sera aidé par la splendide photographie de Jean-Michel Hummeau et Jean-Noel Ferragut et la musique de Michel Portal accompagné de Salif Keita, qui donnent au film une atmosphère si particulière. **J. B.**

LES SCÈNES PRINCIPALES

1 ADIEUX
La mère de Nianankoro le protège de son père depuis sa plus tendre enfance. Aujourd'hui, le voilà adulte, l'heure est venue de partir et de l'affronter. Elle lui donne des amulettes qui le protégeront dans sa recherche.

2 NIANANKORO RENCONTRE ATTU
Nianankoro s'arrête dans un village peul, où le roi local lui demande d'user de sa magie pour guérir sa femme stérile, Attu. Nianankoro, submergé de désir, couche avec elle. Le roi lui pardonne et l'autorise à la prendre pour épouse. Elle lui donnera un fils.

3 LA CONFRONTATION FINALE
Le film parvient à son point culminant lorsque Nianankoro se trouve face à face avec son père, Soma, qui a juré de le tuer. Ils s'affrontent *via* leurs pouvoirs magiques et meurent dans un aveuglant éclair lumineux. La fin fait écho au début avec son soleil aveuglant.

4 RENAISSANCE
L'esprit de Nianankoro vit dans un œuf à demi enfoui dans le sable. L'œuf est déterré par le propre fils de Nianankoro, dans un acte qui représente les thèmes du film : création, renaissance et transmission de connaissance de génération en génération.

LE RÉALISATEUR

1940-1969
Souleymane Cissé naît à Bamako, au Mali, et sera élevé en musulman à Dakar, où il ira au collège. Il revient au Mali à l'indépendance, en 1960. Dans les années 1960, il étudie à l'Institut de cinéma de Moscou (VGIK), il y acquiert la vision marxiste des classes et de la société qui façonnera ses films.

1970-1973
De retour de Moscou, Cissé intègre le ministère de l'Information malien en qualité de caméraman, où il produira nombre de documentaires et de courts-métrages. En 1973, il produit son premier moyen-métrage, *Cinq Jours d'une vie*, l'histoire d'un jeune homme qui met fin à ses études coraniques pour devenir un voleur vivant dans la rue.

1974-1979
À cette époque, Cissé tourne deux films qui traitent directement de la classe prolétarienne. *La Jeune Fille* (1975) raconte l'histoire d'une jeune fille sourde enceinte à la suite d'un viol, qui se voit rejetée par sa famille et le père de l'enfant. Le film sera interdit au Mali. *Baara* (1978), qui s'intéresse aux ouvriers d'une usine, remportera le grand prix au FESPACO en 1979.

1980-1987
Le Vent (1982), qui porte sur le conflit entre des étudiants et la génération de leurs parents, étrille l'autorité militaire en Afrique. Malgré un style tout à fait réaliste, le film présente plusieurs séquences imaginaires annonciatrices de son film suivant, *Yeelen*, en 1987. *Finyé* vaudra à Cissé un second grand prix au FESPACO.

de 1988 à nos jours
Après le succès de *Yeelen* à Cannes, Cissé passe de nombreuses années à travailler au film suivant, *le Temps* (1995). Il sera nominé pour la palme d'or à Cannes, en 1995, bien qu'il ait eu moins de succès à l'international que *Yeelen*. *Dis-moi qui tu es* (2009) bénéficiera d'une projection spéciale au Festival de Cannes.

LES SÉQUELLES DU VIÊT-NAM

1 Dans *Voyage au bout de l'enfer*, Michael (Robert de Niro), de retour de la guerre, peine à se réadapter à la vie quotidienne, hanté par la mort de ses camarades.

2 *La Déchirure* s'inspire des expériences vécues par deux journalistes, cambodgien et américain, et par un photographe anglais durant la prise de pouvoir des Khmers rouges.

3 *Full Metal Jacket* suit l'apprentissage militaire déshumanisant de jeunes recrues, jusqu'à leur confrontation avec l'horreur lors de l'offensive du Têt.

La guerre du Viêt-nam fut la première guerre télévisée, avec ses images marquantes de la réalité du combat. Contrairement à la Seconde Guerre mondiale, elle n'inspira à Hollywood que très peu de films patriotiques. *Les Bérets verts* (1968), souvent cité comme l'unique film tourné pour soutenir la guerre, sont tournés en ridicule en raison de leur perspective simpliste. Les films réalisés à la fin des années 1960 et au début des années 1970 abordent souvent la guerre de manière indirecte. *M.A.S.H.* (1970), de Robert Altman (1925-2006), avec son rejet effronté de l'autorité, semble refléter davantage le Viêt-nam que la guerre de Corée, qui constitue son cadre temporel. *Fureur apache* (1972), flamboyant western de Robert Aldrich (1918-1983), relate l'épopée tragique d'un détachement de cavalerie envoyé à la poursuite d'un groupe d'Apaches et en fait la métaphore brutale d'une guerre perdue d'avance.

En 1978, *le Retour*, de Hal Ashby (1929-1988), critique la guerre en racontant le sort d'un vétéran mutilé. La même année, *Voyage au bout de l'enfer* (ci-dessus), de Michael Cimino (né en 1939), adopte une position plus ambiguë : le film est attaqué pour la vision univoque et très violente qu'il donne du camp nord-vietnamien. La scène de la roulette russe, en particulier, suscite la controverse, car rien n'atteste que ce jeu fatal ait été utilisé par les Nord-vietnamiens. C'est *Apocalypse Now* (voir p. 394), de Francis Ford Coppola (né en 1939), réalisé l'année suivante, qui apporte la représentation la plus puissante et la plus marquante que Hollywood ait produite du conflit et le film à l'aune duquel toutes les autres ont ensuite été jugées.

REPÈRES

1971	1972	1973	1974	1976	1979
Publication des *Papiers du Pentagone*, qui révèlent la politique américaine au Viêt-nam, par le *New York Times*.	Tournée de Jane Fonda et de Donald Sutherland dans les bases militaires américaines avec le spectacle politique FTA (« Fuck the Army »).	Le président Richard Nixon annonce à la télévision son intention de mettre fin à la guerre du Viêt-nam.	Sortie du film *Hearts and Minds*, de Peter Davis (né en 1937), sur la guerre du Viêt-nam. Il remporte l'oscar du meilleur film documentaire en 1975.	Arrivée en Australie des premiers boat people, des réfugiés vietnamiens qui fuient au péril de leur vie en s'entassant dans de fragiles embarcations.	*Apocalypse Now* (voir p. 394) remporte la palme d'or à Cannes et est nominé pour l'oscar du meilleur film.

Plusieurs films évoquent le paysage psychique du pays après le Viêt-nam. Dans *les Guerriers de l'enfer* (1978), un vétéran du Viêt-nam et la femme de son meilleur ami se retrouvent en cavale en Californie avec une cargaison d'héroïne vietnamienne.

Oliver Stone (né en 1946) puise dans sa propre expérience du Viêt-nam pour *Platoon* (1986, voir p. 396), premier film d'une trilogie consacrée à différents aspects de la guerre. Le deuxième, *Né un quatre juillet* (1989) est fondé sur les mémoires d'un vétéran handicapé, tandis qu'*Entre ciel et terre* (1993) raconte l'histoire vraie d'une jeune Vietnamienne mariée à un soldat traumatisé. Stanley Kubrick (1928-1999) offre le spectacle halluciné de la guerre en reconstituant les champs de bataille de l'Asie du Sud-Est dans les marais de l'est londonien pour *Full Metal Jacket* (1987, ci-dessous). Le conflit vietnamien déborda de ses frontières pour toucher le Cambodge quand les troupes américaines se retirèrent, en 1975. Plus de trois millions de Cambodgiens furent massacrés par les Khmers rouges, comme le montre le film britannique *la Déchirure* (1984, ci-contre), chronique des événements de « l'an zéro » du régime, à travers le point de vue de deux journalistes, le Cambodgien Dith Pran (Haing S. Ngor) et le New Yorkais Sydney Schanberg (Sam Waterson). Le film relate les efforts de Pran pour survivre et s'échapper d'un des redoutables camps de travail mis en place par le régime.

Au XXIe siècle, les représentations du Viêt-nam reflètent un contexte politique nouveau. Au début de la guerre en Iraq, *Nous étions soldats* (2002), avec Mel Gibson, donne une vision positive de l'intervention américaine. **D. P.**

1979 — *Voyage au bout de l'enfer* remporte cinq oscars, dont celui du meilleur film et du meilleur réalisateur.

1981 — Dans *la Blessure*, les ravages de la guerre sont exprimés à travers le personnage d'un vétéran mutilé et paranoïaque.

1982 — Inauguration à Washington du mémorial des vétérans du Viêt-nam, sur lequel sont inscrits les noms des 58 175 soldats américains morts au combat.

1985 — L'acteur non professionnel Haing S. Ngor remporte l'oscar du meilleur acteur dans un second rôle pour *la Déchirure*.

1987 — Barry Levinson (né en 1942) réalise *Good Morning, Vietnam*, inspiré des émissions d'un animateur de la radio de l'armée, populaire auprès des troupes au Viêt-nam.

1989 — Sortie d'*Outrages*, inspiré d'un fait réel survenu en 1966 : le viol et le meurtre d'une jeune fille vietnamienne par des soldats américains.

Apocalypse Now 1979

FRANCIS FORD COPPOLA né en 1939

▲ Cette image juxtapose les contraires : un prêtre au milieu d'un champ de bataille.

▼ La tête rasée de Marlon Brando se détache de l'affiche noire et minimaliste du film.

Francis Ford Coppola déclara au sujet de son film, alors inachevé : « *Apocalypse Now* n'est pas un film sur le Viêt-nam, c'est le Viêt-nam. Et la façon dont nous avons réalisé *Apocalypse Now* ressemble à ce qu'étaient les Américains au Viêt-nam. [...] nous sommes devenus fous. »

George Lucas (né en 1944) et John Milius (né en 1944) avaient eu l'idée d'adapter *Au cœur des ténèbres,* de Joseph Conrad, en le transposant au moment de la guerre du Viêt-nam, mais c'est Coppola, leur mentor, qui la concrétisa. Son film épique adopte la structure d'un voyage le long du fleuve vers l'enfer, ponctué de séquences cauchemardesques : l'attaque aérienne d'un village vietcong menée par le colonel Kilgore (Robert Duvall) pour trouver une « bonne vague à surfer » ; le massacre accidentel d'un sampan rempli de paysans ; les apparitions de Dennis Hopper en photographe de guerre illuminé ; jusqu'à la rencontre finale avec Marlon Brando, alias Kurtz, devenu un véritable dieu tribal au Cambodge et vivant dans l'attente de son meurtrier. Ce chef-d'œuvre constitue un véritable choc visuel et ses séquences surréalistes magnifient le chaos et l'horreur de la guerre du Viêt-nam.

Le film a marqué le langage courant par des répliques comme « J'adore l'odeur du napalm au petit matin ». Le tournage du film et ses péripéties – budget pharamineux, hélicoptères prêtés par le dictateur Ferdinand Marcos repris pour combattre les groupes de rebelles, renvoi de Harvey Keitel, crise cardiaque de Martin Sheen, improvisations de Brando et de Hopper alors que Coppola cherche une fin pour le film – font aussi partie de la légende. **K. N.**

LES SCÈNES PRINCIPALES

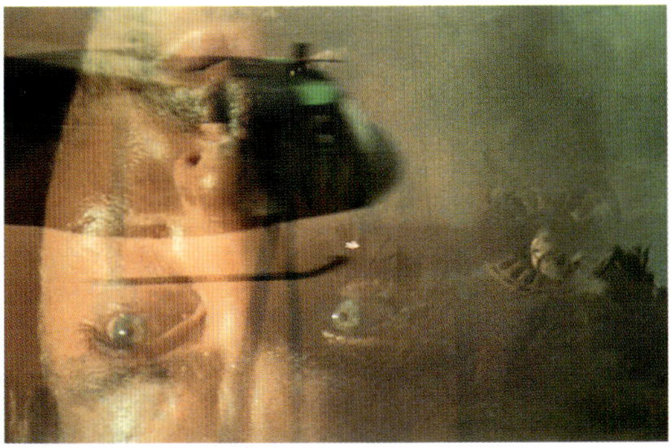

1 « THIS IS THE END »
Les hélicoptères donnent l'impression de survoler le spectateur. Puis la jungle explose au son de *The End*, des Doors. La jungle en flammes s'efface progressivement pour laisser apparaître Willard (Martin Sheen), qui devient fou dans une chambre d'hôtel.

2 « LA CHEVAUCHÉE DES WALKYRIES »
Le colonel Kilgore attaque un village en diffusant à plein volume la musique de Wagner en guise d'intimidation. L'impact du film est en grande partie dû à son utilisation de la musique. Sa bande-son, innovante, conçue par Walter Murch, remporte un oscar.

3 L'ATTAQUE DU TIGRE
Chef (Frederic Forrest) et Willard s'aventurent sur la terre ferme mais sont terrifiés par un tigre. « Il ne faut jamais descendre du bateau, sauf si on a décidé d'aller jusqu'au bout. Kurtz est descendu du bateau. Il a abandonné tout ce foutu programme. »

4 « L'HOMME CREUX »
Kurtz divague, et cite T. S. Eliot, et enfin Joseph Conrad (« L'horreur, l'horreur »). La plupart des dialogues de Brando sont improvisés. Ses scènes sont nimbées d'une épaisse obscurité, qui renforce l'impression de claustrophobie et la théâtralité de sa performance.

LE RÉALISATEUR

1939-1963
Né à Detroit, Coppola grandit à New York. Il fait son entrée dans le cinéma en tant qu'assistant de Roger Corman (né en 1926) et commence par monter des films de science-fiction russes ou par tourner des films érotiques (*Tonight for Sure*, 1962). Sa première œuvre notable, *Dementia 13*, date de 1963.

1964-1972
Coppola réalise un film proche de la Nouvelle Vague (*You're a Big Boy Now*, 1966), affronte les difficultés de tournage d'un film conçu pour le grand public (*Finian's Rainbow*, 1968) et renouvelle son style par un petit film indépendant (*les Gens de la pluie*, 1969). Il se voit confier la réalisation du *Parrain* principalement en raison de son nom italo-américain.

1973-1982
Après le deuxième volet du *Parrain* (1974) et le plus modeste *Conversation secrète* (1974, voir p. 348), Coppola fonde les studios American Zoetrope et produit les premiers films de George Lucas (*THX 1138*, 1971 ; *American Graffiti*, 1973) ainsi que nombre d'autres projets. *Apocalypse Now* symbolise les excès du réalisateur mais rapporte de l'argent à sa sortie. L'échec commercial de *Coup de cœur* (1982), comédie musicale aussi démesurée, provoque la fermeture des studios Zoetrope.

1983-1997
Un Coppola assagi aligne les films à petit budget sur la jeunesse (*Outsiders*, 1983 ; *Rusty James*, 1983) et les succès commerciaux (*Peggy Sue s'est mariée*, 1986 ; *Dracula*, 1992 ; *l'Idéaliste*, 1997). Ses vieilles manies ressurgissent dans de grands projets personnels qui ne convainquent pas totalement (*Cotton Club*, 1984 ; *Tucker*, 1988). Même *le Parrain 3e partie* (1990) ne remporte qu'un succès mitigé.

de 1998 à nos jours
Après une période de silence, durant laquelle sa fille, la réalisatrice Sofia Coppola (née en 1971) et son neveu, l'acteur Nicolas Cage, qui ont fait leurs armes grâce à lui, rapportent plus d'argent que lui, Coppola réalise plusieurs petits films comme *l'Homme sans âge* (2007) et *Tetro* (2009).

Platoon 1986

OLIVER STONE né en 1946

▲ Chris Taylor, soldat nouvellement engagé, prend ses marques au Viêt-nam.

▼ Une célèbre photographie prise par Art Greenspon en 1968 a inspiré l'affiche.

Le réalisateur et scénariste Oliver Stone est le premier vétéran du Viêt-nam à se faire un nom à Hollywood et à pouvoir ainsi réaliser un film autobiographique sur le conflit. *Voyage au bout de l'enfer* (1978) et *Apocalypse Now* (1979, voir p. 394) inaugurent le sujet, mais *Platoon* permet aux générations suivantes de prendre conscience de la réalité du Viêt-nam.

Chris Taylor (Charlie Sheen), un jeune idéaliste qui ressemble à Stone, rejoint un régiment d'infanterie au Viêt-nam. Il se trouve écartelé entre deux figures paternelles : le sergent Elias (Willem Dafoe), officier bon, sensible, et dévoué qui fume de la marijuana et écoute de la musique soul avec les G. I. noirs ; le sadique sergent Barnes (Tom Berenger), au visage balafré, qui boit et écoute de la musique country avec les blancs du sud. Comme de nombreux soldats de cinéma avant lui, Chris suit un parcours initiatique qui fera de lui « un homme », mais quand les recrues de John Wayne finissent toujours par saluer le drapeau américain, Chris perd foi en son pays.

Le terrifiant Barnes enseigne à Chris comment survivre plutôt que devenir un martyr : dans la scène culminante du film, qui aurait été impensable dans d'autres films de guerre plus anciens, Chris s'affirme non en faisant face à l'ennemi mais en tuant un de ses supérieurs. Malgré l'angoisse et le suspense qu'il distille, le film n'en reste pas moins marqué par une certaine nostalgie : la bande-son est composée des plus grands tubes des années 1960 et l'une des scènes montre les soldats chanter en chœur *The Tracks of My Tears*, de Smokey Robinson & The Miracles. **K. N.**

LES SCÈNES PRINCIPALES

1 LA NOUVELLE RECRUE
Chris – jeune homme idéaliste et bien sous tout rapport – arrive au Viêt-nam. Le rôle avait aussi été proposé au frère de Charlie Sheen, Emilio Estevez, qui fut contraint de le refuser. Johnny Depp, un temps retenu pour le rôle, fut finalement jugé trop jeune.

2 LE MASSACRE
La tension monte dans un village Viêt-namien et tourne au massacre, perpétré par des G. I. sur les nerfs. L'incident détourne Chris de Barnes vers Elias, qui dénonce Barnes et un autre soldat pour leur rôle dans l'atrocité.

3 LE MARTYR
Blessé par Barnes et abandonné dans la jungle, Elias est traqué puis tué par les Vietcongs. Il meurt les bras en croix, sous les yeux impuissants des soldats de sa section, emportés par un hélicoptère.

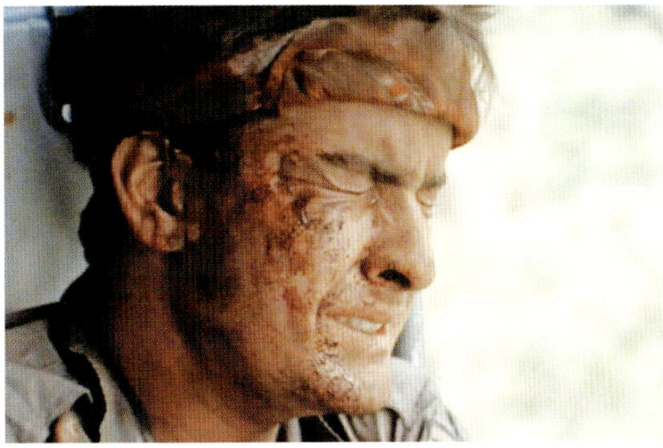

4 LE VÉTÉRAN
Chris quitte le Viêt-nam, en sang et débarrassé de toutes ses illusions. Il vient d'accomplir une sorte de rite de passage, et ses derniers mots insistent sur la dette qu'ont les survivants vis-à-vis de ceux qui sont morts au combat.

LE RÉALISATEUR

1946-1985
Oliver Stone est né à New York. Son père est banquier à Wall Street. Après avoir servi dans deux régiments au Viêt-nam (il est décoré du Purple Heart et de la Bronze Star), il entame une carrière de réalisateur avec un court-métrage intitulé *Last Year in Vietnam* (1971). Il réalise quelques petits films d'horreur (*la Reine du mal*, 1974 ; *la Main du cauchemar*, 1981) et écrit le scénario de drames criminels plus ambitieux (*Midnight Express*, 1978 ; *Scarface*, 1983 ; *l'Année du dragon*, 1985).

1986-1987
Stone acquiert une réputation de cinéaste politique, avec ses critiques de la politique étrangère des États-Unis (*Salvador*, 1986) et de leur morale économique (*Wall Street*, 1987), et avec son récit de son expérience dans *Platoon*. Le film remporte un oscar, et Tom Berenger et Willem Dafoe sont nominés.

1988-1995
Stone achève sa trilogie vietnamienne, avec *Né un quatre juillet* (1989), qui remporte un autre oscar du meilleur réalisateur tandis que Tom Cruise est nominé pour son rôle, et *Entre ciel et terre* (1993), qui adopte le point de vue d'une Vietnamienne. Stone continue à remuer les blessures de l'Amérique avec *Talk Radio* (1988), *The Doors* (1991), *JFK* (1991) – son film préféré –, *Tueurs nés* (1994) et *Nixon* (1995).

1996-2008
Après avoir dirigé dix films en neuf ans, Stone ralentit la cadence. *L'Enfer du dimanche* (1999), sur le football américain, est un triomphe au box-office. Il réalise ensuite des documentaires sur deux bêtes noires de l'Amérique, Fidel Castro (*Commandante*, 2003) et Hugo Chavez (*South of the Border*, 2009), et une épopée mal avisée, *Alexandre* (2004). *World Trade Center* (2006) et *W* (2008), biographie de George W. Bush, questionnent l'état de la nation américaine.

de 2009 à nos jours
Dans *Wall Street : l'argent ne dort jamais* (2010), Michael Douglas reprend le rôle-culte de Gordon Gekko.

ACTION ET AVENTURE

La fin des années 1960 et le début des années 1970 sont une période désabusée qui voit le cinéma se détourner des histoires haletantes de courses-poursuites, de cow-boys et d'agents secrets. Bien sûr *Bullit* (1968) et *French Connection* (1971) contiennent des scènes de poursuite en voitures mythiques, mais les deux films font la part belle au cynisme, à la politique politicienne et aux héros décalés. Avec *l'Inspecteur Harry* (1971), Clint Eastwood le cow-boy devient Harry Callahan, archétype du flic franc-tireur du film d'action urbain. Apparaissent les sermons sur les méfaits de la violence, représentée crûment dans des films de Sam Peckinpah (1925-1984), tels *la Horde sauvage* (1969) ou *les Chiens de paille* (1971).

Au début des années 1970, le film d'arts martiaux fait son entrée dans le cinéma occidental avec Bruce Lee. *Opération Dragon* (1973, ci-dessus) est le premier film de kung-fu produit par un studio hollywoodien. Malgré la mort de Bruce Lee, son influence se fera sentir sur le cinéma d'arts martiaux à venir.

Dans la seconde moitié des années 1970, *la Guerre des étoiles* (1977, voir p. 366), George Lucas (né en 1944), marque un retour à des héros tels que Flash Gordon, aux guerres spatiales aseptisées, à un monde où raids aériens, duels à l'épée et massacres ne sont pas des réalités vécues mais des références à des films antérieurs. Lucas et son ami Steven Spielberg (né en 1946) continueront à manifester ce goût dans *les Aventuriers de l'arche perdue* (1981, voir p. 400).

Superman (1978), de Richard Donner (né en 1930), fait croire aux spectateurs qu'« un homme peut voler » – et que Clark Kent n'est pas un

1 Dans *Opération Dragon,* Bruce Lee atteint le sommet de l'art martial, avant de mourir, jeune, en 1973.

2 Ellen Ripley (Sigourney Weaver) entre au panthéon des plus grands héros de films d'action avec *Aliens, le retour.*

3 John McClane (Bruce Willis) ne savait pas ce qui l'attendait quand il a décidé d'assister à la soirée organisée par l'entreprise où travaille sa femme.

REPÈRES

1971	1972	1974	1977	1979	1982
Avec *les Chiens de paille*, de S. Peckinpah, la violence atteint un niveau jamais atteint jusque-là. Débute alors une controverse sur l'accroissement de la violence au cinéma.	Steve McQueen et Ali McGraw prennent la fuite après un braquage bâclé dans *Guet-apens*, de Sam Peckinpah.	Charles Bronson se transforme en justicier dans *Un justicier dans la ville*, de Michael Winner. Le film reflète le changement d'atmosphère lié à l'augmentation de la criminalité aux États-Unis.	*La Guerre des étoiles*, de George Lucas, fait renaître les frissons qu'avaient provoqués en leur temps Flash Gordon ou Buck Rogers.	L'ancien champion de karaté Chuck Norris est la vedette du film d'art martiaux *Force One*, de Paul Aaron.	Le culturiste Arnold Schwarzenegger décroche son premier grand rôle au cinéma avec *Conan le Barbare*, de John Milius.

personnage démodé. Le héros de BD créé par Alex Raymond est remis au goût du jour dans *Flash Gordon* (1980), mais le film n'est pas un succès. En 1989, le *Batman* de Tim Burton (né en 1958) s'en sort mieux, grâce à un super-héros gothique plus sombre en la personne de Bruce Wayne (Michael Keaton).

Dans les années 1980, Arnold Schwarzenegger montre ses pectoraux et aboie ses répliques dans les rôles de Conan et de Terminator. Sylvester Stallone transforme Rambo, vétéran traumatisé du Viêt-nam en conflit avec son propre pays, en super-héros bien décidé à revenir au score et fait de Rocky, boxeur en bout de course, un champion des États-Unis. Bruce Willis mène seul un combat contre de faux terroristes dans *la Tour de cristal* (1985, ci-dessous) et ses suites à succès. Parmi tous les films qui font étalage de muscles, *Commando* (1985) est probablement celui qui atteint les sommets les plus délirants de sado-érotisme, mais *Predator* (1987), qui met Schwarzy face à un alien, n'est pas loin derrière. *The Killer* (1989) du Hongkongais John Woo, inspirera une kyrielle de films du même type (violents), *Léon* (1994), Luc Besson, par exemple. Quant à Mel Gibson et Danny Glover dans *l'Arme fatale* (1987), de Richard Donner, ils ne constituent que l'un des nombreux duos de flics mal assortis qui apparaissent dans les films mettant en scène des policiers amis (« buddy movies »), ainsi *Étroite Surveillance* (1987), de John Badham.

Les *James Bond* trouvent un nouveau héros en la personne de Timothy Dalton, qui lui prête ses traits dans deux volets plus réalistes et qui annoncent Pierce Brosnan puis Daniel Craig. Dans *Aliens, le retour* (1986, à droite), James Cameron (né en 1954) donne à *Alien, le huitième passager* (1979) une suite qui fait plus de place à l'action qu'à l'horreur et où Sigourney Weaver conserve le rôle d'Ellen Ripley, héroïne à la peau dure. **K. N.**

1984	1987	1988	1989	1989	1990
Arnold Schwarzenegger joue un robot-tueur venu du futur dans le premier *Terminator* (voir p. 402).	Timothy Dalton joue James Bond 007 dans *Tuer n'est pas jouer,* de John Glen.	Bruce Willis vêtu d'un vieux maillot de corps dans le rôle du flic John McClane dans *Die Hard.*	*The Killer,* de John Woo, attire l'attention du monde entier. C'est un film ironique, très branché, et qui totalise un nombre de morts à faire pâlir tous les films faits aux États-Unis.	Le *Batman* de Tim Burton est le premier d'une nouvelle génération de films de super-héros.	L'héroïne de *Nikita,* de Luc Besson (né en 1959), est une délinquante transformée en tueuse professionnelle ; elle est devenue une icône.

Les Aventuriers de l'Arche perdue 1981

Raiders of the Lost Ark STEVEN SPIELBERG né en 1946

▲ Indy s'empare d'une idole d'or sacrée – et manque d'y laisser la vie.

▼ Affiche rétro. H. Ford était le premier choix de Spielberg pour le rôle-titre.

Année 1936. Indiana Jones (Harrison Ford), professeur d'archéologie et chasseur de trésors, pénètre dans une tombe sud-américaine remplie de pièges, à la recherche d'une idole en or. Il s'en sort de justesse, mais son rival Bellocq (Paul Freeman) s'empare du trophée. Ils ont de nouveau l'occasion de s'affronter quand le gouvernement des États-Unis charge Jones de trouver l'Arche de l'Alliance avant les nazis. Pour mener sa quête à bien, Indy doit renouer des liens avec Marion, une ex-petite amie, se battre contre d'innombrables ennemis et surmonter sa phobie des serpents.

Alors que *la Guerre des étoiles* est née de la passion du producteur-scénariste George Lucas pour la série des Flash Gordon, sa collaboration avec Steven Spielberg trouve sa source dans les films d'action « terrestres » des années 1930 et 1940. L'Indy joué par Harrison Ford est aussi grognon et cabossé qu'un héros de film des années 1970, mais il se trouve confronté aux mêmes dangers que les héros d'une époque antérieure, Buster Crabbe par exemple.

Film bien ficelé et des plus divertissants, *les Aventuriers de l'Arche perdue* présente une singularité qui disparaîtra dans *Indiana Jones et le temple maudit* (1984) et *Indiana Jones et la dernière croisade* (1989) : le héros est relégué au second plan quand le film atteint son point culminant. Indy est attaché à un poteau tandis que l'intrigue se dénoue et que la justice est rendue par une force surnaturelle. Dieu bat les nazis, sans l'intervention héroïque d'Indy, et le gouvernement remise la sainte relique dans un gigantesque entrepôt tout droit sorti de *Citizen Kane* (1941, voir p. 110). **K. N.**

LES SCÈNES PRINCIPALES

1 L'ESPRIT D'AVENTURE
Le logo du studio Paramount se transforme en plan fixe sur une montagne réelle et le film commence. Ce procédé donne au spectateur un avant-goût de l'action, de l'exotisme et du mystère qui l'attendent. Et c'est une jolie astuce visuelle...

2 LE TEMPLE DE TOUS LES DANGERS
Le rocher sphérique, libéré quand Indy prend l'idole, le poursuit tandis que les murs décochent des fléchettes empoisonnées. Ce début terrifiant ouvre l'appétit des spectateurs et les prépare au festin de frissons à venir.

3 RÉUNION
Indy réapparaît dans la vie de son ex-petite amie Marion. Comment ne pas reconnaître son ombre (et celle du chapeau Fedora qu'il ne quitte jamais) ? Cette silhouette si particulière est présente à de nombreuses reprises dans la saga Indiana Jones.

4 L'ÉPÉISTE GÉANT
Lors d'une escarmouche au Caire, un impressionnant épéiste sort de la foule. Plutôt que de se saisir de son fouet pour le combattre, Indy sort un pistolet et lui tire dessus avec désinvolture. C'est Harrison Ford qui a proposé de clore ainsi la scène.

5 « FALLAIT QUE CE SOIT DES SERPENTS ! »
Indy se trouve face à sa plus grande peur : les serpents. La scène a été tournée avec de vrais serpents, séparés de Harrison Ford par une cloison de verre. Le cobra qui se trouve devant lui a craché son venin sur la vitre pendant le tournage.

6 LE POUVOIR DE DIEU
L'Arche d'Alliance s'ouvre et la main de dieu frappe les nazis, le visage de Toht fond, laissant apparaître son crâne. Indy et Marion, attachés à des poteaux, survivent à la conflagration parce qu'ils ferment les yeux et ne regardent pas l'Arche.

Terminator 1984
The Terminator JAMES CAMERON né en 1954

▲ L'assassin-cyborg Terminator est une machine puissamment efficace.

▼ Terminator répond à une envie de héros plus grands que nature.

Dans un futur où des machines intelligentes sont en guerre contre l'Humanité, le leader des rebelles, John Connor, est la clé de la victoire et de la survie de son peuple. SkyNet envoie un assassin cyborg à apparence humaine (Arnold Schwarzenegger) à Los Angeles en 1984. Sa mission est de tuer la mère de Connor (Sarah) avant que le héros ne naisse. Connor contre-attaque en envoyant son homme de confiance, le lieutenant Kyle Reese (Michael Biehn), pour que son existence future ne soit pas compromise. Connor a aussi une raison secrète lorsqu'il envoie son meilleur ami dans le passé afin qu'il devienne son père : ce dernier mourra et sa mort transformera Sarah en la guerrière dont il a besoin pour l'élever.

Terminator combine des idées venues d'*Au-delà du réel* ou des histoires de Philip K. Dick avec le rythme effréné et haletant de films comme *Halloween : la Nuit des masques* (1978). La saga Conan avait fait de lui un héros musclé, mais c'est avec ce rôle de méchant que Schwarzenegger s'assure l'immortalité cinématographique. Traquant Sarah Connor, Terminator fait des ravages dans un night-club bondé et dans un commissariat rempli de policiers. Il perd son aspect humain pour devenir un squelette métallique dans le combat final.

James Cameron connaît son premier grand succès avec ce film d'une intelligence surprenante pour une série B. Les thèmes abordés – le héros qui se sacrifie pour sauver une femme idéale, le mélange paradoxal de peur et de fascination suscité par les armes et la technologie – réapparaîtront sous une forme plus élaborée dans ses films suivants, *Avatar* (2009), par exemple. **K. N.**

LES SCÈNES PRINCIPALES

1 « DES VÊTEMENTS. DES VÊTEMENTS, VITE »
Le dangereux assassin cyborg, joué par un Schwarzenegger tout en muscles, fait une entrée mémorable, complètement nu. Il se trouve bientôt face à des voyous, qu'il tue pour prendre leurs vêtements, avant de revêtir sa fameuse tenue de cuir.

2 « VIENS AVEC MOI SI TU VEUX VIVRE ! »
Kyle Reese propose à Sarah Connor de l'aider, mais il faut qu'elle lui fasse confiance. Sarah est serveuse et ne se doute pas de son importance en tant que future mère de John Connor. Le personnage se transforme durant le film et dans sa suite.

3 « JE REVIENDRAI ! »
À la poursuite de Sarah Connor, Terminator fonce en voiture sur un commissariat et abat des douzaines de policiers. Schwarzenegger s'est entraîné des mois au maniement des armes avant le tournage du film.

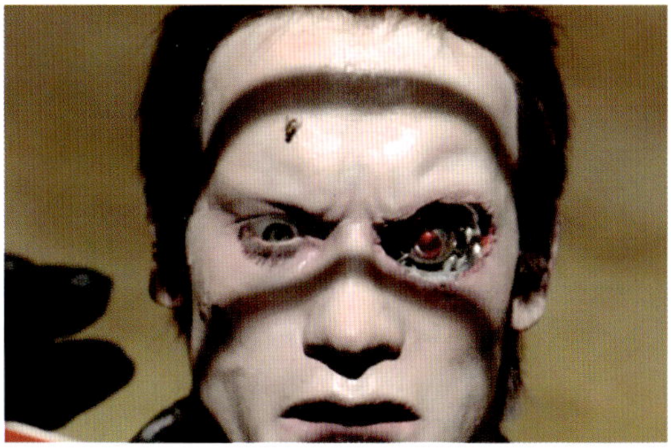

4 RÉPARATIONS MAISON
Alors qu'il répare son œil blessé, Terminator est dérangé par le patron de l'hôtel. Il passe en revue la liste des réactions possibles et choisit le « bon mot ». On doit les effets visuels du film au maquilleur Stan Winston.

LE RÉALISATEUR

1954-1983
James Cameron naît au Canada en 1954, sa famille s'installe aux États-Unis quand il a dix-sept ans. Il quitte son emploi après avoir vu *la Guerre des étoiles* en 1977 et collabore avec Randall Frakes sur un court-métrage de science-fiction, *Xenogenesis* (1978). Il travaille pour Roger Corman (né en 1926) et d'autres, contribuant à des films tels que *le Lycée des cancres* (1979), *les Mercenaires de l'espace* (1980), *New York 1997* (1981), *la Galaxie de la terreur* (1981) et *Androïde* (1982). Il débute comme réalisateur avec *Piranha 2 : les Tueurs volants* (1981), film qui passera sous le contrôle d'Ovidio Assonitis.

1984-1989
Après le succès de *Terminator*, Cameron est sollicité pour les suites. Il écrit le script de *Rambo 2 : la Mission* (1985), écrit et dirige *Aliens, le retour* (1986). Bien que novateur techniquement, *Abysss* (1989), un projet personnel de Cameron, a moins de succès et vaut à son auteur une réputation de perfectionniste nombriliste.

1990-1999
Il se tourne de nouveau vers le film qui a fait décoller sa carrière avec *Terminator 2 : le Jugement dernier* (1991). Il produit et co-écrit *Point Break* (1991) et *Strange Days* (1995) pour Kathryn Bigelow. Sa comédie d'action *True Lies* (1994), avec Arnold Schwarzenegger, est un énorme succès. *Titanic* (1997), un très ambitieux projet personnel, hérissé de difficultés, acclamé à sa sortie, atteint un nombre record d'entrées et rafle une ribambelle d'oscars.

de 2000 à nos jours
Cameron réalise deux documentaires sous-marins, *les Fantômes du Titanic* (2003) et *Aliens of the Deep* (2005) et tourne le dos au cinéma commercial pendant presque toute la décennie. Il fait un retour triomphal, en 2009, avec le film de science-fiction en 3D, *Avatar*, succès du box-office qui gagne trois oscars. *Titanic* et *Avatar* restent à ce jour les deux plus gros succès de l'histoire du cinéma.

LES COMÉDIES DES ANNÉES 1980

Quand on pense aux comédies des années 1980, les premiers mots qui viennent à l'esprit sont « films pour adolescents ». C'est la décennie où Ferris Bueller sèche les cours pour aller faire une virée en ville, Joel Goodsen se déchaîne dans *Risky Business* (1983), Marty McFly voyage dans le temps. Ces garnements à l'orée de l'âge adulte sont des ados dont le charme et l'esprit rebelle s'expriment librement dans des aventures délirantes. L'effronterie est considérée comme une qualité à cette époque, qui accorde de l'importance à l'ambition et à la réussite professionnelle. En témoigne l'esprit d'entreprise des jeunes héros, qualité dont Michael J. Fox, la vedette de *Retour vers le futur* (1985), fait également preuve dans *le Secret de mon succès* (1987). Ces héros sont souvent en opposition avec des figures d'autorité, par exemple les enseignants dans *la Folle Journée de Ferris Bueller* (1986, à gauche) et *The Breakfast Club* (1985). Tout adolescent peut trouver le héros qui lui convient, du ringard dans *les Tronches* (1984) au loser amoureux dans *Une fille pour Gregory* (1981), en passant par le duo de cancres dans *la Formidable Aventure de Bill et Ted* (1989). Les jeunes aventuriers savourent *les Goonies* (1985), tandis que les ados sous l'emprise de la testostérone trouvent leur bonheur dans *Porky's* (1982).

Descendant direct de la série des films *National Lampoon,* lancée en 1978, *Porky's* ouvre aussi la voie à des films comme *American Pie* (1999). Ces films sur les aventures sexuelles des adolescents se font de plus en plus nombreux dans les années 1980, de même que les parodies burlesques comme

REPÈRES

1980	1980	1981	1982	1983	1983
La parodie *Y a-t-il un pilote dans l'avion* est nominée aux Golden Globes et, chose extrêmement rare pour une comédie, au BAFTA Awards.	Bill Murray et Chevy Chase, vedettes de l'émission *Saturday Night Live*, apparaissent dans le loufoque *Golf en folie*.	*Bandits, bandits* capitalise sur le succès des films des Monty Python et exploite la demande croissante de comédies fantastiques familiales.	Les films traitant des émois sexuels des adolescents prennent leur essor grâce à *Ça chauffe au lycée Ridgemont,* tandis que *Y a-t-il un pilote dans l'avion ?* revient avec *Y a-t-il enfin un pilote dans l'avion ?*	Les questions de race et de classe sont mises en relief quand deux hommes échangent leurs vies dans *un Fauteuil pour deux.* De son côté, T. Cruise gravit les marches de la célébrité grâce à *Risky Business.*	Steve Martin est la vedette de *l'Homme aux deux cerveaux,* film qu'il a co-écrit et dans lequel il confirme son statut de talent comique de premier plan.

Y a-t-il un pilote dans l'avion ? (1980, ci-contre) et *Top Secret !* (1984), qui parodient, respectivement, les films catastrophe et les films d'espionnage. *Spinal Tap* (1984, voir p. 406) est une parodie plus sophistiquée qui prend pour sujet un groupe de heavy metal anglais fictif, donnant ainsi naissance au genre du « faux documentaire » ou « documenteur ».

La femme ambitieuse qui est comme un-poisson-hors-de-l'eau fait l'objet de nombreuses comédies, par exemple *Comment se débarrasser de son patron* (1980), *la Bidasse* (1980), *Working Girl* (1988) ou *Shirley Valentine* (1989). Ne se satisfaisant plus de n'être que l'objet d'amour du héros, des actrices fougueuses aux idées d'avant-garde exigent leur part d'action et de comédie. C'est le cas de Kathleen Turner lorsqu'elle incarne Joan Wilder dans *À la poursuite du diamant vert* (1984) ou de Jamie Lee Curtis dans *un Poisson nommé Wanda* (1988). À la fin de la décennie, hommes et femmes ont trouvé une façon de co-exister dans *Quand Harry rencontre Sally* (1989, ci-dessous). Ce film, s'inspirant de Woody Allen et de la screwball comedy (voir p. 148), et établissant le modèle que suivront les comédies romantiques contemporaines, marque un sommet dans la carrière de tous ceux qui y participent.

Gremlins et *S.O.S. Fantômes* (sortis en 1984) mêlent comédie horrifique et éléments surnaturels, tandis que les progrès techniques permettent de mélanger images du monde réel et personnages de dessins animés dans *Qui veut la peau de Roger Rabbit ?* (1988, voir p. 408), avec un résultat plus impressionnant.

Peuplées d'adolescents précoces et de femmes actives, les comédies des années 1980 reflètent les changements de la décennie, et elles trouvent généralement des raisons de rire, malgré les angoisses de l'époque. **A. S.**

1 *Y a-t-il un pilote dans l'avion ?* est une parodie de film catastrophe qui enchaîne jeux de mots et gags visuels à toute allure.

2 Hommes et femmes peuvent-ils être amis sans que le sexe vienne compliquer les choses ? *Quand Harry rencontre Sally* tente de répondre à cette question.

3 Matthew Broderick dans *la Folle Journée de Ferris Bueller*, l'une des nombreuses comédies à succès réalisées par John Hughes dans les années 1980.

1984	1985	1986	1987	1988	1989
Gremlins et *S.O.S. Fantômes*, comédies d'horreur et de science-fiction, connaissent un énorme succès, de même que les comédies policières *le Flic de Beverly Hills* et *Police Academy*.	Les comédies pour adolescents font recette, notamment *Retour vers le futur*, *The Breakfast Club*, *les Goonies* et *Une créature de rêve*.	*La Folle Journée de Ferris Bueller* poursuit les films pour adolescents, et fleurissent des films dont le ressort comique consiste à placer un personnage hors de son élément, tels *Crocodile Dundee* et *Short Circuit*.	Le réalisateur John Hughes vise un public moins jeune avec *Un ticket pour deux*, qui met en vedette Steve Martin et John Candy.	Les scénaristes lèvent les yeux vers le ciel avec *Objectif Terrienne* et *J'ai épousé une extra-terrestre*. La comédie *Big* préfère un surnaturel plus terrestre.	*Quand Harry rencontre Sally* deviendra l'une des comédies romantiques des années 1980 les plus citées (« Je prendrai la même chose qu'elle »).

Spinal Tap 1984
This Is Spinal Tap ROB REINER né en 1947

▲ Nigel Tufnel, dieu du rock grimaçant, met sa guitare à rude épreuve.

▼ À l'affiche : cheveux longs, peau de léopard et bottes de cow-boy.

Le cinéaste Marty DiBergi (Rob Riener) accompagne les Spinal Tap – ersatz des Beatles devenu groupe de heavy metal et maintenant classé sous la rubrique « Que sont-ils devenus ? » – lors de la très mouvementée tournée de promotion de leur nouvel album, *Smell the Glove*. Quand David St Hubbins (Michael McKean) fait de sa petite amie Jeanine (June Chadwick) le manager du groupe en remplacement de Ian Faith (Tony Hendra), le meilleur ami de David, Niegel Tufnel (Christopher Guest), quitte le groupe. Est-ce la fin des Spinal Tap ?

Comme *The Blues Brothers* (1980), ce premier film de Rob Reiner, co-écrit par les acteurs, prend pour sujet un groupe parodique créé pour une comédie télévisée, *The T.V. Show* (1979), dont il n'existe que le pilote, et inclut des morceaux de heavy metal assez excessifs pour paraître vrais *(Big Bottom, Sex Farm)*, et joué de façon crédible par « l'un des groupes les plus bruyants d'Angleterre ». Peut-être influencé par *The Rutles : All You Need is Cash* (1978), *Spinal Tap* se moque de documentaires rock comme *Let It Be* (1970) ou *la Dernière Valse* (1978) et met en lumière les prétentions du rock de stade (« stadium rock »), ce qui n'a pas empêché certaines rock stars de se comporter comme les Spinal Tap.

Ce film est l'une des comédies les plus rafraîchissantes des années 1980. On y trouve de petits bijoux d'humour et de remarquables performances d'acteurs (Fran Drescher, Paul Shaffer). Le cinéaste a eu l'intelligence de lui donner un noyau émotionnel : le groupe est au bord de l'implosion à la suite de l'arrivée d'une envahissante petite amie, mais David et Nigel, amis d'enfance, se rendent compte qu'ils ne peuvent pas vivre sans (a) la musique (b) l'autre. **K. N.**

LES SCÈNES PRINCIPALES

1 LA POCHETTE DE L'ALBUM SMELL THE GLOVE
Bobbi Flekman : « Ian, c'est une femme à quatre pattes, nue, le corps huilé, qui a un collier de chien autour du cou ; et on voit le bras tendu d'un homme qui tient la laisse et qui lui met devant la figure un gant noir pour qu'elle le renifle. Tu ne trouves pas ça dégradant ? »

3 LE DÉSASTRE DE STONEHENGE
À la suite d'une confusion entre décimètres et centimètres sur un schéma approximatif, un élément clé du décor se révèle être beaucoup trop petit. « Le problème, je crois, c'est que les pierres de Stonehenge sur la scène auraient pu être écrasées par un nain. »

2 « BAH, C'EST PLUS PUISSANT D'UN CRAN »
Tous les potards de l'ampli vont jusqu'à onze. Marty demande : « Et ça, ça veut dire qu'il est plus puissant ? Que le son est plus fort ? », et Nigel de répondre : « Bah, c'est plus puissant d'un cran. Non, c'est pas dix. Tu vois, la plupart des mecs, ils jouent toujours à dix... T'es à dix sur ta guitare, et là, qu'est-ce que tu fous, hein ? »

4 LE RETOUR DE NIGEL
Messager de Ian, Nigel se rend dans les coulisses avant le concert d'adieu du groupe pour annoncer que *Sex Farm* est un succès au Japon. Nigel suit le spectacle depuis les coulisses, David lui fait signe de se joindre au groupe... sous de très timides applaudissements.

LE DOCUMENTEUR

Dans *la Bataille de Culloden* (1964), P. Watkins (né en 1935) transforme l'histoire en documentaire, avec interviews à chaud, statistiques en voix-off et l'aspect un peu brut des actualités télévisées. *Le Journal intime de David Holzman* (1967), de J. McBride (né en 1941), perfectionne le genre, tandis que dans *Zelig* (1983), W. Allen (né en 1935) explore sa dimension comique. Nigel Tufnel/Christopher Guest (né en 1948) poursuit son exploration de la forme avec *Bêtes de scène* (2000, à droite), *A Mighty Wing* (2003), et *For Your Consideration* (2006). L'influence de *Spinal Tap* est perceptible dans *Fear of a Black Hat* (1994) et dans le réjouissant *Disparition de Kevin Johnson* (1996). Le faux documentaire est devenu un lieu commun du film d'horreur, avec *le Projet Blair Witch* (1999) ou *Chronique des morts-vivants* (2007).

Qui veut la peau de Roger Rabbit ? 1988

Who Framed Roger Rabbit ROBERT ZEMECKIS né en 1951

▲ Bob Hoskins et Jessica Rabbit, femme fatale qui a la voix rauque de K. Turner.

▼ Pour ce film, Zemeckis fait de nouveau appel à Christophe Lloyd.

Hollywood, 1947 : Roger Rabbit soupçonne sa femme d'être infidèle. Le patron de Roger engage un détective privé nommé Eddie Valiant (Bob Hoskins). Eddie photographie la plantureuse épouse, un personnage de dessin animé elle aussi, en compagnie de Marvin Acme, le roi du gadget, et Roger devient comme fou. Quand Acme est retrouvé mort, Roger devient le principal suspect et il demande à Eddie de prouver son innocence. Humain et « toon » font alors équipe pour résoudre l'affaire et leur enquête les mène à Toonville, le ghetto des personnages de dessins animés, où un diabolique complot se trame.

Qui veut la peau de Roger Rabbit ? est un exploit technique et logistique : il allie animation et images réelles et des autorisations ont été nécessaires pour faire apparaître cette foule de personnages de dessins animés sous copyright, venus de chez Disney, Warner Bros. et autres. Certains moments sont historiques, telle la rencontre de Donald et Daffy Duck ou de Mickey Mouse et de Bugs-Bunny. Hélas, Roger lui-même est un personnage qui s'agite dans tous les sens, à la manière de certains « toons » de Tex Avery, et qui pour cette raison ne parvient pas à donner l'impression qu'il est animé de sentiments véritables. À l'inverse, le jeu de Hoskins laisse deviner la souffrance d'Eddie, homme en bout de course, porté sur la boisson, et fait du même coup ressortir son grand courage. Robert Zemeckis et l'animateur Richard Williams truffent le film de moments qui ne manquent jamais de faire sourire, se déchaînent quand les humains entrent dans l'univers démentiel de Toonville et réussissent à apporter une touche de comédie noire qui rappelle Tex Avery, Chuck Jones, Friz Freleng et Disney. **K. N.**

LES SCÈNES PRINCIPALES

1 LA RÉVÉLATION

Le tournage d'un dessin animé en 2D s'interrompt, et les « toons » en 3D entre en interaction. Le monde des dessins animés s'effondre d'une façon qui rappelle la plaisanterie de Warner Bros. selon laquelle Bugs Bunny, Daffy Duck et Cie travaillent pour le studio.

2 DAFFY DUCK ET DONALD EN BISBILLE

Daffy Duck s'énerve contre son partenaire Donald Duck – « C'est la dernière fois que je travaille avec quelqu'un qui a un défaut d'élocution » – dans un cross-over inédit qui fait se rencontrer des personnages de Disney et de Warner Bros.

3 JESSICA RABBIT

La femme de Roger se révèle être une pin-up tout en courbes modelée sur la Rita Hayworth de *Gilda* (1946). Betsy Brantley lui donne son jeu d'actrice et Amy Irving lui prête sa voix pour la chanson *Why Don't You Do Right ? (Like Some Other Men Do).*

4 VISION DE MORT

L'immonde juge DeMort (Christopher Lloyd) décrit ce que sera Los Angeles dans le futur qu'il imagine : « Je vois une ville où les gens prennent le périphérique et en sortent. Ils prennent le périphérique et en sortent, toute la journée, toute la nuit... Ce sera magnifique. »

LE RÉALISATEUR

1951-1980

Né à Chicago, Robert Zemeckis commence par diriger des courts-métrages d'étudiants (*The Lift*, 1972 ; *Field of Honor*, 1973). Avec Bob Gale, il écrit un épisode de la série télévisée culte *Dossiers brûlants*, ainsi que le scénario du loufoque *1941* (1979) pour Steven Spielberg (né en 1946). Spielberg est le mentor de Zemeckis et il produit ses premiers films en tant que réalisateur, *Crazy Day* (1978) et *la Grosse Magouille* (1980).

1981-1993

Il devient l'un des plus importants réalisateurs de Hollywood grâce à une série de films à succès qui combinent plusieurs atouts : acteurs célèbres, savoir-faire technique et satire mordante des absurdités américaines. Se succèdent *À la poursuite du diamant vert* (1984), avec Kathleen Turner et Michael Douglas, la trilogie *Retour vers le futur* (1985, 1989, 1990), *Qui veut la peau de Roger Rabbit ?* et *La Mort vous va si bien* (1992), avec Goldie Hawn, Meryl Streep et Bruce Willis, film qui gagne un oscar pour ses effets visuels.

1994-2003

Forrest Gump (1994), récompensé par plusieurs oscars, marque le début d'une période où les films de Zemeckis sont moins ouvertement drôles. Il y aura *Contact* (1997), *Apparences* (2000) et *Seul au monde* (2000). Zemeckis produit ensuite des films d'horreur : *le Cavalier du diable* (1996) pour Ernest Dickerson (né en 1951) et *Fantômes contre fantômes* (1996) pour Peter Jackson (né en 1961). Sa maison de production, Dark Castle, crée une série de films d'horreur à budget réduit, par exemple *la Maison de l'horreur* (1999) et *Treize Fantômes* (2001).

de 2004 à nos jours

Zemeckis abandonne le film d'action traditionnel et se tourne vers le film d'animation en images de synthèse (puis en 3D) avec *le Pôle express* (2004), *la Légende de Beowulf* (2007), *le Drôle de Noël de Scrooge* (2009) et un remake du *Yellow Submarine* des Beatles, prévu pour 2012. En 2010, il annonce qu'il travaille sur un film intitulé *Timeless*, qui marque un retour au film d'action traditionnel et au thème de voyage dans le temps.

LE CINÉMA BRITANNIQUE

Durant cette période des années 1980, lourde de tensions, qui voit un fossé se creuser entre extrême pauvreté et grande richesse, le monde du cinéma britannique est en effervescence. Les films sont audacieux, imprévisibles, ambitieux et divisent souvent l'opinion, reflétant par là même la situation économique et sociale du pays.

Le cinéma britannique devient alors un concurrent de taille. *Les Chariots de feu* (1981, ci-dessus) et *Gandhi* (1982), de « gros » films, décrochent des récompenses et attirent l'attention sur les studios qui les ont produits. Ces jalons de l'histoire du septième art ont un succès retentissant, mais le cinéma qui traite de la situation de l'Angleterre sous Margaret Thatcher se porte bien lui aussi. Des films tel *My Beautiful Laundrette* (1985) abordent les sujets de l'identité, de la jeunesse britannique, des relations de l'Inde et de la Grande-Bretagne, et de l'homosexualité. Sa présentation d'une facette sombre du pays contraste avec les excès des années 1980 et sa peinture sans fard du monde homosexuel arrive au moment opportun. Il devient impossible de dissocier cinéma et politique, le gouvernement continuant à montrer pour le cinéma l'intérêt qu'il avait manifesté dans les années 1970, ce qui explique en partie la méfiance envers l'autorité que l'on perçoit dans *Au nom du royaume* (1985) et l'anarchisme affiché des films d'Alex Cox (né en 1954), le plus célèbre étant *Sid et Nancy* (1986).

Autre signe des temps : les talents montants britanniques apparaissent sur les écrans de cinéma du monde entier. Helen Mirren révèle sa singularité et l'étendue de son talent en tenant le rôle principal de films aussi variés que

1 Dans *les Chariots de Feu*, Harold Abrahams finira par remporter la course de Trinity College ainsi que le 100 mètres aux Jeux olympiques de 1924.

2 *Chambre avec vue* réunit Helena Bonham Carter et Julian Sands, point culminant pour la société de production Merchant Ivory, qui offre au public des drames historiques de grande qualité.

3 *Un poisson nommé Wanda, de* Charles Crichton, présente une scène mémorable de torture où des frites font partie des instruments.

REPÈRES

1981	1981	1982	1982	1983	1983
Les Chariots de feu reçoivent le prix du meilleur film aux oscars et aux BAFTAs. Le compositeur Vangelis est salué pour la bande originale, devenue mythique.	John Gielgud, acteur de légende, remporte son premier et unique oscar pour son second rôle dans la comédie à succès *Arthur.*	Filmfour, pierre angulaire du cinéma britannique, sort son premier film, *Walter*, réalisé par Stephen Frears (né en 1941).	*Gandhi,* film biographique (« biopic ») épique de R. Attenborough (né en 1923), sort dans les salles. Il recevra huit oscars, dont celui du meilleur film et du meilleur acteur (Ben Kingsley).	Sally Potter s'entoure d'une équipe exclusivement féminine pour ses premiers pas en tant que réalisatrice. Son *Gold Diggers* est un drame féministe qui met en vedette Julie Christie.	Le Procureur général publie une liste de films en cassettes vidéo jugés trop violents (« video nasties »). Trente-deux films sont mis en accusation, dont *The Evil Dead* (1981) et *Driller Killer* (1979).

Du sang sur la Tamise (1980), *Excalibur* (1981), *l'Ile de Pascali* (1988) et *le Cuisinier, le voleur, sa femme et son amant* (1989). Ceux que la presse a appelés « The Brit Pack » (la bande des British) émergent à cette époque, Tim Roth, Collin Firth et Gary Oldman se présentant comme des antidotes aux acteurs hollywoodiens types. Mais la plus grande révélation est sans doute Daniel Day-Lewis, qui, après des rôles très différents dans *My Beautiful Laundrette* et *Chambre avec vue* (1985, à droite), accomplit une performance d'acteur devenue légendaire dans *My Left Foot* (1989). Il montre à quels sommets d'excellence peut mener la Méthode (« Method Acting ») et prouve ainsi que la Grande-Bretagne peut battre Hollywood à son propre jeu. Il remporte l'oscar du meilleur acteur, un an après Dustin Hoffman, pour son rôle dans *Rain Man* (1988).

Dans les années 1980, la Grande-Bretagne se lance dans l'expérimentation. Des sommes considérables sont investies dans le cinéma national dans le cadre de la « nouvelle culture d'entreprise » prônée par M. Thatcher. Les cinéastes relèvent le défi et produisent des œuvres d'une grande audace. Seules les années 1980 pouvaient donner naissance à un film comme *le Cuisinier, le voleur, sa femme et son amant*. Œuvre expérimentale foisonnante, il s'attarde sur la face sombre de l'époque, sur l'appât du gain qui la caractérise, dénonçant excès et poursuite effrénée du plaisir. Tout aussi surprenant est le triomphe de Charles Crichton (1910-1999), pilier des studios Ealing : *Un poisson nommé Wanda* (1988, en bas à droite). John Cleese, ex-Monty Python, y joue un héros romantique et Kevin Kline se distingue dans un rôle de dingo qui lui vaut un oscar.

Durant cette période la Grande-Bretagne produit des films qui trouvent un écho auprès d'un vaste public tout en restant très anglais. En 1984, Neil Jordan (né en 1950) signe *la Compagnie des loups,* un jalon dans l'histoire des effets spéciaux qui occupe une place à part dans la catégorie spécifique des films fantastiques des années 1980.

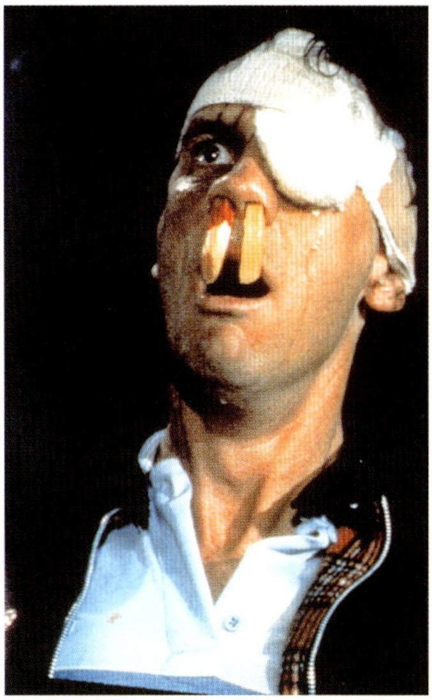

Le dernier film des Monty Python, *le Sens de la vie* (1983), reçoit le grand prix du Jury à Cannes. La société Merchant Ivory produit *Chambre avec vue,* œuvre à contre-courant des modes cinématographiques du moment. Y apparaissent tous les plus grands acteurs britanniques de l'époque – H. Bonham Carter, D. Day-Lewis, M. Smith, S. Callow, D. Elliott et J. Dench, qui deviennent des valeurs sûres du cinéma britannique. Ce film inaugure une nouvelle vague d'adaptations littéraires et devient un modèle pour le cinéma en costume.

Films à petits ou à énormes budgets, conventionnels ou d'une originalité rare : il y en a pour tous les goûts. Dans *Rita, Suzy et Bob aussi* (1986), Alan Clarke (1935-1990) combine réalisme cru et comédie grivoise. Terence Davies (né en 1945) jette un regard à la fois attendri et lucide sur le Liverpool d'après-guerre dans *Distant Voices, Still Lives* (1988, voir p. 414) ; et, un an plus tard, Michael Caton-Jones (né en 1957) remonte le temps dans *Scandal,* qui revient sur l'affaire Profumo. Rien ne nous renseigne mieux sur la Grande-Bretagne des années 1980 que l'incroyable et fascinante diversité des films produits à cette époque. **S. W.**

1984

La loi sur les vidéos (Video Recordings Act) limite ce qui peut être regardé à la maison. La British Board of Film Classification crée les catégories « Tous publics », « Interdit -15 ans » et « Interdit -18 ans ».

1984

Le réalisateur Roland Joffé (né en 1945) signe *la Déchirure,* acclamée dès sa sortie.

1985

Stanley Kubrick (1928-1999) commence à travailler sur *Full Metal Jacket,* recréant les États-Unis et le Viêt-nam à Londres et dans la région de Cambridge.

1986

Trois ans avant la chute du mur de Berlin, Ken Loach livre son commentaire sur le socialisme et le capitalisme dans *Fatherland.*

1987

Handmade Films, créé par l'ex-Beatles George Harrison, sort *Whithnail et moi* (voir p. 412), réalisé par Bruce Robinson (né en 1946).

1987

Presque vingt ans avant que Daniel Craig ne réinvente James Bond, Timothy Dalton explore lui aussi une facette plus sombre de 007 dans *Tuer n'est pas jouer.*

Withnail et moi 1987

Withnail and I BRUCE ROBINSON né en 1946

▲ Fraîchement financés par oncle Monty, Withnail et « I » se dirigent vers le pub.

▼ Ralph Steadman a réalisé l'affiche insalubrement appropriée du film.

Œuvre autobiographique du scénariste-réalisateur Bruce Robinson, *Withnail et moi* nous transporte à la toute fin des années 1960. Deux acteurs au chômage essaient de continuer à mener une vie de plaisirs malgré des réserves financières qui disparaissent. Withnail (Richard E. Grant), homme veule et épris de boisson, ne cesse de consommer des alcools de plus en plus écœurants que pour se lancer dans des monologues scabreux sur son génie incompris. Paul McGann, qui joue le rôle de Robinson jeune, a un regard de bébé surpris derrière ses lunettes à la John Lennon et il est pris d'attaques de panique chaque fois que Withnail le met dans des situations de plus en plus dangereuses, qui vont d'une bagarre à une tentative de viol par Monty, l'oncle de Withnail.

L'histoire se résume au passage de ces deux hommes d'un appartement londonien sordide à Penrith, perdu dans la campagne sauvage de Cumbrie. Ce film qui, à la manière de ceux des frères Farelly, s'attarde sur les fonctions corporelles les moins ragoûtantes ne manque pas de provoquer une réaction d'écœurement. Il contient aussi une veine mélancolique, « I » finissant par se rebeller et par laisser derrière lui Withnail et sa tendance à l'autodestruction.

Ce film presque dénué d'intrigue est devenu culte en grande partie grâce à la qualité des dialogues. Les fans adorent les longs discours de Grant, en savourent toutes les formules au vitriol (« Nous voulons les plus grands vins qu'un homme puisse boire. Nous les voulons tout de suite et maintenant ») et les injures prononcées avec une grande précision. Pour ce qui est de faire entrer de nouvelles expressions dans le langage, seuls les Monty Python peuvent rivaliser. **K. N.**

LES SCÈNES PRINCIPALES

1 DE L'URINE D'ENFANT

Withnail explique comment échapper à une arrestation pour conduite en état d'ivresse. Prenez une bouteille vide de liquide vaisselle, remplissez-la d'urine d'enfant, refusez de souffler dans le ballon, fournissez l'échantillon d'urine sans la moindre trace d'alcool.

2 LE DÎNER

Affamés, Withnail et « I » envisage de tuer un poulet, bien que « I » soit intimidé par ses « yeux perçants ». Withnail se montre plus déterminé (« C'est un putain de poulet, imagine-le juste avec une tranche de bacon dessus ») et finit par lui régler son compte.

3 ONCLE MONTY

Le jeune acteur repousse les assauts du libidineux oncle Monty. Ce dernier a appris de la bouche du retors Withnail que son colocataire est un « homo de toilettes publiques ». Monty persiste et déclare « Je te veux et je t'aurai, même si je dois entrer par effraction. »

4 LA CAROTTE DE CAMBERWELL

Withnail et « I » retournent à l'appartement de Camden Town. Danny le Dealer (Ralph Brown) roule un incroyable joint avec douze feuilles de papier à cigarette. Il l'appelle la « carotte de Camberwell » parce qu'il l'a « inventé à Camberwell et il ressemble à une carotte ».

DUO DE LOSERS

Les duos de comédie tels que celui de *Withnail et moi* trouvent leur origine dans les vaudevilles et le music-hall, et même dans des archétypes comme Don Quichotte et Sancho Panza. Toutes les périodes de l'histoire du cinéma ont leur duo emblématique. Le langage, le style, les comportements changent, mais le lien sous-jacent (fait d'antagonisme et de dépendance mutuelle) reste le même, que le duo soit composé de Laurel et Hardy, Abbott et Costello, Cheech et Chong (à droite), Wayne et Garth ou Harold et Kumar. Certains ont essayé le tandem de femmes – Rita Tushingham et Lynn Redgrave dans *Deux Anglaises en délire* (1967), Shelley Long et Bette Midler dans *Une chance pas croyable* – mais le monde des amis losers, prisonniers de leur petit monde qui simultanément les libère, est un monde d'hommes.

Distant Voices, Still Lives 1988

TERENCE DAVIES né en 1945

▲ Maisie (Lorraine Ashbourne) berce son bébé dans la rue.

▼ Lors du premier des trois mariages du film, les enfants chantent en chœur.

Ce film de Terence Davies livre le récit subjectif d'une enfance vécue dans les quartiers populaires du Liverpool d'après-guerre. Au centre de l'histoire, on trouve le père tant redouté (Pete Postlethwaite), homme sombre et violent qui bat sa femme et terrorise ses enfants. Alors que la famille est réunie pour les funérailles du père, la caméra zoome sur une photographie au mur. Il s'agit de l'unique photo que Davies a de son propre père. « C'est incroyable qu'un seul homme ait pu causer tant de souffrance, et que tant d'années plus tard, j'en fasse un film », souligne le réalisateur.

Davies utilise le traitement sans blanchiment (« bleach-bypass ») afin de donner un effet désaturé aux images. La trame narrative est elliptique : il s'agit d'une série de tableaux représentant des événements mineurs de l'enfance du réalisateur, cadrés comme des photos de famille. La bande-son, qui reprend les titres à succès de l'époque, et les travellings subtils transportent le spectateur dans l'Angleterre d'après-guerre et la mise en scène léchée insuffle la vie au récit.

Les critiques décrivent le film comme un soap-opera qui aurait été tourné par Robert Bresson. De tels commentaires témoignent d'un certain snobisme, mais le film est empreint de regret et de nostalgie, et Davies fait montre d'une parfaite maîtrise de son art. De plus, il ne s'agit pas d'une simple représentation nombriliste de l'enfance du réalisateur. Postlethwaite campe un patriarche terrifiant et Freda Dowie rend l'endurance de la mère avec beaucoup de dignité, tandis que la bande originale, l'humour et le culte que Davies voue à ses éblouissantes sœurs tiennent tout désespoir à distance. **G. M.**

LES SCÈNES PRINCIPALES

1 LA MAISON
La caméra pénètre lentement dans la maison familiale, puis tourne et montre le salon : une séquence tout en retenue et en pouvoir évocateur ouvre ce film dédié au souvenir. Les nuances brunes et délavées sont représentatives de l'ensemble du film.

2 LE PATRIARCHE
L'une des scènes qui soulignent la cruauté gratuite du père est celle où il bat sa fille avec un balai lorsqu'elle a l'audace de lui demander l'autorisation d'aller au bal. La juxtaposition de la violence et du bonheur est fréquente dans le film.

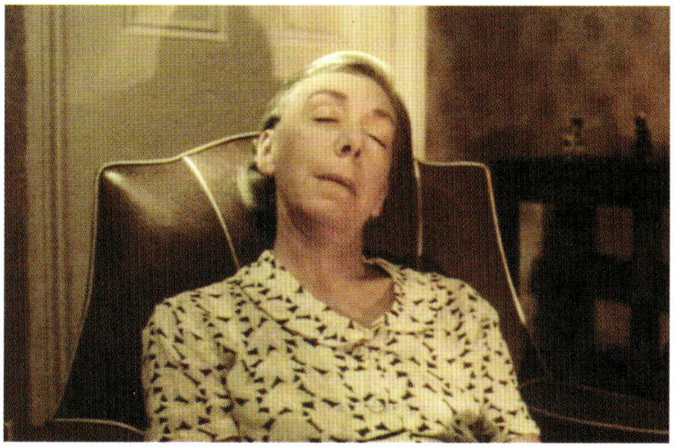

3 LA MÈRE
Davies adorait sa mère autant qu'il détestait son père. Toute son affection apparaît dans cette séquence où la caméra s'approche de la douce mère, figure de l'abnégation, qui s'endort au coin du feu. L'image résume à elle seule la vie quotidienne d'un temps révolu.

4 SOIRÉE CHANSONS AU PUB
La solitude et l'aliénation sont les thèmes centraux de *Distant Voices, Still Lives*, ce qui rend les scènes où la musique rapproche les individus plus touchantes. Les chansons servent à évoquer des souvenirs et de nombreuses scènes sont tournées dans des pubs.

LE RÉALISATEUR

1945-1970
Terence Davies est né à Liverpool, dernier de dix enfants de parents ouvriers. Son œuvre s'inspire de ses souvenirs d'enfance, et ses films dépeignent des individus dont la résistance physique et affective est mise à rude épreuve. Il est influencé par ses sœurs : il se rappelle encore qu'elles l'emmenaient voir des comédies musicales américaines.

1971-1975
Il travaille comme employé dans un bureau d'affaires maritimes puis comme libraire, avant d'entrer à la Coventry School of Drama (le conservatoire d'art dramatique de Coventry), en 1971.

1976-1987
Davies tourne un court-métrage (*Children*, 1976) dont il signe le scénario et qui est financé par le British Film Institute. C'est le premier volet de ce que l'on appelle *la Trilogie Terence Davies*, qui comprend *Madonna and Child* (1980) et *Death and Transfiguration* (1983). Tournée en noir et blanc, la trilogie est le récit angoissé de la vie d'un jeune homosexuel catholique qui grandit dans le Liverpool ouvrier.

1988-1994
Davies remporte le prix FIPRESCI pour *Distant Voices, Still Lives*, à Cannes. Il enchaîne avec un autre film autobiographique dont l'action se situe à Liverpool : *The Long Day Closes* (1992).

1995-1999
Il tourne *la Bible de néon* (1995), adaptation du roman de John Kennedy Toole (1989) qui raconte la vie d'un jeune garçon qui grandit en Géorgie dans les années 1940. Le film explore des thèmes semblables à ceux de ses précédents films.

de 2000 à nos jours
Davies signe une adaptation du roman écrit en 1905 par Edith Wharton : *Chez les heureux du monde* (2000). Après une longue période d'absence, il fait un retour triomphal sur les écrans avec *Of Time and the City* (2008), un documentaire qui rend vie au Liverpool d'après-guerre grâce à des images d'archives et à des chansons de l'époque. La première a lieu au festival de Cannes.

LE DRAME PSYCHOLOGIQUE

1 Marlon Brando et Maria Schneider s'étreignent dans *le Dernier Tango à Paris*, drame érotique de Bernardo Bertolucci.

2 L'affiche du film de Liliana Cavani *Portier de nuit*, avec Charlotte Rampling et Dirk Bogarde dans le rôle-titre.

3 John Baxter (Donald Sutherland) arrive trop tard pour sauver sa fille. Ce n'est que le premier de ses problèmes dans *Ne vous retournez pas*, thriller de Nicolas Roeg.

Selon Carl Jung, « le cinéma, comme le roman policier, nous permet de faire sans danger l'expérience de l'ardeur, de la passion, de l'état désirant qui doivent être réprimés dans un mode de vie qui prend l'existence des autres en compte. » C'est le rôle du drame psychologique que d'explorer le monde intérieur des personnages (et des spectateurs). Ces derniers atteignent parfois un niveau de compréhension supérieur, comme dans *Engrenages* (1987), de David Mamet ; parfois, comme dans *Sous le soleil de Satan* (1987), de Maurice Pialat, ils sont finalement broyés.

Dans *le Limier* (1972), de Joseph L. Mankiewicz, la curiosité, l'avidité et la jalousie du héros le conduisent à sa perte. Dans *Blue Velvet* (1986, voir p. 418), Jeffrey est fasciné par le monde cauchemardesque qu'il découvre, qui le repousse et l'attire. Il est ainsi le protagoniste et l'antagoniste – nous rappelant que l'homme est le pire ennemi de l'homme. Selon Freud, nous devons regarder en face nos désirs secrets (refoulés). *Le Dernier Tango à Paris* est né d'un fantasme de Bernardo Bertolucci (né en 1940), qui a imaginé qu'il faisait l'amour à une belle inconnue. Il en résulte une méditation sur le chagrin, la violence sexuelle et les fantasmes. Le réalisateur a extériorisé son secret, ses pensées cachées et c'est peut-être parce qu'il trouve un écho dans le conscient (ou l'inconscient) collectif que le film provoque de vives réactions.

Dans *Portier de nuit* (1974, à droite), Liliana Cavani (née en 1933) aborde les questions du pouvoir, du choix, de la culpabilité et du désir sexuel. Un ex-officier SS retrouve un fantôme du passé – une femme avec qui il a eu une relation sado-masochiste alors qu'elle était prisonnière dans un camp de concentration.

REPÈRES

1971	1972	1972	1973	1974	1975
Réalisé par Stanley Kubrick, *Orange mécanique* pose la question de la liberté de pensée, du choix individuel et de la violence.	*Images*, thriller psychologique de R. Altman (1925-2006), a pour personnage principal une femme au foyer qui ne sait plus ce qui est réel et se demande si elle est folle.	Andreï Tarkovsky (1932-1986) signe *Solaris*. Ce film, dont l'action se situe dans l'espace, est une méditation sur le chagrin, la conscience et l'existentialisme.	*Ne vous retournez pas*, de Nicolas Roeg (né en 1928), explore des émotions intenses telles que le chagrin. Il s'agit d'une adaptation d'une nouvelle de Daphné du Maurier.	Dans *une Femme sous influence*, John Cassavetes montre une famille qui essaie de continuer à vivre alors que la mère et épouse sombre peu à peu dans la folie.	L'essai de Laura Mulvey « Visual Pleasure and Narrative Cinema » traite de psychanalyse et de voyeurisme. Il devient une source d'inspiration pour les cinéastes féministes.

C'est un exemple type de ce que Freud appelle « refoulement » : la liaison sexuelle secrète donne lieu à un combat intérieur visant à la nier. *Portier de nuit* dévoile les désirs des personnages et demande au spectateur de regarder les siens en face.

Dans sa théorie du stade du miroir, étape clé du développement de l'individu, Jacques Lacan explique que le miroir permet à l'enfant de se percevoir comme une entité séparée, un « je » distinct de sa mère et du reste du monde. Au cinéma, il est possible de renvoyer métaphoriquement à ce concept d'image en miroir en explorant la façon dont protagoniste et antagoniste se définissent mutuellement. Dans *le Sixième Sens* (1986), le héros comprend comment fonctionne l'esprit d'un tueur en pensant comme lui. Le bon et le méchant sont comme les deux faces d'une même pièce, par exemple Blaney et Rusk dans *Frenzy* (1972), d'Alfred Hitchcock (1899-1980). Dans *Blade Runner* (1982), Deckard comprend pourquoi son ennemi, Batty, a décidé de se battre. Et si l'on admet l'hypothèse que Deckard est, comme lui, un réplicant, alors ils sont en effet frères. Dans *Faux-semblants* (1988), David Cronenberg (né en 1943) va plus loin, les deux frères partageant une seule existence et ne pouvant pas vivre l'un sans l'autre.

Le drame psychologique explore les recoins de la psyché. *L'homme qui voulait savoir* (1988) est une étude de l'esprit d'un meurtrier, un père de famille qui mène une « vie sans histoires » mais dont le moi intérieur ne ressemble en rien au visage qu'il présente au monde. Dans *Ne vous retournez pas* (1973, ci-dessous), un couple éploré se rend à Venise peu après la mort de sa fille. Le mari est obsédé par une silhouette en manteau rouge qui ressemble à sa fille. Le spectateur ne comprend pas mieux ce qui se passe que les époux et partage leurs incertitudes. Selon David Mamet : « Le spectateur à l'impression d'être le héros – et il l'est en effet, le temps d'une soirée, car c'est comme s'il rêvait le film. » **G. M.**

1975

Le Jour du fléau, avec Donald Sutherland et Burgess Meredith, livre une vision sombre, déformée et pessimiste de Hollywood avant la guerre.

1975

Le magazine *Screen* a une importance majeure pour les études filmiques. On y trouve des articles sur la psychanalyse et le cinéma, écrits par des auteurs comme Louis Althusser.

1975

Et l'homme créa la femme, de Bryan Forbes (né en 1926), est une satire glaciale de l'idéal domestique américain et traite de questions d'identité.

1977

Le théoricien du cinéma Christian Metz publie *le Signifiant imaginaire*, une étude séminale qui adopte une perspective freudienne.

1980

À grand renfort d'effets psychédéliques, Ken Russell (né en 1927) explore la dégénérescence, la psychologie anormale et le subconscient dans *Au-delà du réel*.

1986

Blue Velvet (voir p. 418) nous fait entrer dans un monde surréaliste et onirique qui se cache derrière la façade d'une petite ville américaine, avec un D. Hopper terrifiant.

Blue Velvet 1986

DAVID LYNCH né en 1946

▲ Dorothy (Isabella Rossellini) et Frank (Dennis Hopper), dopé à l'oxygène.

▼ L'affiche, sensuelle et onirique.

David Lynch a eu l'idée de *Blue Velvet* en 1973 mais n'a pas pu tourner le film avant d'avoir terminé *Eraserhead* (1976) puis *Elephant Man* (1980) et *Dune* (1984). Ce dernier est financé par Dino Di Laurentiis, qui ne se laisse pas décourager par son échec commercial et accepte de continuer avec *Blue Velvet* à condition que Lynch divise son salaire par deux et limite son budget à 6 millions de dollars. Il a raison d'avoir confiance : *Blue Velvet* fait très vite parler de lui et est considéré comme le plus subversif d'une série de films qui, en 1986 et en 1987, explorent ce qui se cache sous la surface des petites villes américaines.

Le mélange de logique onirique et d'hyperréalisme ainsi que la sensibilité de l'œuvre donnent l'impression qu'un film noir pervers des années 1950 (voir p. 158) a été croisé avec une histoire d'amour adolescent datant du début des années 1960. Un étudiant du nom de Jeffrey (Kyle MacLachlan) trouve une oreille coupée et l'apporte à un détective. La fille de ce dernier, Sandy (Laura Dern), devient la petite amie de Jeffrey et l'aide dans l'enquête qu'il décide de mener. La piste qu'il suit le conduit à l'appartement d'une mystérieuse chanteuse de night-club, Dorothy Vallens (Isabella Rossellini). Il la voit se faire malmener par Frank Booth (Dennis Hopper), un psychopathe. L'enlèvement du fils de Dorothy et l'affaire de drogue dans laquelle un policier est impliqué ne constituent qu'une toile de fond pour ce qui est l'un des triangles œdipiens les plus pervers de Hollywood. Tout en marquant la frontière entre le bien et le mal, le film fait participer ses spectateurs au voyeurisme de Jeffrey, au fétichisme de Frank et au sado-masochisme de Dorothy. *Blue Velvet* donne forme à ce qui se cache sous la surface. **G. F.**

LES SCÈNES PRINCIPALES

1 LA DAME EN BLEU
Lors de leur enquête sur l'oreille coupée, Jeffrey et Sandy se rendent au Slow Club, où ils écoutent Dorothy Vallens chanter *Blue Velvet*. Sandy est gênée par l'attitude sexuellement provocante de Dorothy et par l'attirance évidente de Jeffrey pour la chanteuse.

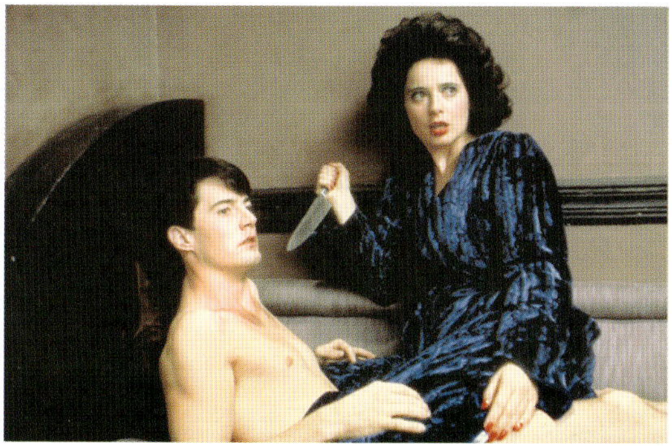

2 DANS L'ANTRE DE LA BELLE
Dorothy découvre Jeffrey caché dans sa penderie, lui ordonne de sortir puis de se déshabiller. Ils commencent à faire l'amour, mais sont interrompus par Frank Booth. Jeffrey se cache de nouveau dans la penderie et regarde Frank malmener Dorothy.

3 « LE CLOWN EN SUCRE CANDI »
Frank et sa bande enlèvent Dorothy et Jeffrey et les emmènent « faire une ballade ». Ils s'arrêtent chez un ami, Ben (Dean Stockwell), un gangster efféminé. Quand ce dernier se met à interpréter *In Dreams*, de Roy Orbinson, Frank est submergé d'émotion.

4 LE RÈGLEMENT DE COMPTE FINAL
Jeffrey découvre le mari de Dorothy et le partenaire du père de Sandy, un ripou. Tous deux sont morts et il manque une oreille au flic. Frank arrive et réalise que Jeffrey est dans la penderie et se prépare à lui tirer dessus, mais Jeffrey a pris l'arme du policier mort.

UNE BANDE ORIGINALE OBSÉDANTE

La musique participe à l'atmosphère envoûtante de *Blue Velvet*. La chanson du titre est un tube (1951) de T. Bennett, mais c'est la version larmoyante de B. Vinton, numéro 1 aux États-Unis en 1963, qui a fait naître dans l'esprit de Lynch l'image d'une « fille aux lèvres rouges » dans une voiture bleue au soleil couchant. Chantée par Dorothy, elle ranime des souvenirs doux-amers chez Frank Booth, de même que l'interprétation en play-back par Ben de la chanson *In Dreams*, de R. Orbinson (1963, à droite). C'est Dennis Hopper qui devait chanter *In Dreams*, mais le choix s'est porté sur Dean Stockwell lors des répétitions. Quant à *Love Letters*, de K. Lester, Lynch l'utilise comme contrepoint au moment décisif. La musique du film est signée Angelo Badalamenti, auquel Lynch fait souvent appel. Elle emprunte à la Symphonie n° 15 de Chostakovitch, que Lynch écoutait en écrivant le script. Badalamenti joue le rôle du pianiste au night-club où chante Dorothy.

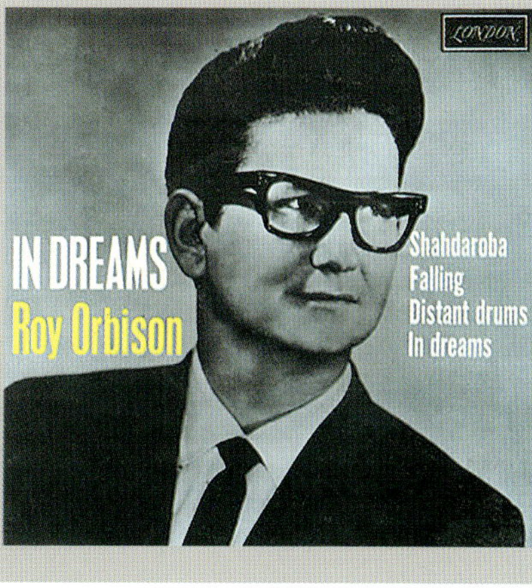

LE CINÉMA EUROPÉEN

1 La plantureuse Béatrice Dalle est éblouissante dans l'histoire d'amour douce-amère de *37°2 le matin*.

2 L'affiche d'*Au revoir les enfants*. Louis Malle écrit, produit et réalise ce film très personnel sur l'amitié de deux enfants sous l'Occupation.

3 Du haut de leur affiche, Bogart et Bergman veillent sur le jeune Salvatore, qui assiste Alfredo dans *Cinema Paradiso*.

Les années 1980 voient de nombreux réalisateurs à la réputation bien établie produire d'excellents films. C'est une période particulièrement faste pour deux réalisateurs hongrois : Itsván Szabó (né en 1938) tourne trois films avec Klaus Maria Brandauer, dont *Méphisto* (1981, voir p. 422) ; de son côté, Marta Meszaros (née en 1931) livre une réflexion sur l'histoire politique récente dans sa trilogie *Journal intime* (1984), *Journal à mes amours* (1987) et *Journal pour mon père et ma mère* (1990). Werner Herzog (né en 1942) connaît son plus grand succès avec *Fitzcarraldo* (1982), dans lequel un Klaus Kinski dément et visionnaire tire un bateau sur une montagne sud-américaine. Bernardo Bertolucci (né en 1940) abandonne le cinéma d'art et d'essai et signe la saga historique chinoise *le Dernier Empereur* (1987). Louis Malle (1932-1995) commence la décennie avec le meilleur film de sa période américaine, *Atlantic City* (1980), puis revient en France pour tourner son meilleur film français, *Au revoir les enfants* (1987, à droite). Il puise dans son expérience de la Seconde Guerre mondiale pour ce film émouvant sur un pensionnat catholique qui recueille des enfants juifs sous l'Occupation.

Certains chefs de file de la Nouvelle Vague continuent à tourner, mais avec moins de bonheur que durant l'« âge d'or » des années 1960. La seule exception est Eric Rohmer (1920-2010), qui continue à signer des films à texte avec la série « Comédies et Proverbes » (1980-1987). En Allemagne, Margarethe von Trotta (née en 1942) donne une version féministe de l'histoire de son pays dans *Rosa Luxemburg* (1986), et Wim Wenders (né en 1945) connaît un succès mondial avec son conte « angélique », *les Ailes du désir* (1987).

REPÈRES

1981	1982	1982	1983	1983	1984
Andrzej Wajda (né en 1926) tourne *l'Homme de fer*, un film sur le mouvement polonais Solidarnosc.	Daniel Vigne (né 1942) réalise un drame historique ayant pour sujet une célèbre usurpation d'identité : *le Retour de Martin Guerre*.	Le réalisateur prolifique qui avait défini le cinéma allemand depuis 1969, Rainer Werner Fassbinder, meurt d'une overdose.	Maurice Pialat (1925-2003) tourne un drame traitant de la sexualité débridée d'une adolescente, *À nos amours*.	Ingmar Bergman (1918-2007) abandonne le cinéma pour la télévision après *Fanny et Alexandre*. Il y reviendra, en 2003, avec *Sarabande*.	Le réalisateur danois Lars von Trier (né en 1956) commence une série de films provocateurs avec son premier long-métrage *The Element of Crime*.

À la même époque, en Espagne, Victor Erice (né en 1940) signe un film qui adopte le point de vue d'un enfant, *le Sud* (1983), tandis que Carlos Saura (né en 1932) adapte Lorca dans *Noces de sang* (1981).

On trouve aussi des films de genre, par exemple le film de guerre avec *le Bateau* (1981), de Wolfgang Petersen (né en 1941), la reconstitution historique avec le film danois *le Festin de Babette* (1987), de Gabriel Axel (né en 1918), et l'adaptation littéraire, avec notamment deux films de Claude Berry (1934-2009) : *Jean de Florette* et *Manon des sources* (sortis en 1986). De son côté, Jean-Jacques Beneix (né en 1980), figure emblématique des années 1980, signe des films très léchés qui séduisent un public jeune, par exemple *37°2 le matin* (1986, à gauche). La bande originale hypnotique de Gabriel Yared ainsi que le jeu de Béatrice Dalle dans le rôle de Betty, jeune femme libre et instable, électrifient le public.

Des carrières qui se révéleront durables débutent à cette époque. En Espagne, Pedro Almodovar (né en 1949) laisse entrevoir son génie créatif avec *Femmes au bord de la crise de nerfs* (1988), tandis que le réalisateur serbe Emir Kusturica (né en 1954) attire l'attention avec son *Papa est en voyage d'affaires* (1985). Dans la comédie nostalgique de Giuseppe Tornatore (né en 1956), *Cinema Paradiso* (1988, ci-dessous), un réalisateur désabusé se rappelle comment il est tombé amoureux du septième art grâce à son amitié avec le projectionniste du village. La scène finale consiste en un touchant montage de tous les baisers que le curé du village avait coupé des films avant leur projection.

Krzysztof Kieslowski (1941-1996) présente une version cinématographique de deux films de la série intitulée *le Décalogue,* réalisée pour la télévision : *Tu ne tueras point* (voir p. 424) et *Brève Histoire d'amour* (tournés en 1988). Claude Lanzmann (né en 1925) signe ce qui est sans doute le film le plus marquant de la décennie, *Shoah* (1985), un documentaire poignant sur l'Holocauste. **M. S.**

1985	1986	1986	1988	1988	1989
Lasse Hallström (né en 1946) réalise *Ma vie de chien.* Avec *Sans toi ni loi.* Agnès Varda signe son meilleur film de la décennie.	C'est la fin d'une époque lorsque l'Academy Cinema, célèbre cinéma sur Oxford Street à Londres, ferme ses portes après avoir projeté nombre de films européens.	Theo Angelopoulos (né en 1935) ajoute un nouveau portrait obsédant à sa galerie d'études de personnages avec *l'Apiculteur.*	George Sluizer réalise l'inquiétant thriller franco-néerlandais *L'homme qui voulait savoir.*	*Ariel* confirme qu'Aki Kaurismaki (né en 1988) sait parfaitement comment rendre le mélange très finlandais d'humour pince-sans-rire et de mélancolie.	Patrice Leconte (né en 1947) signe un film policier insolite, *Monsieur Hire*, acclamé à sa sortie.

Méphisto 1981
Mephisto ISTVAN SZABO né en 1938

▲ L'acteur transforme sa vie en spectacle afin de plaire à ses protecteurs nazis.

▼ Sur l'affiche du film, Högfen (Brandauer) apparaît dans le rôle qui fit sa renommée.

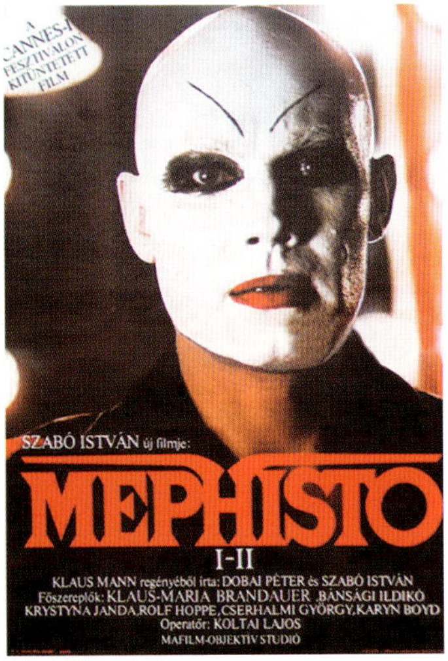

Ce film impressionnant (oscar du meilleur film étranger en 1982) est adapté d'un roman de Klaus Mann, qui s'est inspiré de la vie de Gustaf Gründgens, vedette de théâtre dans l'Allemagne des années 1930 au sommet de la célébrité pendant la période nazie. On se souvient de cet acteur pour son interprétation du criminel de génie dans *M le maudit* (1931, voir p. 82).

Hendrik Högfen (Klaus Maria Brandaeur), jeune talent ambitieux, devient célèbre grâce à son rôle de Méphistophélès. Il n'en continue pas moins à participer à des spectacles de cabaret gauchisants et à entretenir une maîtresse mulâtre (Karin Boyd). Hendrik ne soutient pas vraiment le régime nazi, mais il devient une sorte de figure de proue culturelle de la nouvelle Allemagne. Le long-métrage apparaît dans un premier temps comme un film assez traditionnel sur le monde du spectacle, retraçant l'ascension de Högfen, qui joue une incroyable variété de rôles sur scène. Plus tard, un équivalent grotesque et sinistre de ses débuts prend forme lorsque l'acteur se voit obligé de jouer tous ses rôles à la ville alors qu'il essaie de diriger un théâtre sans perdre la vie ou le peu d'intégrité qui lui reste. Ce n'est même pas l'ambition politique qui le pousse : l'une des faveurs dont il bénéficie est le meurtre d'un rival détesté, dans une scène qui influencera *Miller's Crossing* (1990), des frères Joel et Ethan Coen.

Istvan Szabo utilise son expérience du totalitarisme, ne laissant jamais Brandauer éclipser le reste du film. Les dernières scènes rapetissent l'acteur, qui semble minuscule au milieu du gigantesque décor mis en place pour le plus grand spectacle allemand des années 1930 : le congrès de Nuremberg. **K. N.**

LES SCÈNES PRINCIPALES

1 HITLER AVANT HITLER
Alors qu'il expose avec enthousiasme son projet d'un spectacle engagé devant des acteurs aux idées de gauche, l'intonation de Högfen et le style de son discours préfigurent Hitler, dans le sillage duquel il sera entraîné.

2 MÉPHISTO
C'est son rôle de Méphisto dans le *Faust* de Goethe qui fait la gloire de Högfen. Quand les spectateurs applaudissent, il fait un clin d'œil à sa partenaire, qui lui dit : « Le rôle de Méphisto est vraiment fait pour toi. » Il répond : « Tu dis ça sur un ton que je n'aime pas, Dora. »

3 LA CROIX GAMMÉE PREND DE L'IMPORTANCE
Une réception est organisée pour marquer le début des représentations d'un *Hamlet* où Högfen fait du héros un homme d'action. La grande vedette semble minuscule dans cette image dominée par les immenses croix gammées.

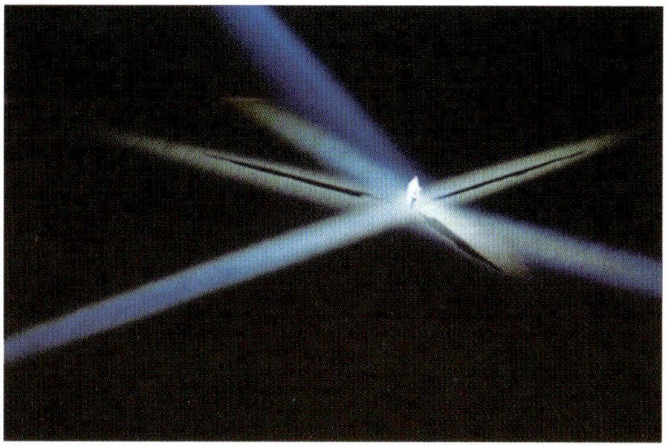

4 « C'EST DU THÉÂTRE ! »
Le protecteur de Högfen emmène son mignon à Nuremberg pour lui montrer l'endroit qui servira de scène à Hitler. Högfen se retrouve soudain insignifiant et apeuré, et demande : « Que veulent-ils de moi ? Après tout, je ne suis qu'un acteur. »

CINÉMA NAZI

Gustaf Gründgens ne fut pas le seul acteur à prospérer sous le régime nazi. Comparons les carrières des vedettes du *Cabinet du docteur Caligari* (1920, voir p. 44) : Conrad Veidt quitte l'Allemagne et revêt l'uniforme nazi dans *Casablanca* (1942, à droite) ; de son côté, Werner Krauss reste au pays et joue le rôle de l'ignoble rabbin dans *Jud Süss* (1940). Il manque aux films de la période nazie (voir p. 138) la verve du cinéma expérimental allemand. Fritz Lang (1890-1976) part pour Hollywood, alors que sa femme, l'écrivain Thea von Harbou, membre du parti nazi, reste en Allemagne. Hitler et Goebbels jugent le cinéma assez important pour accorder des fonds et de la main-d'œuvre à des projets tels que *Titanic* (1943), qui explique la catastrophe par des défauts inhérents au tempérament des Anglais.

Tu ne tueras point 1988
Krótki film o zabijaniu KRZYSZTOF KIESLOWSKI 1941-1996

▲ Le film met en parallèle le meurtre commis par un paumé et la peine capitale.

▼ L'affiche reflète bien l'esprit du film, qui traite sans concession de l'acte de tuer.

Ce film de Krzysztof Kieslowski eut un impact immédiat sur le débat sur la peine de mort qui avait alors lieu en Pologne. Le réalisateur affirme que c'est l'effet du hasard, qu'il n'avait aucune intention de faire un film polémique quand il a décidé de transformer en long-métrage l'un des téléfilms de la série *le Décalogue*. Pourtant, ce film percutant, dont le personnage principal est un jeune délinquant de Varsovie qui tue un chauffeur de taxi et est finalement tué par l'État, touche un point sensible. En 1989, un an après la sortie du film, le nouveau gouvernement suspend les exécutions durant dix années.

La carrière de Kieslowski se divise en deux périodes. Lors de la période communiste, ses meilleurs films ont avant tout une dimension documentaire. La devise du réalisateur est simple : « Toute vie vaut la peine d'être observée. » Dans la seconde partie de sa carrière, il fait des films qui, comme *la Double Vie de Véronique* (1990), explorent la vie émotionnelle du protagoniste en adoptant ce que le cinéaste Andrzej Wajda a appelé « une approche psychologique et métaphysique de la vie contemporaine ».

Dans *Tu ne tueras point*, le réalisateur fait preuve de la même attention aux détails que dans ses documentaires. Le meurtre du chauffeur de taxi et la pendaison de Jacek sont filmés avec une froideur scientifique. Quand la machine étatique se met en marche pour neutraliser Jacek, l'approche est tout aussi clinique et Kieslowski montre tous les détails du macabre spectacle que constitue la peine capitale. La banalité des événements décrits, ainsi que leur caractère aléatoire, est particulièrement déstabilisante pour le spectateur. **G. M.**

LES SCÈNES PRINCIPALES

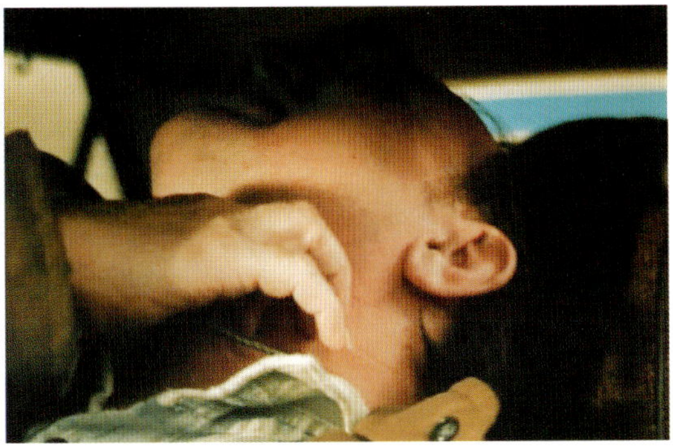

1 LA STRANGULATION
Les roues patinent dans la boue, le klaxon fait un bruit assourdissant. En se débattant, le chauffeur de taxi perd ses chaussures et ses chaussettes. Il survit, mais est achevé à coups de pierre. Kieslowski ne nous épargne aucun détail de ce meurtre particulièrement brutal.

2 « VOUS ÊTES TROP SENSIBLE POUR CE MÉTIER »
L'avocat idéaliste qui a défendu Jacek est dévasté lorsque son client est condamné à mort. Il se demande s'il aurait pu s'y prendre autrement, mais le juge affirme que le verdict était inévitable.

3 LA ROUTINE DU BOURREAU
Quand il arrive au travail, le bourreau accomplit des gestes de toute évidence coutumiers. Il enlève sa veste, vérifie le nœud coulant, place une cuvette en plastique sous la trappe. Le film montre tous les détails de cet étrange rituel qu'est une exécution officielle.

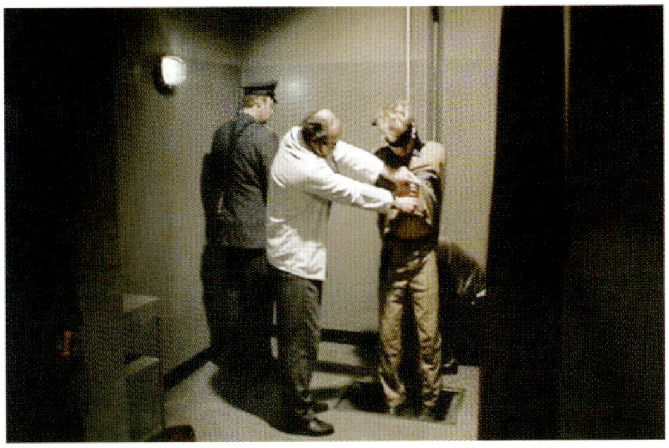

4 LA MORT EN MARCHE
Avant d'être pendu, Jacek a droit à une dernière cigarette. Il se débat un peu. On lui bande les yeux et on le traîne jusqu'à la corde. L'exécution est accomplie aussi froidement que le meurtre absurde du chauffeur de taxi.

LE RÉALISATEUR

1941-1969
Krzysztof Kieslowski naît à Varsovie, en Pologne. Son père, ingénieur, souffre de la tuberculose et la famille manque d'argent. De 1964 à 1968, il étudie à l'école de cinéma de Lodz. « Cette école m'a appris à regarder le monde », affirmera-t-il plus tard. Le film qu'il tourne pour son examen de sortie s'intitule *De la ville de Lodz* (1968).

1970-1978
Dans les années 1970, il tourne plusieurs documentaires et drames documentaires qui s'intéressent à tous les aspects de la vie en Pologne, notamment *le Maçon* (1973). *La Cicatrice* (1976) est son premier film de fiction.

1979-1990
Kieslowski réalise une série de films, dont *l'Amateur* (1979) et *Sans fin* (1985), qui mettent en lumière les tensions politiques et sociales de la Pologne communiste. Il signe *le Décalogue*, série de dix téléfilms qui ont chacun à voir avec l'un des Dix Commandements. Il assoit sa réputation internationale grâce à la version cinématographique de deux de ces téléfilms : *Tu ne tueras point* et *Brève Histoire d'amour* (1988).

1991-1994
La Double Vie de Véronique, premier de ses films qui bénéficie d'un financement international, est un succès retentissant au Festival de Cannes de 1991. Il décroche le prix de la critique et Irène Jacob remporte le prix d'interprétation féminine. Kieslowski co-écrit avec Krzysztof Piesiewicz la trilogie intitulée *Trois Couleurs* (*Bleu* en 1993, *Blanc* et *Rouge* en 1994), qui explore le symbolisme des couleurs du drapeau français. Après cette trilogie acclamée par la critique, le réalisateur annonce qu'il prend sa retraite en tant que réalisateur.

1995-1996
Kieslowski meurt avant d'avoir eu le temps de terminer sa nouvelle trilogie, qui sera achevée par trois autres réalisateurs. Elle se compose de *Heaven* (2002), *l'Enfer* (2005) et *Nadzieja* (littéralement, « espoir », 2007).

LE CINÉMA CANADIEN

Les Canadiens doivent passer un certain temps à faire comprendre, patiemment, qu'ils ne sont pas américains. Les films canadiens, dans lesquels Toronto est souvent l'équivalent de New York, restent difficiles à distinguer de leurs homologues américains. C'est peut-être ce qui explique pourquoi les réalisateurs canadiens prennent un soin tout particulier à tourner des films qui se démarquent des succès hollywoodiens. Même ceux qui ont pu être amenés à tourner dans les studios de Los Angeles, comme David Cronenberg (né en 1943), résistent à l'assimilation et continuent à faire des films résolument identifiables et l'œuvre d'auteurs canadiens comme Denys Arcand (né en 1941), Guy Maddin (né en 1956) et Atom Egoyan (né en 1960) reste fièrement personnel.

David Cronenberg débute avec des films underground sans budget, puis transporte sa thématique du body-horror (« corps abject ») dans une œuvre plus grand public, son premier succès, *Frissons* (1975). Tout comme dans *Vidéodrome* (1983, ci-dessus), son thème de prédilection, les parasites et autres éléments qui envahissent le corps et le poussent à l'autodestruction, est une métaphore de la dégradation psychologique et sociale. Dans les années 1980, il voit ses budgets augmenter, et parallèlement la sophistication technique et narrative de ses films, qui culmine dans sa récriture d'une téléportation ratée dans *la Mouche* (1986, voir p. 430), l'un des rares remakes qui ont totalement oblitéré l'original, ainsi que dans *Faux-semblants* (1988), dans lequel Jeremy Irons joue à merveille le double rôle de gynécologues jumeaux sujets à des obsessions de plus en plus bizarres.

REPÈRES

1968	1971	1972	1974	1975	1976
Le gouvernement canadien crée la Canadian Film Development Corporation.	*Mon oncle Antoine* remporte moult récompenses. Ce film dépeint la vie d'une ville minière au Québec dans les années 1940, perçue par un jeune garçon.	Denys Arcand tourne son premier long-métrage, le thriller typiquement québécois intitulé *la Maudite Galette.*	Le réalisateur Ted Kotcheff, né en 1931 au Canada, rentre au pays pour tourner *l'Apprentissage de Duddy Kravitz*, qui remporte l'ours d'Or à Berlin.	David Cronenberg signe son premier succès, le film d'horreur *Frissons.*	Le Festival international du film de Toronto a lieu pour la première fois.

Atom Egoyan débute aussi sa carrière avec de petits films expérimentaux et entre progressivement dans le cinéma grand public. Dans les années 1980, il tourne une série de films qui s'inspirent de son expérience personnelle d'Arméno-Canadien à l'histoire familiale compliquée, dont *Peep Show* (1981) et *Family Viewing* (1987, à gauche), et qui traitent des questions d'identité ethnique, de familles brisées, d'aliénation, de perte et de mort. Associée à ces thèmes, on trouve une fascination pour le rôle des médias visuels dans le monde moderne. Ses personnages font un usage obsessionnel de la pellicule et de la vidéo pour remodeler la réalité en fonction de leurs aspirations, l'identité devenant ainsi une mascarade. Comme Egoyan le dit lui-même : « Mes films visent à déstabiliser le spectateur. J'adore ça. »

Contrairement à Cronenberg et à Egoyan, Guy Maddin montre peu d'intérêt pour les films grand public. Son premier opus, *Tales from the Gimli Hospital* (1988), est un défi au spectateur à force d'étrangeté. Il s'agit d'un pastiche de film muet aux dialogues minimalistes, plein de ruptures narratives et de fausses pistes qui déconcertent le spectateur. Depuis, il suit une trajectoire d'une constance remarquable, en faisant des films confidentiels pour initiés.

Les réalisateurs québécois se démarquent linguistiquement de leurs homologues américains, tandis que la distance géographique et stylistique qui les sépare de leurs cousins européens les protège de l'absorption par le cinéma francophone. Denys Arcand, le réalisateur québécois le plus connu à l'étranger, débute sa carrière avec des courts-métrages documentaires pour l'Office national du film canadien (ONF), mais ses convictions politiques radicales et indépendantes compliquent ses rapports avec les producteurs. Ses trois premiers longs-métrages, dont *Gina* (1975), utilisent le genre du thriller pour explorer des thèmes politiques, mais ses opinions suscitent la méfiance et le privent de financement dans les années suivantes. Il rebondit avec classe grâce à son film intitulé *le Déclin de l'empire américain* (1986, voir p. 428), nominé aux oscars, tout comme son film suivant, *Jésus de Montréal* (1989, ci-contre), fable ironique sur un acteur qui incarne le Christ et se laisse déborder par le rôle.

Arcand est trop sceptique pour épouser la cause indépendantiste du Québec. Son contemporain Jean-Pierre Lefebvre (né en 1941) est plus proche des revendications séparatistes, sans tomber dans le prosélytisme. Il utilise dans ses films des techniques nouvelles, souvent d'avant-garde, pour explorer l'histoire et la culture québécoises. Le film le plus remarqué de sa carrière est *Le vieux pays où Rimbaud est mort* (1977), une réflexion sur la France vue du Canada.

Le déclin le plus triste du cinéma canadien est sans doute celui de Claude Jutra (1930-86). En 1971, il dirige *Mon oncle Antoine*, qui reçoit une foison de récompenses, dont le titre de meilleur film canadien de tous les temps, en 1984. Ses films suivants sont jugés décevants et, au milieu des années 1980, il apprend qu'il souffre de la maladie d'Alzheimer. Il disparaît un jour de novembre 1986 et, lorsque le Saint-Laurent dégèle en avril 1987, on retrouve son corps noyé. **P. K.**

1 Directeur des programmes d'une chaîne du câble, le malsain Max Renn (James Woods) n'est pas insensible aux charmes de la psychiatre sado-masochiste jouée par Debbie Harry dans *Vidéodrome*.

2 Dans l'allégorie subtile de Denys Arcand *Jésus de Montréal*, Daniel (Lothaire Bluteau) répond à la question : à quoi ressemblerait Jésus s'il revenait aujourd'hui ?

3 La technologie vidéo fait planer une ombre sur la vie de famille moderne dans le *Family Viewing* d'Atom Egoyan.

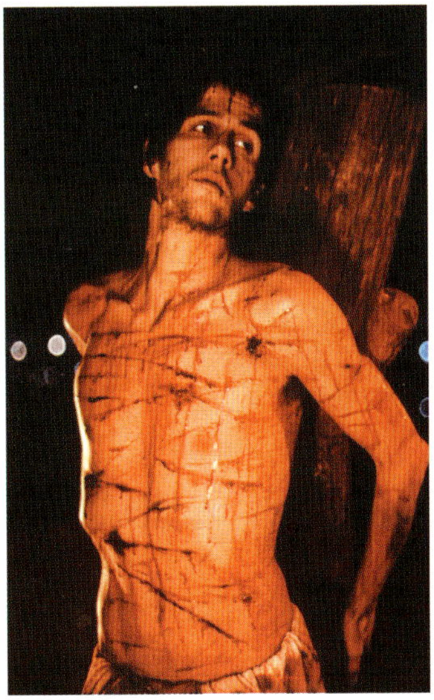

1977	1984	1986	1987	1988	1989
Jean-Pierre Lefebvre tourne *le Vieux pays où Rimbaud est mort.*	Atom Egoyan tourne le drame d'une famille arménienne dans *Proches Parents.*	*Le Déclin de l'empire américain* (voir p. 428) remporte le prix du jury à Cannes et est nominé aux oscars dans la catégorie meilleur film étranger.	Patricia Rozema (née en 1958) tourne son premier long-métrage, *le Chant des sirènes*, qui remporte le prix de la jeunesse à Cannes.	Kyle McCulloch joue le premier rôle dans le film de Guy Maddin, *Tales from the Gimli Hospital.*	*Speaking Parts* fournit un exemple de l'enchevêtrement des relations qui caractérise les films d'Atom Egoyan.

Le Déclin de l'empire américain 1986

DENYS ARCAND né en 1941

▲ Mario (Gabriel Arcand) ne cache pas ce qu'il pense du groupe d'intellos.

▼ Les personnages qui apparaissent sur l'affiche du film montrent clairement ce qu'ils ont en tête.

Premier succès international du cinéaste québécois Denys Arcand, *le Déclin de l'empire américain* est une étude sarcastique des comportements sexuels, qui explore une situation où on en parle beaucoup (de sexe) mais on n'agit guère. Quatre intellectuels franco-canadiens préparent un repas gastronomique tout en parlant de sexe. De leur côté, leurs invitées se rendent dans un centre sportif en ville… et parlent de sexe.

Rémy est marié à Louise mais a couché avec une ribambelle de femmes, y compris la plupart de celles qui sont présentes. Pierre est en couple avec une femme beaucoup plus jeune que lui, Danielle, encontrée dans un institut de massage « spécialisé ». Claude est gay, il a de nombreuses aventures et redoute le sida. Dominique, la plus âgée, finit au lit avec le plus jeune des hommes, Alain. Quant à Diane, elle couche avec un homme dans le genre « voyou », Mario, qui ne cache pas son mépris pour ces petits bourgeois qui passent leur temps à discuter.

Dominique se demande si « la poursuite effrénée du bonheur individuel » est liée au déclin de l'empire américain. C'est là le sujet que le film explore sur le mode ironique. Tous les personnages semblent vouloir trouver à tout prix le bonheur, et pourtant tous sont insatisfaits et toutes leurs relations sont des échecs. Arcand fait comprendre que c'est une conséquence inévitable d'une société qui place le plaisir sexuel au-dessus de toute autre valeur. Le film est à la fois sombre et amusant. On est fasciné par le spectacle qu'offrent les personnages. Et ils passent parfois par des moments déstabilisants, où ils voient plus clairement ce qu'ils sont. **P. K.**

LES SCÈNES PRINCIPALES

1 LA PHILOSOPHIE DE RÉMY
Rémy (Rémy Girard) explique sa conception du sexe : « Le mensonge est la base de la vie amoureuse, comme c'est le ciment de la vie sociale. » Le film s'attarde sur des discours éloquents qui révèlent les abîmes émotionnels dissimulés derrière les mots.

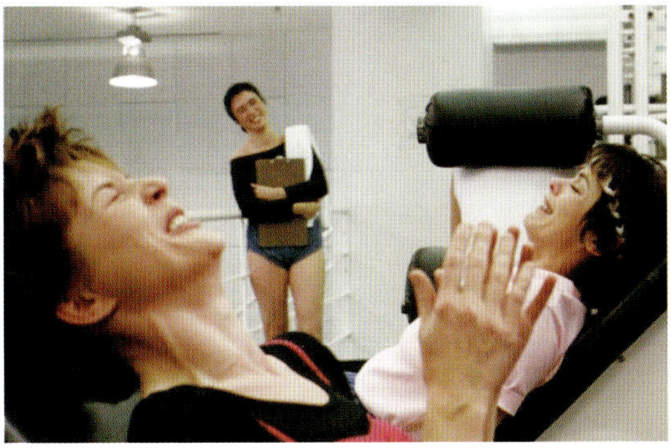

2 ÉCHANGISME
Les femmes relatent leurs exploits sexuels. Louise (Dorothée Berryman) raconte une soirée où les hommes ont échangé leurs épouses. Ce ne sont pas les événements mais les dialogues – spirituels, érudits – qui font la force du film d'Arcand.

3 LE MÉPRIS DE MARIO
L'amant de Diane, Mario (Gabriel Arcand), n'est pas dans son élément : « J'en ai ras le bol. C'est chiant. Tout ce que vous faites, c'est discuter. Moi, quand je suis excité, je baise. » La conversation est filmée comme une bataille, en champ et contrechamp.

4 LOUISE APPREND LA VÉRITÉ
Dominique (Dominique Michel) ne sait pas que Louise écoute quand elle parle de Rémy, le mari de Louise, en ces termes : « Il s'est envoyé tout Montréal. Toutes les femmes baisables à son bureau, y compris les secrétaires. Il m'a dit qu'il avait même sauté la sœur de Louise. »

LE RÉALISATEUR

1941-1971
Denys Arcand naît au Québec. Il est élève dans une école jésuite de Montréal avant de devenir étudiant à l'université de Montréal. Il travaille pour le magazine littéraire séparatiste *Parti pris* et devient en 1963 membre de l'Office national du film canadien (ONF), avec lequel il réalise des films documentaires. *On est au coton* (1976), qui traite des conditions de travail des ouvriers de l'industrie textile et sa dimension critique, déplaît tellement à l'ONF qu'il est banni six ans des écrans.

1972-1985
En 1972, il réalise sa première œuvre de fiction, *la Maudite Galette*, qui sera suivie par *Réjeanne Padovani* (1973) et *Gina* (1975), des thrillers aux accents politiques qui le font tomber en disgrâce. Il signe aussi des programmes et des publicités pour la télévision. En 1981, il réalise un documentaire intitulé *le Confort et l'indifférence*.

1986-1993
Il se fait un nom sur la scène internationale grâce au *Déclin de l'empire américain*, qui reste à ce jour le plus rentable des films canadiens. Il est nominé aux oscars en 1987 et *Jésus de Montréal* (1989) l'est deux ans plus tard. Bien que traitant de thèmes similaires à ceux du *Déclin de l'empire américain*, son premier long-métrage en anglais, *De l'amour et des restes humains* (1993), est un échec commercial et ne trouve pas non plus grâce aux yeux des critiques.

de 1994 à nos jours
En 1999, Arcand tourne *15 moments*, film sur les médias et le culte de la célébrité qui relate l'ascension et la chute d'un top-modèle. Une version plus longue sort en 2000 sous le titre *Stardom*. *Les Invasions barbares* (2003) sont la suite du *Déclin de l'empire américain* et réunissent les mêmes personnages (et acteurs). Il gagne de nombreux prix, notamment à Cannes, et l'oscar du meilleur film étranger. Le long-métrage suivant, *l'Âge des ténèbres* (2007) est moins bien accueilli. Dans les films qui suivent, Arcand continue à examiner la vie politique et sociale franco-canadienne avec malice et perspicacité.

La Mouche 1986

The Fly DAVID CRONENBERG né en 1943

▲ Seth Brundle (Jeff Goldblum) avant sa transformation en insecte.

▼ La peur sera au rendez-vous.

Parmi les films de science-fiction qui se prêtent à un « remake », peu ont autant de potentiel que *la Mouche noire,* réalisée en 1958 par Kurt Neumann (1908-1958). C'est un film mémorable, qui mériterait d'être considéré comme un classique... mais ce n'est pas vraiment un bon film. La transformation que lui fait subir David Cronenberg est cohérente avec les questions complexes sur le corps et l'esprit qu'il a posées dans ses films précédents. Seth Brundle (Jeff Goldblum), scientifique qui invente la téléportation pour en finir avec le mal des transports, ne voit pas qu'une mouche est entrée dans sa cabine de téléportation. Au terme de l'expérience, il a dans le corps des molécules appartenant à l'insecte. Contrairement à la version précédente, il ne se transforme pas en monstre à tête de mouche, mais en une sorte de version améliorée de lui-même. Après avoir montré ses nouveaux talents de gymnaste, d'athlète du sexe et de champion de bras de fer, il se métamorphose petit à petit, se décompose, et perd toute humanité tandis qu'il explore sa nouvelle identité, celle de Brundlefly (« Brundlemouche »).

Comme la plupart des films d'horreur de Cronenberg, *la Mouche* peut se lire comme une métaphore renvoyant à la maladie et à la mort, qui aboutit à une acceptation du fait que la chair est périssable. Un Brundle méconnaissable finit par se laisser tuer par celle qu'il aime, Veronica Quaife (Geena Davis).

Il s'agit d'un film intimiste, qui ne compte que trois personnages et un décor principal, structuré et réalisé avec une grande rigueur. Il est à la fois drôle, poignant et effroyable. **K. N.**

LES SCÈNES PRINCIPALES

1 L'INTRUSE
« Une mouche s'est introduite dans la cabine émettrice la première fois... La machine nous a accouplés, moi et la mouche. Nous n'avions même pas été présentés. » Comme dans la plupart de ses films, Cronenberg mêle légèreté et horreurs répugnantes.

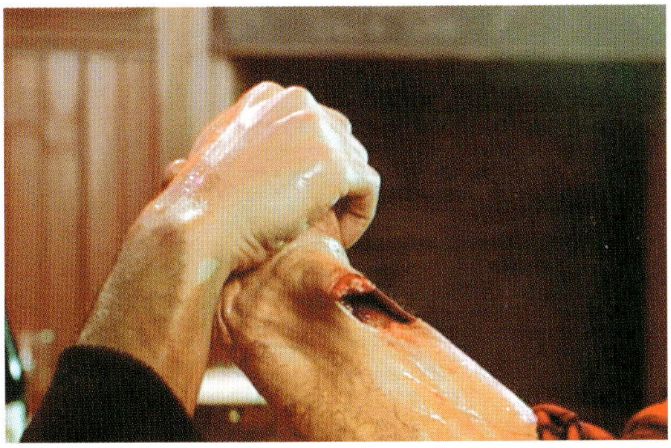

2 NE DÉFIEZ JAMAIS UNE MOUCHE
Devenu plus fort et plus dangereux, Seth défie un champion de bras de fer et lui casse net le poignet. Ce film, la plus grosse production de Cronenberg, est une sorte de vitrine pour les effets spéciaux et visuels de Chris Walas, qui signera d'ailleurs *la Mouche 2*.

3 UNE CRÉATURE HYBRIDE
On voit apparaître les traits caractéristiques de la mouche chez Seth, devenu mi-homme, mi-insecte. Sur une vidéo, il montre comment mange Brundlefly (le nom qu'il s'est donné), en vomissant du liquide gastrique sur un beignet.

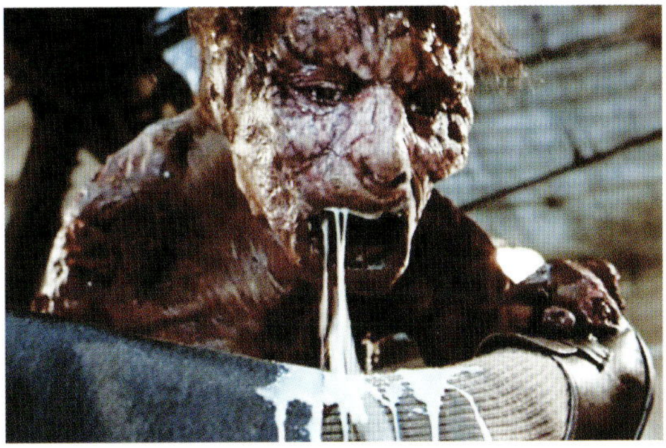

4 UN BRAS ET UNE JAMBE
L'ex-petit ami de Veronica, Borans (John Getz), essaie de la faire sortir du labo où Brundlefly fait tout pour la persuader de garder leur enfant. Brundlefly vomit du liquide gastrique sur le pied et la main de Borans. La métamorphose en monstre sera bientôt totale.

LE RÉALISATEUR

1943-1974
David Cronenberg est né à Toronto. Il étudie les sciences, puis la littérature à l'université de Toronto. Il réalise les courts-métrages d'art et d'essai expérimentaux intitulés *Transfer* (1966) et *From the Drain* (1967). Il signe également deux films canadiens d'avant-garde contenant des éléments de science-fiction : *Stereo* (1969) et *Crimes of the Future* (1970). Il réalise des documentaires sur le thème de l'art pour la télévision canadienne, ainsi que des épisodes de séries à succès.

1975-1981
C'est en 1975, toujours à Toronto, qu'il commence à faire des films d'horreur bien ficelés et perturbants : *Frissons* (1975), puis *Rage* (1977), *Chromosome 3* (1979) et *Scanners* (1981). Ils lui valent d'être considéré comme le maître du film d'horreur abject.

1982-1990
Durant cette période, il travaille sur une série de projets variés : le très personnel et étrange *Vidéodrome* (1983) ; l'adaptation commerciale de *Dead Zone* (1983) de Stephen King, le remake *la Mouche* ; et enfin le psychodrame criminel *Faux-semblants*, où Jeremy Irons joue les rôles de jumeaux gynécologues.

de 1991 à nos jours
Cronenberg se fait une spécialité des adaptations de livres « inadaptables », dont *le Festin nu* (1991), de William Burroughs, et *Crash* (1996), de J. G. Ballard. Ce dernier suscite la polémique à sa sortie, mais se voit récompenser du prix spécial du jury à Cannes. Si l'on excepte EXistenZ (1999), dont il a lui-même écrit le script, Cronenberg tend maintenant à travailler à partir des textes des autres : il adapte notamment le roman de Patrick McGrath, *Spider* (2002), la bande dessinée policière A *History of Violence* (2005, voir p. 552), ainsi qu'une pièce de Christopher Hampton sous le titre *A Dangerous Method* (2011). Il tourne de plus en plus souvent en Angleterre, notamment *Promesses de l'ombre* (2007), qui met en scène l'un de ses acteurs fétiches, Viggo Mortensen. Cependant Cronenberg reste un réalisateur résolument canadien et préfère tourner ses films sur sa terre natale.

LE CINÉMA CHINOIS

1

2

3

1 Le faussaire mielleux Mark Gor (Chow Yun-Fat) s'allume une cigarette dans *le Syndicat du crime.*

2 L'affiche du thriller urbain *le Terroriste,* signé Edward Yang. Le film remporte un léopard d'argent au Festival de Locarno.

3 Les couleurs riches et intenses sont une caractéristique du *Sorgho rouge,* de Zhang Yimou, une parabole exotique.

En 1976, la Révolution culturelle s'achève avec la mort de Mao. Personne ne pouvait prévoir qu'avant la fin des années 1980 la Chine produirait certains des films les plus originaux et les plus acclamés du monde. La réouverture de l'Institut du cinéma de Beijing est la première étape, et avant même que les étudiants de la première vague n'aient leurs diplômes, ceux de la Cinquième Génération de cinéastes se préparent à révolutionner le cinéma chinois.

Pendant ce temps, la Quatrième Génération de réalisateurs est déjà en train de réévaluer le passé mouvementé de la Chine. Xie Jin (1923-2008) traite sur le mode mélodramatique les persécutions politiques de la Révolution culturelle dans *la Légende des monts Tianyun* (1980). Ces cinéastes optent pour une forme plus novatrice, créant un réalisme d'un nouveau genre. Zhang Nuanxing (1941-1995), par exemple, adopte un style proche de celui du documentaire dans *Sha Ou* (1981). La Quatrième Génération s'intéresse aussi à des sujets contemporains. Dans *Une fille de Hunan* (1986), Xie Fei (né en 1942) montre la persistance du mariage traditionnel dans les régions rurales.

Enseignant à l'Institut du cinéma de Beijing, les réalisateurs de la Quatrième Génération influencent la génération suivante. Selon Zhang Yinjiang : « Comme leurs prédécesseurs, les membres de la Cinquième Génération évitent tout ce qui est spectaculaire ou engagé, mais ils vont plus loin en limitant au minimum les dialogues et la musique, tout en multipliant les ambiguïtés dans la narration et la peinture des personnages. Ils veulent montrer et non dire ce qui se passe. »

REPÈRES

1976	1978	1980	1981	1982	1983
Mao meurt et c'est la fin de la Révolution culturelle.	L'Institut du cinéma de Beijing, qui avait été fermé pendant la Révolution culturelle, accueille sa première promotion de nouveaux étudiants.	Xie Jin, qui a connu la prison pendant la Révolution culturelle, explore l'oppression qui a marqué cette période dans *la Légende des monts Tianyun.*	*Sha Ou,* de Zhang Nuanxing, est un exemple du style presque documentaire de la Quatrième Génération.	La première promotion post-Révolution culturelle achève ses études à l'Institut du cinéma de Beijing.	Le cinéaste taïwanais Hous Hsiao-hsien trouve le style qui le caractérisera dans *les Garçons de Fengkuei.*

Cette nouvelle approche émerge surtout des studios de province. Chen Kaige (né en 1952) fait ses débuts, en 1985, avec un film visuellement impressionnant, *Terre jaune* (voir p. 434), qu'il tourne loin de la capitale, dans les studios Guangxi, près de la frontière vietnamienne. Après avoir été directeur de la photographie pour les films de Chen, Zhang Yimou (né en 1951) fait ses premiers pas en tant que réalisateur avec *le Sorgho rouge* (1987), un film qui transporte le spectateur dans la Chine d'avant la guerre civile. Dans ce film comme dans les suivants, Zhang met en vedette son actrice fétiche, Gong Li, dont le jeu est d'une intensité remarquable, et il exploite le symbolisme complexe de la couleur rouge, couleur du feu et du sang, mais qui est traditionnellement associée au bonheur en Chine.

Cependant, le communisme ne règne pas en maître sur tout le monde sinophone. De l'autre côté du détroit, l'île capitaliste de Taïwan connaît aussi un renouveau cinématographique avec l'émergence d'un cinéma d'art et d'essai spécifiquement taïwanais. Le chef de file de cette renaissance se nomme Hou Hsiao-hsien (né en 1947), dont les films contiennent des plans longs et des plans d'ensemble qui rappellent le cinéma chinois classique. Son œuvre la plus importante est probablement sa trilogie taïwanaise, qui commence avec *la Cité des douleurs* (1989, voir p. 436). L'autre réalisateur majeur de la Nouvelle Vague taïwanaise est Edward Yang (1947-2007), qui, dans *le Terroriste* (1986, à droite), se livre à une exploration fascinante de l'aliénation urbaine.

John Woo (né en 1946) change la face du cinéma hongkongais avec son thriller *le Syndicat du crime* (1986, à gauche), qui aura une profonde influence sur le cinéma international. Cette fable froide et stylisée, qui a pour personnages principaux deux frères en conflit (policier et gangster), insuffle une nouvelle vie à la carrière de Chow Yun-Fat et bat les records d'entrées à Hong Kong. **A. J.**

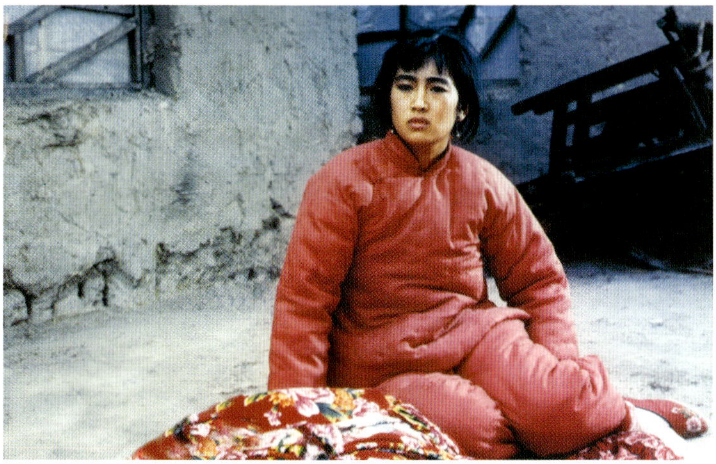

1983	1985	1985	1986	1989	1990
Les premiers films de la Cinquième Génération, par exemple *Yi ge he ba*, de Zheng Junzhao, sont tournés dans des studios de province.	*Un été chez grand-père*, de Hou Hsiao-hsien, est encensé dans les festivals internationaux de cinéma.	Edward Yang réalise *Taipei Story*.	*La Ville aux hibiscus*, de Xie Jin, sort dans les salles.	Hou Hsiao-hsien réalise le premier volet de sa trilogie taïwanaise, *la Cité des douleurs* (voir p. 436). La place Tienanmen à Beijing est le cadre de manifestations et du célèbre massacre.	Le petit bijou visuel de Zhang Yimou *Joudou* peut être interprété comme une réponse codée aux atrocités commises l'année précédente.

Terre jaune 1985
Huang tu di CHEN KAIGE né en 1952

▲ *Terre jaune* privilégie l'histoire individuelle à la grande Histoire sociale et politique.

▼ Les principaux personnages de l'histoire.

Dans les années 1930, l'Armée rouge communiste de Mao entame sa Longue marche à travers la Chine pour atteindre, au nord, le refuge inaccessible de Yan'an dans la province de Shaanxi, base à partir de laquelle l'Armée rouge parviendra à conquérir le pays. Ces événements forment la toile de fond historique de *Terre jaune*, l'histoire d'un soldat communiste, Gu Qing (Xuegi Wang), envoyé en 1939 dans une région fermière non loin de Yan'an afin de recueillir des chansons traditionnelles qui seront récrites pour donner du courage aux troupes. Chen Kaige et Zhang Yimou, réalisateur et directeur de la photographie, rendent avec brio la beauté et la rudesse du paysage et explorent les habitudes de vie de cette région sans condescendance ni sentimentalité. Les chansons traditionnelles plaintives qui ponctuent le récit en disent long sur la vie des pauvres à la campagne, mais leurs coutumes sont filmées avec tant de sensualité et acquièrent une telle beauté que *Terre jaune* devient une sorte d'hommage. Il n'est pas étonnant que le soldat communiste essaie de rallier la culture traditionnelle de la Chine à la cause qu'il défend. Chen et Zhang ont vécu la Révolution culturelle, qui a cherché à détruire cette culture. Ils expriment l'espoir que politique progressiste et tradition ne s'excluent pas.

Patient et généreux, le soldat communiste est indéniablement le héros, mais le personnage qui touche le cœur du spectateur, c'est Cuiqiao (Bai Xue), la fille du fermier dont l'amour secret pour le soldat est lié à son rêve de liberté, impossible dans la communauté rurale à laquelle elle appartient. Le fatalisme de la fin du film suggère que les solutions politiques n'arrangent rien. **A. J.**

LES SCÈNES PRINCIPALES

1 LE MARIAGE
Une procession nuptiale avance dans les collines, formant une ligne de petits points rouge et noir sur fond de terre verte et brune.

2 LA DISCUSSION
Cuiqiao voit Gu Qing coudre et lui demande si les hommes peuvent coudre eux aussi. Il lui répond que dans l'armée communiste les femmes labourent la terre et se battent contre les Japonais. Ciuqiao rêve de la liberté décrite par Gu Qing.

3 LA SÉPARATION
Gu Qing rencontre Cuiqiao, qui l'implore de l'emmener avec lui. Il lui dit qu'elle doit être acceptée au parti et lui promet qu'il viendra bientôt la rechercher. Le film critique indirectement la règle stricte du parti qui empêche Cuiqiao de se lancer dans la lutte avec lui.

4 LA DANSE DE LA PLUIE
Les fermiers de la région prient le dieu païen Dragon King pour qu'il pleuve. Gu Qing revient comme promis chercher Ciuqiao au village. Il arrive trop tard, cependant, car elle s'est noyée en essayant de traverser le fleuve Jaune pour atteindre le camp des communistes.

LE RÉALISATEUR

1952-1985
Chen Kaige naît à Beijing. Il a pour père le réalisateur Chen Huaiai (né en 1912). Adolescent pendant la Révolution culturelle, il devient garde rouge et dénonce son père. Après avoir obtenu son diplôme à l'Institut du cinéma de Beijing en 1982 – avec d'autres de la Cinquième Génération –, il fait une entrée remarquée dans le monde du cinéma avec *Terre jaune*, qui obtient plusieurs récompenses.

1986-1991
Il élargit sa palette dans les films qu'il signe à cette époque. *La Grande Parade* (1986) a pour protagonistes des cadets de l'armée qui s'entraînent pour le défilé de la fête nationale. Le héros du *Roi des enfants* (1986) est un jeune homme qui devient instituteur dans un village isolé après avoir été exilé à Yu'nan pendant la Révolution culturelle. *La Vie sur un fil* (1991) dépeint les relations entre un vieux musicien aveugle et son élève.

1992-1999
Le plus connu de tous les films de Chen en Occident, *Adieu ma concubine* (1993), a pour sujet les relations tendues entre deux stars de l'opéra de Pékin. Le film marque un passage d'un cinéma d'art et d'essai « discret » au mode de l'épopée. Il est nominé pour deux oscars et partage la palme d'or à Cannes en 1993. Les acteurs principaux, Leslie Cheung et Gong Li, sont à nouveau réunis dans un film en costume qui aura moins de succès, *Temptress Moon* (1996). Chen continue dans la veine épique avec *l'Empereur et l'Assassin* (1998), qui raconte l'histoire de Qin Shi Huang, l'homme qui unifia la Chine.

de 2000 à nos jours
Le premier film en anglais de Chen, *Feu de glace* (2002), est un thriller érotique qui a pour cadre la Grande-Bretagne et met en vedette Heather Graham et Joseph Fiennes. En 2002, il réalise *l'Enfant au violon*, film qui a pour héros un petit prodige du violon. De retour en Chine, il opte pour un cinéma plus commercial avec le film d'arts martiaux *Wu ji, la légende des cavaliers du vent* (2005). En 2008, il signe *Meï Lanfang*, film biographique sur le plus grand chanteur d'opéra chinois.

La Cité des douleurs 1989

Bei qing cheng shi HOU HSIAO-HSIEN né en 1947

▲ Wen-ching et sa famille s'apprêtent à affronter le monde qui s'ouvre devant eux.

▼ L'affiche met en relief les difficultés que traverse la famille.

Hou Hsiao-hsien est une figure majeure de la Nouvelle Vague taïwanaise, une déferlante de films engagés et innovants qui naît à la fin d'une période de trente-huit années durant lesquelles la Chine a imposé la loi martiale à Taïwan et a fait taire toute opposition politique.

La Cité des douleurs livre une vision impressionniste et esthétique des événements qui ont eu lieu à Taïwan entre 1945 et 1949, à une époque où l'identité nationale taïwanaise était en pleine mutation. Cinquante ans d'occupation japonaise se terminent avec la capitulation du Japon à la fin de la Seconde Guerre mondiale. L'île de Taïwan est alors cédée au parti nationaliste chinois, qui met rapidement fin à tout espoir d'autonomie culturelle.

Dans ce film, où la marche tragique de l'histoire transparaît dans la vie d'individus fragiles, la caméra de Hou change souvent de perspective, passe d'un personnage à un autre, d'un moment à un autre, et relate ainsi la vie de différents membres d'une famille élargie. Le film se centre principalement sur les quatre frères : l'aîné, Wen-heung (Chen Sown-yung), qui ouvre une maison de jeux appelée Le Petit Shanghaï pour accueillir les nouveaux occupants de l'île ; Wen-leung (Jack Kao), soldat traumatisé qui s'aventure dans le monde du crime organisé ; Wen-su (qui n'apparaît jamais à l'écran), médecin de renom qui a disparu lors de manœuvres aux Philippines ; et enfin Wen-ching (Tony Lueng), le personnage principal, un photographe sourd-muet dont la tendre histoire d'amour avec Hinomi (Hsi Shu-fen) passe par des messages écrits et met en relief le thème principal du film : la difficulté à communiquer. **D. J.**

LES SCÈNES PRINCIPALES

1 NAISSANCE D'UNE NATION
Wen-heung prie pour l'enfant qui doit bientôt naître, son fils. À la radio, l'empereur Hirohito annonce la capitulation. Hou met en relief la notion de famille et montre que les Taïwanais ordinaires ne se sentent guère concernés par les événements politiques.

2 « DIE LORELEI »
Wen-ching noue un lien avec Hinomi lorsqu'il met le disque d'une chanson allemande traditionnelle, *Die Lorelei.* Il raconte des souvenirs du temps où il entendait encore. Il se rappelle que, enfant, il a imité un chanteur d'opéra avec ses copains.

3 LES BARRIÈRES CULTURELLES
Wen-heung rencontre un gangster dans l'espoir de faire libérer son frère emprisonné, Wen-leung. Sa requête est traduite par deux interprètes, ce qui ajoute un soupçon de comédie absurde à la scène. Le marché est conclu par un pot-de-vin déposé sur la table.

4 PORTRAIT DE FAMILLE
Les sentiments des personnages permettent aussi d'entrevoir les changements de l'atmosphère générale à Taïwan. Dans ce sobre portrait de famille, les visages tendus de Wen-ching et de sa femme Hinomi suggèrent un passé tumultueux et un avenir incertain.

LE RÉALISATEUR

1947-1979
Hous Hsiao-hsien est né dans la province de Guangong, en Chine. Il est encore petit quand sa famille décide de partir pour Taïwan afin d'échapper à la guerre civile chinoise. Il fait des études de cinéma à l'École nationale des arts de Taïwan, où il obtient son diplôme en 1972. Il travaille un temps dans la vente avant de commencer sa carrière dans le cinéma en tant que scénariste et assistant réalisateur.

1980-1987
Hou fait ses premiers pas de réalisateur en 1980 avec la comédie musicale romantique *Jiu shi liu liu de ta,* mais il se fait connaître lorsqu'il signe l'une des parties du film collectif *l'Homme-sandwich* (1983). Il perfectionne le style minimaliste qui lui est propre pendant les dernières années de la décennie, dans des films tels que *les Garçons de Fengkuei* (1983), *Un été chez grand-père* (1985) et le magistral album d'images d'enfance *Un temps pour vivre, un temps pour mourir* (1986). Parmi les dix films réalisés par Hou entre 1980 et 1989, sept reçoivent le prix du meilleur film ou du meilleur réalisateur à un festival de cinéma international.

1988-1995
Hou réalise une trilogie sur l'histoire taïwanaise, le premier volet étant *la Cité des douleurs,* qui gagne le lion d'or au festival de Venise en 1989. En Chine, Hou travaille comme coproducteur sur *Épouses et concubines* (1991), le drame chinois de Zhang Yimou. Les deux autres films de la trilogie sont *le Maître des marionnettes* (1993), inspiré de la vie du marionnettiste Li Tian-Lu, qui joue son propre rôle dans le film, et *Good Men, Good Women* (1995).

de 1996 à nos jours
À la fin des années 1990, Hou tourne de plus en plus souvent ailleurs qu'à Taïwan. Au Japon pour *Café lumière* (2003). À Paris pour *le Voyage du ballon rouge* (2007), film commandé par le musée d'Orsay et qui met en vedette Juliette Binoche. Depuis, il travaille sur son premier film d'arts martiaux, qui aura pour cadre la Chine du VIIIe siècle.

LE CINÉMA HISTORIQUE EUROPÉEN (p. 440)
● *Cyrano de Bergerac* | **Jean-Paul Rappeneau** (p. 442)
Shakespeare in Love | **John Madden** (p. 444) ●

LE DRAME HOLLYWOODIEN (p. 446)
● *Short Cuts* | **Robert Altman** (p. 448)
● *Pulp Fiction* | **Quentin Tarantino** (p. 450)
Il faut sauver le soldat Ryan | **Steven Spielberg** (p. 452) ●

LE CINÉMA INDÉPENDANT AMÉRICAIN (p. 454)
● *Lone Star* | **John Sayles** (p. 458)
● *Fargo* | **Joel Coen et Ethan Coen** (p. 460)

LES CINÉMAS AUSTRALIEN ET NÉO-ZÉLANDAIS (p. 462)
● *Priscilla, folle du désert* | **Stephan Elliott** (p. 464)
● *Créatures célestes* | **Peter Jackson** (p. 466)

LE CINÉMA BRITANNIQUE ET IRLANDAIS (p. 468)
● *The Crying Game* | **Neil Jordan** (p. 470)
● *Secrets et Mensonges* | **Mike Leigh** (p. 472)

LE CINÉMA EUROPÉEN (p. 474)
● *La Haine* | **Mathieu Kassovitz** (p. 478)
Funny Games | **Michael Haneke** (p. 480) ●
Tout sur ma mère | **Pedro Almodovar** (p. 482) ●

LES IMAGES DE SYNTHÈSE ET EFFETS SPÉCIAUX (p. 484)
● *Matrix* | **Andy Wachowski**

LE FILM D'ANIMATION (p. 488)
● *Toy Story* | **John Lasseter** (p. 490)

LE RENOUVEAU DU FILM D'HORREUR (p. 494)
1991 ◀ *Le Silence des agneaux* | **Jonathan Demme** (p. 496)

LE CINÉMA ASIATIQUE (p. 498)
● *Tigre et d*
● *Yi yi* | **Edv**

LA NOUVELLE VAGUE IRANIENNE (p. 506)
● *Au travers des oliviers* | **Abbas Kiarostami** (p. 510)
● *Le Cercle*

LE CINÉMA D'AMÉRIQUE LATINE (p. 514)
● *Central do Brasil* | **Walter Salles** (p. 518)

LE CINÉM

LES SUPERPRODUCTIONS GRAND PUBLIC (p. 528)

6 | de 1990 à nos jours

LE CINÉM

BOLLYWOOD (p. 542)

LE CINÉM

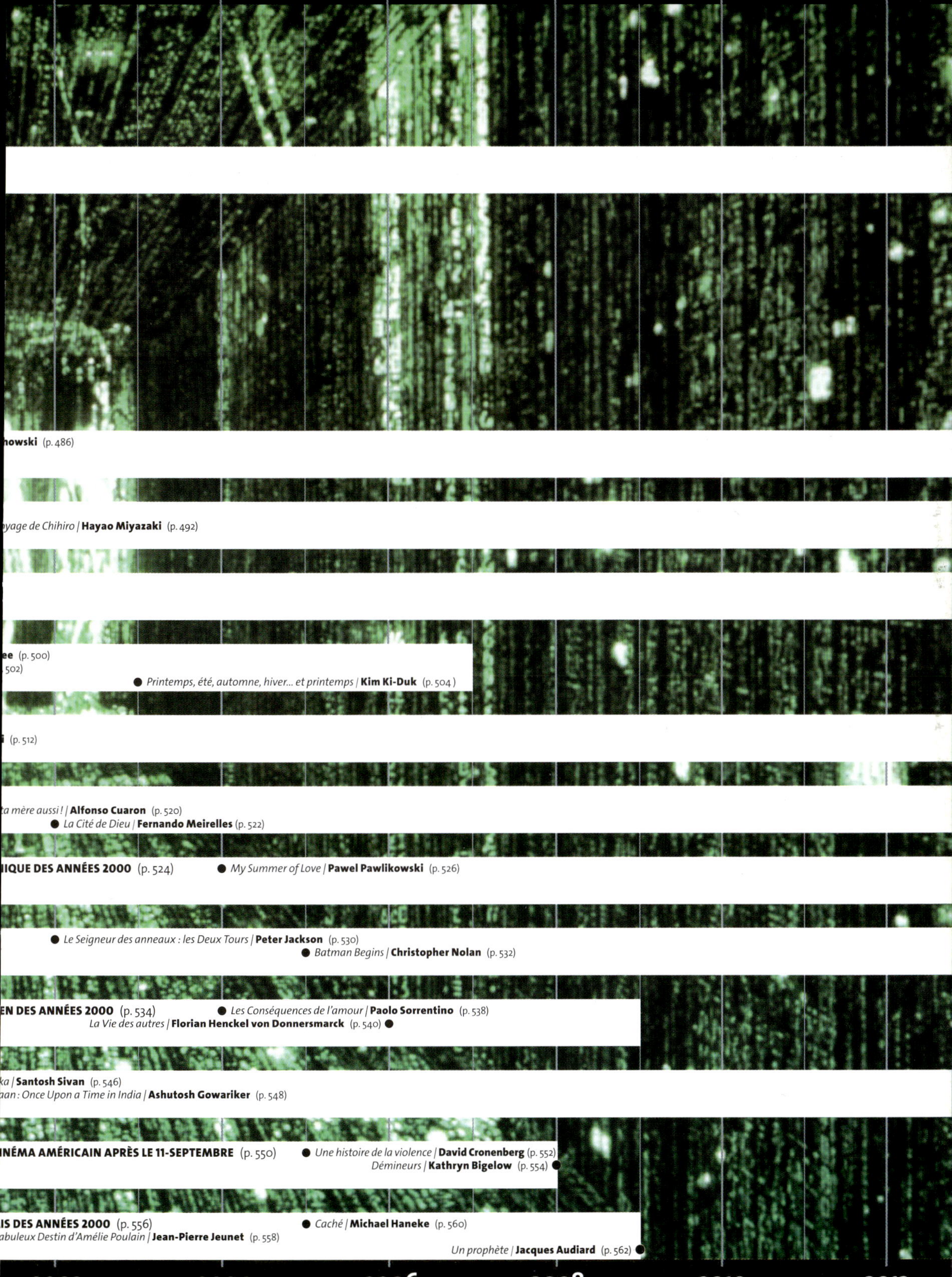

howski (p. 486)

yage de Chihiro | **Hayao Miyazaki** (p. 492)

ee (p. 500)
502)
● *Printemps, été, automne, hiver... et printemps* | **Kim Ki-Duk** (p. 504)

i (p. 512)

ta mère aussi ! | **Alfonso Cuaron** (p. 520)
● *La Cité de Dieu* | **Fernando Meirelles** (p. 522)

IQUE DES ANNÉES 2000 (p. 524) ● *My Summer of Love* | **Pawel Pawlikowski** (p. 526)

● *Le Seigneur des anneaux : les Deux Tours* | **Peter Jackson** (p. 530)
● *Batman Begins* | **Christopher Nolan** (p. 532)

EN DES ANNÉES 2000 (p. 534) ● *Les Conséquences de l'amour* | **Paolo Sorrentino** (p. 538)
La Vie des autres | **Florian Henckel von Donnersmarck** (p. 540) ●

ka | **Santosh Sivan** (p. 546)
aan : Once Upon a Time in India | **Ashutosh Gowariker** (p. 548)

INÉMA AMÉRICAIN APRÈS LE 11-SEPTEMBRE (p. 550) ● *Une histoire de la violence* | **David Cronenberg** (p. 552)
Démineurs | **Kathryn Bigelow** (p. 554) ●

IS DES ANNÉES 2000 (p. 556) ● *Caché* | **Michael Haneke** (p. 560)
abuleux Destin d'Amélie Poulain | **Jean-Pierre Jeunet** (p. 558)
Un prophète | **Jacques Audiard** (p. 562) ●

LE CINÉMA HISTORIQUE EUROPÉEN

1 Béatrice (E. Thompson) et Hero (K. Beckinsale) courent à la rencontre des hommes sur fond de campagne toscane dans une comédie de Shakespeare où il est question de couples qui se forment, *Beaucoup de bruit pour rien.*

2 Le communiste au chômage (Ian Hart) finit par rallier les républicains espagnols dans *Land and Freedom.*

3 Un facteur italien aborde la poésie grâce à un poète chilien dans *le Facteur.*

Après l'effondrement de l'URSS, l'Europe entre dans les années 1990 avec un immense désir de liberté artistique. Le cinéma doit se contenter d'un budget réduit dans certains pays, et seuls ceux qui ont déjà fait leurs preuves dans ce domaine peuvent se permettre de faire des films en costume. La décennie commence avec l'adaptation époustouflante de *Cyrano de Bergerac* (1990, voir p. 442), par Jean-Paul Rappeneau. Dans un rôle qui était fait pour son nez et lui, Gérard Depardieu accomplit l'une de ses meilleures performances d'acteur, insufflant esprit, intelligence et émotion à un scénario riche et subtil signé Jean-Claude Carrière. Rappeneau et Carrière font de nouveau équipe en 1995 pour *le Hussard sur le toit,* à l'époque le film le plus cher de l'histoire du cinéma français, mais qui n'a pas la stature du précédent. *La Reine Margot* (1994) s'en sort beaucoup mieux. Sanglant et décadent, il ressemble plus à un film de gangsters qu'à un drame historique.

Ismail Merchant (1936-2005) et James Ivory (né en 1928) dominent le monde du cinéma historique britannique avec deux de leurs plus belles productions : *Retour à Howard's End* (1992) et *les Vestiges du jour* (1993). Nicolas Hytner (né en 1956) réalise avec succès l'adaptation à l'écran de la pièce d'Alan Bennett *la Folie du roi George* (1994). Après sa version sanglante et brutale de *Henry V* (1989), Kenneth Branagh (né en 1960) signe *Beaucoup de bruit pour rien* (1993, ci-dessus), la meilleure adaptation de Shakespeare de la décennie, si l'on excepte le superbe *Roméo + Juliette* (1996), de Baz Luhrman (né en 1962). Quant au *Hamlet* de Branagh (1996), le premier à garder le texte intégral de Shakespeare,

REPÈRES

1989	1990	1991	1991	1992	1993
Chute du mur de Berlin, suivie par la démocratisation de la plupart des pays communistes derrière le rideau de fer.	*Portes ouvertes,* de Gianni Amelio (né en 1945), est une histoire de meurtre dont l'action se situe dans la Sicile des années 1930.	*Mediterraneo,* mélodrame dont l'histoire se déroule durant la Seconde Guerre mondiale, gagne l'oscar du meilleur film étranger.	Le directeur de la photographie Sven Nykvist (1922-2006) écrit et réalise le film dramatique intitulé *The Ox,* qui a pour cadre la campagne suédoise du XIXe siècle.	*Indochine,* de Régis Varnier (né en 1948), est l'un des films historiques qui font le plus d'entrées cette année-là. Sally Potter (née en 1949) réalise *Orlando.*	*Hedd Wyn* est l'un des deux films historiques gallois qui bénéficient d'une distribution internationale dans les années 1990.

il ne rencontre qu'un succès mitigé. *Shakespeare in Love* (1998, voir p. 444), co-écrit par le dramaturge Tom Stoppard, est beaucoup mieux accueilli. Il séduit le public et remporte deux oscars, celui du meilleur film et celui du meilleur scénario original. En 1991, Derek Jarman (1942-1994) signe l'un de ses meilleurs films, une adaptation du *Edward II* de Christopher Marlowe, autre dramaturge élisabéthain.

Dans de nombreux pays européens, les cinéastes se tournent vers le passé récent. *Michael Collins* et *Some Mother's Son* (sortis en 1996) reviennent sur les troubles en Irlande. Les rares films historiques allemands de l'époque, tel *Aimée et Jaguar* (1999) et *Europa Europa* (1990), réalisé par Agnieska Holland (née en 1948), s'inspirent des événements de la Seconde Guerre mondiale.

En Espagne, le film historique majeur de la décennie est *Belle Époque* (1992). *La Langue des papillons* (1999) et *Land and Freedom* (1995, à droite), de Ken Loach (né en 1936), prennent pour sujet la guerre d'Espagne, tandis que *Vacas* (1992) est l'histoire fantaisiste d'une famille basque sur sept générations. Une structure narrative similaire, qui permet d'explorer des réalités politiques sur plusieurs générations, est adoptée par le réalisateur hongrois István Szabó (né en 1938) dans *Sunshine* (1999) et avec encore plus de maestria par le Grec Theo Angelopoulos (né en 1935) dans *le Regard d'Ulysse* (1995).

Le Facteur (1994, ci-dessous) fait le récit d'une rencontre fictionnelle entre Pablo Neruda et un facteur fou d'amour. Ce film est l'une des productions internationales les plus rentables en Italie, mais il est bien vite éclipsé par *La vie est belle* (1997), de Roberto Benigni (né en 1952), qui joue également le rôle principal. Drame teinté d'humour qui a pour cadre un camp de concentration, c'est l'un des principaux films historiques à succès de la décennie. Mais il ne fait toujours pas l'unanimité. **I. H. S.**

1994	1995	1996	1997	1998	1999
La Reine Margot donne une nouvelle définition du film en costume.	*Carrington* prend pour sujet le groupe de Bloomsbury. *Underground*, une histoire fictionnelle de la Serbie signée Emir Kusturica (né en 1954), reçoit la palme d'or.	*Ridicule*, qui met en images l'un des scripts les plus caustiques de l'année, met en vedette une Fanny Ardant sublime.	Mike van Diem (né en 1959) signe l'un des meilleurs films néerlandais de la décennie, *Karacter*, drame situé dans le milieu de la justice. *Les Ailes de la colombe* sortent dans les salles.	Radu Mihaileanu (né en 1958) propose une autre vision tragi-comique de l'Holocauste dans *Train de vie*.	Martha Fiennes (née en 1965) réalise *Onegin*, qui a pour cadre l'empire de Russie.

Cyrano de Bergerac 1990

JEAN-PAUL RAPPENEAU né en 1932

▲ Cyrano (Gérard Depardieu) au beau milieu d'un discours passionné.

▼ L'affiche dissimule habilement l'identité de l'amoureux enflammé, identité qui reste également secrète dans le film.

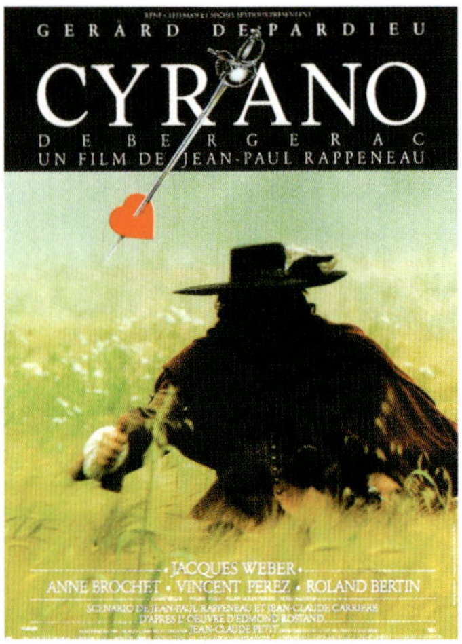

Le *Cyrano de Bergerac* de Jean-Paul Rappeneau est une bonne surprise. Le film est un triomphe et s'exporte facilement, notamment grâce aux sous-titres d'Anthony Burgess, qui conservent les alexandrins de la pièce d'origine. Le film insuffle une nouvelle vie à un classique de 1897, écrit par Edmond Rostand, en prêtant une attention particulière aux détails des personnages et grâce à un jeu d'acteur d'une grande finesse. Le scénario de Jean-Claude Carrière et Rappeneau introduit de subtils changements dans les personnages de Roxane, qui devient plus intelligente, et de Christian, qui devient plus courageux. Ainsi, le spectateur peut se sentir proche des trois personnages principaux, qui forment un triangle amoureux lourd de secrets, de malentendus et de désir.

La clé de l'intensité émotionnelle du film réside dans le secret que les spectateurs partagent avec le héros au long nez, Cyrano (Gérard Depardieu). Il est amoureux de Roxane (Anne Brochet) et met tout son cœur dans les lettres qu'il écrit en se faisant passer pour Christian (Vincent Perez). On voudrait qu'il déclare sa flamme, d'autant que c'est de l'épistolier plus que du beau héros que Roxane est tombée amoureuse, mais le destin fait tout pour séparer ces deux âmes sœurs. Après tout, Cyrano est un héros tragique et *Cyrano de Bergerac* l'histoire d'un amour malheureux. Mais c'est aussi une comédie, une épopée de guerre et un conte moral qui rappelle qu'il ne faut pas juger sur les apparences. C'est ce mélange de différents genres qui fait de *Cyrano de Bergerac* un film accessible à tous et qui explique en partie son énorme succès. Le film fait de Gérard Depardieu un acteur d'envergure internationale. **A. S.**

LES SCÈNES PRINCIPALES

1 **CYRANO CONTRE CHRISTIAN**
Cyrano est sur le point de déclarer sa flamme quand Roxane lui confie qu'elle est amoureuse de Christian. Elle lui demande de protéger son bien-aimé, qui fait partie de son régiment. Elle ne voit pas la colère et la déception de Cyrano.

2 **UNE IDÉE PREND FORME**
Cyrano révèle à Christian que Roxane l'aime et qu'elle souhaite recevoir une lettre de lui. Christian ne sait pas écrire les lettres d'amour. Cyrano les écrira à sa place. Il peut ainsi exprimer son amour et Christian peut faire la cour à sa belle.

3 **LE COUP DE GRÂCE**
Roxane risque sa vie pour aller voir Christian sur le champ de bataille. Christian est dévasté car il sait que c'est l'âme de Cyrano qu'elle aime. Il se jette à corps perdu dans l'offensive menée par l'armée et meurt au front.

4 **LA RÉVÉLATION**
Un Cyrano grièvement blessé rend visite à Roxane au couvent où elle s'est retirée après la mort de son bien-aimé. Il lui lit la dernière lettre « de Christian », et elle se rend compte qu'il la connaît par cœur. Il lui avoue la vérité et elle lui dit son amour, mais il est trop tard.

LE RÉALISATEUR

1932-1965
Jean-Paul Rappeneau naît dans l'Yonne, à Auxerre. À l'âge de vingt-huit ans, il co-écrit avec Louis Malle (1932-1995) la comédie fantaisiste *Zazie dans le métro* (1960), ainsi que *Vie privée* (1962), avec Brigitte Bardot et Marcello Mastroianni. Il participe aussi à l'écriture du scénario de *l'Homme de Rio* (1964), pour lequel il est nominé aux oscars.

1966-1971
Il fait ses premiers pas de réalisateur avec une comédie romantique qu'il a également écrite, *la Vie de château* (1966), avec Catherine Deneuve. Son projet suivant voit le jour cinq années plus tard : *les Mariés de l'an II*, un film d'action et d'aventures avec Jean-Paul Belmondo.

1972-1982
Il ne tourne pas beaucoup de films pendant cette période, mais ses thèmes de prédilection restent le mariage et les relations sentimentales. En 1975, Rappeneau fait de nouveau appel à Catherine Deneuve pour la comédie sentimentale loufoque intitulée *le Sauvage*. Vient ensuite *Tout feu, tout flamme* (1982), avec Yves Montand dans le rôle d'un père accro aux jeux d'argent.

1983-1990
Après une longue période d'absence, Rappeneau revient au cinéma avec *Cyrano de Bergerac*, qui gagne trois BAFTA, un oscar, un césar, un Golden Globe, entre autres récompenses.

de 1991 à nos jours
Rappeneau dirige Juliette Binoche dans un film de guerre intitulé *le Hussard sur le toit*, qu'il a également écrit, et fait de nouveau appel à Gérard Depardieu pour un autre film dont l'action se situe en temps de guerre, *Bon Voyage* (2003). Ce dernier film est bien accueilli et il rafle trois césars en 2004 : meilleur jeune espoir masculin, meilleure photographie et meilleurs décors.

Shakespeare in Love 1998

JOHN MADDEN né en 1949

▲ Le jeune Will Shakespeare (Joseph Fiennes) a besoin d'une muse.

▼ L'affiche dévoile un moment d'intimité... et un casting de rêve.

Amours contrariées, quiproquos, déguisements, scènes paillardes : le film aurait pu être écrit par Shakespeare. Le script de Marc Norman et Tom Stoppard introduit les thèmes préférés du Barde dans une histoire fictionnelle qui place sur le devant de la scène le dramaturge (Joseph Fiennes) et les difficultés qu'il rencontre. C'est un homme romantique qui séduit par ses mots la femme de ses rêves, Viola (Gwyneth Paltrow). Viola est déguisée en homme quand ils se rencontrent et elle est fiancée à un autre homme ; de son côté Shakespeare a lui aussi pris des engagements. De plus, s'il veut garder sa réputation et garnir sa bourse, Will doit monter une pièce, *Roméo et Juliette* (qu'il intitule d'abord *Roméo et Ethel, la fille du pirate*).

On ne peut manquer de sourire quand le Barde se révèle avoir les faiblesses de Monsieur Tout-le-monde, et l'ensemble ne manque pas de piquant pour un spectateur contemporain. Il n'est pas nécessaire d'être féru de Shakespeare pour apprécier ce film d'une indéniable qualité, qui puise dans l'histoire culturelle de la Grande-Bretagne tout en restant « hollywoodien ». Il n'est pas étonnant qu'il ait gagné sept oscars, dont celui du meilleur film. La distribution est pour beaucoup dans le succès du film : Gwyneth Paltrow est remarquable dans le rôle de Viola ; Joseph Fiennes fait des premiers pas plus que prometteurs ; et des talents confirmés comme Judi Dench, Geoffrey Rush, Tom Wilkinson, Imelda Staunton et Simon Callow donnent du crédit au film. *Shakespeare in Love* n'est jamais « théâtral » au mauvais sens du terme, il utilise le pouvoir du cinéma pour exprimer le pouvoir du théâtre. Shakespeare aurait sans nul doute apprécié. **A. S.**

LES SCÈNES PRINCIPALES

1 LE DÉCOR EST PLANTÉ

Viola voit une pièce de Shakespeare avec plaisir, prononçant en silence chacune des répliques. De retour chez elle, elle partage son enthousiasme avec sa nourrice et lui dit qu'elle aimerait faire partie de la troupe. Elle se déguisera en homme pour réaliser ce rêve.

2 WILL RENCONTRE VIOLA

Will, qui ne sait pas que Thomas Kent est en fait Viola, la suit alors qu'elle rentre chez elle. Il se mêle aux invités du bal, la voit dans ses atours féminins et tombe immédiatement amoureux. Au même moment, le père de Viola la promet en mariage à lord Wessex.

3 SHAKESPEARE FAIT L'AMOUR

Alors qu'ils se rendent chez Viola en bateau, Will confie à « Thomas Kent » ce qu'il ressent pour la jeune femme. Elle l'embrasse, toujours déguisée, puis se précipite dans la maison. Will la suit en courant, ils s'embrassent et consomment leur amour.

4 QUE LE SPECTACLE CONTINUE !

C'est la première de *Romeo et Juliette*, Shakespeare s'attriste que Viola ne puisse y prendre part, mais elle arrive à la dernière minute et remplace l'acteur qui devait jouer Juliette. La pièce est un succès ; Will et à Viola se disent leur amour, puis elle part avec Wessex.

LE RÉALISATEUR

1949-1995

Madden est scolarisé à Clifton College (Bristol), où il se lie d'amitié avec Roger Michell (né en 1956), réalisateur de *Coup de foudre à Notting Hill*. Il étudie la littérature anglaise à Cambridge, avant de s'installer aux États-Unis. Il y travaille sur des pièces radiophoniques, adaptant la trilogie *la Guerre des étoiles* pour Earplay, programme de radiothéâtre diffusé par NPR (National Public Radio). En 1978, son adaptation d'une pièce d'Arthur Kopit, *Wings*, lui vaut la plus prestigieuse récompense décernée à une émission de radio : le prix Italia. Il met en scène des pièces de théâtre à succès et enseigne l'art dramatique à l'université de Yale. Il rentre en Angleterre et se lance dans la réalisation pour la télévision. Il connaît le succès critique et commercial grâce à des épisodes des *Aventures de Sherlock Holmes*, d'*Inspecteur Morse* et d'un épisode de la quatrième saison de *Suspect n° 1*. Il débute sa carrière pour le cinéma avec un film en costume, *Ethan Frome* (1933), qui n'est pas un succès commercial mais prouve ses compétences en matière d'adaptation littéraire. En 1994, il signe *Golden Gate*.

1996-1998

Madden travaille toujours pour la télévision, mais réussit à faire son entrée dans le cinéma grâce à *la Dame de Windsor* (1992), un film biographique avec Judi Dench dans le rôle de la reine Victoria. Le film est nominé deux fois aux oscars et Judi Dench reçoit un Golden Globe. *Shakespeare in Love*, immense succès populaire, remporte plusieurs récompenses, avec Judi Dench de nouveau dans le rôle d'une reine britannique.

de 1999 à nos jours

Il adapte plusieurs romans à succès, notamment celui de Louis Besnières dans *Capitaine Corelli* (2001). Il signe ensuite une adaptation d'une pièce de David Auburn, *Preuve irréfutable* (2005), dans laquelle on retrouve Gwyneth Paltrow, la vedette de *Shakespeare in Love*. En 2008, il réalise *Killshot*, film adapté d'un roman d'Elmore Leonard. En 2010, il signe *l'Affaire Rachel Singer*, thriller où il est question de la traque d'un médecin nazi après la Seconde Guerre mondiale.

LE DRAME HOLLYWOODIEN

Les années 1990 voient le retour de réalisateurs et d'acteurs ayant fait des films qui ont marqué une époque. Bien après son âge d'or des années 1990, Robert Altman (1925-2006) revient avec *The Player* (1992) et *Short Cuts* (1993, voir p. 448). Ce dernier rappelle un précédent long-métrage d'Altman, *Nashville* (1975), et n'a pas à rougir de la comparaison. Après vingt longues années d'absence, Terrence Malick revient avec *la Ligne rouge* (1998), dont l'action, qui se déroule pendant la Seconde Guerre mondiale, aborde le conflit dans le Pacifique sous un angle philosophique. *Heat* (1995, ci-dessus) réunit pour la première fois dans la même scène deux géants : Al Pacino et Robert De Niro. Ce dernier avait tourné sous la direction de Martin Scorsese (né en 1942) dans *les Affranchis* (1990), premier de trois films ayant pour cadre New York et dans lesquels Scorsese parcourt de nouveau les rues de son enfance. Suivent *le Temps de l'innocence* (1993) et *À tombeau ouvert* (1999), mais c'est Abel Ferrara (né en 1951) qui traduit le mieux le mal-être urbain. *The King of New York* (1990) et *Bad Lieutenant* (1992) sont deux des plus sombres et des plus magistrales représentations de New York au cinéma.

L'un des plus célèbres enfants de New York, Spike Lee (né en 1957), s'intéresse à la vie des Afro-Américains dans *Jungle Fever* (1991), *Malcolm X* (1992) et *Clockers* (1995), satisfaisant ainsi une forte demande du public. *New Jack City* (1991), de Mario van Peebles (né en 1952), et *Menace II Society* (1993), des frères Albert et Allen Hughes (nés en 1972), explorent la même voie, mais mettent l'accent sur la violence spectaculaire davantage que sur le drame humain.

1 Pourtant tous deux dans *le Parrain 2* (1974), Al Pacino et Robert De Niro n'étaient jamais apparus dans la même scène avant *Heat*, un thriller de qualité réalisé par Michael Mann (né en 1943).

2 Jim Carrey incarne Truman Burbank dans *le Truman Show*, une satire de la célébrité et des médias qui semble prédire l'avènement de la télé-réalité.

3 Lester Burnham (Kevin Spacey) contemple Angela Hayes (Mena Suvari), une Lolita de la fin du XXe siècle, dans *American Beauty*. Le film remporte cinq oscars.

REPÈRES

1990	1991	1991	1992	1992	1994
Martin Scorsese revient en force avec *les Affranchis*.	Avec *My Own Private Idaho*, de Gus Van Sant (né en 1952), le cinéma gay sort du placard, avec l'aide de River Phoenix et de Keanu Reeves.	*Boyz n the Hood*, de John Singleton (né en 1968), est l'un des meilleurs films afro-américains de la décennie. Spike Lee signe *Jungle Fever*.	*Bad Lieutenant*, d'Abel Ferrara (né en 1951), et *Glengarry Glen Ross*, de David Mamet (né en 1947) se centrent sur la fracture psychologique des deux hommes très différents.	Le film biographique percutant de Spike Lee *Malcolm X* flirte avec le scandale en utilisant dans son générique d'ouverture une vidéo du passage à tabac de Rodney King.	*La Liste de Schindler* rafle un nombre incroyable d'oscars et le réalisateur Steven Spielberg est enfin pris au sérieux.

Sa façon de mêler drame humain et violence à la fois comique et sinistre vaut à Quentin Tarantino (né en 1963) d'être considéré comme l'enfant terrible du cinéma américain. La maîtrise de *Reservoir Dogs* (1992), *Pulp Fiction* (1994, voir p. 450) et *Jackie Brown* (1997) montre que ce cinéaste dit imprévisible est surtout doué. Il écrit le script de *Tueurs nés* (1994), qui, avec *Reservoir Dogs*, *Bad Lieutenant* et *Crash*, est l'un des films les plus controversés de la décennie.

Parmi les drames hollywoodiens « tous publics », on trouve *le Truman Show* (1998, ci-contre), le meilleur film de Peter Weir depuis *Witness* (1985), qui permet à Jim Carrey de faire la démonstration de ses talents d'acteur. Le *Titanic* (1997), de James Cameron (né en 1954), se classe premier au box-office et remporte un nombre historique d'oscars en 1998, mais c'est le scénario de *Will Hunting* (1997) qui reçoit l'oscar. Steven Spielberg (né en 1946) signe des divertissements haletants comme *Jurassic Park* (1993) et des drames plus sérieux comme *la Liste de Schindler* (1993), film fort sur l'Holocauste, qui recrée avec précision le ghetto de Varsovie et la vie dans les camps de la mort. Spielberg opte de nouveau pour le style documentaire dans *Il faut sauver le soldat Ryan* (1998, voir p. 452).

On trouve trois jeunes réalisateurs prometteurs. *Usual Suspects* (1995), de Bryan Singer (né en 1965), entraîne le spectateur dans un labyrinthe déroutant, grâce à un script tortueux signé Christopher McQuarrie. En 1999, Sam Mendes (né en 1965) fait une entrée retentissante avec *American Beauty* (ci-dessous), film qui offre à Kevin Spacey un rôle en or et qui livre une vision désabusée de l'âge que l'on dit mûr et de la domesticité américaine. *Boogie Nights,* Paul Thomas Anderson (né en 1970), est un film abouti qui recrée le monde de la pornographie à Los Angeles dans les années 1970-1980. On y trouve en germe ce qui fera d'Anderson l'un des cinéastes les plus originaux de la décennie suivante. **I. H. S.**

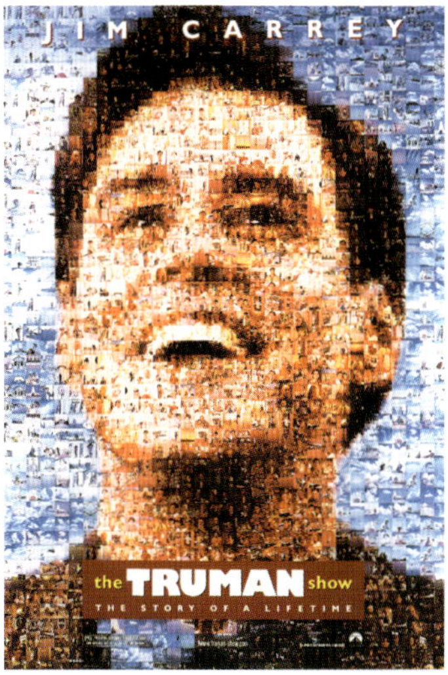

1995	1995	1996	1997	1998	1999
Forrest Gump remporte l'oscar du meilleur film. Après avoir gagné la palme d'or à Cannes, *Pulp Fiction* (voir p. 450) obtient l'oscar du meilleur scénario original.	*Heat* et *Seven,* de David Fincher, sont les deux meilleurs thrillers de l'année. Wayne Wang (né en 1949) et Paul Auster (né en 1947) réalisent ensemble *Smoke* et *Brooklyn Boogie.*	Abel Ferrara signe l'un des meilleurs films de gangsters de la décennie : *Nos funérailles.* Paul Thomas Anderson réalise *Sydney.*	*Ice Storm* et *Jackie Brown* sortent dans les salles. *L.A. Confidential* adapte James Ellroy à l'écran avec succès.	*La Ligne rouge* et *Il faut sauver le soldat Ryan* (voir p. 452) présentent deux visions différentes de la Seconde Guerre mondiale.	*American Beauty* est un succès au box-office et remporte l'oscar du meilleur film. M. Night Shyamalan (né en 1970) signe le film qui le révèle : *Sixième Sens.*

Short Cuts 1993

ROBERT ALTMAN 1925-2006

▲ Les Piggot (Lily Tomlin et Tom Waits) oublient leurs problèmes et se déchaînent.

▼ Prix d'interprétation pour tous les acteurs.

Après dix années passées à travailler pour la télévision, Altman s'impose de nouveau sur la scène du cinéma commercial et critique avec *The Player.* Sa démarche est habile car le film fait les yeux doux à Hollywood, tout en braquant les projecteurs sur un directeur de production sociopathe. Ce succès finance un autre film choral, tiré de Raymond Carver, réputé pour ses textes dépouillés et inquiétants. Le cinéaste tisse plusieurs nouvelles ensemble pour créer une vaste fresque aux personnages variés, tous plus ou moins désespérés, pris entre deux désastres : une invasion de mouches à fruit qui nécessite la pulvérisation d'insecticide sur la ville et un tremblement de terre.

Parmi les personnages, on compte une chanteuse (Annie Ross) et sa fille, musicienne classique (Lori Singer), un homme (Robert Downey Jr) qui fait des essais de maquillage sur sa femme (Lili Taylor), tandis que l'amie de cette dernière (Jennifer Jason Leigh) fait l'amour au téléphone rose. On trouve aussi des serveuses, des alcooliques, des pères absents, des femmes infidèles, des flics arrogants, des parents éplorés, des médecins distants, des enfants en état de choc ou mourants et un boulanger tellement en colère qu'il frôle la folie.

Altman dirige un nombre incroyable d'acteurs (vingt-deux personnages principaux) ou plutôt ne les dirige pour ainsi dire pas mais réussit à obtenir le meilleur d'eux-mêmes, exploit difficile quand on tourne un film choral. Ainsi Lori Singer, qui retient peu l'attention habituellement, est émouvante au point de faire monter les larmes aux yeux. Les fils sont tous rassemblés, mais ce sont les motifs que l'on distingue au milieu du chaos qui font la force du film. **K. N.**

LES SCÈNES PRINCIPALES

1 LE TÉLÉPHONE ROSE
Au milieu d'une maison où règne le chaos, Lois Kaiser (J. J. Leigh) s'occupe de son bébé tout étant hôtesse de téléphone rose à mi-temps. En revanche, elle ne montre guère d'intérêt pour la vie sexuelle qu'elle partage avec son mari Jerry (Chris Penn).

2 RIEN À CACHER
Marian Wyman (J. Moore) et son mari Ralph (M. Moddine) se préparent pour un dîner. Dans ce qui est l'une des scènes les plus sobres et dramatiques du film, Moore se met à nu, au propre comme au figuré. Des secrets sont révélés et la jalousie émerge.

3 MÉLANGE DE PHOTOS
Gordon, qui a photographié un cadavre, et Bill, un maquilleur qui a pris des photos de sa femme après l'avoir couverte d'hématomes artificiels, se voient attribuer les photos de l'autre. Gordon et Honey tirent des conclusions terrifiantes de ce qu'ils voient.

4 LA GROTTE DE BATMAN
Jerry Kaiser attire une jeune femme dans les buissons en lui promettant de lui montrer la grotte du tournage de la série *Batman* des années 1960. Il la tue à coups de pierre. Le tremblement de terre libère les pulsions effrayantes d'un homme ordinaire.

LE RÉALISATEUR

1925-1969
Robert Altman est né à Kansas City (Missouri). Après avoir servi dans l'armée pendant la Seconde Guerre mondiale, il tente une carrière à Hollywood mais échoue. Il rentre chez lui et fait une soixantaine de films industriels. Il réalise deux films d'exploitation, *The Delinquents* (1957) et *l'Histoire de James Dean* (1957), de nombreux épisodes de séries télévisées hollywoodiennes, dont *Hitchcock présente, Bonanza* et *Combat*. Il tourne des films intéressants, sans succès commercial (*Countdown*, 1968 ; *That Cold Day in the Park*, 1969).

1970-1979
Après *M.A.S.H.* (1970), succès qui le révèle, Altman réalise plusieurs longs-métrages originaux et ambitieux qui portent sa marque. Ils font la part belle à l'improvisation et utilisent des genres cinématographiques bien établis pour déconstruire les mythes héroïques américains : *John McCabe* (1971), *le Privé* (1973), *Nous sommes tous des voleurs* (1973), *Buffalo Bill et les Indiens* (1976). *Nashville* (1975) et *Un mariage* (1978) traitent des mœurs américaines. Il signe des films psychologiques surréalistes : *Brewster McCloud* (1970), *Images* (1972) et *Trois Femmes* (1977). Il réalise *les Flambeurs* (1974) et *Un couple parfait* (1979) sur les relations hommes-femmes.

1980-1991
Popeye (1980) est un échec et il se tourne alors vers le théâtre filmé avec *Reviens Jimmy Dean, reviens* (1982) *Streamers* (1983), *Secret Honor* (1984), *Fool for Love* (1985) et *The Caine Mutiny Court-Martial* (1988) pour la télévision. Sa réalisation la plus personnelle est la série télévisée politique *Tanner '88* (1988), qui contient beaucoup d'improvisation.

1992-2006
The Player, film astucieux qui prend pour cadre les coulisses de Hollywood, marque le retour en force du style si caractéristique d'Altman. Suivent des drames qui mettent en scène de plus nombreux personnages : *Short Cuts*, *Prêt-à-Porter* (1994), *Kansas City* (1996), *Gosford Park* (2001), *Company* (2003) et *The Last Show* (2006). Atteint d'une leucémie, Altman meurt en 2006.

Pulp Fiction 1994

QUENTIN TARANTINO né en 1963

▲ Si le tireur manque ses cibles, elles ne le ratent pas.

▼ L'affiche met en vedette Uma Thurman, révélée par ce film.

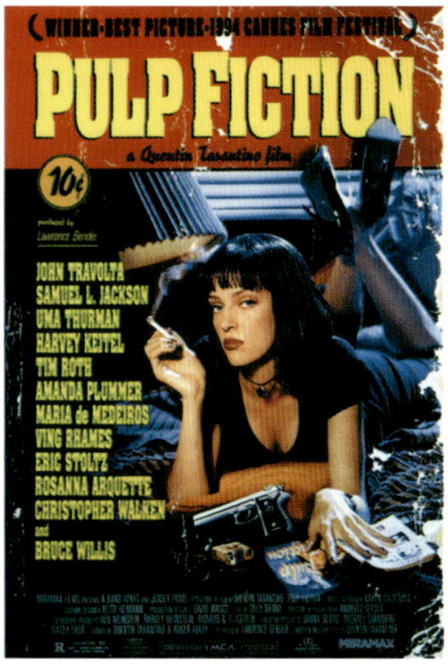

Comme les magazines bon marché auxquels le titre fait référence, *Pulp Fiction* raconte des histoires croisées. Dans le récit-cadre, le spectateur assiste au braquage d'un petit restaurant. Deux voleurs minables, Pumpkin (Tim Roth) et Honeybunny (Amanda Plummer), dégainent leurs armes sans savoir qu'ils sont face à des professionnels, Vincent (John Travolta) et Jules (Samuel Lee Jackson). Les trois histoires relatent la chute (et la mort) de Vincent, victime de la malchance et de plusieurs erreurs de jugements, ainsi que la métamorphose de Jules, qui décide de faire le bien… s'il sort vivant du restaurant.

Le réalisateur et scénariste Quentin Tarantino assemble, avec l'aide de Roger Avery, des histoires auxquelles il pensait depuis longtemps et signe un film plus ambitieux. La qualité du script attire des acteurs très différents, comme cela avait déjà été le cas pour *Reservoir Dogs*. La patte de Tarantino est bien là : monologues ou dialogues décousus, nombreuses références à la culture populaire, auxquelles s'ajoute un discours de type philosophique un peu déroutant.

Le film contient des situations typiques du film noir, mais aussi des histoires sans queue ni tête qui nous emmènent dans des directions inattendues – la soirée que Vincent passe avec la femme de son patron (Uma Thurman) tourne au cauchemar ; ou quand, voulant échapper à Marsellus (Ving Rhames), Butch (Bruce Willis) place l'escroc dans les mains de psychopathes qui n'ont rien à voir avec l'histoire. Le film fait la part belle à la violence (teintée d'humour noir), mais on y trouve aussi de la tendresse et de l'honnêteté. Sont mis en valeur les personnages qui, comme Jules, aspirent à une vie meilleure. **K. N.**

LES SCÈNES PRINCIPALES

1 UN CHEESEBURGER ROYAL
Vincent se lance dans un discours sur les coffee shops d'Amsterdam, le nom des hamburgers dans les MacDonald's français, la bière dans les cinémas. Tarantino aime parsemer ses films de dialogues décousus qui révèlent la vision du monde de ses personnages.

2 CONCOURS DE TWIST AU JACKRABBIT SLIM
Vincent accompagne la femme de son patron dans un restaurant années 1950. Ils gagnent un concours de danse grâce à une chorégraphie très singulière. Le film relance la carrière de John Travolta et lui vaut une nomination aux oscars.

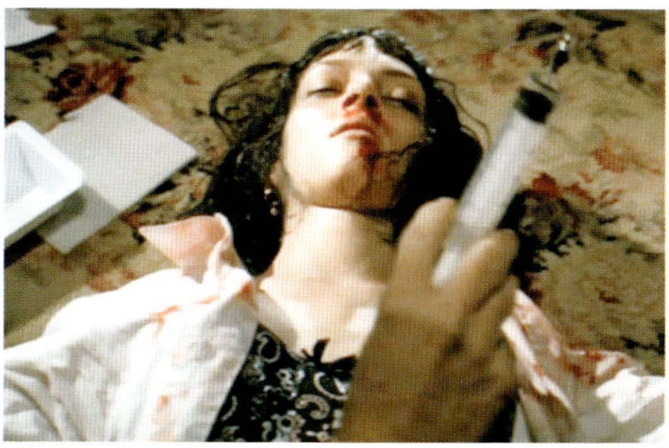

3 L'INJECTION D'ADRÉNALINE
Alors que Vincent se demande si une liaison avec Mia est une bonne idée, la jeune femme fait une overdose. Vincent l'emmène à toute vitesse chez son dealer. On ne voit pas l'aiguille s'enfoncer, on entend le bruit sourd, puis Mia bondit comme un animal sauvage.

4 « JE VAIS T'LA JOUER À LA FLAMME, BIEN MOYENÂGEUSE »
Butch et Marsellus se retrouvent dans le bureau d'un prêteur sur gages et psychopathe sadique. Butch décide de sauver la vie de Marsellus, remettant ainsi les compteurs à zéro, et ce dernier explique ce qu'il va faire à Zed, le péquenaud qui vient de le violer.

5 MR WOLF
Hervey Keitel incarne Winston Wolf, le « nettoyeur » qui aide à se débarrasser du corps d'un informateur que Vincent a tué par accident. Ce petit rôle a été écrit spécialement pour Keitel, l'un des acteurs fétiches de Tarantino. Il apparaît aussi dans *Reservoir Dogs*.

6 RESTE COOL
Jules, qui a décidé de changer de vie après avoir frôlé la mort, essaie de convaincre les deux braqueurs, Pumpkin et Honneybunny, que le massacre peut être évité. Quand il a écrit le rôle, Tarantino pensait déjà à Jackson.

Il faut sauver le soldat Ryan 1998

Saving Private Ryan STEVEN SPIELBERG né en 1946

▲ Les frères d'armes arrivent à Ramelle peu avant la bataille décisive du film.

▼ La guerre révèle l'altruisme ; la valeur d'une vie apparaît sous un jour nouveau.

Son film sur la Seconde Guerre mondiale est probablement le plus abouti de tous longs-métrages de Spielberg. Alors que *la Liste de Schindler* (1993) faisait du spectateur un simple observateur de l'atrocité de l'Holocauste, *Il faut sauver le soldat Ryan* le place au centre d'un tourbillon et maintient jusqu'au bout une intensité que l'on trouve dans peu de films.

Tom Hanks conforte son image d'Américain moyen dans le rôle du capitaine Miller, qui reçoit l'ordre de ramener chez lui un jeune soldat dont les trois frères ont été tués au combat. Le scénario de Robert Rodat s'inspire des Niland, quatre frères qui ont fait cette guerre, et de celle des fils d'Agnes Allison, tués lors de la guerre de Sécession et auxquels il est fait référence au début du film.

Les détracteurs du film l'accusent de chauvinisme et de sentimentalisme. Il est vrai que tous les Alliés rencontrés en chemin par l'unité de Miller sont américains, et que l'utilisation d'un récit-cadre, qui laisse penser que l'ancien combattant du prologue est Miller, alors qu'il s'agit en fait de Ryan, est une manipulation du spectateur comparable à l'utilisation de la petite fille en rouge ou à la scène des douches dans *la Liste de Schindler*. Cependant, ces moments sont contrebalancés par la violence extrême des scènes de bataille, ainsi que par la réflexion sur la valeur d'une vie humaine et les raisons qui peuvent justifier une guerre. Le film atteint son point culminant lorsque les soldats doivent défendre un pont d'une importance stratégique cruciale. Cet épisode est plus conventionnel que les scènes de bataille qui l'ont précédé, mais il n'en reste pas moins palpitant. Suspense, action et émotion y sont savamment dosés. **I. H. S.**

LES SCÈNES PRINCIPALES

1 LA PLAGE D'OMAHA EST PRISE D'ASSAUT
La violence crue de la scène où les Alliés débarquent sur la plage d'Omaha ne peut laisser indifférent. Il s'agit d'un véritable chef-d'œuvre technique, qui exploite divers procédés, par exemple la caméra à l'épaule ou le ralenti.

2 L'ÉTHIQUE DE LA GUERRE
Après le « ne tirez pas, laissez-les brûler » lancé par un soldat américain à propos d'Allemands en flammes, la question de savoir ce qu'est une violence excessive se pose de nouveau quand l'escouade de Miller capture un soldat allemand.

3 LE RETOUR DU PRISONNIER
Le prisonnier allemand que Miller avait relâché tue l'un de ses hommes et blesse mortellement le capitaine. Le traducteur, joué par Jeremy Davies, abat le soldat d'un coup de fusil : la guerre fait de l'homme un être violent.

4 L'ÉPILOGUE
À la fin du film, le spectateur se rend compte qu'il a été manipulé, quand l'ancien combattant se révèle être Ryan, et non Miller. Celui-ci étant l'étalon moral et émotionnel du film, sa mort renforce l'accent mis sur l'inhumanité de la guerre.

LE DIRECTEUR DE LA PHOTOGRAPHIE : JANUSZ KAMINSKI

1959-1992
Né à Ziebice (Pologne), Janusz Kaminski émigre aux États-Unis à l'âge de vingt et un ans. Licencié en études cinématographiques à l'université Columbia (Chicago), il passe son master en beaux-arts à l'Institut du film américain. Il débute par des films d'horreur à petit budget et travaille sur des scènes secondaires d'*Un faux mouvement* (1992), de Carl Franklin (né en 1949).

1993-2000
Son travail sur *la Liste de Schindler* lui vaut son premier oscar. Il poursuit avec Steven Spielberg pour *le Monde perdu : Jurassic Park* et *Amistad* (sortis en 1997), puis *Il faut sauver le soldat Ryan*, son deuxième oscar. Dans ses autres films de Spielberg, il choisit des teintes plus sombres et souvent métalliques. En 2000, il réalise son premier long-métrage : *les Âmes perdues.*

2001-2006
Dans *A.I. Intelligence artificielle* (2001) et *Minority Report* (2002), Spielberg et Kaminski mettent au point un style visuel pour refléter au mieux le climat moral des mondes futuristes dépeints. Les teintes sont plus lumineuses dans *Arrête-moi si tu peux* (2002) et *le Terminal* (2004), puis s'obscurcissent dans *la Guerre des mondes* et dans *Munich* (sortis en 2005).

2007-2008
Le Scaphandre et le Papillon (2007), de Julian Schnabel (né en 1951), est salué à Cannes et lui vaut le Spirit Award de la meilleure photographie à Santa Monica. Cette année-là, il retourne en Pologne pour diriger son deuxième film, *Hania*, avant de travailler de nouveau avec Spielberg sur un film très attendu mais qui reste à ce jour leur collaboration la moins réussie : *Indiana Jones et le Royaume du crâne de cristal* (2008).

de 2009 à nos jours
En 2010, Kaminski entame sa douzième collaboration avec Spielberg, une adaptation de *Cheval de guerre*, et prépare le tournage de son troisième film, *The Night Witch*.

LE CINÉMA INDÉPENDANT AMÉRICAIN

S'il a connu un âge d'or dans les années 1980-1990, le cinéma indépendant a une existence en dehors de cette période. Le cinéma indépendant, c'est-à-dire celui qui est produit hors des grands studios, n'est pas un phénomène nouveau aux États-Unis. Dès la naissance du septième art, de petits studios et des individus isolés ont apporté leur pierre à l'édifice. Les critères de production et de distribution ne suffisent pas à définir le cinéma indépendant, qui se doit d'être indifférent aux tendances du cinéma grand public et vaguement non conformiste. Ses cinéastes ont un point de vue marqué, produisent leurs films et en conservent les droits. Entrent dans cette catégorie des réalisateurs aussi différents qu'Andy Warhol (1928-1987), Robert Altman (1925-2006), John Cassavetes (1929-1989) et George A. Romero (né en 1940).

Le cinéma indépendant américain devient un courant culturel visible dans les années 1980, avec John Sayles (né en 1950), cinéaste aux multiples talents qui réalise des drames engagés, dont *Watewan* (1987), et Jim Jarmusch (né en 1953), dont le style laconique et décalé trouve son origine dans le cinéma new-yorkais à petit budget des années 1970. En 1984, Joel et Ethan Coen (nés en 1954 et en 1957) signent une comédie noire intitulée *Sang pour sang*. En 1986, Spike Lee (né en 1957) fait son entrée avec sa comédie érotique *Nola Darling n'en fait qu'à sa tête*. Sa créativité, ses attaques politiques et son audace sans concessions en font le fer de lance d'une nouvelle vague de cinéastes afro-américains, qui inclut John Singleton (né en 1968), Matty Rich (né en 1971), Albert et Allen Hughes (nés en 1952), et d'autres qui, comme Julie Dash, signent des films plus expérimentaux.

REPÈRES

1990	1991	1992	1995	1996	1998
Cry-Baby, comédie musicale pour adolescents de John Waters (né en 1946), sort dans les salles. Elle met en scène de nombreux acteurs, dont Johnny Depp.	Le festival Utah/US devient le Festival du film de Sundance : un nom emblématique est né.	Quentin Tarantino signe *Reservoir Dogs* et devient l'un des cinéastes les plus influents de la décennie.	*Dead Man*, de Jim Jarmusch, donne naissance à un sous-genre appelé le western acide.	Joel et Ethan Coen mêlent les genres avec bonheur dans *Fargo* (voir p. 460), tournant dans la carrière de Steve Buscemi, un habitué des films indépendants.	Le scénario écrit par Matt Damon et Ben Affleck vaut un oscar à *Will Hunting*, réalisé par Gus Van Sant.

Nombre de ces pionniers font une longue carrière, placée sous le signe de la diversité. Sayles signe encore des films acclamés par la critique, notamment *Lone Star* (1996, voir p. 458), un western hors normes, et le long-métrage sur l'adoption *Casa de los babys* (2003). Jarmush continue à transgresser les frontières avec, notamment, *Dead Man* (1995, à gauche), qui revisite le western, et *Coffee and Cigarettes* (2003), série de saynètes avec de nombreuses célébrités. Lee continue son exploration des rapports humains dans *Jungle Fever* (1991) et fait une nouvelle incursion dans le territoire du documentaire avec *Katrina* (2006). Les frères Coen se font une réputation hors du cercle de leurs habitués grâce à *Barton Fink* (1991) et *Fargo* (1996, voir p. 460). Ils poursuivent avec des films plus ou moins commerciaux, mais la singularité de leur vision, parfois perverse, est toujours là et ils restent des modèles d'indépendance. Comme les frères Coen, David Lynch (né en 1946) commence sa carrière sur les marges, avec un film cauchemardesque qui ne ressemble à aucun autre, *Eraserhead* (1976).

Inauguré en 1982, le Festival du film de Sundance, appelé ainsi depuis 1991, donne ses lettres de noblesse à un cinéma indépendant qui se développe alors à une vitesse fulgurante, en partie en réaction au conservatisme de l'ère Reagan. Sundance révèle plusieurs cinéastes, dont Steven Soderbergh (né en 1963), qui décroche le prix du public pour *Sexe, mensonges et vidéo* (1989). Nominé aux oscars et palme d'or à Cannes, il attire l'attention sur les films à petit budget nouvelle génération. Depuis Soderbergh s'essaie à tous les genres, avec des budgets très variés. Robert Rodriguez (né en 1968) fait une entrée retentissante au festival de Sundance grâce à son film *El mariachi* (1992), qui devait à l'origine sortir en espagnol et uniquement en vidéo. Après cet incroyable succès, Rodriguez crée son propre petit studio, devenant ainsi une sorte de Roger Corman (né en 1926) aux inflexions latinos. Kevin Smith (né en 1970) se fait connaître au Festival de Sundance grâce à un film exubérant, *Clerks, les employés modèles* (1994, à gauche), tourné dans le magasin de quartier où il travaille alors. Cet amateur passionné reste une figure archétypale du cinéma indépendant.

Cette période voit aussi l'émergence de ce que l'on a appelé le « nouveau cinéma gay », phénomène d'ampleur internationale. Aux États-Unis, les pionniers se nomment Todd Haynes (né en 1961) et Gus Van Sant (né en 1952), qui signent respectivement *Poison* (1991) et *Mala Noche* (1986). Ils ne se laissent pas enfermer dans une catégorie et tournent ensuite des films novateurs sur le plan de la forme. Certaines femmes trouvent dans le cinéma indépendant un espace de liberté où elles peuvent créer des œuvres distinctives, par exemple Allison Anders (née en 1954), avec son étude des gangs hispaniques de Los Angeles dans *Mi vida loca* (1993) ou Maggie Greenwald (née en 1955), qui revisite le western dans *The Ballad of Little Jo* (1993).

Le cinéma indépendant est le domaine privilégié de nombreux cinéastes expérimentaux : Todd Solondz (né en 1959), auteur de satires sociales mordantes telles que *Happiness* (1998, ci-contre) ; Larry Clark (né en 1943), qui brosse

1 William Blake (Johnny Depp) agonise sur l'eau dans *Dead Man*, de Jim Jarmusch.

2 L'affiche de *Happiness* suggère que les personnages grotesques du film de Todd Solondz ne connaissent pas le bonheur.

3 Comédie à petit budget, *Clerks, les employés modèles* a été tourné en noir et blanc et la nuit dans le magasin où Kevin Smith travaillait le jour.

1998	1999	1999	2003	2003	2007
Happiness, de Todd Solondz, sort dans les salles. Ce film qui parle de solitude, de dépression et de pédophilie déclenche la controverse.	*Le Projet Blair Witch*, tourné entièrement en vidéo, est le premier film important à connaître le succès grâce à une campagne de promotion sur Internet.	Réalisé par Spike Jonze (né en 1969), *Dans la peau de John Malkovich* révèle l'originalité du scénariste Charlie Kaufman.	Réalisé à l'aide du logiciel iMovie, *Tarnation*, de Jonathan Caouette (né en 1973), montre ce que les nouvelles technologies peuvent apporter au septième art.	*Bowling For Columbine*, de Michael Moore, remporte l'oscar du meilleur documentaire.	*Little Miss Sunshine* (2006), de Valerie Faris (née en 1958) et Jonathan Dayton (né en 1957), remporte deux oscars, dont celui du meilleur scénario.

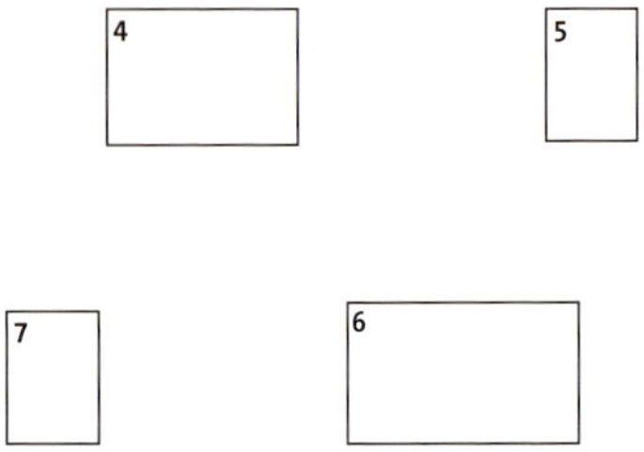

4 Dans *Buffalo '66*, Vincent Gallo met en présence Christina Ricci et un homme vindicatif qui a besoin de l'amour d'une femme.

5 L'affiche du documentaire de Michael Moore sur le massacre de Columbine High School évoque de manière subtile le message anti-armes à feu du film.

6 Le couple improbable Charlotte (Scarlett Johansson) et Bob (Bill Murray) se révèle finalement être un couple d'âmes sœurs dans *Lost in Translation*.

7 L'affiche tapageuse du film de Wes Anderson *The Royal Tenenbaums*, annonce les excentricités de la famille du même nom.

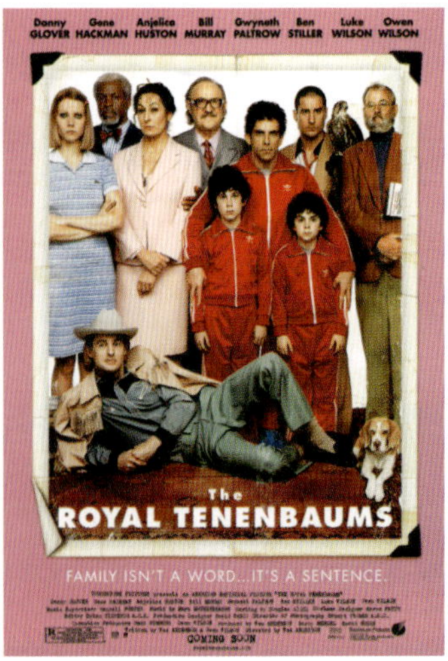

le portrait d'adolescents urbains, notamment dans le très réaliste *Kids* (1995) ; Paul Thomas Anderson (né en 1970), qui signe des films choraux léchés comme *Boogie Nights* (1997) ; et Wes Anderson (né en 1969), qui réalise *la Famille Tenenbaum* (2001, ci-contre), fable piquante et enlevée.

Vincent Gallo (né en 1961) débute sa carrière de réalisateur avec un premier long-métrage d'une grande qualité, *Buffalo '66* (1998, ci-dessus), qui a pour héros un ex-détenu accusé à tort. Il s'assure d'emblée un public fidèle pour les films novateurs qui suivent, films qui revisitent les genres traditionnels et s'accompagnent d'une bande originale peu banale. Réalisée par Richard Linklater (né en 1960), la comédie *Slacker* illustre l'esthétique du cinéma indépendant et dessine les contours d'une culture de marge. Ensuite, le réalisateur tourne des films commerciaux et des films expérimentaux, par exemple le long-métrage d'animation *Waking Life* (2001). Avec *The Virgin Suicides* (1999), son premier film, Sofia Ford Coppola (née en 1971) montre qu'elle a le cinéma dans le sang. Elle reçoit l'oscar du meilleur scénario original pour *Lost in Translation* en 2003 (à droite). Après un drame historique, *Marie-Antoinette* (2006).elle reprend son souffle grâce au très sobre *Somewhere* (2010). L'extraterrestre du cinéma indépendant reste Quentin Tarantino (né en 1963). On perçoit déjà dans *Reservoir Dogs* (récit d'un vol de bijoux raté) la patte du cinéphile monomaniaque qui sera considéré comme un petit génie du cinéma façonné par la culture populaire. Sa réputation a connu des hauts et des bas, mais Tarantino reste la référence incontournable pour tous les adeptes du cinéma indépendant.

Ce cinéma a influencé les documentaires, en particulier les documentaires d'investigation de Michael Moore (né en 1954), par exemple *Roger et moi* (1989) ou *Bowling for Columbine* (2002, à droite). Le succès de Moore fait naître une vague de documentaires extrêmement variés, du *Hoop Dreams* (1994), de Steve James (né en 1954), qui respecte les conventions du réalisme social, au *Capturing The Friedmans* (2003), d'Andrew Jarecki (né en 1963), qui s'écarte des normes.

Le Projet Blair Witch (1999) fournit le meilleur exemple du phénomène d'engouement : tourné en vidéo, ce film d'horreur qui prend la forme d'un faux documentaire sera suivi d'une kyrielle de films à petit budget du même type. Les films de genre subissent parfois par les restrictions budgétaires ; les drames peuvent continuer à fleurir même si le dépouillement est de mise, alors que l'horreur et la science-fiction ont du mal à combler les attentes d'un public habitué à des films impressionnants. Même si elles ne bénéficient pas d'un budget flamboyant, des idées neuves exprimées de façon créative peuvent faire des films de science-fiction qui se libèrent avec bonheur du carcan des conventions. *Bienvenue à Gattaca* (1997), *Donnie Darko* (2001) et *A Scanner Darkly* (2006) sont trois exemples de cette indépendance d'esprit et rappellent la science-fiction discrète du *Alphaville* (1965) de Jean-Luc Godard (né en 1930).

Plusieurs maisons de production indépendantes se font un nom à cette époque, notamment October Films et Good Machine, sans oublier Miramax, géant de la production aujourd'hui disparu. Cependant, même des films conventionnels médiocres profitent du prestige de ce type de cinéma, et nombreux sont les films qui se prétendent « indépendants ». Plusieurs grands studios décident de créer des filiales officiellement autonomes, par exemple Fox Searchlight Pictures, dans l'espoir d'attirer les esprits rebelles chez eux. De leur côté, les cinéastes adoptent alors la stratégie du « donnant, donnant » : ils font un film qui correspond aux attentes du studio, puis un autre plus personnel. Ainsi, entre deux *Hellboy* (2004-2008), films inspirés d'une bande dessinée et facilement commercialisables, le réalisateur mexicain Guillermo del Toro (né en 1964) tourne un film en espagnol qui lui tient à cœur, *le Labyrinthe de Pan* (2006). À côté des divertissements familiaux que sont les *Spy Kids*, Rodriguez tourne deux films plus expérimentaux : *Sin City* (2005). Soderbergh alterne le sciemment brillant (la trilogie *Ocean's*, 2001-2007) et la quasi-avant-garde (Girlfriend Experience, 2009). Il faut parfois faire des compromis et des réalisateurs indépendants supervisent l'écriture de films hollywoodiens pour financer leurs propres projets. Cette collaboration peut donner naissance à un croisement réussi, à des films grand public qui n'auraient guère présenté d'intérêt si le script n'avait pas été revu par des indépendants : Tarantino participe à *USS Alabama* (1995) et Sayles à *Apollo 13* (1995).

Orson Welles (1915-1985), scénariste, acteur et réalisateur, s'est battu avec les studios pour ne pas perdre le contrôle de ses films. Des réalisateurs comme les frères Coen doivent batailler pour avoir le dernier mot sur leurs créations et faire que leurs films contiennent des personnages uniques et des histoires singulières, qui n'entrent pas dans le cadre fixé par Hollywood. La singularité peut tourner à la complaisance et le cinéma indépendant doit veiller sur l'audace et l'originalité qui le distinguent. Les films indépendants peuvent être des succès du box-office : *le Projet Blair Witch* et *Little Miss Sunshine* (sortis en 2006) capturent l'air du temps et sont des succès. Depuis le début du XXIe siècle, la santé du cinéma indépendant s'est détériorée, mais avec la baisse du prix des équipements, l'importance que prend Internet et le mal qu'a Hollywood à se renouveler, on ne peut exclure un retour en force du cinéma indépendant aux États-Unis. **J. R.**

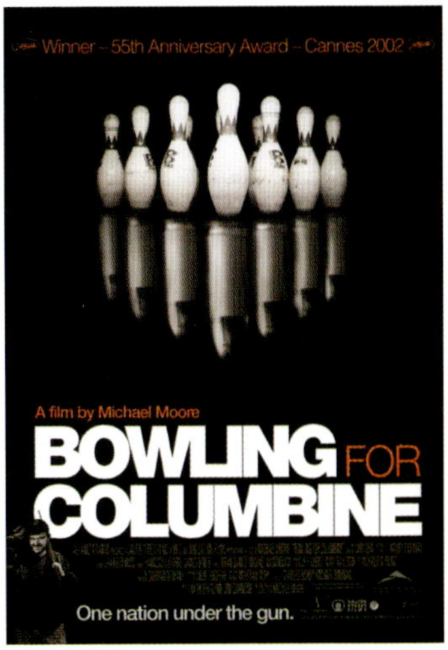

Lone Star 1996

JOHN SAYLES né en 1950

▲ Le shérif Charlie Wade incarne le racisme institutionnel.

▼ L'affiche du film annonce la couleur.

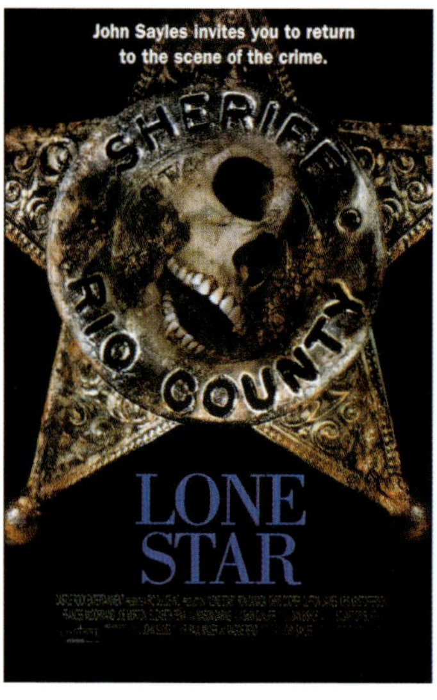

Avec *Lone Star*, John Sayles revient au type de film qu'il avait commencé à explorer en 1991 avec *City of Hope*. Dans ces deux films, Sayles prend soin de mettre en évidence les lignes de tension et les points de rencontre, montrant ainsi comment tout individu influence l'existence des autres. *Lone Star* traite des frontières artificielles, politiques ou sociales, qui ne peuvent être abolies mais que l'on peut traverser. Dans cette petite ville texane non loin de la frontière mexicaine vivent des Afro-Américains, des Hispano-Américains et des Indiens qui voient leur identité disparaître car ils ne peuvent éviter le contact avec l'Autre ou lutter contre la tendance à s'associer, inhérente à la nature humaine.

Du point de vue technique également, le film gomme les frontières. On ne passe pas aux flashbacks grâce à des fondus ou à des coupes sèches : c'est un mouvement panoramique qui nous emmène dans une zone temporelle différente, mais située dans le même espace. Le passé n'est pas coupé du présent ; il est toujours là et les individus le portent en eux. La frontière qui sépare les absolus moraux tend à s'estomper à mesure que progresse l'enquête du shérif, Sam Deeds. Il essaie de découvrir ce qui s'est passé entre son père, Buddy (Matthew McConaughey), le précédent shérif, vénéré par la population, et Charlie Wade (Kris Kristofferson), shérif corrompu et violent qui l'a précédé.

Lone Star joue avec les conventions du western de façon à mettre en relief le thème qui sous-tend tout l'œuvre de Sayles : l'individu comme produit d'influences culturelles et sociales multiples, qui, bien que modelé par le passé et par son environnement, réussit parfois à passer outre ce conditionnement. **P. K.**

LES SCÈNES PRINCIPALES

1 LE CRÂNE
Le film commence par une découverte macabre. En plein désert, sur un ancien champ de tir de l'armée, deux soldats trouvent un crâne humain et, juste à côté, une étoile de shérif rouillée. Sam Deeds, le shérif, commence alors une enquête qui lui fera remonter le temps.

2 LA CONSÉCRATION DE BUDDY DEEDS
On dévoile une plaque en mémoire de Buddy Deeds, père de Sam et shérif avant lui. Sam participe à la cérémonie à contrecœur. Il porte le poids de l'héritage paternel sur les épaules et sait parfaitement qu'il va semer le trouble s'il déterre le passé.

3 SAM ET PILAR
Sam et Pilar Cruz étaient amoureux, mais le père de Sam les a obligés à se séparer. À l'époque, bien que le sujet n'ait jamais été abordé, Sam avait conclu qu'on les avait séparés pour une question de race.

4 CHARLIE WADE EST ABATTU
Un flashback révèle qu'au moment où le shérif corrompu allait tuer Otis (Gabriel Casseus) de sang-froid, il a été abattu par son adjoint, Hollis (Jeff Monahan), et non par Buddy Deeds, comme le craignait son fils, Sam.

LE RÉALISATEUR

1950-1980
John Sayles, né à Schenectady (État de New York), est issu d'une famille catholique. Il publie son premier roman, *Pride of the Bimbos*, en 1975. En 1977, il débute en écrivant des scénarios pour Roger Corman, notamment celui de la comédie d'horreur *Piranha* (1978) et du film de gangsters *Du rouge pour un truand* (1979). Il fait ses premiers pas de réalisateur avec un film aux multiples personnages qui relate les retrouvailles *The Return of the Secaucus Seven* (1979).

1981-1989
Sayles écrit deux scénarios salués par la critique, *Hurlements* (1981) et *Lianna* (1983). En 1983 toujours, il réalise son premier film hollywoodien pour Paramount, une comédie romantique, *Baby, It's You*. Sayles continue à réaliser des longs-métrages indépendants, portant un regard aiguisé sur la société, par exemple le film de science-fiction *Brother* (1984) ou le drame historique *Matewan* (1987), nominé pour l'oscar de la meilleure photographie. Travaillant sur ses projets personnels, Sayles a fourni des scénarios à d'autres réalisateurs, a écrit des pièces de théâtre ou des romans, et a joué de petits rôles.

1990-2001
Sayles continue à s'intéresser aux questions politiques et sociales dans ses films, mais il attache aux aspects techniques, en particulier pour *City of Hope*, une histoire de corruption politique avec Chris Cooper. Le drame *Passion Fish* lui vaut une première nomination aux oscars dans la catégorie meilleur scénario. Suivent *le Secret de Roan Inish* (1994), très impressionnant visuellement, *Lone Star*, puis *Men with Guns* (1997), qui a pour cadre l'Amérique latine, et enfin le thriller atypique intitulé *Limbo* (1999).

de 2002 à nos jours
La fascination de Sayles pour l'histoire et la mythologie des États-Unis continue à donner naissance à des films résolument indépendants : *Sunshine State* (2002), *Casa de los Babys* (2003), *Silver City* (2004), *Honeydripper* (2007) et *Amigo* (2010).

Fargo 1996

JOEL COEN ET ETHAN COEN nés en 1954 et en 1957

▲ Frances McDormand a obtenu l'oscar de la meilleure actrice pour le rôle de Marge.

▼ L'affiche montre que la vie n'est pas si tranquille.

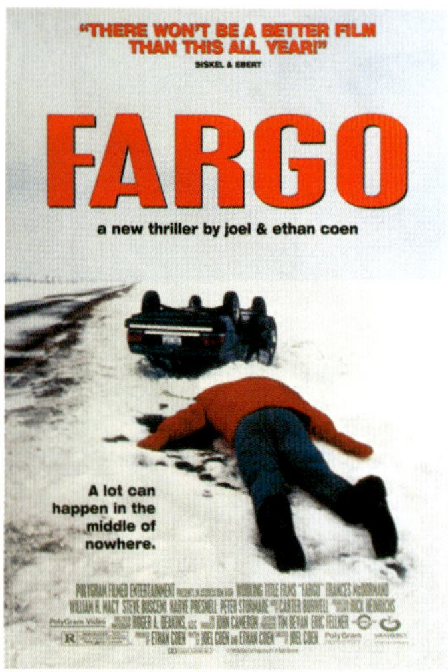

L'intrigue de ce film, qui se prétend (faussement) inspiré d'une histoire vraie, ressemble beaucoup à celle de *Sang pour sang* (1984), mais le ton est différent. Alors que *Sang pour sang* se déroule au Texas (chaleur, passion, cruauté, chapeaux de cow-boy, bagarres d'ivrognes et champs labourés), *Fargo* a pour cadre le Minnesota (neige, humour pince-sans-rire, désespoir, chapkas, crises financières et vastes étendues gelées).

Le vendeur de voitures Jerry Lundegaard (William H. Macy) est furieux contre son riche beau-père car ce dernier refuse de l'aider à payer ses dettes ou d'investir dans les projets qu'il échafaude pour gagner de l'argent. Il se rend dans la ville de Fargo, où il engage Carl Showalter (Steve Buscemi) et Gaear Grimsrud (Peter Stormare) pour enlever sa femme et extorquer une rançon à son beau-père. Avec deux complices si imprévisibles, rien ne se passe comme prévu et le bain de sang ne se fait pas attendre. Arrive alors Marge Gunderson (Frances McDormand), shérif d'une petite ville et enceinte de sept mois. Elle finit par résoudre l'affaire, mais ne se débrouille pas aussi bien dans sa vie privée. Bien qu'affectueuse envers son grincheux de mari (John Caroll Lynch), elle envisage d'avoir une liaison avec un ancien ami d'université (Steve Park), qui montre un désespoir au moins aussi grand que celui de Jerry et se révèle être plus instable qu'il ne paraît. Malgré son humour macabre, *Fargo* recèle un trésor de sentiments aussi gros que le ventre de Marge. Il n'est pas nécessaire que l'héroïne explique que les gens seraient plus heureux s'ils essayaient de se comprendre pour que le spectateur soit ému à la vue de gens bien qui luttent contre la désespérance. **K. N.**

LES SCÈNES PRINCIPALES

1 MARGE ENQUÊTE
Marge, à la grossesse déjà avancée, inspecte le lieu du crime et effectue des déductions logiques : « Bon, un flic arrête une voiture, il se fait descendre, l'autre voiture passe, il y a une course-poursuite et puis après, une espèce d'exécution. »

2 LES RETROUVAILLES
Marge a rendez-vous avec un vieil ami. Il attend beaucoup plus de cette rencontre qu'elle et finit par lui dire en sanglotant : « T'étais une fille tellement géniale, et je... je me sens si seul ! » Marge le croit quand il affirme qu'il est veuf.

3 LE TRÉSOR CACHÉ
Blessé à la tête lors de l'échange de coups de feu avec le beau-père de Jerry, Carl enterre le sac contenant la rançon dans la neige près de la route. La marque qu'il fait dans la neige à l'aide d'un grattoir ne sera pas probablement pas visible très longtemps...

4 UNE BRUME ROUGE
Le seul épisode inspiré d'une histoire vraie est celui où Marge surprend Gaear en train de faire entrer le corps de Carl dans un broyeur à bois. Gaear tente de fuir, mais Marge lui tire une balle dans la jambe et l'arrête en disant : « Il n'y a pas que l'argent dans la vie. »

LE RÉALISATEUR

1954-1989
Les deux frères naissent à Minneapolis, de parents universitaires. En 1984, ils travaillent à *Sang pour sang*, hommage au film noir (voir p. 168). Cette année-là, Joel épouse Frances McDormand, qui tourne ensuite dans plusieurs de leurs films. Les deux frères co-écrivent les scénarios, mais, au début, Joel est officiellement le réalisateur et Ethan le producteur. Ils finissent par admettre qu'ils travaillent ensemble à la réalisation comme à la production. En 1987, ils réalisent la comédie flamboyante *Arizona Junior* (1987), avec Nicolas Cage et Frances McDormand. Ces deux premiers films sont tellement originaux qu'ils deviennent très vite cultes.

1990-1991
Le duo impose son style dans une série de films décalés qui revisitent les genres. Il y est souvent question de crime, notamment d'enlèvement, et de pactes avec le Diable. Le premier est *Miller's Crossing* (1990), un film de gangsters. Le grand public les découvre grâce à *Barton Fink* (1991), palme d'or au Festival de Cannes.

1992-2002
Ils continuent à mélanger les genres dans la comédie loufoque *le Grand Saut* (1994), le thriller culte *Fargo*, la comédie à la fois burlesque et noire *The Big Lebowski* (1998), avec Jeff Bridges, et la comédie *O'Brother*, avec George Clooney dans le rôle de l'un des prisonniers évadés. Et un film néo-noir, *The Barber* (2001).

de 2003 à nos jours
Les frères Coen réalisent un film plus commercial, *Intolérable Cruauté* (2003), qui traite des relations hommes-femmes et dans lequel George Clooney joue le rôle principal. Ils signent un remake de la comédie rocambolesque d'Alexander Mackendrick *The Ladykillers* (2004). Leur adaptation du roman de Cormac McCarthy, *No Country for Old Men* (2007), remporte quatre oscars, dont celui du meilleur film. Les deux frères réalisent ensuite deux films dotés d'un scénario plus original, *Burn After Reading* (2008) et *A Serious Man* (2009), puis un remake d'un western de Henry Hathaway (1898-1985), *True Grit* (2010).

LES CINÉMAS AUSTRALIEN ET NÉO-ZÉLANDAIS

1 La comédie de P. J. Hogan, *Muriel*, révèle Toni Collette au grand public. Elle y incarne une Australienne de province, marginale et fan d'Abba.

2 Paul Mercurio et Tara Morice entrent en piste dans la comédie musicale de Baz Luhrmann, *Ballroom Dancing*.

3 Tournée par Jane Campion, l'histoire émouvante d'une muette et de sa fille a pour cadre des paysages superbes et oniriques dans *la Leçon de piano*. Le film contribue à faire découvrir le cinéma néo-zélandais au monde entier.

Diversité : telle est la caractéristique du cinéma australien des années 1990. À mesure que le pays s'ouvre et accepte les collaborations internationales croît sa volonté de redéfinir son image culturelle, de montrer que la vie à l'autre bout du monde ne se résume pas à ce qu'en laisse voir *Crocodile Dundee* (1986). Le cinéma australien donnait surtout naissance à des drames à fort contenu culturel, qui relevaient du réalisme social et ne faisaient pas toujours dans la nuance. Dans les années 1990, une nouvelle génération d'acteurs australiens apparaît, dans des films qui ne sont pas toujours australiens : G. Rush, N. Kidman, C. Blanchett, T. Collette ou H. Ledger.

Peter Weir (né en 1944) assied sa réputation internationale avec la comédie romantique *Green Card* (1990) et son surréaliste *Truman Show* (1998). Phillip Noyce (né en 1950) fait fructifier le succès de son thriller *Calme blanc* (1989) avec deux films hollywoodiens qui mettent en vedette Harrison Ford, *Jeux de guerre* (1992) et *Danger immédiat* (1994). Le Néo-Zélandais Peter Jackson change de registre en passant de l'horreur au drame avec *Créatures célestes* (1994, voir p. 466), qui lui vaut une reconnaissance internationale. Les cinémas australien et néo-zélandais se distinguent par leurs films familiaux, par exemple l'histoire touchante d'un petit cochon qui rêve d'être chien de berger dans *Babe* (1995), film signé Chris Noonan (né en 1952) qui rapporte 36,77 millions de dollars australiens.

Baz Luhrmann (né en 1962) et Stephan Elliott (né en 1964), scénaristes et réalisateurs, réinventent la comédie musicale et le film de danse dans leur premier film, insufflant ainsi une nouvelle vie au cinéma australien dans son

REPÈRES

1990	1990	1991	1993	1994	1994
Un ange à ma table, de Jane Campion, est le premier film néo-zélandais projeté à la Mostra de Venise. Il remporte le grand prix spécial du jury.	Nicole Kidman débute aux États-Unis dans le blockbuster *Jours de tonnerre*, aux côtés de Tom Cruise.	Peter Weir est nominé aux oscars pour *Green Card* dans la catégorie meilleur scénario original.	Avec *la Leçon de Piano* Jane Campion devient la deuxième femme nominée pour l'oscar du meilleur réalisateur. Le film est également en lice pour l'oscar du meilleur long-métrage.	*Créatures célestes* (voir p. 466) est nominé pour l'oscar du meilleur scénario original.	*Ballroom Dancing*, de Baz Luhrmann, est nominé aux Golden Globes dans la catégorie meilleure comédie ou meilleur film musical.

ensemble. Le premier signe *Ballroom Dancing* (1995), le second *Priscilla, folle du désert* (1994, voir p. 464), films qui utilisent humour, musique entraînante, couleurs vives et personnages extravagants pour décrire une Australie optimiste et accueillante. *Ballroom Dancing* raconte les heurs et malheurs d'un danseur de salon, Scott Hastings (Paul Mercurio), qui se libère du carcan de la tradition avec l'aide de la timide Fran (Tara Morice), jeune femme d'origine espagnole. On trouve déjà la patte de Lurhmann dans les mouvements de caméra et la mise en valeur de costumes exceptionnels, qui font de ce film un vrai bijou visuel. Sa réflexion sur l'ethnicité et sur l'identité australienne contemporaine fait apparaître une nation prête à abandonner son héritage colonial britannique. *Ballroom Dancing* remporte un franc succès en Australie et un succès critique à l'étranger, ce qui ouvre les portes de Hollywood au réalisateur.

La Leçon de piano (1993, en bas), film d'art et d'essai de la réalisatrice néo-zélandaise Jane Campion (née en 1954), est un énorme succès international. Il remporte la palme d'or à Cannes et trois des huit oscars pour lesquels il était en lice. Servi par une musique du compositeur anglais Michael Nyman, ce film qui mêle angoisse et amour passionné a pour cadre la Nouvelle-Zélande du XIXe siècle et offre des interprétations magistrales : l'actrice américaine Holly Hunter se distingue dans le rôle de l'Écossaise muette Ada McGrath, la Canadienne Anna Paquin dans celui de sa fille, Flora, le Néo-Zélandais Sam Neill dans celui de son mari, Alistair Stewart, et enfin l'Américain Harvey Keitel dans celui de son amant, George Baines. Ce film international réussit à faire entrer la Nouvelle-Zélande dans la cour des grands. La réalisation subtile de Campion bat en brèche l'idée qu'une femme immigrante et muette ne peut être que victime. À l'instar de Luhrmann et Elliott, Campion met au centre du film ceux qui sont sur les marges. Campion retrouve le caméraman néo-zélandais d'origine britannique Stuart Dryburgh, avec lequel elle avait collaboré pour *Un ange à ma table* (1990). Ses mouvements de caméra donnent un aspect irréel à la lugubre côte néo-zélandaise et mettent en relief l'isolement de McGrath.

Film à petit budget australien du scénariste et réalisateur P. J. Hogan (né en 1962), *Muriel* (1994, à gauche) s'intéresse au sort d'une exclue, Muriel Heslop (Toni Collette). Jeune femme décalée qui grandit dans un trou perdu de province, elle rêve de s'intégrer. Obsédée par Abba et le mariage, elle s'enfuit à Sydney, où une copine d'école, Rhonda Epinstalk (Rachel Griffiths), l'initie à la vie citadine. À la surprise générale, bien que les actrices principales soient de parfaites inconnues, le film remporte un vif succès car le public est touché par le destin du vilain petit canard qui tourne bien. Comme Luhrmann et Elliott, Hogan utilise des chansons populaires, celles d'Abba, ce qui contribue au succès du film, mais le script et les personnages en restent les atouts majeurs. *Muriel* commence comme une comédie pour filles, mais très vite, le ton devient plus sérieux et la comédie gentillette se transforme en un film sur le passage à l'âge adulte, à mesure que Muriel affronte responsabilités et tragédies de la vie. **C. K.**

1996	1996	1997	1997	1999	2000
Babe est nominé pour sept oscars, dont ceux du meilleur long-métrage et du meilleur réalisateur.	Peter Jackson tourne son premier film hollywoodien à gros budget, *Fantômes contre fantômes*, film d'horreur délirant tourné en Nouvelle-Zélande.	Geoffrey Rush devient le premier acteur australien à remporter l'oscar du meilleur acteur pour son rôle de pianiste dans *Shine*.	Cate Blanchett obtient son premier rôle principal aux côtés de Ralph Fiennes dans l'adaptation du roman *Oscar et Lucinda*, de Gillian Armstrong (née en 1950).	Heath Ledger fait des débuts remarqués sur la scène internationale grâce à la comédie pour adolescents intitulée *10 bonnes raisons de te larguer*.	Toni Collette est nominée pour l'oscar du second rôle féminin pour son interprétation de la mère dans le thriller *Sixième Sens*.

Priscilla, folle du désert 1994

The Adventures of Priscilla, Queen of the Desert STEPHAN ELLIOTT né en 1964

▲ Adam/Felicia se donne en spectacle sur le toit du bus, que la troupe a baptisé Priscilla.

▼ Ce road-movie australien affiche son exubérance très « folle perdue ».

Imaginé, écrit et réalisé par Stephan Elliott, ce film australien mi-road-movie, mi-comédie musicale contribue à relancer le film musical. Une bande originale mêlant classiques des années 1930 et tubes disco fait de *Priscilla, folle du désert* l'un de ces films populaires qui mettent de bonne humeur. C'est inattendu pour un film réunissant trois drag-queens traversant l'Australie de Sydney à Alice Springs pour donner un spectacle dans un hôtel, sujet *a priori* peu susceptible de susciter l'engouement. Ce film est bien plus que le traditionnel film de drag-queens. Les dialogues intelligents et percutants d'Elliott, qui fourmillent de réparties cinglantes, en forment la charpente. La prise de vues de Brian J. Breheny, en particulier des paysages de désert, garantit un effet visuel riche et splendide. Mais ce qui étonne par-dessus tout, ce sont les costumes à couper le souffle conçus par Tim Chappel et Lizzy Gardiner : ils apportent vie et couleur dans un cinéma australien alors ancré dans le monde maussade aux teintes brunes de la série des *Mad Max* (1975-1985). La créativité des costumiers ne connaît pas de limites : ils vont même jusqu'à créer une robe faite de tongs en caoutchouc.

Le film est également une invitation à la tolérance et se penche sur les concepts de masculinité et de normalité dans ce pays connu pour sa culture machiste. Elliott a déclaré qu'il souhaitait mettre en avant un autre domaine de la culture australienne, celui des drag-queens de Sydney. Terence Stamp dans le rôle de Bernadette, Hugo Weaving dans celui de Tick/Mitzi et Guy Pearce dans celui d'Adam/Felicia sont convaincants en drag-queens qui finissent par se réconcilier avec eux-mêmes au cours de ce voyage initiatique. **C. K.**

LES SCÈNES PRINCIPALES

1 LE BUS
La Priscilla du titre est en fait le bus des drag-queens. C'est un vrai personnage du film, en raison de son nom, mais aussi en vertu des changements qu'il subit, d'abord quand il recouvert de graffitis puis lorsque Adam/Felicia le peint en rose dans le désert.

2 LE DÉSERT
Elliott, Bréhény et le producteur Al Clark étaient très attachés à l'idée du désert comme décor pour souligner l'isolement des drag-queens mais aussi pour ses potentialités cinématographiques (grands espaces et large palette de couleurs).

3 DANSE ET CHANT AVEC LES ABORIGÈNES
Les drag-queens croisent la route d'un Aborigène, qui leur demande de l'accompagner à un rassemblement. Est ainsi établi le contraste avec la scène précédente, dans laquelle un couple de Blancs, effrayé par les drag-queens, s'enfuit à toute allure.

4 LA REVUE À ALICE SPRINGS
Les couleurs vives des costumes des artistes rappellent celles du désert. Apparaissent également des éléments (par exemple, la tête d'émeu) qui renvoient à l'effet que le voyage a eu sur les voyageurs eux-mêmes. Le film a remporté l'oscar des meilleurs costumes.

LE RÉALISATEUR

1964-1979
Stephan Elliott est né à Sydney, en Australie, le 27 août 1964. Passionné par le cinéma, il se voit offrir une caméra à l'âge de sept ans et, un an plus tard, il décide qu'il sera réalisateur. Il commence à faire des vidéos de mariages à treize ans seulement. Après le lycée, il étudie le montage à l'université technologique de Sydney.

1980-1993
Il travaille sur plus de trente films, souvent comme assistant-réalisateur, avant de tourner son premier long-métrage, *Frauds* (1993), une comédie amère avec Hugo Weaving et le chanteur Phil Collins. Le film fait partie de la sélection de Cannes.

1994-2003
Elliott fait son entrée sur la scène internationale avec *Priscilla, folle du désert*, suivie par une deuxième comédie musicale en 1997, *Bienvenue à Woop Woop*, avec Rod Taylor. Vient ensuite l'adaptation d'un thriller d'espionnage, *le Voyeur* (1999), avec Ewan McGregor. Ces deux derniers films sont des échecs commerciaux, et c'est un Elliott dépité qui décide de quitter le show-business.

2004-2008
Un grave accident de ski et une longue hospitalisation ravivent la flamme créative d'Elliott, qui retourne à ses premières amours et à son premier succès en adaptant *Priscilla* pour la scène. Il retrouve alors l'énergie de tourner et réalise *Un mariage de rêve* (2008), une comédie en costume tirée de la pièce du même nom, de Noël Coward, avec Kristin Scott Thomas et Colin Firth. Le film reçoit un accueil mitigé de la critique et ne fait que peu d'entrées.

de 2009 à nos jours
Elliott retourne en terrain connu avec *A Few Best Men* (2011), une comédie originale qui a pour personnage principal un futur marié qui, avec ses trois témoins, parcourt la campagne australienne pour se rendre à son mariage.

Créatures célestes 1994

Heavenly Creatures PETER JACKSON né en 1961

▲ Juliet et Pauline se créent un monde à elles, dangereusement attirant.

▼ *Créatures célestes* remporte l'oscar du meilleur scénario original.

Même s'il s'inspire d'une véritable histoire de meurtre, *Créatures célestes* n'a rien d'un thriller racoleur. Le drame de Peter Jackson, sensible et fantasque, dépeint avec tendresse et finesse le malaise de l'adolescence et les amitiés obsessionnelles, en l'occurrence une amitié qui pousse deux jeunes filles à commettre l'impensable pour échapper à la séparation.

De nombreux spectateurs savent que Pauline Parker (Melanie Lynskey) et son amie Juliet Hulme (Kate Winslet) ont assassiné la mère de Pauline, et cette information fait planer sur le film une ombre angoissante. Elle ne rend pas moins touchante l'amitié innocente et rieuse des deux jeunes filles, mais ajoute une dimension au film. Le spectateur regarde les deux filles se construire un monde imaginaire et comprend leur exaltation lorsqu'elles se découvrent des points communs. Jamais Jackson et sa co-scénariste, son épouse, Fran Walsh, ne tentent de justifier les actes des deux jeunes filles, mais le film s'efforce de sonder leurs émotions et d'expliquer comment deux esprits ont pu se leurrer à ce point.

Les cinéastes disposaient de plusieurs atouts : tout d'abord, un casting exceptionnel, qui inclut une Kate Winslet, alors inconnue du grand public. Ensuite, la découverte du journal de Pauline, utilisé comme trame narrative et qui donne une authenticité sans égale au film. Walsh et Jackson reçoivent plusieurs récompenses et des éloges mérités pour ce film, qui capture l'essence fantasque de l'adolescence tout en faisant la lumière sur un mystère qui avait choqué et fasciné quelque quarante ans plus tôt. **A. S.**

LES SCÈNES PRINCIPALES

1 QUE LE RÊVE COMMENCE
Pauline arrive chez Juliet. Le chant des oiseaux et une musique accompagnent l'entrée de la jeune femme, qui semble tout droit sortie d'un tableau romantique. Cette scène souligne la nature fantasque de Pauline, et marque le début de son amitié pour Juliet.

2 UNE NUIT PASSIONNÉE
Après avoir vu *le Troisième Homme,* Pauline et Juliet imaginent comment les personnages de fiction qu'elles ont créés feraient l'amour et jouent la scène. C'est une interprétation sexuelle du passage du journal de Pauline, trame narrative de cette scène.

3 L'IRRÉPARABLE
Honora (Sarah Peirse), la mère de Pauline, emmène Juliet et sa fille en promenade, sans se douter du sort qui l'attend. Elle se penche pour ramasser un bijou que les filles ont laissé tomber, Pauline la frappe à la tête à plusieurs reprises avec une brique, et la tue.

LE RÉALISATEUR

1961-1982
Peter Jackson est né en Nouvelle-Zélande, de parents anglais. Enfant, il tente de recréer des films avec une caméra Super 8.

1983-1987
En 1987, apprenti-photograveur dans un journal, Jackson reprend son court-métrage *Bad Taste* pour en faire un film d'horreur.

1988-1993
Il devient célèbre pour ses comédies d'horreur burlesques. D'autres comédies de ce type suivent, tel *Braindead* (1992), qui permet à Jackson de peaufiner ses qualités de cinéaste.

1994-1996
Créatures célestes révèle une autre facette de son travail, pour le plus grand plaisir des spectateurs. Ce succès lui permet de tourner un film hollywoodien, *Fantômes contre fantômes* (1996), qui ne connaît pas le même succès.

1997-2004
Il obtient les droits de romans qu'il adorait enfant, *le Seigneur des anneaux* de J. R. R. Tolkien, qu'il débute en Nouvelle-Zélande en 1999. La trilogie (voir p. 530) est un succès planétaire qui fait de lui l'un des réalisateurs les plus influents de son époque.

de 2005 à nos jours
En 2005, Jackson tourne une autre de ses histoires préférées, *King Kong*, puis retourne à des sujets plus contemplatifs dans *Lovely bones* (2009). Il forme ensuite le projet d'adapter *Bilbo le Hobbit*, de Tolkien, en deux longs-métrages, qui sortiront en 2012 et en 2013.

QUE SONT-ELLES DEVENUES ?

Pauline Parker et Juliet Hulme (ci-dessous) ont été condamnées à une peine de cinq ans de prison. Elles n'ont été libérées qu'à la condition de ne plus se revoir. Leurs parcours constituent une postface intéressante au film. Pauline a changé de nom pour devenir Hilary Nathan et elle s'est installée dans le Kent (Angleterre), où elle a enseigné l'équitation. Elle se serait convertie au catholicisme. Un journaliste néo-zélandais prétend l'avoir retrouvée, recluse dans les Orcades. Juliet Hulme a émigré aux États-Unis et s'est convertie au mormonisme avant de s'installer en Écosse. Elle est devenue Anne Perry, s'est mise à l'écriture de romans policiers à la fin des années 1970. Elle est aujourd'hui un auteur prolifique. Elle est célibataire et vit avec son frère, qui édite ses romans. Comme Pauline, elle dit ne pas avoir vu *Créatures célestes.*

LE CINÉMA BRITANNIQUE ET IRLANDAIS

1 La manière forte est employée pour faire avouer Gerry Conlon (Daniel Day-Lewis) dans *Au nom du père*. Le scénario repose sur l'autobiographie de Conlon.

2 Hugh Grant se cache dans un placard dans l'une des scènes les plus drôles de *Quatre Mariages et un enterrement*.

3 La version anglaise de l'affiche culte du film devenu culte, *Trainspotting*, adapté du roman d'Irvine Welsh.

En 1989, le cinéma britannique est au plus bas. Cependant, même pendant ces années noires, la Grande-Bretagne compte des acteurs de premier plan, et l'oscar de Daniel Day-Lewis pour son interprétation de Christy Brown dans *My Left Foot* (1989) marque la renaissance du cinéma outre-Manche. Dans les dix années suivantes, quinze interprètes anglais ou irlandais sont nominés pour l'oscar du meilleur acteur ou de la meilleure actrice, et leur succès contribue à mettre les pleins feux sur le cinéma britannique et irlandais.

Après la disparition de l'un des réalisateurs les plus innovants du cinéma britannique, Derek Jarman (1942-1994), les années 1990 voient l'éclosion de nouveaux talents comme Danny Boyle (né en 1956), avec deux films haletants, *Petits Meurtres entre amis* (1994) et *Trainspotting* (1996, à droite). Guy Ritchie (né en 1968) revisite le film de gangsters dans sa comédie qui met scène des malfrats londoniens, *Arnaques, crimes et botanique* (1998). Mike Leigh (né en 1943) consolide sa place de premier ordre avec trois films de renommée internationale : *Life is Sweet* (1990), *Naked* (1993) et *Secrets et mensonges* (1996, voir p. 472). Ce dernier explore de nouveaux territoires en abordant le thème de la différence et des stéréotypes raciaux, reflétant ainsi les interrogations de la société britannique contemporaine, qui doit s'adapter à un multiculturalisme croissant.

La production anglo-irlandaise de la décennie continue de s'intéresser aux choix politiques de Margaret Thatcher. Dans *The Crying Game* (1992, voir p. 470) et dans *Au nom du père* (1993, ci-dessus), Neil Jordan (né en 1950) et Jim Sheridan

REPÈRES

1992	1992	1993	1994	1994	1995
The Crying Game (voir p. 470) est nominé six fois aux oscars. Neil Jordan reçoit celui du meilleur scénario original.	E. Thompson reçoit l'oscar de la meilleure actrice pour *Retour à Howards End*. L'année suivante, elle est nominée pour *les Vestiges du jour* et *Au nom du père*.	*Blue*, de Derek Jarman, sort dans les salles quatre mois avant sa mort. Placés devant un écran de couleur bleu, ses acteurs et lui racontent des épisodes de sa vie.	*Quatre Mariages et un enterrement* devient le film le plus rentable de l'histoire du cinéma britannique. Les recettes s'élèvent à plus de 245,7 millions de dollars.	*La Folie du roi George* sort dans les salles. Le film relate l'histoire vraie du roi George III, qui doit faire face à la maladie mentale. Il remporte l'oscar de la meilleure direction artistique.	Le gouvernement conservateur annonce qu'une partie des bénéfices du Loto sera reversée à divers fonds de financement pour le cinéma britannique.

(né en 1949) s'interrogent sur les effets du conflit en Irlande du Nord, qu'ils abordent en mettant l'individu au premier plan. Le film de Sheridan s'inspire de l'histoire vraie des Quatre de Guildford, qui furent accusés à tort d'avoir organisé un attentat commandité par l'IRA. Le film se centre sur l'un des accusés, Gerry Conlon (Daniel Day-Lewis), et ses relations avec son père, également incarcéré, Giuseppe (Pete Postlethwaite), et leur avocate Gareth Peirce (Emma Thompson). Leur interprétation émouvante du fils rebelle, du père plein d'humilité et de l'avocate sans peur et sans reproche confère au film toute sa force poignante et vaut aux trois interprètes une nomination aux oscars. Réalisé par Ken Loach (né en 1936), *Land and Freedom* (1995) explore des thèmes similaires, ceux de l'identité et de l'idéalisme sur fond de conflit, ici la guerre civile espagnole.

Même si *Retour à Howards End* (1992) et *Shakespeare in Love* (1998, voir p. 444) restent des valeurs sûres du cinéma britannique, le changement le plus heureux des années 1990 est la résurgence de la comédie. *Quatre Mariages et un enterrement* (1994, ci-contre), la comédie romantique de Mike Newell (né en 1942), triomphe et marque le début d'une collaboration fructueuse entre le scénariste Richard Curtis et l'acteur Hugh Grant, qui mène cinq ans plus tard à *Coup de foudre à Notting Hill*. Le succès de *Quatre Mariages et un enterrement* ouvre la voie à des productions plus réalistes, comme *les Virtuoses* (1996) et *The Full Monty* (1997), qui dépeint une classe ouvrière à terre, mais qui résiste. La dignité des membres de la fanfare face à la fermeture de la mine où ils travaillent dans *les Virtuoses* et celle des chômeurs contraints de s'improviser strip-teasers dans *The Full Monty* émeuvent les spectateurs du monde entier, prouvant au passage que les réalisateurs anglo-irlandais n'ont pas à renier leur culture pour plaire au public américain. **C. K.**

1995	1996	1996	1997	1997	1998
Également nominée pour celui de la meilleure actrice, Emma Thompson remporte l'oscar du meilleur scénario pour l'adaptation du roman de Jane Austen, *Raison et Sentiments*.	*Secrets et Mensonges* (voir p. 472) remporte la palme d'or à Cannes et est nominé pour cinq oscars, dont ceux du meilleur long-métrage et du meilleur réalisateur.	*Trainspotting* est en lice pour l'oscar du meilleur scénario adapté.	Judi Dench et Billy Connolly sont à l'affiche de *la Dame de Windsor*, qui traite du lien particulièrement fort unissant la reine Victoria et son serviteur écossais.	*The Full Monty* est nominé aux oscars dans 4 catégories, dont meilleur réalisateur et meilleur long-métrage. Le film reçoit la récompense meilleure musique originale.	Le gouvernement rend un rapport de ses projets en matière d'industrie cinématographique et préconise la fusion des diverses institutions en un unique Conseil du cinéma britannique.

The Crying Game 1992

NEIL JORDAN né en 1950

▲ Cette image montre Dil dans son numéro de cabaret.

▼ L'affiche peut laisser penser que *The Crying Game* est un fil néo-noir sensuel.

Le film *The Crying Game* (1992), qui contient l'un des coups de théâtre les plus célèbres du cinéma, distille les éléments qui font de Neil Jordan une figure imprévisible du cinéma britannique et irlandais. Après *High Spirits* (1988) et *Nous ne sommes pas des anges* (1989), films hollywoodiens qui ne connaissent pas un grand succès, et *l'Étrangère* (1991), qui est un fiasco commercial, Jordan retourne à la narration plus brutale qui avait fait sa réputation.

C'est son caractère inclassable qui fait le succès de *The Crying Game* et qui explique que l'on peut le voir et revoir avec le même plaisir. L'histoire commence avec l'enlèvement d'un soldat britannique par l'IRA. Elle s'inspire d'une nouvelle de Frank O'Connor, *Un hôte de la nation* (1931), dans laquelle deux militants indépendantistes irlandais se lient d'amitié avec le soldat britannique qu'ils sont censés tuer. La mort du soldat met fin à ce qui aurait pu être un thriller politique à suspense convenu. Le film nous livre une liaison à la fois touchante et prenante entre l'indépendantiste irlandais (Stephen Rea) et Dil (Jaye Davidson), l'amour du soldat britannique. Les deux trames narratives se rejoignent en un final violent.

Le film est en fait un hymne à l'irrationalité des amours humaines. La relation étrange qui se noue entre Fergus et Dil, par l'intermédiaire du barman (et confident) qui travaille dans le pub où Dil chante, se transforme vite en une relation complexe où malentendus et *a priori* entravent la communication. Pourtant, lorsque ceux-ci se dissipent et que les vérités de chacun se font jour, il en résulte non de la répulsion, mais la prise de conscience que ces révélations n'ont fait que renforcer le lien qui les unit. **I. H. S.**

LES SCÈNES PRINCIPALES

1 LES DÉBUTS D'UNE AMITIÉ
Fergus se lie d'amitié avec un soldat britannique, qui, bizarrement, est joué par Forest Whitaker. Il en résulte un cas de conscience lorsque le militant de l'IRA reçoit l'ordre de tuer le Britannique. Fergus se voit dans l'incapacité de l'exécuter.

2 LE NUMÉRO DE CABARET DE DIL
Jaye Davidson chante en playback sur la chanson qui a donné son titre au film, et « endort » les soupçons du spectateur. Les paroles de la chanson reflètent la profondeur des émotions de chaque personnage ainsi que le chaos de la société de l'époque.

3 LA VÉRITÉ EST RÉVÉLÉE
Fergus découvre le « secret » de Dil. La scène est d'autant plus efficace que Dil pense que Fergus sait, et leur surprise mutuelle permet au ton d'osciller entre drôlerie et tristesse. Le coup de théâtre a souvent été repris et parodié, mais il n'a rien perdu de sa force.

4 AU NOM DE L'AMOUR
L'épilogue fait écho à des scènes similaires vues dans d'autres films. Il permet aussi au réalisateur de montrer que la relation entre Fergus et Dil n'est pas un simple flirt nourri de douleur et de culpabilité. Il s'agit d'un échange optimiste, qui augure un avenir serein.

LE RÉALISATEUR

1950-1993
Neil Jordan est né dans le comté de Sligo, en Irlande. Sa première réalisation, *Angel* (1982), recèle un style visuel tout en lyrisme que l'on retrouve dans ses meilleures œuvres. Ce film marque également le début de sa collaboration avec l'acteur Stephen Rea, qui tourne dans la plupart de ses films. Après une adaptation ambitieuse des nouvelles iconoclastes d'Angela Carter dans *la Compagnie des loups* (1984), il tourne un film de gangsters violent, *Mona Lisa* (1986). Ces deux longs-métrages, qui minent de l'intérieur les conventions de genres établis, révèlent une fascination pour la sexualité. Son petit détour par Hollywood se révèle nettement moins fructueux.

1994-1995
Après le succès de *The Crying Game*, Jordan connaît un fiasco avec l'adaptation du roman de vampire d'Anne Rice, *Entretien avec un vampire* (1994), avec Tom Cruise, Antonio Banderas, Kirsten Dunst et Brad Pitt. Le film, qui bénéficie pourtant d'un budget colossal, est handicapé par le scénario de Rice, qui reste trop servilement fidèle au roman.

1996-1999
Film de bonne qualité, réalisé anonymement, *Michael Collins* (1996) est bien servi par le jeu de Liam Neeson et Alan Rickman, mais Jordan revient à ses premières amours avec l'adaptation risquée d'un roman de Patrick McCabe, *Butcher Boy* (1997). Il réussit également une adaptation magistrale du roman de Graham Green *la Fin d'une liaison* (1999). *Prémonitions* (1999), avec Robert Downey Jr, est une erreur de parcours étonnante.

de 2000 à nos jours
Après *l'Homme de la Riviera* (2002), remake réussi de *Bob le flambeur*, de Jean-Pierre Melville (1956), il adapte de nouveau Patrick McCabe, dans *Breakfast on Pluto* (2005), avec Cillian Murphy dans le rôle d'un travesti. Vient ensuite un thriller moins réussi qui met en vedette Jodie Foster, *À vif* (2007). De retour en Irlande, Jordan écrit et réalise un petit bijou visuel, qui malheureusement sonne parfois creux : *Ondine* (2009), conte de fées contemporain inspiré de la mythologie irlandaise.

Secrets et Mensonges 1996

Secret & Lies MIKE LEIGH né en 1943

▲ Des retrouvailles mère-fille tendues...

▼ ... et une soirée plus joyeuse pour les deux femmes sur l'affiche du film.

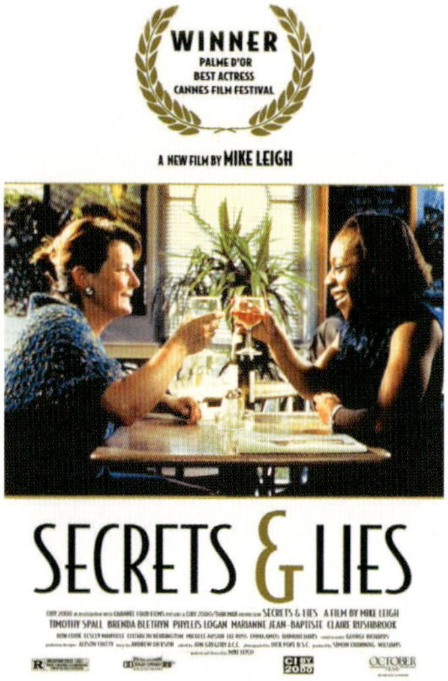

Si *Secrets et Mensonges* ne remporte aucun oscar malgré ses cinq nominations, Brenda Blethyn reçoit l'équivalent britannique de cette récompense pour sa prestation dans le rôle principal et Mike Leigh se voit décerner le prix du meilleur scénario original et celui du meilleur film. Comme à son habitude, Leigh collabore avec ses acteurs pour élaborer le script, les enjoignant à improviser pour préparer leur rôle. Cette approche aboutit à une scène mémorable lorsque Cynthia (Brenda Blethyn) retrouve Hortense (Marianne Jean-Baptiste), la fille qu'elle a abandonnée, ignorant qu'elle était métisse. Ce long plan séquence laisse éclater l'intensité douloureuse du jeu de Blethyn, dont le déni poli cède le pas à la honte hystérique lorsqu'elle se rappelle les circonstances qui ont mené à la conception d'Hortense. Mélange d'humour noir et de moments de pathos, cette scène illustre le style de Leigh et de Blethyn, fins observateurs du comportement humain et tenants du réalisme social.

Secrets et Mensonges se concentre sur une famille, mais dresse par petites touches révélatrices le portrait d'autres couples et cellules familiales. Pour cela, Leigh fait du frère de Cynthia, Maurice (Timothy Spall), un photographe de studio, ce qui place le spectateur derrière son objectif lors des séances de portraits. Il en ressort une série de vignettes amusantes dans lesquelles les sujets se trahissent en révélant tensions familiales et liens affectifs. Si un grand nombre des acteurs impliqués sont déjà réputés, pour d'autres, ce film est l'occasion de les faire connaître. Pour tous, en tout cas, *Secrets et Mensonges* marque un point culminant de leur carrière cinématographique. **A. S.**

LES SCÈNES PRINCIPALES

1 RELATIONS RACIALES
Hortense se rend au centre d'adoption et a accès à son dossier. Elle y lit le nom de sa mère, « Cynthia Rose Purley », et se met à pleurer quand elle découvre qu'elle blanche. Elle reste sidérée.

2 L'APPEL TÉLÉPHONIQUE
Cynthia vient de se disputer avec sa fille Roxanne (Claire Rushbrook) lorsque Hortense lui téléphone. En larmes, Cynthia est abasourdie d'entendre la fille qu'elle a abandonnée à la naissance, et la supplie de ne pas lui rendre visite.

3 LA RÉVÉLATION
Hortense et Cynthia ont une conversation gênée au café, Cynthia pensant qu'une erreur a été commise dans le dossier d'adoption. Tout à coup, Cynthia se rappelle une rencontre dont elle ne dit rien et fond en larmes.

4 SECRETS ET MENSONGES
La découverte de l'identité de Hortense perturbe le barbecue d'anniversaire de Roxanne. Au milieu du chaos, Maurice se lance dans une diatribe contre les secrets et les mensonges. Cynthia révèle l'identité du père de Roxanne.

LE RÉALISATEUR

1943-1970
Né à Salford (Lancashire), Mike Leigh obtient une bourse pour le Conservatoire royal d'arts dramatiques (RADA) en 1960, puis s'inscrit à l'école des arts et techniques de Camberwell. Il suit des études d'art et de design à l'université et termine son parcours à l'École de cinéma de Londres.

1971-1987
Leigh adapte la pièce à succès *Bleak Moments* (1971), histoire d'une Londonienne qui s'occupe de sa sœur handicapée. De nombreuses pièces de Leigh sont adaptées pour l'écran, notamment *Abigail's Party* (1977). Son style et ses thèmes de prédilection se précisent et il devient célèbre pour ses représentations de la vacuité de la classe moyenne et ses portraits réalistes de familles ouvrières.

1988-1996
Leigh revient au cinéma avec *High Hopes* (1988), portrait d'une famille ouvrière qui lui vaut le prix de la critique à la Mostra, de Venise. La chaîne Channel 4 le soutient et produit ses films suivants, *Life is Sweet* (1990), puis *Naked* (1993), film beaucoup plus sombre qui remporte de nombreux prix, dont celui du meilleur réalisateur à Cannes. *Secrets et Mensonges* vaut à Leigh sa première nomination aux oscars. Marianne Jean-Baptiste est nominée et c'est la première fois qu'une actrice noire britannique est en lice. Leigh encourage ses interprètes à travailler leurs rôles en atelier et à improviser dans ses films.

1997-2004
Après *Deux Filles d'aujourd'hui* (1997), Leigh laisse les œuvres contemporaines et se tourne vers les films d'époque. Il signe *Topsy-Turvy* (1999), film nominé aux oscars qui relate l'élaboration de *Mikado*, de Gilbert et Sullivan, puis *All or Nothing* (2002), pour finir avec *Vera Drake* (2004).

de 2005 à nos jours
Leigh garde l'estime de la critique et du public quand sort ce qui est le plus optimiste de ces films à ce jour, *Be happy* (2008). *Another Year* (2010) remporte un grand succès à Cannes.

LE CINÉMA EUROPÉEN

1 Dans la scène d'ouverture de *Delicatessen*, de Caro et Jeunet, Pascal Benezech, se cache dans une poubelle pour échapper à un boucher cannibale.

2 L'affiche de *Trois Couleurs : Bleu* représente Juliette Binoche, dans le rôle d'une veuve éplorée, Julie de Courcy.

3 La jeune mariée, Jelena (Milena Pavlovic), vole comme un ange dans la scène du mariage de la comédie noire *Underground*, de Kusturica.

Au cours des années 1990, le cinéma européen cherche à affirmer une identité propre face à l'impérialisme culturel qu'exerce Hollywood. Dans les pays nouvellement créés d'Europe centrale et d'Europe de l'Est, les cinéastes sont partagés entre le désir de donner corps à un cinéma national distinctif et la volonté d'être reconnus comme faisant partie d'une tradition européenne plus large. Dans ces pays, conséquence de la Guerre froide, la culture populaire est depuis longtemps réservée à un marché national et seul un petit nombre de réalisateurs a le privilège de pouvoir s'adresser à un public plus vaste.

En Hongrie, le réalisateur Béla Tarr (né en 1955) se révèle, avec le film épique *Satantango* (1994), le digne successeur de Miklos Jancso (né en 1921) et d'Istvan Szabo (né en 1938). En ex-Yougoslavie, Emir Kusturica (né en 1954) détrône Dusan Makavejev (né en 1932) grâce à des films comme *Underground* (1995, à droite), comédie surréaliste décrivant l'évolution de la Yougoslavie depuis la Seconde Guerre mondiale. Tarr et Kusturica se hissent à une stature internationale.
En Pologne, Andrzej Wajda (né en 1926) cède le privilège de représenter la bannière nationale à Krzysztof Kielowski (1941-1996) dans les années 1980, mais aucun d'eux ne peut prétendre au statut d'icône nationale car installés en France pour des motifs politiques et économiques. Ils ne sont d'ailleurs pas les seuls à avoir quitté leur pays : la trilogie de Kielowski, *Trois Couleurs : Bleu, Blanc, Rouge* (1993-1994, voir ci-contre), dont le titre évoque le drapeau tricolore, est produite par le Roumain Marin Karmitz (né en 1938), qui devait attirer Michael Haneke

REPÈRES

1991	1993	1993	1993	1994	1994
Premier film en français de Krzysztof Kieslowski, *la Double Vie de Véronique.*	Sortie de *Trois Couleurs : Bleu,* première partie de la trilogie de Kieslowski, produite par Marin Karmitz.	L'industrie cinématographique française dépose un recours au Parlement européen pour que le cinéma ne soit pas « traité comme une marchandise comme les autres ».	Échec des discussions entre les États-Unis et l'Union européenne quant à l'exportation des films américains, dans le cadre de l'Accord général des tarifs douaniers et du commerce.	Les films américains prennent 60% de parts du box-office français, alors que les films français plafonnent à 28%, le taux le plus bas jamais atteint.	Avènement sur la scène cinématographique internationale d'une nouvelle génération de réalisateurs d'Europe de l'Est, menée par le Hongrois Béla Tarr avec le film *Satantango.*

(né en 1942), réalisateur germano-autrichien, en France. Ces collaborations posent la question de la nationalité des films – les films de la trilogie sont des co-productions franco-polonaises ; deux en français, le troisième principalement en polonais – mais suggèrent aussi que l'Europe reproduit, sur un plan inférieur, la domination américaine : l'Europe de l'Ouest voit fuir ses meilleurs talents en direction de Hollywood et l'Europe de l'Est perd les siens au profit de la France.

Le cinéma français de la période est dominé par des productions à gros budget inspirées de la littérature ou de l'histoire nationales et souvent interprétées par des stars de l'écran. L'énorme succès de *Jean de Florette* (1986), de Claude Berri (1934-2009), et de *Cyrano de Bergerac* (1990, voir p. 442), de Jean-Paul Rappeneau (né en 1932), fait de Gérard Depardieu une star internationale. Plusieurs jeunes réalisateurs mettent les techniques de Hollywood au profit d'une vision esthétique originale dans des films à petit budget : la période voit l'avènement de grands talents du cinéma, tels Jean-Pierre Jeunet (né en 1953) et Marc Caro (né en 1956), révélés sur la scène internationale par la comédie noire surréaliste *Delicatessen* (1991, à gauche). La représentation très stylisée que donne Mathieu Kassovitz (né en 1967) de la jeunesse des banlieues dans *la Haine* (1995, voir p. 478) soulève des questions sociales alors très actuelles en France, et susceptibles de se répercuter sur un plan international. Comme Luc Besson (né en 1959), Jeunet et Kassovitz travaillent par la suite aux États-Unis.

L'attrait de Hollywood cause de lourdes pertes à l'Allemagne, qui voit partir deux des principaux talents de la décennie précédente, Wolfgang Petersen (né en 1941) et Roland Emmerich (né en 1955). Le Nouveau Cinéma allemand (voir p. 326) des années 1970, auréolé d'espoirs et de prestige, est en perte de vitesse.

1995
Les réalisateurs danois Lars von Trier et Thomas Vintenberg proclament le manifeste révolutionnaire du Dogme95 à Paris.

1997
Jean-Pierre Jeunet réalise *Alien : Resurrection* à Hollywood pour la Twentieth Century Fox.

1997
Michael Haneke explique qu'il a donné à son film *Funny Games* (voir p. 480) un titre anglais afin de commenter la situation du cinéma grand public.

1998
Présentation à Cannes des premiers films du Dogme : *Festen*, de Thomas Vintenberg, et *les Idiots*, de Lars von Trier. *Festen* remporte le grand prix du jury.

1999
La vie est belle remporte trois oscars, dont celui du meilleur film étranger et du meilleur acteur pour son réalisateur et acteur principal, Roberto Benigni.

1999
Les principes du Dogme se répandent en France et aux États-Unis.

4 L'énigmatique Sofia (Penélope Cruz) hante les pensées d'un dilettante séduisant, dans *Ouvre les yeux,* d'Amenabar.

5 *L'Éternité et un jour,* d'Angelopoulos, raconte l'histoire d'un poète mourant, Alexandre (Bruno Ganz), et son amour pour sa femme, Anna (Isabelle Renauld).

6 Michael, un invité (Thomas Bo Larsen), reçoit d'une serveuse un rafraîchissement importun.

7 L'affiche éclatée de *Cours, Lola, cours,* de Tom Tykwer, s'accorde à la fragmentation narrative du film.

Le cinéma allemand peine à affirmer une identité forte, et aucun réalisateur d'envergure ne parvient à s'imposer. Vers la fin de la décennie, les thrillers romantiques de Tom Tykwer (né en 1965), *les Rêveurs* (1997) et *Cours, Lola, cours* (1998, ci-contre) offrent la perspective d'un futur plus glorieux, mais lui aussi succombe finalement aux sirènes de Hollywood.

Dans le sud de l'Europe, le cinéma italien perpétue la nostalgie du passé. *Le Postier* (1994), du Britannique Michael Radford (né en 1946), avec Philippe Noiret, ou encore *La vie est belle* (1997), de Roberto Benigni (né en 1952), s'inspire du néo-réalisme (voir p. 178) et des comédies de Totò afin d'émuler le succès du *Nouveau Cinéma Paradiso* (1988), de Giuseppe Tornatore (né en 1956). En Espagne, Pedro Almodovar (né en 1949) reste le principal représentant de son pays avec ses films excentriques, qui passent l'Espagne d'après Franco au prisme d'une représentation hystérique, saturée de couleurs, mêlant mélodrame, comédie et surréalisme. Ses succès durant la période incluent *la Fleur de mon secret* (1995) et *Tout sur ma mère* (1999, voir p. 482). Il doit toutefois partager un peu de sa gloire avec Julio Medem (né en 1958), qui réalise son premier film, le drame rural *les Vaches,* en 1992, et le Chilien Alejandro Amenábar (né en 1972), dont le thriller *Ouvre les yeux* (1997, ci-dessus) remporte un succès international assez important pour donner lieu à un remake hollywoodien, *Vanilla Sky* (2001), avec de nouveau Penélope Cruz dans le rôle féminin principal.

C'est à deux cinéastes danois, Lars von Trier (né en 1956) et Thomas Vinterberg (né en 1969) que revient, durant cette période, une initiative ambitieuse pour renouveler le cinéma dans une perspective européenne. En 1995, lors d'un symposium organisé à Paris pour célébrer le centenaire du cinéma, ils proclament le manifeste du Dogme95 et une série de règles, sous forme d'un « vœu de chasteté », par lesquelles les cinéastes doivent se libérer de l'influence du cinéma hollywoodien. Le mouvement est lancé en réaction aux excès des superproductions de l'époque et constitue une riposte à « certaines tendances » du cinéma contemporain – référence claire au célèbre article de François Truffaut (1932-1984), « Une certaine tendance du cinéma français », publié en 1954 dans les *Cahiers du Cinéma :* il s'agit de lutter contre l'esthétisme superficiel du cinéma contemporain, contre ses intrigues formatées et sans intérêt. Par le « vœu de chasteté », les cinéastes s'engagent à tourner sur place, sans importer d'accessoires ou de décors supplémentaires, sans éclairage spécial, et à l'aide d'une caméra portée à la main. Aucun son ou musique ne doit être ajouté en post-production, l'action devant se dérouler dans un ici et maintenant représentés de manière réaliste. Les « films de genre ne sont pas acceptables ».

Le premier film labellisé Dogme95, *Festen* (1998, ci-dessous), de Thomas Vinterberg, est tourné en vidéo HI8 et raconte l'histoire d'une famille déchirée par le suicide de l'un de ses membres. L'expérience de Lars von Trier, *les Idiots* (1998), se distingue par son traitement sans tabou de la sexualité et du handicap. Le réalisateur danois Søren Kragh-Jacobsen (né en 1947) tourne *Mifune* (1999), qui décrit le retour d'un homme dans l'île danoise de son enfance afin de prendre soin de son frère attardé après la mort de leur père. Le succès de ces trois films assure au Dogme une audience internationale. Dès 1999, le mouvement fait des émules en France avec *Lovers,* de Jean-Marc Barr (né en 1960), et aux États-Unis avec *Julien Donkey-Boy,* de Harmony Korine (né en 1973). À partir d'une réflexion centrée sur l'Europe, le Dogme est devenu un phénomène mondial.

Dans d'autres petits pays d'Europe, où le renom du cinéma national semble reposer sur les épaules d'un ou deux grands réalisateurs – Theodoros Angelopoulos (né en 1935) en Grèce, Pedro Costa (né en 1959) et Manoel de Oliveira (né en 1908) au Portugal, Michael Haneke (né en 1942) en Autriche – les cinéastes se battent pour voir leurs œuvres intégrées à une tradition européenne plutôt que d'être considérés comme les artisans d'une prétendue nouvelle vague nationale. Le film d'Angelopoulos *l'Éternité et un jour* (1998, à droite), par exemple, fait partie d'une longue tradition cinématographique s'intéressant à la confrontation d'un homme avec la mort. Durant la décennie, les films continuent cependant à être majoritairement interprétés comme les expressions d'un caractère national. Le réalisateur Haneke, né en Allemagne et éduqué en Autriche, doit ainsi constamment lutter contre l'idée couramment répandue selon laquelle ses films seraient des critiques de la société autrichienne, plutôt que de la culture occidentale en général – l'étiquette nationale lui est appliquée même lorsque, comme dans *Funny Games* (1997, voir p. 480), parodie du film de thriller, il tourne dans un endroit non localisé qui pourrait se situer dans n'importe quelle campagne européenne aisée et seule la langue indique la provenance du film. De même, Von Trier est considéré comme un réalisateur typiquement danois alors que ses films ne renvoient que rarement au Danemark. Seul le changement de territoire permet aux réalisateurs de transcender les frontières nationales, signe révélateur des tensions qui continuent à définir la relation entre la nation et l'Europe durant cette période. **C. W.**

La Haine 1995

MATHIEU KASSOVITZ né en 1967

▲ Un trio de jeunes rebelles de banlieue prend la pose dans le violent réquisitoire de Kassovitz contre la brutalité policière.

▼ L'affiche est dominée par les yeux de Vinz, brûlants de rage et de frustration.

L'un des premiers films à s'aventurer dans le territoire des banlieues de Paris, *la Haine* fait scandale à sa sortie en France, en 1995. Il s'ouvre sur des images d'actualité montrant des émeutes parisiennes et comporte des scènes très choquantes de brutalité policière. Le titre provoquant évoque la haine qui divise la jeunesse métissée des banlieues et la police.

Le film ne peut pas être réduit à une critique sociale de la misère urbaine. Les influences cinématographiques de Kassovitz sont trop repérables pour cela : il cite délibérément les films de Martin Scorcese (né en 1942) et de Spike Lee (né en 1957) dans sa représentation du trio composé par Vinz (Vincent Cassel), Hubert (Hubert Coundé) et Saïd (Saïd Taghmaoui). Le Vinz de Vincent Cassel mêle des traits empruntés aux deux célèbres personnages incarnés par Robert de Niro dans *Mean Streets* (1973) et *Taxi Driver* (1976, voir p. 358). Cassel reprend même le fameux monologue de *Taxi Driver* et sa réplique culte « you looking at me ? ».

La Haine raconte une journée dans la vie d'un homme, « qui se lève un matin et le soir, se fait tuer ». La tension s'intensifie tout au long de la journée, donnant le sentiment d'une catastrophe imminente. Vinz a l'intention de tuer un flic si son ami, un jeune Arabe en détention, meurt. Le film, d'abord tourné en couleurs, sortit en noir et blanc, afin de créer une impression de plus grand réalisme et d'atemporalité. L'énergie spontanée du film et la performance volcanique des acteurs lui permirent de conquérir un succès mondial. Ce succès était sans doute aussi dû, selon la remarque ironique de Kassovitz, au fait que la violence policière dépeinte par le film était loin de se limiter à la France. **G. M.**

LES SCÈNES PRINCIPALES

1 LES JOURNALISTES S'INVITENT DANS LA CITÉ
Les jeunes chassent les journalistes, en leur lançant des pierres et en les insultant : ils en ont assez d'être traités comme les bêtes d'un « zoo qu'on visite en voiture ».

2 LA MUSIQUE DE LA RUE
Au début du film, la caméra survole les tours de la cité au son d'un mix du DJ Cut Killer, comportant notamment un sample de *Non, je ne regrette rien*, d'Édith Piaf. Le film révèle la fascination de Kassovitz pour les arts et styles de la rue venant des États-Unis.

3 UNE VACHE EN BANLIEUE
La tension implacable qui domine le film est allégée par quelques rares interludes comiques, comme dans la scène où une vache solitaire fait une incursion incongrue dans la cité.

4 UNE HISTOIRE SANS QUEUE NI TÊTE
Les jeunes rencontrent un vieil homme qui dit : « Vous croyez en Dieu. Faut pas se demander si vous croyez en Dieu mais si Dieu croit en nous » et raconte une histoire sur l'un de ses amis mort de froid. Cette scène, d'un humour morbide, contribue au fatalisme du film.

5 LA BALLE FATALE
Vinz est menacé par un policier, dont l'arme part accidentellement. Tandis que Vinz s'effondre, mortellement blessé, Hubert pointe son arme en direction du policier, qui fait de même. La caméra s'éloigne, et l'on entend un coup de feu retentir, sans savoir qui a tiré.

LE RÉALISATEUR

1967-1996
Mathieu Kassovitz naît à Paris. Son père est un cinéaste d'origine juive hongroise. Il commence à jouer la comédie dès l'âge de onze ans. En 1993, il réalise et interprète son premier film. *La Haine*, son deuxième, remporte un succès international.

1997-2000
Assassin(s) (1997) reçoit un accueil mitigé. En 2000, il réalise *les Rivières pourpres*, qui remportent un grand succès en France. Il crée sa société de production, MNP Entreprise, en 2000.

de 2001 à nos jours
Kassovitz poursuit en parallèle ses carrières d'acteur et de réalisateur. À partir de 2003, il travaille aux États-Unis, et réalise deux films tièdement accueillis, *Gothika* (2003) et *Babylon AD* (2008). Il n'a pas encore réussi à provoquer le même choc ou à créer le même engouement critique que ceux de *la Haine*.

Funny Games 1997

MICHAEL HANEKE né en 1942

▲ Le jeu qui suit consiste à déterminer au hasard qui sera le prochain à être tué.

▼ L'affiche insiste sur le voyeurisme qui est à la base même de l'expérience filmique.

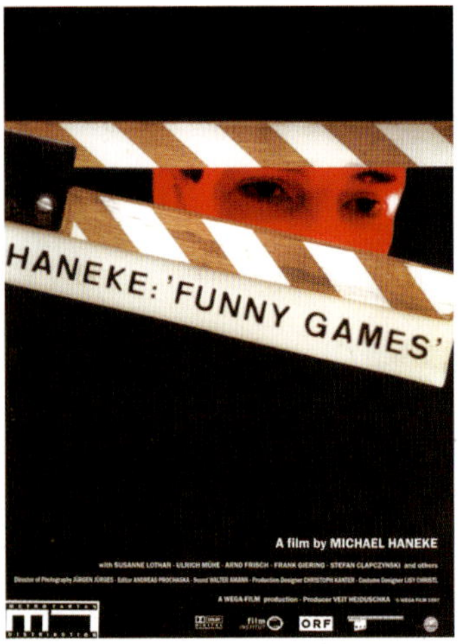

Dans une introduction calme et distanciée, le spectateur suit une famille sur une route bordée par la forêt. Le titre apparaît en larges lettres rouges, tandis qu'une musique rock éclate brusquement, comme dans un pastiche des films d'horreur du début des années 1970.

Anna (Susanne Lothar) et Georg (Ulrich Mühe) se rendent avec leur jeune garçon dans leur résidence isolée au bord d'un lac. Deux jeunes gens très courtois, Peter (Frank Giering) et Paul (Arno Frisch), font irruption chez eux et les soumettent à des tortures que la réalisation experte de Haneke ne rend pas moins insoutenables. Lothar est bouleversante dans le rôle de l'innocente qui répond à la violence par la violence pour survivre, mais le réalisateur fait preuve à son égard d'aussi peu de pitié que ses tortionnaires énigmatiques.

Michael Haneke entreprend par ce film de déconstruire tout le cinéma qui l'a précédé, en en révélant l'hypocrisie. La compassion que ressent le spectateur pour les souffrances des personnages qu'il observe à l'écran ne va pas sans le désir de les voir soumettre aux pires tourments, du moment qu'un dénouement heureux et cathartique l'absoudra de toute culpabilité. Haneke critique le suspense frauduleux des thrillers, mais fait preuve d'un don de la manipulation tout à fait hitchcockien. Même les apartés brechtiens en direction de la caméra (« Vous voulez qu'ils gagnent, n'est-ce pas ? ») et la remise en cause de la mimesis n'atténuent pas l'horreur que suscite *Funny Games* et qui l'apparente aux meilleurs films du genre. *Funny Games* cherche délibérément à provoquer le spectateur, en une expérience extrêmement déplaisante mais nécessaire. **K. N.**

LES SCÈNES PRINCIPALES

1 LES ŒUFS
Deux jeunes gens très polis, portant vêtements et gants blancs, se présentent à la porte. Ils déclarent être des amis des voisins et demandent à emprunter quelques œufs. Ils font irruption dans la maison, et, en un geste de mauvais augure, cassent tous les œufs.

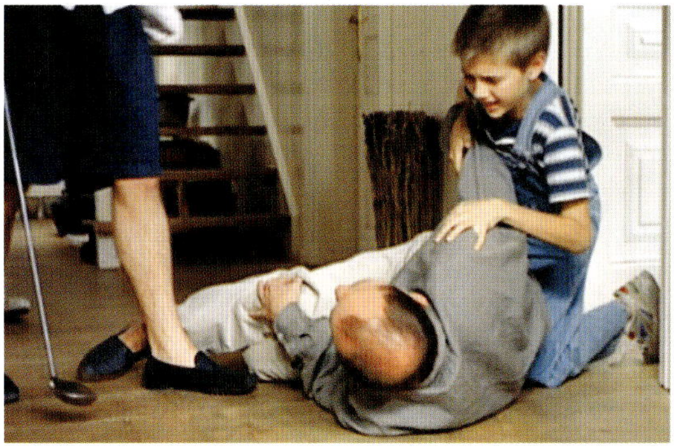

2 LE CLUB DE GOLF
Georgie est immobilisé après avoir reçu un coup de club de golf dans le genou. Les clubs, qui apparaissent dans le générique, symbolisent les désirs de détente et de loisir du couple, mais, retournement cruel, deviennent des armes utilisées contre eux.

3 VONT-ILS RÉUSSIR À S'ÉCHAPPER ?
Georgie est tué et les deux intrus disparaissent. Haneke filme les efforts d'Anna pour se libérer. Les deux hommes réapparaissent et Paul, s'adressant au public, explique qu'il fallait ménager une tentative d'évasion afin de maintenir le suspense.

4 RETOUR EN ARRIÈRE
Anna s'empare d'un fusil et tue Peter. Paul saisit la commande du magnétoscope et rembobine le film pour effacer cette fin et en fournir une autre. Haneke se complaît à transgresser toutes les conventions filmiques, et finit, par exemple, par tuer toute la famille.

REMAKES AMÉRICAINS

En 2007, Michael Haneke réalise un remake de son propre film, *Funny Games US* (ci-contre), en anglais, avec Naomi Watts et Tim Roth. Ce film fait partie d'un de ces rares cas où le réalisateur ne cherche pas à réécrire une œuvre plus ancienne en y introduisant des modifications, comme Alfred Hitchcock dans *L'homme qui en savait trop* (1934, 1956), mais à la reproduire à l'identique. Son motif semble avoir été la volonté d'adresser sa critique du cinéma à un public plus vaste. La plupart des réalisateurs qui se sont essayés à créer un remake hollywoodien d'une de leurs œuvres ont dû se plier aux lois du système : *The Vanishing* (1993), de George Sluizer (né en 1932), se termine sur une fin proche de la parodie, qui le prive du pouvoir de l'œuvre originale, *L'homme qui voulait savoir* (1988).

Tout sur ma mère 1999
Todo sobre mi madre PEDRO ALMODOVAR né en 1949

▲ Huma Rojo (Marisa Parades) veille à son maquillage tandis que Manuela la regarde. Le rouge domine tout le film.

▼ L'affiche du film associe stylisation graphique et couleurs primaires.

Le réalisateur et scénariste Pedro Almodovar, déjà au sommet de sa gloire, emporte tous les suffrages avec ce drame riche et émouvant, qui recycle les thèmes qui lui sont chers et abonde en citations. Tandis que la tragédie qui ouvre le film rappelle *Opening Night* (1977), de John Cassavetes (1929-1989), l'intrigue centrée sur le don d'organe évoque *la Fleur de mon secret* (1995) du même Almodovar. Le film fait des allusions explicites à *Un tramway nommé désir* (1951) et à *Ève* (1950) – le titre espagnol renvoie au titre original *(All About Eve)* – révélant la fascination du scénariste pour le théâtre et la sexualité.

Almodovar peuple Barcelone d'une faune excentrique comptant des prostitués transsexuels, des nonnes fans de Prada, des mères expertes en copies de tableau et des chiens plus intelligents que leur maître. La ville, débordante de couleurs, constitue un refuge adapté à la douleur de Manuela (Cecilia Roth), qui quitte la grisaille de Madrid et part à la recherche du père de son fils.

Les critiques louèrent l'émotion et la sensibilité qui se dégageaient du film et le distinguaient des excès des mélodrames comiques du réalisateur. La douleur de Manuela à la perte de son fils est rendue poignante par l'interprétation tout en retenue de Cecilia Roth, qui remporta l'un des nombreux goyas attribués au film. L'amour que porte Almodovar à ses actrices se révèle dans la dédicace qui clôt le film, et qui évoque ses thèmes de prédilection, la maternité et le transsexualisme : « À toutes les actrices qui ont interprété des actrices, à toutes les femmes qui jouent, aux hommes qui jouent et se transforment en femmes, à toutes les personnes qui veulent être mères. À ma mère. » **A. S.**

LES SCÈNES PRINCIPALES

1 UNE OUVERTURE TRAGIQUE
Après avoir assisté à une représentation théâtrale avec son fils, Esteban, Manuela est le témoin impuissant de sa mort : essayant d'obtenir un autographe, Esteban tente de rattraper un taxi qui démarre à toute allure et se fait renverser par une autre voiture.

2 BIENVENUE À BARCELONE
Manuela arrive à Barcelone et rencontre dans un parc un groupe de transsexuels et de prostitués travestis. Manuela porte secours à un transsexuel qui se fait agresser et découvre qu'il s'agit de son vieil ami Agrada.

3 LA VÉRITÉ EST RÉVÉLÉE
Manuela raconte à sœur Rosa l'histoire d'une de ses « amies » découvrant après s'être séparée de lui que son mari a désormais des seins plus gros que les siens. Il s'agit en réalité de sa propre histoire et de celle de Lola, le père du futur bébé de Rosa.

4 LOLA FAIT SON APPARITION
Le personnage qui a catalysé tous les drames du film fait enfin son apparition aux obsèques de Rosa. Lola exprime ses regrets et son désir de rencontrer son fils. Manuela lui révèle qu'il est le père d'un autre fils – le sien – maintenant décédé.

LE RÉALISATEUR

1949-1977
Pedro Almodovar naît dans une famille pauvre de la communauté autonome de Castille-La Manche. Il s'installe à Madrid en 1968 et gagne sa vie en étant vendeur dans un marché aux puces. N'ayant pas les moyens de faire des études de cinéma, il travaille pour une compagnie de téléphone et économise pour s'acheter une caméra Super 8. Il réalise des courts-métrages et acquiert un certain renom au sein du mouvement culturel de la Movida, qui domine Madrid dans les années 1970.

1978-1987
Il écrit et réalise son premier film *Folle... folle... fólleme Tim !* (1978). Sept autres suivent, tournant autour des mêmes éléments obsessionnels, la sexualité, la famille, les femmes fortes et les références à la culture populaire. En 1987, il fonde une société de production avec son frère Agustin.

1988-1998
Le succès de *Femmes au bord de la crise de nerfs* (1988) lui apporte une consécration internationale. Ses films suivants, *Talons aiguille* (1991) et *En chair et en os* (1997), explorent les mêmes thèmes.

de 1999 à nos jours
Tout sur ma mère remporte l'oscar du meilleur film étranger et un Golden Globe, devenant le film le plus primé de l'histoire du cinéma espagnol. Penelope Cruz, l'une des actrices fétiches d'Almodovar, y trouve un de ses plus grands rôles et allait ensuite entamer une carrière réussie à Hollywood tout en demeurant fidèle au réalisateur. *Tout sur ma mère* inaugure une série de films plus graves, comme *Parle avec elle* (2002), *la Mauvaise Éducation* (2004) et *Étreintes brisées* (2009). Le seizième film d'Almodovar, *Volver* (2006), toujours avec Penelope Cruz, se déroule dans la contrée natale du réalisateur. Le film lui permet de retrouver l'actrice Carmen Maura, qui avait joué dans ses premières œuvres. Le prolifique et enthousiasmant Almodovar n'a pas fini de nous surprendre.

IMAGES DE SYNTHÈSE ET EFFETS SPÉCIAUX

1 New York affronte la menace d'un gigantesque spatial dans *Independence Day,* réalisé par Roland Emmerich.

2 Dan Shor est Rinzer dans *TRON : l'Héritage,* suite tant attendue de l'original, *TRON* (1982), l'un des précurseurs du cinéma numérique.

3 Neytiri, la princesse-guerrière na'vi d'*Avatar,* de James Cameron, qui en repoussa la réalisation car les moyens de l'époque ne permettaient pas d'incarner sa vision.

Les maîtres des effets spéciaux se nommaient autrefois Willis O'Brien et Ray Harryhausen, créateurs du singe géant de *King Kong* (1933) ou de l'armée de squelettes de *Jason et les argonautes* (1963). Nick Park (né en 1958), inventeur de Wallace et Gromit, est peut-être leur dernier héritier. *La Guerre des étoiles* (1977, voir p. 366) fait l'effet d'une révolution : une armée de spécialistes manipulent des pixels plutôt que de la pâte à modeler. Stan Winston, créateur des endosquelettes des *Terminator,* débute comme maquilleur puis manie des marionnettes avant de se former au numérique. Quand *la Guerre des étoiles* ressort sur les écrans, en 1997, George Lucas (né en 1944) doit remettre à jour l'élément le plus révolutionnaire vingt ans plus tôt : les effets spéciaux.

Les images de synthèse font leur apparition dans les films de science-fiction des années 1970 inaugurées par Michael Crichton (1942-2008) dans *Mondwest* (1973), mais restent d'utilisation marginale dans les années 1980, après l'échec commercial de *TRON* (1982) et de *Starfighter* (1984). James Cameron (né en 1954) en fait un usage si expert dans *Abyss* (1989), où il crée un tentacule doté du visage de Mary Elizabeth Mastrantonio, que les spectateurs ne se rendent pas tout de suite compte qu'il ne fait qu'améliorer des techniques utilisées de manière encore assez grossière dans les films précédents. Le monstre liquide et métamorphique de *Terminator 2 : le Jugement dernier* (1991), de Cameron, et les créatures préhistoriques de *Jurassic Park* (1993), de Steven Spielberg (né en 1946), sont réalisés en images de synthèse d'un réalisme troublant.

Les trucages optiques auxquels se livre Woody Allen (né en 1935) dans *Zelig* (1983) pour faire irruption dans des images d'actualités cèdent la place

REPÈRES

1989	1991	1992	1995	1996	1997
Le tentacule d'*Abyss* fait sensation et éveille aux fantastiques possibilités de la technologie numérique.	L'assassin liquide de *Terminator 2 : le Jugement dernier* est l'un des premiers monstres de cinéma créés en images de synthèse.	*Let's Kill All the Lawyers* est le premier film à utiliser le système de montage non linéaire AVID, dont l'usage allait bientôt se répandre dans l'industrie cinématographique.	*Toy Story,* des studios Pixar, inaugure une vague de dessins animés numériques, si populaires qu'ils éclipsent presque les traditionnels films d'animation en deux dimensions.	*Independence Day* et *Mars attaque !* comportent des scènes d'invasions extraterrestres et de catastrophes produites à l'aide d'images de synthèse d'un réalisme surprenant.	Dans les scènes où des trombes d'eau envahissent le bateau, *Titanic* démontre les avancées prodigieuses des technologies numériques.

aux techniques numériques qui permettent à Robert Zemeckis (né en 1951) de juxtaposer Tom Hanks et le président Kennedy dans *Forrest Gump* (1994). Ses films usent d'images de synthèse et de la 3D pour des sujets fantastiques, tels *le Pôle Express* (2004) ou *le Drôle de Noël de Scrooge* (2009). Les maquettes et les effets physiques des premiers films de science-fiction, des péplums et des films catastrophe sont remplacées par des images de synthèse dans *Independence Day* (1996, à gauche), de Roland Emmerich (1955 né en), *En pleine tempête* (2000), *Gladiator* (2000), *King Kong* (2005), ou *Avatar* (2009, ci-dessous). La sortie, en 2010, de *Tron : l'Héritage* (ci-contre), réalisé en images 3D, permet de mesurer l'évolution technologique qui sépare les deux versions. Entre-temps, *Matrix* (1999, voir p. 486), avec sa technique révolutionnaire de ralenti et son combat qui défie les lois de la gravité, a étendu les possibilités du numérique.

Peter Jackson (né en 1955), dans la trilogie du *Seigneur des anneaux* (2001-2003, voir p. 530), mêle à l'action Gollum, réalisé en images de synthèse. *S1mone* (2002), film de science-fiction dont le personnage principal est une star de cinéma créée sur ordinateur annonce des acteurs remplacés par des « synthespians ». La plupart du temps ce sont des acteurs qui intègrent des décors artificiels, comme dans *Sky Captain et le monde de demain* (2004), *Sin City* (2005), ou *300* (2006). Les images de synthèse ont assuré leur domination sur le genre du dessin animé. *Luxo Jr.* (1986), des studios Pixar, montre qu'une lampe de bureau peut être un personnage, tandis que *la Belle et la Bête* (1991), plus pure tradition des studios Disney, innove en incluant un épisode produit en images de synthèse. Après le succès de *Toy Story* (1995, voir p. 490), Pixar devient le leader du dessin animé numérique, malgré la concurrence de DreamWorks (*Shrek*, 2001) et d'autres studios. Le genre est désormais si répandu que de nombreux réalisateurs introduisent des images en 3D dans un souci d'originalité. **K. N.**

1997	1999	2002	2003	2009	2010
La Guerre des étoiles ressort et suscite la polémique quant à l'amélioration des effets spéciaux : ajout sur ordinateur de créatures, de vaisseaux spatiaux et d'explosions.	*Matrix* (voir p. 486) explore les recoins de la réalité virtuelle et ralentit le temps.	Gollum, du deuxième épisode du *Seigneur des anneaux* (voir p. 530), est le premier « personnage » créé en images de synthèse à apparaître dans le cinéma grand public.	Gollum remporte le premier prix attribué à la meilleure interprétation numérique par la Broadcast Film Critics Association.	*Avatar* donne forme à des décors d'une réalité à couper le souffle, grâce à un processus de création d'images de synthèse en 3D. Pixar, DreamWorks... lui emboîtent le pas.	*Tron : l'Héritage* est le second volet du film qui inaugura l'utilisation du numérique au cinéma. J. Bridges y apparaît aux côtés de son image, plus jeune.

Matrix 1999

The Matrix ANDY WACHOWSKI ET LARRY WACHOWSKI nés en 1967 et en 1965

▲ Un couloir et trois agents, vus en « code », la matière dont est faite la réalité.

▼ Lunettes noires et éclairs de tonnerre.

Alors que Hollywood pariait sur le succès du premier épisode de *la Guerre des étoiles : la Menace fantôme,* c'est un film de science-fiction qui incarna l'imaginaire de l'époque : *Matrix.* Dans une ville d'apparence futuriste (le film fut tourné en Australie), Thomas Anderson (Keanu Reeves) a des activités clandestines de piratage informatique sous le pseudonyme de Néo. Une amazone kung-fu vêtue de cuir, Trinity (Carrie-Ann Moss), le contacte pour le compte d'un mystérieux rebelle, Morphéus (Laurence Fishburne). Ils lui demandent de prendre part à la révolte contre la Matrice, organisation de sinistres et indestructibles agents, menés par l'autoritaire Smith (Hugo Weaving).

Le film s'amuse à brouiller la frontière entre réalité et illusion. Smith efface la bouche de Néo et lui pose un implant sous la forme d'un véritable insecte. Dans une autre scène, Néo se réveille à un autre niveau de réalité, dans un monde de cauchemar où les hommes servent de source d'énergie à un ordinateur géant. Les frères Wachowski (auteurs de *Bound,* film noir à petit budget tourné en 1996) enchaînent profondes révélations philosophiques et effets spéciaux hallucinants. Reeves, qui n'a jamais été plus en forme et réalise lui-même la plupart des scènes d'action, suspendu à des câbles comme dans le cinéma hongkongais (un expert, Yuen Woo-Ping, dirige les scènes), joue aussi la stupéfaction à la perfection.

Les deux suites – *Matrix Reloaded* et *Matrix Revolutions* – cherchent encore davantage à surprendre tout en sombrant dans une grandiloquence absurde et dommageable à l'esprit de l'original. Comme la plupart des œuvres emblématiques d'une époque, le film est devenu culte. **K. N.**

LES SCÈNES PRINCIPALES

1 DU KUNG-FU CONTRE LA POLICE
Trinity est attaquée par un escadron de policiers fascistes, qu'elle met en déroute grâce à sa maîtrise du kung-fu – ce qui permet aux frères Wachowski de démontrer les effets de leur nouveau procédé de ralenti – puis s'échappe par le téléphone.

3 « BULLET TIME »
La scène où Néo évite une balle est filmée grâce à une technique révolutionnaire d'ultra-ralenti, qui utilise plusieurs caméras et permet non seulement au spectateur de suivre l'événement à la milliseconde près, mais aussi de le voir sous plusieurs angles.

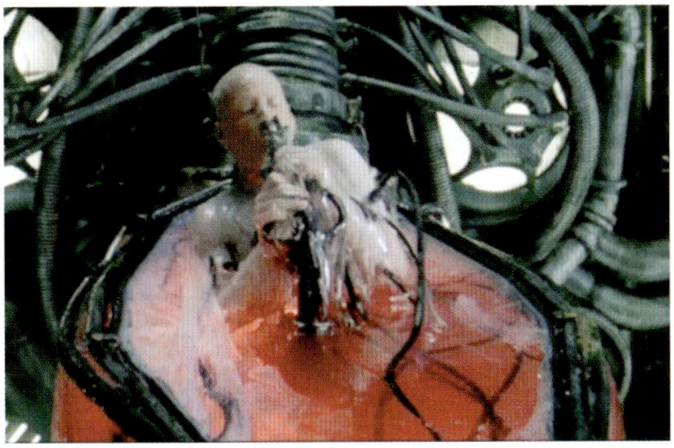

2 LA RÉALITÉ DE 2199
Anderson avale une pilule rouge et découvre à son réveil qu'il est utilisé pour approvisionner en énergie des machines. Comme l'explique Morphéus : « La Matrice est un rêve virtuel construit pour nous asservir et transformer l'homme en source d'énergie. »

4 PANNE GÉNÉRALE
Le système de la Matrice est endommagé. Néo donne un dernier coup de téléphone et jure de faire prendre conscience à tous les prisonniers de la Matrice qu'il existe un monde « où tout est possible ». Puis il disparaît en s'envolant vers le ciel.

LA RÉALITÉ VIRTUELLE

Matrix n'invente pas le thème de la réalité virtuelle : il est apparu dans des livres de science-fiction, dans des films (*Welcome to Blood City*, 1977 ; *TRON*, 1982) et des séries télévisées (*le Prisonnier* ; *Star Trek : The Next Generation*). D'autres films créent des variations sur ce thème, tels *Eternal Sunshine of the Spotless Mind*, centré sur l'idée de reconstruction de la mémoire, ou *Inception*, et ses scènes de création de rêves et d'hallucinations. Ces films font allusion à *Alice au pays des merveilles*, à *Orphée aux Enfers* et au *Magicien d'Oz* (1939), reconnaissant ainsi leur dette vis-à-vis des premiers explorateurs d'un monde virtuel. Le cinéma n'a pas encore réussi à utiliser ces nouvelles technologies pour une histoire convaincante. Le « cinéma sentant » d'Aldous Huxley (dans *le Meilleur des mondes*) est encore loin.

LE FILM D'ANIMATION

1 Le septuagénaire Carl et le petit Russell, âgé de huit ans, deviennent des compagnons inattendus dans *Là-haut*.

2 L'affiche de *l'Illusionniste*, toute en exquise retenue.

3 Une fillette rencontre les doubles de sa famille dans *Coraline.*

En Occident, le terme « dessin animé » cède la place à « film d'animation » en grande partie grâce à des films comme *Toy Story* (1995, voir p. 490), des studios Pixar. Mêlant des sentiments complexes à un scénario intelligent, loin des histoires abêtissantes que l'on croit susceptibles de plaire aux enfants, le film s'adresse à un large public. Les dernières créations de Pixar laissent de côté l'anthropomorphisme attendrissant qui en faisaient le charme pour s'intéresser à des sujets moins plaisants, comme l'apocalypse (*WALL-E,* 2008) ou la vieillesse (*Là-haut,* 2009, ci-dessus). Dreamworks a continué à exploiter la figure de l'animal parlant, par exemple dans *Madagascar* (2005), bien que leur plus grande source de revenus soit l'ogre vert à l'accent écossais de *Shrek* (2001). Les studios Blue Sky sont surtout connus pour la série *l'Âge de glace,* peuplée d'animaux spirituels qui cherchent à survivre durant l'ère paléolithique.

Il faut attendre la fin des années 1990 pour que les sublimes créations du studio japonais Ghibli, co-fondé par Hayao Miyazaki (né en 1941) et Isao Takahata (né en 1935), se fassent connaître à l'Ouest, après le succès du conte écologique sanglant *Princesse Mononoké* (1997). La popularité du *Voyage de Chihiro* (2001, voir p. 492) – le voyage initiatique d'une fillette perdue dans un monde fantastique extravagant – permet la redécouverte des productions Ghibli.

REPÈRES

1992	1993	1995	1995	1995	1998
Sortie du film *Tom et Jerry.* Le célèbre duo fait son retour après un silence de trente-quatre ans.	*Un mauvais pantalon,* des studios Aardman, remporte l'oscar du meilleur court-métrage d'animation.	Les studios Pixar font leur entrée dans le monde du film d'animation avec *Toy Story.* John Lasseter (né en 1957) dirigera ensuite *Toy Story 2* (1999), *1001 Pattes* (1998) et *Cars* (2006).	Sortie de *Rasé de près,* autre épisode de la série des Wallace et Gromit, de Nick Park.	*Ghost in the Shell,* de Mamoru Oshii, démontre que le film d'animation peut receler des thèmes plus adultes.	*Perfect Blue* révèle Satoshi Kon à l'Europe et aux États-Unis.

Mamoru Oshii (né en 1951), autre pionnier de l'animation japonais, attire l'attention avec *Ghost in the Shell* (1995), drame futuriste émaillé des ruminations existentielles de son personnage principal, un cyborg. Oshii poursuit cette veine philosophique dans des films tels que *The Sky Crawlers* (2008). Satoshi Kon (1963-2010), qui travaille pour le studio japonais Madhouse, est influencé par les films de genre hollywoodiens. *Perfect Blue* (1998), situé dans le monde de l'industrie pop japonaise, bâtit une tension sexuelle évoquant Hitchcock.

Plusieurs films européens s'inspirent de formes plus traditionnelles. Aux studios britanniques Aardman, Peter Lord (né en 1953), Nick Park (né en 1958) et David Sproxton (né en 1954) créent Wallace et Gromit. Le trio fait d'abord parler de lui avec *Creature Comforts* (1989), film d'animation en volume où les animaux parlent avec la voix de personnes interviewées dans la rue. Mais ce sont leurs films courts, tel *Un mauvais pantalon* (1993), qui les propulsent sur la scène internationale. En France, Sylvain Chomet (né en 1963) attire l'attention avec *les Triplettes de Belleville* (en 2003), comédie loufoque, dessinée à la main, au sujet d'un cycliste disparu et d'un trio de chanteuses de music-hall. En 2010, Chomet récidive avec *l'Illusionniste* (ci-contre), sur un scénario de Jacques Tati. Le film, qui se déroule au moment du déclin des spectacles de magie, constitue également un commentaire oblique sur la disparition de l'animation réalisée à la main.

Aux États-Unis, Henry Selick (né en 1952) associe animation en volume et techniques tridimensionnelles pour créer l'effrayant *Coraline* (2009, ci-dessous), qui s'inspire d'une nouvelle fantastique de Neil Gaiman. Coraline est une petite fille audacieuse de onze ans, qui, lasse de ses parents toujours trop occupés, découvre un jour une porte secrète menant vers un « autre monde » peuplé d'« autres parents ». Coraline semble d'abord préférer ces substituts à ses vrais parents, mais apprendra finalement à apprécier la vie dans le monde réel. **D. J.**

2001	2002	2003	2004	2007	2010
Andrew Adamson (né en 1966) et Vicky Jenson créent *Shrek*, révision post-moderne du conte de fées classique.	*L'Âge de glace* est le premier succès des studios Blue Sky. *Le Voyage de Chihiro* (voir p. 492) remporte un oscar et l'ours d'or du Festival de Berlin.	*Le Monde de Némo*, nouveau triomphe des studios Pixar, suit les aventures d'un poisson clown séparé de son père.	Une famille de super-héros sauve le monde dans *les Indestructibles*, de Brad Bird (né en 1957).	Avec *Ratatouille* – l'histoire d'un rat parisien qui devient un chef – Pixar s'attaque à un sujet plus difficile. Sortie de *Drôle d'abeille*.	*Toy Story 3* est l'un des sept films à avoir jamais dépassé le milliard de dollars de recettes.

Toy Story 1995

JOHN LASSETER né en 1957

▲ Buzz et Woody poursuivent le camion de déménagement et les autres jouets.

▼ Les deux héros posent fièrement.

Premier film d'animation entièrement réalisé en images de synthèse et pierre fondatrice du fabuleux empire des studios Pixar, *Toy Story* repose sur un paradoxe : le film d'action bourré de charme et de chaleur utilise toutes les ressources de la technologie moderne pour affirmer la supériorité des vieux jouets d'autrefois sur les nouveaux gadgets en plastique made in Taiwan.

Le film est construit sur la rivalité qui oppose le shérif Woody vieille poupée de tissu qui a jusqu'alors été le jouet favori du petit Andy, et Buzz l'Éclair, la nouvelle figurine de cosmonaute ultra-sophistiquée reçue par ce dernier. Rien n'explique que, en 1995, un petit garçon ait entre les mains un jouet des années 1950. Le conflit entre les deux jouets n'a rien de comique : Woody est un cadre paranoïaque au sein de l'organisation des jouets, si jaloux de son rôle de favori qu'il en est prêt à assassiner le naïf Buzz. Si Sid, le voisin d'Andy, aime à torturer les jouets et incarne pour eux une menace terrifiante, c'est Andy qui est le véritable monstre, en leur accordant ou retirant son affection, sans avoir conscience des souffrances qu'il cause.

Toy Story explique qu'un enfant peut s'attacher à un jouet de mauvaise qualité – comme le dinosaure mal assemblé qui ne « vient pas vraiment de chez Mattel... mais d'une petite compagnie rachetée » par le géant du jouet ou les soldats verts au revolver tordu, fixés sur un socle en plastique (menés, dans la version anglaise, par l'acteur qui jouait le rôle du sergent de *Full Metal Jacket* en 1987) – qui, lui, devient vivant par le miracle de l'imagination. Pixar a réussi à renouveler son propos dans *Toy Story 2* (1999) et *Toy Story 3* (2010). **K. N.**

LES SCÈNES PRINCIPALES

1 RÉUNION DU PERSONNEL
Toy Story est fondé sur la vieille idée qui veut que les jouets prennent vie durant l'absence des enfants. Dans cette scène, le shérif Woody, chef suprême jusqu'à l'arrivée inattendue de Buzz l'Éclair, réunit les autres jouets pour passer en revue les activités de la journée.

2 CONFRONTATION
Woody et Buzz (que Woody a éjecté par la fenêtre) échangent des insultes. Woody : « Tu n'es qu'un jouet. » Buzz : « Tu es un petit homme étrange et ridicule. » Les deux jouets doivent interrompre leur dispute pour suivre Andy à Pizza Planet.

3 « LA PINCE CHOISIT QUI VA PARTIR ET QUI VA RESTER »
Les peluches-aliens vénère la pince mécanique qui peut les tirer de leur caisse de verre et les transporter dans le monde merveilleux de l'extérieur. Buzz grimpe dans l'attrape-peluche, bientôt rejoint par Woody. Tous deux sont capturés par Sid, le garnement d'à côté.

4 JOUETS DE CAUCHEMAR
Dans la maison de Sid, Woody et Buzz se retrouvent face à ses jouets hybrides, résultats de ses expériences de mutations, et à Scud, son chien méchant. Parviendront-ils à retrouver Andy ?

PIXAR

Fondée en 1979 sous le nom de Graphics Group en tant que division informatique de la société de production Lucasfilm, Pixar est devenu le leader dans le domaine du film d'animation numérique. Son succès émane de son échec dans le domaine de la production d'ordinateurs. Les ventes ne décollèrent jamais, mais *Luxo Jr,* court-métrage réalisé en 1986 par John Lasseter, où l'on voit pour la première fois la lampe animée qui devait demeurer le logo de la compagnie, démontra les potentialités de l'animation en images de synthèse. Après le triomphe de *Toy Story,* Pixar aligne succès populaires et critiques : *1001 Pattes* (1998), *Toy Story 2* (1999), *Monstres et Cie* (2001), *le Monde de Némo* (2003), *les Indestructibles* (2004, ci-contre), *Cars* (2006), *Ratatouille* (2007), *WALL-E* (2008), *Là-haut* (2009) et *Toy Story 3* (2010).

Le Voyage de Chihiro 2001

Sen to Chihiro no kamikakushi HAYAO MIYAZAKI né en 1941

▲ Le film associe avec adresse dessins réalisés à la main et images de synthèse.

▼ Le film de Hayao Miyazaki reçoit l'oscar du meilleur film d'animation.

Si la parabole écologique *Princesse Mononoké* (1997) permet au studio d'animation Ghibli de percer sur le marché occidental, son film suivant, *le Voyage de Chihiro*, impose Hayao Miyasaki comme l'un des plus grands scénaristes et réalisateurs japonais vivants. Avec son style exubérant, sa violence déguisée, le film remet en question la domination des studios Disney et de leur filiale, Pixar. Les films du studio Ghibli possèdent plusieurs motifs récurrents, jetant souvent une jeune héroïne avide de découverte dans un monde fantastique fourmillant de détails rendus avec une exquise minutie. Plus important encore, il est suggéré que ce monde surréaliste n'est peut-être que la création d'un esprit tourmenté par les difficultés de la vie réelle.

Après avoir échoué dans un monde fantastique peuplé par des esprits, la petite Chihiro doit surmonter diverses épreuves afin de revenir au monde réel et de retrouver ses parents. Le film est influencé par des conteurs européens comme Lewis Carroll ou A. A. Milne et par l'architecture, le design, le cinéma et l'esprit japonais : il fait percevoir une culture autre, ce qui le rapproche des œuvres des grands cinéastes japonais des années 1950, comme Ozu (1903-1963), Naruse (1905-1969) et Mizoguchi (1898-1956). Comme dans leur œuvre, la patience du spectateur est récompensée au centuple, lorsque les ramifications minutieuses de l'intrigue et l'accumulation de personnages exotiques culminent en une vision unique et cohérente. Le film traite de l'adaptation à l'étranger, du réconfort que l'on tire à aider les autres, des effets des ravages de l'environnement, et surtout de l'importance qu'il y a à se souvenir de qui l'on est et d'où l'on vient. **D. J.**

LES SCÈNES PRINCIPALES

1 LE PARC D'ATTRACTION ABANDONNÉ
Miyazaki met souvent en alternative les attitudes des adultes et des enfants. Au début du film, alors que Chihiro et ses parents explorent un parc d'attraction abandonné, la réticence et le respect de l'enfant s'opposent à l'assurance et à l'avidité de ses parents.

2 L'« ESPRIT PUTRIDE »
Chihiro (désormais Sen) doit nettoyer une boule de boue, un « esprit putride ». Elle parvient à détacher de lui une masse de détritus accumulée au cours du temps – métaphore visuelle du saccage de l'environnement et de la responsabilité collective des hommes.

3 LE SANG
Dans cette scène où Haku, qui a pris la forme d'un dragon volant, percute le mur des Bains, Miyazaki n'hésite pas à faire couler, de manière inattendue et audacieuse, le sang. Apparaît ainsi la réalité de la violence, la plupart du temps absente des films grand public.

4 LE VOYAGE EN TRAIN
L'une des scènes les plus émouvantes du film décrit le voyage de Sen en train pour rendre visite à la sœur de Yubaba. Le voyage n'ajoute rien à l'intrigue, il évoque l'excitation mêlée de frayeur des voyages solitaires. Au cours de ce trajet, Sen affirme une nouvelle force.

5 UNE IDENTITÉ PERDUE ET RETROUVÉE
Haku, garçon qui peut se changer en dragon, a oublié sa véritable identité. Lorsqu'il est révélé qu'il s'agit d'un esprit du fleuve Kohaku, dans lequel Chihiro était tombée enfant, les thèmes du temps retrouvé et de l'identité sont ramenés au premier plan.

LE RÉALISATEUR

1941-1969
Hayao Miyazaki naît à Tokyo. Enfant, il dévore bandes dessinées et films d'animation, par exemple *Bambi* (1942).

1970-1983
En 1971, Miyazaki commence à travailler pour les studios A Pro avec Isao Takahata. En 1978, il réalise son premier film d'animation pour la télévision, *Conan, le fils du futur*.

1984-1992
La jeune héroïne combative qui allait devenir un personnage récurrent des films de Miyazaki apparaît pour la première fois dans la fable pacifiste *Nausicaä de la vallée du vent* (1984). Avec Takahata, il fonde les studios Ghibli en 1985 et se lance dans la création d'une série de merveilles animées.

de 1993 à nos jours
Le Voyage de Chihiro est suivi du *Château ambulant* (2004) et de *Ponyo sur la falaise* (2008), une récriture de *la Petite Sirène*.

LE RENOUVEAU DU FILM D'HORREUR

1 Dans *Scream*, qui redéfinit les règles du genre, Drew Barrymore prouve qu'être en tête d'affiche ne garantit pas une fin heureuse.

2 L'horreur à l'ère d'Internet : l'affiche du *Blair Witch Project* provoque l'hystérie sur Internet avant même la sortie du film.

3 Comme de nombreux succès récents, *Morse* utilise les recettes du film d'horreur pour mettre en lumière les aspects les plus sombres de la vie contemporaine. La jeune vampire Eli est interprétée par Lina Liandersson.

Depuis 1990, le film d'horreur se situe au carrefour de l'ancien et du nouveau. Les vieilles conventions du genre, les histoires de fantômes et de tueurs fous, continuent à faire recette, mais le genre s'est aussi renouvelé grâce à de nouvelles idées et de nouvelles technologies. Les réalisateurs cultes du genre, comme George A. Romero (né en 1940) et John Carpenter (né en 1948), ont essayé de se remettre en selle à une époque avide d'horreur : l'un réalise des films de zombies comme *Chroniques des morts-vivants* (1997) et *Survival of the Dead* (2009), tandis que l'autre dirige plusieurs films de série B et supervise les remakes de ses films les plus marquants. Pourtant, c'est Wes Craven (né en 1939), qui, après une série de films ratés comme *Un vampire à Brooklyn* (1995), parvient à redonner vie au genre avec grâce au très populaire *Scream* (1996, ci-dessus). Cette récriture post-moderne du film d'horreur réussit à tourner en ridicule les conventions du genre tout en étant authentiquement effrayante. Le film sape avec brio les recettes du film de tueur. Il ne produit malheureusement qu'une succession de copies sans talent, comme la série des *Souviens-toi... l'été dernier* (1997-2006) et des suites de qualité de plus en plus médiocre.

Après les élégantes variations sur l'horreur que sont *le Silence des agneaux* (1991, voir p. 496) et la superproduction de M. Night Shyamalan (né en 1970), *Sixième Sens* (1999), le genre reçoit un sang nouveau de l'étranger. À la fin des années 1990, l'horreur à la japonaise triomphe avec *Ring* (1998), suivi de *Dark Water* (2003) et de *Ju-on* (2003), adaptés par Hollywood. La Corée n'est pas en

REPÈRES

1992	1994	1996	1998	1999	2001
Alien 3 revient à l'esprit originel, l'horreur. Avec *Braindead*, P. Jackson (né en 1961) signe son dernier film gore. *C'est arrivé près de chez vous* invente un nouveau serial killer.	*Freddy sort de la nuit* est une nouvelle phase de la carrière de Wes Craven. Lars von Trier (né en 1956) donne à l'horreur télévisée son modèle avec *l'Hôpital et ses fantômes*.	*Scream* redéfinit le film de tueur. *Dangereuse Alliance* inaugure une série dont l'horreur est atténuée pour un public adolescent. Avec *Fantômes contre fantômes*, P. Jackson devien presque un réalisateur respectable.	*Ring* popularise l'horreur à la japonaise. Le film d'horreur pour adolescents redore son blason avec *The Faculty*, de R. Rodriguez (né en 1968). La carrière de J. Carpenter est à son plus bas, le montre le film *Vampires*.	Takashi Miike (né en 1960) réalise *Audition*. *Le Projet Blair Witch* et *Sixième Sens* sont les deux plus grands succès des années 1990 dans le genre.	*Les Autres*, d'Alejandro Amenabar, constitue un thriller surnaturel à l'ancienne et évoque l'esprit de Henry James.

reste avec le très sombre *Deux Sœurs* (2004) ou le sardonique *The Host* (2006). En Espagne, on remarque *Tesis* (1996), d'Alejandro Amenabar (né en 1972), les films de Guillermo del Toro (né en 1964) comme *Cronos* (1993), *l'Échine du diable* (2001), *le Labyrinthe de Pan* (2006), ainsi que *l'Orphelinat* (2007), produit par Del Toro.

Une série de films adoptent la forme de pseudo-documentaires tournés caméra au poing avec peu de moyens, et utilisent des techniques originales de promotion par Internet, comme *[Rec]* (2007), *Paranormal Activity* (2009), *le Dernier Exorcisme* (2010), à la suite du plus célèbre d'entre eux, *The Blair Witch Project* (1999, ci-contre). Mais la mythologie classique du film d'horreur, et les vampires en premier lieu, continue à dominer le genre. Dans les années 1990 sont réalisés les inégaux *Dracula* (1992) et *Entretien avec un vampire* (1994), suivis dans les années 2000 par la série des *Twilight* (2008-2012), ainsi que quelques productions plus originales comme *30 Jours de nuit* (2007) et *Morse* (2008, ci-dessous).

En quête désespérée de renouveau, le cinéma d'horreur verse dans la surenchère, mêlant torture et pornographie dans les films à succès *Hostel* (2005) et la série des *Saw* (2004-2010). Certains réalisateurs tentent de redonner au genre le prestige critique qu'il avait gagné du temps de *l'Exorcisme* (1973, voir p. 336) : Frank Darabont (né en 1959) signe l'adaptation du roman de Stephen King *The Mist* (2007) ; Joss Whedon (né en 1964) dirige le provocant *The Cabin in the Woods* (2011) ; tandis que Kevin Smith (1970) opte pour la satire avec *Red State* (2011). Sur le plan international, des films comme *The Descent* (2005), *les Yeux de Julia* (2010) et *Ne nous jugez pas* (2010) réussissent à imposer une vision originale et à démontrer que, plus que tout autre genre, le film d'horreur est capable de se réinventer continuellement et de rassembler chaque génération autour de tendances et de thèmes partagés. **I. H. S.**

2002	2003	2004	2005	2008	2009
Le film d'horreur japonais remporte un nouveau succès international avec *Dark Water. Dog Soldiers* lance la carrière du réalisateur britannique Neil Marshall (né en 1970).	*Massacre à la tronçonneuse* est le premier des remakes édulcorés que Hollywood réalise à partir des films d'horreur classiques des années 1970 et 1980.	La série des *Saw* débute, avec un premier volet d'une inventivité horrifiante, réalisé par James Wan (né en 1977).	N. Marshall réalise l'un des meilleurs films d'horreur des années 2000, *The Descent*. La sortie de *Wolf Creek* est retardée en Australie pour ne pas influencer le jugement de l'affaire sur laquelle le film est fondé.	Sortie de *Twilight*. Première saison de la série *True Blood*.	*Paranormal Activity* démontre qu'un petit budget suffit pour créer un succès du genre.

Le Silence des agneaux 1991
Silence of the Lambs JONATHAN DEMME né en 1944

▲ L'image inoubliable de Hannibal Lecter : un masque pour l'empêcher de mordre.

▼ Clarice est bâillonnée par un papillon de nuit à tête de mort, motif associé au tueur.

En plus d'être l'un des seuls films, avec *New York-Miami* (1934) et *Vol au-dessus d'un nid de coucou* (1975, voir p. 356), à remporter les cinq oscars les plus prestigieux (film, réalisateur, scénario, acteur et actrice), *Le Silence des Agneaux* est aussi le premier film d'horreur à obtenir la consécration suprême. Il a tout d'une superproduction hollywoodienne, sauf le genre.

Le scénario de Ted Tally adapte le roman pour peu à peu générer l'angoisse. Tak Fujimoto, à la photographie, et Tim Galvin, à la direction artistique, s'inspirent de la tradition gothique pour jouer sur l'obscurité et la menace, comme le montrent la première rencontre entre Clarice Sterling et Hannibal Lecter ou le donjon labyrinthique de Buffalo Bill. La bande originale est composée par Howard Shore, qui signe là ses compositions les plus oppressantes avec celles qu'il a réalisées pour David Cronenberg (né en 1943).

Alors que Jodie Foster campe son personnage avec un réalisme méticuleux, la performance d'Anthony Hopkins rappelle le Grand Guignol. Chacun de ses gestes est étudié, et le sort de ses interlocuteurs dépend de chacune de ses phrases. Son rôle aurait pu porter atteinte à l'équilibre du film s'il avait été présent plus des seize minutes qui lui sont consacrées. Cette relative absence est compensée par l'interprétation glaçante que donne Ted Levine du personnage de James Gumb (Buffalo Bill). L'intérêt que Demme a porté aux personnages de femmes fortes durant sa carrière se manifeste ici dans le développement que connaît Clarice Sterling, ainsi que dans le thème de la difficulté qu'il y a à être une femme dans un monde qui reste dominé par les hommes. **I. H. S.**

LES SCÈNES PRINCIPALES

1 LA RENCONTRE ENTRE CLARICE ET LE DR LECTER
La première rencontre semble établir entre eux un lien qui pourrait survivre à la fin de l'enquête. Fasciné par Clarice, le Dr Lecter la force à se confronter aux fantômes de son passé.

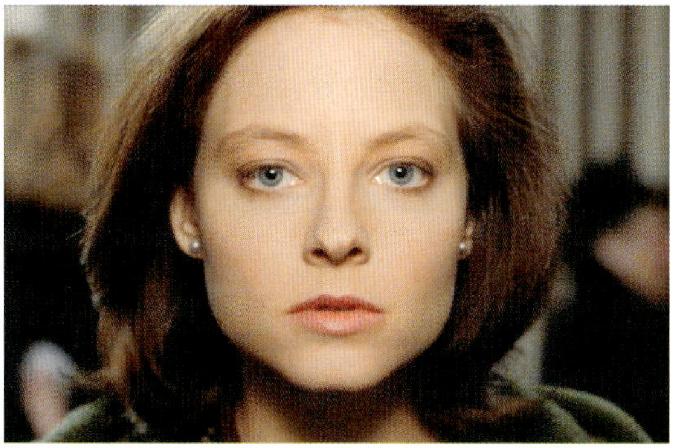

2 UNE FEMME DANS UN MONDE D'HOMMES
Clarice doit faire face au sexisme ordinaire lorsque Jack Crawford conseille aux officiers de police de faire attention à ce qu'ils disent en présence d'une femme. Elle s'affirme en imposant son autorité sur les officiers, osant faire des reproches à son supérieur.

3 LECTER S'ÉCHAPPE
Lecter réussit à tromper la vigilance de ses gardiens en découpant le visage de l'un de ses geôliers et en s'en déguisant. Il est alors envoyé à l'hôpital par les collègues de la victime, tue les ambulanciers en route et disparaît.

4 LE DÉNOUEMENT
Dans une scène noyée dans l'obscurité, tournée en nightshot, Clarice tue Buffalo Bill, sauve sa victime, et, par là, fait ses preuves en tant que membre du FBI. Sa force et sa détermination lui ont permis de traverser les ténèbres.

LE RÉALISATEUR

1944-1983
Jonathan Demme naît en 1944. Après des études à l'université de Floride, il travaille avec Roger Corman (né en 1926) et produit, puis réalise, des films d'exploitation comme *Cinq femmes à abattre* (1974) et *Crazy Mama* (1975). Ces films révèlent l'attention qu'il porte aux personnages féminins, intérêt que l'on retrouve dans *Melvin et Howard* (1980), qui reçoit les éloges de la critique et remporte un oscar pour l'interprétation de Mary Steenbergen.

1984
Après le peu inspiré *Swing Shift* (1984), Demme filme le groupe américain Talking Heads en concert dans *Stop Making Sense* (1984).

1985-1992
Le réalisateur se rapproche du grand public avec *Dangereuse sous tous rapports* (1986) et *Veuve, mais pas trop* (1988). Avec *le Silence des agneaux*, il remporte un succès à la fois critique et commercial.

1993-2001
Demme est récompensé de quelques oscars de plus avec *Philadelphia* (1993), interprété par Tom Hanks et Denzel Washington. Il se fait aussi connaître pour ses documentaires, qui couvrent des sujets aussi variés que la vie en Haïti ou son désormais célèbre cousin pasteur, *Cousin Bobby* (1992). En 1998, il s'essaie à une ambitieuse et plutôt réussie adaptation du roman *Beloved*, de Toni Morrison.

de 2002 à nos jours
Après deux remakes – *la Vérité sur Charlie* (2002) et *Un crime dans la tête* (2004) –, Demme réalise un excellent documentaire sur l'ancien président démocrate, *Jimmy Carter : l'homme des plaines* (2007), et l'un de ses meilleurs films, *Rachel se marie* (2008), pour lequel Anne Hathaway est nominée aux oscars. En 2009, il débute le tournage de l'adaptation de *Zeitoun*, de Dave Eggers.

LE CINÉMA ASIATIQUE

1 Gong Li dans *Épouses et concubines*. L'actrice a joué dans huit films du réalisateur Zhang Yimou.

2 Tony Leung et Maggie Cheung dans *In the Mood for Love*, qui forme une trilogie assez libre avec *Nos années sauvages* (1990) et *2046* (2004).

3 *Old Boy* fait partie de la trilogie de la vengeance composée par le réalisateur Park Chan-Wook, avec *Sympathy for Mr Vengeance* (2002) et *Lady Vengeance* (2005).

Durant les années 1990, la cinquième génération de cinéastes chinois se distingue en tournant de plus en plus son regard vers le public étranger et en participant à des festivals internationaux, tout en subissant la censure de leur pays. Zhang Yimou (né en 1951) remporte le lion d'argent au Festival de Venise avec sa description somptueuse et cruelle de la vie des concubines au début du XXe siècle, *Épouses et concubines* (1991, ci-dessus). Dans *Adieu ma concubine* (1993), palme d'or à Cannes, Chen Kaige (né en 1952) raconte les liens qui unissent deux artistes de l'opéra de Pékin durant la Révolution culturelle. Encensés à l'étranger, ces films sont interdits en Chine. Les cinéastes encourent non seulement les critiques de l'État, mais aussi de jeunes cinéastes qui souhaitent s'empoigner plus directement avec les réalités de la Chine moderne. Zhou Xiaowen (né en 1954) fait figure de passeur : bien qu'il appartienne à la cinquième génération, sa terrible satire *Ermo* (1994) représente la société contemporaine avec la franchise qui caractériserait la génération suivante.

C'est le Taïwanais Ang Lee (né en 1954) qui obtient la plus grande popularité à l'étranger. Ses premiers films, *Tui shou* (1992) et *Garçon d'honneur* (1993), sont situés aux États-Unis et fondés sur la confrontation entre les cultures occidentale et asiatique. Alors que d'autres cinéastes taïwanais réalisent de subtils films d'auteur, comme *Yi yi* (2000, voir p. 502), d'Edward Yang (1947-2007), Ang Lee dirige le film d'arts martiaux *Tigre et dragon* (2000, voir p. 500),

REPÈRES

1991	1993	1993	1994	1996	1997
Épouses et concubines, de Zhang Yimou.	Premier film du réalisateur taïwanais Tsai Ming-Liang (né en 1957), *les Rebelles du dieu néon*.	*Adieu ma concubine* remporte la palme d'or à Cannes.	Après avoir réalisé deux films aux États-Unis, Ang Lee tourne *Salé sucré* à Taïwan.	En Corée du Sud, Hong Sang-Soo réalise son premier film, *le Jour où le cochon est tombé dans le puits*, tout comme Kim Ki-Duk avec *Crocodile*.	*Happy Together*, qui se déroule en Argentine, est un exemple du style international de Wong Kar-Wai.

qui à son tour inspire *Hero* (2002) et *le Secret des poignards volants* (2004). Ces épopées splendides remportent un grand succès auprès du public occidental et témoignent de l'internationalisation du cinéma asiatique. L'œuvre du Hongkongais Wong Kar-Wai (né en 1956) en est un autre exemple : dans des films comme *In the Mood for Love* (2000, ci-contre), il laisse de côté le style traditionnellement austère du cinéma d'auteur asiatique pour épouser l'esthétique des publicités et des clips occidentaux.

Tandis que les cinéastes chinois doivent combattre la censure, le cinéma de la Corée du Sud bénéficie de l'assouplissement du contrôle étatique à une ère démocratique. Le cinéma coréen s'affirme et commence à attirer l'attention de l'extérieur. Hong Sang-Soo (né en 1960) se fait connaître en Corée et à l'étranger avec son premier film, *Le jour où le cochon est tombé dans le puits* (1996), qui entrecroise quatre histoires dans le Séoul d'aujourd'hui. Park Chan-Wook (né en 1963) remporte le grand prix du Festival de Cannes avec *Old Boy* (2003, ci-dessous), un récit de vengeance sanglant. Kim-Ki Duk (né en 1960) conquiert la notoriété avec l'ultra-violent *l'Ile* (2000), avant de composer une parabole bouddhiste plus apaisée, *Printemps, été, automne, hiver... et printemps* (2003, voir p. 504).

Le succès de ces films démontre l'intérêt du public coréen pour le cinéma national. *La Chanteuse de pansori,* délicat mélodrame sur une famille de chanteurs traditionnels réalisé par Im Kwon-taek (né en 1936), devient en 1993 le film coréen rapportant le plus avant d'être dépassé en 1999 par *Shiri,* puis en 2006 par *The Host,* film d'horreur doublé d'une allégorie politique. Malgré la globalisation, le cinéma asiatique semble suffire à nourrir l'imaginaire des spectateurs asiatiques. **A. J.**

2000	2001	2002	2003	2006	2007
Le spectaculaire *Tigre et dragon,* d'Ang Lee, remporte un énorme succès international. Edward Yang réalise *Yi yi* (voir p. 502).	*Beijing Bicycle,* de Wang Xiaoshuai (né en 1966), est acclamé à l'étranger mais interdit en Chine.	Zhang Yimou s'essaie à son tour au film d'arts martiaux, avec *Hero.*	*Blind Shaft,* de Li Yang (né en 1959). Au Japon, Hou Hsiao-hsien (né en 1947) tourne *Café Lumière.*	Lou Ye (né en 1965), de la sixième génération des cinéastes chinois, provoque le scandale avec *Une jeunesse chinoise,* qui se déroule durant les émeutes de Tian-An Men.	Le torride *Lust, Caution,* d'Ang Lee, remporte le lion d'or au Festival de Venise.

Tigre et dragon 2000

WO HU CANG LONG ANG LEE né en 1954

▲ Le directeur de la photographie, Peter Pau, a réalisé des paysages à couper le souffle.

▼ *Tigre et dragon* est le film étranger à avoir fait le plus de recettes en Amérique.

Avec *Tigre et dragon,* Ang Lee, caméléon du cinéma asiatique, rend un hommage de tendresse aux films d'arts martiaux de son enfance taïwanaise. L'intrigue est tirée d'un roman épique du début du siècle par Wang Du Lu, dont les événements se déroulent cent ans plus tôt dans une dynastie Qing mythifiée. Deux couples s'y partagent le rôle principal : l'un associe deux compagnons mûrs et raisonnés ; l'autre deux jeunes gens impétueux. Li Mu Bai (Chow Yun-Fat) et Shu Lien (Michelle Yeoh) sont deux des plus grands guerriers de leur temps et deux vieux amis, qui ne se sont jamais avoué leur attirance réciproque. Las du combat, Li confie son épée légendaire, Destinée, à Shu, mais celle-ci est dérobée par la jeune et belle fille du gouverneur, Jen (Zhang Ziyi). Fiancée à un homme riche et ennuyeux, Jen rêve de mener la vie d'une guerrière et de retrouver son véritable amour, le fougueux bandit Lo (Chang Chen), qui l'avait jadis gardée prisonnière dans le désert.

Ang Lee propulse le spectateur au milieu de paysages enchanteurs, montagnes escarpées, lacs limpides, forêts touffues et déserts ocre. Les scènes de combat, durant lesquelles les adversaires volettent à la surface des lacs tout en échangeant des coups, s'apparentent à des chorégraphies aériennes.

Avec *Tigre et dragon,* Ang Lee réhabilite un genre longtemps dévalorisé en lui apportant toute sa sensibilité esthétique, son goût du détail, son sens de l'image et en faisant planer un romantisme poignant, qui transforme son intrigue mélodramatique et conventionnelle en une magnifique réflexion sur l'amour, la perte, l'honneur et le destin. **P. K.**

LES SCÈNES PRINCIPALES

1 UN DUEL POUR UNE ÉPÉE
Shu poursuit le voleur masqué (qui n'est autre que Jen), qui a dérobé l'épée Destinée. Dans la nuit, les deux femmes escaladent les murs, glissent le long des toits pour s'affronter au milieu de cours faiblement éclairées. Jen réussit à s'enfuir avec l'épée.

2 UNE IDYLLE DANS LE DÉSERT
Un flashback raconte comment Jen, capturée par le bandit Lo dans le désert, tombe progressivement amoureuse de son ravisseur. Elle se sent affranchie avec lui de l'atmosphère rigide de sa famille et de la perspective d'un mariage arrangé.

3 DU RIFIFI À L'AUBERGE
Fuyant son futur mari, Jen est attaquée dans une auberge de village par un gang de brutes. Elle leur règle leur sort – et démolit la moitié du bâtiment – grâce à l'épée Destinée.

4 UN DUEL AU SOMMET DES ARBRES
Li et Jen s'affrontent lors d'un duel aérien d'une beauté et d'une virtuosité vertigineuses mené sur les sommets d'une forêt de bambou. Yuen Woo-ping, qui chorégraphie les scènes de combat, a aussi apporté son savoir-faire à *Matrix* (1999, voir p. 486).

LE RÉALISATEUR

1954-1992
Ang Lee naît à Taïwan, dans la ville de Pingtung. Après une formation à l'Académie des arts de Taïpei, il part pour les États-Unis étudier le théâtre et le cinéma. Il est assistant à la réalisation de Spike Lee (né en 1957) pour *Joe's Bed-Stuy Barbershop : We Cut Heads* (1983). En 1992, il réalise son premier long-métrage, *Pushing Hands*.

1993-1995
Lee achève une trilogie centrée sur les conflits de génération dans la famille chinoise avec *Garçon d'honneur* (1993) et *Salé sucré* (1994). En Angleterre, il réalise une adaptation du roman de Jane Austen, *Raison et Sentiments* (1995), pour laquelle Emma Thompson remporte l'oscar du meilleur scénario.

1996-1999
Il tourne aux États-Unis le film *Ice Storm* (1997), adapté du roman de Rick Moody, qui met en scène le malaise de deux familles de la Nouvelle-Angleterre dans les années 1970. Il dirige ensuite *Chevauchée avec le diable* (1999), fresque sur la guerre de Sécession se déroulant au Kansas, avec Tobey Maguire.

2000-2004
Lee fait un retour à la Chine avec *Tigre et dragon*, qui remporte quatre oscars et suscite une suite d'imitations. Il s'essaie au film d'action hollywoodien en dirigeant l'adaptation du comic américain *Hulk* (2003), mais cette tentative ne convainc pas les critiques.

de 2005 à nos jours
Dans *Brokeback Mountain* (2005), Ang Lee allie le western flamboyant à la John Ford (1894-1973) et la force émotionnelle qui caractérise ses premiers films. Ce mélodrame poignant, avec Heath Ledger et Jake Gyllenhaal, triomphe aux oscars et lui vaut l'oscar du meilleur réalisateur. Il tourne ensuite le film d'espionnage *Lust, Caution* (2007), qui cause scandale en raison de ses scènes de sexe très explicites. En 2009, il réalise la comédie *Hôtel Woodstock*. Il travaille actuellement à l'adaptation du roman de Yann Martel *Histoire de Pi*.

Yi yi 2000
EDWARD YANG 1947-2007

▲ Les événements sont souvent vus à travers les yeux de Yang-Yang, huit ans.

▼ L'appareil est dirigé vers le spectateur, invité à participer à l'expérience du film.

D'après le critique Saul Austerlitz, le cinéma d'Edward Yang cherche à « représenter la marche de Taïwan vers la modernité à travers les deux filtres que sont le couple et la famille ». Ce dessein est parfaitement accompli dans *Yi yi,* l'un des fleurons du cinéma taïwanais moderne, qui réussit à combiner un thème intimiste et une portée épique. Le film, qui commence avec un mariage, raconte une naissance et se termine par un enterrement, relate l'expérience de trois générations et décrit les tourments personnels et professionnels d'un homme d'âge moyen, NJ (Nien-Jen Wu) et de ses proches.

Malgré sa tonalité mélancolique, la description que donne Yang de la vie moderne à Taïpei n'est jamais déprimante, et même si le cinéaste reste souvent en retrait, le spectateur ne se sent jamais étranger aux émotions des personnages. L'humour n'est pas non plus absent, souvent servi par le personnage de Yang-Yang (Jonathan Chang), le fils de NJ, âgé de huit ans, qui photographie les gens de dos pour leur montrer « ce qu'ils ne peuvent pas voir eux-mêmes ». Parce qu'il explore la condition humaine à travers l'expérience d'une seule famille, cette étude subtile et profonde de la vie urbaine en Asie atteint à l'universel, reflétant les épreuves physiques et émotionnelles que tout être humain doit affronter sur cette terre. C'est certainement cette dimension universelle qui explique le succès international du film. Un succès d'autant plus ironique que le film ne fut pas projeté à Taïwan, et d'autant plus tragique qu'il devait constituer le dernier film réalisé par Edward Yang, avant sa mort. **A. J.**

LES SCÈNES PRINCIPALES

1 LA RENCONTRE
NJ rencontre celle qui fut son premier amour, Sherry (Su-Yun Ko). Son fils Yang-Yang les observe échanger des plaisanteries. Sherry revient brusquement poser la question suivante : « Pourquoi n'es-tu pas venu ce jour-là ? Je ne m'en suis jamais remise. »

2 « SI TU AS DES QUESTIONS, NE LES POSE PAS »
La famille rend visite à la grand-mère plongée dans le coma pour lui parler, mais Yang-Yang refuse de s'adresser à elle, car « elle ne peut pas voir ce que je lui dis ».

3 AU JAPON
NJ et Sherry ont pris des chambres séparées dans un hôtel japonais. Sherry frappe à sa porte et lui propose de demander le divorce pour tout recommencer avec lui. Il la prend dans ses bras, elle sanglote : « Pourquoi est-ce que je fais toujours les mêmes erreurs ? »

LE RÉALISATEUR

1947-1981
Edward Yang est né à Shanghaï mais grandit à Taïwan. Il étudie le génie électrique à l'université de Floride et se dirige d'abord vers une carrière dans la haute technologie, malgré quelques cours à USC Film School.

1982-1984
Yang succombe finalement à sa passion pour le cinéma et il rentre à Taïwan tourner une séquence du film collectif *In Our Time* (1982). Son premier long-métrage, *That Day, on the Beach* (1983), s'intéresse aux relations familiales et amoureuses, racontées à travers un récit fragmenté.

1985-1991
Taipei Story (1985), dans lequel joue le réalisateur Hou Hsia-hsien, et *le Terroriste* (1986) analysent l'aliénation urbaine dans le Taïwan d'aujourd'hui. Quant à *A Brighter Summer Day* (1991), il suit le parcours d'un jeune adolescent en quête de repère au début des années 1960.

1992-2007
Yang revient au monde contemporain avec *Confusion chez Confucius* (1994) et *Mahjong* (1996). En 2000, il réalise son film le plus prestigieux, *Yi yi*, qui remporte le prix de la mise en scène au Festival de Cannes. Il fonde la société Miluku Technology and Entertainment afin de développer la technologie numérique et de réaliser des films d'animation. Son premier projet, *The Wind*, est retardé en raison de sa maladie ; il meurt d'un cancer, en 2007, à l'âge de 59 ans.

LE CINÉMA D'AUTEUR TAIWANAIS

En 1994, la levée des restrictions sur les films étrangers plonge le cinéma commercial taïwanais dans la crise. Mais Taïwan continue à produire des films d'art et d'essai prestigieux, traitant de thèmes locaux tout en étant des réflexions approfondies sur la vie urbaine dans le monde moderne. Les deux figures majeures de la « nouvelle vague » taïwanaise, née dans les années 1980, donnent ainsi naissance à des chef-d'œuvre : Hou Hsiao-hsien réalise *le Maître des marionnettes* (1993) et *Good men, good women* (1995), tandis qu'Edward Yang tourne *A Brighter Summer Day* (1991, ci-contre). Dans ses films, Tsai Ming-Liang, s'intéresse, par exemple dans *Vive l'amour* (1994) et *la Rivière* (1997), aux thèmes de l'aliénation urbaine mais aussi de l'homosexualité, traités dans un style austère qui est caractérisé par des plans d'ensemble et des mouvements de caméra réduits.

Printemps, été, automne, hiver... et printemps 2003

Bol yeoreum gaeul gyeoul geurigo bom KIM KI-DUK né en 1960

▲ Seo Kyung-Jae et Ha Jin-Yeo au milieu du lac paisible.

▼ L'affiche reflète la beauté de cette méditation sur la vie et la religion.

Ce film de Kim Ki-Duk, l'un des plus beaux et des plus remarquables du cinéma coréen actuel, se distingue par son dépouillement, sa simplicité délibérée. Le film se déroule entièrement dans les environs d'un temple situé au milieu d'un lac, où vivent un moine bouddhiste et un petit garçon. Au printemps, le petit garçon torture trois créatures (un poisson, une grenouille et un serpent) en leur attachant une pierre. Sa cruauté déclenche une série d'événements tragiques qui se développent au fil des saisons et des années.

En réalité le spectateur suit la vie du personnage principal de l'enfance à l'âge mûr, tandis que l'épilogue, situé à nouveau au printemps, le fait succéder à son maître défunt. Kim, qui joue lui-même le rôle du personnage à l'âge adulte, tire du spectacle changeant du lac au fil des saisons un riche ensemble de significations et d'allusions. D'autres motifs récurrents s'assemblent pour faire sens au cours du film. Par exemple, alors qu'au printemps le serpent est une victime des jeux cruels du petit garçon, en été, la copulation de deux serpents annonce la première expérience sexuelle du jeune homme devenu adolescent.

L'intrigue du film dérive de la notion bouddhiste de karma, et son symbolisme est imprégné des enseignements et des concepts du bouddhisme. Mais sa beauté visuelle et sa précision formelle en font un film envoûtant, même pour des spectateurs ignorant tout de son contexte religieux et culturel. Ceux qui seraient intimidés par la signification religieuse du film peuvent se réconforter en pensant qu'il a été réalisé par un cinéaste chrétien. **A. J.**

LES SCÈNES PRINCIPALES

1 LE PRINTEMPS
Au bord du lac, le petit garçon court derrière les papillons et jette des pierres aux poissons. Il attrape finalement un poisson dans l'eau, attache une pierre à son corps et le remet à l'eau, tandis que son maître l'observe de loin.

2 L'ÉTÉ
Le jeune homme conduit la barque en cercles et finit par sauter à l'eau, sous les yeux de la jeune fille envoyée au temple pour convalescence. Il la tire à l'eau, puis regagne la barque et la hisse à ses côtés.

3 L'AUTOMNE
Sur les instructions de son maître, le jeune homme grave un soutra bouddhiste sur le plancher du temple quand la police arrive pour l'arrêter. Il les menace d'abord avec son couteau, puis retourne à son ouvrage sur les ordres de son maître.

4 L'HIVER
Après le suicide de son maître et après avoir purgé sa peine en prison, le disciple revient au temple. Une pierre nouée autour de lui, chargé d'une statue de Bouddha, il traverse le lac gelé et gravit une montagne enneigée pour la déposer à son sommet.

LE RÉALISATEUR

1960-1997
Kim Ki-Duk naît à Bonghwa, en Corée du Sud. Il découvre le cinéma pendant un séjour à Paris et se met à écrire des scénarios, dont plusieurs sont primés. En 1996, son premier film *Crococile*, tourné avec peu de moyens, raconte les liens qui se nouent entre un sans domicile fixe et une femme suicidaire. Le film est bien accueilli par la critique. Il réalise ensuite un drame criminel, *Wild Animals* (1997), inspiré de son séjour à Paris.

1998-2002
Birdcage Inn (1998) n'obtient qu'un succès mitigé en Corée du Sud mais fait connaître Kim du public international après sa diffusion au festival de Karlovy Vary et au festival de Berlin. *L'Ile* (2000) cause scandale au Festival de Venise en raison de ses scènes impressionnantes de violence et de cruauté envers les animaux (scènes non simulées, selon Kim). Il réalise ensuite un drame criminel intense, *Real Fiction* (2000), puis *Adresse inconnue* (2001), qui étudie les effets de la guerre de Corée et de la Guerre froide. *Bad Guy* (2001), thriller psychologique violent, constitue son premier grand succès en Corée, tandis que *The Coast Guard* (2002) remporte de nombreuses nominations et récompenses.

de 2003 à nos jours
Kim opte pour un style plus dépouillé et méditatif avec *Printemps, été, automne, hiver... et printemps*. En 2004, le road-movie *Samaria* remporte l'ours d'argent au festival de Berlin. La même année, il est sacré meilleur réalisateur au festival de Venise pour *Locataires*. *L'Arc* (2005) raconte la relation qui unit un sexagénaire et la petite fille qu'il élève pour qu'elle devienne un jour sa femme. Ses derniers films sont *Time* (2006), *Souffle* (2007), présenté au Festival de Cannes, et *Dream* (2008).

LA NOUVELLE VAGUE IRANIENNE

1 Abbas Kiarostami utilise de vastes plans d'ensemble dans *le Goût de la cerise* pour établir une distance entre personnages et spectateurs favorisant la réflexion.

2 Dans *le Silence,* de Mohsen Makhmalbaf, le jeune aveugle, Khorshid (T. Normatova), travaille comme accordeur d'instruments.

3 Une femme décide de participer à une course cycliste dans *Le jour où je suis devenue femme,* de Marzieh Makhmalbaf.

Après une année de violentes manifestations, la révolution iranienne renverse le shah d'Iran, Mohammad Reza Shah Pahlavi, et installe l'ayatollah Khomeini au pouvoir, en 1979. Toute activité cinématographique cesse pratiquement. Avec l'installation du nouveau pouvoir, le cinéma est vilipendé pour avoir servi d'instrument de propagande à l'ancien régime. À la fin de la révolution, 180 cinémas ont été détruits. Très peu de films sont réalisés les années suivantes. En 1983, le gouvernement crée la Fondation du cinéma Farabi, chargée de contrôler la production cinématographique et de s'assurer que les films tournés sont conformes aux valeurs de la culture islamique. À la fin de l'année, 22 films ont été réalisés.

Mohsen Makhmalbaf (né en 1957) est le réalisateur le plus important de l'après-révolution. Ce militant islamiste, emprisonné quatre ans sous le shah, se tourne vers le cinéma après la révolution, après s'être fait connaître comme écrivain. *Dastforoush* (1989), série de vignettes décrivant la misère urbaine, le propulse sur la scène internationale. Son œuvre devient de plus en plus libéral, et même critique du gouvernement. *Une occasion d'amour* (1990) est interdit en Iran, mais, comme c'est le cas de plusieurs de ses compatriotes, ses films sont reconnus à l'étranger comme des œuvres majeures. *Gabbeh* (1996), *Nun va Goldoon* (1996) et *le Silence* (1998, à droite, en haut) sont imprégnés d'un lyrisme qui captive les spectateurs du monde entier. *Kandahar* (2001) allie beauté formelle et force polémique en choisissant de traiter de l'Afghanistan, sujet encore plus brûlant après le 11-Septembre.

REPÈRES

1990	1990	1990	1995	1997	2000
Sortie de *Hamoun*, de Dariush Mehrjui.	*Une occasion d'amour,* de Mohsen Makhmalbaf, est interdit par le gouvernement iranien en raison de son évocation de l'adultère féminin.	Mohsen Malhmalbaf joue son propre rôle dans *Close-Up*, d'Abbas Kiarostami, une réflexion sur l'identité.	Rakhshan Bani Etemad obtient un succès international avec *le Foulard bleu,* qui raconte l'histoire d'amour d'un veuf et d'une jeune fille.	Abbas Kiarostami remporte la palme d'or à Cannes avec *le Goût de la cerise.*	Marzieh Makhmalbaf remporte, avec *Le jour où je suis devenue femme,* le prix du meilleur premier film au festival de Venise.

Aucun réalisateur n'est davantage associé au cinéma iranien dans le monde qu'Abbas Kiarostami (né en 1940). Il signe son œuvre la plus renommée avec la trilogie de Koker, *Où est la maison de mon ami ?* (1987), *Et la vie continue* (1992) et *Au travers des oliviers* (1994, voir p. 510), qui mêle fiction et réalité, film et réflexion sur la réalisation du film. Le dépouillement formel de ces films est encore raffiné dans *le Goût de la cerise* (1997, à gauche), qui remporte la palme d'or à Cannes et raconte l'histoire d'un homme d'âge moyen (Homayoun Ershadi) déterminé à se suicider, et dans *le Vent nous emportera* (1999), qui décrit le choc de deux mondes qui se heurtent lorsqu'un ingénieur de la ville (Behzad Dorani) se rend dans un lointain village kurde pour veiller une mourante.

Les femmes réalisatrices s'affirment après la révolution. Parmi les plus importantes de la période, on trouve la femme de Mohsen Makhmalbaf, Marzieh (née en 1969) et ses deux filles, Samira (née en 1980) et Hana (née en 1988). En 2000, Marzieh réalise son premier film, *Le jour où je suis devenue femme* (ci-dessous), produit par son mari. Le film raconte l'histoire de trois femmes, à trois stades différents de l'existence : la première, Hava (Fatemeh Cherag Akhar), est une fillette de neuf ans qui, déclarée « femme », doit désormais porter le tchador et cesser de parler aux garçons, y compris à son meilleur ami ; la deuxième, une jeune femme révoltée, Ahoo (Shabnam Toloui), est menacée de divorce par son mari en raison de son désir de participer à une course cycliste ; Hoora (Azizeh Sedighi), est une veuve

2000	2003	2005	2007	2009	2010
Le Cercle (voir p. 512), film percutant sur la condition des femmes en Iran réalisé par Jafar Panahi, remporte le prix Fipresci et le lion d'or au festival de Venise.	*À cinq heures de l'après-midi*, de Samira Makhmalbaf, qui raconte comment une femme s'adapte à la vie sous les talibans, remporte le prix du jury au Festival de Cannes.	Élection de Mahmoud Ahmadinejad à la présidence de l'Iran. Mohsen Makhmalbaf s'exile à Paris.	Le somptueux premier film de Hana Makhmalbaf, *le Cahier*, lui vaut un renom international.	Ahmadenejad est réélu président. Des heurts violents éclatent entre la police et des manifestants remettant en cause les résultats de l'élection.	Jafar Panahi est arrêté par le gouvernement iranien et entame une grève de la faim. Il est libéré après une mobilisation de la communauté internationale.

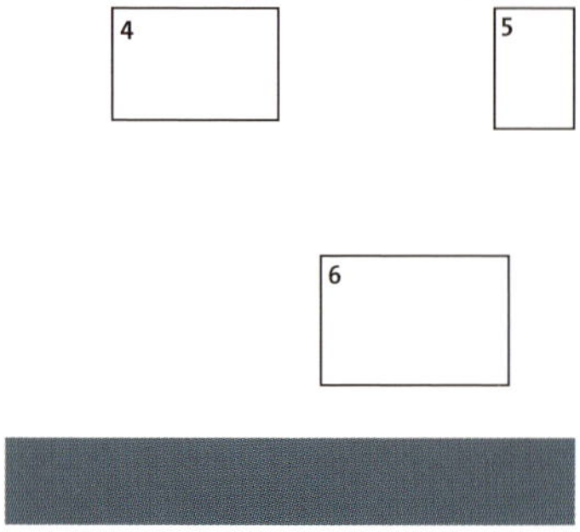

4 *À cinq heures de l'après-midi*, de Samira Makhmalbaf, suit la transformation de l'ambitieuse et idéaliste Nogreh (Agheleh Rezaie) en Afghanistan après la chute des talibans.

5 Dans *Hors-jeu*, de Jafar Panahi, des jeunes filles se déguisent en garçons pour assister à un match de football.

6 Dans *le Cahier*, de Hana Makhmalbaf, la petite Bakhtay (Nikbakht Noruz) désire désespérément apprendre à lire et à écrire.

fortunée, enfin libérée des contraintes de la société. Marzieh réalise ensuite *Chiens égarés* (2004), qui, tout en constituant une réflexion sur les cinémas européen et hollywoodien, traite du sort des orphelins dans l'Iran des talibans. En 2009, elle co-dirige avec son mari *The Man Who Came with the Snow*, drame situé dans l'ex-Union soviétique.

Samira remporte un succès international avec son premier film, *la Pomme* (1998), inspiré de l'histoire vraie de deux sœurs, Massoumeh et Zahra Naderi, séquestrées des années par leurs parents avant d'être exposées au monde. Selon certains critiques, le film ferait écho à la première production nationale, *La maison est noire* (1963), court documentaire sur une colonie de lépreux réalisé par la poétesse sulfureuse Forugh Farrokhzad (1935-1967), qui narre elle-même certains passages dans un style empreint de lyrisme. La structure narrative de *la Pomme* est plus complexe : les acteurs jouent leurs propres rôles, comme dans *Close-Up* (1990), d'Abbas Kiarostami, où Mohsen Makhmalbaf incarne dans ce récit un imposteur tentant de se faire passer pour lui.
Samira dirige ensuite le poignant *Tableau noir* (2000), qui suit l'itinéraire d'instituteurs kurdes durant la guerre Iran-Iraq. *À cinq heures de l'après-midi* (2003, ci-dessus), qui remporte le prix du jury au Festival de Cannes, relate le difficile progrès de Nogreh (Agheleh Rezaie) vers l'éducation.
En un nouveau clin d'œil réflexif, les circonstances de la réalisation du film – à Kaboul au moment de la chute des talibans – deviennent elles-mêmes sujet du documentaire *la Joie de la folie* (2003) de la sœur de Samira, Hana, alors seulement âgée de quatorze ans.

Hana, l'une des plus jeunes réalisatrices du cinéma mondial, adopte un style aussi minimaliste que celui de sa sœur, notamment dans *le Cahier* (2007, ci-contre, en bas), où le personnage principal, Bakhtay (Nikbakht Noruz), une fillette de cinq ans, vit dans les grottes mutilées par la destruction des statues géantes des Bouddhas de Bamiyan par les talibans en 2001. *Green Days* (2009) est d'abord conçu comme une fiction se déroulant durant les élections présidentielles, mais incorpore ensuite des séquences documentaires et des vidéos d'amateurs témoignant de la violence qui éclate après l'annonce des résultats controversés.

Le titre de réalisatrice iranienne la plus illustre revient à Rakhshan Bani Etemad (née en 1954). Diplômée de la faculté des arts dramatiques de Téhéran, elle travaille d'abord pour la télévision avant de réaliser une série de courts documentaires. Ses premiers longs-métrages, *Hors limite* (1986), *le Canari jaune* (1988) et *l'Argent étranger* (1989) examinent, comme ses documentaires, les conditions de vie des plus démunis, vus comme victimes de la société. En cela, ils se distinguent de ses derniers films, drames plus émotionnels, comme *Nargess* (1992), *le Foulard bleu* (1995), *la Dame de mai* (1998), *Sous la peau de la ville* (2001) et *Mainline* (2006). C'est leur description de la lutte menée par les femmes pour se forger une identité dans un État islamique qui leur a valu le succès, mais ces films complexes, et parfois satiriques, constituent une critique plus générale, à portée universelle, de la façon dont les femmes sont traitées.

Parmi les réalisateurs les plus récents à s'être distingués, il faut citer Jafar Panahi (né en 1960). Il est assistant-réalisateur auprès de Kiarostami sur *Au travers des oliviers,* avant que ce dernier ne lui écrive des scénarios pour ses propres films. Son premier film, *le Ballon blanc* (1995), et *le Miroir* (1997) sont des ruminations sourdes, imprégnées de symbolisme, sur l'innocence de l'enfance et les artifices du cinéma. *Le Cercle* (2000, voir p. 512) inaugure un tournant dans son œuvre, et, comme *Hors jeu* (2006, à droite), critique violemment la société patriarcale iranienne. Les films de Panahi ont souvent été interdits par la censure du gouvernement. En 2009, il est emprisonné pour avoir voulu représenter dans un film l'élection présidentielle et ses suites. Il est libéré mais son passeport lui est retiré. Il est de nouveau arrêté au début de l'année 2010 pour avoir demandé l'autorisation de se rendre au Festival de Berlin pour participer à une conférence sur le cinéma iranien, et doit sa libération à la mobilisation du monde du cinéma. Comme les fondateurs du Nouveau Cinéma iranien, Farokh Ghafari (1921-2006), Bahram Beizai (né en 1938) et Parviz Kimiavi (né en 1939), et les pionniers de la nouvelle vague comme Dariush Mehrjui (né en 1939) et Amir Naderi (né en 1946), Panahi conçoit le cinéma comme un puissant instrument de dénonciation de l'injustice, et – idéalement – de changement social. **I. H. S.**

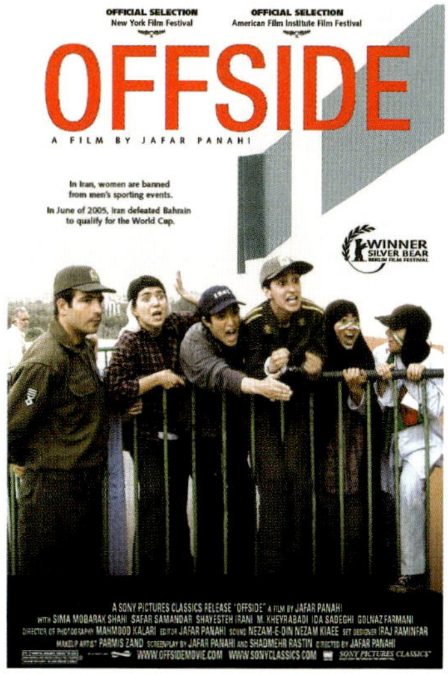

Au travers des oliviers 1994

Zire darakhatan zeyton ABBAS KIAROSTAMI né en 1940

▲ Comme la plupart des films d'Abbas Kiarostami, *Au travers des oliviers* adopte un style naturaliste et dépouillé.

▼ L'affiche reflète la poésie qui se dégage du paysage.

Il n'est pas inutile d'avoir vu les deux premiers volets de la trilogie de Koker, *Où est la maison de mon ami ?* (1987) et *Et la vie continue* (1992), pour pouvoir apprécier au mieux cette méditation bucolique sur l'amour, la nature et le cinéma qu'est *Au travers des oliviers*. Non pas que les récits s'enchaînent, mais chacun des films s'inspire du précédent et en enrichit encore les significations. Tous se situent dans le village escarpé de Koker, au nord de l'Iran. *Où est la maison de mon ami ?* suit un petit garçon (Babek Ahmed Poor) qui veut rendre un livre de classe à l'un de ses camarades. *Et la vie continue* s'intéresse à la quête d'un cinéaste (Farhad Kheradmand) et de son fils (Buba Bayour) pour retrouver l'acteur principal du premier film alors qu'un tremblement de terre a dévasté la région. Une équipe cinématographique revient sur les lieux, dans *Au travers des oliviers*, pour réaliser un film sur les aventures de ce cinéaste.

Cette fois, c'est un film qui constitue l'objet de la quête, sa réalisation étant compliquée par la tension entre deux des acteurs principaux, Hossein, un maçon illettré (Hossein Rezai), et Tahereh, l'élève introvertie (Tahereh Ladanian) qu'il désire en secret. Constitué de longs plans statiques, souvent marqués d'ironie, où le son et les dialogues émanent du hors-champ, le film est une réflexion sur l'art du cinéma, sur son rôle en tant que reflet de la vie réelle et sur la possibilité de l'amour dans un monde où poésie et mort se mêlent indissociablement. **D. J.**

LES SCÈNES PRINCIPALES

1 LA DÉCOUVERTE DES LIEUX
Le spectateur découvre la campagne, où errent un ou deux voyageurs, sans doute jetés à la rue par le tremblement de terre. Il perçoit quelques bruits étouffés provenant d'une radio et deux voix qui discutent de la réalisation du film *Où est la maison de mon ami ?*

2 EST-CE L'AMOUR ?
L'intrigue amoureuse est nouée quand le réalisateur du film, intrigué par les hésitations répétées de son acteur Hossein, découvre qu'il considère sa partenaire féminine comme « le genre de filles que je pourrais épouser ».

3 UN SENTIMENT RÉCIPROQUE
Tahereh résiste aux avances de Hossein, même lorsqu'il lui demande de tourner la page de son livre pour montrer qu'elle partage ses sentiments. Elle se met à bafouiller, montrant que, si elle repousse ses demandes en mariage, elle ne les a pas moins entendues.

4 UN CHAMP DE RÊVES
La scène finale, tournée en plan d'ensemble (peut-être du point de vue du réalisateur, témoin intéressé de la relation entre ses acteurs), montre les deux personnages, tournés l'un vers l'autre, puis partant ensemble. Leur futur reste délibérément ambigu.

LE RÉALISATEUR

1940-1969
Abbas Kiarostami naît à Téhéran dans une famille nombreuse. Peu friand de l'école, il est d'abord agent de la circulation, avant d'étudier les beaux-arts à l'université de Téhéran. Il travaille comme dessinateur publicitaire, puis crée un département cinéma à l'Institut pour le développement intellectuel des enfants et des jeunes adultes.

1970-1986
Son premier court-métrage, *le Pain et la rue*, raconte l'histoire d'un petit garçon qui doit, pour ramener du pain à la maison, faire face à un chien agressif lui barrant la rue. Sa concision, son intérêt pour l'enfance, sa représentation d'une anecdote de la vie quotidienne dispensatrice d'une leçon morale simple sont typiques de l'œuvre qu'il réalise – principalement des courts-métrages – jusqu'à *Où est la maison de mon ami ?*

1987-1996
Kiarostami réalise le premier film de la trilogie de Koker, inaugurant un intérêt durable pour la nature de l'artifice cinématographique et les liens complexes entre réalité et fiction. Il dirige deux autres films majeurs, le documentaire *Devoirs du soir* (1989), au sujet des devoirs des écoliers, et *Close-Up* (1990), inspiré de l'histoire réelle d'un usurpateur d'identité.

1997-2000
Il devient célèbre à l'étranger en remportant la palme d'or à Cannes avec *le Goût de la cerise*, l'histoire d'un homme déterminé à se suicider. *Le Vent nous emportera* (1999), qui suit un ingénieur de la ville se rendant dans un village assister à une veillée funèbre, confirme son statut de réalisateur virtuose.

de 2001 à nos jours
Kiarostami se convertit à la technologie numérique lors du tournage du documentaire *ABC Africa* (2001) et l'exploite de manière révolutionnaire dans *Ten* (2002) et *Five* (2003). *Copie conforme* (2010), situé en Toscane, marque un retour à un style plus classique et intellectuel.

Le Cercle 2000

Dayereh JAFAR PANAHI né en 1960

▲ L'actrice non professionnelle Mamizadeh joue le rôle de Nargess, seule et en fuite.

▼ Une phrase poignante sur l'affiche : « Son seul crime était d'être une femme. »

Cette brutale anthologie de vignettes urbaines constitue le troisième film du jeune réalisateur de la Nouvelle Vague iranienne, Jafar Panahi. *Le Cercle* allie un violent sentiment d'urgence à un message politique sobre, qui semble tiré des pages de Franz Kafka ou de George Orwell, et dénonce avec courage une société qui impose des lois draconiennes et discriminatoires à son peuple.

Plus précisément, le film traite du sort malheureux réservé aux femmes en Iran, de la cruauté et de l'humiliation nées d'un système qui réprime avec violence toute expression féminine, toute volonté d'indépendance et d'épanouissement sexuel. Le film inaugure un tournant radical dans l'œuvre de Panahi, par sa véhémence, sa brutalité sans fard et sa rage.

Panahi lie cinq courtes histoires en une structure assez lâche, qui lui permet de décrire les différentes épreuves auxquelles les femmes iraniennes doivent faire face, par exemple pour se faire avorter, quitter la ville sans surveillance de leur mari ou même seulement converser discrètement à propos de leur vie. L'approche directe, frontale, privilégiée par Panahi crée un sentiment d'immédiateté terrifiante, intensifiée par le jeu naturaliste des acteurs, la plupart amateurs, et par les scènes particulièrement atroces que Panahi choisit d'inclure. Le film remporte le lion d'or au Festival de Venise, mais est interdit en Iran. Un film si courageux témoigne à la fois de la gravité de la question traitée et de l'ardeur de son réalisateur. **D. J.**

LES SCÈNES PRINCIPALES

1 LA NAISSANCE
Les thèmes principaux du film sont introduits dès la première scène, où une femme est informée à travers l'ouverture d'une porte d'hôpital que sa fille a donné naissance à une petite fille : « Les beaux-parents vont être furieux ! Ils vont réclamer un divorce ! »

2 L'ATTENTE
Arezou (Maryiam Palvin Almani) et Nargess (Nargess Mamizadeh) se sont échappées de prison. Arezou vient à se prostituer. Panahi filme Nargess attendant sa partenaire, dans une pose qui exprime sa solitude et sa détresse, et qui la rend suspecte aux yeux de la police.

3 LA BOUTIQUE
Nargess veut grimper dans un bus pour s'échapper, mais sans papiers, elle finit par rentrer dans une boutique de vêtements pour reprendre ses esprits. Un homme cherche à lui vendre une chemise, en la lui vantant d'un ton condescendant et sexiste.

4 LA PETITE FILLE
Pari (Fereshteh Sadre Orafaiy) ne sait pas comment se faire avorter. Elle se heurte à une petite fille abandonnée par sa mère, qui l'observe de derrière un taxi de l'autre côté de la rue et espère que la police la recueillera.

5 LA MARIÉE
Une prostituée, que l'on va emmener en prison, s'adosse à une voiture et fume une cigarette. Elle voit passer une voiture, décorée de serpentins, transportant une mariée, et s'imagine dans cette vie possible faite de corvées et de servilité.

LE RÉALISATEUR

1960-1993
Jafar Panahi naît à Mianeh, en Iran. Après des études à l'université du cinéma et de la télévision de Téhéran, il part combattre lors de la guerre Iran-Iraq, sur laquelle il réalise un documentaire.

1994-1995
Il est assistant réalisateur pour *Au travers des oliviers* (1994, voir p. 510). En 1995, il réalise son premier succès, *le Ballon blanc*.

de 1996 à nos jours
Panahi délaisse l'abstraction de ses débuts pour réfléchir avec humour sur la tyrannie du réalisateur dans *le Miroir* (1997) et pour tourner des films plus ouvertement politiques comme *le Cercle* et *Hors jeu* (2006) au sujet de jeunes filles fans de football. Il est arrêté au début de 2010 par le gouvernement iranien, et relâché en mai. Il continue à réaliser des courts-métrages et des films en Iran.

LE CINÉMA D'AMÉRIQUE LATINE

Le cinéma d'Amérique latine s'est affirmé comme l'un des meilleurs au monde en ce début de XXIe siècle. Les films d'une nouvelle génération de cinéastes venus du Mexique, du Brésil, d'Argentine, du Chili et du Pérou touchent autant le public national que mondial. Leurs auteurs, bardés de prix, mettent leur gloire internationale au service de leur culture d'origine. Au Mexique, le cinéma avait perdu toute qualité et toute identité après des années d'interventionnisme étatique et de problèmes de distribution. Au milieu des années 1990, la production cinématographique avait chuté au niveau des années 1930. Alfonso Cuaron (né en 1961) et Guillermo del Toro (né en 1964), auteurs d'*Uniquement avec ton partenaire* (1991) et de *Cronos* (1993), ne voyaient d'autre solution pour leur carrière que de partir pour Hollywood.

Les problèmes rencontrés par le cinéma d'Amérique latine sont liés à l'histoire tumultueuse de ces pays. Les effets de la dictature, de la corruption d'État et de l'application du néo-libéralisme sur le cinéma sont profonds et vont de la censure au manque de financement, quand ils ne produisent pas l'exil ou même le meurtre. L'anxiété culturelle que connaît le continent se manifeste avec éclat dans la conversion de milliers de cinémas en églises évangéliques.

Au Brésil, en Argentine et au Mexique, chefs de file traditionnels du cinéma du continent, la dictature cède le pas à un gouvernement élu, mais qui, ironiquement, ne fait rien pour redresser l'industrie nationale en crise. Sous la présidence de Fernando Collor de Mello, la production cinématographique du Brésil passe à un film en trois ans, et, en 1991, le réalisateur Hector Babenco

1 Jarocho (Gustavo Sanchez Parra) lance un autre de ses chiens dans l'arène dans *Amours chiennes*.

2 Ivan (Marco Ricca) perd le contrôle de sa vie quand le tueur à gages qu'il a embauché se met à dicter sa loi dans *l'Intrus*, de Beto Brant.

3 Anapola Mushkadiz trône sur l'affiche de *Bataille dans le ciel* de Carlos Reygada, interrogation provocante sur la responsabilité morale et la foi.

REPÈRES

1990	1991	1993	1994	1998	1999
Le président brésilien cesse toute subvention au cinéma ; la production cinématographique décline. Le Chili retrouve un régime démocratique.	Ouverture en Argentine d'une école de cinéma, la Fundacion Universidad del Cine. Sortie d'*Uniquement avec ton partenaire*, d'Alfonso Cuaron.	Une loi du nouveau gouvernement brésilien accorde des subventions à 90 projets. Sortie de *Cronos*, de Guillermo del Toro.	Passage de la loi sur l'audiovisuel au Brésil, et de la loi sur le Nouveau Cinéma en Argentine.	*Central do Brasil* (voir p. 518) remporte l'ours d'or à Berlin. *Pizza, bière et cigarettes* inaugure le Nouveau Cinéma argentin.	*Mundo grua*, de Pablo Trapero, remporte les prix du meilleur réalisateur et du meilleur acteur au premier festival du film indépendant de Buenos Aires.

(né en 1946) annonce la mort du cinéma brésilien. Le retournement de situation auquel on assiste dans la région n'en est que plus remarquable.

La renaissance du cinéma coïncide avec un nouvel élan démocratique et une relance de l'économie. Le Brésil et l'Argentine sont les premiers à mettre en place de nouveaux financement des films : au Brésil, des réductions d'impôt encouragent les investisseurs à participer à la production nationale : l'Argentine remet sur pied un système de subventions d'État. Les autres pays les suivent.

Les premiers signes de renouveau apparaissent en 1998, quand *Central do Brasil* (voir p. 518), de Walter Salles (né en 1956), remporte l'ours d'or au Festival de Berlin. À sa suite, deux films mexicains, *Amours chiennes* (2000, à gauche), d'Alejandro Gonzalez Iñarritu (né en 1963) et *Et... ta mère aussi !* (2001, voir p. 520), d'Alfonso Cuaron, puis *la Cité de Dieu* (2002, voir p. 522), du Brésilien Fernando Meirelles (né en 1955) annoncent au monde la venue de « la bonne vague ».

Cette « vague » de fond est la combinaison de plusieurs mouvements : la *retomada da produçao* (« reprise ») brésilienne, le *nuevo cine mexicano,* le *nuevo cine argentino* ou le *nuevo cine chileno.* Au Brésil, une communauté se crée autour des réalisateurs-producteurs Salles et Meirelles, qui aident les jeunes réalisateurs à travers leurs sociétés, VideoFilmes, basée à Rio, et O2 Filmes à São Paulo. Leurs films s'intéressent à la quête de la réalisation de soi, comme on le voit dans le film poétique de Karim Aïnouz (né en 1966), *le Ciel de Suely* (2006), centré sur la difficile autonomie d'une mère célibataire, dans l'effrayant *Désert heureux* (2007), de Paula Caldas (née en 1964), où une jeune fille tente d'échapper à la prostitution, ou encore dans *Antonia* (2006), de Tata Amaral (née en 1961), qui suit un groupe de jeunes filles de São Paulo tentant de sortir de la misère des bidonvilles grâce à la chanson.

Le brillant et provocateur réalisateur de São Paulo, Beto Brant (né en 1964) passe avec aisance du drame criminel avec *l'Intrus* (2002, ci-contre), à *Crime délicat* (2005) et son cocktail enivrant d'obsession sexuelle, d'art et de handicap, pour finir par une histoire d'amour tragique dans *Cão sem dono* (2007).

Le cinéma mexicain, qui renaît grâce aux efforts des producteurs et des financiers plutôt qu'à l'organisation interne de l'industrie, est le plus exubérant. *Amours chiennes,* film ambitieux, viscéral, perturbant, constitue un véritable électrochoc et lance la carrière du réalisateur Gonzalez Iñarritu, du scénariste Guillermo Arriaga et de l'acteur Gael Garcia Bernal. Bernal joue aussi, avec Diego Luna, dans *Et... ta mère aussi !,* réalisé par Alfonso Cuaron au Mexique après deux films hollywoodiens, et que l'on peut définir comme la combinaison d'un road-movie, d'un film d'initiation et d'un commentaire sur Tata Amaral de la nation.

Le mélange savant du sexe, de la foi et d'une esthétique très travaillée qui caractérise les films de Carlos Reygadas (né en 1971), comme *Japon* (2002), *Bataille dans le ciel* (2005, ci-contre) et *Lumière silencieuse* (2007) force l'admiration tout en causant le scandale. *Saison de canards* (2004), de Fernando Eimbcke (né en 1970), est une comédie sur l'adolescence. Del Toro partage son

2001	2002	2004	2006	2009	2010
Amours chiennes, d'Alejandro González Iñárritu, et *Et... ta mère aussi !* (voir p. 520), d'Alfonso Cuaron, définissent le Nouveau Cinéma mexicain.	Sortie de *la Cité de Dieu* (voir p. 522), de Fernando Meirelles.	Walter Salles réalise *Carnets de voyage*. Cuaron tourne *Harry Potter et le prisonnier d'Azkaban.*	Le président vénézuélien Hugo Chavez fonde un studio de cinéma national.	*Le Lait de la douleur,* de Claudio Llosa, remporte l'ours d'or au festival de Berlin.	*Le Secret de ses yeux,* de l'Argentin Juan José Campanella (né en 1959), remporte l'oscar du meilleur film étranger.

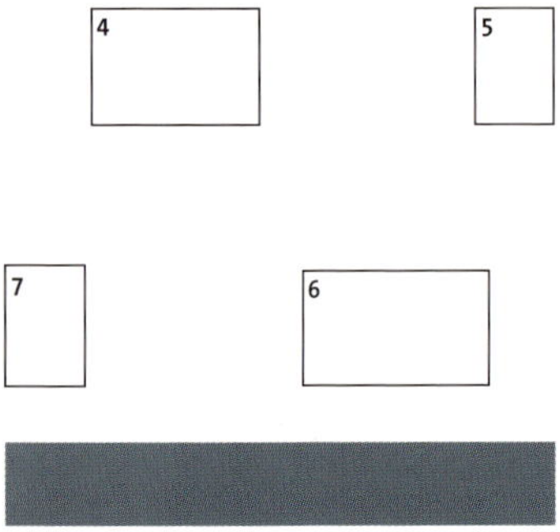

4 Vision d'horreur : l'Homme pâle, ogre dévorateur d'enfants, se réveille dans *le Labyrinthe de Pan*, de Guillermo del Toro.

5 Julia (Martina Gusman) doit élever son fils en prison dans *Leonera*, de Pablo Trapero.

6 Sayra (Paulina Gaitan) et sa famille font partie d'un groupe d'immigrants clandestins cherchant à gagner les États-Unis en train dans *Sin Nombre*, de Cary Fukunaga.

7 Le héros original de *Tony Manero*, de Pablo Larrain, est un serial killer obsédé par le rôle de John Travolta dans *la Fièvre du samedi soir* (1977).

temps entre des projets américains et hispano-mexicains, laissant libre cours à son imagination fantastique dans *Hellboy* (2004) ou dans le terrifiant et profond *Labyrinthe de Pan* (2006, ci-dessus). *Sin nombre* (2009, à droite, en bas), de Cary Fukunaga (né en 1977), traite avec sensibilité des immigrants clandestins et de la culture des gangs, remporte deux prix au Festival de Sundance.

Si les expériences sociales et politiques vécues par les pays d'Amérique latine ont de nombreux points communs, leur production cinématographique révèle la plus grande diversité. En Argentine, riche en réalisateurs de renom international, le foisonnement créateur est extraordinaire. Pablo Trapero (né en 1971) est le plus bel exemple d'une nouvelle génération de réalisateurs inventifs sortis des écoles de cinéma récemment créées dans le pays. Il met son approche directe, caractérisée par l'utilisation d'acteurs non professionnels et le choix de sujets inspirés de la vie réelle, au service d'une inspiration constamment renouvelée : son premier film, *Mundo grua* (1999), récit des tentatives d'un homme d'âge mûr pour reconstruire sa vie, est suivi par un road-movie, *Voyage en famille* (2004), puis par un drame de femmes en prison, *Leonera* (2008, ci-contre, en haut).

Le choix d'acteurs non professionnels définit également les comédies chaleureuses de Carlos Sorin (1944 né en), qui décrit des héros pauvres et provinciaux animés par leurs rêves (*Bombon el perro*, 2004) ou les drames minimalistes de Lisandro Alonso (né en 1975), qui étudie l'aliénation et la solitude de marginaux dans *La libertad* (2001) ou *Los muertos* (2004). Daniel Burman (né en 1973), le « Woody Allen de Buenos Aires », questionne avec humour l'identité juive et les relations père-fils dans *En attendant le messie* (2000), *le Fils d'Elias* (2004) et *les Lois de la famille* (2006). Lucrecia Martel (née en 1966) enrobe d'un style très travaillé et sensuel ses réflexions piquantes sur la famille et la religion et ses satires de la bourgeoisie déclinante de son pays dans *La ciénaga* (2001), *La niña santa* (2004) et *la Femme sans tête* (2008).

Machuca (2004), du Chilien Andres Wood (né en 1965), analyse les événements qui ont conduit au coup d'État de Pinochet. Le film lance un mouvement de révolte contre la tendance à l'importation de films étrangers et suscite un renouveau d'inspiration chez de jeunes réalisateurs, louchant du côté des festivals et des marchés internationaux. Leurs films décrivent le Chili moderne, par exemple l'énigmatique *Play* (2005), d'Alicia Scherson (née en 1974), ou *la Bonne* (2009), comédie sombre et complexe de Sebastian Silva (né en 1979). Dans les très retors *Tony Manero* (2008, à gauche) et *Post Mortem* (2010), Pablo Larrain (né en 1976) offre des aperçus glaçants de la vie sous la dictature.

Whisky (2004), comédie uruguayenne mélancolique, de Juan Pablo Rebella

(1974-2006) et Pablo Stoll (né en 1974), est un des succès de la période. La Péruvienne Claudia Llosa (née en 1976) reçoit l'ours d'or de Berlin avec *le Lait de la douleur* (2009), qui évoque le choc entre vie urbaine et superstitions rurales.

Tous ces réalisateurs sont unis par une même position : rejetant l'influence des films de genre ou du cinéma hollywoodien, ils choisissent un langage personnel, fidèle à leur expérience et leurs intérêts. C'est sans doute le courant néo-réaliste italien (voir p. 178) qui constitue leur référence la plus marquée. Tout en évitant la polémique, ces films éclairent les problèmes politiques, sociaux, voire psychologiques de leur pays, s'interrogeant sur le sens de leur expérience après des années de dictature et de conflits. Si leurs histoires sont locales, elles sont racontées avec une maîtrise qui les rend universelles. La renaissance du cinéma d'Amérique latine se caractérise aussi par la forte proportion de femmes réalisatrices, par la richesse de la production documentaire et par un esprit de collaboration entre cinéastes à l'intérieur et à l'extérieur des frontières.

Malgré la faiblesse de l'action du gouvernement mexicain, qui n'accroît les subventions au cinéma qu'en 2004, il règne un esprit d'entente et d'initiative très vigoureux chez les cinéastes du pays : Gonzalez Iñarritu, Cuaron et Del Toro joignent leurs forces avec la société Cha Cha Cha ; les acteurs Bernal et Luna s'associent au producteur Pablo Cruz au sein du groupe Canana. Salles et Meirelles combinent avec talent leurs carrières nationales et internationales.

En 2003, le gouvernement colombien vote des lois encourageant la production locale et allouent un budget au cinéma, ce qui relance l'activité cinématographique du pays, de plus en plus visible sur la scène internationale. En témoignent deux films sortis en 2009 : *le Crabe sur le dos,* d'Oscar Ruiz Navia (né en 1982), décrit le choc entre la tradition et les idées nouvelles dans un village costal de Colombie, tandis que *les Voyages du vent,* de Ciro Guerra (né en 1981), racontent l'histoire d'un accordéoniste légendaire, ponctuée de numéros qui constituent des tours de force cinématographiques tout autant que musicaux.

Au Venezuela, le président Hugo Chavez cherche à contrer la « dictature de Hollywood » et crée un nouveau studio de cinéma subventionné par l'État, Villa del Cine. Le gouvernement offre un financement aux cinéastes indépendants et rend obligatoire la diffusion de tous les films produits dans le pays.

L'Amérique latine est en proie à une révolution silencieuse, qui promet de renverser la domination de Hollywood sur le cinéma et de populariser les films locaux au sein des pays concernés. Les meilleurs réalisateurs du continent racontent des histoires personnelles dans un langage original, et peu à peu se rendent compte que le reste du monde s'y intéresse aussi. **D. M.**

Central do Brasil 1998

WALTER SALLES né en 1956

▲ Après avoir perdu la piste du père de Josué, Dora accueille le garçon chez elle.

▼ Sur l'affiche décolorée, on peut voir le duo épuisé après une longue journée.

Quand le troisième film de Walter Salles, *Central do Brasil*, gagne l'ours d'or à Berlin, son triomphe signe le retour du cinéma brésilien sur la scène mondiale après des années de marasme. Fernanda Montenegro est nominée aux oscars pour son interprétation de Dora, institutrice à la retraite qui se voit forcée d'aider un petit garçon à retrouver le père qu'il n'a jamais connu – et redécouvre l'humanité qu'elle dissimule sous son cynisme. Salles utilise son mode narratif préféré, le road-movie, pour explorer un pays en pleine convalescence après des années de dictature et de difficultés.

Le film s'ouvre dans la gare centrale de Rio, où Dora gagne sa vie malhonnêtement en écrivant les messages des illettrés de la ville sans jamais aller les poster. Il suit le périple de l'institutrice irascible et de son compagnon boudeur, qui, en bus et en autostop, bientôt sans un sou en poche, gagnent la région aride du nord-est du pays, le *sertão*. Salles tire parti de son passé de documentariste et laisse la réalité faire irruption dans le film, notamment dans la scène où Dora et Josué croisent un pèlerinage, avec sa cohorte de prêcheurs, de diseuses de bonne aventure, de musiciens et de vendeurs ambulants.

Selon Anthony Minghella (1954-2008), « Ce petit film brésilien a touché plus de cœurs que presque tous les films que je connais. Il annonce une voix originale dans le cinéma international ». Le film reçoit, entre autres, le prix du meilleur film étranger aux British Film Awards. Mais son plus grand titre de gloire est d'avoir fait de Walter Salles un réalisateur d'envergure internationale, capable d'influencer et d'aider les autres cinéastes brésiliens. **D. M.**

LES SCÈNES PRINCIPALES

1 LETTRES
Gare centrale de Rio. Dora écrit les lettres que diverses personnes lui dictent et propose de les envoyer à leurs parents et amis. À sa dernière cliente, flanquée de son fils Josué, elle déclare : « Jésus, vous êtes la pire chose qui me soit arrivée. »

2 LA FUITE
Dora a laissé Josué chez des trafiquants d'enfants et s'est acheté une télévision avec l'argent reçu en échange. Rongée par la culpabilité, elle retourne chez les trafiquants le lendemain et s'enfuit avec l'enfant.

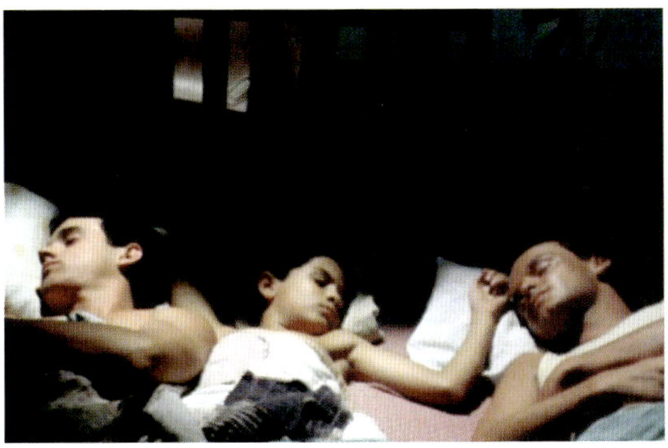

3 FRÈRES
Jesus a quitté la maison quelques mois plus tôt, mais Dora et Josué rencontrent ses deux fils aînés, qui se prennent d'affection pour le petit garçon. Dora est heureuse que l'enfant ait trouvé une famille. À l'aube, elle quitte les trois frères, endormis côte à côte.

LE RÉALISATEUR

1956-2000
Walter Salles est né à Rio de Janeiro. Il commence par tourner des documentaires pour la télévision brésilienne. Avec son frère, le réalisateur João Moreira Salles (né en 1962), il fonde la société de production et de distribution VideoFilmes. En 1991, il réalise son premier film, le thriller *A grande arte* (1991). Son deuxième long-métrage, *Terre lointaine* (1996), co-réalisé avec Daniela Thomas (né en 1959), décrit l'exode qui suit la crise économique du début des années 1990. *Central do Brasil* remporte l'ours d'or à Berlin.

2001-2005
Salles tourne *Avril brisé* (2001), puis favorise le passage à la réalisation de ses deux scénaristes en produisant *Madame Sata* (2002), de Karim Aïnouz, et *Bahia, ville basse* (2005), de Sergio Machado (né en 1968). Il est producteur exécutif de *la Cité de Dieu* (2002, voir p. 522), de Fernando Meirelles. *Carnets de voyage* (2004), fondé sur les mémoires de Che Guevara, constitue son plus grand succès international. Il réalise ensuite son premier film aux États-Unis, le film d'horreur *Dark Water* (2005).

de 2006 à nos jours
Après avoir co-produit deux films du réalisateur argentin Pablo Trapero, *Nacido y criado* (2006) et *Leonera* (2008), il réalise son deuxième film avec Daniela Thomas, *Une famille brésilienne* (2008). En 2010, il commence le tournage d'un projet de longue date, l'adaptation du roman de Jack Kerouac, *On the Road*, produit par Francis Ford Coppola (né en 1939).

DE LA RÉALITE À LA FICTION

C'est de son passé de documentariste que W. Salles tire l'idée à l'origine de *Central do Brasil* – et c'est aussi de là que naît la force émotionnelle du film. Son documentaire *Socorro Nobre* (1995) décrivait la relation originale qui se noue entre une femme incarcérée, Socorro Nobre, et un vieux sculpteur, Franz Krajcberg (ci-dessous). La prisonnière avait lu un article sur le travail de Krajcberg, et lui avait écrit une lettre, à laquelle le sculpteur avait répondu, inaugurant une correspondance suivie. Salles explique : « J'ai été surpris qu'à l'aube du XXIe siècle, à l'ère d'Internet, qu'une lettre puisse encore bouleverser une vie. Je me suis demandé ce qui arriverait si des lettres étaient écrites mais n'arrivaient pas à destination. Et si c'était volontaire ? C'est ainsi que l'idée de *Central do Brasil* est née. »

Et... ta mère aussi ! 2001

Y tu mamá también ALFONSO CUARON né en 1961

▲ Le film est un chef-d'œuvre de sobriété et d'équilibre.

▼ L'eau que l'on voit sur l'affiche renvoie à un réseau d'images importantes.

Tenoch (Diego Luna) et Julio (Gael Garcia Bernal) ont fini leurs études et passent leurs journées à parler de sexe, fumer de la marijuana et ne rien faire. Ils proposent à Luisa (Maribel Verdu), qu'ils viennent de rencontrer, de partir avec eux pour la Boca del Cielo, plage paradisiaque qu'ils viennent tout juste d'inventer. Après avoir découvert que son mari la trompe, Luisa accepte l'offre et tous trois partent à la recherche de ce paradis imaginaire.

Le film étonne par ses scènes de sexe explicites, où le sexe apparaît à la fois comme une force puissante et une réalité triviale, mais il est beaucoup plus profond que cela. Alfonso Cuaron peint un tableau riche et réaliste du Mexique, en décrivant les différentes classes sociales et le paysage politique changeant. Les protagonistes révèlent leurs secrets et leurs rancœurs, et découvrent le monde qui les entoure tandis que leur ancien mode de vie se lézarde.

Tenoch et Julio vivent le dernier été de leur adolescence : remplis d'une joie de vivre insouciante, débordant d'appétit sexuel, ils sont indifférents au monde qui les entoure : ils ne remarquent pas les mendiants sur la route, et, même si le père de Tenoch voudrait lui faire prendre un rôle plus actif dans la société et si la sœur de Julio est une militante politique, rien de tout cela ne semble toucher les garçons. Tandis qu'ils découvrent peu à peu le monde dans lequel ils vivent, dans toute sa beauté et sa dureté, Luisa est, elle, avide de vivre toutes les expériences qu'elle peut avant de tout quitter. Le film est une méditation amusée mais profonde sur la vie, la mort et les relations humaines, et marque la première percée du cinéma d'Amérique latine sur la scène internationale. **S. W.**

LES SCÈNES PRINCIPALES

1 LE VOYAGE COMMENCE
Sûrs de leur virilité, confiants en leur amitié, Tenoch et Julio partent avec l'objet de leur désir, Luisa, qui devient à la fois une amante et une figure maternelle pour eux.

2 RELATION SEXUELLE
Luisa et Tenoch font l'amour, observés à leur insu par Julio. C'est une expérience bâclée, peu satisfaisante, et Luisa étouffe un rire à la fin. Elle cherche à vivre de nouvelles aventures tout en jouant le rôle d'initiatrice ; l'amitié des garçons sera mise à rude épreuve.

3 LUISA DANSE
Libérée de toute attache émotionnelle, Luisa se met à danser, en prélude à la scène la plus torride et la plus chargée de sens du film. Elle constitue la fin du voyage, la fin du périple de Luisa, la fin de l'amitié des garçons.

4 LUISA DIT ADIEU À LA VIE
Les garçons ont atteint une destination différente de celle qu'ils avaient imaginée. Luisa, elle, trouve la paix en se laissant engloutir par la mer, après avoir dit à ses compagnons : « La vie est comme une vague, alors laissez-vous aller comme la mer. »

LE RÉALISATEUR

1961-1994
Alfonso Cuaron est né à Mexico. Après des études de philosophie et de cinéma, il travaille comme technicien et réalisateur pour la télévision mexicaine, et comme assistant réalisateur sur des films comme *Gaby* (1987), avant de tourner son premier film, *Uniquement avec ton partenaire* (1991). Cette comédie remporte un grand succès au Mexique et attire l'attention de Sydney Pollack (1934-2008), qui invite Cuaron à diriger l'un des épisodes de la série américaine *Fallen Angels*.

1995-2001
Les deux premiers films américains de Cuaron sont des adaptations de *la Petite Princesse* (1995) et de *De grandes espérances* (1998), avec Ethan Hawke, Gwyneth Paltrow, Chris Cooper et Robert De Niro. Cuaron rentre au Mexique tourner *Et... ta mère aussi !*, mélange de drame érotique et de road-movie, nominé aux oscars dans la catégorie du meilleur scénario et aux Golden Globes et aux BAFTA dans la catégorie meilleur film en langue étrangère.

2002-2003
Réalisateur caméléon, Cuaron s'attaque à son plus gros budget, en dirigeant *Harry Potter et le prisonnier d'Azkaban* (2004), troisième volet de la série. Son adaptation plus sombre et plus fidèle que les précédents films reçoit des éloges tant des critiques que de l'auteur, J. K. Rowling.

de 2004 à nos jours
En 2006, Cuaron réalise le thriller futuriste *les Fils de l'homme*, avec Clive Owen et Julianne Moore. Nominé aux oscars, le film se fait remarquer par son décor apocalyptique et ses longs plans séquences. En 2008, il fonde en collaboration avec Guillermo del Toro et Alejandro Gonzalez Iñarritu la société de production Cha Cha Cha Films, dont la première réalisation est le film *Rudo et Cursi* (2008). En 2010, il débute le tournage d'un ambitieux drame de science-fiction, *Gravity*.

La Cité de Dieu 2002
Cidade de Deus FERNANDO MEIRELLES né en 1955

▲ Ouverture explosive, puis le film fait retour en arrière et s'arrête sur le jeune Fusée qui joue au football.

▼ Affiche éclatante et menaçante.

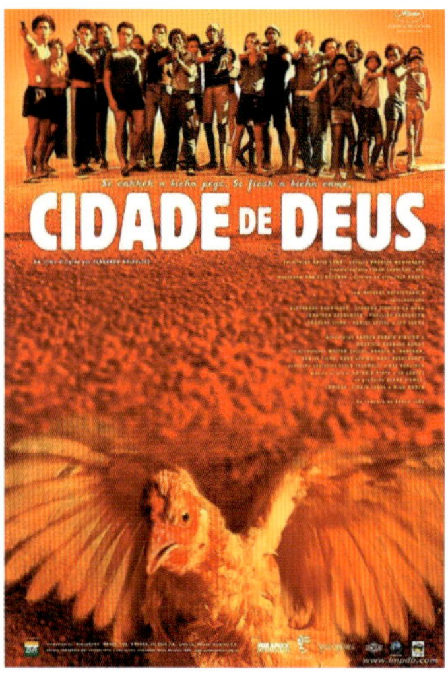

Peut-être le film le plus important réalisé en Amérique latine au cours des vingt dernières années, *la Cité de Dieu* est survoltée, éblouissante, ce triomphe au box-office est aussi un commentaire social percutant. Il s'agit du deuxième long-métrage de Meirelles, interprété en majorité par des enfants. Adapté du roman de Paulo Lins, qui a grandi dans la favela à laquelle il emprunte son titre, le film décrit le bidonville à trois différentes périodes de son histoire, s'échelonnant entre les années 1960 et 1970. La communauté est victime de la pauvreté, de la réduction de l'espace et de l'accroissement de la violence, alors que le trafic de drogue conduit à une guerre des gangs meurtrière.

De la vaste galerie de personnages du roman, Meirelles et le scénariste Braulio Mantovani choisissent pour narrateur le jeune Fusée (Alexandre Rodrigues), qui rêve de devenir photographe et de quitter la favela. Dans le chaos de ce monde, on croise aussi Petit Zé (Leandro Firmino da Hora), un dealer psychopathe, Béné (Phellipe Haagensen), son bras droit fêtard et jovial, et Manu Tombeur (Seu Jorge), entraîné dans une guerre contre Petit Zé.

Meirelles s'entoure pour ce film de Walter Salles, à la production, de la co-réalisatrice Katia Lund (née en 1966), de César Charlone à la photographie, de Daniel Rezende au montage, et de Mantovani pour le scénario. Le résultat est un coup de force narratif, qui a recours à des voix-off, des légendes, à l'écran divisé, au ralenti, au gros plan, et bouscule la chronologie à renfort de flashbacks et de bonds temporels. Mais le film doit tout à l'interprétation magnétique des jeunes garçons, véritables anges aux figures sales. **D. M.**

LES SCÈNES PRINCIPALES

1 À LA CHASSE AU POULET
Petit Zé et son gang, pourchassant un poulet à travers la favela, s'arrêtent devant Fusée. La police surgit derrière lui. Les pistolets se lèvent, Fusée est pris entre les deux camps. Le film fait un brusque retour en arrière, mais revient à la scène à son point culminant.

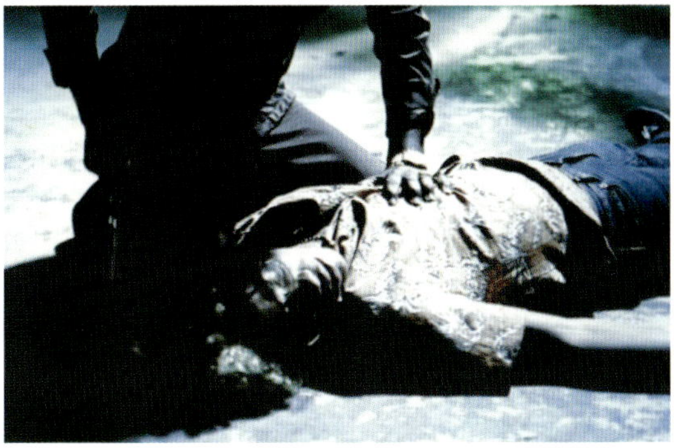

2 LA MORT DE BÉNÉ
Béné veut quitter la favela. Pendant sa fête de départ, un ancien membre du gang essaie de tuer Petit Zé, mais abat Béné à la place. C'est durant la même fête que Manu Tombeur est victime de la première des humiliations qui le pousseront à combattre Petit Zé.

3 LA MORT DE BÉNÉ
Au cours d'une dernière fusillade, Manu Tombeur est tué, Petit Zé et son rival Carotte sont arrêtés par la police. Petit Zé recouvre la liberté grâce à un pot-de-vin, mais il est massacré par une bande de gamins de la favela, qui annoncent qu'ils sont les maîtres du trafic.

LE RÉALISATEUR

1955-1990
Fernando Meirelles naît à São Paulo. Il commence à réaliser des films d'animation alors qu'il est encore étudiant en architecture. Après ses études, il fonde avec des amis la société Olhar Eletronico et réalise des vidéos expérimentales. Il travaille ensuite pour la télévision indépendante et crée une émission pour adolescents, *Crag-Ra,* ainsi qu'une série pour enfants, *Rá-Tim-Bum,* dont il dirige 180 épisodes. En 1990, il est le cofondateur de O2 Filmes, qui devient la plus grande compagnie publicitaire du Brésil.

1991-2005
En 1998, Meirelles tourne le court-métrage *E no meio pass um trem,* suivi de son premier long-métrage, *Menino maluquinho 2 : A aventura* (1998). Il réalise avec Katia Lund le court-métrage *Palace II* (2000), en prélude à *la Cité de Dieu.* Il adapte la pièce de théâtre *Domesticas* (2001) puis produit la série télévisée *la Cité des hommes* (2002-2005).

2006-2008
Il co-produit *L'année où mes parents sont partis en vacances* (2006), de Cao Hamburger (né en 1962), et *Antonia* (2006), de Tata Amaral (né en 1961). Il réalise ensuite *la Constance du jardinier* (2005) d'après un roman de John Le Carré, puis *l'Aveuglement* (2008), inspiré d'un roman du prix Nobel de littérature portugais José Saramago.

2009 à nos jours
Meirelles dirige et produit deux séries télévisées au Brésil et travaille à une biographie filmée de la chanteuse Janis Joplin.

DE LA VIE À L'ÉCRAN

F. Meirelles (ci-dessous) a pris la décision de choisir ses acteurs parmi les enfants de la favela, pour transposer leurs expériences. Beaucoup viennent de l'atelier de théâtre de la favela du Vidigal, les autres ont répondu à un appel émis par les haut-parleurs de la favela leur proposant de participer à des cours de comédie. Environ 400 garçons sont choisis, dont 200 participent aux ateliers pendant trois mois. « Cinq d'entre eux étaient des trafiquants de drogue, se souvient Meirelles. Nous leur avons imposé une règle : tu travailles avec nous, ou tu trafiques, mais tu ne peux pas faire les deux en même temps. Trois sont restés et deux sont partis. »

LE CINÉMA BRITANNIQUE DES ANNÉES 2000

Au début des années 2000, les films britanniques décrochent une rafale de prix : *Slumdog Millionaire* (2008), de Danny Boyle (né en 1956), fait les gros titres en gagnant huit oscars, dont celui du meilleur film. Mike Leigh (né en 1943) remporte à nouveau les suffrages avec *Vera Drake* (2004), l'histoire d'une avorteuse durant les années 1950, tandis que Stephen Daldry (né en 1961) se fait connaître avec *Billy Elliot* (2000, ci-dessus), film bourré d'énergie qui suit le parcours d'un jeune garçon issu d'une famille de mineurs passionné par la danse. Le film est couvert d'éloges dans le monde entier et attire l'attention de Hollywood. La société britannique est analysée par Pawel Pawlikowski (né en 1957) dans la romance douce-amère *My Summer of Love* (2004, voir p. 526), et par Stephen Frears (né en 1941) dans son film sur la mort de la princesse Diana, *The Queen* (2006, ci-contre).

Des sociétés de production indépendantes, tel Working Title Films, tirent parti de l'engouement pour les comédies britanniques et les films en costume pour obtenir des contrats de distribution auprès de studios américains, avec des films comme *le Journal de Bridget Jones* (2001), *Love Actually* (2003), *Orgueil et préjugés* (2005) et *Reviens-moi* (2007). La série des *Harry Potter* (2001-2011), financée par des apports américains mais réalisée dans les studios britanniques Leavesden Film Studios (Hertfordshire), emploie des talents locaux, notamment les réalisateurs Mike Newell (né en 1942) et David Yates (né en 1963).

1 Jamie Bell décolle dans le rôle de Billy Elliot, déchiré entre sa passion pour la danse et sa famille de mineurs en grève.

2 Nick Park remporte son quatrième oscar avec *Wallace et Gromit : le mystère du lapin-garou*. Le premier avait récompensé *l'Avis des animaux* (1989).

3 La reine s'informe sur la mort de lady Diana. La magnifique interprétation de Helen Mirren lui vaut plusieurs récompenses, dont un BAFTA et un oscar.

REPÈRES

2000	2000	2003	2004	2005	2006
Création du UK Film Council pour développer la production cinématographique au Royaume-Uni.	Stephen Daldry est nominé aux oscars pour la première fois pour *Billy Elliot*. Suivront de nouvelles nominations pour *The Hours* (2002) et *le Lecteur* (2008).	Richard Curtis (né en 1958) réalise son premier film, la comédie romantique *Love Actually*, qui récolte 239 millions de dollars.	*Vera Drake* remporte le lion d'or au Festival de Venise et obtient trois nominations aux BAFTA et trois aux oscars.	*Orgueil et Préjugés*, premier film de Joe Wright (né en 1972), obtient quatre nominations aux oscars. Son deuxième film, *Reviens-moi* (2007) en obtient six.	*Wallace et Gromit : le mystère du lapin-garou* remporte l'oscar du meilleur film d'animation.

De tous les succès du nouveau millénaire, le plus original et le plus typiquement « britannique » est sans conteste le film d'animation créé par Nick Park (né en 1958) et Steve Box (né en 1967), *Wallace et Gromit : le mystère du lapin-garou* (2005, ci-contre). Produit par les studios Aardman Features et Dreamworks Animation, ce film inventif et hilarant, plein d'allusions cinématographiques, de gags burlesques et de trouvailles, dont les gadgets étranges imaginés par le distrait Wallace, est un plaisir pour petits et grands.

La Constance du jardinier (2005) remporte de nombreux prix grâce à la force de conviction de ses interprètes. Ralph Fiennes joue le rôle d'un diplomate britannique désillusionné, qui part en quête de la vérité sur le meurtre de sa femme (Rachel Weisz), militante des droits de l'homme enquêtant sur les pratiques douteuses d'une grande compagnie pharmaceutique au Kenya. Le réalisateur brésilien Fernando Meirelles parvient à exposer clairement les tenants et les aboutissants du film sans ralentir le rythme du récit.

Si la renaissance du film britannique des années 1990 tournait autour des comédies romantiques et des films en costume, les années 2000 semblent prêtes à aborder des sujets plus graves, notamment le passé colonial de l'Empire britannique, par exemple dans *le Dernier Roi d'Écosse* (2006), réalisé par l'Écossais Kevin Macdonald (né en 1967). Ce film à petit budget remporte un franc succès grâce au scénario co-écrit par Peter Morgan, également auteur de *The Queen*, et grâce à l'interprétation inspirée de Forest Whitaker, qui joue le rôle du général Idi Amin, le dictateur ougandais. Whitaker réussit à exprimer la violence capricieuse et meurtrière du dirigeant de manière à en faire un être humain profondément torturé plutôt qu'une figure stéréotypée du mal. **C. K.**

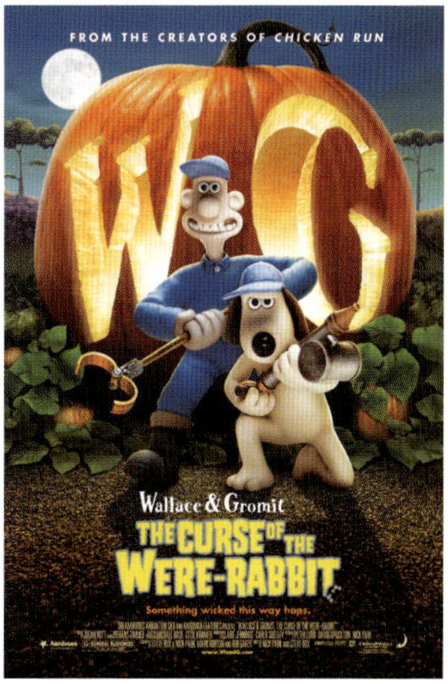

2006	2008	2009	2009	2009	2010
Helen Mirren remporte l'oscar de la meilleure actrice pour son interprétation convaincante de la reine Élisabeth II dans *The Queen.*	Le cinéma britannique gagne un montant record de 1,3 milliard de livres en droits et en services de production pour l'étranger.	*Slumdog Millionaire* obtient dix nominations aux oscars et en rafle huit, dont celui du meilleur réalisateur, pour Danny Boyle.	*Harry Potter et le prince de sang-mêlé* est le deuxième film le plus rentable dans le monde cette année-là, plus de 900 millions de dollars.	Le Royaume-Uni compte plus de 173,5 millions de spectateurs. Les films britanniques représentent 17% du box-office anglais, et 7% du box-office mondial.	Le Conseil du film britannique est supprimé, après avoir aidé à financer 900 films, dont *le Dernier Roi d'Écosse* et *la Constance du jardinier.*

My Summer of Love 2004

PAWEL PAWLIKOWSKI né en 1957

▲ Tamsin et Mona partent vers le fleuve, où leur relation intime va se nouer.

▼ Natalie Press et Emily Blunt sur l'affiche du film, chargée de désir inavoué.

Le deuxième film du réalisateur d'origine polonaise Pawel Pawlikowski annonce une voix originale et provocatrice. Dans l'adaptation qu'il réalise du roman de Helen Cross, qui raconte la liaison courte mais passionnée que nouent deux jeunes filles de quinze ans de milieu social opposé durant un été dans le Yorkshire, il revisite, grâce à la richesse de ses influences européennes et à son esprit iconoclaste, les conventions du cinéma britannique du début des années 2000, ayant à voir avec la narration d'une histoire, le traitement d'un sujet romantique ou la description des réalités sociales.

Pawlikowski a recours à la photographie expressive et saturée de couleurs de son compatriote le réalisateur Ryszard Lenczewski afin d'accentuer les contrastes entre le paysage naturel et l'environnement humain de la région semi-isolée de Hebden Bridge), où l'exubérante Tamsin (Emily Blunt) et la « presque orpheline » Mona (Natalie Press) nouent une relation faite d'un même esprit de révolte contre leur milieu et du même sentiment d'aliénation et de vide affectif. Le réalisateur passa neuf mois à la recherche de ses héroïnes ; il finit par dénicher Natalie Press (Mona) et, Emily Blunt (Tamsin). Le film suit l'ordre des événements, ne s'autorisant que quelques ellipses narratives.

Pawlikowski parvient à mêler de façon presque indissociable sensualité, réalisme et fantaisie – sans parler de la richesse du symbolisme religieux ou psychologique, de l'humour noir ou du climat oppressant qu'il fait planer sur l'ensemble – tout en retranscrivant fidèlement les pulsations émotionnelles agitant le cœur des deux héroïnes. **W. H.**

LES SCÈNES PRINCIPALES

1 UNE RENCONTRE FATALE
Tamsin invite sa voisine Mona à visiter sa maison. La mère de Tamsin est actrice et son père un homme d'affaires fortuné, alors que Mona, qui a perdu ses parents, vit dans un pub avec son frère, délinquant repenti converti au christianisme évangélique.

2 LA MAISON DU DESTIN
Séduite par la sérénade de Tamsin, composée entre autres d'un morceau de Saint-Saëns, intriguée par sa lecture romantique de Nietzsche et enivrée par de copieuses rasades de brandy, Mona est entraînée dans la danse sur l'air tragique de *la Foule* d'Édith Piaf.

3 BAISER FUNESTE
Mona a pris au sérieux la promesse faite de se tuer si l'une d'entre elles devait partir. Après avoir découvert que Tamsin rentre dans son école, Mona lui donne un baiser d'adieu et feint de l'étrangler avant de la noyer dans le fleuve où elles se sont déclaré un amour éternel.

LE RÉALISATEUR

1957-1988
Pawel Pawlikowski naît en Pologne, puis s'installe en Angleterre. En 1987, il commence à travailler pour la BBC et réalise les documentaires *Lucifer over Lancashire* (1987) et *Palace Life* (1988).

1989-1997
Il réalise une série de documentaires primés, tournés en Europe centrale et en Europe de l'Est, sur des sujets parfois controversés, autour de l'exil ou de la culture russe. Parmi ceux-ci, il faut citer *From Moscow to Pietushki* (1991), *Dostoevsky's Travels* (1992), *Serbian Epics* (1992) et *Tripping with Zhirinovsky* (1995).

1998-2000
À partir de 1998, Pawlikowski passe à une matière plus dramatique, tournant pour la BBC *Twokers* (1998) et *The Stringer* (1998). *Transit Palace* (2000), qui raconte avec sensibilité l'histoire d'une mère russe immigrée à Margate, remporte le prix du meilleur premier film au festival d'Édimbourg.

de 2001 à nos jours
My Summer of Love remporte le BAFTA du meilleur film britannique. Suit une période de projets avortés – dont l'adaptation du roman de Magnus Mills *Retenir les bêtes*. En 2010, Pawlikowski achève le tournage à Paris de *la Femme du Ve*, adapté du roman de Douglas Kennedy, avec Ethan Hawke et Kristin Scott Thomas.

DE LA PAGE À L'ÉCRAN

Pawlikowski modifie le roman de Helen Cross (2001), couronné du prix Betty Trask, qu'il considère comme « surchargé » et « trop spécifique tout en étant trop générique ». Avec son co-scénariste, Michael Wynne, il élimine la plupart des personnages secondaires et les références trop spécifiques, à la grève des mineurs des années 1980 ou au tueur du Yorkshire par exemple, et crée le personnage de Phil, le frère de Mona converti à la religion évangélique, interprété par Paddy Considine. Il introduit la notion d'un amour idéal ou « absolu » en regard de l'amour plus ambivalent et tourmenté des deux jeunes filles. Le scénario permet d'analyser avec plus de liberté l'évolution sentimentale de ses personnages. Les acteurs eux-mêmes sont encouragés à explorer le développement de leurs relations dans l'esprit, plutôt que la lettre du roman. C'est par cette approche audacieuse, indépendante mais respectueuse, de l'adaptation littéraire que Pawlikowski a laissé sa marque sur le cinéma narratif anglais.

LES SUPERPRODUCTIONS GRAND PUBLIC

1 Le capitaine Jack Sparrow (Johnny Depp) et Will Turner (Orlando Bloom) brandissent leur sabre dans *Pirates des Caraïbes, la Malédiction du Black Pearl.*

2 Harry Potter (Daniel Radcliffe) et Ron Weasley (Rupert Grint) dans *Harry Potter et le prince de sang-mêlé* (2009), le sixième épisode de la série, réalisé par David Yates.

3 Iron Man (Robert Downey Jr) repousse son ennemi Ivan Vanko (Mickey Rooney) grâce à son rayon répulsif lors du grand prix de Monaco dans *Iron Man 2.*

Depuis *les Dents de la mer* (1975, voir p. 364), les superproductions de l'été visent un public plus jeune. Les grands films épiques et les drames destinés aux adultes ont cédé la place au cours des trente dernières années à des divertissements familiaux. Ce changement a permis à l'industrie de récolter des profits bien au-delà des recettes des entrées, grâce aux jouets, produits dérivés, ventes de vidéos et de DVD. Le studio Disney en comprend le premier l'intérêt : *Blanche Neige et les sept nains* (1937, voir p. 146) est le plus gros succès de l'année et inaugure une vague de triomphes populaires qui dure presque cinquante ans. En 1994, *le Roi Lion* est le dernier film d'animation issu des studios Disney et créé à partir des mêmes formules à dominer le box-office, avant qu'une société rivale ne vienne redéfinir les règles du jeu.

Au cours des dix dernières années, les studios Pixar se sont arrogé une domination presque sans partage sur le secteur du divertissement familial. Bien qu'ils aient été créés en 2006 au sein de la compagnie Walt Disney, leurs productions sont si originales qu'elles sont souvent considérées comme émanant d'une société indépendante. L'alliance caractéristique d'une technique d'animation virtuose et de scénarios habiles et susceptibles de captiver toute la famille, visible dans les onze films réalisés entre 1995 et 2010, a fait succomber les spectateurs comme les critiques. *L'Âge de glace,* des studios Blue Sky, et *Shrek,* de DreamWorks, ont réussi à surprendre, mais l'originalité des premiers films, notamment de *Shrek* (2001), qui déconstruit les contes de fées classiques, a faibli au rythme des suites. *La Princesse et la grenouille* (2009), et ses dessins réalisés à la main, marque un retour inattendu à un style que Disney semblait

REPÈRES

1995	2000	2001	2001	2002	2003
Toy Story marque le début de la domination des studios Disney Pixar sur le divertissement grand public.	Le succès de *X-Men,* réalisé par Bryan Singer (né en 1965), inaugure une nouvelle vague d'adaptation des comics américains.	Sortie de *Harry Potter à l'école des sorciers* et du *Seigneur des anneaux : la Communauté de l'anneau.*	*Monstres et Cie,* des studios Disney Pixar remporte l'oscar du meilleur film d'animation, mais est dépassé au box-office par *Shrek.*	Le box-office mondial est dominé par *le Seigneur des anneaux : les Deux Tours* (voir p. 530), *Harry Potter et la chambre des secrets* et *Spider-Man.*	Sortie de *Pirates des Caraïbes : la Malédiction du Black Pearl.*

avoir abandonné. Des réalisateurs comme Hayao Miyazaki (né en 1941) et Sylvain Chomet (né en 1963) ont repris le flambeau entre-temps.

Le plus gros succès réalisé par Disney dans les années 2000 tire son origine d'une des attractions des parcs Disney. Le producteur Jerry Bruckheimer transforme une attraction en une série de films intitulée *Pirates des Caraïbes*. Il réussit avec le premier, *la Malédiction du Black Pearl* (2003, à gauche) un film d'aventures captivant, qui rappelle les films de cape et d'épée de l'âge d'or de Hollywood, et dans lequel Johnny Depp livre une interprétation débridée du capitaine Jack Sparrow. Les suites se sont révélées plus longues et excessives.

La série des *Harry Potter* (ci-contre) débute avec un film peu inspiré en raison de la réalisation de Chris Columbus (né en 1958) mais acquiert plus de puissance avec le sombre *Harry Potter et le prisonnier d'Azkaban* (2004), réalisé par Alfonso Cuaron (né en 1961). Dans le même temps, Peter Jackson (né en 1961) tourne la spectaculaire trilogie du *Seigneur des anneaux* (2001-2003, p. 530), qu'il adapte avec Fran Walsh et Philippa Boyens. La qualité du scénario n'est pour rien dans le succès remporté par les sagas de l'espace dérivées de *la Guerre des étoiles*, de George Lucas (né en 1944), *la Menace fantôme* (1999), *l'Attaque des clones* (2002) et *la Revanche des Sith* (2005).

La période est aussi celle de la renaissance des sociétés DC et Marvel. Grâce au succès de *X-Men* (2000), de *Spider-Man* (2002) et d'*Iron Man* (ci-dessous), Marvel est désormais capable de financer ses propres films. DC suit le mouvement, mais *Batman Begins* (2005, voir p. 532) et *The Dark Knight* (2008), de Christopher Nolan, lui ouvrent des perspectives prometteuses. Avec *Avatar* (2009), qui devient le film ayant récolté le plus de recettes dans l'histoire du cinéma, James Cameron (né en 1954) offre un époustouflant spectacle en trois dimensions. Le film est porteur d'un message en faveur de l'environnement, ce qui le distingue des autres superproductions du même style. **I. H. S.**

2003	2004	2005-2006	2008	2009	2010
Le Seigneur des anneaux : le Retour du roi remporte le plus gros succès de la série et gagne onze oscars.	*Shrek 2* et *Spider-Man 2*, réalisé par Sam Raimi (1959), dominent le box-office mondial.	George Lucas signe la fin de la saga de *la Guerre des étoiles*, avec *la Revanche des Sith*. Pixar est racheté par Disney.	*The Dark Knight* est le plus gros succès de l'année. Sortie d'*Iron Man* et du décevant *Indiana Jones et le royaume du crâne de cristal*.	*Avatar* est le plus gros succès commercial de tous les temps et annonce de beaux jours au cinéma en 3D. *Là-haut*, de Pixar, est nominé pour l'oscar du meilleur film.	*Toy Story 3* parvient à maintenir la barre fixée par le premier film, tandis que *Shrek 4 : Il était une fin* donne des signes d'essoufflement.

Le Seigneur des anneaux : les Deux Tours 2002

The Lord of the Rings : The Two Towers PETER JACKSON né en 1961

▲ Les épreuves endurées par Frodon lui donnent une stature héroïque.

▼ L'affiche réunit les personnages principaux.

Sommes-nous en présence du film qui marquera pour les générations futures le cinéma du début des années 2000 ? *Le Seigneur des anneaux* est l'une des entreprises les plus audacieuses depuis l'ère du cinéma muet. En choisissant d'adapter, avec plus ou moins de fidélité, la trilogie volumineuse et complexe de J. R. R. Tolkien, Peter Jackson et les studios indépendants New Line misent leur réputation et aussi toute leur carrière future sur un projet unique et délicat. Quels que populaires qu'aient été les romans d'origine, il n'était pas dit que le public s'intéresserait à une adaptation filmée de ce récit d'aventure violent, mêlant combats et sorcellerie, et doté d'une intrigue dense.

Les Deux Tours sont l'apogée de Peter Jackson en tant que réalisateur et allient avec virtuosité aventures épiques et subtilité psychologique. Cet épisode situé au milieu du récit – qui comporte trois intrigues parallèles, dont l'une conte la quête de Frodon (Elijah Wood) afin de détruire l'Anneau – aurait pu pécher par manque d'entrée en matière dynamique ou de dénouement satisfaisant, et aurait pu embrouiller les spectateurs. Mais Jackson et ses co-scénaristes, Fran Walsh et Philippa Boyens, conçoivent une adaptation très astucieuse, d'un art narratif consommé, dont les ellipses, flashbacks et montages parviennent à donner au film une structure organique propre.

Le film remporta un énorme succès et, s'il ne fut récompensé par aucun oscar, l'omission fut corrigée l'année suivante lorsque le dernier film de la trilogie, *le Retour du roi* rafla la plupart des prix. *Le Seigneur des anneaux* demeure l'un des sommets du film grand public des années 2000. **T. H.**

LES SCÈNES PRINCIPALES

1 LE BALROG
L'ouverture jette le spectateur en pleine action : pour permettre à la communauté de l'Anneau de s'échapper, Gandalf (Ian McKellen) combat Balrog. Les deux adversaires plongent dans un abîme souterrain de plusieurs mètres, créé en images de synthèse.

2 SMÉAGOL/GOLLUM MAITRISÉ
Le film a recours à des techniques numériques révolutionnaires (alliant dessin, voix et mouvement) afin de créer des personnages complexes, comme Sméagol/Gollum, que sa passion maladive pour l'Anneau transforme en un antihéros tragique.

3 GANDALF LE BLANC
Aragorn, Gimli et Legolas affrontent le mystérieux Chevalier Blanc et découvrent qu'il s'agit de Gandalf. Gandalf le Gris, chef de la communauté, s'est réincarné en Gandalf le Blanc, plus puissant que jamais pour combattre le maléfique Sauron.

4 LE « CHÂTEAU D'OR » D'EDORAS
Le réalisme du film tient au choix de Jackson de mêler images de synthèse et décors plus traditionnels. Ce château saxon grandeur nature fut construit au sommet du mont Sunday sur l'île du sud de Nouvelle-Zélande et démantelé une fois le tournage achevé.

5 LA BATAILLE DU GOUFFRE DE HELM
Jackson s'inspire de *Zoulou* (1964) pour la scène centrale du film, où des centaines de figurants et des milliers de personnages créés sur ordinateur s'affrontent pour la forteresse de pierre du gouffre de Helm. Le tournage de cette scène de nuit dura quatre mois.

6 « LES HISTOIRES QUI VOULAIENT DIRE QUELQUE CHOSE »
La plus grande réussite du film est d'associer l'épique à l'intime. Les mots du hobbit Sam montrent l'importance qu'accorde Jackson à la charge émotionnelle d'une histoire et sa dette vis-à-vis des grands mythes et légendes qui ont inspiré Tolkien.

Batman Begins 2005

CHRISTOPHER NOLAN né en 1970

▲ Pour appeler Batman, le lieutenant Gordon invente le Bat-signal.

▼ L'affiche apocalyptique présente Batman comme un vengeur gothique menaçant.

Étrangement, aucune des précédentes versions de l'histoire du vengeur masqué créé par DC Comics ne s'intéresse aux origines du héros. Ici, il faut attendre la moitié du film avant que Bruce Wayne (Christian Bale) ne parte à la poursuite des criminels de Gotham City, révélant ainsi le chemin qui a conduit le milliardaire endeuillé de son enfance d'orphelin au statut de héros.

Les films précédents – et c'est aussi le cas du film suivant, de Christopher Nolan, *The Dark Knight* (2008) – tendent à sous-exploiter le personnage, qui n'est plus que le faire-valoir de scélérats plus charismatiques, tel le Joker (Jack Nicholson ou Heath Ledger). Ici, Bruce/Batman occupe la place centrale, entouré de son maître en arts martiaux Henri Ducard (L. Neeson), de son majordome (M. Caine), de l'inventeur plus avisé qu'il n'y paraît Lucius Fox (M. Freeman) et du seul policier honnête de la ville, Jim Gordon (G. Oldman). Christian Bale, dont le charme physique rappelle son personnage d'*American Psycho* (2000), prend le rôle au sérieux, et ajoute plusieurs touches d'humour à son interprétation novatrice de Bruce Wayne en playboy stupide et imbibé d'alcool. Les autres films rendent Wayne si héroïque qu'il n'a presque aucun besoin d'une identité secrète.

Contre lui s'acharne des scélérats, d'un voleur paniqué au fond d'une ruelle à un parrain du crime plus classique (Tom Wilkinson), d'un fou démoniaque (Cillian Murphy) à un génie du mal à la Fu Manchu (Ken Watanabe), qui se révèle être à l'origine d'un réseau de complots visant à détruire Gotham City. *Batman Begins* est une histoire de super-héros dotée d'une structure parfaite, et ne manque ni de profondeur ni de résonance. **K. N.**

LES SCÈNES PRINCIPALES

1 LA NAISSANCE DE BATMAN
Dans une ruelle à l'extérieur de l'opéra, Joe Chill (Richard Brake) braque Thomas et Martha Wayne et, sous le coup de la panique, les abat d'un coup de feu sous les yeux de leur fils, Bruce (Gus Lewis). C'est Alfred, le majordome de la famille, qui élèvera le jeune garçon.

2 LES PREMIERS PAS DU CHEVALIER NOIR
Une créature surgit de la nuit, met en déroute un gang de criminels, annonçant l'arrivée d'une force déterminée à nettoyer Gotham City. Bruce Wayne jure de provoquer chez les criminels la même peur que celle qu'il ressentait enfant pour les chauves-souris.

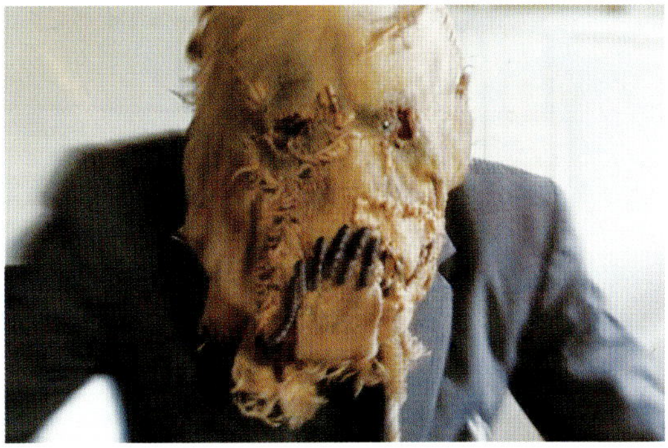

3 « VOULEZ-VOUS VOIR MON MASQUE ? »
Le Dr Jonathan Crane (Cillian Murphy), spécialiste en psychiatrie criminelle, revêt un masque d'épouvantail, utilisé pour les thérapies de choc – et devient le premier des criminels masqués de Gotham à s'opposer à Batman.

4 UNE CARTE DE VISITE
Le capitaine Gordon médite sur les réactions des criminels à l'irruption de Batman, s'arrêtant sur une pièce à conviction significative, une carte à jouer, celle du joker, laissée sur les lieux d'un cambriolage armé. « Il a un côté très théâtral, comme vous. »

DE LA PAGE À L'ÉCRAN

Créé par Bill Finger et Bob Kane, Batman apparaît dans *Detective Comics* en 1939 (ci-contre), puis dans les feuilletons *Batman* (1943) et *Batman and Robin* (1949). Mais il devient un héros de la culture populaire avec Adam West, qui interprète son rôle à la télévision et dans le film *Batman* (1966). Tim Burton (né en 1958) réalise les films à l'esthétique gothique *Batman* (1989) et *Batman Returns* (1992), alors que Joel Schumacher (né en 1939) choisit une approche plus légère (*Batman Forever*, 1995 ; *Batman & Robin*, 1997). Avant que Christopher Nolan ne s'y attaque, dans *Batman Begins* et *The Dark Knight* (ci-contre), des films d'animation télévisés revisitent Gotham, par exemple *Batman contre le fantôme masqué* (1993).

LE CINÉMA EUROPÉEN DES ANNÉES 2000

1 Björk remporte le prix de la meilleure actrice à Cannes pour son rôle dans *Dancer in the Dark,* qui divise fortement les critiques.

2 Dans *Good Bye Lenin !,* situé en Allemagne de l'Est, un frère et une sœur tentent de remonter le temps en cachant à leur mère, tout juste sortie du coma, la chute du mur de Berlin.

3 Noomi Rapace dans *The Girl With the Dragon Tattoo.* Malgré une sortie limitée à 202 cinémas aux États-Unis, le film y a récolté plus de 10 millions de dollars.

Avec du recul, le début des années 2000 pourrait bien apparaître comme un âge d'or du cinéma européen. Les incitations financières de l'Union européenne dans les années 1990 portent leurs fruits, multipliant le nombre de coproductions, jusqu'alors plutôt rares. Mais les co-productions de ce nouveau siècle n'ont rien à voir avec les Euro-puddings mal doublés des années 1990. À quelques rares exceptions près, comme *l'Auberge espagnole* (2002) et *les Poupées russes* (2005), de Cédric Klapisch (né en 1961), qui brassent délibérément les nationalités, les films ne trahissent presque aucun signe de leur origine métissée, qui se restreint le plus souvent à un échange de fonds et parfois de producteurs.

Le réalisateur n'est plus nécessairement défini par son attachement à une culture nationale. Des cinéastes tels que Michael Haneke (né en 1942) et Paul Verhoeven (né en 1938) vont et viennent entre différents pays, y compris les États-Unis, sans perdre leur identité d'auteur. *Antichrist* (2009), de Lars von Trier (né en 1956), est financé par des fonds européens, mais tourné en anglais avec des acteurs français et américains. Mais avant ce film, et après *Dogville* (2003), Von Trier réalise deux films intimement liés au Danemark, *Five Obstructions* (2003) et *le Direktør* (2006). Il est peut-être l'exemple le plus parfait de cette relation plus fluide à la nationalité et à l'identité artistique. Après avoir produit un film en anglais en 1996, *Breaking the Waves,* il réalise en 2000 sa première production véritablement internationale, *Dancer in the Dark* (ci-dessus), avec Björk, qui gagne deux prix à Cannes, dont la palme d'or. Plus récemment, le film danois *The Girl With the Dragon Tattoo* (2009, à droite), adapté par Niels Arden Oplev (né en 1961) du roman du Suédois Stieg Larsson,

REPÈRES

2000	2004	2004	2005	2005	2006
Dancer in the Dark remporte la palme d'or. Le film est financé par des fonds danois, italiens, allemands, américains, britanniques et français.	Le film germano-turc *Head-On,* de Fatih Akin, soulève de nombreuses questions ayant à voir avec la nation, l'immigration et l'intégration.	Une révolution dans le cinéma italien s'amorce avec *Buongiorno, notte,* de Marco Bellocchio, et *les Conséquences de l'amour* (voir p. 538), de Paolo Sorrentino.	*L'Enfant,* des frères Dardenne, souffle la palme d'or à *Caché,* de Michael Haneke, qui se révèle néanmoins le favori du public.	*Caché* ne peut pas concourir aux oscars en raison du co-financement à l'origine du film.	*La Vie des autres* (voir p. 540) crée la polémique en raison de sa description sensible d'un agent de la Stasi.

a remporté un franc succès auprès du public comme des critiques, et doit faire l'objet d'une adaptation américaine en 2011.

L'Allemagne et l'Italie – qui avaient peiné dans les années 1980 et 1990 à définir une identité cinématographique spécifique – donnent naissance à deux mouvements très distinctifs dans les années 2000. En Allemagne est produite une série de films à gros budget qui analysent le passé tourmenté du pays. Après avoir réalisé *l'Expérience* (2001), étude contemporaine de la psychologie du nazisme, Oliver Hirschbiegel (né en 1957) tourne *la Chute* (2004), qui décrit les derniers jours de Hitler. Dans la foulée sort *Sophie Scholl* (2005), de Marc Rothemund (né en 1968). En 2003, Wolfgang Becker (né en 1954) examine les conséquences de la réunification dans son film émouvant et plein d'humour *Good Bye Lenin !* (ci-contre), tandis qu'Uli Edel (né en 1947) se tourne vers le terrorisme des années 1970 dans *la Bande à Baader* (2008). Mais c'est sans doute *la Vie des autres* (2006, voir p. 540), film d'espionnage situé pendant la Guerre froide de Florian Henckel von Donnersmarck (né en 1973), qui marquera le cinéma allemand des années 2000. Le film remporte un grand succès dans le monde et gagne un oscar, mais suscite également la controverse en raison de sa description plutôt empathique et très touchante d'un agent de la Stasi.

Les défenseurs de ces films y voient une tentative courageuse du cinéma allemand pour affronter enfin un passé longtemps occulté ; leurs adversaires, en revanche, considèrent qu'il s'agit là d'une manière cynique et méprisante d'en tirer profit. Le film austro-allemand *les Faussaires* (2007, page suivante), de Stefan Ruzowitsky (né en 1961), connaît un grand retentissement.

2006	2007	2007	2009	2009	2009
Rachid Bouchareb questionne l'identité française et le nationalisme avec *Indigènes*, co-production algérienne, française, marocaine et belge.	Le cinéma roumain réapparaît sur la scène mondiale avec la sortie de *4 mois, 3 semaines et 2 jours*, de Cristian Mungiu (né en 1968).	*La Vie des autres* remporte l'oscar du meilleur film étranger.	Michael Haneke remporte enfin la palme d'or avec *le Ruban blanc*, son premier film tourné en langue allemande en dix ans.	Sortie du *Rêve italien*, de Michele Placido, et de *Vincere*, de Marco Bellocchio.	*The Girl With the Dragon Tattoo*, de N. A. Oplev, est un triomphe. Le film remporte deux prix lors de la cérémonie suédoise des Guldbagge.

Longtemps considéré comme le parent pauvre du cinéma allemand, le cinéma autrichien connaît une renaissance dans les années 2000, avec les films subtils et originaux produits par une nouvelle génération de réalisateurs sortis de l'Académie du cinéma de Vienne, comme Jessica Hausner (née en 1972) avec *Lourdes* (2009) ou Valeska Grisebach (née en 1968) avec *Désir(s)* (2006).

Avec *Buongiorno, notte* (2003), Marco Bellochio (né en 1939) réalise un drame dérangeant sur le terrorisme des années 1970. Avec *les Conséquences de l'amour* (2004, p. 538), Paolo Sorrentino (né en 1970) donne une impulsion à une nouvelle génération de réalisateurs italiens qui réagissent avec force contre la nostalgie du passé qui avait étouffé le cinéma italien ou l'avait réduit à n'être plus qu'un album de cartes postales dans les deux décennies précédentes. Les critiques directes sur le gouvernement de Silvio Berlusconi demeurent impossibles en raison de la censure, mais des films tels que *Mon frère est fils unique* (2007), de Daniele Luchetti (né en 1960), *Gomorrah* (2008, à droite), de Matteo Garrone (né en 1968), *Il Divo* (2008), de Sorrentino, ou *le Rêve italien* (2009), de Michele Placido (1946) se confrontent à la violence et à la corruption du pays, passées ou présentes. Leur perspective novatrice est accompagnée d'une esthétique originale, qui joue sur une stylisation chez Sorrentino ou Luca Guadagnino (né en 1971) ou combine rythme dramatique et images chocs avec une photographie terne, fanée (Bellochio ou Giorgio Diritti [né en 1959]) – en réaction peut-être aux mélodrames baignés de soleil des années 1980 et le rythme alangui privilégié par Michelangelo Antonioni (1912-2007) et Federico Fellini (1920-1993) dans les années 1960.

Des films comme *le Ruban blanc* (2009, ci-dessous ; Autrice-Allemagne-France-Italie) de Michael Haneke, *Black Book* (2006, Pays-Bas-Allemagne-Belgique), de Paul Verhoeven, et *Une vieille maîtresse* (2007, France-Italie), de Catherine Breillat (née en 1948), ne se définissent pas véritablement comme des films « européens » mais témoignent d'un niveau de collaboration intra-européenne exceptionnel. Les conséquences peuvent parfois en être fâcheuses : *Caché* (2005, voir p. 560), de Haneke, et la co-production franco-britannique *London River* (2009), de Rachid Bouchareb (né en 1959), sont exclus de la course à l'oscar du meilleur film étranger en raison des difficultés à les relier à une origine nationale distincte. Il semble que les États-Unis restent attachés aux catégories nationales, sans comprendre le sens de cette « Europe » désormais effective pour les Européens.

La Grande-Bretagne, la France et l'Allemagne en particulier voient l'émergence de plusieurs réalisateurs issus de l'immigration, comme Gurinder Chadha (né en 1960) et Asif Kapadia (né en 1972), Abdellatif Kechiche (né en 1960) et Rachid Bouchareb, Fatih Akin (né en 1973) et Thomas Arslan (né en 1962). Leur œuvre traite de l'immigration et de la difficile création d'une culture hybride. En Allemagne, le réalisateur germano-turc Fatih Akin s'acharne à démonter la vision monolithique et homogène que le pays a de lui-même avec des films comme *Head-On* (2004). En France, des réalisateurs d'origine maghrébine comme Kechiche avec *la Graine et le mulet* (2007) ou Bouchareb avec *Indigènes* (2006) réintègrent le cinéma français au sein du cinéma mondial. *Indigènes* connaît un retentissement international inattendu, auquel le prix accordé à l'ensemble de ses acteurs masculins lors du festival de Cannes de 2006 n'est sans doute pas étranger.

Les frères belges Jean-Pierre et Luc Dardenne (nés en 1951 et en 1954), qui remportent la palme d'or en 2005 pour *l'Enfant,* ont le profil classique des primés de festival : leurs drames réalistes poétiques, qui étudient la vie difficile des plus démunis, enthousiasment les critiques mais n'attirent pas les foules. Le nouveau cinéma montant vient peut-être de Roumanie, où les cinéastes collaborent étroitement et partagent une même esthétique déterminée majoritairement par le manque de moyens. *La Mort de Mr Lazarescu* (2005), de Cristi Puiu (né en 1967), *12:08 à l'est de Bucarest* (2006), de Corneliu Porumboiu (né en 1975), et *California Dreamin'* (2007), de Cristian Nemescu (1979-2006), possèdent la même esthétique réaliste, le même intérêt pour l'ère Ceausescu et son héritage, et le même « humour noir fataliste ».

La Roumanie reste une exception au sein de ce que l'on appelle désormais la nouvelle Europe. Dans les autres pays, le cinéma national n'est représenté que par un nombre limité de réalisateurs qui font soudain irruption sur la scène internationale avant de s'évanouir dans le néant, par exemple, le Bosniaque Danis Tanovic (né en 1969), avec *No Man's Land* (2001), le Hongrois György Palfi (né en 1974), avec *Taxidermie* (2006), ou le Serbe Srdan Golubovic (né en 1972), avec *le Piège* (2007). Si les années 2000 ont vu la renaissance du cinéma européen, l'écart entre l'Est et l'Ouest reste encore à combler. **C. W.**

4 *Les Faussaires,* récompensés par l'oscar du meilleur film étranger, racontent l'histoire de l'opération Bernhard, plan nazi qui visait à inonder la Grande-Bretagne de fausse monnaie.

5 Ciro Petrone et Marco Macor dans *Gomorrah,* description brutale de la Camorra, la mafia napolitaine.

6 *Le Ruban blanc,* de Michael Haneke, qui se déroule dans un village allemand quelques mois avant la Première Guerre mondiale, examine « les origines de tous les types de terrorisme », selon le réalisateur lui-même.

Les Conséquences de l'amour 2004

Le conseguenze dell'amore PAOLO SORRENTINO né en 1970

▲ Di Girolamo (Toni Servillo) et la serveuse du bar de l'hôtel, Sofia (Olivia Magnani).

▼ Titta Di Girolamo, solitaire sur l'affiche du thriller psychologique de Sorrentino.

À l'aube du nouveau millénaire, le cinéma italien semble être sur la voie d'une renaissance : Paolo Sorrentino mène le mouvement. Véritable styliste de l'image, narrateur accompli, Sorrentino réalise avec *les Conséquences de l'amour* son film le plus envoûtant. Le film est une étude psychologique aux accents existentiels, déguisée en drame sur la Mafia. Il se concentre sur le personnage de Titta Di Girolamo (Toni Servillo). Sorrentino ne donne pas au spectateur d'information sur sa vie, hormis les rares éléments que lâche en voix-off le personnage lui-même. Le spectateur est invité à creuser au-delà de l'apparente banalité de la vie du personnage, pour découvrir un magma d'émotions bouillonnantes, de trahisons passées, de rêves inaccomplis et d'espoirs déchus. Le ton froid, détaché, du réalisateur reflète le parcours du personnage, qui passe de l'indifférence au monde qui l'entoure à une tentative d'ouverture aux autres, d'abord la belle serveuse du bar de l'hôtel, Sofia (Olivia Magnani), puis d'autres résidents, que la vie a meurtris mais pas anéantis.

Seul le dernier acte du film permet de le définir comme un film sur la Mafia. D'abord presque dépourvue d'action, l'intrigue prend soudain un tour plus dramatique pour s'achever avec une fusillade, un accident de voiture et une longue confrontation pleine de tension entre Di Girolamo et le patron du syndicat du crime, sans que l'atmosphère lugubre du film ne soit entamée. Alors que Di Girolamo se retrouve face à son destin, le récit de Sorrentino acquiert une nouvelle dimension, et souligne la solitude de tout être et le réconfort qui provient des attentions et des pensées des autres. **I. H. S.**

LES SCÈNES PRINCIPALES

1 PRÉSENTATION
Di Girolamo se présente et donne son opinion sur un autre résident permanent de l'hôtel : il détourne ainsi l'attention de son passé et ramène le spectateur à la banalité de sa vie actuelle.

2 UN SECRET RÉVÉLÉ
Di Girolamo confesse que depuis vingt ans, tous les mercredis à la même heure, il s'injecte de l'héroïne. La scène est décrite de manière onirique, trois représentants de l'église apparaissant sur le lit voisin.

3 UNE VISITE À LA BANQUE
Avec l'apparition d'une valise dans la chambre d'hôtel de Di Girolamo, le mystère qui entoure sa présence à Lugano s'évanouit : il déposera la valise, remplie de millions de dollars, dans une banque.

4 L'ATTAQUE
L'apparition de deux gangsters suggère pour la première fois de quel monde Di Girolamo vient sans doute – sans pour autant nous en dire plus sur son rôle. Les exécutions laissent à penser que Di Girolamo n'est pas à Lugano de son propre chef.

5 UNE MORT SANS HONNEUR
Refusant de suivre plus longtemps les règles de la Mafia, Di Girolamo en paie le prix. Mais son sacrifice accroît encore son humanité, puisque son forfait (le vol) va aider ceux dans le besoin et puisque ses dernières pensées sont pour d'autres que lui-même.

LE RÉALISATEUR

1970-2003
Paolo Sorrentino naît à Naples en 1970. Il écrit le scénario de *Poussière de Naples* (1998), réalisé par Antonio Capuano (né en 1940). Il réalise ensuite les courts-métrages *L'amour n'a pas de frontières* (1998) et *la Longue Nuit* (2001), avant de tourner, en 2001, son premier long-métrage, *l'Homme en plus.*

de 2004 à nos jours
Sorrentino acquiert un renom international avec *les Conséquences de l'amour,* l'un des prétendants à la palme d'or du festival de Cannes. *L'Ami de la famille* (2006) étudie la figure d'un usurier misanthrope. Après le documentaire *Napoli 24* (2010), Sorrentino se lance dans sa première réalisation en anglais, *This Must Be the Place* (2011), où Sean Penn joue le rôle d'une rock star sur le déclin en quête de l'officier nazi responsable de la mort de son père à Auschwitz.

La Vie des autres 2006

Das Leben der Anderen FLORIAN HENCKEL VON DONNERSMARCK né en 1973

▲ L'acteur est-allemand Ulrich Mühe joue le rôle de l'agent de la Stasi Wiesler.

▼ Sur l'affiche, Wiesler apparaît comme un voyeur désincarné enfoui dans l'ombre.

Après la réunification, *la Vie des autres* est l'un des rares films réalisés à témoigner de la réalité cauchemardesque de la vie dans l'Allemagne de l'Est communiste. La Stasi, avec 100 000 espions d'État, surveillait tous les aspects de la vie des citoyens du pays et le film tente de décrire sans les atténuer les effets dévastateurs de cette société de contrôle devenue folle.

Le réalisateur était déterminé à faire un grand film empli de souffle et d'émotion. Il mena des recherches étendues sur le sujet et s'entretint avec des victimes de la Stasi et des membres de la police secrète. Il recrée l'atmosphère grise et oppressante du Berlin est des années 1980 avec un soin méticuleux. « Ce petit État avait son propre univers de couleurs et de formes, déclara-t-il plus tard. Presque tous les meubles étaient angulaires, pointus, et minces. Les couleurs, des voitures ou des tissus, étaient étrangement pâles et fanées. »

Wiesler (Ulrich Mühe), un agent de la Stasi, devient obsédé par la richesse de la vie de l'écrivain qu'il est chargé de surveiller : Dreyman (Sebastian Koch), dramaturge apparemment modèle que l'État soupçonne pourtant, est un homme passionné, ivre de littérature, de musique et d'idées. Wiesler en vient progressivement à comprendre la vacuité de sa propre existence de voyeur à la solde de l'État. Il constitue le personnage typique de l'agent loyal qui remet en question son allégeance, l'apparatchik rusé et vulgaire qui découvre qu'il a une âme. Mühe, qui avait lui-même été surveillé par la Stasi, interprète le rôle de Wiesler brillamment, et réussit à refléter le dégoût de soi et la noblesse qui finit par émerger du personnage. **G. M.**

LES SCÈNES PRINCIPALES

1 COMMENT FAIRE AVOUER UN SUSPECT

Wiesler énonce quelques règles élémentaires du métier : faire asseoir le suspect, l'interroger et le priver de sommeil. Un innocent protestera, un coupable répétera les mensonges qu'il a préparés. Menacez d'arrêter sa femme ou ses enfants : il se mettra à parler.

2 LE POINT FAIBLE DE LÉNINE

L'idée à l'origine du film vient d'une remarque de Lénine au sujet de la sonate *Appassionata*, de Beethoven : « Si je continue à l'écouter, jamais je ne finirai la révolution. » Wiesler aussi commence à vaciller lorsqu'il entend Dreyman jouer de la musique classique.

3 LA VISION DES AUTRES

Wiesler est surpris qu'un enfant lui dise que les agents de la Stasi sont « des hommes méchants qui mettent les gens en prison ». Il commence par lui demander le nom de son père, laisse la question en suspens et commence à douter de la Stasi.

4 LA FIN DE LA STASI

Après la chute du mur de Berlin, Dreyman peut consulter le dossier constitué par la Stasi à son sujet et découvrir qui l'a protégé il y a plusieurs années – l'agent Wiesler. La dernière scène du film frappe le spectateur au cœur.

LE RÉALISATEUR

1973-1990

Florian Henckel von Donnersmarck naît à Cologne (Allemagne de l'Ouest). Sa mère vient d'Allemagne de l'Est et son père, d'origine aristocratique, travaille comme directeur à la compagnie aérienne Lufthansa. Il connaît une enfance cosmopolite et passe plusieurs années à New York, à Berlin et à Bruxelles.

1991-1996

Après avoir étudié deux ans la littérature russe à Léningrad, il s'installe en Angleterre, où il étudie les sciences politiques, la philosophie et l'économie à l'université d'Oxford. Il remporte alors un concours organisé par Richard Attenborough (né en 1923), qui lui permet d'être assistant sur le tournage de son film *Le temps d'aimer* (1996).

1997-2005

Étudiant à l'École du cinéma de Munich, il réalise des courts-métrages, notamment *Dobermann* (1999) – il en est le scénariste, le réalisateur, le producteur et le monteur –, qui bat le record du nombre de prix attribués à un film d'étudiant et remporte un grand succès aux festivals internationaux.

2006-2007

La Vie des autres, son premier film, est tournée avec un petit budget, sans distributeur, et les acteurs doivent patienter pour recevoir leur cachet. Finalement, Buena Vista achète les droits allemands. Le film remporte pourtant un triomphe en Allemagne, gagne plusieurs prix internationaux et l'oscar du meilleur film étranger. Au milieu d'un enthousiasme quasi général, les seules critiques proviennent d'ex-agents de la Stasi qui prétendent qu'ils « n'ont rien fait d'autre que suivre les ordres ». L'acteur principal du film, Ulrich Mühe, meurt d'un cancer en 2007.

de 2008 à nos jours

Von Donnersmarck débute le tournage de son second film, *The Tourist*, dont il est aussi le co-scénariste. Il s'agit d'un remake du thriller français *Anthony Zimmer* (2005), avec dans les rôles principaux Johnny Depp et Angelina Jolie.

BOLLYWOOD

Le terme Bollywood – combinaison de Bombay, centre de l'industrie cinématographique de langue hindi, et de Hollywood – date des années 1970. La plupart des stars, dont la plus célèbre d'entre elles, Amitabh Bachchan, détestent ce terme et parlent plutôt de « cinéma indien ». Mais Bachchan se trompe dans le sens où, si Bollywood est synonyme aux yeux des Occidentaux de cinéma indien, en réalité ses films ne constituent qu'une fraction infime d'une immense industrie cinématographique. Bollywood représente à peine un quart du millier de films produits chaque année en Inde. Les cinémas d'Inde du sud (en tamil, telugu, malayalam et kannada) représentent plus de 75% des films produits et des recettes engrangées, d'après un rapport d'Ernst & Young de 2009, et les films tamil et telugu sont proches de surpasser ceux que produit Bollywood. Mais, même si le cinéma hindi n'est pas représentatif de l'ensemble du pays, les films de Bollywood demeurent les produits d'exportation les plus visibles et les plus populaires. Ils sont plus accessibles au public international qu'il y a dix ans, car ils ont su toucher des cultures diverses, au-delà de la diaspora indienne.

Le premier film indien à entrer dans le top 10 des films ayant récolté le plus d'entrées au Royaume-Uni est *Dil se* (1998, ci-contre), de Mani Ratnam (né en 1956), avec la future superstar de Bollywood Shah Rukh Khan. La musique, qui a de quoi rivaliser avec tous les tubes classés aux hit-parades, est composée par A. R. Rahman, qui recevrait un BAFTA et plusieurs oscars et Grammys dix

REPÈRES

1995	1998	2000	2001	2001	2002
Dilwale dulhania le jayenge a un grand succès auprès de la diaspora indienne et ouvre la voie à une série de films centrés sur les « Indiens non résidents ».	*Dil se* est le premier film de Bollywood à entrer dans le top 10 au Royaume-Uni.	*Dis-moi que tu m'aimes* lance une nouvelle superstar, le fils du réalisateur, Hrithik Roshan, qui défie la prédominance du triumvirat composé par Shah Rukh, Aamir et Salman Khan.	Sortie de *Lagaan*. *Dil Chahta Hai* inaugure une série de films visant le public urbain.	*Asoka* remporte un grand succès international. *La Famille indienne* se classe troisième au palmarès des entrées au Royaume-Uni, ce qui est un record pour un film indien.	*Devdas* triomphe en Europe et est nominé aux BAFTA en 2003.

ans plus tard pour *Slumdog Millionaire* (2008), de Danny Boyle (né en 1956). Dans les années 2000, le cinéma de Bollywood se diversifie au-delà des éternels mélodrames romantiques et drames sanglants des deux décennies précédentes. Les plus grands succès de la période sont des romances dont les personnages, « indiens non résidents », habitent dans des villes étrangères, Londres ou New York, tout en conservant les valeurs morales indiennes. Ces films doivent leur succès tout autant au public national indien qu'à celui des « indiens non résidents » immigrés au Royaume-Uni ou aux États-Unis. Les deux plus gros triomphes de ce genre sont *la Famille indienne* (2001, ci-contre), de Karan Johar (né en 1972), et *New York Masala* (2003, ci-dessous), de Nikhil Advani (né en 1971).

Même si les films sont le plus souvent situés en Inde, beaucoup incluent quelques numéros musicaux tournés dans un décor étranger – pratique introduite par Raj Kapoor (1924-1988) dans *Sangam* (1964) – pour satisfaire le goût du public indien pour l'exotisme. Les deux plus gros succès de l'année 2000, *Dis-moi que tu m'aimes* et *Mohabbatein* comptent de nombreuses séquences tournées hors de l'Inde. Le premier, qui n'a rien d'original par rapport aux innombrables comédies musicales du même type, est tourné en grande partie en Nouvelle-Zélande par l'acteur-réalisateur Rakesh Roshan (né en 1949) et présente un nouveau héros en la personne de son fils, Hrithik Roshan, dans un cinéma jusqu'alors dominé par les Khans : Shah Rush, Aamir et Salman. Grâce à ce film, la Nouvelle-Zélande devient une destination privilégiée pour les Indiens fortunés, comme la Suisse, que le producteur-réalisateur Yash Chopra (né en 1932) prend pour décor de ses films depuis les années 1970.

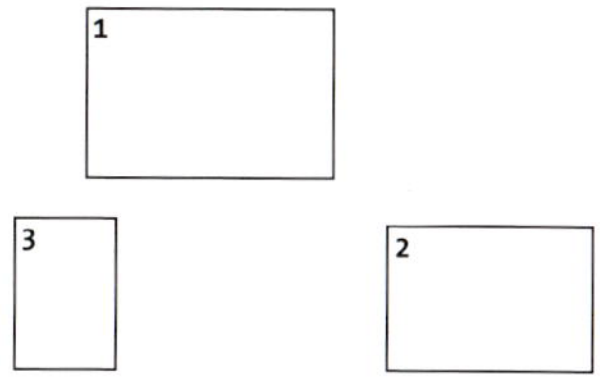

1 Kareena Kapoor au centre d'un numéro de danse spectaculaire dans le drame romantique *la Famille indienne*.

2 Saif Ali Khan (au centre) dans *New York Masala*. Le film est un succès critique et commercial, et remporte plusieurs nominations et récompenses lors des International Indian Film Academy Awards (qui récompensent les meilleurs films indiens distribués mondialement).

3 L'affiche tourmentée et romantique de *Dil se*, avec Shah Rukh Khan et Manisha Koirala.

2004	2006	2007	2008	2009	2010
Main hoon naa lance la chorégraphe Farah Khan (née en 1965), qui devient l'une des rares réalisatrices de Bollywood.	*Krrish*, réalisé par Rakesh Roshan, est le premier film de super-héros produit par Bollywood.	Shah Rukh Khan remporte un nouveau triomphe avec le drame nostalgique *Om shanti om*. *Rang de basanti*, de Rakesh Mehra, est nominé aux BAFTA.	*Singh is kinng* marque l'ascension d'une nouvelle star, Akshay Kumar, nouveau rival des Khan et de Roshan. *Dostana* est le premier film grand public de Bollywood à traiter ouvertement de l'homosexualité.	*Ajab prem ki ghazab kahani* lance la star de la nouvelle décennie, Ranbir Kapoor.	*Udaan* remporte un succès inattendu et est le premier film indien à être sélectionné au festival de Cannes en seize ans.

4 Aamir Khan dans *Rang de basanti.* Le film cause scandale et fait l'objet de l'attention du comité de censure indien.

5 L'affiche d'*Amour, sexe et trahison (Love, Sexe aur dhokha),* qui critique l'ubiquité des médias.

6 *Peepli Live,* satire humoristique de la société contemporaine, est le premier film indien à concourir au festival de Sundance.

7 *3 Idiots* remporte un grand succès, bien que l'adaptation qu'il propose du roman *Five Point Someone* suscite les critiques.

Mohabbatein, réalisé par le fils de Chopra, Aditya (né en 1971), innove en choisissant pour décor unique une école (supposée être située en Inde, même si le film est tourné au Royaume-Uni). Le film oppose pour la première fois la superstar bollywoodienne Shah Rukh Khan, en jeune défenseur ardent de l'amour, et un proviseur sévère, interprété par la star de la génération précédente, Amitabh Bachchan. Le duo réapparaît durant la décennie dans une série de films à succès, notamment *la Famille indienne,* où Khan joue le rôle d'un fils qui se rebelle contre les principes austères de son père, interprété par Bachchan.

L'année suivante sort une série de films qui influencera profondément Bollywood. *Lagaan* (2001, voir p. 548), film épique de quatre heures sur le cricket situé sous le Raj dans les années 1890, a du mal à convaincre les producteurs : malgré la grande popularité du sport dans le sous-continent, les films sur le sujet n'avaient jamais fait recette. C'est finalement l'acteur principal, Aamir Khan, qui décide de relever le défi et d'avancer les fonds. Réalisé par Ashutosh Gowariker (né en 1964), le film est un triomphe et est nominé pour l'oscar du meilleur film étranger.

Aamir Khan, le héros romantique des années 1990, tirera enseignement du succès de *Lagaan* en décidant de jouer dans moins de films, de choisir ceux dont les sujets sont plus ambitieux que les mélodrames traditionnels de Bollywood, et de promouvoir des films originaux en tant que producteur. Il en résulte des films tels que *3 Idiots* (2009, ci-contre), du réalisateur Rajkumar Hirani (né en 1962), qui attaque le système éducatif indien et devient le plus gros succès commercial de Bollywood de tous les temps ; *Des étoiles sur terre* (2007), réalisé par Aamir Khan lui-même, s'intéresse au problème de la dyslexie ; *Rang de basanti* (2006, ci-dessus), de Rakeysh Mehra (né en 1963), décrit les frustrations de la jeunesse indienne, tandis que le premier film d'Anusha Rizvi (née en 1978), *Peepli Live* (2010, à droite, en bas), critique l'ascension frénétique des médias électroniques en Inde tout en révélant la vague de suicides endémiques qui touchent les paysans. Le film obtient un grand succès sans compter aucune star connue au nombre de ses interprètes.

En 2001 sort également *Dil chahta hai,* de Farhan Akhtar (né en 1974), avec Aamir Khan et Saif Ali Khan. Le film s'intéresse à la vie de trois amis et, pour la première fois, s'adresse exclusivement, et sans scrupule, à un public de citadins. Bollywood avait jusqu'alors pris garde à produire des films dans lesquels chacun pouvait se reconnaître, qu'il soit cadre supérieur, femme au foyer ou chauffeur de taxi. Akhtar comprend que pour accroître les recettes, il faut viser les citadins, prêts à payer beaucoup plus cher pour obtenir une place dans un des nouveaux multiplexes luxueux et contempler leurs semblables à l'image. Il ouvre la voie à une série de films à sujets urbains, et à une nouvelle vague de réalisateurs désireux de traiter des thèmes nouveaux.

Se placent à l'avant-garde de ce mouvement les réalisateurs Anurag Kashyap (né en 1972) et Dibakar Banerjee (né en 1969), qui, s'ils travaillent au sein du système Bollywood, s'attaquent à des sujets révolutionnaires, mis en forme avec un très petit budget. Le premier film de Banerjee, *Khosla ka ghosla !* (2006) confronte une famille ordinaire à des agents immobiliers de Dehli, tandis qu'*Amour, sexe et trahison* (2010, ci-contre) analyse ces trois émotions à travers la vision que donnent des caméras cachées ou des caméras de surveillance. *Dev.D* (2009), de Kashyap, s'inspire, comme beaucoup avant lui, du roman *Devdas* et transforme cette histoire de triangle amoureux en une descente en enfer, rythmée par le sexe et la drogue.

Bollywood continue dans le même temps à produire les traditionnels mélodrames et films d'action. Shah Rukh Khan apparaît notamment dans *Main hoon naa* (2004), *Veer-zaara* (2004) et *Kabhi alvida naa kehna* (2006), qui consolident son image de superstar. Mais il connaît moins de succès lorsqu'il s'essaie à des rôles plus originaux comme dans *Asoka* (2001, voir p. 546) ou *Paheli* (2005). Le premier, de Santosh Sivan (né en 1961), est une biographie romancée de la vie de l'ancien empereur indien Ashoka le Grand, converti au bouddhisme. Le chauvinisme indien se porte également bien, comme le démontre le film *Gadar : ek prem katha* (2001), dont le héros, Sunny Deol, véritable machine à débiter des slogans patriotiques, entre au Pakistan et défie l'armée entière pour sauver sa femme et son fils kidnappés.

Dans les années 2000, on note une multiplication des comédies destinées à un large public d'adolescents et de jeunes adultes de l'Inde. C'est la transformation du héros de films d'action Akshay Kumar en star de comédie qui constitue l'événement le plus inattendu. Il apparaît dans une série de comédies grossières qui rappellent un autre âge, comme *Namastey London, Heyy babyy, Bhool bhulaiyaa (Maze), Welcome* (tous de 2007), *Singh is kinng* (2008), *Kambakkht ishq* (2009) et *Housefull* (2010). Leur succès prouve qu'il demeure un vaste marché d'amoureux des films bollywoodiens à l'ancienne. **N. R.**

Asoka 2001

SANTOSH SIVAN né en 1961

▲ La superstar Shah Rukh Khan dans le rôle tourmenté d'Asoka.

▼ L'affiche d'une épopée historique.

Le grand réalisateur Santosh Sivan se fait connaître du monde entier grâce à son troisième film, *Malli, le combat d'une vie* (1998), centré sur la figure d'une terroriste kamikaze. Il change radicalement de thème et de style en dirigeant ensuite *Asoka,* grande saga historique qui raconte l'histoire d'Asoka, jeune souverain sanguinaire du IIIe siècle avant Jésus-Christ.

Dans cette biographie romancée de la jeunesse d'Asoka, le rôle principal est tenu par Shah Rukh Khan : prince de la dynastie Maurya, Asoka est l'héritier du trône du royaume de Magadha, mais, menacé par une bataille de succession sanglante, il doit sur les conseils de sa mère partir en exil et prendre le déguisement d'un homme du peuple. Il tombe amoureux de la princesse fugitive de Kalinga, Kaurwaki. La croyant morte au terme de plusieurs péripéties, il retourne à Magadha et épouse une jeune fille bouddhiste, Devi. Il entreprend alors d'éliminer un à un chacun de ses rivaux, y compris son propre frère, et prend le pouvoir, avant de faire un nouvel usage de la force pour réunifier les différents territoires qui entourent son royaume.

Sivan réalise un film spectaculaire, aux images somptueuses, qui constitue à la fois une fable puissante sur la folie de la violence. Les scènes de combat en particulier valent largement celles que produit le cinéma occidental, et sans l'aide d'aucuns effets spéciaux. Le film fut, étrangement, considéré comme un échec, alors qu'avec un budget de 3 millions de dollars (chiffre élevé en Inde en 2001), il remporte plus de 12 millions de dollars dans le monde, la plupart de ses recettes provenant de son pays d'origine. **N. R.**

LES SCÈNES PRINCIPALES

1 LES GERMES DE LA VIOLENCE
Le jeune Asoka s'exerce avec l'épée que son père, épris de paix, avait abandonnée. Selon la légende, l'épée est assoiffée de sang : Asoka lance l'épée en l'air et tue une nichée d'oiseaux.

2 UN APERÇU DES PROUESSES DU PRINCE
Asoka donne un aperçu de sa maîtrise du kalaripayatt, un ancien art martial indien. Maniant avec dextérité l'urumi, la longue épée sinueuse, il triomphe de tous ses adversaires : le prince, avide de victoires, s'affirme comme un redoutable attaquant.

3 UNE FEMME ENTRE EN SCÈNE
Asoka surprend Kaurwaki au bain et en est ébloui. Il ignore qu'elle est la princesse de Kalinga, en fuite de son royaume. Malgré les rivalités qui opposent leur famille, ils tombent amoureux, et Asoka la sauve lorsqu'elle est attaquée par des soldats.

4 UNE PERTE DOULOUREUSE
Après avoir été rappelé au royaume de Magadha, Asoka repart en quête de Kaurwaki. Convaincu qu'elle a été tuée, il succombe à une douleur éperdue et se recouvre le visage de cendres. Il se lance alors dans une campagne de conquêtes violentes et absurdes.

5 REMORDS
Asoka voit enfin les ravages qu'il a causés et est pris de remords. Traversant une mer de cadavres, il découvre Kaurwaki en train d'agoniser. Dévasté, il renonce à la violence et commence à prêcher le pacifisme et la foi bouddhiste.

UNE VEDETTE : SHAH RUKH KHAN

1965-1991
Shah Rukh Khan naît à New Dehli, en Inde, dans une famille musulmane de la classe moyenne. Après avoir joué au théâtre, il commence une carrière à la télévision en 1988 dans *Fauji*. En 1991, il s'installe à Mumbai et épouse une hindoue, Gauri Chibber.

1992-1997
Ses deux premiers films sont *Deewana* (1992) et *Raju ban gaya gentleman* (1992). *Dilwale Dulhania Le Jayenge* (1995) fait de lui le plus populaire des héros de Bollywood.

de 1998 à nos jours
Laisse parler ton cœur (1998) marque le début de sa collaboration avec Karan Johar (né en 1972). En 2001, *la Famille indienne* est le troisième film à faire le plus d'entrées au Royaume-Uni. En 2007, il remplace Amitabh Bachchan comme présentateur de l'émission *Qui veut gagner des millions ?*

Lagaan : Once Upon a Time in India 2001

ASHUTOSH GOWARIKER né en 1964

▲ Aamir Khan et Gracy Singh dans les rôles de Bhuvan et Gauri.

▼ *Lagaan* est nominé pour l'oscar du meilleur film étranger.

Dirigé par l'acteur-réalisateur Ashutosh Gowariker et produit par l'interprète principal, Aamir Khan, *Lagaan* raconte comment les habitants d'un petit village indien s'unissent sous l'Empire britannique pour battre les colons à leur propre jeu : le cricket. Malgré la popularité du cricket sur le sous-continent, les films qui en font leur sujet, comme *Kabhi Ajnabi The* (1985), avec des membres de l'équipe nationale de 1983, vainqueur de la Coupe du monde, ou *Awwal Number* (1990), sont des échecs. Le film de Gowariker constitue une entreprise risquée, d'autant plus qu'il se déroule dans le passé. Pour relever le défi, Gowariker et Khan s'entourent d'une équipe expérimentée, dont le directeur de la photographie A. Mehta et le compositeur A. R. Rahman, et tournent le film dans les étendues de l'État de Gujarat.

Le film choisit pour héros les habitants du village de Champaner, qui ne peuvent pas payer l'impôt sur les céréales qu'ils doivent aux Britanniques. Après avoir été spectateur d'un match de cricket anglais, mené par le capitaine Russell (Paul Blackthorne), Bhuvan (Khan), un des villageois, se permet de se moquer de leur jeu. Bouillant de rage, Russell défie Bhuvan, à la condition que si les Indiens gagnent, ils seront dispensés d'impôt pendant trois ans, alors que s'ils perdent, ils auront à payer trois fois le montant dû. Les villageois, aidés par la sœur de Russell, Elizabeth (Rachel Shelley), qui a un faible pour Bhuvan, se préparent à l'affrontement – et tout se termine en conte de fées.

Khan aussi remporte haut la main son pari : Lagaan, qui a coûté la somme élevée de 5,5 millions de dollars, en rapporte 45. **N. R.**

LES SCÈNES PRINCIPALES

1 FAUX ESPOIRS
Les habitants du village, touchés par la sécheresse, chantent et dansent de joie, mais leurs espoirs sont déçus quand les nuages s'éloignent. Les récoltes anéanties, ils ne pourront plus de payer le *lagaan,* l'impôt sur les céréales.

2 LE DÉFI EST LANCÉ
Le capitaine Russell défie Bhuvan à un match de cricket aux enjeux élevés. Bhuvan accepte : les villageois pieds nus, affamés, doivent jouer contre des colons pourvus du plus parfait équipement. L'avenir du village est en jeu.

3 INTERVENTION DIVINE
Les villageois sont sur le point de perdre... Dans une scène très émouvante, la mère de Bhuvan conduit un chant de prière, qui culmine dans un final très entraînant. Le sort du village est désormais entre les mains des dieux.

4 LA VICTOIRE
La dernière heure du film suit le match. Le match est serré jusqu'à ce que Bhuvan frappe la dernière balle. Après l'avoir rattrapée, le capitaine Russell se rend compte qu'il a franchi la ligne : l'équipe indienne gagne six points et remporte la victoire.

LE RÉALISATEUR

1964-1992
Ashutosh Gowariker naît à Mumbai dans une famille de la classe moyenne. Il joue d'abord dans des publicités télévisées, puis devient acteur de cinéma avec *Holi* (1984), de Ketan Mehta (né en 1952). Il joue ensuite dans de nombreuses séries télévisées et de nombreux films, comme *Naam* (1986) et *Chamatkar* (1992).

1993-1995
Gowariker joue dans *Kabhi Haan Kabhi Naa* (1993) et réalise son premier film, *Pehla Nasha* (1993), au sujet d'un aspirant acteur entraîné dans une enquête criminelle. Inspiré par *Body Double* (1984), de Brian de Palma (né en 1940), le film est le dernier qui rassemble les acteurs Shah Rukh Khan, Aamir Khan et Saif Ali Khan, mais n'attire pas les foules. Son deuxième film, *Baazi* (1995), avec Aamir Khan, est un nouvel échec.

1996-2000
Il joue notamment dans *Sarkarnama* (1998) et dans deux séries télévisées à succès, *Woh* (1998) et *C.I.D.* (1998-1999).

2001-2007
Gowariker revient à la réalisation et avec *Lagaan*, produit par Aamir Khan, tourne son plus grand succès. En 2004, il dirige *Swades : We, the People*, avec Shah Rukh Khan : le film est bien accueilli par la critique.

de 2008 à nos jours
Après quatre ans de silence, il tourne l'épopée historique *Jodhaa Akbar* (2008) avec les stars Hrithik Roshan et Aishwarya Rai, bien reçue par la critique. En revanche, la comédie romantique *What's Your Raashee ?* (2009) ne décolle pas. En 2010, il réalise un nouveau film historique, *Khelein Hum Jee Jaan Sey*, et débute le tournage d'une superproduction sur la vie de Bouddha.

LE CINÉMA AMÉRICAIN APRÈS LE 11-SEPTEMBRE

1 Edward Norton et Barry Pepper dans *la 25ᵉ Heure.* Le film s'inspire du roman de David Benioff, adapté après la tragédie du 11-Septembre.

2 L'affiche méditative de *Munich,* allégorie sombre réalisée par Steven Spielberg, qui retrace l'opération israélienne connue sous le nom opération Colère de Dieu.

3 Daniel Day-Lewis remporte un oscar pour sa performance magnétique dans *There Will Be Blood.*

Après les attentats terroristes du 11 septembre 2001, le cinéma américain traverse une période de doutes profonds. Spike Lee (né en 1957) y réplique par *la 25ᵉ Heure* (2002, ci-dessus), film qui relate le dernier jour de liberté d'un homme qui va être emprisonné. Le film est un chant d'amour du réalisateur à sa ville bien-aimée, New York, et une réflexion sur les conséquences que le moindre des actes peut avoir, et sur la responsabilité qu'ils entraînent. Des dramatisations du 11-Septembre, on retiendra surtout *United 93* (2006), de Paul Greengrass (né en 1955), *World Trade Center* (2006), d'Oliver Stone (né en 1946), est en revanche décrié de tous côtés. Stone est de nouveau critiqué pour sa biographie de George W. Bush, *W.* (2008). Mais le film de Stone avait sans doute le dessein ambitieux de s'interroger sur la manière dont le système politique américain avait pu permettre à un tel homme d'occuper le Bureau ovale.

Les guerres dans lesquelles l'Amérique s'engage en Afghanistan et en Irak deviennent le sujet de divers films, mais malgré la présence de quelques stars, *Syriana* (2005), *Good Night, and Good Luck* (2005) – qui analyse la rhétorique du gouvernement Bush à travers la description de la Chasse aux sorcières, *les Soldats du désert* (2006), *Dans la vallée d'Elah* (2007), *Grace Is Gone* (2007) ou *Stop-Loss* (2008) n'attirent pas les foules. *Démineurs* (2008, voir p. 554), qui remporte l'oscar du meilleur film, surprend par l'ambivalence de ses positions vis-à-vis de la guerre en Irak. Ridley Scott (né en 1937) apporte sa contribution au débat avec

REPÈRES

2001	2001	2002	2003	2003	2004
Des attentats terroristes frappent le World Trade Center et le Pentagone le 11 septembre. Les Tours jumelles sont effacées de l'affiche de *Spider-Man* (2002).	Woody Allen (né en 1935) apparaît pour la première fois à la cérémonie des oscars en signe d'unité après les attentats du 11-Septembre.	Le thriller *la Somme de toutes les peurs* imagine l'explosion d'une bombe nucléaire à Baltimore.	Les États-Unis et leurs alliés envahissent l'Irak.	*House of Sand and Fog* est le premier film à mettre en relief les différences culturelles après le 11-Septembre.	M. Night Shyamalan (né en 1970) assimile les États-Unis à une communauté assiégée dans le drame *The Village.*

Mensonges d'État (2008), thriller à l'ancienne qui traite des opérations de la CIA, tandis que David Cronenberg (né en 1943) tourne sa caméra vers le mal qui ronge l'Amérique de l'intérieur et la violence des vies les plus ordinaires avec son thriller ultra-maîtrisé *Une histoire de la violence* (2005, voir p. 552).

Les superproductions de Steven Spielberg, comme *Minority Report* (2002) ou *la Guerre des mondes* (2005) – les séquences d'ouverture évoquent Manhattan au lendemain des attentats – traitent de thèmes aussi graves que ses films plus « sérieux ». Si *A.I. Intelligence artificielle* (2001) ne convainc pas les critiques de sa qualité, le débat qui entoure *Munich* (2005, ci-contre) est bien de nature politique. Le film enflamme les camps pro et anti-Israël. Il n'en reste pas moins que ce récit, co-écrit par Spielberg et Tony Kushner, des représailles menées par le Mossad à l'encontre des responsables du massacre des Jeux olympiques de Munich de 1972 est d'une puissance tout à fait saisissante. Le film pose la question de la légitimité de la vengeance et établit des parallèles avec les attentats du World Trade Center et la réaction du gouvernement américain.

À la suite du 11-Septembre, les cinéastes américains se tournent vers leur histoire et les racines de l'esprit américain. Paul Thomas Anderson (né en 1970) réalise *There Will Be Blood* (2007), qui assène le même message que des films produits sous Bush – le pouvoir corrompt et engendre la paranoïa chez ceux qui l'exercent. Avec *Gangs of New York* (2002) et *Aviator* (2004), Martin Scorsese (né en 1942) étudie la naissance des États-Unis modernes, analysant les prémices du capitalisme, des divisions raciales et en décrivant, à travers Bill le Boucher et Howard Hughes, les pères fondateurs du XXe siècle. **I. H. S.**

2004	2006	2007	2007	2008	2008
Michael Moore (né en 1954) attaque violemment la présidence de George W. Bush et sa guerre contre la terreur dans *Fahrenheit 9/11.*	*Brokeback Mountain* (2005) suscite l'enthousiasme du public. Une controverse éclate lorsque l'oscar du meilleur film lui échappe pour aller au drame racial *Crash* (2004).	Martin Scorsese remporte enfin un oscar pour *les Infiltrés. There Will Be Blood* confirme que Paul Thomas Anderson est le meilleur réalisateur de sa génération.	*Non, ce pays n'est pas pour le vieil homme,* de Joel et Ethan Coen (nés en 1954 et en 1957), constitue une réflexion sur le passage du temps et le cycle de la violence.	Gus Van Sant (né en 1952) traite des inégalités et des politiques sociales dans *Harvey Milk.*	Matt Reeves (né en 1966) décrit une attaque contre New York dans le film d'horreur *Cloverfield.*

Une histoire de la violence 2005

A History of Violence DAVID CRONENBERG né en 1943

▲ Tom est rattrapé par son passé violent.

▼ Le film est inspiré du roman brutal de John Wagner et de Vince Locke.

Le réalisateur canadien David Cronenberg est d'ordinaire associé à un sous-genre qu'il a lui-même contribué à créer, celui de l'horreur « viscérale ». *Une histoire de la violence* présente une réflexion philosophique plus subtile sur la nature de l'homme. Ce drame se déroule dans une petite ville américaine typique, où Tom Stall (Viggo Mortensen) gère un *diner*. Quand un duo de délinquants crée des problèmes, Tom défend efficacement son territoire. Le père de famille tranquille devient un « héros américain », mais cette publicité attire l'attention d'un membre d'un syndicat du crime (Ed Harris), qui veut se venger de celui qu'il reconnaît comme étant Joey Cusack. Tom se révèle avoir été un dangereux criminel, avant d'adopter une nouvelle identité. Une fois ce secret révélé, le passé violent de Tom/Joey ne peut manquer d'avoir des répercussions sur sa femme Edie (Maria Bello) et sa famille.

Le film n'est pas dépourvu des excès qu'affectionne Cronenberg. Mais le film est un thriller étonnamment subtil et contemplatif : avec concision, sans hâte, il explore le drame domestique tout autant qu'il se fonde sur l'action. Le nœud émotionnel du film repose sur l'évolution des relations entre Tom et Edie, qui se déploie entre deux scènes d'amour très différentes, avant et après la découverte du secret.

Avec une intelligence aiguë, le film confronte sans cesse le spectateur à ses propres réactions face à la violence. Il peut se lire comme une critique de la société américaine, pour laquelle il va de soi qu'un individu a le droit de défendre son foyer, par la force s'il le faut. **J. R.**

LES SCÈNES PRINCIPALES

1 L'ENTRÉE EN MATIÈRE
La violence entre en scène dès l'ouverture : deux truands quittent un motel, laissant derrière eux un bain de sang. Deux plans d'ensemble révèlent, avec une froideur délibérée, un tableau macabre.

2 LA CONFRONTATION
Les deux tueurs (Stephen McHattie et Greg Bryk) entrent dans le *diner* de Tom au moment de la fermeture et commencent à semer le désordre. Lorsqu'ils menacent la serveuse, Tom réagit avec une efficacité meurtrière, et tue les deux hommes.

3 LE MOMENT DE VÉRITÉ
Edie interroge Tom sur son passé. Les paroles échangées sont parfois banales au point d'en être comiques (« Tu n'as pas grandi à Portland », comprend Edie), bon exemple de la manière dont le film combine réalité quotidienne et violence de film noir.

4 LES DEUX FRÈRES
Joey se retrouve face à son passé lorsqu'il se rend dans la demeure de son gangster de frère, Richie (William Hurt, fascinant). D'abord affable et affectueux, Richie fait bientôt comprendre qu'il veut être dédommagé des torts que Joey a fait subir à sa carrière criminelle.

HYBRIDES WESTERN-THRILLER

Thriller contemporain, *Une histoire de la violence* puise aussi dans l'héritage du western. Le personnage taciturne et mystérieux qu'interprète Viggo Mortensen descend du héros de western, noble et silencieux, incarné par Gary Cooper. Le film est une récriture contemporaine d'*Impitoyable* (1992), de Clint Eastwood (né en 1930), dont le héros, après s'être réformé, se voit contraint de faire usage une nouvelle fois de la violence. L'alliance entre western et thriller n'est pas nouvelle, et a notamment donné naissance aux films *Un homme est passé* (1955), de John Sturges, *Apportez-moi la tête d'Alfredo Garcia* (1974), de Sam Peckinpah, et *Non, ce pays n'est pas pour le vieil homme* (2007, ci-contre), des frères Coen, parabole très proche du film de Cronenberg sur la nature incontrôlable de la violence.

Démineurs 2008

The Hurt Locker KATHRYN BIGELOW née en 1951

▲ L'acteur le plus connu du film, Guy Pearce, ne fait qu'une apparition furtive.

▼ L'affiche est d'un réalisme franc, sans fard.

Le film, qui se déroule en Irak en 2004, décrit les opérations d'une unité de déminage de l'armée américaine. Lorsque le sergent qui dirige l'unité (Guy Pearce) est tué par une bombe artisanale, un nouvel expert, le sergent William James (Jeremy Renner), prend sa place. Ses deux collègues comprennent que, bien que doué d'une intuition brillante, le sergent James est un amoureux du risque, qui les met tous en danger. La fin de la mission de l'unité approche, et le suspense augmente avec le compte à rebours des jours qui s'affiche sur l'écran.

Démineurs s'ouvre sur une phrase de Chris Hedges, correspondant de guerre au *New York Times* : « La montée d'adrénaline ressentie au cours d'une bataille est une puissante et mortelle addiction, car la guerre est une drogue. » *Démineurs* ne se prononce pas sur la légitimité de l'intervention américaine. Bigelow, qui insista pour tourner son film en Jordanie près de la frontière irakienne, plutôt qu'au Maroc, en Afrique du Sud ou sur tout autre site présentant moins de problèmes logistiques, veut seulement parvenir à ce que les spectateurs ressentent viscéralement ce qu'éprouvent des soldats confrontés à des dangers aussi immédiats dans un contexte difficile et toujours potentiellement hostile.

Bigelow a toujours été fascinée par les univers masculins, leur machisme et leur violence, qu'elle représente toutefois avec une certaine distance ironique. Comme toujours, les séquences d'action de ce film sont des modèles de précision, de synchronisation et de tension haletante. Le seul commentaire politique, discret, que l'on puisse relever consiste en un changement de nom, « Camp Liberty » en « Camp Victory », parce que « cela sonne mieux ». **P. K.**

LES SCÈNES PRINCIPALES

1 LA MORT DU SERGENT THOMPSON

Le film se déroule en Irak en 2004, après l'intervention américaine. L'action est déclenchée par la mort du sergent Thompson (Guy Pearce), tué par un engin explosif improvisé (EEI) alors qu'il tentait de désamorcer une bombe.

2 UN DANGER MULTIPLIÉ PAR SIX

L'équipe de déminage rencontre un groupe de fournisseurs de l'armée britannique dans le désert. Les deux groupes sont attaqués par des Irakiens hostiles. La scène, filmée caméra au poing, retranscrit parfaitement le chaos imprévisible et frénétique de la guerre.

3 COUPS DE FEU DANS LE DÉSERT

L'équipe de déminage rencontre un groupe de fournisseurs de l'armée britannique dans le désert. Les groupes sont attaqués par des Irakiens hostiles. La scène, filmée caméra au poing, retranscrit parfaitement le chaos imprévisible et frénétique de la guerre.

4 KAMIKAZE MALGRÉ LUI

Un Irakien, auquel une bombe a été attachée, supplie les démineurs de le sauver. L'équipe se demande si cela vaut le coup de l'aider (« Si on le tuait, tout simplement ? »), avant que le sergent James ne s'y emploie. Mais il échoue, et l'Irakien meurt.

LE RÉALISATEUR

1951-1981

Kathryn Bigelow naît à San Carlos, en Californie, dans une famille aisée de la classe moyenne. Elle étudie la peinture au San Francisco Art Institute et, à dix-neuf ans, gagne une bourse du Whitney Museum, de New York. Elle se fait alors connaître des cercles avant-gardistes de la ville. De plus en plus attirée par le cinéma, elle s'inscrit à l'université Columbia pour en étudier la théorie et la critique. En 1978, elle réalise son court-métrage de fin d'étude, *The Set-Up*, déjà habité par la violence.

1982-1994

Bigelow coréalise son premier long-métrage avec Monty Montgomery (né en 1963) : *The Loveless* (1982) est un film de motards qui transgresse toutes les conventions du genre. Ses films suivants défient de même les catégorisations : *Aux frontières de l'aube* (1987) est un mélange de western et de film de vampires, *Blue Steel* (1989), un drame policier auquel se greffent des éléments de film d'horreur, tandis que *Point Break* (1991) mêle cambrioleurs et surfeurs. *Point Break* donne naissance à une série de films d'action, comme *The Fast and the Furious* (2001), et d'hommages comme *Hot Fuzz* (2007). Au début des années 1990, elle est l'une des rares réalisatrices importantes de Hollywood.

1995-2002

L'échec de l'ambitieux drame futuriste *Strange Days* (1995) constitue un revers important pour sa carrière. La biographie de Jeanne d'Arc qu'elle préparait depuis longtemps, *The Company of Angels*, lui est retirée par le producteur, Luc Besson (né en 1959), qui le réalise lui-même sous le titre *Jeanne d'Arc* (1999). Ses deux films suivants, le drame historique *le Poids de l'eau* (2000) et le drame sous-marin *K-19 : le Piège des profondeurs* (2002), sont des échecs.

de 2003 à nos jours

Après six années de silence, elle réalise *Démineurs*, qui remporte le lion d'or du Festival de Venise et gagne six oscars, dont celui du meilleur film et du meilleur réalisateur – une première pour une femme.

LE CINÉMA FRANÇAIS DES ANNÉES 2000

1 Ludivine Sagnier, Virginie Ledoyen, Catherine Deneuve, Danielle Darrieux, Isabelle Huppert, Firmine Richard et Emmanuelle Béart sont sept des *8 Femmes*, de François Ozon.

2 Dans *la Môme*, Marion Cotillard livre une interprétation bouleversante, primée aux oscars, de la chanteuse Édith Piaf.

3 Mathieu Amalric et Marie-Josée Croze dans *le Scaphandre et le papillon*, adapté de l'autobiographie émouvante de Jean-Dominique Bauby.

Au début des années 2000, le cinéma français semble traverser une période de crise, marquée par la réduction des subventions et des aides publiques et privées. C'est pourtant dans cette période que sont réalisés certains des films français les plus renommés – en France et à l'étranger – depuis les films historiques des années 1980. Ces films sont de nature éclectique : François Ozon (né en 1967) s'illustre à la fois par des pastiches de films de genre, telle la comédie musicale *8 Femmes* (2002, ci-dessus) et par des études psychologiques fouillées, tels *Sous le sable* (2000) et *5x2* (2005). Christophe Honoré (né en 1970) passe de l'adaptation du roman incestueux de Georges Bataille *Ma Mère* (2004) à une joyeuse célébration contemporaine de la Nouvelle Vague, *Dans Paris* (2006), tandis que Laurent Cantet (né en 1961) enchaîne une analyse du tourisme sexuel en Haïti, *Vers le sud* (2005), avec Charlotte Rampling, et un récit chaleureux sur l'école, *Entre les murs* (2008).

La plupart des succès à l'étranger exploitent à l'envi les clichés sur la France. Les plus beaux exemples en sont *le Fabuleux Destin d'Amélie Poulain* (2001, voir p. 558) et *Un long dimanche de fiançailles* (2004), de Jean-Pierre Jeunet (né en 1953) : tandis que l'un se fonde sur des images de cartes postales représentant un Montmartre aseptisé, l'autre constitue une sorte d'idylle rurale à la française. Un peu plus tard, *la Môme* (2007, à droite), qui relate la vie d'Édith Piaf, exploite de la même manière l'exotisme typiquement français.

REPÈRES

2000	2000	2001	2002	2002	2004
Baise-Moi ! de Virginie Despentes et Coralie Trinh-Thi est interdit aux moins de seize ans à sa sortie. Puis il est classé X à la suite des pressions de groupes conservateurs.	Marin Karmitz défie les censeurs en projetant *Baise-moi !* dans son réseau de cinémas MK2.	Sortie d'*À ma sœur !*, de Catherine Breillat (née en 1948) et du *Pornographe*, de Bertrand Bonello (né en 1968).	*Le Fabuleux Destin d'Amélie Poulain*, de Jean-Pierre Jeunet, devient le plus gros succès commercial français de tous les temps.	Le réalisateur-caméléon Olivier Assayas (né en 1955) dirige *Demonlover*, qui traite des sites web japonais spécialisés dans le sadomasochisme et la torture.	Sortie de *Dans ma peau*, de Marina de Van (née en 1971), de *Process* de Christian S. Leigh (né en 1964) et d'*Anatomie de l'enfer*, de Catherine Breillat.

Des réalisateurs étrangers travaillant en France proposent une perspective très différente L'Algérien Rachid Bouchareb (né en 1959) et l'Autrichien Michael Haneke (né en 1942) présentent deux visions très dissemblables de l'histoire coloniale française avec les films *Indigènes* (2006) et *Caché* (2005, voir p. 560), qui, comme *De battre mon cœur s'est arrêté* (2005) et *Un prophète* (2009, voir p. 562), de Jacques Audiard (né en 1952), allient une esthétique originale à la connaissance approfondie des conventions génériques. Le peintre et réalisateur Julian Schnabel (né en 1951), lui, choisit d'adapter l'autobiographie bouleversante de Jean-Dominique Bauby *le Scaphandre et le papillon* (2007, ci-dessous), et en tire un film étonnant et plein de vie.

La décennie est dominée par des descriptions brutales de la sexualité, de la violence et de l'apocalypse sociale, rassemblées sous l'étiquette « new French extremity » (« nouvel extrémisme français ») par le critique James Quandt. Ce courant émerge en 2000 avec *Baise-moi*, une histoire de viol et de vengeance co-réalisée par Coralie Trinh-Thi (née en 1976) et Virginie Despentes (né en 1969). En 2002, Philippe Grandieux (né en 1954) explore le monde des trafiquants du sexe dans *la Vie nouvelle*, où un homme se fait mettre en pièces par des chiens. L'exemple le plus connu de ce type de film est *Irréversible* (2002), de Gaspar Noé (né en 1963), qui choque par sa scène de viol de neuf minutes. Ces films soulèvent des polémiques enflammées mais n'attirent pas les foules. Deux des plus gros succès de la période sont *la Marche de l'empereur* (2005), un documentaire sur les manchots empereurs, et *Arthur et les Minimoys* (2006), un film d'animation de Luc Besson (né en 1959). Si le cinéma français traverse une crise, ces films sont la preuve que l'adversité est mère de la création. **C. W.**

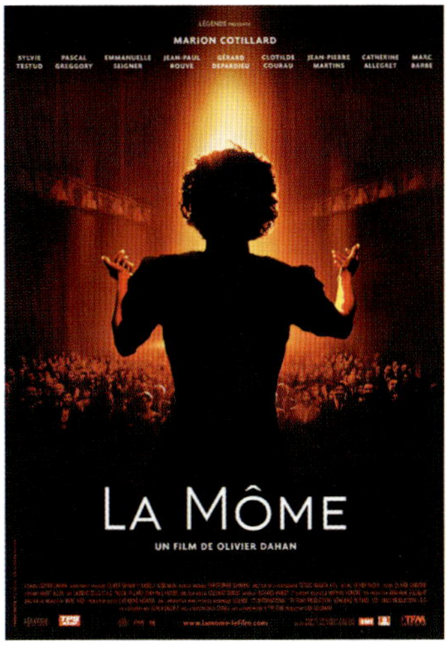

2004
Dans le magazine *Artforum*, le critique James Quandt baptise les films français réalisés par Noé ou Breillat du terme « new French extremity » (« nouvel extrémisme français »).

2004
Un long dimanche de fiançailles, de Jean-Pierre Jeunet, est coproduit par la Warner Bros.

2006
Le box-office français est dominé par les comédies populaires, *Brice de Nice* et *les Bronzés 3*.

2007
Ne le dis à personne, de Guillaume Canet (né en 1973), combine avec efficacité les conventions du film policier avec un esprit français.

2008
Marion Cotillard reçoit l'oscar de la meilleure actrice pour son interprétation d'Édith Piaf dans *la Môme*.

2009
Barbe Bleue, de Catherine Breillat, et *35 Rhums* de Claire Denis (née en 1948) démontrent la diversité du cinéma français, au-delà du « nouvel extrémisme ».

Le Fabuleux Destin d'Amélie Poulain 2001

JEAN-PIERRE JEUNET né en 1953

▲ Jeunet choisit la mutine Audrey Tatou pour sa capacité à allier comédie et drame.

▼ Le film fut principalement tourné à Montmartre, où Amélie travaille.

Jean-Pierre Jeunet révéla un jour que son co-scénariste, Guillaume Laurant, et lui avaient l'habitude de noter des idées éparses et des faits étonnants sur des bouts de papier qu'ils glissaient dans un bocal. Une fois le bocal rempli, ils partaient à la pêche aux idées et entreprenaient de construire un film sur celles-ci. *Le Fabuleux Destin d'Amélie Poulain,* qui charma la terre entière, est un pur produit de cette méthode : cette comédie romantique est marquée par son goût des détails insignifiants, par ses jeux de mots, et par ses ruminations exaltées sur les mystères insondables de l'existence. À travers un enchaînement savamment orchestré de flashbacks et la narration sèche d'André Dussollier, le spectateur découvre l'enfance peu heureuse d'Amélie, interprétée par une actrice alors inconnue, Audrey Tautou. L'indifférence de ses parents la rend incapable de nouer des relations humaines significatives. Serveuse à Montmartre, Amélie passe son temps à exercer sa philanthropie de manière générale, mais devient bientôt déterminée à orchestrer une rencontre avec Nino (Mathieu Kassovitz), un rêveur passionné par la collecte et le réassemblage de photographies déchirées.

Le film constitue l'apothéose du style minutieux, mais romantique à l'outrance, de Jeunet. Il crée un Paris imaginaire fait de sites touristiques immaculés, et le peuple d'une faune de personnages excentriques. Les mélodies hypnotiques à l'accordéon composées par Yann Tiersen unissent les différents mouvements du film, et Bruno Delbonnel transfigure chacune des images si bien que le magazine *American Cinematographer* décerna au film le prix de la meilleure photographie de la décennie. **D. J**

LES SCÈNES PRINCIPALES

1 DANS LES NUAGES
La petite Amélie cherche à photographier le lapin dont elle discerne la silhouette dans les nuages. Ces petits moments permettent de faire partager au spectateur le monde d'Amélie et de lui faire comprendre la singularité de l'enfant.

2 LE PEINTRE SOLITAIRE
Amélie rend visite à R. Dufayel, occupé à peindre le même tableau de Renoir avec l'angoisse de ne jamais réussir à lui rendre justice. Il énonce de nombreux thèmes importants du film, notamment que l'on peut négliger les détails pour savourer la vision d'ensemble.

3 UNE SÉQUENCE ONIRIQUE
En attendant Nino, Amélie craint qu'il n'ait pas trouvé ses indices, qui comprennent des allusions à des cambrioleurs, à un hold-up manqué et à une fuite de prison, rendues au sein d'une séquence onirique assemblée à partir de films d'archives.

4 LE BAISER
Amélie a mis Nino à l'épreuve afin de maîtriser ses doutes. Quand ils se rencontrent enfin, le rythme du film ralentit pour laisser les deux personnages révéler leurs sentiments en une suite de baisers lents et sensuels.

LE RÉALISATEUR

1953-1980
Né dans la région de la Loire, Jean-Pierre Jeunet n'a jamais fait d'études de cinéma. Ses modèles sont les réalisateurs Marcel Carné (1906-1996) et René Clair (1898-1981) ainsi que le scénariste et poète Jacques Prévert. Jeunet commence par réaliser deux courts-métrages d'animation avec la collaboration de Marc Caro : *l'Évasion* (1978) et *le Manège* (1980), qui remporte un césar.

1981-1989
Avec Caro, Jeunet passe à la direction d'acteurs et réalise le court-métrage de science-fiction, *le Bunker de la dernière rafale*. Le duo réalise lui-même chacun des détails du film, des costumes aux décors. Jeunet continue à réaliser des publicités télévisées et des clips musicaux.

1990-1999
Jeunet et Caro réalisent deux longs-métrages, la comédie horrifique *Delicatessen* (1991) et le conte de fées gothique *la Cité des enfants perdus* (1995). Jeunet part pour les États-Unis diriger *Alien : Resurrection* (1997), son premier (et actuellement dernier) film en anglais.

2000-2003
Jeunet rentre en France tourner la comédie romantique loufoque *le Fabuleux Destin d'Amélie Poulain*. Le film obtient un succès mondial, bien qu'il ne soit pas sélectionné à Cannes.

2004-2007
Jeunet réunit à nouveau ses acteurs fétiches, Dominique Pinon et Audrey Tautou, dans *Un long dimanche de fiançailles* (2004). Il passe ensuite deux ans à préparer l'adaptation du roman conceptuel de Yann Martel *l'Histoire de Pi*, mais ne peut réunir les fonds nécessaires au tournage.

de 2008 à nos jours
Jeunet réalise la comédie *Micmacs à tire-larigot*, présentée au festival du film de Toronto en 2009.

Caché 2005

Hidden MICHAEL HANEKE né en 1942

▲ Daniel Auteuil et Juliette Binoche dans une scène où Georges laisse exploser toute sa colère.

▼ L'affiche, qui rappelle celle d'un film d'horreur, évoque un moment clé du film.

Avec *Caché,* Michael Haneke réalise l'un de ses meilleurs films, même si l'idée de base est empruntée à *Lost Highway* (1997), de David Lynch (né en 1946). Est-ce une simple coïncidence, ou Haneke a-t-il été inspiré par ce film et poussé à explorer une des directions que Lynch n'emprunte pas pour en faire l'intrigue de son propre film ?

Georges Laurent (Daniel Auteuil), présentateur d'une émission littéraire, marié à une éditrice (Juliette Binoche), voit sa confortable vie bourgeoise soudainement bouleversée lorsqu'il se met à recevoir une série de vidéos filmées par des caméras clandestines. Certaines sont laissées sur le pas de sa porte, enveloppées dans des dessins d'enfant aux couleurs sanglantes. Les premières cassettes montrent d'abord seulement l'extérieur du bâtiment où il réside, puis tissent une série de liens étranges, en présentant la ferme où Georges a grandi puis un appartement miteux dans un autre quartier de la ville. Georges y découvre Majid (Maurice Bénichou), un Algérien que les parents de Georges comptaient adopter après la mort de ses parents (leurs employés) lors d'une manifestation (qui a réellement eu lieu) en 1961. Georges est ramené au souvenir d'une trahison primitive.

Caché se donne les apparences d'un thriller alors qu'il est question de bien autre chose. Deux scènes particulièrement violentes témoignent de la volonté du réalisateur de choquer le public, même si la majeure partie du film consiste en une série tranquille de plans moyens, qui semblent cependant – fait générateur de tension – tournés du point de vue d'une caméra cachée. **K. N.**

LES SCÈNES PRINCIPALES

1 VIDÉOS CACHÉES
Les membres de la famille Laurent regardent une cassette qu'ils viennent de trouver sur le pas de leur porte et découvrent avec horreur que leurs allées et venues ont été filmées à leur insu.

2 UNE SCÈNE PRIMITIVE
Georges se rappelle, dans un flashback inquiétant, un moment clé de son enfance : dupé par le petit Georges, Majid tue un poulet. Georges raconte à ses parents qu'il le menaçait, et ceux-ci renoncent alors à adopter Majid.

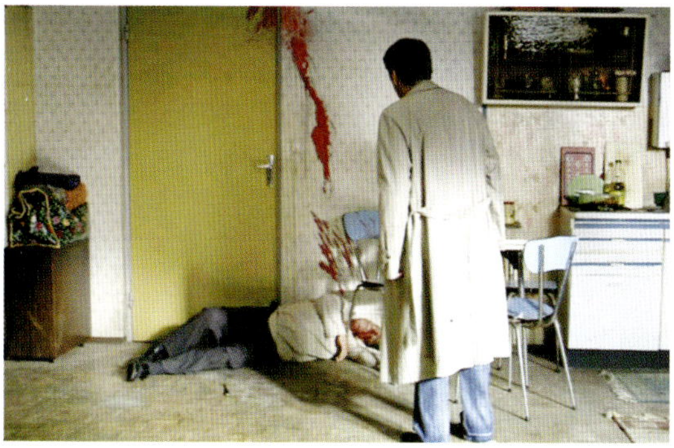

3 SUICIDE
Majid se tranche soudainement la gorge, comme il avait autrefois tué le poulet. Le sang jaillit brutalement : cette scène d'horreur, saisissante et inattendue, laisse Georges, comme le spectateur, sous le choc.

4 UN MYSTÈRE PERSISTANT
Un long plan qui montre des inconnus filmés au hasard semble contenir des indices essentiels à la résolution de l'énigme. Deux personnages se rencontrent et échangent quelques mots, mais la conversation est inaudible.

LE RÉALISATEUR

1942-1988
Michael Haneke naît à Munich, dans une famille d'acteurs. Il étudie la philosophie, le théâtre et la psychologie à l'université de Vienne, puis travaille comme critique de film, dramaturge et metteur en scène. En 1974, il débute comme réalisateur à la télévision.

1989
Son premier film, *le Septième Continent*, inspiré d'une histoire vraie, analyse la vie de la classe moyenne autrichienne.

1990-1996
Haneke achève une trilogie, débutée avec *le Septième Continent*, centrée sur la violence de la société autrichienne contemporaine, avec les films *Benny's Video* (1992) et *71 Fragments d'une chronologie du hasard* (1994). Ces films controversés le font connaître d'un plus vaste public.

1997-1998
Funny Games (1997, voir p. 480) nous confronte brutalement à la violence des médias et, sous la forme d'un film d'épouvante, dénonce les instincts voyeuristes des spectateurs.

1999-2005
Haneke travaille en France, où il réalise, dans un style qui mêle distance glacée et goût de la provocation, les films *Code inconnu* (2000), *la Pianiste* (2001), *le Temps du loup* (2003) et *Caché* (2005).

de 2006 à nos jours
En 2008, Haneke réalise, plan par plan, un remake de son propre film *Funny Games*, aux États-Unis, avec Tim Roth et Naomi Watts. En Allemagne, il tourne *le Ruban blanc* (2009), long drame historique qui dissèque les racines du terrorisme et du fascisme dans un village allemand avant la Première Guerre mondiale. Le film remporte la palme d'or à Cannes en 2009 et est nominé pour l'oscar du meilleur film étranger en 2010.

Un prophète 2009

JACQUES AUDIARD né en 1952

▲ Tahar Rahim livre une interprétation magnétique du tourmenté Malik El Djebena.

▼ L'affiche évoque un emprisonnement autant physique que mental.

Jacques Audiard a réussi plus que tout autre réalisateur – à l'exception de Michael Mann (né en 1943) – à transformer le film policier en œuvre d'art. Comme Jean-Pierre Melville (1917-1973), Audiard a écrit et dirigé un nombre impressionnant de films, où l'action et le langage cru des personnages reflètent des vies complexes et tourmentées.

Un prophète, qui est déjà décrit comme l'un des meilleurs drames jamais réalisés sur la prison, retrace la chute d'un jeune musulman dans un enfer moral et son ascension dans la hiérarchie codifiée de la société carcérale. Audiard accorde autant d'importance à l'évolution mentale et physique de son personnage qu'à ses interrogations métaphysiques. Malik est tourmenté par le meurtre qu'il a commis sur les ordres du gang des Corses qui dominent la prison. Le fantôme de sa victime, un homme musulman, hante ses jours et ses nuits, lui reprochant son inaction et son allégeance au gang des Corses.

Audiard allongea le temps de tournage pour permettre à ses personnages de ressentir les effets psychologiques d'une incarcération de longue durée. Bien que l'espace de l'action soit extrêmement réduit, les significations du film se disséminent pourtant dans un champ très large. S'il demeure avant tout une étude psychologique, le film est aussi un reflet de la société dans son ensemble, malgré les efforts d'Audiard pour se détacher de tout réalisme contraignant. Comme les meilleurs films de Melville, *Un prophète* est l'œuvre d'un styliste, qui n'hésite pas à explorer les marges de la société et transfigure le matériau en une fiction à part entière. **I. H. S.**

LES SCÈNES PRINCIPALES

1 UNE OFFRE IMPOSSIBLE À REFUSER
Les Corses ordonnent à Malik d'exécuter Reyeb (Hichem Yacoubi), qui est selon eux une balance. S'il refuse, il devra être tué. Malik entame sa descente aux enfers, tout en forgeant à travers les épreuves le caractère qui lui permettra de survivre en prison.

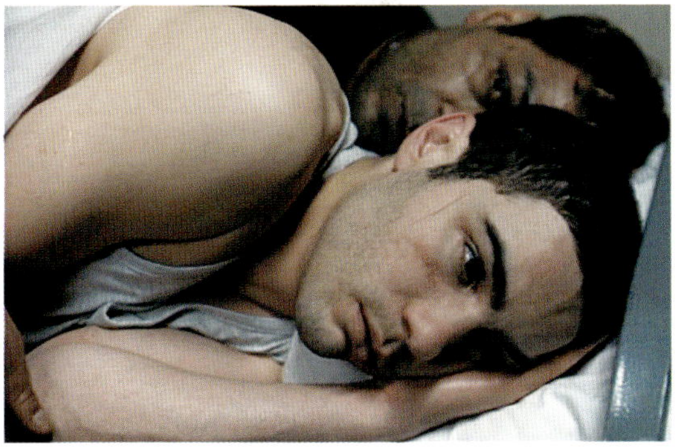

2 REMORDS
Après le meurtre de Reyeb, Malik rêve qu'il se retrouve au lit avec lui. La scène souligne l'ambiguïté qui règne entre violence et sensualité : a-t-on affaire à une scène d'amour ou à une lutte ?

3 UN TOUR DE PASSE-PASSE
Malik réussit à duper Luciani (Niels Arestrup), rentre à la prison après l'heure limite et est isolé dans une cellule solitaire pendant que les gangs s'affrontent. Tout en écoutant les bruits du combat, il sait qu'il fera régner la loi lorsqu'il sera libéré.

4 LA DÉCHÉANCE DE LUCIANI
Luciani s'approche de Malik, entouré de ses frères musulmans. Le Corse se voit refuser l'audience et est roué de coups par l'un des soldats de Malik. Luciani se retrouve désormais seul et sans protection, au bas des échelons de la prison.

LE RÉALISATEUR

1952-1993
Jacques Audiard naît à Paris. Il est l'auteur du scénario d'une série télévisée et de treize films, dont *Mortelle Randonnée* (1983), *Réveillon chez Bob* (1984), *Saxo* (1987), et *Fréquence meurtre* (1988), avec Catherine Deneuve. Son premier scénario, *Bons Baisers... à lundi* (1974), est écrit en collaboration avec son père, le scénariste et réalisateur Michel Audiard (1920-1985).

1994-1996
Dans son premier film en tant que réalisateur, *Regarde les hommes tomber* (1994), Audiard continue à explorer le monde des marginaux. Le film remporte le césar du meilleur premier film. Il tourne avec les mêmes acteurs, Mathieu Kassovitz et Jean-Louis Trintignant, son deuxième film, *Un héros très discret* (1996), inspiré du roman de Jean-François Deniau. Comme *Lacombe Lucien* (1974), de Louis Malle (1932-1995), le film ose suggérer que de nombreux Français sont loin d'avoir soutenu la Résistance durant la Seconde Guerre mondiale.

1997-2001
Après avoir écrit le scénario de *Vénus Beauté (institut)* (1999), de Tonie Marshall (née en 1951), avec Audrey Tautou, Audiard revient à la réalisation avec *Sur mes lèvres* (2001), où il développe un style plus sensuel. Le film remporte trois césars, dont celui du meilleur scénario, co-écrit avec le romancier Tonino Benacquista (né en 1961).

de 2002 à nos jours
De Battre mon cœur s'est arrêté (2005), récriture, de nouveau avec Tonino Benacquista, inspirée de l'ambitieux *Mélodie pour un tueur* (1978), de James Toback (né en 1944), remporte un succès international et de nombreux prix. *Un prophète* confirme qu'Audiard est l'un des réalisateurs les plus accomplis de sa génération.

GLOSSAIRE

Animation image par image
Technique d'animation qui fait appel à des personnages de terre glaise ou de pâte à modeler que l'on manipule physiquement avant de les photographier image par image.

Anime
Un style populaire japonais de films d'animation, dérivé des mangas.

Art et essai
Une catégorie de films non commerciaux, réalisés de manière indépendante et destinés à un public de niche plutôt qu'au grand public.

Cahiers du Cinéma
Revue de cinéma influente fondée en 1951, pour laquelle beaucoup des réalisateurs de la Nouvelle Vague ont écrit.

Cinéma-vérité
Un style de cinéma documentaire réaliste, montrant des gens ordinaires dans des situations ordinaires avec des techniques cinématographiques minimalistes (voix-off, etc.).

Code Hays
Le code Hays – Motion Picture Production Code – était un ensemble de recommandations réglementaires mis en place dans les années 1930 pour censurer l'industrie cinématographique américaine. Les règlements étaient stricts : la représentation de la sexualité, du crime, de la violence et d'autres sujets dits indécents n'était pas moralement acceptable à l'écran. Le code Hays a été abandonné à la fin des années 1960.

Expressionnisme
Mouvement artistique du début du XXe siècle qui met en valeur le ressenti subjectif de l'artiste. Dès les années 1920, les cinéastes expressionnistes allemands ont développé un style qui, utilisant le symbolisme, des éclairages contrastés et une mise en scène dramatique, décrivait les franges les plus sombres du comportement humain.

Film noir
Ce genre cinématographique, dont les origines se situent entre 1940 et 1969 aux États-Unis, est caractérisé par son éclairage à dominante sombre et sa prédilection pour des thèmes noirs et sinistres. Des personnages cyniques et un ton pessimiste sont la marque des films noirs.

Giallo
Ce genre de films, principalement italien, est dominé par des séquences de meurtre travaillées et spectaculaires et une atmosphère de perversité omniprésente.

Grand Guignol
Un style de mélodrame macabre et horrifique développé en France, en particulier au théâtre du Grand-Guignol.

Gros plan
Plan destiné à mettre en valeur l'importance de son sujet ou à en montrer les détails. Le gros plan cadre étroitement son sujet, le plus souvent le visage d'un acteur.

Images de synthèse
Imagerie produite par ordinateur, souvent en 3D, employée dans les films pour des effets spéciaux.

Intertitres
Ou « cartons ». Écrans de texte qui apparaissent entre les scènes ou les plans d'un film. Ils sont couramment utilisés dans les films muets pour les dialogues ou pour expliquer l'action.

J-horror
Genre de film d'horreur japonais, caractérisé par le drame psychologique et une tension soutenue. Il s'agit souvent de remakes de films d'horreur classiques, pleins de fantômes et d'esprits malins plus que de sang et de violence.

Jump-cut
Procédé de montage dans lequel deux plans d'un même sujet sont pris à partir de positions de caméra légèrement différentes. Par exemple, le plan d'un personnage en train d'ouvrir la portière d'une voiture peut être suivi d'un plan où on le voit en train de conduire ; le public ne verra pas le personnage monter dans la voiture. Les jump-cuts raccourcissent le temps et donnent, à l'écran, une sensation de rapidité et de rythme saccadé.

Macguffin
Ce terme, selon Alfred Hitchcock, fait référence à un élément d'un film qui capte l'attention du spectateur ou pilote le scénario. La statue qui contient les microfilms dans *la Mort aux trousses* (1959) en est un exemple.

Montage
Technique cinématographique permettant de créer l'impression artistique ou l'ambiance d'une scène par rapprochement visuel de plans différents.

Montage alterné
Un procédé de montage utilisé pour entrelacer des plans dont l'action est simultanée. Le rythme de l'alternance varie en fonction de l'intensité dramatique ou de l'importance du thème.

Montage parallèle
Un procédé de montage qui alterne entre des scènes de deux séquences différentes afin que les plans de deux parties du récit se répondent.

Néo-réalisme
Ce mouvement du cinéma italien, postérieur à la Seconde Guerre mondiale, est caractérisé par des récits humanistes franchement réalistes, un style de prise de vue documentaire et l'utilisation d'acteurs non professionnels.

Nouvel extrémisme français
Terme inventé par le critique américain James Quandt pour désigner les films transgressifs des réalisateurs français de la fin du XXe siècle.

Nouvelle Vague
Ce terme désigne un groupe informel de cinéastes français de la fin des années 1950 et des années 1960 influencés par le néo-réalisme italien et le cinéma hollywoodien classique. Le cinéma de la Nouvelle Vague française place le réalisateur au centre du processus cinématographique. Les films, tournés sur des sites réels, utilisent de manière innovante des caméras légères pour traiter des thèmes existentiels.

Palme d'or
C'est la distinction la plus prestigieuse du festival de Cannes.

Parlant
Désignait un film sonorisé, en particulier avec des dialogues enregistrés, ou bien le cinéma sonore lui-même. Ce qualificatif permettait, dans les années 1920 et 1930, de distinguer les films sonorisés des films muets au moment où le son envahissait le marché.

Polyvision
Format cinématographique spécial conçu pour le tournage et la projection de *Napoléon* (1927) d'Abel Gance.

Pré-code
Ce terme caractérise les films tournés dans les années 1920 et 1930, avant l'adoption du code Hays, en 1934. Il s'agit le plus souvent de films à sujets osés, avec une attitude morale très libre.

Sensurround
Un procédé développé dans les années 1970 par les studios Universal pour renforcer la sensation sonore au cinéma.

Surréalisme
Mouvement artistique du XXe siècle qui tentait d'exprimer le fonctionnement du subconscient. Les œuvres surréalistes se caractérisent par des images fantastiques et des juxtapositions incongrues.

Technicolor
Un procédé breveté de tournage en couleurs dans lequel plusieurs pellicules enregistrent les couleurs primaires des images.

Travelling
Procédé de tournage qui utilise une caméra montée sur un chariot que l'on déplace sur des rails pendant l'action. Cette technique permet de se rapprocher ou de s'éloigner d'un sujet ou encore de suivre une action.

CONTRIBUTIONS

G. B.
Guy Barefoot est chargé de cours en études cinématographiques à l'université de Leicester, Royaume-Uni. Il est l'auteur de *Gaslight Melodrama : From Victorian London to 1940s Hollywood* (Continuum, 2001).

J. B.
James Bell est chroniqueur au magazine *Sight & Sound.*

J. C.
James Chapman est professeur d'études cinématographiques à l'université de Leicester. Il a publié, entre autres, *Licence To Thrill : A Cultural History of the James Bond Films* (1999, 2007), *Past and Present : National Identity and the British Historical Film* (2005) et (avec Nicholas J. Cull) *Projecting Empire : Imperialism and Popular Cinema* (2009).

R. C.
Richard Chatten a écrit sur le cinéma dans différentes publications, entre autres le *Times*, l'*Independent, Film Dope*, l'*International Dictionary of Films & Filmmakers* et le *Journal of Popular British Cinema.* Il a été l'un des contributeurs de *The Encyclopedia of British Film.*

G. F.
Graham Fuller a écrit sur le cinéma pour de nombreuses publications, parmi lesquelles *Sight & Sound, Film Comment, Cineaste, The New York Times, The Guardian et Vanity Fair.* Il a été chroniqueur cinématographique pour *Interview* de 1991 à 2008 et il est rédacteur de *Potter on Potter* et de *Loach on Loach* (tous deux chez Faber & Faber). Son site web est www.inalonelyplace.com

J. G.
Jamie Graham est rédacteur adjoint de *Total Film* et a publié dans le *Sunday Times*, le *Daily Telegraph* et *Sight & Sound.*

R. H.
Russ Hunter est chargé de cours en cinéma et télévision à la Northumbria University, Royaume-Uni. Ses sujets de recherche sont l'accueil des films, le cinéma populaire italien et les films d'horreur.

T. H.
Tom Huddleston est écrivain et critique pour *Time Out London.*

W. H.
Wally Hammond a été scénariste pendant de nombreuses années au cours desquelles il a écrit pour plusieurs périodiques dont *Time Out*, où il a été rédacteur et critique cinématographique pendant vingt-six ans. Il publie régulièrement dans *Sight & Sound.*

A. J.
Alexander Jacoby est écrivain et chargé de cours sur les films et mangas japonais à l'Oxford Brookes University, Royaume-Uni. Il a publié *A Critical Handbook of Japanese Film Directors* (Stone Bridge Press, 2008). Ses articles ont paru sur papier et en ligne dans *CineAction, Sight & Sound, Film Criticism, The Times, The Times Literary Supplement* et *The Japan Times.* Il a participé à la rédaction de *Japanese Cinema : Texts and Contexts* (Routledge, 2007).

D. J.
David Jenkins a commencé sa carrière comme rédacteur adjoint de *Little White Lies ;* il est actuellement rédacteur et critique au département cinéma de *Time Out London.*

N. J.
Nick James est rédacteur de *Sight & Sound.* Il a écrit sur le cinéma, la littérature et l'art pour le *Guardian*, l'*Observer, Time Out, The London Review of Books* et *The Literary Review.* Il a publié un livre sur *Heat*, de Michael Mann, et présenté à la BBC TV le documentaire *British Cinema : The End of the Affair* (tous deux en 2002). Il travaille actuellement à la rédaction d'un *British Film Criticism Reader.*

C. K.
Carol King est une rédactrice indépendante tombée amoureuse du cinéma dès sa première expérience, *Blanche-Neige et les sept nains.* Elle a publié *As Much As I Can,* une biographie de l'acteur et réalisateur Peter Glenville.

P. K.
Philip Kemp est chroniqueur et historien indépendant du cinéma ; il publie régulièrement dans *Sight & Sound, Total Film* et *DVD Review.* Il enseigne le journalisme cinématographique à l'université de Leicester, Royaume-Uni.

D. M.
Demetrios Matheou est journaliste, écrivain et programmateur de cinéma. Critique cinématographique au *Sunday Herald*, il contribue aussi à l'*Independent on Sunday*, au *Times*, à *Sight & Sound* et intervient sur la BBC. Il a publié *The Faber Book of New South American Cinema* et rédigé le texte d'introduction de *Ten Bad Dates with De Niro.*

G. M.
Geoffrey Macnab est un écrivain et journaliste indépendant londonien. Il est correspondant au Royaume-Uni de *Screen International* et écrit pour l'*Independent*, le *Guardian* et *Sight & Sound.* Il a publié *J. Arthur Rank and the British Film Industry* (1993), *The Making of Taxi Driver* (2006), *Ingmar Bergman : The Life and Films of the Last Great European Director* (2009) et *Screen Epiphanies : Filmmakers on the Films that Inspired Them* (2009).

K. N.
Kim Newman est romancier, critique et animateur de radio. Il est rédacteur à *Empire* et à *Sight & Sound.* Ses derniers livres sont *Nightmare Movies* and *The Hound of the d'Urbervilles.*

D. P.
Dominic Power est directeur des Arts cinématographiques à la National Film and Television School. Il est auteur dramatique pour la radio : ses œuvres sont régulièrement diffusées sur la BBC. Il est aussi rédacteur du journal *The New Soundtrack.*

J. R.
Jonathan Romney est critique cinématographique pour l'*Independent on Sunday*, rédacteur à *Sight & Sound* et conseiller de programmation sur le cinéma français pour le London Film Festival. Il a publié *Short Orders* et une monographie sur Atom Egoyan (BFI World Directors series).

N. R.
Naman Ramachandran écrit sur le cinéma de l'Asie du Sud pour *Sight & Sound, Total Film* et *Variety.* Il couvre l'Asie du Sud pour *Variety* et le Royaume-Uni pour *Cineuropa.* Il a publié *Lights, Camera, Masala ! Making Movies in Mumbai.*

A. S.
Anna Smith est critique de films et animatrice de radio. Elle contribue régulièrement à *Empire, Time Out, Elle, Sight & Sound, Sky News* et intervient à la télévision et à la radio pour la BBC. Elle est actuellement vice-présidente de la Critics' Circle Film Section.

I. H. S.
Ian Haydn Smith est le rédacteur de l'*International Film Guide.* Il est également rédacteur de la série *24 Frames*, publiée par Wallflower Press, et responsable de la série d'événements Screen Salon dans les cinémas de Londres.

M. S.
Mansel Stimpson est rédacteur et principal critique de Film Review Annual, président de la Eastbourne Film Society et il reçoit régulièrement les artistes du ROH de Covent Garden pour le site Web Classical Source.

C. W.
Catherine Wheatley est chargée de cours en études cinématographiques à l'université d'East London. Ses critiques de film paraissent dans de nombreuses publications, entre autres *Sight & Sound.* Elle a également publié des livres sur les films de Michael Haneke et sur les relations franco-anglaises dans le cinéma.

S. W.
Simon Ward est écrivain et rédacteur à Londres. Il a été récompensé pour son travail sur les courts-métrages et a beaucoup écrit sur le cinéma et sur la bande dessinée.

SOURCES DES CITATIONS

p. 10. « immorale et abominablement crétine », *British Cinema and Middlebrow Culture in the Interwar Years*, Lawrence Napper, University of Exeter Press, 2009.

p. 13. « le cinéma [...] par seconde », Jean-Luc Godard, scénario du *Petit Soldat* (1963).

p. 13. « un champ de bataille : [...] émotion ! », Sam Fuller dans *Pierrot le fou* (1965), de Jean-Luc Godard.

p. 27. « 18 000 dollars [...] bataille aérienne », *La Crosse Tribune*, 2 octobre 1916.

p. 30. « sauvé le Sud [...] régime noir », intertitre de *Naissance d'une nation*.

p. 42. « Pendant quatre ans [...] la mort », *The Films of Fritz Lang*, Frederick W. Ott, Citadel Press, 1979.

p. 46. « un courant d'air glacial [...] l'au-delà », *The Haunted Screen : Expressionism in the German Cinema and the Influence of Max Reinhardt*, Lotte H. Eisner, Thames & Hudson, 2008.

p. 46. « la grandeur de Murnau [...] subjectives », David Thomson, *A Biographical Dictionary of Film*, Andre Deutsch, 1994.

p. 55. « père du cinéma russe », http://www.filmreference.com/Directors-Jo-Ku/Kuleshov-Lev.html

p. 64. « C'est le film [...] de moi. », *Chaplin and American Culture : The Evolution of a Star Image*, Charles J. Maland, Princeton University Press, 1989.

p. 68. « crayon du réalisateur », *The Haunted Screen : Expressionism in the German Cinema and the Influence of Max Reinhardt*, Lotte H. Eisner, Thames & Hudson, 2008.

p. 69. « ressent la profondeur [...] une impasse », *The American Cinema : Directors and Directions, 1929-1968*, Andrew Sarris, Da Capo Press, 1996.

p. 78. « date gravée [...] Pearl Harbour », *You Ain't Heard Nothing Yet : The American Talking Film, History & Memory, 1927-1949*, Andrew Sarris, Oxford University Press, 1998.

p. 79. « *le Chanteur de jazz* [...] au parlant », *The Speed of Sound : Hollywood and the Talkie Revolution, 1926-1930*, Scott Eyman, Simon & Schuster, 1997.

p. 94. « un film encore [...] *Frankenstein* », *The MGM Story : The Complete History of Fifty Roaring Years*, John Douglas Eames, Crown Publishers, 1976.

p. 96. « J'ai eu une idée : [...] prostituées », *Film : An Anthology*, ed. Daniel Talbot, University of California Press, 1959.

p. 96. « En tant que [...] sentimentaux. » *Framework : A History of Screenwriting in the American Film*, Tom Stempel, Syracuse University Press, 2000.

p. 97. « arrachés à la une des journaux », *You Must Remember This : The Warner Bros. Story*, Richard Schickel, PBS, 2008.

p. 97. « Je voudrais [...] à Chicago », *Howard Hawks : Interviews*, éd. Scott Breivold, University Press of Mississippi, 2006.

p. 97. « le public [...] au cinéma », *The New Censors : Movies and the Culture Wars*, Charles Lyons, Temple University Press, 1997.

p. 98 « l'expression [...] l'américanisme », « une conception [...] la vie », « Le gangster [...] un club », « The Gangster as Tragic Hero », *The Immediate Experience : Movies, Comics, Theater, and Other Aspects of Popular Culture*, Robert Warshow, Doubleday, 1962.

p. 99. « grand film [...] film noir », *A Personal Journey with Martin Scorsese Through American Movies* (1995).

p. 100. « Dans tous [...] du pire », *The Motion Picture Guide*, Jay Robert Nash, Stanley Ralph Ross, Cinebooks, 1988.

p. 104. « le public [...] par les fenêtres », *The Genius of the System : Hollywood Filmmaking in the Studio Era*, Thomas Schatz, Pantheon, 1988.

p. 105. « sa capacité [...] à l'écran », *Master Space : Film Images of Capra, Lubitsch, Sternberg and Wyler*, Barbara Bowman, Greenwood Press, 1992.

p. 105. « Va voir [...] propre chant », *Woody Sez*, Woody Guthrie, Grosset & Dunlap, 1975.

p. 113. « nous disions [...] mieux qu'elles », *The Fame Formula : How Hollywood's Fixers, Fakers and Star Makers Created the Celebrity Industry*, Mark Borkowski, Pan Macmillan, 2009.

p. 114. « un arrière-plan [...] premier plan », http://archive.sensesofcinema.com/contents/01/19/sternberg.html

p. 115. « Compte [...] sans elle », http://archive.sensesofcinema.com/contents/01/19/sternberg.html

p. 124. « d'une société [...] un volcan », *Expressionism Reassessed*, Shulamith Behr, David Fanning, Douglas Jarman, Manchester University Press, 1993.

p. 132. « Soit c'est [...] c'est moi », *Fred Astaire*, Benny Green, Exeter Books, 1979.

p. 138. « le seul [...] Leni Riefenstahl », *Visions of Yesterday*, Jeffrey Richards, Routledge & Kegan Paul, 1973.

p. 139. « le cinéma [...] d'après-guerre », *The Film Encyclopedia*, Ephraim Katz, HarperPerennial, 1979.

p. 139. « Le style [...] sans humanité. », *Film*, Roger Manvell, Pelican Books, 1950.

p. 139. « l'un des [...] soviétique », *Dictionary of Film Makers*, Georges Sadoul, Peter Morris, University of California Press, 1972.

p. 139. « l'heure [...] films fascistes », *The Graham Greene Film Reader*, Graham Greene, David Parkinson, Applause Theatre Book Publishers, 1994.

p. 140. *The Story of Cinema*, David Shipman, St Martin's Press, 1982.

p. 140. « Il est forcément [...] spectateurs », *Film in the Third Reich*, David Stewart Hull, University of California Press, 1969.

p. 140. « Toutes [...] impossible », Brian Winston's letter to the *Guardian*, 21 décembre 1988.

p. 141. *Leni : The Life and Work of Leni Riefenstahl*, Steven Bach, Alfred A. Knopf, 2007.

p. 142. « le compère [...] on rêvait » ; « doté [...] de la musique » ; « ne devient [...] sa dynamique », *Sergei Prokofiev : A Biography*, Harlow Robinson, Northeastern University Press, 2002.

p. 145. « Franchement, [...] sa génération. », *Chestnuts in Her Lap, 1936-1946*, Caroline Alice Lejeune, Phoenix House, 1947.

p. 148. « C'est [...] la contrariété. », *Screwball : Hollywood's Madcap Romantic Comedies*, éd. Sikov, Crown Publishers, 1989.

p. 158. « Hitler [...] cette occasion en or », *The Long View*, Basil Wright, Secker & Warburg, 1974.

p. 158. « Si j'avais [...] des Nazis », *My Autobiography*, Charles Chaplin, Penguin Books, 1992.

p. 159. « C'est une [...] écrits », *The Unsung Artistry of George Orwell*, Lorraine Saunders, Ashgate Publishing, 2008.

p. 162. « C'est [...] à riposter », *Searching for John Ford*, Joseph McBride, Faber & Faber, 2004.

p. 171. « Les énoncés [...] condition humaine », *An Introduction to Studying Popular Culture*, Dominic Strinati, Routledge, 2000

p. 175. « une expérience atroce qui avait sans nul doute écourté sa vie », *City of Nets : A Portrait of Hollywood in the 1940s*, Otto Friedrich, Harper & Row, 1986.

p. 178. « Installons [...] actions élémentaires », *A History of the Cinema : From its Origins to 1970*, Eric Rhode, Allen Lane, 1976.

p. 180. « Le plus [...] soit terminée »,
http://www.imdb.com/name/nm0744023/bio

p. 182. « un simple ouvrier [...] deux mois » ; « c'est le [...] au monde », « A Note by De Sica », *Sight & Sound*, vol. 19, n° 1, mars 1950.

p. 188. « qui ne fasse [...] en série », http://www.criterion.com/current/posts/414-king-hearts-and-coronets-ealings-shad-ow-side

p. 190. « Un grand [...] la guerre », www.independent.co.uk
27 janvier 2011.

p. 193. « d'un de ces films [...] réduite », *The Films in My Life*, Francois Truffaut, Da Capo Press, 1994.

p. 196. « peut prétendre [...] Damoclès », http://thefedorachronicles.com/hollywood/Movies/WagesofFear.html

p. 196. « Les dialogues, [...] importance », *Dictionary of Film Makers*, Georges Sadoul, Peter Morris, University of California Press, 1972.

p. 196. « maintient [...] du transport », *Punch* vol. 226, 1954.

p. 197. « maniement délicat, [...] explose », *New York Times*, 17 février 1955.

p. 214. « n'eut en substance qu'un seul sujet principal d'inspiration, la famille japonaise et sa dissolution », *The Donald Richie Reader : 50 years of writing on Japan*, Donald Richie, éd. Arturo Silva, Stone Bridge Press, 2001.

p. 214. « le plus [...] japonais », *Ozu : His Life and Films*, Donald Richie, University of Carolina Press, 1977.

p. 221. « Je pourrais vous répondre... [...] tous les matins », Brian W. Fairbanks, Writings, Lulu.com, 2005.

p. 221. « Naturellement, [...] pour vous. » *The Cold War Romance of Lillian Hellman and John Melby*, Robert P. Newman, University of North Carolina Press, 1989.

p. 228. « Et elle se révéla, [...] faire rire », *Conversations with Wilder*, Cameron Crowe, Knopf, 1999.

p. 258. « On dirait [...] jeans convergent », http://filmstore.bfi.org.uk/acatalog/info_150.html

p. 259. « avec [...] sans maquillage », *The Cinema of Tony Richardson : Essays and Interviews*, James Michael Welsh, John C. Tibbetts, State University of New York Press, 1999.

p. 260. « Beaucoup [...] mon épouse », www.screenonline.org.uk/audio/id/956482/.

p. 262. « C'est [...] caractère anglais », *Searching for Stars : Rethinking British Cinema*, Geoffrey Macnab, Cassel, 2000.

p. 262. « d'une grande sensibilité [...] conscient », http://eltj.oxfordjournals.org/content/XX/3/273.extract.

p. 262. « la présence physique [...] vestiaires », *Brief Encounters : Lesbians and Gays in British Cinema, 1930–1971*, Stephen Bourne, Cassell, 1996.

p. 264. « une idée [...] à la main », *Film Theory : An Introduction*, Robert Stam, Blackwell Publishing, 2000.

p. 268. « cette débauche de métaphores, d'allégories et de symboles n'est en aucune manière un carnaval de la subjectivité ; elle correspond au refus d'analyser rationnellement une réalité étouffée par la culture européenne et l'impérialisme américain. Je fais des films qui résistent aux classifications de l'anthropologie coloniale », http://www.culturebase.net/artist.php?656.

p. 269. « toutes les grandes actions et toutes les grandes pensées ont un commencement dérisoire », *Le Mythe de Sisyphe*, Albert Camus, 1942.

p. 296. « faire passer un mauvais quart d'heure au public », http://hitchcock.tv/quotes/quotes.html

p. 296. « Il est terriblement [...] le film en lui-même. » *The Art Question*, Nigel Warburton, Routledge, 2003.

p. 308. « sa véritable poésie [...] tragique », http://www.guardian.co.uk/film/1999/oct/07/derekmalcolmscenturyoffilm.

p. 309. « un portrait impitoyable [...] l'équivalent », *The Most Important Art : Eastern European Film after 1945*, Mira Liehm, Antonin J. Liehm, University of California Press, 1977.

p. 323. « tout le reste [...] de la photographie », *Making Pictures : A Century of European Cinematography*, Aurum Press, 2003

p. 334. « Vous regardez ces films [...] les mains d'un maniaque », *The American Nightmare*, a documentary by Adam Simon, 2000.

p. 371. « Ce que l'on voit, [...] un rêve dans un rêve », Edgar Allan Poe, *Dream Within a Dream*, first published 1849.

p. 376. « le grand réalisateur [...] du cinéma », *Cinema Taiwan : Politics, popularity and state of the art*, Darrell William Davis, Ruxiu Chen, Routledge, 2007.

p. 383. « Je suis une caméra braquée, [...] ne pense pas », *Goodbye to Berlin*, Christopher Isherwood, Hogarth Press, 1939.

p. 384. « il déchire [...] on ne l'a fait au cinéma », *African Cinema : Politics and Culture, Manthia Diawara*, Indiana University Press, 1992.

p. 384. Mark Cousins, *Sight & Sound*, février 2007.

p. 394. « *Apocalypse Now* [...] nous sommes devenus fous », *Tangled Memories : the Vietnam War, the AIDS epidemic and the politics of remembering*, Marita Sturken, University of California Press, 1997.

p. 414. « C'est incroyable [...], j'en fasse un film », Terence Davies dans les commentaires du DVD *Distant Voices, Still Lives* (1988).

p. 416. « le cinéma, [...] des autres en compte », *Modern Man in Search of a Soul*, Carl Jung, Routledge, 2001.

p. 417. « Le spectateur à l'impression [...], car c'est comme s'il rêvait le film », *Theatre*, David Mamet, Faber, 2010.

p. 424. « Toute vie vaut la peine d'être observée », http://frank.mtsu.edu/~cfrost/god/decalogue.htm

p. 427. « Mes films visent à déstabiliser le spectateur. J'adore ça », www.filmreference.com/Directors-Du-Fr/Egoyan-Atom.html

p. 502. « représenter la marche [...] et la famille », www.sensesofcinema.com/2002/great-directors/yang/

p. 527. « surchargé [...] trop générique », interview de Pawel Pawlikowski par Jason Wood, http://www.kamera.co.uk/interviews/a_quick_chat_with_pawel_pawlikowski.php

p. 554. « La montée d'adrénaline [...] est une drogue. », *War is a Force That Gives Us Meaning*, Chris Hedges, Random House, 2002.

p. 557. « nouvel extrémisme français », « Flesh & Blood : Sex and violence in recent French cinema », James Quandt, *Artforum*, février 2004.

INDEX

CRÉDITS PHOTOGRAPHIQUES

Les éditeurs tiennent à remercier tous ceux dont la vision, le courage, le talent et l'énergie ont créé l'industrie du film et qui ont bien voulu autoriser la reproduction des œuvres qui figurent dans ce livre. Ils ont tout mis en œuvre pour contacter les détenteurs de droits, mais si certains devaient avoir été oubliés par mégarde, ils se hâteront de réparer l'erreur à la première occasion.
(t = au-dessus ; b = au-dessous ; l = à gauche ; r = à droite).

8 b Keystone **10 b** Warner Bros. **11 t** Paramount **11 b** Selznick/MGM **12 t** Chaumiane/Film Studio **13 b** Taplin-Perry-Scorsese **13** Lorimar **14** and **15** Chapter Opener Nero **16** Pathé Brothers **17 b** Star Film **17 t** Pathé Brothers **18** Gaumont **19 b** MGM (Turner Ent./Warner Bros.) **19 t** Gaumont **20 b** Star Film/Méliès **20 t** Star Film/Méliès **21 stills** Star Film/Méliès **22 t** Edison **22 b** Edison **23 stills** Edison **24 t** Société Des Etablissements/Gaumont **24 b** Société Des Etablissements/Gaumont **25 stills** Société Des Etablissements/Gaumont **26** Cines Co, Roma **27 t** Thomas Ince **27 b** MGM/Samuel Bronston Productions **28 t** Itala Film Torino **28 b** Itala Film Torino **29** still **2** Itala Film Torino **29 stills 1** and **3** Itala Film Torino **30 t** Epoch/DWG **30 b** Epoch/DWG **31 stills** Epoch/DWG **32 t** Films Abel Gance/Société Générale Des Films **32 b** Films Abel Gance/Société Générale Des Films **33 stills** Films Abel Gance/Société Générale Des Films **34** Fox Films Witzel **35 t** MGM **35 b** Nero **36 t** Fox Films **36 b** Fox Films **37 panel** MGM **37 stills** Fox Films **38 t** Paramount **38 b** Paramount **39 stills** Paramount **40** Svensk Filmindustri **41 t** UFA **41 b** Kinugasa Productions **42 t** Universal **42 b** H.R. Sokal-Film Gmbh **43 t** Neumann-Film-Produktion **43 b** Universal **44 t** Decla-Bioscop **44 b** Decla-Bioscop **45 stills** Decla-Bioscop **46 t** Prana-Film **46 b** Prana-Film **47 stills** Prana-Film **48** United Artists **49 b** MGM **49 t** Paramount **50 t** Famous Players/Paramount **51** Famous Players/Paramount **51 stills** Famous Players/Paramount **52 t** United Artists **52 b** United Artists **53 stills** Douglas Fairbanks Pictures/United Artists **54** Mehzrabpom, Moscow **55 t** Goskino **56** Goskino **57 t** Vufku **57 b** Sovkino **58 t** Goskino **58 b** Goskino **59 stills** Goskino **59 panel** Paramount **60 t** Vufku **60 b** Vufku **61 stills** Vufku **62** Hal Roach/Pathe Exchange Kornman, Gene **63 t** Charles Chaplin/First National **63 b** D.W.Griffith **64 t** Charles Chaplin/U.A. **64 b** Charles Chaplin/U.A. **65** still **3** Charles Chaplin/U.A. **65 panel** Charles Chaplin Productions/U.A. (Roy Export) **65 stills 1** and **2** Charles Chaplin Productions/U.A. (Roy Export) **66 t** Buster Keaton/Joseph M. Schenck/U.A. **66 b** Buster Keaton/Joseph M. Schenck/U.A. **67 stills** Buster Keaton/Joseph M. Schenck/U.A. **68** UFA **69 t** Decla-Bioscop **69 b** UFA **70 t** Fox Films **70 b** Fox Films **71 panel** Warner Bros. **71 stills** Fox Films **72 t** Société Générale Des Films (Gaumont) **72 b** Société Générale Des Films (Gaumont) **73 stills** Société Générale Des Films (Gaumont) **75 t** Vicomte Charles De Noailles **76 t** Bunuel-Dali **76 b** Bunuel-Dali **77 stills** Bunuel-Dali **79 b** MGM **79 t** Warner Bros. **80 t** BIP (ITV Global) **80 b** Ufa Ewald, Kar **81 t** Vicomte Charles De Noailles **81 b** Films Sonores Tobis **82 t** Nero-Film Ag **82 b** Nero-Film Ag **83 stills** Nero-Film Ag **84 t** Paramount Pictures (Emka Ltd) **84 b** Paramount Pictures (Emka Ltd) **85 stills** Paramount Pictures (Emka Ltd) **87** and **88** Chapter Opener RKO **88** Paramount **89 t** Universal **89 b** Universal **90** RKO **91 b** Universal **91 t** Universal **92 t** Universal **92 b** Universal **93 panel** Universal **93 stills** Universal **94 t** MGM (Turner Ent./Warner Bros.) **95 stills** MGM (Turner Ent./Warner Bros.) **96** United Artists **97 t** Paramount **97 b** Warner Bros./First National **98** Warner Bros. **99 b** Warner Bros. **100 t** Warner Bros./First National **100 b** Warner Bros./First National **101 stills** Warner Bros./First National **102 t** Warner Bros. **102 b** Warner Bros. **103 stills** Warner Bros. **104** Warner Bros. **105 b** MGM **105 t** Columbia **106 t** MGM (Turner Ent./Warner Bros.) **106 b** MGM (Turner Ent./Warner Bros.) **107 stills** MGM (Turner Ent./Warner Bros.) **108 t** Paramount **108 b** Paramount **109 panel** Kobal Collection **109 stills** Paramount Pictures **110 t** RKO Kahle, Alex **110 b** RKO **111 stills** RKO **112** Warner Bros./First National **113 b** United Artists (ITV Global) **113 t** MGM Hurrell, George **114 t** Paramount Pictures (Universal) English, Don **114 b** Paramount Pictures (Universal) **115 panel** Paramount **115 stills** Paramount Pictures (Universal) **116 t** MGM (Turner Ent./Warner Bros.) Bull, Clarence Sinclair **116 b** MGM (Turner Ent./Warner Bros.) **117 stills** MGM (Turner Ent./Warner Bros.) **118** Films Sonores Tobis **119 t** Films Marcel Pagnol **119 b** Cinéas **120** Films Hakim/Paris Film **121 b** Corniglion-Molinier **121 t** Realisations D'Art Cinematographique **122 t** GFFA **123 stills** GFFA **124 t** Nouvelles Éditions Francais **124 b** Nouvelles Éditions Francais **125 panel** USA Films/Capitol Films/Film Council Tillie, Mark **125 stills** Nouvelles Éditions Francais **126** Paramount **127 b** Columbia **127 t** Paramount **128 t** Hal Roach/MGM **129 panel** Hal Roach/MGM **129 stills** Hal Roach/MGM **130 t** Paramount Pictures (Emka Ltd) **130 b** Paramount Pictures (Emka Ltd) **131 panel** MGM (Turner Ent./Warner Bros.) **131 stills** Paramount Pictures (Emka Ltd) **132** Warner Bros. **133 t** Warner Bros. **133 b** RKO **134 t** Warner Bros. **134 b** Warner Bros. **135 stills** Warner Bros. **136 t** RKO **136 b** RKO **137 stills** RKO **138 l** Vufku-Kino-Ukrain/Amkino **138 c** DFG **138 r** Mezhrabpom **139 b** Lenfilm **139 t** Olympia-Film **140 t** Leni Riefenstahl-NSDAP **140 b** Leni Riefenstahl-NSDAP **141 stills** Leni Riefenstahl-NSDAP **142 t** Mosfilm **142 b** Mosfilm **143 stills** Mosfilm **144** Comenius-Film **145 t** © Disney **145 b** Paramount **146 b** © Disney **148** Columbia **149 t** Universal **149 b** MGM (Turner Ent./Warner Bros.) **150 t** RKO **150 b** RKO **151 stills** RKO **152 t** Paramount Pictures (Universal) **152 b** Paramount Pictures (Universal) **153 stills** Paramount Pictures (Universal) **154** Universal **155 b** Warner Bros. Hurrell, George **155 t** Universal **156 t** Walter Wagner Productions/U.A. **156 b** Walter Wagner Productions/U.A. **157 stills** Walter Wagner Productions/U.A. **158 t** Charles Chaplin Productions/U.A. (Roy Export) **158 b** Charles Chaplin Productions/U.A. (Roy Export) **159 panel** Paramount **159 stills** Charles Chaplin Productions/U.A. (Roy Export) **160** and **161** Chapter Opener MGM **162 t** Itv Global (Two Cities) **163 t** MGM (Turner Ent./Warner Bros.) **163 b** U.S. War Department **164 t** Ealing Studios (Canal+ Image UK Ltd) **165 stills** Ealing Studios (Canal+ Image UK Ltd) **166 t** Arnold Pressburger Productions Inc **166 b** Arnold Pressburger Productions Inc **167 stills** Arnold Pressburger Productions Inc **168 t** RKO **169 b** 20th Century Fox **169 t** Universal **170 t** Paramount Schafer, A.L. 'Whitey' **170 b** Warner Bros. **171 t** RKO **171 b** RKO **172 t** Warner Bros./First National **173 b** Warner Bros./First National **173 t** Warner Bros./First National Elliott, Mack **173 c** Warner Bros./First National **174 t** Paramount **174 b** Paramount **175 c** Paramount **176 t** London Film Productions/British Lion (Canal+ Image UK Ltd) **176 b** London Film Productions/British Lion (Canal+ Image UK Ltd) **177 b** London Film Productions/British Lion (Canal+ Image UK Ltd) **177 stills** London Film Productions/British Lion (Canal+ Image UK Ltd) **178 t** Industria Cinematografica Italiana **179 t** Tevere/UGC **179 b** Berit Films **180 t** Excelsa Film **180 b** Excelsa Film **181 stills** Excelsa Film **182 t** Produzioni De Sica **182 b** Produzioni De Sica **183 stills** Produzioni De Sica **185 b** Hammer **185 t** Associated British (Canal+ Image UK Ltd) **186 b** Cineguild (ITV Global) **187 stills** Cineguild (ITV Global) **188 t** Ealing Studios (Canal+ Image UK Ltd) **188 b** Ealing Studios (Canal+ Image UK Ltd) **189 stills** Ealing Studios (Canal+ Image UK Ltd) **190 t** Sacha Gordine Productions **191 b** Filmsonor **192 b** OGC/Studios Jenner/Play Art/La Cyme **192 t** Indus/Pathé/Prima **193 t** Gaumont **193 b** Cady/Discina/Specta **194 t** Robert Et Raymond Hakim (StudioCanal Image) **194 b** Robert Et Raymond Hakim (StudioCanal Image) **195 stills** Robert Et Raymond Hakim (StudioCanal Image) **196 t** CICC/Filmsonor/Vera Films/Fono Roma **196 b** CICC/Filmsonor/Vera Films/Fono Roma **197 panel** Universal **197 stills** CICC/Filmsonor/Vera Films/Fono Roma **198 t** Warner Bros. **199 t** MGM (Turner Ent./Warner Bros.) **199 b** MGM (Turner Ent./Warner Bros.) **200 t** MGM (Turner Ent./Warner Bros.) Carpenter, Eric **200 b** Paramount **201 t** MGM (Turner Ent./Warner Bros.) **201 b** 20th Century Fox **202 t** MGM (Turner Ent./Warner Bros.) Hubbell, Eddie **202 b** MGM (Turner Ent./Warner Bros.) **203 panel** Touchstone **203 stills** MGM (Turner Ent./Warner Bros.) **205 b** Terrafilm **206 t** Palladium Film **206 b** Palladium Film **207 stills** Palladium Film **209 stills** Svensk Filmindustri **210 t** Daiei **211 b** Shochiku **211 t** Daiei **212 t** Junli Zheng **212 b** Han Hyeong-Mo Productions **213 b** RK Films **213 t** Ajanta Pictures **214 t** Shochiku Eiga **214 b** Shochiku Eiga **215 panel** Shochiku Eiga **215 stills** Shochiku Eiga **216 b** Toho Company **216 t** Toho Company **217 stills** Toho Company **218 b** Satyajit Ray Productions/Govt. Of West Bengal **218 t** Satyajit Ray Productions/Govt. Of West Bengal **219 stills** Satyajit Ray Productions/Govt. Of West Bengal **221 t** Columbia **221 b** 20th Century Fox SHAW, SAM**222 t** Universal **222 b** Warner Bros. **223 b** MGM (Turner Ent./Warner Bros.) **223 t** United Artists **224 t** Liberty Films **224 b** Liberty Films **225 t l** Liberty Films **225 stills** Liberty Films **226 t** MGM (Turner Ent./Warner Bros.) **226 b** MGM (Turner Ent./Warner Bros.) **227 stills** MGM (Turner Ent./Warner Bros.) **228 t** Ashton Productions/Mirisch Corporation (MGM) **228 b** Ashton Productions/Mirisch Corporation (MGM) **229 stills** Ashton Productions/Mirisch Corporation (MGM) **230 t** Warner Bros. **231 b** MGM (Turner Ent./Warner Bros.) **231 t** MGM (Turner Ent./Warner Bros.) **232 t** Stanley Kramer Productions/Columbia Pictures **232 b** Stanley Kramer Productions/Columbia Pictures **233 panel** Columbia **233 c** Stanley Kramer Productions/Columbia Pictures **233 stills** Stanley Kramer Productions/Columbia Pictures **234 b** Warner Bros. **235 stills** Warner Bros. **236 t** Universal **237 b** Universal **237 t** Warner Bros. **238 t** 20th Century Fox **238 b** 20th Century Fox **239 stills** 20th Century Fox **240 t** Walter Wagner Productions/Allied Artists **240 b** Walter Wagner Productions/Allied Artists **241 stills** Walter Wagner Productions/Allied Artists **242 t** Stanley Kramer/U.A. **243 t** Universal **243 b** United Artists **244 b** Republic **244 t** Warner Bros. **245 t** Warner Bros. **246 t** CV Whitney Pictures/Warner Bros. Pictures **246 b** CV Whitney Pictures/Warner Bros. Pictures **247 panel** CV Whitney Pictures/Warner Bros. Pictures **247 stills** CV Whitney Pictures/Warner Bros. Pictures **248 t** Les Films De La Pleiade/Pathe **249 t** Ayjm/CGCF **249 b** Ajym/Les Films Du Carrosse Pierre, Georges **250 t** Cocinor/Terra/Cormoran Film Pierre, Georges **251 t** Anouchka/Orsay **251 b** Nouvelles Editions de Films/Lux Films / **252 b** Les Films Du Carrosse/Sédif Productions **253 stills** Les Films Du Carrosse/Sédif Productions **254 t** Georges de Beauregard/SNC (StudioCanal Image) **254 b** Georges De Beauregard/SNC (StudioCanal Image) **255 stills** Georges De Beauregard/SNC (StudioCanal Image) **256** and **257** Chapter Opener Paris Film/Five Film **258 t** Woodfall **259 b** Jospeh Janni (Canal+ Image UK Ltd) **259 t** Vic Films/Waterhall (Canal+ Image UK Ltd) **260 t** Woodfall Film Productions **260 b** Woodfall Film Productions **261 stills** Woodfall Film Productions **262 b** ITV Global (Rank) **263 stills** ITV Global (Rank) **264 t** Glauber Rocha/Mapa **265 b** Sino Filmes/Luiz Carlos Barreto Prod. **266 t** Mosfilm/Icaic (Cuba) **267 b** Grupo Cine Liberacion **267 t** G. Alatriste **268 t** Copacabana Filmes/Luiz Augusto Mendes **268 b** Copacabana Filmes/Luiz Augusto Mendes **269 stills** Copacabana Filmes/Luiz Augusto Mendes **270 t** ICAIC/Cuban State Film **270 b** ICAIC/Cuban State Film **271 stills** ICAIC/Cuban State Film **272 t** United Artists **273 t** Paramount **273 b** Warner Bros. **274 b** Mirisch/United Artists **274 t** MGM (Turner Ent./Warner Bros.) **275 t** Warner Bros. **275 b** Jerome Hellman/U.A. **276 t** Columbia Pictures/Hawk Films **276 b** Columbia Pictures/Hawk Films **277 stills** Columbia Pictures/Hawk Films **278 t** Tatira-Hiller Productions/Warner Bros./Seven Arts **279 stills** Tatira-Hiller Productions/Warner Bros./Seven Arts **280 t** Sandrews **281 b** Paramount **281 t** MGM (Turner Ent./Warner Bros.) **282 t** Robert Et Raymond Hakim/Paris Film/Five Film (StudioCanal Image) **282 b** Robert Et Raymond Hakim/Paris Film/Five Film (StudioCanal Imagè) **283 stills** Robert Et Raymond Hakim/Paris Film/Five Film (StudioCanal Image) **284 t** Embassy/Laurence Turman (Canal+ Image UK Ltd) **284 b** Embassy/Laurence Turman (Canal+ Image UK Ltd) **285 b** Embassy/Laurence Turman (Canal+ Image UK Ltd) **285 stills** Embassy/Laurence Turman (Canal+ Image UK Ltd) **287 b** Paramount **287 t** Paramount **288 b** Danjaq LLC/Eon Productions **289 stills** Danjaq LLC/Eon Productions **290 t** MGM (Turner Ent./Warner Bros.) **291 t** Chaumiane/Film Studio **291 b** 20th Century Fox **292 t** MGM (Turner Ent./Warner Bros.) **293 stills** MGM (Turner Ent./Warner Bros.) **294 b** Universal **294 t** MGM (Turner Ent./Warner Bros.) **295 t** Image Ten **296 t** Shamley Productions (Universal) **296 b** Shamley Productions (Universal) **297 stills** Shamley Productions (Universal) **298 t** William Castle Productions/Paramount **298 b** William Castle Productions/Paramount **299 panel** Union-Carolco/Tri Star **299 stills** William Castle Productions/Paramount **300 t** Interopa-Cineriz-Paris/Times **301 b** Parc/Madeleine/Beta Film **301 t** Specta **302 t** Cineriz **302 b** Film Polski **303 t** Casbah/Igor **303 b** Paris Europa/Ficit/Hisa **304 t** Riama/Grey/Pathé Pierluigi **304 b** Riama/Grey/Pathé **305 stills** Riama/Grey/Pathé **306 t** Mosfilm **307 stills** Mosfilm **308 t** Filmové Studio Barrandov **308 b** Filmové Studio Barrandov **309 panel** United Artists **309 stills** Filmové Studio Barrandov **310 t** Paramount/Rafran **311 t** BRC/Tesica **312 t** Alberto Grimaldi/Arturo González/Constantin/PEA **312 b** Alberto Grimaldi/Arturo González/Constantin/PEA **313 stills** Alberto Grimaldi/Arturo González/Constantin/PEA **314** and **315** Chapter Opener Universal **317 b** Alfa Cinematografica **317 t** Greenwich Film Productions **318 t** F.C. Rome/P.E.C.F.Paris **319 b** Artistes Associès/PEA **319 t** Elias Querejeta Prods **320 t** Les Films Du Losange **320 b** Les Films Du Losange **321 stills** Les Films Du Losange **322 t** Mars Film/Marianne Productions/Maran Film **322 b** Mars Film/Marianne Productions/Maran Film **323 panel** 20th Century Fox **323 stills** Mars Film/Marianne Productions/Maran Film **324 b** Cinematograph AB/SFI **325 stills** Cinematograph AB/SFI **326 t** Werner Herzog Filmproduktion **327 b** Filmverlag Der Autoren **327 t** Bioskop/Paramount-Orion/WDR **328 t** Filmverlag Der Autoren **328 b** Trio/Albatros/WDR **329 b** Bavaria/Radiant **329 t** Seitz/Bioskop/Hallelujah **330 t** Filmverlag Der Autoren/Tango Film/Fassbinder Foundation **330 b** Filmverlag Der Autoren/Tango Film/Fassbinder Foundation **331 stills** Filmverlag Der Autoren/Tango Film/Fassbinder Foundation **333 stills** Filmverlag Der Autoren/Werner Herzog/ZDF **334 t** Falcon International **335 t** United Artists **335 b** Warner Bros. **336 b** Warner Bros./Hoya Productions **336 t** Warner Bros./Hoya Productions **337 stills** Warner Bros./Hoya Productions **338 t** British Lion (Canal+ Images UK Ltd) **339 stills** British Lion (Canal+ Images UK Ltd) **340 t** Warner Bros. **341 b** 20th Century Fox **341 t** MGM (Turner Ent./Warner Bros.) **342 t** Paramount **342 b** Paramount **343 stills** Paramount **344 t** Paramount Pictures/Penthouse/Long Road Prods. **344 b** Paramount Pictures/Penthouse/Long Road Prods. **345 stills** Paramount Pictures/Penthouse/Long Road Prods. **346 t** MGM (Turner Ent./Warner Bros.) **347 b** Paramount **347 t** Paramount **348 b** Paramount **349 panel** MGM (Turner Ent./Warner Bros.) **349 stills** Paramount/Zoetrope/The Coppola Company **350 t** Warner Bros./Wildwood **350 b** Warner Bros./Wildwood **351 stills** Warner Bros./Wildwood **352 t** 20th Century Fox **353 b** Paramount **353 t** Universal **354 b** Paramount **354 t** United Artists **355 t** Columbia **355 b** United Artists Hamill, Brian **356 t** Fantasy Films/Saul Zaentz Co **356 b** Fantasy Films/Saul Zaentz Co **357 stills** Fantasy Films/Saul Zaentz Co **358 t** Columbia Pictures Industries Inc **358 b** Columbia Pictures Industries Inc **359 stills** Columbia Pictures Industries Inc **360 t** Columbia **361 t** 20th Century Fox **361 b** Warner Bros./Dc Comics **362 t** 20th Century Fox/Warner Bros. **362 b** 20th Century Fox/Warner Bros. **363 stills** 20th Century Fox/Warner Bros. **364 t** Zanuck/Brown/Universal Pictures **364 b** Zanuck/Brown/Universal Pictures **365 c** Zanuck/Brown/Universal Pictures **365 stills** Zanuck/Brown/Universal Pictures **366 t** Lucasfilm Ltd/20th Century Fox **366 b** Lucasfilm Ltd/20th Century Fox **367 stills** Lucasfilm Ltd/20th Century Fox **368 t** Film House-Australia **369 b** Paramount **369 t** Aip-Filmways **370 t** Australian Film Comm./South Australian Film Corp./B.E.F. KYNOCH, DAVID **370 b** Australian Film Comm./South Australian Film Corp./B.E.F. **371 stills** Australian Film Comm./South Australian Film Corp./B.E.F. **372 t** Margaret Fink Prods./GUO/NSW Film Corp. **372 b** Margaret Fink Prods./GUO/NSW Film Corp. **373 stills** Margaret Fink Prods./GUO/NSW Film Corp. **374 t** Sozosha **375 b** Devki Chitra **375 t** Golden Harvest **376 b** Lian Bang/Union Film/IFC **376 t** Lian Bang/Union Film/IFC **377 stills** Lian Bang/Union Film/IFC **378 t** Oshima/Argos Films/Shibata Organisation **378 b** Oshima/Argos Films/Shibata Organisation **379 stills** Oshima/Argos Films/Shibata Organisation **380 t** Paramount **380 b** United Artists **381 t** Vestron **381 b** Paramount

382 t ABC Pictures/Allied Artists **382 b** ABC Pictures/Allied Artists **383 stills** ABC Pictures/Allied Artists **385 t** Cinegrit/Studio Kankourama **386 t** Films Soleil O/Cinematographie Nationale **387 t** Souleymane Cissé Films **387 b** Films De L'Avenir/Thelma/Arcadia **389 stills** Films Domireew **390 t** Les Films Cissé/Atriascop Paris/Cnc/Les Films Du Carrosse **391 stills** Les Films Cissé/Atriascop Paris/Cnc/Les Films Du Carrosse **393 b** Warner Bros. **393 t** Enigma/Goldcrest **394 t** Omni Zoetrope Studios **394 b** Omni Zoetrope Studios **395 stills** Omni Zoetrope Studios **396 t** Hemdale Film Corporation **396 b** Hemdale Film Corporation **397 stills** Hemdale Film Corporation **399 t** 20th Century Fox **399 b** 20th Century Fox **400 t** Lucasfilm Ltd./Paramount Pictures **400 b** Lucasfilm Ltd./Paramount Pictures **401 stills** Lucasfilm Ltd./Paramount Pictures **402 t** Hemdale Film/Cinema **84**/Greenberg Brothers **402 b** Hemdale Film/Cinema **84**/Greenberg Brothers **403 stills** Hemdale Film/Cinema **84**/Greenberg Brothers **404 t** Paramount **404 b** Paramount **405 b** Castle Rock/Nelson/Columbia **406 t** Spinal Tap Prod./Embassy Pictures (StudioCanal) **406 b** Spinal Tap Prod./Embassy Pictures (StudioCanal) **407 panel** Castle Rock/Warner Bros. Gregory, Doane **407 stills** Spinal Tap Prod./Embassy Pictures (StudioCanal) **408 t** Amblin Ent./Silver Screen Partners Iii/Touchstone Pictures **408 b** Amblin Ent./Silver Screen Partners Iii/Touchstone Pictures **409 stills** Amblin Ent./Silver Screen Partners Iii/Touchstone Pictures **410 t** 20th Century Fox/Allied Stars/Enigma **411 b** MGM/UA **411 t** Merchant Ivory/Goldcrest **412 t** Handmade Films **412 b** Handmade Films **413 panel** Paramount **413 stills** Handmade Films **414 b** BFI/Channel Four Films **415 stills** BFI/Channel Four Films **416 t** U.A./P.A.A./P.E.A. (Rome) **417 b** Casey Prod.-Eldorado Films (Canal+ Image UK Ltd) **417 t** Italonegglio/Lotar Film **418 t** De Laurentiis Entertainment Group **418 b** De Laurentiis Entertainment Group **419 c l** De Laurentiis Entertainment Group **419 stills** De Laurentiis Entertainment Group **420 t** Gaumont/Cargo Films **421 t** Nouvelles Editions/Mk2/Stella/Nef **421 b** Cristaldifilm/Films Ariane **422 t** HR/Mafilm/Durniok/Objektiv Film **422 b** HR/Mafilm/Durniok/Objektiv Film **423 panel** Warner Bros. **423 stills** HR/Mafilm/Durniok/Objektiv Film **424 b** Zespol Filmowy-Tor **425 stills** Zespol Filmowy-Tor **426 b** Ego-Canada Council-Ontario Arts Council **426 t** Universal **427 b** Max Films/Gerard Mital **428 b** Corporation Image M&M/Office National Du Film Du Canada **429 stills** Corporation Image M&M/Office National Du Film Du Canada **430 t** Brooksfilms/20th Century Fox **430 b** Brooksfilms/20th Century Fox **431 stills** Brooksfilms/20th Century Fox **433 b** Xi'An Film Studio **433 t** Golden Harvest Group **434 b** Guangxi Film Studio **435 stills** Guangxi Film Studio **436 b** 3-H Films/Era International **437 stills** 3-H Films/Era International **438** and **439** Chapter Opener Polygram/Working Title **440 t** Sam Goldwyn/Renaissance Films/BBC Coote, Clive **441 t** Parallax **441 b** Cecchi Gori/Tiger/Canal + **442 t** Caméra One/CNC/Dd Prods/Films A2/UGC/ Hachette Premiere **442 b** Caméra One/CNC/Dd Prods/Films A2/UGC/ Hachette Premiere **443 stills** Caméra One/CNC/Dd Prods/Films A2/UGC/ Hachette Premiere **444 t** Universal Pictures/Miramax Films/Bedford Falls Prods. Sparham, Laurie **444 b** Universal Pictures/Miramax Films/Bedford Falls Prods. **445 stills** Universal Pictures/Miramax Films/Bedford Falls Prods. **447 b** Dreamworks/Jinks/Cohen Sebastian, Lorey **447 t** Paramount **448 b** Avenue Pictures/Fine Line Features/Spelling Entertainment **449 stills** Avenue Pictures/Fine Line Features/Spelling Entertainment **450 t** A Band Apart/Jersey Films/Miramax Films **450 b** A Band Apart/Jersey Films/Miramax Films **451 stills** A Band Apart/Jersey Films/Miramax Films **452 t** Amblin Entertainment/Dreamworks/Paramount Pictures James, David **452 b** Amblin Entertainment/Dreamworks/Paramount Pictures **453 stills** Amblin Entertainment/Dreamworks/Paramount Pictures **454 b** View Askew **454 t** 12-Gauge Productions/Pandora **455 t** October Films **456 t** Cinepix Film **456 b** Touchstone Pictures **457 t** Alliance Atlantis/Dog Eat Dog/United Broadcasting **457 b** Focus Features Sato, Yoshio **458 t** Castle Rock Entertainment/Rio Dulce/Columbia Pictures **458 b** Castle Rock Entertainment/Rio Dulce/Columbia Pictures **459 stills** Castle Rock Entertainment/Rio Dulce/Columbia Pictures **460 t** Working Title/Polygram **460 b** Working Title/Polygram **461 stills** Working Title/Polygram **462 t** Ciby 2000 **463 b** Jan Chapman Prods/Ciby 2000 **463 t** M & A Film Corp **464 t** Polygram/Affc/Latent Image/Specific Films Lockwood, Elise **464 b** Polygram/Affc/Latent Image/Specific Films **465 stills** Polygram/Affc/Latent Image/Specific Films **466 t** Wingnut/Fontana **466 t** Wingnut/Fontana **467** still Fontana Prod/WingNut Films/New Zealand Film Commission **468 t** Universal HESSION, JONATHAN **469 t** Polygram/Channel **4**/Working Title **469 b** Figment/Noel Gay/Channel **4** **470 t** Palace Pictures/Channel Four Films Hilton, Tom **470 b** Palace Pictures/Channel Four Films **471 stills** Palace Pictures/Channel Four Films **472 t** Channel Four Films/Ciby 2000/Thin Man Films **472 b** Channel Four Films/Ciby 2000/Thin Man Films **473 stills** Channel Four Films/Ciby 2000/Thin Man Films **474 t** Constellation/UGC/Hachette Premiere **475 t** Mk2/Ced/Cab **475 b** Barrandov/Ciby 2000 **476 t** Sogetel/Le Films Alain Sarde/Canal+ Espana **477 t** Theo Angelopoulos **478 t** Prods. Lazennec/StudioCanal/ Sept Cinema/Kasso Inc. **478 b** Prods. Lazennec/StudioCanal/ Sept Cinema/Kasso Inc. **479 stills** Prods. Lazennec/StudioCanal/ Sept Cinema/Kasso Inc. **480 t** Wega Film **480 b** Wega Film **481 panel** Dreamachine **481 stills** Wega Film **482 t** El Deseo/Renn Productions/France **2** Cinéma **482 b** El Deseo/Renn Productions/France **2** Cinéma **483 stills** El Deseo/Renn Productions/France 2 Cinéma **484 t** 20th Century Fox **485 t** © Disney **485 b** Twentieth Century-Fox Film Corporation **486 t** Warner Bros./Village Roadshow Films **487 panel** Warner Bros./Village Roadshow Films **487 stills** Warner Bros./Village Roadshow Films **489 b** Focus Features **489 t** Pathé/Django Films **491 stills** Pixar Animation Studios/Walt Disney Pictures **492 t** Studio Ghibli (Nibariki) **492 b** Studio Ghibli (Nibariki) **493 t l** Studio Ghibli (Nibariki) **493 stills** Studio Ghibli (Nibariki) **494 t** Miramax **495 t** Artisan Pics **495 b** Fido Film AB **496 t** Orion Pictures/Stronge Heart/Demme Production Regan, Ken **496 b** Orion Pictures/Stronge Heart/Demme Production **497 stills** Orion Pictures/Stronge Heart/Demme Production **498 t** Era International **499 t** Block **2** Pics/Jet Tone **499 b** Egg Films/Show East **500 t** UCV/China Film /Columbia/Edko/Good Machine/Sony Pictures Chuen, Chan Kam **500 b** UCV/China Film /Columbia/Edko/Good Machine/Sony Pictures **501 stills** UCV/China Film /Columbia/Edko/Good Machine/Sony Pictures **502 t** Atomfilms/Omega/Pony Canyon Inc **502 b** Atomfilms/Omega/Pony Canyon Inc **503 panel** Yang & His Gang **503 stills** Atom/Nemuru Otoko Seisaku Linkai/Omega/Pony Canyon **504 t** Korea Pictures/Lj Film/Pandora/Cineclick Asia **504 b** Korea Pictures/Lj Film/Pandora/Cineclick Asia **505 stills** Korea Pictures/Lj Film/Pandora/Cineclick Asia **506 t** Abbas Kiarostami **509 b** Makhmalbaf Film House **509 t** Jafar Panahi Film Productions **510 t** Abbas Kiarostami/Ciby 2000/Farabi Cinema Foundation **510 b** Abbas Kiarostami/Ciby 2000/Farabi Cinema Foundation **511 stills** Abbas Kiarostami/Ciby 2000/Farabi Cinema Foundation **512 t** Jafar Panahi Prods./Lumière & Co./Mikado Film **512 b** Jafar Panahi Prods./Lumière & Co./Mikado Film **513 stills** Jafar Panahi Prods./Lumière & Co./Mikado Film **514 t** Alta Vista **515 b** Mantarraya Productions **515 t** Drama Filmes **516 t** Tequila Gang/WB **516 b** Prodigital **517 t** Matanza Cine **517 b** Canana Films **518 t** Mact Prods./Riofilme/Videofilmes/Canal+ Carvalho, Walter **518 b** Mact Prods./Riofilme/Videofilmes/Canal+ **519 stills** Mact Prods./Riofilme/Videofilmes/Canal+ **520 t** Besame Mucho Pictures/Producciones Anhelo **520 b** Besame Mucho Pictures/Producciones Anhelo **521 stills** Besame Mucho Pictures/Producciones Anhelo **522 t** O2 Filmes/Videofilmes/Hank Levine **522 b** O2 Filmes/Videofilmes/Hank Levine **523 panel** O2 Filmes/Videofilmes/Hank Levine **523 stills** O2 Filmes/Videofilmes/Hank Levine **524 t** Tiger Aspect Pictures Keyte, Giles **525 b** Pathé Sparham, Laurie **525 t** Dreamworks/Aardman Animations **526 t** Apocalypso/BBC Films/Baker Street/Take Partnership **526 b** Apocalypso/BBC Films/Baker Street/Take Partnership **527 stills** Apocalypso/BBC Films/Baker Street/Take Partnership **528 t** © Disney **529 b** Marvel Productions **530 t** New Line Cinema/Wingnut Films/The Saul Zaentz Company Vinet, Pierre **530 b** New Line Cinema/Wingnut Films/The Saul Zaentz Company **531 stills** New Line Cinema/Wingnut Films/The Saul Zaentz Company **532 t** Warner Bros./Syncopy/Dc Comics/Patalex Prods. James, David **532 b** Warner Bros./Syncopy/Dc Comics/Patalex Prods. **533 stills** Warner Bros./Syncopy/Dc Comics/Patalex Prods. **533 panel** Warner Bros./Dc Comics **534 t** Arte France/Blind Spot/Dinovi **535 t** WDR/X-Filme **535 b** Nordisk Film **536 t** Babelsberg Film **536 b** Lucky Red **537 t** Fandango **538 t** Fandango/Indigo Film/Medusa Film **538 b** Fandango/Indigo Film/Medusa Film **539 stills** Fandango/Indigo Film/Medusa Film **540 t** Arte/Br/Creado Film/Wiedemann & Berg Filmproduktion Keller, Hagen **540 b** Arte/Br/Creado Film/Wiedemann & Berg Filmproduktion **541 stills** Arte/Br/Creado Film/Wiedemann & Berg Filmproduktion **542 t** Dharma Productions **543 b** Dharma Productions **544 t** Flicks/UTV **544 b** Eros/Reliance Big Pictures **545 t** Balaji Telefilms **545 b** Aamir Khan Productions **546 t** Arclightz And Films/Dreamz Unlimited **546 b** Arclightz And Films/Dreamz Unlimited **547 stills** Arclightz And Films/Dreamz Unlimited **548 t** Aamir Khan/Ashutosh Gowariker Prods Singh Sachdev, Hardeep **548 b** Aamir Khan/Ashutosh Gowariker Prods **549 stills** Aamir Khan/Ashutosh Gowariker Prods **551 t** Dreamworks/Universal **551 b** Paramount/Vantage **552 t** New Line Productions/Media **1** Seida, Takashi **552 b** New Line Productions/Media **1** **553 panel** Paramount/Miramax **553 stills** New Line Productions/Media **1** **554 t** The Hurt Locker LLC **554 b** The Hurt Locker LLC **555 stills** The Hurt Locker LLC **556 t** Bim/Canal+/CNC Moireau, Jean-Claude **557 b** Pathé Renn/France **3** Prods. **557 t** Legende/Tfi International **558 t** Victoires/Tapioca/UGC/France **3**/Mmc Independent **558 b** Victoires/Tapioca/UGC/France **3**/Mmc Independent **559 stills** Victoires/Tapioca/UGC/France **3**/Mmc Independent **560 t** Les Films Du Losange/Wega/Bavaria Film/Sony Pictures **560 b** Les Films Du Losange/Wega/Bavaria Film/Sony Pictures **561 stills** Les Films Du Losange/Wega/Bavaria Film/Sony Pictures **562 t** Why Not/Chic/Page 114/France 2/Bim/UGC/Celluloid Dreams **562 b** Why Not/Chic/Page 114/France 2/Bim/UGC/Celluloid Dreams **563 stills** Why Not/Chic/Page 114/France 2/Bim/UGC/Celluloid Dreams

Les photothèques ont fourni d'autres images pour ce livre, listées ci-dessous.

2 Private Collection/Archives Charmet/The Bridgeman Art Library **9** Bettmann/Corbis **23 panel** Private collection **29 panel** akg-images **45 panel** Offentliche Kunstsammlung, Basel, Switzerland/The Bridgeman Art Library **47 panel** Private collection **51 panel** Allstar/Cinetext **55 b** RIA Novosti **61 panel** Photo Scala, Florence 2005 **74** BFI Stills **75 b** BFI Stills **78** Pictorial Press Ltd/Alamy **94 b** Everett Collection/Rex Features **99 t** Bettmann/Corbis **122 b** Everett Collection/Rex Features **128 b** Private collection **141 panel** Corbis **143 panel** Private collection **146 t** © Disney. Supplied by Pictorial Press Ltd/Alamy **153 panel** RA/Lebrecht Music & Arts **164 b** Private collection **167 panel** Photos **12**/Alamy **172 b** Snap/Rex Features **173 panel** Private collection **175 stills** Royal Books **184 t** BFI Stills **186 t** Moviestore Collection Ltd/Alamy **189 panel** Private collection **191 t** Everett Collection/Rex Features **204 t** AF archive/Alamy **205 t** Photos **12**/Alamy **207 panel** Private collection **208 t** Moviestore Collection Ltd/Alam **208 b** Pictorial Press Ltd/Alamy **209 t r** AF archive/Alamy **209 c** Photos **12**/Alamy **219 panel** Private collection **220 t** BFI Stills **234 t** Sunset Boulevard/Corbis **250 b** RA/Lebrecht Music & Arts **251 b** Moviestore Collection Ltd/Alamy **252 t** Allstar/Cinetext/The Criterion Collection **261 panel** Private collection **262 t** Moviestore Collection Ltd/Alamy **265 t** Private collection **278 b** Snap/Rex Features **285 panel** Private collection **286 t** Moviestore Collection Ltd/Alamy **288 t** BFI stills **289 panel** Private collection **292 b** Allstar/MGM **293 panel** Lebrecht Music & Arts **311 b** Photos **12**/Alamy **316 t** RA/Lebrecht Music & Arts **324 t** AF archive/Alamy **325 panel** Photos **12**/Alamy **332 t** RA/Lebrecht Music & Arts **332 b** Private collection **348 t** AF archive/Alamy **383 panel** Private collection **384 t** RA/Lebrecht Music & Arts **385 b** BFI Stills **388 t** BFI Stills **388 b** Private collection **389 panel** Private collection **390 b** Photos **12**/Alamy **392 t** Moviestore collection Ltd/Alamy **398 t** BFI Stills **414 t** Photos **12**/Alamy **419 panel** Private collection **424 t** RA/Lebrecht Music & Arts **12**/Alamy **428 t** RA/Lebrecht Music & Arts **432 t** AF archive/Alamy **434 t** Photos **12**/Alamy **436 t** Private collection **446 t** Warner Brothers/Everett/Rex Features **467 panel** Bettmann/Corbis **477 b** RA/Lebrecht Music & Arts **486 b** Warner Brothers/Everett/Rex Features **488 t** © 2009 Disney/Pixar. Supplied by Moviestore Collection Ltd/Alamy **490 b** © 2005 Disney. Slinky ® Dog © James Industries. Mr. Potato Head ® and Mrs Potato Head ® are resgistered trademarks of Hasbro, Inc. Used with permission. © Hasbro, Inc. All rights reserved. Troll Doll © Russ Berrie and Company, Inc. Supplied by Moviestore Collection Ltd/Alamy **490 t** © 2005 Disney. Supplied by AF Archive/Alamy **491 panel** © 2004 Disney/Pixar. Supplied by AF archive/Alamy **507 t** Photos **12**/Alamy **507 b** BFI Stills **508 t** AF archive/Alamy **519 panel** Pierre Boulat/Time Life Pictures/Getty Images **527 panel** Private collection **529 t** BFI Stills **533 panel** Private collection **542 b** BFI Stills **550 t** BFI Stills